Sonja Matter
Das sexuelle Schutzalter

Sonja Matter

Das sexuelle Schutzalter

Gewalt, Begehren und das Ende der Kindheit (1950–1990)

WALLSTEIN VERLAG

Die Druckvorstufe dieser Publikation wurde vom
Schweizerischen Nationalfonds
zur Förderung der wissenschaftlichen Forschung unterstützt

Bibliografische Information der Deutschen Nationalbibliothek

Die Deutsche Nationalbibliothek verzeichnet diese Publikation in der Deutschen Nationalbibliografie; detaillierte bibliografische Daten sind im Internet über http://dnb.d-nb.de abrufbar.

Publiziert von der Wallstein Verlag GmbH, Göttingen 2022
www.wallstein-verlag.de

Vom Verlag gesetzt aus der Stempel Garamond und der Thesis
Umschlaggestaltung: Susanne Gerhards, Düsseldorf
Druck und Verarbeitung: Hubert & Co, Göttingen

ISBN 978-3-8353-5306-0

DOI https://doi.org/10.46500/83535306

Inhalt

1. Einleitung

1960 erreichte die Gendarmerie in einer kleinen Gemeinde Niederösterreichs eine Vermisstenanzeige: Die 13-jährige Irma M.[1] war eines Abends nicht nach Hause zurückgekehrt. Die Eltern waren in Sorge. Zwar war es schon vorher zu »Erziehungsschwierigkeiten« gekommen, doch das Weglaufen von Irma stellte eine neue Stufe im konfliktreichen Verhältnis zwischen Eltern und Tochter dar. Zwei Tage später griff die Gendarmerie das Mädchen in St. Pölten auf. Nicht nur das Jugendamt nahm sich in der Folge dem »Fall Irma« an, sondern auch die Strafbehörden. Da Irma angab, dass sie während ihrer Abwesenheit sexuelle Kontakte gehabt hatte, prüften Gendarmerie, Staatsanwaltschaft und schließlich das erstinstanzliche Kreisgericht St. Pölten, ob eine Verletzung des sexuellen Schutzalters vorlag. Der Strafprozess brachte unzweifelhaft ans Licht, dass mehrere männliche Jugendliche und Erwachsene sich eines strafrechtlichen Delikts schuldig gemacht hatten. Nach dem österreichischen Strafrecht waren sexuelle Handlungen mit Kindern und Jugendlichen unter 14 Jahren nämlich verboten. Die Angeklagten wurden dann auch alle zu Arrest- bzw. Kerkerstrafen verurteilt. Gleichzeitig verdeutlichen die Strafakten, dass für die im Strafprozess involvierten Akteure und Akteurinnen nicht eindeutig war, wie der »Fall Irma« gedeutet werden sollte. Handelte es sich um sexuelle Gewalt oder waren die sexuellen Handlungen einvernehmlich erfolgt? Irmas Narrationen erlaubten keine unzweifelhaften Interpretationen, denn das Mädchen berichtete sowohl über sexuelle Handlungen, denen sie zugestimmt hatte, wie auch über sexuelle Gewalterfahrungen. Für die Untersuchungsbehörden war es schließlich fragwürdig, ob Irma überhaupt noch ein schutzbedürftiges Kind war. Ihre Zweifel waren erheblich, denn aufgrund ihres »Entwicklungsstandes« und devianten Verhaltens schien das Mädchen nur über eine »geringe Schutzwürdigkeit« zu verfügen. Diese Deutung führte schließlich zu einer Reduktion des Strafmaßes bei den Angeklagten. Ein Jahr nach der Verkündung des Urteils waren alle Verurteilten wieder auf freiem Fuß, während Irma aller Voraussetzung nach im Erziehungsheim verbleiben musste, in das sie bereits vor dem Strafprozess eingewiesen worden war.[2]

Wer also galt als Kind, das einen erhöhten sexuellen Schutz seitens des Staates erfahren sollte, und welche sexuellen Handlungen erschienen als sanktionsbedürftig? War 14 tatsächlich das »richtige« Schutzalter, in dem

1 Die Namen der in Strafprozessen involvierten Personen sind anonymisiert.

2 Niederösterreichisches Landesarchiv, Depot Bad Pirawarth (NÖLA), Kreisgericht St. Pölten, Vr 937/60.

jemand einwilligungsfähig hinsichtlich sexueller Handlungen wurde? Und wie sollte die Grenze zwischen sexualmündigen und sexualunmündigen Personen im Strafrecht gezogen werden? Diese Fragen waren historisch höchst umstritten. Sie sind es bis heute geblieben, wie ein Blick auf die geltenden gesetzlichen Bestimmungen zum sexuellen Schutzalter allein in Europa deutlich macht: Spanien verankert das sexuelle Schutzalter bei 13 Jahren, während Irland die Grenze bei 17 und Litauen bei 18 Jahren zieht.[3] Auch in internationalen Konventionen wird im Unterschied zum Heiratsalter, dessen Untergrenze heute bei 18 Jahren festgesetzt ist, kein verbindliches sexuelles Schutzalter kodifiziert.[4]

Ähnlich wie andere Staaten hatte Österreich bereits im 19. Jahrhundert in seiner Rechtsordnung ein sexuelles Schutzalter verankert. Das Strafgesetz von 1803 sah ein solches allerdings zunächst primär nur für Mädchen vor.[5] Das revidierte Strafgesetz von 1852 erweiterte demgegenüber die Schutzbestimmungen und setzte das sexuelle Schutzalter für Mädchen und Knaben bei 14 Jahren fest (§§ 127, 128 StG). Demnach galten sexuelle Kontakte mit Kindern unter dieser Altersgrenze als illegitim, und zwar auch dann, wenn die Handlungen nicht über physische Gewalt erzwungen wurden. Mehr als 100 Jahre später hatte diese Altersgrenze nach wie vor Gültigkeit, wie das österreichische Bundesministerium für Justiz (BMfJ) 1964 ausführte: »Das feste Schutzalter, das der Entwurf sohin wählt, entspricht der Überlieferung des österreichischen Rechts. Mit dem 14. Lebensjahr tritt im mitteleuropäischen Raum noch immer in der Regel die Geschlechtsreife ein.«[6]

3 Vgl. auch Dorothea Nolde, editorial: blinde flecken im wandel, in: Dies. (Hg.), Sexuelle Gewalt gegen Kinder. Sexual Violence against Children, Österreichische Zeitschrift für Geschichtswissenschaften (ÖZG), 28 (2017) 3, S. 5–48, S. 15.

4 Vgl. dazu Stacey S. Horn, Christina Peter, Stephen T. Russel, The Right to Be who You Are. Competing Tension among Protection, Survival, and Participation Related to Youth Sexuality and Gender, in: Martin D. Ruck, Michele Peterson-Badali, Michael Freemann (Hg.), Handbock of Children's Rights, Global and Multidisciplinary Perspectives, New Yorkm London 2017, S. 221–238; Sonja Matter, Universal oder different? Sexualität, Kindheit und die internationalen Normierungsbestrebungen zum Heirats- und Schutzalter im Völkerbund der 1920er Jahre, in: Historische Anthropologie, 24 (2016) 3, S. 313–335.

5 Vgl. dazu Bettina Russ, Die strafrechtliche Behandlung sexueller Übergriffe auf Minderjährige in Österreich seit der Frühen Neuzeit, unpublizierte Dissertation, Universität Wien 2006, S. 78; Ilse Reiter, Zur Geschichte des Vergewaltigungsdeliktes unter besonderer Berücksichtigung der österreichischen Rechtsentwicklung, in: Christine Künzel (Hg.), Unzucht – Notzucht – Vergewaltigung. Definitionen und Deutungen sexueller Gewalt von der Aufklärung bis heute, Frankfurt a. M. 2003, S. 21–61, S. 30–54.

6 Bundesministerium für Justiz, Entwurf eines Strafgesetzbuches samt Erläuterungen, Ministerialentwurf, Wien 1964, S. 184.

Der Ministerialentwurf griff somit zwei Argumentationsstränge auf, die auch in internationalen Diskussionen regelmäßig Erwähnung fanden. Einerseits schien das gewählte Schutzalter auf bestimmten kulturellen Normen und Traditionen einer Gesellschaft aufzubauen, andererseits galt der durchschnittliche sexuelle Entwicklungsprozess der Heranwachsenden und der biologisch-sexuelle Körper als Referenzpunkt für die Wahl der Altersgrenze. Diese Argumentationsstrategien des BMfJ verdeckten freilich die Machtkämpfe, welche die Kodifizierung eines sexuellen Schutzalters national – und auch international – prägten und dessen praktische Umsetzung strukturierten.[7] Weder kulturelle Traditionszusammenhänge noch die körperliche Entwicklung von Heranwachsenden gaben eindeutige Hinweise für eine »richtige« Grenzziehung. Das sexuelle Schutzalter wurde vielmehr in konfliktreichen Verhandlungen bestimmt, in denen unterschiedliche soziale und politische Gruppen um Einfluss kämpften und versuchten, über dessen Kodifizierung und Umsetzung die geschlechts- und generationenspezifischen Machtverhältnisse auszugestalten.[8] Denn wie der »Fall Irma« auch verdeutlicht, stand bei Verhandlungen zum sexuellen Schutzalter immer mehr zur Debatte als allein die Rechte von Minderjährigen. Über die Regulierung des Verhältnisses von Kindheit, Erwachsenenalter und Sexualität wurden gleichzeitig Utopien einer besseren Gesellschaftsordnung verhandelt: einer »sittlicheren« und »moralisch besseren« oder aber auch einer »befreiteren« und »liberaleren«.

Diese komplexen Aushandlungsprozesse stehen nachfolgend im Mittelpunkt. Untersucht wird die historische Ausgestaltung eines sexuellen Schutzalters für die zweite Hälfte des 20. Jahrhunderts: Inwiefern prägten Vorstellungen über die Qualität und Beschaffenheit einer kindlichen, jugendlichen und erwachsenen Sexualität die Ausgestaltung dieser Gesetzesnormen? Welche Schutz- und Disziplinierungsfunktion waren einem sexuellen Schutzalter auf normativer und praktischer Ebene inhärent? Und welche Konzeptionen von sexuellen Rechten und Schutzansprüchen strukturierten die

7 Vgl. dazu Stephen Robertson, Crimes against Children. Sexual Violence and Legal Culture in New York City, 1880–1960, Chapel Hill, London 2005; Jessica R. Pliley, Protecting the Young and the Innocent: Age, Consent, and the Enforcement of the White Slave Traffic Act, in: Anne Mae Duane (Hg.), Childhood Slavery before and after Emancipation, Cambridge 2017, S. 156–176; Tanja Hommen, »Notzucht« und »unzüchtige Handlung an Kindern« im Kaiserreich, in: Geschichte und Gesellschaft, 2 (2000), S. 577–601.

8 Vgl. dazu Natalia Gerodetti, Modernising Sexualities. Towards a Socio-Historical Understanding of Sexualities in the Swiss Nation, Bern u. a. 2005; Stephen Robertson, Age of Consent Law and Making of Modern Childhood in New York City, 1886–1921, in: Journal of Social History, 35 (2002) 4, S. 781–798.

Formation und Umsetzung dieser strafrechtlichen Norm und wie waren sie durch geschlechts- und generationenspezifische Machtverhältnisse geprägt? Mit Fokus auf die Zweite Republik Österreich analysiere ich somit *zum einen*, wie sexuelle Gewalt an Kindern und Jugendlichen ausgeübt, erfahren und sanktioniert wurde. Untersucht werden die gesellschaftlichen Machtverhältnisse, in deren Kontext sexuelle Misshandlungen an Kindern und Jugendlichen stattfanden, wie auch die politischen und juristischen Voraussetzungen, die es ermöglichten, sexuelle Gewalt an Minderjährigen als solche zu erkennen und zu sanktionieren. Im Anschluss an die historische Gewaltforschung wird davon ausgegangen, dass es eine anthropologische, überzeitliche Bedeutung von Gewalt nicht geben kann und die Bedeutung von Gewalterfahrungen für Kinder, Frauen und Männer kontingent ist.[9] Im Kern lässt sich sexuelle Gewalt indes als Machtmissbrauch beschreiben, der über sexuelle Handlungen ausgeübt wird.[10] Unter sexuelle Gewalt an Minderjährigen fallen demnach sexuelle Handlungen an oder mit einem Kind, die ohne dessen Einverständnis erfolgten, wobei verschiedene Kontexte denkbar sind, die ein Einverständnis von Kindern verunmöglichten. So beispielsweise, wenn Kinder noch zu jung waren, um die Bedeutung von Sexualität zu verstehen, oder wenn ein vermeintliches Einverständnis durch Druck erfolgte.[11] Das sexuelle Schutzalter wirkte gegenüber Kindern und Jugendlichen allerdings nicht nur schützend, sondern unter Umständen auch disziplinierend. Die normativen Bestimmungen über sexuelle Mündigkeit stimmten teilweise nicht mit Vorstellungen und Bedürfnissen überein, die Minderjährige hinsichtlich ihrer Sexualität hatten. Wann jemand ein *age of consent* erreichte und hinsichtlich sexueller Handlungen einwilligungsfähig wurde, war und ist bis zu einem gewissen Grad individuell verschiedenen. Folglich stellen die Bestimmungen zum sexuellen Schutzalter unter Umständen eine Beschneidung des Rechts auf Sexualität dar.[12] Ich frage daher *zum*

9 Vgl. dazu u. a. Claudia Töngi, Um Leib und Leben. Gewalt, Konflikt, Geschlecht im Uri des 19. Jahrhunderts, Zürich 2004, S. 22–26; Svenja Goltermann, Opfer. Die Wahrnehmung von Krieg und Gewalt in der Moderne, Frankfurt a. M. 2017, S. 21.

10 Vgl. dazu Ulrike Loch, Sexualisierte Gewalt in Kriegs- und Nachkriegskindheiten. Lebens- und familiengeschichtliche Verläufe, Opladen, Farmington Hills 2006, S. 14.

11 Nolde, editorial, S. 17. Zur Begriffsverwendung der *sexuellen Gewalt* im Unterschied zur *sexualisierten Gewalt* siehe Alexandra Oberländer, Unerhörte Subjekte. Die Wahrnehmung sexueller Gewalt in Russland, Frankfurt a. M. 2013, S. 33; Regina Mühlhäuser, Eroberung. Sexuelle Gewalttaten und intime Beziehungen deutscher Soldaten in der Sowjetunion, 1941–1945, Hamburg 2010, S. 82–83.

12 Vgl. dazu auch Mary E. Odem, Delinquent Daughters. Protecting and Policing Adolescent Female Sexuality in the United States, 1885–1920, Chapel Hill, London 1995; Matthew Waites, The Age of Consent. Young People, Sexuality and Citizen-

anderen, welche Disziplinierungsfunktionen das sexuelle Schutzalter gegenüber Minderjährigen hatte. Mit der Fokussierung auf die Jahre zwischen 1950 und 1990 wird dabei ein Zeitabschnitt in den Blick genommen, in dem das Verhältnis zwischen Sexualität und der Generationen- und Geschlechterordnung besonders intensiv verhandelt wurde. Welche sexuellen Rechte Kindern und Jugendlichen in einem demokratischen Rechtsstaat zustehen sollten, inwiefern eine sexuelle Liberalisierung auch eine »Befreiung der kindlichen Sexualität« implizierte und inwieweit der Abbau patriarchaler Strukturen zu einem besseren Kinder- und insbesondere Mädchenschutz führte, waren Fragen, über die im Untersuchungszeitraum kontroverse Ansichten bestanden. Allerdings galten die Antworten auf diese Fragen als wegweisend, nicht nur für das Wohl der Kinder und Jugendlichen, sondern für die Gesellschaft insgesamt. Denn in der zweiten Hälfte des 20. Jahrhunderts wurden mehrfach Thesen formuliert, wonach es just der »richtige« sexuelle Umgang Erwachsener mit Kindern und Jugendlichen sei, der es vermöge, in der Zukunft eine bessere Gesellschaft hervorzubringen.

In einer Forschungsperspektive, die sowohl die Schutz- wie die Disziplinierungsfunktionen des sexuellen Schutzalters fokussiert, sind die dichotomen Kategorien von Zwang versus Freiwilligkeit von zentraler Bedeutung. Gleichzeitig lassen sich die Narrationen zum sexuellen Schutzalter – so die hier vertretene These – nicht immer bruchlos entlang dieser Kategorisierungen einordnen. Vielmehr gilt es auch die Ambivalenzen zwischen Zwang und Freiwilligkeit in den Blick zu nehmen, wie sie in den Handlungsmustern und Deutungsansätzen von Minderjährigen sichtbar werden.[13] Insbesondere die Adoleszenz als Transitphase zwischen dem sexualunmündigen Kind zum sexualmündigen Erwachsenen erwies sich vielfach als eine spannungsreiche Lebensphase, da die Formation zu einem sexualmündigen Subjekt zwar begonnen hatte, jedoch noch nicht abgeschlossen war.[14] Aber auch die Vorstellungen, wonach sich vorpubertäre Kinder durch ein asexuelles Verhalten auszeichneten, deckten sich vielfach nicht mit Aussagen von Kin-

ship, Basingstoke 2005, S. 208–241; Carolyn Cocca, Adolescent Sexuality. A Historical Handbook and Guide, Westport 2006.

13 Siehe auch Michael Grossberg, Liberation and Caretaking. Fighting over Children's Rights in Postwar America, in: Paula S. Fass, Michael Grossberg (Hg.), Reinventing Childhood after World War II, Philadelphia 2012, S. 19–37.

14 Vgl. dazu auch Günter Amendt, Nur die Sau rauslassen? Bei der Pädophilie-Diskussion sind viele Interessen im Spiel. Aber kaum die der Kinder (1980), in: Ders., Gunter Schmidt, Volkmar Sigusch, Sex Tells. Sexualforschung als Gesellschaftskritik, Hamburg 2011, S. 15–26, S. 17; Louise A. Jackson, Childhood and Youth, in: H. G. Cocks, Matt Houlbrook (Hg.), The Modern History of Sexuality, Basingstoke 2006, S. 231–255, S. 251.

dern. Die historische Analyse der Formation und Durchsetzung eines sexuellen Schutzalters erfordert es demnach, den Blick auf unterschiedliche Sexualitäten offen zu halten und divergierende Narrationen über kindliche, adoleszente und erwachsene Sexualitäten auszuleuchten. Ebenso gilt es zu fragen, wie Konzeptionen von heterosexuellen, homosexuellen wie auch pädosexuellen Begehrensformen die Auseinandersetzungen um ein sexuelles Schutzalter prägten.

Sexualität, Kindheit und Zukunftsvisionen einer Nation: Lokale, nationale, inter- und transnationale Forschungsperspektiven

Die Aushandlungen zu einem sexuellen Schutzalter erfolgten auf einer lokalen und nationalen sowie auf einer internationalen Ebene, die wiederum alle zueinander in Beziehung standen. In der folgenden Untersuchung werden in einer ersten Perspektive die nationalen Debatten über das Verhältnis von Kindheit, Erwachsenenalter und Sexualität fokussiert, wie sie in Österreich prägend waren. Mit der historischen Fokussierung auf die Jahre 1950 bis 1990 wird eine Zeitspanne in den Blick genommen, in der sich Österreich – nach dem austrofaschistischen Ständestaat, der nationalsozialistischen Herrschaft und dem Zweiten Weltkrieg – 1945 eine demokratische Verfassung gab und mit dem Ende der Besatzungszeit 1955 schließlich zu einem unabhängigen Staat wurde, der in wirtschaftlicher, sozialer und kultureller Hinsicht tiefgreifende Wandlungsprozesse durchlief.[15] Die Aushandlung des sexuellen Schutzalters berührte dabei mehrere Aspekte, die für die Formation der 1945 gegründeten Zweiten Republik konstitutiv war. So gehörte sowohl die Aushandlung der sexuellen Beziehung zwischen den Geschlechtern wie auch die Positionierung von Kindern und Jugendlichen in der Gesellschaft zu den politischen Themen, die für den noch jungen demokratischen Staat von zentraler Bedeutung waren und nicht nur kontrovers, sondern vielfach auch höchst emotional diskutiert wurden. Denn die Frage, ob es gelang, eine normativ »richtige« Geschlechter- und Generationenbeziehung zu verwirklichen, verband sich in den Augen zahlreicher Zeitgenossen immer auch mit potentiell positiven oder negativen Zukunftsszenarien. Wie sollte eine vom Nationalsozialismus und Krieg gezeichnete Nation wieder »gesunden«, wenn das Fundament der Gesellschaft – die Familie – krankte und Väter ihre eigenen Kinder sexuell misshandelten? Wie sollte eine erfolgreiche Transformation in die Konsumgesellschaft gelingen, wenn

15 Oliver Rathkolb, Die paradoxe Republik. Österreich 1945–2015, Wien 2015.

bereits 13-jährige Mädchen an öffentlichen Orten des Freizeitvergnügens nicht mehr als Kinder, sondern als sexuelle Subjekte wahrgenommen wurden? Wie sollte kindliche Sexualität in einer Gesellschaft gefasst werden, die im Zuge der sogenannten 68er-Bewegung eine »freiere« Sexualität leben wollte? Und welcher alternativer Männlichkeitsbilder bedurfte es, wenn sexuelle Gewalt an Minderjährigen, wie Feministinnen argumentierten, ursächlich mit patriarchalen Gesellschaftsstrukturen zusammenhingen? Diese und weitere Fragen verbanden sich im Untersuchungszeitraum mit der Kodifizierung und Umsetzung des sexuellen Schutzalters und verdeutlichen, welche weitreichende politische Dimension diesem Aushandlungsprozess zukam. Der individuelle Rechtsschutz des einzelnen minderjährigen Kindes war ein Aspekt, den das Recht bestimmte. Darüber hinaus stand aber immer auch die Frage zur Debatte, wie eine »sittlich« wünschbare, aber auch lebenswerte Gesellschaftsordnung herzustellen sei, die das Fundament eines prosperierenden Staates bildete. Untersucht wird folglich, wie über die Politisierung eines sexuellen Schutzalters Gesellschaftsentwürfe neu ausgehandelt wurden.

Neben einer nationalen ist in der vorliegenden Untersuchung eine internationale Forschungsperspektive bedeutsam. Denn die strafrechtlichen Bestimmungen zum sexuellen Schutzalter hatten nicht nur eine Innen-, sondern auch eine Außenwirkung. Seit dem ausgehenden 19. Jahrhundert fungierten sie zunehmend als Signum des »Zivilisationsfortschrittes«. Mit der Internationalisierung der Kinderschutzbewegung und der Etablierung von multilateralen Organisationen – wie dem 1919 gegründeten Völkerbund und den 1945 gegründeten Vereinten Nationen (UNO) – blickte die »Weltgemeinschaft« mit wachsender Skepsis auf Länder, die kein oder ein niedriges sexuelles Schutzalter verankert hatten.[16] Zahlreiche Akteursgruppen des globalen »Nordens« attestierten Menschen in (ehemaligen) Kolonialländern eine »wesensmäßig« andere – sprich »unzivilisierte« – Sexualität.[17] Diese Differenzierungen hatten einerseits Auswirkungen auf die Art und Weise, wie einzelne Länder, so auch Österreich, sich mit Bezug auf das sexuelle

16 Ishita Pande, Coming of Age: Law, Sex and Childhood in Late Colonial India, in: Gender & History, 24 (2012) 1, S. 205–230, S. 217.

17 Ashwini Tambe, Climate, Race Science and the Age of Consent in the League of Nations, in: Theory, Culture & Society, 28 (2011) 2, S. 109–130; Philippa Levine, Sovereignty and Sexuality: Transnational Perspectives on Colonial Age of Consent Legislation, in: Kevin Grant, Philippa Levine, Frank Trentmann (Hg.), Beyond Sovereignty. Britain, Empire and Transnationalism, c. 1880–1950, Basingstoke 2007, S. 16–33; Ross Forman, Race and Empire, in: Cocks, Houlbrook, History, S. 109–132, S. 123–129.

Schutzalter als »fortschrittlich« darzustellen suchten. Andererseits wirkten sich die internationalen Kinderrechte, so beispielsweise die Verabschiedung der UN-Kinderrechtskonvention von 1989, auf die Konzeptualisierung von sexuellen Rechten von Kindern und Jugendlichen in Österreich aus.[18] Für die folgende Untersuchung ist darüber hinaus eine transnationale Perspektive bedeutsam, die den »unterschiedlichen Graden der Interaktion, Verbindung, Zirkulation, Überschneidung und Verflechtung« nachgeht, die über den Nationalstaat hinausreichten, gleichzeitig aber auch auf den Nationalstaat zurückwirkten.[19] In der Ausarbeitung und Umsetzung des sexuellen Schutzalters wanderte der Blick der österreichischen Experten und Abgeordneten in den 1950er bis 1970er Jahren – trotz der konfliktreichen gemeinsamen Geschichte – nämlich regelmäßig in die Bundesrepublik Deutschland (BRD). Aktenberg um Aktenberg, in denen die Ergebnisse der bundesdeutschen Strafrechtsreform dokumentiert waren, wurden nach Wien geschickt und dort konsultiert.[20] Wenn auch weniger intensiv, so doch regelmäßig nahm Österreich schließlich die Entwicklungen in anderen westeuropäischen Ländern zur Kenntnis.[21] Strafrechtsdebatten in der Deutschen Demokratischen Republik (DDR) und anderen osteuropäischen Ländern rezipieren die österreichischen Strafsrechtskommissionen dagegen kaum. Untersucht wird demnach, wie die Aufgabe, das Verhältnis von Kindheit, Sexualität und Macht zu bestimmen, einerseits im nationalen Kontext und andererseits im Austausch mit anderen Ländern und der internationalen Staatengemeinschaft angegangen wurde.

Während nationale, trans- und internationale Perspektiven es erlauben, dominierende Diskurse über das sexuelle Schutzalter zu analysieren, ermöglichen diese Ansätze nur begrenzt, Aussagen darüber zu treffen, wie histo-

18 Helmut Sax, Christian Hainzl, Die verfassungsrechtliche Umsetzung der UN-Kinderrechtskonvention in Österreich, Wien 1999. Zur historischen Genese von Kinderrechten siehe auch Anne-Françoise Praz, De l'enfant utile à l'enfant précieux. Filles et garçons dans les cantons de Vaud et Fribourg (1860–1930), Lausanne 2005.

19 Vgl. dazu Kiran Klaus Patel, Transnationale Geschichte – Ein neues Paradigma, in: Connections. A Journal for Historians and Area Specialists, 02.02.2005, https://www.connections.clio-online.net/article/id/artikel-573 (Zugriff: 12.11.2018); Philipp Gassert, Transnationale Geschichte. Docupedia-Zeitgeschichte. Begriffe, Methoden und Debatten der zeithistorischen Forschung, 29.10.2012, http://docupedia.de/zg/Transnationale_Geschichte_Version_2.0_Philipp_Gassert (Zugriff: 03.09.2018), S. 1.

20 Österreichisches Staatsarchiv/Archiv der Republik (ÖStA/AdR), BMfJ, Sektion II, Bände 44–46.

21 Zu vergleichenden Forschungsperspektiven siehe Christoph Conrad, Sebastian Conrad, Wie vergleicht man Historiographien? in: Dies. (Hg.), Die Nation schreiben. Geschichtswissenschaft im internationalen Vergleich, Göttingen 2002, S. 11–48.

rische Akteure und Akteurinnen – die sich hinsichtlich ihres Alters, ihres Geschlechts, ihrer sexuellen Orientierung oder ihrer klassen- bzw. ethnischen Herkunft unterschieden – Gewalt und Begehren jeweils am eigenen Leib erfahren und gedeutet haben. Um die Frage nach der historischen Bedeutung von legitimen und illegitimen sexuellen Handlungen zu untersuchen, muss der Analysemaßstab verkleinert und die lokale Ebene analysiert werden. Ich konzentriere mich auf den spezifischen geographischen Raum von Niederösterreich bzw. auf den ausgewählten geographischen Kreis um die Landeshauptstadt St. Pölten. Es handelt sich um ein politisches und geographisches Gebiet, das durch verschiedene Ereignisse im »Zeitalter der Extreme« (Eric Hobsbawm) tief geprägt war.[22] Wie das übrige Österreich erlebte Niederösterreich in der ersten Hälfte des 20. Jahrhunderts unterschiedliche politische Systeme wie die Monarchie, die Erste Republik, den autoritären Ständestaat und die nationalsozialistische Herrschaft.[23] Die beiden Weltkriege und das nationalistische Terrorregime forderten auch in Niederösterreich hunderte Menschenleben.[24] In der zweiten Hälfte des 20. Jahrhunderts gestalteten sich die politischen Verhältnisse weitgehend stabiler, gleichwohl waren die wirtschaftlichen und sozialen Transformationsprozesse tiefgreifend. Niederösterreich wandelte sich von einer stark agrarisch-rural geprägten Gesellschaft zu einer modernen Konsum- und Dienstleistungsgesellschaft, wobei das Verhältnis zur Großstadt Wien, die im Herzen des »flachen Landes« liegt, vielfach spannungsreich und gleichzeitig fruchtbar blieb.[25] Niederösterreich galt in der geographischen Karte Europas kaum als »Hotspot« der Geschichte, der international besonders große Aufmerksamkeit auf sich gezogen hätte – und doch lassen sich, so meine These, gerade in diesem vermeintlich wenig spektakulären Gebiet die his-

22 Eric Hobsbawm, Das Zeitalter der Extreme. Weltgeschichte des 20. Jahrhunderts, 4. Aufl., München 2000.

23 Stefan Eminger, Ernst Langthaler (Hg.), Niederösterreich im 20. Jahrhundert, Band 1: Politik, Wien 2008.

24 Manfred Scharf, IV: Sozialer Wandel in Niederösterreich. Grundüberlegungen zur gewählten Betrachtungsweise des sozialen Wandels 1945–1995 in Niederösterreich, in: Michael Dippelreiter (Hg.), Niederösterreich. Land im Herzen – Land an der Grenze (Geschichte der österreichischen Bundesländer seit 1945, Band 6), Wien 2000, S. 142–143; Dokumentationsarchiv des österreichischen Widerstandes (Hg.), Opferschicksale. Widerstand und Verfolgung im Nationalsozialismus. 50 Jahre Dokumentationsarchiv des österreichischen Widerstandes, Jahrbuch 2013, Wien 2013.

25 Peter Melichar, Ernst Langthaler, Stefan Eminger (Hg.), Niederösterreich im 20. Jahrhundert. Band 2: Wirtschaft, Wien, Köln, Weimar 2008; Andrea Komlosy, V: Die niederösterreichische Wirtschaft in der Zweiten Republik, in: Dippelreiter, Niederösterreich, S. 271–428.

torischen Entwicklungsprozesse, wie sie für Europa der zweiten Hälfte des 20. Jahrhunderts vielfach charakteristisch sind, exemplarisch aufzeigen. Anhand von Strafgerichtsprozessen des erstinstanzlichen Kreisgerichtes St. Pölten werden Fälle von Verletzungen des Schutzalters untersucht. Ich frage nach der Bedeutung, die Täter, Täterinnen und Opfer[26] diesen Normverstößen zumaßen, und analysiere, wie die Involvierten über Gewalt, Begehren und das Ende der Kindheit sprachen.

Im Anschluss an die Reflexionen von Jacques Revel verfolge ich damit eine multiskaläre Betrachtungsweise anhand von *jeux d'échelles* und fokussiere die lokale, nationale wie auch internationale Ebene, wobei diese als eng miteinander verwoben verstanden werden.[27] Anstatt das »Große« und das »Kleine« einander gegenüberzustellen, wird in dieser Perspektive vielmehr anerkannt, dass die soziale Realität und die menschliche Erfahrung abhängig vom gewählten Niveau der Quellenanalyse unterschiedlich repräsentiert sind. Wie Jakob Tanner im Anschluss an Revel betont, hänge die »Wirklichkeitskonstruktion« des Historikers und der Historikerin vom »Spiel mit den Größenordnungen« ab, sie resultierte aus dem Standpunkt, den die historischen Beobachtenden im Spektrum möglicher Positionen einzunehmen sich jeweils entschlossen hätten.[28] Gesamtgesellschaftliche Wandlungsprozesse – beispielsweise die sogenannte sexuelle Liberalisierung oder der Ausbau der Kinderrechte – werden anders gelesen und in andere Kategorien übersetzt, »wenn sie aus der Perspektive individueller Strategien, von biographischen Verläufen, sozialen Gruppen oder Minoritäten aus betrachtet werden«.[29] Die »kleinen Erfahrungen« sind demnach als integraler Teil der »großen Geschichte« zu sehen, von der sie, so die hier vertretene These, eine nuancenreichere und komplexere Version zu liefern vermögen.[30]

26 Zum »Opferbegriff« wandten Gewaltforscher und -forscherinnen kritisch ein, dass er eine stigmatisierende Wirkung habe, da er die gewaltbetroffenen Menschen – insbesondere gegenüber den Tätern und Täterinnen – in eine unterlegene und passive Position platziere. Postuliert wurde, nicht von Opfern, sondern von Überlebenden zu sprechen. Vgl. dazu u. a. Liz Kelly, Surviving Sexual Violence, Minneapolis 1988. Obwohl diesen kritischen Reflexionen grundsätzlich zugestimmt wird, wird gleichwohl auf den Begriff des »Opfers« Bezug genommen, um auf die höchst vulnerable Position von Kindern, die sexuelle Gewalt erlebten, hinzuweisen und die Frage gleichzeitig offenzulassen, inwieweit sich die Betroffenen selbst als Überlebende bezeichnen würden.

27 Jacques Revel, Jeux d'échelles. La micro-analyse à l'expérience, Paris 1996, S. 13–36.

28 Jakob Tanner, Historische Anthropologie zur Einführung, Hamburg 2004, S. 115.

29 Ebd.

30 Jacques Revel, Présentation, in: Revel, Jeux, S. 12–13; Tanner, Anthropologie, S. 114.

Das Sprechen über Gewalt, Begehren und das Ende der Kindheit: Die Quellenlage und methodischen Perspektiven

1980 publizierte die US-Amerikanerin Florence Rush ihr Buch »The Best Kept Secret: Sexual Abuse of Children«, das in den USA, aber auch international, große Aufmerksamkeit erhielt und in zahlreiche Sprachen übersetzt wurde (u.a. 1982 auf Deutsch). Florence Rush, die in ihrer Kindheit selbst Opfer von sexueller Misshandlung geworden war, interpretierte die sexuelle Gewalt, von der Kinder und insbesondere Mädchen in großer Zahl betroffen waren (und sind), als Folge der patriarchalen Herrschaftsstrukturen, welche die Gesellschaften historisch prägten.[31] Rushs Studie situierte sich im Kontext der »Neuen Frauenbewegung«, die seit den frühen 1970er Jahren auf nationaler wie auch internationaler Ebene auf unterschiedliche Formen von geschlechtsspezifischer Diskriminierung hinwies und verlangte, die hierarchische Geschlechterordnung radikal zu verändern. Die Bekämpfung der sexuellen Kindesmisshandlung bildete dabei einen Schwerpunkt des feministischen Engagements.[32]

Fragen rund um das sexuelle Schutzalter erhielten allerdings nicht erst mit der autonomen Frauenbewegung gesellschaftspolitische Beachtung. Bereits im frühen 20. Jahrhundert kam es in Österreich zu mehreren breit diskutierten Skandalen. So mussten sich u.a. der international bekannte Maler Egon Schiele und der renommierte Architekt Adolf Loos wegen »Unzuchtsdelikten« an minderjährigen Mädchen strafrechtlich verantworten.[33] Die Bedeutung der feministischen Intervention seit den 1970er Jahren ist auch weniger darin zu sehen, dass sie einen gesellschaftspolitischen Gegenstand gänzlich neu formiert und die sexuelle Gewalt an Kindern erstmals als Problem benannt hätte. Vielmehr änderten die Aktivistinnen der autonomen Frauenbewegung die Art und Weise, wie über dieses Delikt gesprochen wurde, da sie diese Gewaltform ursächlich mit den bestehenden patriarcha-

31 Florence Rush, Das bestgehütete Geheimnis: Sexueller Kindesmißbrauch, Berlin 1982.

32 Vgl. dazu Louise Armstrong, Kiss Daddy Goodnight. Aussprache über Inzest, Frankfurt a.M. 1985; Barbara Kavemann, Ingrid Löhstöter, Väter als Täter. Sexuelle Gewalt gegen Mädchen. »Erinnerungen sind wie eine Zeitbombe«, Reinbek bei Hamburg 1983; vgl. dazu auch Kapitel 10.1.

33 Vgl. dazu Albertina Wien (Hg.), Egon Schiele, München 2017, S. 355; Christopher Long, Adolf Loos on Trail, Prag 2017. Die Fälle werden bis heute kontrovers diskutiert. Gleichwohl ist das Bestreben, diese international bekannten Künstler in der Erinnerung nicht mit dem Vorwurf der sexuellen Misshandlung an Kindern in Verbindung zu bringen, ebenfalls eminent. Kritisch dazu, Andreas Weigl, Die Strafsache Adolf Loos, in: https://weigelandreas.wordpress.com/der-fall-loos/die-strafsache-gegen-adolf-loos-aktenzeichen-27-vr-5707-28 (Zugriff: 09.08.2018).

len Geschlechterverhältnissen verknüpften und das Delikt damit gleichzeitig als ein Problem bezeichneten, das nicht nur Randgruppen oder Einzelfälle, sondern die Gesellschaft insgesamt betraf.[34]

Für das 20. Jahrhundert finden sich folglich zahlreiche und unterschiedliche Quellenbestände, welche die Problematik der »Unzucht« mit Minderjährigen thematisieren. Die vorliegende Untersuchung fokussiert auf Quellen, in denen über das Instrument des Rechts die Normierung des sexuellen Schutzalters angestrebt wurde. Dazu gehören parlamentarische und wissenschaftliche Aushandlungsprozesse zum österreichischen Strafrecht und zum internationalen Kinderrecht, die protokollarisch festgehalten wurden, wie auch die Deutungen der sexualstrafrechtlichen Normen in Form von rechtswissenschaftlichen Kommentaren und Abhandlungen.[35] Die Debatten um Kinderrechte waren dabei eng verzahnt mit gesellschaftspolitischen Diskussionen. Nicht zuletzt in gesellschaftlichen Krisen- und Umbruchzeiten erhielt die Frage, inwieweit Minderjährige vor sexuellen Übergriffen geschützt werden sollten, breite Aufmerksamkeit. Analysiert werden folglich die politischen Vorstöße unterschiedlicher Akteursgruppen zu Pädosexualität[36] und ausgewählte mediale Auseinandersetzungen seitens verschiedener sozialer Bewegungen.[37] Diese politische und zivilgesellschaftliche Problematisierung war schließlich beeinflusst von wissenschaftlichen Diskursen, wie sie Experten und Expertinnen der Psychiatrie, Psychologie, Soziologie, Medizin oder Sexualwissenschaften führten. Zeitgenössische Studien, Lehrbücher, Zeitschriften und Kongressberichte dieser wissenschaftlichen Disziplinen, die sowohl die »pathologischen« Persönlichkeitsmerkmale von Tätern – und weit weniger von Täterinnen – verhandelten wie auch das Verhalten der Minderjährigen, die sexuelle Kontakte mit sexualmündigen Personen erlebt hatten, bilden einen weiteren wichtigen Quellenbestand.

34 Vgl. dazu Kapitel 10.1.

35 Vgl. dazu ÖStA/AdR, Strafrechtslegislative 1945–1983, Bände 43 ff.; LON (League of Nations Archive, Geneva), C. P. E./P. V., C.264.M.103.1926.IV, Annex 3, The Legal Age of Marriage and the Age of Consent, C. P. E. 36 (I).

36 Nachfolgend wird mit dem Begriff der Pädosexualität auf den realisierten Sex mit – primär vorpubertären – Kindern verwiesen. Er ist also nicht deckungsgleich mit dem Begriff der »Pädophilie«, der sich auf die sexuelle Orientierung auf Kinder bezieht. Vgl. dazu Christoph J. Ahlers, Gerard A. Schaefer, Pädophilie, Pädosexualität und sexueller Kindesmissbrauch: Über die Notwendigkeit einer differenzierten Betrachtung, in: BZgA Forum Sozialaufklärung, 3 (2010), S. 45–51.

37 ÖStA/AdR, BMfJ, Sektion II, Bände 139, 140. Zu den wichtigsten konsultierten Zeitschriften gehören: »AUF. Eine Frauenzeitschrift«; »an.schläge. Feministisches Magazin für Politik, Arbeit und Kultur« und die »Lambda-Nachrichten. Zeitschrift der Homosexuellen Initiative Wien«.

In der methodischen Analyse dieser wissenschaftlichen und gesellschaftspolitischen Auseinandersetzungen zu sexueller Mündigkeit werden nachfolgend Verfahren und Ansätze fruchtbar gemacht, wie sie in jüngster Zeit die Diskurs- und Wissenschaftsgeschichte entwickelten. In den Fokus rückt demnach die Frage, wie Wissen über sexuelle Un- bzw. Mündigkeit hervorgebracht wurde. Die Wissensproduktion wird als sozialer Prozess begriffen, in den nicht nur theoretische Vorannahmen, sondern auch der jeweilige soziale Kontext der an der Wissensproduktion beteiligten Akteure und Akteurinnen eingehen. Die Produktion von Wissen geht dabei stets mit Prozessen des Ein- und Ausschlusses einher: Das unter bestimmten Bedingungen etablierte Wissen tritt in Konkurrenz zu anderem Wissen.[38] Wissen ist also nicht einfach »da«, sondern wird vielmehr in einem dynamischen Prozess produziert, der sich vielfach konfliktreich gestaltet.[39] Ziel der vorliegenden Studie ist demnach aufzuzeigen, wie »Wahrheit« jeweils historisch »erfunden« wurde und wie sie innerhalb gesellschaftlicher, ökonomischer und kultureller Hegemonien Macht entfaltete.[40]

Im Mittelpunkt der Untersuchung stehen schließlich Fallakten von Strafgerichtsprozessen: Anhand der drei ausgewählten Stichjahre 1950, 1960 und 1970 werden die überlieferten 200 Strafgerichtsfälle untersucht, welche die Strafbehörden am Kreisgericht St. Pölten wegen Verletzungen des sexuellen Schutzalters bearbeiteten (§§ 127, 128, 129 lb StG) und die teilweise an Zweitgerichte weitergezogen wurden.[41] In den untersuchten Stichjahren war das Strafgesetz von 1852 noch immer in Kraft. Allerdings begannen in diesem Zeitabschnitt die Arbeiten für das neue, 1974 verabschiedete Strafgesetzbuch, das teilweise Reformen umsetzte, die sich auf Desiderate der Strafpraxis bezogen. Das Kreisgericht St. Pölten behandelte Fälle von Ver-

38 Sabine Hark, Feministische Theorie – Diskurs – Dekonstruktion. Produktive Verknüpfungen, in: Reiner Keller et al. (Hg.), Handbuch Sozialwissenschaftliche Diskursanalyse, Band 1, Theorien und Methoden, Opladen 2001, S. 353–371, S. 365–366.

39 Sabine Hark, Dissidente Partizipation. Eine Diskursgeschichte des Feminismus, Frankfurt a. M. 2005, S. 59.

40 Hannelore Bublitz et al., Diskursanalyse – (k)eine Methode? Eine Einleitung, in: Dies. (Hg.), Das Wuchern der Diskurse. Perspektiven der Diskursanalyse Foucaults, Frankfurt a. M., New York 1999, S. 10–21, S. 14. Vgl. auch Michel Foucault, Archäologie des Wissens, Frankfurt a. M. 1981; Michel Foucault, Die Ordnung des Diskurses, Frankfurt a. M. 1992.

41 NÖLA, Vr-Akten. Für die Stichjahre 1950, 1960, 1970 verzeichnet das Register insgesamt 243 Fälle von Verletzungen des Schutzalters für das Kreisgericht St. Pölten. (Einzelne Doppelaufführungen sind in dieser Zahl bereinigt.) Dies bedeutet, dass gut 83 % dieser aufgeführten Fälle im Archiv greifbar sind. Die Gründe, weshalb die Akten bestimmter Fälle fehlen, lassen sich nicht mehr rekonstruieren.

letzungen des sexuellen Schutzalters im vereinfachten Verfahren vor dem Einzelrichter oder als Schöffengericht, das sich aus zwei Berufsrichtenden und zwei Schöffen – also Laienrichtenden – zusammensetzte.[42] Waren die Angeklagten jünger als 18 Jahre, urteilte des Kreisgericht St. Pölten als Jugendschöffengericht nach dem Jugendgerichtsgesetz (JGG 1949 bzw. 1961), das für die Verurteilten mildere Strafmaßnahmen vorsah als für Erwachsene.[43] Bei den Fallakten dieses Strafgerichts handelt es sich um einen – auch in europäisch vergleichender Perspektive – einzigartigen Quellenbestand. Bis auf wenige Lücken sind im Landesarchiv Niederösterreich die Strafgerichtsakten für die Nachkriegsjahre insgesamt aufbewahrt worden, während in zahlreichen anderen europäischen Archiven häufig nur eine, vielfach nur schwer nachvollziehbare Auswahl von Strafakten greifbar ist. Der Quellenbestand des Landesarchivs Niederösterreich ermöglicht es nicht nur, die Fälle von Verletzungen des Schutzalters quantitativ auszuwerten, sondern auch die Wandlungsprozesse der Nachkriegsjahrzehnte in den Blick zu nehmen.

Die Fallakten, wie sie die Medizin, die Psychiatrie oder Fürsorge anlegten, rückten in den letzten Jahren vermehrt in den Fokus der historischen Forschung.[44] Die dokumentierten Narrationen in den untersuchten Strafgerichtsakten des Kreisgerichts St. Pölten weisen insofern eine Spezifik auf, als diese wesentlich durch rechtliche Normen geprägt sind. Einerseits bestimmt das Strafrecht, welche Handlungen überhaupt in den Blick der Behörden fallen; andererseits regelt das Strafprozessrecht den Ablauf der

42 In den untersuchten Stichjahren wurde kein Fall von »Notzucht« oder »Unzucht« an Minderjährigen als so schwer eingestuft, dass er von einem Schwurgericht beurteilt werden musste. Vor die Schwurgerichte gehörten nach gesetzlichen Bestimmungen Verbrechen, die mit einer strengeren Strafe als einer zehnjährigen Kerkerstrafe bedroht waren. Vgl. dazu Friedrich Gampp, Lehrbuch des österreichischen Strafprozesses, 7., umgearbeitete Aufl., Wien, Leipzig 1935, S. 20.

43 Ferdinand Kadečka, Das österreichische Jugendgerichtsgesetz mit den Motiven und Durchführungsverordnungen, Wien 1929; Norbert Janowsky, Karl Striebel, Das Jugendgerichtsgesetz, Wien 1958; Karl Heidrich, Ferdinand Zastiera, Jugendgerichtsgesetz (JGG), Wien 1962.

44 Susanne Düwell, Nicolas Pethes (Hg.), Fall – Fallgeschichte – Fallstudie. Theorie und Geschichte einer Wissensform, Frankfurt a. M., New York 2014; Ruben Hackler, Katherina Kinzel (Hg.), Paradigmatische Fälle. Konstruktion, Narration und Verallgemeinerung von Fall-Wissen in den Geistes- und Sozialwissenschaften, Basel 2016; Jean-Claude Passeron, Jacques Revel (Hg.), Penser par cas, Paris 2005; Claudia Kaufmann, Walter Leimgruber (Hg.), Was Akten bewirken können. Integrations- und Ausschlussprozesse eines Verwaltungsvorganges, Zürich 2008.

Untersuchung und das Prozedere der Urteilsfindung und -verkündung.[45] Doch auch wenn die Regeln zur Präsentation der Sachverhalte von rechtlichen Normen abhängen, ergäben sich, wie Jörg Schönert argumentiert, im strukturell-abstrahierenden Vergleich von rechtlich geordneten Erzählungen bei Gericht und literarischen Erzählungen »überraschende Gemeinsamkeiten«.[46] Der Ablauf des Strafprozesses lässt sich als ein »geregeltes Erzählspiel« verstehen, in dem die Vorsitzenden als Vollzugsinstanz der rechtlichen Vorschriften den Beteiligten die Erzählhaltungen vorgeben, anschließend die unterschiedlichen Perspektiven gewichten und sie einander zuordnen. Demgegenüber fügen die Plädoyers und die Urteilsbegründungen als Texte »auktorialer Erzähler« die verschiedenen Entwürfe zu Sachverhaltsschilderungen und die perspektivengebundenen Berichte zu einer Erzählung zusammen.[47]

Diese »geregelten Erzählspiele« umfassen unterschiedliche Dokumente des Recherchierens, des Befragens und des Interpretierens, die jeweils in einer Akte des Kreisgerichts St. Pölten zusammengeführt wurden. Dokumentiert ist beispielsweise, wenn die Gendarmerie bei Fällen von »Notzucht« oder »Schändung« Minderjähriger an den Tatort ging und Spuren der kriminellen Handlung festmachte. Ebenso lassen sich Dokumente von medizinischen Experten finden, die nach der gynäkologischen Untersuchung einen Bericht über eine allfällig stattgefundene »Defloration« eines Mädchens ausstellten. Diese »Fakten« ergänzten die Behörden und Richtenden durch zahlreiche Befragungen der Beschuldigten und der Zeugen und Zeuginnen. Ziel war es, sich ein Bild von dem Fall zu machen und die Charakteristik und den Leumund der involvierten Personen auszuleuchten. Allerdings waren nicht nur die Untersuchungsbehörden aktiv daran beteiligt, die Tathandlung unter einer bestimmten Perspektive darzustellen und ausgewählte Aspekte besonders hervorzuheben. Auch die Beschuldigten waren bestrebt, ihre Deutungen zur Verletzung des sexuellen Schutzalters wirksam zur Geltung zu bringen und auf spezifische Rechtfertigungsstrategien zurückzugreifen. Strafakten vermitteln somit keine unmittelbare historische Wirklichkeit, sondern vielmehr eine gedeutete, interpretierte und von sozialem und kultu-

45 Vgl. dazu Ernst Lohsing, Österreichisches Strafprozeßrecht, Wien 1932; Christian Bertel, Andreas Venier, Strafprozessrecht, 2. Aufl., Wien 2008.

46 Jörg Schönert, Erzählte Kriminalität. Zur Konstitution des Gegenstandsbereichs und zu interdisziplinären Perspektiven, in: Ders., Kriminalität erzählen. Studien zu Kriminalität in der Deutschsprachigen Literatur (1570–1920), Berlin, Boston 2015, S. 1–47, S. 3.

47 Ebd., S. 4–5.

rellem Sinn geprägte Wirklichkeit.[48] Diese bleibt zwangsläufig umstritten: Nicht nur die abschließende Beurteilung des Gerichts wurde von involvierten Akteuren und Akteurinnen vielfach als »wahre« Version abgelehnt. Auch die Art der Darstellung und Gewichtung der Ereignisse, wie sie in der Strafakten vorgenommen wurde, deckte sich unter Umständen nicht mit den Ansprüchen der involvierten Personen.

Die historischen Akteure und Akteurinnen hatten im hierarchisch strukturierten Strafprozess höchst unterschiedliche und ungleiche Möglichkeiten, den Gang der Untersuchung und die Produktion der Akten zu bestimmen.[49] Nicht zuletzt spielte das Alter der Vorsprechenden eine zentrale Rolle. Gerade für kleine Kinder war die Befragung auf dem Gendarmeriekommandoposten oder vor Gericht vielfach so angsteinflößend, dass sie nur noch weinten und keine Aussagen mehr machen konnten. Adoleszente Mädchen und Jungen waren dagegen vielfach bestrebt, ihre Deutungen wiederzugeben und nicht zuletzt mit Hinweis auf ihre Gefühle, die sie mit den erlebten sexuellen Handlungen verbanden, die Tragweite des Delikts gegenüber den erwachsenen Untersuchungs- und Gerichtsbehörden verständlich zu machen.[50] In diesem Sinne sind die Akten der Strafprozesse zu Pädokriminalität eine der wenigen historischen Quellen, in denen Kinder und Jugendliche über sexuelle Handlungen Auskunft gaben, allerdings blieben die Möglichkeitsbedingungen des Sprechens prekär.[51] Strafprozesse können zwar, wie im hier untersuchten Fall, durch einen demokratischen Staat abgesichert werden, der die Regeln für die Strafuntersuchung und Urteilsfindung aufstellt. Gleichwohl kam es in Strafprozessen immer wieder zu Persönlichkeitsverletzungen: Die Rechtsansprüche von Opfern sexueller Gewalt wurden vielfach nur ungenügend erkannt. Die Befragung der Kinder und Jugendlichen hatte durchaus inquisitorischen Charakter, sodass die Strafakten auf ein doppeltes Gewaltverhältnis hinweisen: auf sexuelle Übergriffe, die Minderjährige in Familie, Nachbarschaft oder an

48 Caroline Arni, »Baigné dans l'atmosphère du cas concret«. Fallstudien zur ehelichen Beziehung in der Stadt Bern zu Beginn des 20. Jahrhunderts, in: Veronika Aegerter et al. (Hg.), Geschlecht hat Methode. Ansätze und Perspektiven in der Frauen- und Geschlechtergeschichte. Beiträge zur 9. Schweizerischen Historikerinnentagung 1998, Zürich 1999, S. 139–156, S. 142–143.

49 Matt Cook, Law, in: Cocks, Houlbrook, History, S. 64–86, S. 77.

50 Zur Bedeutung von Emotionen in Gerichtsprozessen siehe auch Ellinor Forster, Legitime Wut. Zum Ausdruck männlicher Gefühle in Ehescheidungsprozessen des ländlichen Tirol und Vorarlberg im 19. Jahrhundert, in: Manuel Borutta, Nina von Verheyen (Hg.), Die Präsenz der Gefühle. Männlichkeit und Emotionen in der Moderne, Bielefeld 2010, S. 105–128.

51 Vgl. dazu auch Jackson, Childhood, S. 241–242.

Orten des Konsums erlebten – und die Gegenstand der Untersuchung waren –, wie auch auf Gewaltverhältnisse im Kontext des Strafprozesses, in dem die betroffenen Kinder und Jugendlichen nach der Logik des Strafprozessrechtes nicht als Opfer, sondern vielmehr als Zeugen und Zeuginnen behandelt wurden, die zur Aufklärung des Falles – ähnlich wie Erwachsene – rigoros Rede und Antwort stehen mussten.[52] Die hier untersuchten Strafakten ermöglichen somit, so gilt es abschließend festzuhalten, Teilaspekte einer Geschichte des sexuellen Schutzalters auszuleuchten. Selbstredend geben die Akten geben keine Hinweise darüber, wie Minderjährige über pädosexuelle Handlungen sprachen, wenn sie nicht von einem Gendarmen, einer Kriminalpolizistin, einem Untersuchungsrichter oder Psychiater dazu befragt wurden. Ebenso geben die Fallakten keine Hinweise darüber, wie sich die erlebte sexuelle Misshandlung längerfristig auf das Leben der Betroffenen ausgewirkt hat oder inwiefern Strafprozesse das soziale Gefüge von Familien oder Nachbarschaftsverhältnissen in der Folge veränderten.

Nachfolgend werden die Strafprozessakten quantitativ ausgewertet, sodass Aussagen über die Verteilung der Geschlechtszugehörigkeit, des Alters oder der sozialen Herkunft der Involvierten gemacht werden können. Nebst dieser quantitativen Auswertung werden die Fallakten mittels systematisch-rekonstruktiven hermeneutischen Verfahren untersucht, wie sie Reinhard Sieder vorschlägt. Damit sind methodische Vorgehen gemeint, die Texte »möglichst genau in ihrer Vielschichtigkeit und Standortabhängigkeit analysieren, indem sie die Erzählungen in der Linie ihres vergangenen Entstehens rekonstruieren«.[53] Anders als in puristisch-linguistischen Interpretationsmodellen ist in diesem methodischen Vorgehen auch das sozialhistorische Kontextwissen heranzuziehen, da die subjektive Sinndeutung nur verstanden werden kann, wenn die Bedingungen der Äußerungen rekonstruiert werden, seien diese nun sozialer, politischer, wirtschaftlicher oder materieller Art.[54]

52 Vgl. dazu auch Goltermann, Opfer, S. 188.

53 Reinhard Sieder, Sozialgeschichte auf dem Weg zu einer historischen Kulturwissenschaft?, in: Geschichte und Gesellschaft, 20 (1994), S. 445–468, S. 462.

54 Ebd.

Das sexuelle Schutzalter und die Sexualitätsgeschichte der Kindheit und Jugend: Zum Forschungsstand

Sowohl die Geschichte der Kindheit wie auch die Geschichte der Sexualität gehören zu den historischen Forschungsfeldern, die sich in den letzten Jahren stark entwickelten. Während für beide Bereiche in jüngster Zeit zahlreiche Studien erschienen sind, befindet sich eine »Sexualitätsgeschichte der Kindheit« noch in ihren Anfängen.[55] Zwar ist unbestritten, dass auch Kinder und Jugendliche eine Geschichte der Sexualität haben, nämlich dann, wenn mit Sexualität »alle mit dem Geschlechtsleben zusammenhängenden Erscheinungen verstanden« werden – »das sind Begriffe, Ideen, Wissen, Begierde, Orientierung, Phantasie und Praxis«.[56] Doch analysierte die Geschichtswissenschaft bisher erst ausgewählte Bereiche einer solchermaßen verstandenen Sexualitätsgeschichte der Kindheit.[57] Eine wichtige Untersuchung stellt hierbei die jüngst erschiene Studie von Julia König dar, die aufzeigt, dass es in den von ihr untersuchten Epochen – nämlich der Antike, der *aetas christiana* und der Frühen Neuzeit bis zur Moderne – »nicht nur in der Tat Sexualakte und sexuelle Bedürfnisse, Lüste und Fantasien von Kindern gab, sondern dass diese als Gegenstand auch Eingang fanden in Erzählungen, Abhandlungen, Erziehungserwägungen und Theorien über die menschliche Natur«.[58] In der diskursiven Auseinandersetzung um die »Unschuld« des Kindes, wie sie in der westlichen Welt im 18. Jahrhundert einsetzte, fand indes eine tiefgreifende Trennung zwischen Sexualität und Kindheit statt. Die propagierte »Unschuld« des Kindes zeichnete sich, so die nachfolgend vielfach wiederholte Ansicht, primär durch eine Asexualität des Kindes aus.[59] An der Wende vom 19. zum 20. Jahrhundert hinterfragte die neu etablierte Sexualwissenschaft zwar Konzeptionen einer kindlichen Asexualität,

55 Vgl. dazu Jackson, Childhood; Jens Elberfeld, Von der Sünde zur Selbstbestimmung. Zum Diskurs »kindlicher Sexualität«. (Bundesrepublik Deutschland 1960–1990), in: Peter-Paul Bänziger et al. (Hg.), Sexuelle Revolution? Zur Geschichte der Sexualität im deutschsprachigen Raum seit den 1960er Jahren, Bielefeld 2015, S. 247–284, S. 247–248.

56 Franz X. Eder, Kultur der Begierde. Eine Geschichte der Sexualität, 2., erw. Aufl., München 2009, S. 15.

57 Beth Bailey, The Vexed History of Children and Sex, in: Paula S. Fass (Hg.), The Routledge History of Childhood in the Western World, London, New York 2013, S. 191–210, S. 191–193.

58 Julia König, Kindliche Sexualität. Geschichte, Begriff und Probleme, Frankfurt a. M. 2020, S. 74.

59 Bailey, History, S. 195–196.

sie blieben indes auch im 20. Jahrhundert weiterhin wirkungsmächtig.[60] Wie diese sich wandelnden und vielfach umstrittenen Konzeptionen einer kindlichen Sexualität das Verhältnis von Kindheit, Erwachsenenalter und Macht prägten, ist historisch indes erst punktuell untersucht worden.

Die Normierung eines sexuellen Schutzalters setzte sich in Kontinentaleuropa an der Wende des 18. zum 19. Jahrhundert sukzessive durch.[61] Dieses schützte zunächst primär vorpubertäre Mädchen vor sexuellen Handlungen, es wurde in der Folge auch auf Knaben ausgedehnt. Die Moderne charakterisiert sich nicht zuletzt dadurch, dass die Grenzen zwischen Kindheit und Erwachsenenalter hinsichtlich von Sexualität geschärft und über das Strafrecht abgesichert wurden, eine Praxis, die im 20. Jahrhundert allerdings immer wieder Gegenstimmen auf den Plan rief. Die historische Forschung hat sich der Geschichte des sexuellen Schutzalters zum einen angenähert, in dem sie die *gesellschaftspolitischen Debatten* und *wissenschaftlichen Diskurse* über diese strafrechtliche Normierung historisierte, wobei unterschiedliche zeitliche Kontexte fokussiert wurden. So liegen derzeit mehrere Forschungsarbeiten vor, welche die Wende vom 19. zum 20. Jahrhundert in den Blick nehmen – einen historischen Zeitpunkt, in dem sowohl Konzeptionen von Sexualität wie auch Kindheit neu verhandelt wurden.[62] Wie für verschiedene Länder bereits aufgezeigt wurde, formierten sich seit dem ausgehenden 19. Jahrhundert Kinderschutzbewegungen, die auf eine bessere Protektion von Kindern und Jugendlichen hinarbeiteten.[63] Erste Kinderschutzvereine entstanden bereits in den 1830er und 1840er Jahren (so auch in Österreich). Im ausgehenden 19. Jahrhundert verdichteten sich indes die Zahl der philanthropischen Vereinigungen, die sich unterschiedlichen Aspekten des Kinderschutzes annahmen.[64] Die Frage nach dem sexuellen Schutzalter gestaltete sich als ein Schlüsselproblem. Verschiedene Zweige der nationalen und internationalen Kinderschutzbewegung – die vielfach eng

60 König, Sexualität, S. 421–452; Lutz D. H. Sauerteig, Loss of Innocence: Albert Moll, Sigmund Freud and the Invention of Childhood Sexuality Around 1900, in: Medical History, 56 (2012) 2, S. 156–183.

61 Vgl. dazu Claudia Jarzebowski, Inzest. Verwandtschaft und Sexualität im 18. Jahrhundert, Köln, Weimar 2006, S. 242–243.

62 Katrin M. Kämpf, Pädophilie. Eine Diskursgeschichte, Bielefeld 2022, S. 25–103. Das Buch erschien kurz vor der Drucklegung dieser Publikation.

63 Alyson Brown, David Barrett, Knowledge of Evil. Child Prostitution and Child Sexual Abuse in Twentieth-Century England, Devon 2002; Laurie Boussaguet, La pédophilie, problème public. France, Belgique, Anglettere, Paris 2008, S. 91–107.

64 Elisabeth Malleier, »Kinderschutz« und »Kinderrettung«. Die Gründung von freiwilligen Vereinen zum Schutz misshandelter Kinder im 19. und frühen 20. Jahrhundert, Innsbruck, Wien, Bozen 2014.

mit Zweigen der Frauenbewegung zusammenarbeiteten – setzten sich für eine Erhöhung des strafrechtlichen Schutzalters ein.[65] Die frühen Kinderschutzbewegungen waren nicht national beschränkt, sondern bereits im frühen 20. Jahrhundert international ausgerichtet.[66]

Daneben nehmen verschiedene historische Studien gesellschaftspolitische und wissenschaftliche Auseinandersetzungen in den Blick, die sich im Kontext einer sexuellen Liberalisierung seit den 1960er Jahren entfalteten. In mehreren europäischen Ländern setzten sich Gruppierungen für eine Herabsetzung des Schutzalters und eine »Befreiung der kindlichen Sexualität« ein.[67] Dabei gingen einzelne Gruppierungen so weit, eine intergenerationelle Sexualität zu befürworten, da Kindern und Jugendlichen ein Recht auf Lust und Sexualität nicht vorenthalten werden sollte, wie jüngste Forschungsarbeiten u. a. für die BRD aufzeigen.[68] Obwohl sich die historische Forschung in den letzten Jahren verstärkt mit den sexualitätspolitischen Forderungen der 68er-Bewegung auseinandergesetzt hat, bestehen für die zweite Hälfte des 20. Jahrhunderts zahlreiche Forschungslücken, was das historische Verhältnis von Kindheit, Sexualität und Gewalt anbelangt.[69] Dies gilt

65 Vgl. u. a. Bettina Kretzschmar, »Bahn frei für den aufwühlenden Pflug der Kritik«. Der Beginn der abolitionistischen Bewegung in Deutschland, in: »Die sittliche Wage ist aus dem Gleichgewicht«. Gesellschaftliche Debatten um 1900, Ariadne. Forum für Frauen- und Geschlechtergeschichte, 55 (2009), S. 6–11; Judith Walkowitz, Prostitution and Victorian Society. Women, Class and the State, Cambridge 1982, S. 246–252.

66 Vgl. u. a. Judith Grosse, Der Kampf gegen Prostitution. Zwischen Sittlichkeitsreform, Feminismus und Medizin, 1864–1914, in: Dies., Francesco Spöring, Jana Tschurenev (Hg.), Biopolitik und Sittlichkeitsreform. Kampagnen gegen Alkohol, Drogen und Prostitution 1880–1950, Frankfurt a. M., New York 2014, S. 177–215; Paul Knepper, International Criminals. The League of Nations, the Traffic in Women and the Press, in: Media History, 20 (2014) 4, S. 400–414, S. 404.

67 Bailey, History, S. 203; Meike Sophia Baader et al. (Hg.), Tabubruch und Entgrenzung. Kindheit und Sexualität nach 1968, Weimar, Wien 2017.

68 Vgl. Franz Walter, Stephan Klecha, Alexander Hensel (Hg.), Die Grünen und die Pädosexualität. Eine bundesdeutsche Geschichte, Göttingen 2015; Stephan Klecha, Die Grünen zwischen Empathie und Distanz in der Pädosexualitätsfrage. Anatomie eines Lernprozesses, Wiesbaden 2017; Meike Sophia Baader, Blinde Flecken in der Debatte über sexualisierte Gewalt. Pädagogischer Eros und Sexuelle Revolution in geschlechter-, generationen- und kindheitshistorischer Perspektive, in: Werner Thole et al. (Hg.), Sexualisierte Gewalt, Macht und Pädagogik, Opladen u. a. 2012, S. 84–99; Dagmar Herzog, Sex after Fascism. Memory and Morality in Twentieth-Century Germany, Princeton, Oxford 2005, S. 152–174; Sonja Levsen, Autorität und Demokratie. Eine Kulturgeschichte des Erziehungswandels in Westdeutschland und Frankreich, 1945–1975, Göttingen 2019, S. 586–594.

69 Baader, Flecken.

auch für den österreichischen Kontext. Einzelne historische Arbeiten untersuchen zwar die Veränderungen, welche die neuen sexualstrafrechtlichen Bestimmungen von 1971 und 1974 verankerten.[70] Wie sich verschiedene politische Parteien und wissenschaftliche Expertengruppen in Österreich zu einer »Liberalisierung« des sexuellen Verhältnisses zwischen Kindern und Erwachsenen positionierten, wie sie internationale Debatten um eine »sexuelle Revolution« der Jugendsexualität rezipierten und inwiefern sie eine Aufweichung des strafrechtlichen Schutzalters verlangten, ist bisher jedoch kaum untersucht worden.[71]

Neben gesellschaftspolitischen und wissenschaftlichen Diskursen zum Verhältnis von Kindheit, Erwachsenenalter und Sexualität wurde die Frage, wie die gesetzlichen Normen in der *strafrechtlichen Praxis* angewendet wurden, historisch untersucht und anhand von Gerichtsakten analysiert.[72] Dabei lässt sich eine gegensätzliche Herangehensweise konstatieren: Zum einen untersuchen historische Studien die Problematik der sexuellen Misshandlung von Kindern und fragen, wie Justiz und Gesellschaft auf sexuelle Gewalt reagierten. Forschungsarbeiten, die sich in diesem Zusammenhang mit dem Tatbestand der »Unzucht mit Kindern« beschäftigt haben, analysieren primär Fälle, in denen das Machtgefälle zwischen Täterschaft und Opfern groß war und in denen das Moment des Zwangs und der Gewalt dominierte; dies gilt tendenziell sowohl für Studien zur Vormoderne[73] wie

70 Helmut Graupner, Sexualität, Jugendschutz und Menschenrechte. Über das Recht von Kindern und Jugendlichen auf sexuelle Selbstbestimmung, Teil 1 und Teil 2, Frankfurt a. M. u. a. 1997; Roman Birke, Barbara Kraml, Gleichzeitigkeit von Inklusion und Exklusion. Homosexualitäten zwischen Verfolgung und Normalisierung in Österreich 1971, in: zeitgeschichte, 43 (2016) 2, S. 85–100; Detlef Siegfried, Grenzen der Freiheit. Ernest Bornemann und die Sexualität von Kindern, in: Baader et al., Tabubruch, S. 200–217.

71 Die Auseinandersetzungen beschränken sich primär auf journalistische Arbeiten: Werner Reichel, Pädophile Altlasten auch in Österreichs Grünenbewegung, in: krone.at-Forum, 17. September 2013, http://www.krone.at/forum/board11 (Zugriff: 15. 12. 2017).

72 Francisca Loetz, Sexualisierte Gewalt 1500–1850. Plädoyer für eine historische Gewaltforschung, Frankfurt a. M., New York 2012; Stephen Robertson, What's Law Got to Do with It? Legal Records and Sexual Histories, in: Journal of the History of Sexuality, 14 (2005) 1+2, S. 161–185.

73 Vgl. beispielsweise, Elizabeth Archibald, Incest between Adults and Children in the Medieval World, in: George Rousseau (Hg.), Children and Sexuality. From the Greeks to the Great War, 2. Aufl., Basingstoke 2012, S. 85–102; Andrea Griesebner, »Er hat mir halt gute Wörter gegeben, daß ich es thun solle.« Sexuelle Gewalt im 18. Jahrhundert am Beispiel des Prozesses gegen Katharina Riedlerin und Franz Riedler, in: Michael Weinzinger (Hg.), Individualisierung, Rationalisierung, Säkularisierung. Neue Wege der Religionsgeschichte, München 1997, S. 130–155.

auch zur Moderne.[74] Fokussiert werden damit primär Formen von Gewalt, in denen die Opfer die Pubertät noch nicht erreicht hatten und die Täter klar als Erwachsene eingestuft werden können.[75] Ebenso diskutieren die Studien die möglichen gesellschaftlichen und juristischen Reaktionen auf sexuelle Gewalt an Kindern. Studien zum 19. und frühen 20. Jahrhundert zeigen u.a. auf, dass die Deutung von sexueller Gewalt gegen Kinder in hohem Maße durch die soziale Situierung der involvierten Personen geprägt war. Stammten minderjährige Mädchen beispielsweise aus niedrigen sozialen Schichten, konnten sie sich kaum als Opfer von sexueller Gewalt positionieren, insbesondere wenn der Angeklagte einer höheren sozialen Klasse angehörte.[76] Zum anderen liegen verschiedene Studien vor, die auf den Disziplinierungscharakter des Strafrechts hinweisen. So zeigen Forschungsarbeiten anhand der Analyse von Gerichtsakten auf, wie Politik und zivilgesellschaftliche Organisationen mit ihren Bestrebungen, das Schutzalter zu erhöhen, das Recht auf Sexualität für adoleszente Mädchen und Jungen beschnitten und Sexualitätspraktiken von Jugendlichen kriminalisierten.[77] Auf den Disziplinierungscharakter, den strafrechtliche Regelungen zum Schutzalter haben, weisen ebenfalls Studien zur Geschichte der Homosexualität hin. Sie zeigen auf, wie eine Diskriminierung homosexueller Menschen auch nach einer Entkriminalisierung der Homosexualität über die Regelungen zum Schutzalter fortbestand.[78] R. Danielle Egan und Gail L. Hawkes fordern sodann auch den seit dem ausgehenden 19. Jahrhundert wirkungsmächtigen Diskurs zum Kinderschutz auf Normierungs- und Disziplinierungsmechanismen hin zu untersuchen, da dieser letztlich die Möglichkeiten sexuellen Handelns von Kindern und Jugendlichen einschränke. Kritisch halten sie fest: »The rights of children, as sexual sub-

74 Siehe u.a. Tanja Hommen, Sittlichkeitsverbrechen. Sexuelle Gewalt im Kaiserreich, Frankfurt a.M. 1999; Louise A. Jackson, Child Sexual Abuse in Victorian England, London, New York 2000; Maurice Cottier, Fatale Gewalt. Ehre, Subjekt und Kriminalität am Übergang zur Moderne. Das Beispiel Bern 1868–1914, Konstanz 2017, S. 167–193.

75 Vgl. auch Loetz, Gewalt, S. 88–100. Die Bedeutung von Täterinnen ist in diesem Zusammenhang historisch kaum erforscht.

76 Siehe u.a. Töngi, Leib, S. 372–386; Jackson, Child, S. 7.

77 Mary E. Odem, Statutory Rape Prosecutions in California, in: Heidi Morrison (Hg.), The Global History of Childhood Reader, London, New York 2012, S. 451–463; Sharin R. Ullman, Sex Seen. The Emergence of Modern Sexuality in America, Berkley u.a. 1997.

78 Franz X. Eder, Homosexualitäten. Diskurse und Lebenswelten, 1870–1970, Wien 2011, S. 104; Waites, Age; Christoph Schlatter, »Merkwürdigerweise bekam ich Neigung zu Burschen.« Selbstbilder und Fremdbilder homosexueller Männer in Schaffhausen 1867 bis 1970, Zürich 2002.

jects, are often singularly framed as the right of protection from sexual exploitation but rarely do these conversations turn toward the equally important right of sexual agency«.[79]

Beide Forschungsperspektiven, sowohl die Untersuchung zu sexueller Gewalt an Kindern wie auch die Forschungen zur strafrechtlichen Disziplinierungs- und Normierungsmacht gegenüber Mädchen und Jungen, sind von eminenter gesellschaftspolitischer Relevanz. Gleichzeitig birgt die Trennung dieser Forschungsperspektiven die Gefahr, bestimmte Bereiche der Geschichte von Kindheit, Adoleszenz und Sexualität aus dem Blick zu verlieren. So erscheinen historische Analysen, die Minderjährige *a priori* als asexuell und passiv konzeptualisieren ebenso problematisch wie Analysen, die nur den Disziplinierungseffekt, nicht aber auch die Schutzfunktion des Strafrechts thematisieren. Die Auseinandersetzung mit dem sexuellen Schutzalter bedingt es, Begriffe wie sexuelle Mündigkeit, Zwang und Freiwilligkeit selbst zu historisieren und dabei nicht zuletzt Ambivalenzen in den Blick zu nehmen, die sich in den jeweils spezifischen Machtbeziehungen zwischen den Generationen und zwischen den Geschlechtern eingeschrieben haben. Ebenso gilt es, nach den unterschiedlichen Sexualitäten und Begehrensformen von Kindern, Jugendlichen und Erwachsenen zu fragen und die Vorstellung zu dekonstruieren, wonach die erwachsene (Hetero-)Sexualität der »eigentlichen« oder »wahren« Sexualität entspreche.

Missachtungen des sexuellen Schutzalters fanden (und finden) in weitgehend unterschiedlichen sozialen Kontexten statt: in der Familie, in der Nachbarschaft, in unterschiedlichen Institutionen wie auch in Paarbeziehungen zwischen Jugendlichen – um nur einige Beispiele zu nennen.[80] In jüngster Zeit fokussierte die historische Forschung insbesondere auf sexuelle Gewalt an Kindern, die sich im Kontext der Fremdplatzierung in Heimen, in bestimmten reformpädagogischen Schulen oder in Institutionen der katholischen Kirche ereignete. Zahlreiche Länder der westlichen Welt setzten wissenschaftliche Kommissionen ein, um die physischen, psychischen und sexuellen Misshandlungen, die Menschen in unterschiedlichen Institutionen erlebt hatten, aufzuarbeiten. Dieser historischen Aufarbeitung folgten in mehreren Fällen eine offizielle Entschuldigung seitens der Akteure staatlicher sowie privater Institutionen oder der Kirche und eine finanzielle Entschädigungsleistung für die Opfer.[81] Auch Österreich setzte Kommis-

79 Gail Hawkes, R. Danielle Egan, Developing the Sexual Child, in: Journal of Historical Sociology, 21 (2008), S. 443–465.

80 Albert Godenzi, Gewalt im sozialen Nahraum, Basel, Frankfurt a. M. 1994, S. 185–220.

81 Katie Wright, Johanna Sköld, Shurlee Swain, Examining Abusive Pasts. Reassessing Institutional Violence and Care through Commissions of Inquiry, in: Traverse.

sionen ein, um Gewalt an Kindern aufzuarbeiten.[82] Spezifische strukturelle Bedingungen, beispielsweise die ausgeprägten Hierarchien in der katholischen Kirche oder in den Kinder- und Jugendheimen, erklären, weshalb es in diesen Kontexten zu einer Vielzahl von Fällen sexueller Kindesmisshandlung gekommen ist.[83] Gleichwohl ist zu betonen, dass der Kontext der Fremdplatzierung oder der religiösen Institutionen nicht die einzigen gefährlichen Orte für Kinder waren (und sind): Auch Familienmitglieder, Schulkollegen und Nachbarn mach(t)en sich sexueller Übergriffe schuldig.[84] Nachfolgend steht die Frage im Zentrum, wie sich Übergriffe von sexualmündigen Personen gegenüber sexualunmündigen Kindern und Jugendlichen im Zentrum der »Normalgesellschaft« situierten – eine Perspektive, welche die historische Forschung zu sexueller Gewalt an Kindern bisher erst punktuell einnahm.[85]

Geschlechtsspezifische und intersektionale Perspektiven auf das sexuelle Schutzalter und die Frage nach der Erfahrung der historischen Subjekte

Sowohl auf einer normativen Ebene wie auch in der rechtlichen Praxis wurden Aushandlungen zum sexuellen Schutzalter maßgeblich durch die Kategorie Geschlecht bestimmt. Nicht nur das Recht, sondern auch Disziplinen wie die Psychiatrie, Psychologie oder Soziologie folgten in ihren Re-

Zeitschrift für Geschichte, 25 (2018) 3, S. 162–178; Johanna Sköld, Shurlee Swain (Hg.), Apologies and the Legacy of Abuse of Children in »Care«. International Perspectives, Basingstoke 2015.

82 Vgl. u.a. Reinhard Sieder, Andrea Smioski, Der Kindheit beraubt. Gewalt in den Erziehungsheimen der Stadt Wien, Innsbruck, Wien, Bozen 2012; Michaela Ralser, Reinhard Sieder (Hg.), Die Kinder des Staates. Children of the State, Österreichische Zeitschrift für Geschichtswissenschaften (ÖZG), 25 (2014) 1+2; Michaela Ralser et al., Heimkindheiten. Geschichte der Jugendfürsorge und Heimerziehung in Tirol und Voralberg, Innsbruck, Wien, Bozen 2017; Ingrid Bauer, Robert Hoffmann, Christina Kubek, Abgestempelt und ausgeliefert. Fürsorgeerziehung und Fremdunterbringung in Salzburg nach 1945: Mit einem Ausblick auf die Wende hin zur sozialen Kinder- und Jugendarbeit von heute, Innsbruck 2013; Anne-Françoise Praz, Pierre Avvanzino, Rebecca Crettaz, Les murs du silence. Abus sexuel et maltraitances d'enfants placés à l'Institut Marini, Neuchâtel 2018.

83 Martina Akermann, Markus Furrer, Sabine Jenzer, Bericht Kinderheime im Kanton Luzern, 31.7.2012, in: https://www.kinderheime-schweiz.ch/de/pdf/markus_furrer_et_al_schlussbericht_aufarbeitung_kinderheime_31juli2012.pdf, S. III. (Zugriff: 14.04.2019).

84 Godenzi, Gewalt.

85 Vgl. dazu beispielsweise Hommen, Sittlichkeitsverbrechen.

flexionen zur sexuellen Mündigkeit geschlechtsspezifisch unterschiedlichen Ansätzen. Ähnlich bezogen sich auch die Beschuldigten sowie Zeugen und Zeuginnen in ihren Deutungen über die Legitimität bzw. Illegitimität einer sexuellen Handlung an Minderjährigen auf Anforderungen eines normkonformen männlichen und weiblichen Verhaltens.[86] Schließlich waren die Strafprozesse auch in quantitativer Hinsicht wesentlich durch die Kategorie Geschlecht geprägt. Während im untersuchten Fallsample fast ausschließlich Männer beschuldigt wurden, sich der »Notzucht« oder »Schändung« Minderjähriger schuldig gemacht zu haben, finden sich auf der Seite der Opfer bedeutend mehr minderjährige Mädchen als Knaben.[87] Diese geschlechtsspezifisch unterschiedliche Verteilung zu Verletzungen des sexuellen Schutzalters ist ein Merkmal, dass sich in Kriminalstatistiken zahlreicher Länder im 20. Jahrhundert wiederfindet.[88] Sie verweist auf die Wirkungsmacht einer hierarchischen, patriarchal geprägten Geschlechterordnung, in der nicht zuletzt sexuelle Gewalt als Mittel eingesetzt wurde, um männliche Herrschaftsverhältnisse abzusichern. Ich gehe dabei von der These aus, dass die strafrechtliche Verfolgung sexueller Gewalt sowohl die Möglichkeit eröffnen konnte, patriarchale Strukturen zu verfestigen, wie auch diese zu hinterfragen.[89] Dabei gilt es nicht zuletzt zu untersuchen, wie sich die im Untersuchungszeitraum propagierte »sexuelle Liberalisierung« auf die hierarchische Geschlechterordnung auswirkte und Deutungen sexueller Gewalt prägte.

Für die Analyse fruchtbar erwies sich im Weiteren der praxeologische Ansatz des »Doing«-Gender, wie er in den ausgehenden 1960er Jahren in der Ethnomethodologie begründet und anschließend weiterentwickelt wurde.[90] Anhand dessen wird untersucht, wie Geschlecht in der täglichen Interaktion hergestellt wird, wie Normen von Männlichkeit und Weiblichkeit im routinierten Handeln verfestigt werden und wie sich diese Handlungen einerseits in die individuellen Körper einschrieben, andererseits aber auch wirkungsmächtige gesellschaftliche Institutionen und Strukturen begrün-

86 Vgl. dazu auch Susanna Burghartz, »Geschlecht« und »Kriminalität« – ein »fruchtbares« Verhältnis?, in: Brigitte Studer, Rudolf Jaun (Hg.), Weiblich – männlich. Geschlechterverhältnisse in der Schweiz: Rechtsprechung, Diskurs, Praktiken. Féminin – masculin. Rapports sociaux de sexes en Suisse: législation, discours, pratiques, Zürich 1995, S. 23–31.

87 Vgl. dazu auch Teil II.

88 Godenzi, Gewalt, S. 206.

89 Vgl. auch Estelle B. Freedman, Patriarchy Revisited: Gender, Race, and Sexual Violence, in: Journal of Women's History, 19 (2007) 4, S. 154–162.

90 Harold Garfinkel, Studies in Ethnomethodology, Englewood Cliffs 1967.

deten.[91] In der historischen Analyse ermöglicht dieser Ansatz, den Blick auf die performative Macht von Handlungen zu richten, die entlang einer Geschlechterdifferenz organisiert wurden und die ein geschlechtsspezifisch normkonformes Verhalten hervorbrachten – oder unter Umständen auch hinterfragten und brüchig werden ließen.[92] So zeigt die Analyse von Strafgerichtsprozessen u. a., wie Vorstellungen von männlichen und weiblichen »Geschlechtscharakteren« das Handeln von jugendlichen Mädchen und Jungen prägten und nicht nur Formen des Flirtens und gemeinsamen Ausgehens strukturierten, sondern sich auch in den sexuellen Handlungen manifestierten und geschlechtsspezifische Machstrukturen verfestigten.[93]

Neben »Geschlecht« waren in der Auseinandersetzung um das sexuelle Schutzalter weitere soziale Kategorien wirkmächtig, die im Folgenden in einer intersektionalen Perspektive untersucht werden.[94] Ziel einer solchen Forschungsperspektive ist es, soziale Machtstrukturen nicht nur entlang einer, sondern entlang mehrerer sozialer Stratifikationsmerkmale zu untersuchen, die zusammenwirken und sich gegenseitig beeinflussen.[95] So frage ich, inwiefern sich jugendliche und erwachsene Männer einer bestimmten Klasse besonders häufig wegen Pädokriminalität vor Gericht zu verantworten hatten. Ebenso soll untersucht werden, inwiefern »race« in Diskursen über die sexuelle Schutzbedürftigkeit von Kindern als Distinktionsmerkmal fungierte.[96] Während die »Intersectionality Studies« die Überschneidungen von sozialen Kategorien wie Geschlecht, Klasse, Ethnie oder Religion breit reflektierten und auf die – aus einer solchen Überkreuzung hervorgehenden –

91 Candace West, Don Zimmermann, »Doing Gender«, in: Gender & Society, 1 (1987) 2, S. 125–151; Vgl. dazu auch Nina Degele, Gender/Queer Studies. Eine Einführung, Paderborn 2008, S. 78–84.

92 Vgl. dazu auch Claudia Töngi, »Er versprach mir die Ehe, während er mich im Bett tractirte …«. Gewalthafte Sexualität zwischen Unzucht und Notzucht. Fallbeispiele aus Uri (Schweiz) im 19. Jahrhundert, in: Künzel, Unzucht, S. 99–118, S. 108–111.

93 Vgl. dazu auch Joan Jacobs Brumberg, The Body Project. An Intimate History of American Girls, New York 1997; Theresa Wobbe, Die Schwelle des Körpers: Geschlecht und Rasse, in: Feministische Studien, (1993) 2, S. 110 –117; Kapitel 3.

94 Regina Becker-Schmidt, »class«, »gender«, »ethnicity«, »race«: Logiken der Differenzsetzung, Verschränkung von Ungleichheitslagen und gesellschaftlicher Strukturierung, in: Cornelia Klinger, Gudrun-Axeli Knapp, Birgit Sauer (Hg.), Achsen der Ungleichheit. Zum Verhältnis von Klasse, Geschlecht und Ethnizität, Frankfurt a. M., New York 2007, S. 56–83.

95 Patricia Hill Collins, Sirma Bilge, Intersectionality, Cambridge 2016, S. 2.

96 Vgl. dazu auch Kate Sutherland, From Jailbird to Jailbait: Age of Consent Laws and the Construction of Teenage Sexualities, in: Ruthann Robson (Hg.), Sexuality and Law. Volume I: Family and Youth, Farnham 2011, S. 449–485.

multiplen Diskriminierungen hingewiesen haben,[97] wurde *Alter* als soziale Kategorie erst ansatzweise theoretisch reflektiert und empirisch erforscht.[98] In der vorliegenden Untersuchung nimmt »Alter« indes eine zentrale Bedeutung ein, und es wird aufgezeigt, wie entlang dieser Kategorie spezifische Deutungen zu normkonformem sexuellen Verhalten hervorgebracht wurden.[99] In den Blick rückt beispielsweise, wie Normierungsprozesse mit dem psychosexuellen Entwicklungsparadigma verknüpft waren, welche Implikationen eine Trivialisierung der kindlichen Sexualität als unreif, als ein Spiel oder als Vorläufer der »wahren« erwachsenen Sexualität hatte und welche Konsequenzen aus der historischen Festschreibung der Adoleszenz als »sexuelle Transitphase« folgten.[100]

In der Historiographie der Frauen- und Geschlechtergeschichte nimmt die Frage, inwieweit Historiker und Historikerinnen die *Erfahrungen* der historischen Subjekte untersuchen und rekonstruieren können, einen zentralen Stellenwert ein – eine Frage, die auch für die historische Analyse des sexuellen Schutzalters von Relevanz ist.[101] Wichtiger Ausgangspunkt der in den 1980er und 1990er Jahren leidenschaftlich geführten Theoriedebatte war die Publikation von Joan W. Scotts mittlerweile paradigmatischen Aufsatz »Gender. A Useful Category of Historical Analysis«. Darin plädierte Scott u. a. dafür, der Sprache einen privilegierten Platz bei der Erstellung von Bedeutung und damit von Realität einzuräumen. In der Fokussierung auf die Macht von Diskursen, Realität herzustellen, ging es Scott nicht zuletzt darum, einem Essentialismus in der Frauen- und Geschlechtergeschichte entgegenzuwirken.[102] Scott argumentiert, dass es für die post-

97 Becker-Schmidt, »class«.

98 Vgl. dazu Robertson, Age; Steven Maynard, »Horrible Temptations«: Sex, Men and Working-Class Male Youth in Urban Ontario, 1890–1935, in: Canadian Historical Review, 78 (1997) 2, S. 192–235.

99 Vgl. dazu Steven Mintz, Reflections on Age as a Category of Historical Analysis, in: The Journal of the History of Childhood and Youth, 1 (2008) 1, S. 106–113.

100 Vgl. dazu Steven Angelides, Feminism, Child Sexual Abuse, and the Erasure of Child Sexuality, in: GLQ, 10 (2004) 2, S. 141–177; Stephen Lassonde, Age, Schooling, and Development, in: Fass (Hg.), Routledge History, S. 211–288; Nancy Lesko, Act your Age! A Cultural Construction of Adolescence, 2. Aufl., New York 2012.

101 Zum »Theory War« siehe u. a. Laura Lee Downs, Gender History, in: Marek Tamm, Peter Burke (Hg.), Debating New Approaches to History, London 2019, S. 101–115; Rebekka Habermas, Frauen- und Geschlechtergeschichte, in: Joachim Eibach, Günther Lottes (Hg.), Kompass der Geschichtswissenschaft, 2. Aufl., Göttingen 2002, S. 231–245, S. 257–260.

102 Joan W. Scott, Gender: A Useful Category of Historical Analyses, in: American Historical Review, 91 (1986), S. 1053–1075; Joan W. Scott, Experience, in: Judith Butler, Joan W. Scott (Hg.), Feminists Theorize the Political, New York 1992, S. 22–40.

strukturalistische Geschlechtergeschichte obsolet sei, Erfahrungen zu rekonstruieren, da der Begriff der Erfahrung zwangsläufig auf eine Realität vorsprachlicher Natur rekurriere und die Möglichkeit suggeriere, ein authentisches Erleben von Subjekten zu rekonstruieren. Stattdessen müsse jedoch davon ausgegangen werden, dass Subjekte ihrerseits diskursiv konstituiert würden und dass »Erfahrung eine sprachliche Angelegenheit ist«.[103] Gegen die Positionen der sogenannten »Repräsenationshistorikerinnen« wandten »Erfahrungshistorikerinnen« u. a. ein, dass das Individuum nicht vollkommen plastisch bzw. formbar und gänzlich von Diskursen bestimmt sei. Vielmehr könne auf »die Vorstellung von etwas ›Realem‹ jenseits der Linguistik, der Bedeutung, der Diskurse und der Modelle nicht verzichtet« werden, ansonsten drohe die Gefahr, in einem »kulturalistischen Regress ad infinitum« leerzulaufen.[104]

In den letzten Jahren entwickelte nicht zuletzt die Sexualitäts-, Körper- und Emotionsgeschichte neue Ansätze, um die dichotomen Oppositionen zwischen Natur und Kultur, Körper und Geist, Materie und Bewusstsein kritisch zu hinterfragen und die Polarisierung der Debatte um den Erfahrungsbegriff neu zu beleuchten. Sie zielen darauf ab, die diskursive und materielle Ebene nicht als getrennt, sondern aufeinander bezogen zu verstehen – Forschungsperspektiven, die auch in der vorliegenden Studie fruchtbar gemacht werden.[105] So wird auf eine Sexualitäts- und Körpergeschichte Bezug genommen, die den geschlechtlichen Körper als gleichzeitig materiell und kulturell begreift und somit von einem Verständnis von Körper ausgeht, das letztlich den cartesianischen Dualismus zwischen Körper und Geist aufzubrechen sucht.[106] Wie Franz X. Eder argumentiert,

103 Scott zitiert in Habermas, Frauen- und Geschlechtergeschichte, S. 239. Siehe im Weiteren auch Lynn Hunt, Psychologie, Ethnologie und »linguistic turn« in der Geschichtswissenschaft, in: Hans-Jürgen Goertz (Hg.), Geschichte. Ein Grundkurs, 2. Aufl., Hamburg 2001, S. 671–693.

104 Jakob Tanner, Körpererfahrung, Schmerz und die Konstruktion des Kulturellen, in: Historische Anthropologie, 2 (1994), S. 489–502, S. 498. Vgl. im Weiteren Marguérite Bos, Bettina Vincenz, Tanja Wirz (Hg.), Erfahrung: Alles nur Diskurs? Zur Verwendung des Erfahrungsbegriffs in der Geschlechtergeschichte. Beiträge zur 11. Schweizerischen HistorikerInnentagung 2002, Zürich 2004; Béatrice Bowald et al. (Hg.), KörperSinnE. Körper im Spannungsfeld von Diskurs und Erfahrung, Bern, Wettingen 2002.

105 Wegweisend dazu auch Andrea Maihofer, Geschlecht als Existenzweise. Einige kritische Anmerkungen zu aktuellen Versuchen zu einem neuen Verständnis von »Geschlecht«, in: Institut für Sozialforschung (Hg.), Geschlechterverhältnisse und Politik, Frankfurt a. M. 1994, S. 168–187.

106 Ivan Crozier, Performing the Western Sexual Body after 1920, in: Ivan Crozer (Hg.), A Cultural History of the Human Body in the Modern Age, Oxford, New

waren historische Akteure und Akteurinnen wandelnden soziokulturellen Codes ausgeliefert, also vorgeprägten Begriffen, Vorstellungen und Wahrnehmungsformen über das Sexuelle. In der sexuellen Erfahrung bedienten (und bedienen) sich Menschen dieser Codes. Dies bedeutet allerdings nicht, dass sich das Kulturelle gleichsam in einen »leeren« Leib einschreiben würde, vielmehr ist die Materialität des Körpers als eine, wenn auch nicht ahistorische Realität bedeutsam.[107] Dies wird gerade in der Auseinandersetzung um die kindliche und jugendliche Sexualität deutlich. Die sexuellen Erfahrungen sind geprägt von je spezifischen kulturellen Codes, die Hinweise über normkonformes bzw. abweichendes sexuelles Verhalten geben und das Repertoire an sexuellen Skripts mitstrukturieren. Gleichzeitig sind die sexuellen Erfahrungen untrennbar verwoben mit dem Entwicklungsstand des biologischen Körpers und den psychosexuellen Reifungsprozessen, die je nach Alter starke Unterschiede aufweisen.[108] Die folgende Untersuchung schließt sich des Weiteren an die Geschichte der Emotionen an, die – ähnlich wie die Körper- und Sexualitätsgeschichte – die Bereiche zwischen »natürlichen« und »gelernten« Verhaltensweisen und Erfahrungen auslotet.[109] Demnach sind Emotionen weder von Geburt an und unveränderbar gegeben, noch treten sie quasi automatisch mit dem Erreichen eines bestimmten Lebensalters ein, sondern müssen in der Gesellschaft mit anderen Menschen erlernt werden.[110] Entsprechend besitzen Emotionen einen sehr spezifischen kulturellen Kontext, gleichzeitig sind sie eng an die Erfahrung des »eigenen« Körpers gebunden und somit nicht beliebig sozial konstruierbar.[111] Dieser Perspektive folgend, kann Sexualität nicht unabhängig von einem Körper gedacht werden, der ein spezifisches Alter hat, noch kann sexuelles Empfinden und Begehren unab-

York 2010, S. 43–70; Jan Plamper, Geschichte und Gefühl. Grundlagen der Emotionsgeschichte, München 2012, S. 291.

107 Eder, Kultur, S. 15.

108 Gunter Schmidt, Kindersexualität. Konturen eines dunklen Kontinents, in: Ilka Quindeau, Micha Brumlik (Hg.), Kindliche Sexualität, Weinheim, Basel 2012, S. 60–70. Vgl. auch König, Sexualität, S. 29–32.

109 Peter N. Stearns, Emotions History in the United States. Goals, Methods, and Promise, in: Jessica C. E. Gienow-Hecht (Hg.), Emotions in American History. An International Assessment, New York, Oxford 2010, S. 15–27.

110 Pascal Eitler, Monique Scheer, Emotionsgeschichte als Körpergeschichte. Eine heuristische Perspektive auf religiöse Konversionen im 19. und 20. Jahrhundert, in: Geschichte und Gesellschaft, 35 (2009), S. 282–313.

111 Plamper, Geschichte; Pirkoska Nagy, History of Emotions, in: Tamm, Burke, Debating, S. 189–215; Ute Frevert, Was haben Gefühle in der Geschichte zu suchen?, in: Geschichte und Gesellschaft, 35 (2009), S. 183–208.

hängig von einem soziokulturellen Kontext vorgestellt werden, in dem dieser Körper situiert ist. Dies trifft in gleicher Weise für Kinder, Jugendliche und Erwachsene zu, die – so ist zu schlussfolgern – altersspezifisch verschiedene sexuelle Begehrensformen zeigen.

In den Prozessen zu Verletzungen des sexuellen Schutzalters kamen unterschiedliche Emotionen zur Sprache, sowohl vonseiten der Beschuldigten wie auch seitens der Kinder und Jugendlichen.[112] Zwar sollten nach dem Strafgesetz primär die kriminellen Handlungen untersucht werden, doch stand auch das intrinsische sexuelle Begehren der Beschuldigten zur Debatte. Wie H. G. Cocks und Matt Houlbrook in Anschluss an Michel Foucault argumentieren, setzte sich mit der Formation der Psychologie und ihrer Verbindung mit der Kriminologie und den Sexualwissenschaften im ausgehenden 19. Jahrhundert die Überzeugung durch, dass äußerliche sexuelle Handlungen Zeichen einer inneren Kondition seien.[113] Nicht zuletzt mit dem Hinzuziehen von psychiatrischen Experten zielten Unterschungs- und Gerichtsbehörden in Strafprozessen darauf hin, diese innere Kondition der Beschuldigten zu entschlüsseln und für die Interpretation des »Falles« fruchtbar zu machen.[114] In den Augen der Untersuchungsbehörden war nicht jedes sexuelle Begehren im Zusammenhang mit Verletzungen des Schutzalters gleich zu werten. Während einige Begehrensformen als weitgehend kongruent mit der herrschenden Sexual- und Geschlechterordnung dargestellt wurden, galten andere – beispielsweise homosexuelle – als »pervers« und als eine Gefahr für diese herrschende Ordnung.[115] Zu

112 Es ist zunächst das »Sprechen« über Emotionen, das einer geschichtswissenschaftlichen Analyse zugänglich ist. Vgl. dazu Katharina Scherke, Auflösung der Dichotomie von Rationalität und Emotionalität? Wissenssoziologische Anmerkungen, in: Sabine Fleck, Annabelle Hornung (Hg.), Emotionen in Geschlechterverhältnissen. Affektregulierung und Gefühlsinszenierung im historischen Wandel, Bielefeld 2009, S. 23–41. Vgl. im Weiteren Sandra Schnädelbach, The Voice is the Message: Emotional Practices and Court Rhetoric in Early Twenthieth Centruy Germany, in: Oñati Socio-legal Series, 08. 10. 2019, https://papers.ssrn.com/sol3/papers.cfm?abstract_id=3312790, (Zugriff: 01. 19. 2018); Sonja Matter, Verletzte Körper. Eheliche Gewalt vor dem Luzerner Scheidungsgericht zu Beginn der 1940er Jahre, Nordhausen 2005, S. 83–92.

113 H. G. Cocks, Matt Houlbrook, Introduction, in: Cocks, Houlbrook, History, S. 1–18, S. 8.

114 Vgl. dazu auch, Robert L. Sadoff (Hg.), The Evolution of Forensic Psychiatry, Oxford 2015; Urs Germann, Psychiatrie und Strafjustiz. Entstehung, Praxis und Ausdifferenzierung der forensischen Psychiatrie in der der deutschsprachen Schweiz 1850–1950, Zürich 2003.

115 Vgl. dazu Stephen Robertson, »Boys, of Course Cannot be Raped«: Age, Homosexuality and the Redefinition of Sexual Violence in New York, 1880–1915, in:

analysieren gilt es demnach, wie im Kontext eines spezifischen »Sexualitätsdispositivs« sexuelle Begehrensformen unterschiedlich gedeutet und verschiedene Interpretationen zu einem sexuellen Schutzalter vorgebracht wurden.[116]

Die Untersuchung der produktiven Macht von Dispositiven, wie sie Foucault formuliert, ist für die vorliegende Studie somit bedeutsam. Gleichzeitig teile ich die Kritik, die insbesondere Geschlechterhistorikerinnen gegenüber Thesen Foucaults zur Genealogie der kindlichen Sexualität und zur Geschichte des sexuellen Schutzalters vorbrachten. So wird in der vorliegenden Studie kindliche Sexualität, ebenso wie die Sexualität Jugendlicher und Erwachsener, nicht lediglich als Produkt eines Netzes von gesellschaftlichen Interessenkonstellationen, Diskursen, Institutionen und reglementierenden Entscheiden verstanden. Vielmehr gilt es, auch nach der Erfahrung einer kindlichen Sexualität zur fragen, die zwar als zeitlich kontingent, jedoch durch ihren Bezug auf einen materiellen Leib nicht als beliebig formbar beziehungsweise diskursiv produzierbar begriffen wird.[117] Schließlich sind auch Foucaults Einwände gegen ein strafrechtliches Schutzalter kritisch zu werten. Dieser sah Mitte der 1970er Jahre die Aufrechterhaltung der Idee über eine spezifische kindliche sexuelle Schutzbedürftigkeit als ein Instrument einer konservativen Remoralisierung. Diese erschien ihm als »ein Rückschlag« zu den Entwicklungen, wie sie seit den ausgehenden 1960er Jahren eingesetzt hatten und in Richtung einer Liberalisierung der sexuellen Praktiken gingen.[118] In feministischer Perspektive wurde jedoch zu Recht eingewendet, dass Foucault die Lustempfindungen derjenigen Subjekte, die von der Mehrheitsgesellschaft als »pervers« gebrandmarkt wurden, als potentiell emanzipative Kraft konstruiert hätte, ohne dabei die Möglichkeit der Entstehung neuer Machtungleichgewichtige – wie etwa zwischen den Generationen – zu berücksichtigen.[119]

Seitens der Kinder und Jugendlichen war die Spanne von Gefühlen breit, über die sie vor Gericht erzählten. Sie reichte von höchst negativen

Gender & History, 18 (2006) 2, S. 357–379; Hans-Peter Weingand, Homosexualität und Kriminalstatistik in Österreich, in: Invertito – Jahrbuch für die Geschichte der Homosexualitäten, 13 (2011), S. 40–87.

116 Michel Foucault, Der Wille zum Wissen. Sexualität und Wahrheit 1, Frankfurt a. M. 1983.

117 Vgl. dazu auch König, Sexualität, S. 28–54.

118 Ebd., S. 58. Zur Diskussion, Foucault hätte selbst pädosexuelle Handlungen ausgeführt, siehe u. a. Andreas Tobler, War der Starphilosoph pädophil? in: Sonntagszeitung, 11. April 2021, S. 55–56.

119 Vgl. dazu Linda Martín Alcoff, Dangerous Pleasures: Foucault and the Politics of Paedophilia, in: Susan J. Hekman (Hg.), Feminist Interpretations of Michel Foucault, Pennsylvania 1996, S. 99–135; König, Sexualität, S. 54–62.

Emotionen wie Ekel und Angst, die sie mit dem sexuellen Kontakt verbanden, bis hin zu positiven Emotionen wie Zuneigung, die sie gegenüber den Beschuldigten empfanden.[120] Die Analyse dieser Narrationen ist von zentraler Bedeutung, um die Charakteristik des Machtmissbrauchs zu erfassen. Sexuelle Handlungen, die eine Verletzung des strafrechtlich normierten Schutzalters bedeuteten, vollzogen sich typischerweise in einem hierarchischen Machtgefälle, doch unterschieden sich die sexuellen Handlungen wesentlich, je nach sozialer Position und Alter, die Täterschaft und Minderjährige einnahmen. Mit Blick auf die geäußerten Emotionen soll aufgezeigt werden, wie sexuelle Handlungen gedeutet und erfahren wurden. Welche Narrationen über Emotionen galten als Indiz, dass die herrschende Gesellschaftsordnung und die fundamentalen individuellen Rechte durch die vollzogenen sexuellen Handlungen gestört und verletzt wurden – und welche Narrationen fanden keine solche Anerkennung? Damit ist die Frage verknüpft, welchen Respekt Erwachsene den minderjährigen Mädchen und Jungen – im »Jahrhundert des Kindes« (Ellen Key) – entgegenbrachten und inwieweit Gesellschaften in der zweiten Hälfte des 20. Jahrhunderts bereit waren, Kindern und Jugendlichen eine Position zu gewähren, in der sie sich sicher fühlen konnten und ihre Persönlichkeitsrechte geachtet wurden.[121]

Damit verbunden ist schließlich die Frage, wie eine rechtliche Grenzziehung zwischen kindlicher, jugendlicher und erwachsener Sexualität ausgestaltet werden müsste, um den Interessen von Minderjährigen adäquat nachzukommen. Das strafrechtlich verankerte sexuelle Schutzalter, wie es sich seit dem ausgehenden 18. Jahrhundert etablierte, bringt verschiedene Sexualitäten in ein Ordnungsverhältnis und definiert für bestimmte Altersgruppen die Konturen eines Rechts auf Sexualität wie auch eines Rechts auf Schutz vor Sexualität. Für die Weiterentwicklung des sexuellen Schutzalters hat sich das Strafrecht, so eine These der vorliegenden Arbeit, vermehrt den internationalen Kinder- und Menschenrechten zu öffnen und Kinder und Jugendliche als Subjekte zu anerkennen, die hinsichtlich Sexualität altersspezifische Schutzbedürfnisse wie auch altersspezifische sexuelle Begehrensform aufweisen. Damit veränderte Normen indes Rechtswirklichkeit werden können, bedarf es einer historischen Untersuchung der Machtverhältnisse, die diese Rechte hervorgebracht haben, und schließ-

120 Vgl. dazu, Scherke, Auflösung.

121 Zu Ellen Key siehe Anne-Françoise Praz, The Century of the Child: Ellen Key, in: Denis C. Philips (Hg.), Encyclopedia of Educational Theory and Philosophy, Los Angeles u. a. 2014, S. 113–115.

lich eine Reform der Herrschaftsstrukturen, die alternative Ordnungsverhältnisse zwischen den Geschlechtern und Generationen ermöglichen.

Aufbau der Arbeit

Das Ende des Zweiten Weltkrieges markierte für Österreich einen Neubeginn, der gleichzeitig von zahlreichen historischen Kontinuitäten geprägt war. Dies galt auch für die Auslotung des Verhältnisses von Kindheit, Erwachsenenalter und Sexualität. Im ersten Teil wird dieses Spannungsverhältnis zwischen Neubeginn und historischen Kontinuitäten mit Blick auf die Normierungen des sexuellen Schutzalters fokussiert. Untersucht werden die nationalen und internationalen Bestimmungen zum sexuellen Schutzalter, die aus dem 19. bzw. frühen 20. Jahrhundert stammten. Dabei wird analysiert, welche Lücken im sexuellen Kinderschutz auf gesetzlicher Ebene vorherrschten. Des Weiteren wird aufgezeigt, dass Kontinuitäten zur nationalsozialistischen Herrschaft und dem Zweiten Weltkrieg in den Nachkriegsjahren fortbestanden und auch die Verhandlungen zum sexuellen Schutzalter strukturierten. Die Debatten waren durch spezifische Strategien des Skandalisierens und Ausblendens geprägt, im Zuge dessen auch Opfer- und Täterkategorien neu ausgehandelt wurden.

Im zweiten Teil fokussiere ich auf die Strafgerichtsprozesse des Kreisgerichts St. Pölten, wie sie – basierend auf dem StG von 1852 – zwischen 1950 und 1970 zu Verletzungen des sexuellen Schutzalters geführt wurden. Die Prozesse situieren sich an der Übergangsphase einer Strafrechtsordnung, die ihre Wurzeln im frühen 19. Jahrhundert hatte, und einem reformierten Strafrecht, das 1975 in Kraft trat und versprach, den Anforderungen einer modernen demokratischen Gesellschaft gerechter zu werden. Im Mittelpunkt der Analyse stehen drei unterschiedliche Brennpunkte, welche die Verhandlungen zu »Notzucht«, »Schändung« und »Unzucht wider die Natur« an Minderjährigen wesentlich prägten. Erstens werden die sexuellen Übergriffe im Kontext der Familie analysiert und thematisiert, wie Familien – die nach dem Krieg als gesellschaftlicher Stabilitätsfaktor fungieren sollten – für Kinder und Jugendliche zu einem Ort der Gefahr werden konnten. Untersucht werden die spezifischen gesellschaftlichen, rechtlichen und familiären Machtstrukturen, die Kindern und Jugendlichen weitgehend verunmöglichten, sich gegen sexuelle Misshandlungen seitens der Familienmitglieder zur Wehr zu setzen. Zweitens untersuche ich die Handlungsfähigkeit bzw. Schutzbedürftigkeit von minderjährigen, adoleszenten Mädchen, die sexuelle Kontakte mit älteren Jugendlichen oder Erwachsenen hatten, und frage, wie diese Kontakte/Übergriffe durch Prozesse einer sexuellen Liberalisierung geprägt waren. Analysiert wird, wie sich Mädchen, die sich in einer heterosexuellen Paarkonstellation befanden, in Strafrechtsprozessen zu Verletzungen des Schutzalters positionierten und welchen Formen physischer und sexueller Gewalt sie primär ausgesetzt waren. Drittens frage ich, welche intrinsischen Ursachen und psychische Folgen im Untersuchungszeitraum mit Pädosexualität verbunden wurden und inwiefern ein Blick ins »Innere« von Tätern und Opfern erfolgte. Galten die Täter als »Wüstlinge« oder »Pädophile«? Wurden Kinder und Jugendliche durch sexuelle Handlungen »verwahrlost« oder »traumatisiert«? Wissenschaften wie die Psychiatrie und Sexualwissenschaften lieferten zu diesen Fragen Anhaltspunkte. Sie wurden aber von Strafgerichten nur ansatzweise rezipiert. Mit der Fokussierung auf diese drei thematischen Schwerpunkte ist es möglich, spezifische historische Figuren, welche die Auseinandersetzung um das sexuelle Schutzalter prägten, genauer auszuleuchten: so insbesondere den »gefährlichen Kriegsheimkehrer«, das »verwahrloste Mädchen« und den »pädophilen Sittlichkeitsverbrecher«.

In einem dritten Teil nehme ich die diskursiven und rechtlichen Wandlungsprozesse in den Blick, die sich hinsichtlich des sexuellen Schutzalters zwischen 1950 und 1990 vollzogen. Untersucht werden die Gesetzesreformen auf nationaler und internationaler Ebene, die neue Bestimmungen zu sexuellen Rechten von Kindern und Jugendlichen hervorbrachten und teilweise mit dem Anspruch verknüpft waren, die Position von Minderjährigen in einer demokratischen Gesellschaft zu stärken. Ebenfalls werden die Veränderungen in der Wissensproduktion zum sexuellen Schutzalter analysiert. Dabei soll aufgezeigt werden, welchen Einfluss die empiristische Wende in den Sexualwissenschaften für die Deutung von Pädosexualität hatte und inwieweit Probleme, die sich in erst- und zweitinstanzlichen Strafprozessen zu Verletzungen des sexuellen Schutzalters abzeichneten, thematisiert und zu lösen versucht wurden. Schließlich werden Umbrüche im Zuge der 68er-Bewegung dahingehend untersucht, wie unterschiedliche soziale Bewegungen Pädosexualität gedeutet haben und für eine »Befreiung der kindlichen Sexualität« eintraten. Diskutiert wird zum Schluss, wie die autonome Frauenbewegung einen Paradigmenwechsel in der Konzeption von sexueller Gewalt an Kindern in den 1980er Jahren durchsetzte.

I. Aufbruch unter Vorbehalt: Kinderschutz, Sittlichkeit und der Beginn der Zweiten Republik Österreich

Die Gründung Österreichs als Zweite Republik erfolgte kurz vor dem offiziellen Ende des Zweiten Weltkrieges am 8. Mai 1945.[1] Dieser waren Jahre eines autochthonen austrofaschistischen Regimes, gefolgt von einer deutschfaschistischen Herrschaft, vorausgegangen.[2] Zentral für das Selbstverständnis der Zweiten Republik war jener Passus der Moskauer Deklaration von 1943, demzufolge Österreich im völkerrechtlichen Sinne als »okkupierter« Staat galt und als das »erste Opfer Hitlers« betrachtet wurde.[3] Die »Opferthese« prägte in den nachfolgenden Jahren bzw. Jahrzehnten das Selbstverständnis Österreichs tiefgreifend. Einerseits blockierte sie eine kritische Auseinandersetzung mit der nationalsozialistischen Vergangenheit.[4] Andererseits führte sie dazu, dass 1945 keine Diskussionen mehr über eine »gesamtdeutsche« Option stattfanden. Nicht nur der alliierte Druck, sondern auch der Opfermythos stärkte nun die Forderung, Österreich als eigenständigen Staat zu etablieren und sich von Deutschland abzugrenzen.[5]

Österreich unterstand nach dem Zweiten Weltkrieg bis 1955 der Kontrolle der Alliierten, die das Land im Juli 1945 in vier Zonen aufgeteilt hatten. Nach zehnjähriger Besatzungszeit erlangte Österreich unter Zusicherung einer »immerwährenden Neutralität« mit dem Staatsvertrag 1955

1 Rainer M. Lepsius, Das Erbe des Nationalsozialismus und die politische Kultur der Nachfolgestaaten des »Großdeutschen Reichs«, in: Max Haller, Hans-Jürgen Hoffmann-Nowotny, Wolfgang Zapf, Kultur und Gesellschaft, Frankfurt a. M., New York 1989, S. 247–264.

2 Vgl. dazu u. a. Emmerich Tálos, Das austrofaschistische Herrschaftssystem. Österreich 1933–1938, Wien 2013; Emmerich Tálos et al. (Hg.), NS-Herrschaft in Österreich. Ein Handbuch, Wien 2001; Gerhard Jagschitz, Von der »Bewegung« zum Apparat. Zur Phänomenologie der NSDAP 1938 bis 1945, in: Tálos et al., NS-Herrschaft, S. 88–122, S. 109.

3 Lepsius, Erbe, S. 247–264; Rathkolb, Republik, S. 58.

4 Ebd., S. 22.

5 Vgl. dazu Heidemarie Uhl, Das »erste Opfer«. Der österreichische Opfermythos und seine Transformation in der Zweiten Republik, in: Österreichische Zeitschrift für Politikwissenschaften, 30 (2001) 1, S. 19–34.

seine volle staatliche Souveränität zurück.[6] Zu den zentralsten Aufgaben der jungen Republik gehörte es, eine demokratische Rechtsordnung herzustellen.[7] Nachfolgend wird untersucht, wie das sexuelle Schutzalter in der Zweiten Republik gesetzlich verankert und interpretiert wurde. Dabei wird auch in Betracht zu ziehen sein, inwiefern dieser gesetzliche Rahmen auf früheren Rechtsentwicklungen aufbaute. Ebenfalls steht im folgenden Kapitel die Frage im Mittelpunkt, wie sich im Übergang vom NS-Staat zum demokratischen Rechtsstaat die Interpretationen zu pädosexuellen Handlungen veränderten, welche Täterkategorien primär in den Fokus der politischen Auseinandersetzung gerieten und wie das Delikt der »Notzucht« und »Schändung« Minderjähriger in der Nachkriegszeit gedeutet wurde. Das Jahr 1945 markierte dabei sowohl Neubeginn als auch Fortsetzung. Auf der einen Seite strebte die junge Republik an, sich von vorherigen ständestaatlichen und nationalsozialistischen Regimes abzugrenzen, und war auch in der Frage des sexuellen Schutzes aufgefordert, neue Antworten zu entwickeln. Auf der anderen Seite waren die Bestrebungen eines Neubeginns geprägt durch Deutungszusammenhänge und Machtstrukturen, deren Ausgang teilweise bis ins 19. Jahrhundert zurückreichten.

6 Stefan Karner, Gottfried Stangler (Hg.), Österreich ist frei. Der österreichische Staatsvertrag 1955. Beitragsband zur Ausstellung auf Schloss Schallaburg 2005, Wien 2005.

7 Verfassungsgesetz vom 1. Mai 1945 über die Wiederherstellung des Rechtslebens in Österreich, in: StGBl 1945/6, S. 7. Siehe auch Flora Alvarado-Dupuy et al., Thema: NS-Recht. Kontinuitäten, Brüche, Nachwirkungen. Vorwort, in: juridikum, 2 (2015), S. 185–187, S. 185.

2. Das Strafrecht und das internationale Kinderrecht I: Die normativen Bestimmungen zum sexuellen Schutzalter

In der Ausformulierung eines sexuellen Schutzalters waren historisch betrachtet zwei Prozesse bedeutsam, die sich zwar aufeinander bezogen, sich in ihrer Zielsetzung aber nicht gänzlich deckten: Einerseits formulierten die nationalen Strafrechtskodifikationen wesentliche Bestimmungen für ein sexuelles Schutzalters; andererseits finden sich seit der Zwischenkriegszeit Ansätze eines internationalen Kinderrechts, das das Verhältnis von Kindheit, Erwachsenenalter und Sexualität zu normieren suchte. Nachfolgend werden diese nationalen und internationalen Normierungsbestrebungen untersucht und einer intersektionalen Perspektive folgend gefragt, wie sie durch soziale Kategorien wie *gender, race* und *class* strukturiert waren. Damit verbunden ist auch die Frage nach den Differenzierungen, die sich folglich in die sexuellen Schutzbestimmungen für Kinder einschrieben.

2.1 Die heteronormative Geschlechterordnung und der Schutz des Kindes: Das österreichische Strafrecht (1852)

Das österreichische Strafgesetz von 1852, das bis Mitte der 1970er Jahre Gültigkeit hatte, besaß nie den Ruf, ein innovatives Gesetzeswerk zu sein. Kritiker wandten bereits Mitte des 19. Jahrhunderts ein, dass es in materieller Hinsicht noch wesentlich auf dem Strafrecht von 1803 fuße und neue Ansätze, die sich im Laufe des 19. Jahrhunderts durchzusetzen begannen, nicht integriert hatte.[8] Bis zum Ausbruch des Ersten Weltkrieges lagen mehrere Entwürfe zu einem revidierten Strafrecht vor, die aber nicht umgesetzt wurden. Nach dem Zerfall der österreichischen Monarchie übernahm die Erste Republik Österreich das Strafgesetz von 1852. Dieses noch aus der Zeit des aufgeklärten Absolutismus stammende Gesetz stand nun noch stärker im Widerspruch zu den geänderten politischen und gesellschaftlichen Verhältnissen der republikanischen Nachkriegszeit.[9] Zu den wichtigsten bis 1933 durchgeführten Reformen gehörte die Abschaffung der Todesstrafe im ordentlichen Verfahren (1919) – die allerdings 1934 wieder eingeführt wurde –, die Einführung des bedingten Strafnachlasses und der bedingten Entlassung (1920) sowie des Pressegesetzes (1922) und des Jugendgerichtgesetzes (1928).[10]

8 Vgl. dazu Martin F. Polaschek, Die Rechtsentwicklung in der Ersten Republik. Die Gesetzgebung im Verfassungs- und Strafrecht von 1918–1933, Graz 1992, S. 143.

9 Ebd., S. 144.

10 Ebd., S. 318.

Auch in der Regelung des sexuellen Schutzalters blieben normative Vorstellungen des 19. Jahrhunderts bis in die 1970er Jahre prägend. Mehrere Paragraphen des Strafgesetzes (1852) formulierten die Bestimmungen zum sexuellen Schutzalter, welche die Rechtswissenschaft der Gruppe der Sittlichkeitsdelikte zuordnete.[11] Diese umfassten so unterschiedliche Straftatbestände wie »Notzucht«, »Unzucht wider die Natur«, »Blutschande« oder die »Verführung« und »Entehrung« einer Person unter der Nichterfüllung eines Eheversprechens (§ 125–§ 133 StG). Diese Delikte waren unterteilt in Verbrechen, Vergehen und Übertretung und zogen entsprechend ein unterschiedlich hohes Strafmaß nach sich. Gemeinsam war den Sittlichkeitsdelikten, dass sie sich alle in einer bestimmten Weise auf das »Geschlechtliche« bezogen. Die Zielsetzungen der Kriminalisierung waren indes unterschiedlich. Das Strafrecht verfolgte einerseits die Absicht, mit der Sanktionierung spezifischer Sittlichkeitsdelikte eine bestimmte Geschlechterordnung durchzusetzen und zu stabilisieren. Diese war strikt heteronormativ konzipiert und bestrafte sowohl männliche wie weibliche Homosexualität mit Kerkerstrafen (§ 129 lb). Zudem bestimmte das Strafrecht die Ehe als primären Ort von Sexualbeziehungen. Anders als in den Gesetzbüchern der Frühen Neuzeit war die »Unzucht«, also der außereheliche Geschlechtsverkehr, zwar nicht mehr generell kriminalisiert, doch kannte das StG (1852) verschiedene Bestimmungen, die den außerehelichen Geschlechtsverkehr zumindest unter bestimmten Bedingungen bestraften (§ 502 StG). Andererseits zielte das Strafrecht mit der Ahndung von Sittlichkeitsdelikten darauf hin, das Individuum in seinen Persönlichkeitsrechten zu schützen. Die Verletzung der Ehre wie auch der persönlichen Freiheit sollte sanktioniert werden.[12] Wie Tanja Hommen argumentiert, gewann im ausgehenden 19. Jahrhundert innerhalb der Rechtswissenschaft die Vorstellung, dass durch Delikte wie Vergewaltigung oder sexuelle Misshandlung die persönliche Freiheit verletzt werde, zunehmend an Bedeutung.[13] Gleichzeitig waren vormoderne Vorstellungen, wonach durch Sittlichkeitsdelikte die »Geschlechtsehre« von Mädchen und Frauen angegriffen werde, weiterhin prägend. Nach dem Rechtsverständnis der Constitutio Criminalis Carolina (1532) schädigte eine Vergewaltigung eine Frau oder ein Mädchen nicht in ihrer Integrität als Person oder als indivi-

11 Vgl. Heinrich Lammasch, neu bearbeitet von Theodor Rittler, Grundriß des österreichischen Strafrechts, 5. Aufl., Wien 1926, S. 364–376.

12 Zur Schutzgüterdifferenzierung siehe auch Nikolaus Benke, Elisabeth Holzleithner, Zucht durch Recht. Juristische Konstruktionen der Sittlichkeit im österreichischen Strafrecht, L'Homme, 9 (1998) 1, S. 41–88, S. 56.

13 Hommen, Sittlichkeitsverbechen, S. 49.

duelles Rechtssubjekt, sondern in ihrer Rechtsstellung innerhalb der geschlechtsspezifischen und nach Standeskriterien geordneten Gesellschaft.[14] Bis in die Moderne blieb in Kontinentaleuropa diese Vorstellung in der Konzeption des Notzuchtdelikts bedeutsam. Entsprechend differenzierte auch das österreichische Strafrecht nach Geschlecht: Nur eine Frau oder ein Mädchen konnte Opfer einer »Notzucht« werden.[15]

In diesem Spannungsfeld unterschiedlicher Konzeptionen sexueller Gewalt situierten sich auch die Bestimmungen zum sexuellen Schutzalter, wie sie verschiedene Länder im Laufe des 19. Jahrhunderts erlassen hatten. Während die vormodernen Rechtsordnungen in Kontinentaleuropa kein sexuelles Schutzalter kannten, nahmen verschiedene Strafrechtskodifikationen an der Wende vom 18. zum 19. Jahrhundert die »Unzucht« mit Minderjährigen als separaten Tatbestand auf.[16] Das Allgemeine Landrecht für die Preußischen Staaten (1794) bezeichnete neu beispielsweise jede, an einem unter 12-jährigen Mädchen verübte »Unzucht« als »Notzucht«.[17] Auch das österreichische Strafgesetz von 1803 sanktionierte erstmals in § 112 explizit die »Unzucht« an Personen unter 14 Jahren. Obwohl das Gesetz allgemein von »Person« sprach, konnte nach der herrschenden Lehrmeinung nur ein unmündiges Mädchen Opfer des Verbrechens sein. Nur einzelne Juristen gingen davon aus, dass auch Knaben Opfer einer »Unzucht« werden konnten.[18] Unterschiedliche Zielsetzungen vermischten sich auf komplexe Weise: Einerseits prägten Vorstellungen, wonach sexuelle Gewalt als eine Verletzung der Geschlechtsehre zu verstehen sei, die Normierungen zum Schutzalter. Andererseits gewannen Ideen der Aufklärung an Bedeutung, wonach Kinder – unabhängig ihres Geschlechts – als schutzbedürftig erschienen.[19] Aufgrund ihres Entwicklungsstandes waren sie, so die Ansicht, die sich seit dem ausgehenden 18. Jahrhundert zunehmend durchzusetzen begann, noch nicht in der Lage, sexuellen Kontakten zuzustimmen. Sie hatten noch nicht, wie die englische Begrifflichkeit es formuliert, ein *age of consent* erreicht.[20] Folglich

14 Töngi, Leib, 316.
15 Hommen, Sittlichkeitsverbrechen, S. 48–51.
16 Russ, Behandlung, S. 70–71; Inge Nora Bachitsch, Die Entwicklung der Sittlichkeitsdelikte in Österreich bis 1918 unter Berücksichtigung der wichtigsten Strafgesetzentwürfe, unpublizierte Dissertation, Universität Wien, 1997, S. 64; Martin Killias, Jugend und Sexualstrafrecht. Eine rechtssoziologische und rechtsvergleichende Untersuchung über die Bestimmungsgründe des Jugendschutzes im Sexualstrafrecht, dargestellt anhand der Geschichte des Tatbestandes der Unzucht mit Kindern, Bern 1979, S. 113.
17 Jarzebowski, Inzest, S. 242–243; Kämpf, Pädophilie, S. 35–37.
18 Russ, Behandlung, S. 78; Bachitsch, Entwicklung, S. 74.
19 Bailey, History, S. 194–200.
20 Vgl. dazu auch Gerodetti, Modernising, S. 101–116; Waites, Age, S. 11–39.

galten die sexuellen Handlungen an Kindern als ein Akt der Gewalt, unabhängig davon, ob die Täterschaft physische Gewalt angewendet hatte oder nicht.

Zentral für die Konzeptionen von Kindheit, wie sie sich seit dem 18. Jahrhundert durchzusetzen begannen, waren des Weiteren Vorstellungen von Unschuld, die diese Lebensphase in charakteristischer Weise auszeichnete. Wie Meike Sophia Baader aufzeigt, erschienen Kinder in philosophischen, ästhetisch-programmatischen, literarischen und pädagogischen Texten im Laufe des 18. Jahrhunderts zunehmend als ideale Wesen.[21] Einflussreich waren die Schriften von Jean-Jacques Rousseau, der das Kind von der Erbsünde freisprach und stattdessen seine Unschuld betonte.[22] Friedrich Schiller sprach wiederum von Kindheit als der einzig »unverstümmelten Natur«, die in der »kultivierten Menschheit« noch anzutreffen sei. Kinder erschienen in diesen Diskursen als noch unberührt von den »Verwicklungen der Welt« und ließen sich dadurch mit Unschuld und Reinheit assoziieren.[23] Wesentlich für diese Unschuldskonzeption war die Bezugnahme auf die sexuelle Reinheit beziehungsweise die Absenz von Sexualität: Demnach schien das Kind gerade daher als »unschuldig« und »rein«, da es die Sphäre des Sexuellen noch nicht betreten hatte. Doch auch wenn das Kind seit dem 18. und vor allem seit dem 19. Jahrhundert als »unschuldig« konzipiert wurde, erschien diese »Unschuld« keineswegs bedingungslos gegeben. Sie wurde vielmehr als prekär und bedroht imaginiert: Die »Unschuld« konnte durch sexuelle Handlungen unwiederbringlich zerstört werden. Das »unschuldige« Kind fand sodann auch im »verdorbenen« Kind seinen Gegenspieler. Die eingeforderte Asexualität des Kindes musste demnach durch eine Reihe regulativer Maßnahmen abgesichert werden. Die Ausarbeitung eines sexuellen Schutzalters war hierfür ein wirkungsmächtiges Instrument, aber auch die Verbote kindlicher Masturbation und die Kontrolle über die Wissensvermittlung, die das Sexuelle betraf.[24]

Die Altersgrenze von 14 Jahren, die das österreichische StG 1852 hinsichtlich eines sexuellen Schutzalters verankerte, war kongruent mit anderen rechtlichen Altersgrenzen. Die Kindheit, festgelegt bis ins Alter von sieben Jahren, fungierte nach dem Privatrecht als »Zeit vollständiger Handlungsunfähigkeit«, während Kinder und Jugendliche zwischen acht und 14

21 Meike Sophia Baader, Die romantische Idee des Kindes und der Kindheit. Auf der Suche nach der verlorenen Unschuld, Berlin 1996.

22 Bailey, History, S. 195.

23 Baader, Idee, S. 77–91.

24 Bailey, History, S. 195– 197.

Jahren als »Unmündige« mit »partieller Handlungsfähigkeit« galten.[25] Ebenfalls waren Kinder seit der Einführung des Jugendgerichtsgesetzes (JGG 1928) bis 14 Jahre nicht strafbar. Jugendliche zwischen 14 bis 18 Jahre unterstanden den Bestimmungen des JGG, das für Jugendliche mildere bzw. auf »Erziehung« abzielende Sanktionsmaßnahmen vorsah.[26]

Der sexuelle Schutz des unmündigen Mädchens

Das österreichische Strafgesetz (1852) stellte erstmals explizit auch Jungen unter 14 Jahren unter einen erhöhten sexuellen Schutz. Gleichzeitig kannte das StB weiterhin eine Reihe geschlechtsspezifischer Differenzierungen. Die schwerwiegendste Sanktion – eine Kerkerstrafe von fünf bis maximal 20 Jahren – sah das Strafrecht für Täter vor, die einen außerehelichen Beischlaf mit Mädchen unter 14 Jahren vorgenommen hatten. § 127 hielt fest: »Der an einer Frauensperson, […] die noch nicht das vierzehnte Lebensjahr zurückgelegt hat, unternommene außereheliche Beischlaf ist gleichfalls als Notzucht anzusehen und nach § 126 zu bestrafen« (StG 1852). Das Strafrecht bestimmte somit, dass der vaginale Geschlechtsverkehr spezifisch sanktioniert und mit einem höheren Strafmaß belegt werden sollte. Die Vorstellungen, wonach Mädchen und Frauen durch einen außerehelichen Geschlechtsverkehr ihre »Geschlechtsehre« verlieren würden, legitimierten die verschärften Sanktionen. Der Verlust der Geschlechtsehre manifestierte sich in körperlichen Zeichen: dem zerrissenen Jungfernhäutchen. Die Frage, ob ein unmündiges Mädchen bereits »defloriert« war, prägte dann auch zahlreiche Prozesse zu »Unzucht« und »Notzucht« mit Minderjährigen.[27] Demgegenüber galten nach dem StG 1852 andere Formen der körperlichen Penetration, die Opfer sexueller Gewalt erlitten, grundsätzlich als weniger gravierend.

Mit der Verankerung des sexuellen Schutzalters wurden die heterosexuellen Machtbeziehungen neu definiert, indem der männliche Zugriff auf

25 Josef Krainz, Leopold Pfaff, System des österreichischen allgemeinen Privatrechts, Erster Band: Der allgemeine Theil, Wien 1885, S. 63; Josef Krainz, Leopold Pfaff, System des österreichischen allgemeinen Privatrechts, Zweiter Band: Der specielle Theil, Wien 1885, S. 300.

26 Janowsky, Striebel, Jugendgerichtsgesetz 1958.

27 Vgl. dazu Maren Lorenz, »… da der anfängliche Schmerz in Liebeshitze übergehen kann …«. Das Delikt der »Nothzucht« im gerichtsmedizinischen Diskurs des 18. Jahrhunderts, in: Künzel, Unzucht, S. 63–87; Tamara Myers, Caught. Montreal's Modern Girls and the Law, 1869–1945, Toronto u. a. 2006, S. 177–184; Robertson, Crimes, S. 42–43; vgl. dazu Kapitel 5.2.

den erwachsenen Frauenkörper einerseits, auf den kindlichen Mädchenkörper andererseits je unterschiedlich normiert wurde. So galt es als normkonform, dass Männer in ihren sexuellen Beziehungen zu erwachsenen Frauen nicht nur den aktiven und erobernden Part übernahmen, sondern – bis zu einem gewissen Grad – ihre sexuellen Begierden mittels physischer Gewalt durchsetzen konnten.[28] Aus dieser Sichtweise erklärt sich auch die Klausel vom »durchgängigen und ernsthaften Widerstand« im »Notzuchtparagraphen« (§ 126 StG): Erwachsene Frauen konnten sich nur dann erfolgreich als Opfer einer »Notzucht« positionieren, wenn sie vor Gericht glaubhaft machen konnten, dass sie sich mit aller Kraft und ununterbrochen gegen die Angriffe gewehrt hatten.[29] Demgegenüber wurde der weiblich-kindliche Körper den männlichen Begehrlichkeiten entzogen, und zwar so weit, dass das Verhalten des Mädchens keine Rolle spielen sollte. Selbst wenn es sich »verführerisch« gebärdete, durften Männer *de jure* keinen Anspruch auf seinen Körper erheben.[30] Diese Ansicht vertraten zahlreiche Kommentatoren des österreichischen Strafrechts und betonten, für die Beurteilung des Delikts sei es irrelevant, ob die unmündigen Mädchen bereits sexuelle Erfahrungen hatten oder als »verdorben« einzustufen seien. Einem noch nicht 14 Jahre alten Mädchen könne – »infolge mangelnder Reife [...] in geschlechtlicher Beziehung« – die Fähigkeit, zu sexuellen Handlungen zuzustimmen, nicht zugesprochen werden.[31] Diese Ansicht war in der Praxis indes höchst umstritten. Richtende erstinstanzlicher Gerichte vertraten regelmäßig die Ansicht, dass das Verhalten der minderjährigen Mädchen für die Beurteilung des Falles eine gewichtige Rolle spiele.[32]

28 Vgl. dazu Töngi, Leib, S. 336–343; Tanja Hommen, »Sie hat sich nicht im Geringsten gewehrt«. Zur Kontinuität kultureller Deutungsmuster sexueller Gewalt seit dem Kaiserreich, in: Künzel, Unzucht, S. 119–136, S. 126–127.

29 Siehe dazu Johann Karl Kirchknopf, Sexuelle Gewalt gegen Kinder im österreichischen Strafrecht des 19. und 20. Jahrhunderts – ein Delikt und Strukturmerkmal zugleich, in: Österreichischen Zeitschrift für Geschichtswissenschaften (ÖZG), 28 (2017) 3, S. 106–132, S. 111–114; Reiter, Geschichte, S. 55; Hommen, Kontinuität, S. 122–123.

30 Gustav Kaniak, Das österreichische Strafgesetz samt den einschlägigen strafrechtlichen Nebengesetzen, 6. Aufl., Wien 1969, S. 263–264.

31 Ludwig Altmann et al., Kommentar zum Österreichischen Strafrecht, 1. Band, Wien 1928, S. 334; siehe im Weiteren Friedrich Nowakowski, Das österreichische Strafrecht in seinen Grundzügen, Graz u. a. 1955, S. 154.

32 Vgl. dazu Kapitel 5.

Der sexuelle Schutz des unmündigen Knaben

Während der Geschlechtsverkehr zwischen einem Mann und einem unmündigen Mädchen ein Verbrechen darstellte, war der Geschlechtsverkehr einer Frau mit einem Knaben unter 14 Jahren nach dem StB 1852 nicht strafbar.[33] Diese Bestimmung gibt in verschiedener Hinsicht Aufschluss über Konzeptionen von Sexualität, wie sie im 19. Jahrhundert dominant waren: Die weibliche Sexualität war grundsätzlich als passiv konzipiert, daher konnte selbst eine erwachsene Frau gegenüber einem unmündigen, aber geschlechtsreifen Knaben nicht als Täterin auftreten. Die männliche Sexualität galt, sobald ein Knabe geschlechtsreif war, grundsätzlich als aggressiv.[34] Der Geschlechtsverkehr zwischen einer sexualmündigen Frau und einem Minderjährigen entsprach, wie der OGH in einer Entscheidung von 1893 ausführte, durchaus der »Ordnung der Natur«. Der Beischlaf sei eine – bezogen auf den männlichen Part – »natürliche Befriedigung des Geschlechtstriebes« und könne demnach objektiv nie als ein geschlechtlicher Missbrauch angesehen werden.[35]

Diese Bestimmungen waren bereits im frühen 20. Jahrhundert mehrfach kritisiert worden. Prominenter Kritiker war der Strafrechtsprofessor Carl Stooss, der sich in der Ausarbeitung eines Vorentwurfes für ein schweizerisches Strafrecht einen Namen gemacht hatte.[36] Stooss argumentierte: »Wird in Betracht gezogen, dass die Unzucht mit Kindern besonders deshalb strafwürdig erscheint, weil das Kind weder zur geschlechtlichen Reife noch zur geschlechtlichen Freiheit gelangt ist und daher auch für das Geschlechtsleben kein Verständnis besitzt, also unsittlichen Zumuthungen ähnlich einem Willenlosen preisgegeben ist, so ergibt sich von selbst, dass nicht nur die Unzucht mit einem Mädchen, sondern auch die Unzucht mit einem Knaben

33 Kaniak, Strafgesetz 1969, S. 259; Erläuternde Bemerkungen zum Vorentwurf eines österreichischen Strafgesetzbuches vom September 1909 und zum Vorentwurf des Einführungsgesetzes, Wien 1910, S. 231.

34 Vgl. dazu auch Karin Hausen, Die Polarisierung der »Geschlechtscharaktere« – Eine Spiegelung der Dissoziation von Erwerbs- und Familienleben, in: Werner Conze (Hg.), Sozialgeschichte der Familie in der Neuzeit Europas, Stuttgart 1976, S. 363–393.

35 Entscheidung vom 13. 10. 1893, Z 8599 (Plenarbeschlüsse und Entscheidungen des kk Obersten Gerichts- und Cassationshofes Wien, 1896, Band 14, Entscheidung Nr. 1669, S. 38 ff.); Russ, Behandlung, S. 106; Kirchknopf, Gewalt, S. 117–119.

36 Vgl. dazu Thomas Olechowski, Tamara Ehs, Kamila Staudigl-Ciechowicz, Die Wiener Rechts- und Staatswissenschaftliche Fakultät 1918–1938, Göttingen 2014, S. 423–425; Reinhard Moos, Carl Stooss in Österreich, in: Schweizerische Zeitschrift für Strafrecht. Revue Pénale Suisse, 105 (1988), S. 30–79.

unter Strafe zu stellen ist.«[37] Nach seiner Berufung nach Wien sollte Carl Stooss bei den Arbeiten für eine österreichische Strafrechtsreform mitwirken. Er zog sich aber bald zurück, da seine Vorschläge größtenteils auf Ablehnung stießen.[38] Auf Konsens stieß indes seine Forderung nach einem besseren Schutz minderjähriger Knaben. So bezeichnete der Vorentwurf eines österreichischen Strafgesetzbuches vom September 1909 das geltende Recht als mangelhaft, da der Beischlaf einer Frau mit einem Knaben unter 14 Jahren straflos blieb.[39] Hugo Hoegel, Oberstaatsanwalt und Professor des Strafrechts an der K. und K. Konsularakademie, ging in seiner »Gesamtreform des österreichischen Strafrechtes« noch einen Schritt weiter und schlug vor, alle Formen sexueller Misshandlungen an minderjährigen Mädchen und Knaben unter demselben Paragraphen zu subsumieren und explizit weder zwischen der Geschlechtszugehörigkeit noch der sexuellen Praktik zu unterscheiden.[40]

Die Auseinandersetzung verdeutlicht, wie geschlechtsspezifische Vorstellungen über Sexualität und Konzeptionen über Kindheit seit dem ausgehenden 19. Jahrhundert miteinander in Konkurrenz traten. Zwar gewann mit der Ausformulierung männlicher und weiblicher »Geschlechtscharaktere« die Vorstellung von einer männlich-aktiven und weiblich-passiven Sexualität an der Wende vom 18. zum 19. Jahrhundert an Bedeutung.[41] Die geschlechtsspezifisch unterschiedliche Sexualität fungierte – anders noch als in der Vormoderne – nunmehr als Kern der bipolar konzipierten »Geschlechtscharaktere«.[42] Doch nahm im Laufe des 19. Jahrhunderts auch das Entwicklungsparadigma an Bedeutung zu, wonach in der Konzeption von menschlichen Reifungsprozessen neben körperlichen zunehmend kognitive und psychologische Aspekte zu beachten seien.[43] Die biologische Geschlechtsreife konnte demnach nicht allein für die Definition von sexueller

37 Carl Stooss, Die Grundzüge des Schweizerischen Strafrechts im Auftrag des Bundesrathes vergleichend dargestellt, Band 2, Basel, Genf 1893, S. 226.

38 Olechowski, Ehs, Staudigl-Ciechowicz, Wiener, S. 423–425.

39 Erläuternde Bemerkungen zum Vorentwurf eines österreichischen Strafgesetzbuches vom September 1909 und zum Vorentwurf des Einführungsgesetzes, Wien 1910, S. 235.

40 Hugo Hoegel, Gesamtreform des österreichischen Strafrechtes (einschließlich des Pressrechtes), Leipzig 1909, S. 42–43.

41 Hausen, Polarisierung.

42 Vgl. dazu auch Thomas Laquer, Making Sex. Body and Gender from the Greeks to Freud, Cambridge 1990.

43 Vgl. dazu G. Stanley Hall, Adolescence: Its Relation to Physiology, Anthology, Sociology, Sex, Crime, Religion, and Education, New York 1904; André Turmel, A Historical Sociology of Childhood. Developmental Thinking, Categorization and Graphic Visualization, Cambridge 2008.

Mündigkeit bestimmend sein und die Fähigkeit, einen Geschlechtsverkehr durchzuführen, war kein ausreichendes Kriterium, um als »Mann« definiert zu werden. Vielmehr galt es, den Reifungsprozess eines Kindes insgesamt in Betracht zu ziehen und dieser schien – so das Argument von Stooss und Hoegel – erst nach Erreichen des 14. Lebensjahrs in einer Art und Weise vollendet zu sein, dass eine Zustimmung zu sexuellen Handlungen möglich war. Diese Interpretation, die maßgeblich durch die Entwicklungspsychologie beeinflusst wurde – eine Disziplin, die seit dem ausgehenden 19. Jahrhundert stark an Bedeutung gewann –, setzte sich im Laufe des 20. Jahrhunderts verstärkt durch.[44] Trotzdem wurden die Strafbestimmungen bis zur Strafrechtsreform von 1974 nicht revidiert und der Geschlechtsverkehr zwischen einer sexualmündigen Frau und einem minderjährigen Knaben blieb in Österreich bis Mitte der 1970er Jahre straflos.

Die Durchsetzung einer heteronormativen Geschlechterordnung

Während §127 explizit nur unmündige Mädchen adressierte, formulierte §128 für Mädchen und Jungen, die jünger als 14 Jahre waren, einen Schutzanspruch. §128 bestrafte die »Schändung« von Kindern mit einer Kerkerstrafe von einem bis fünf Jahren, bei erschwerten Umständen mit Kerker von zehn bzw. 20 Jahren (StG 1852). Bei diesem Tatbestand richtete sich, wie beispielsweise der Strafrechtswissenschaftler Theodor Rittler 1926 ausführte, »die Absicht des Täters nicht auf Beischlaf, sondern auf einen anderen, die Erregung oder Befriedigung seiner Lüste bezweckenden geschlechtlichen Missbrauch«.[45] In den Fokus gerieten damit unterschiedliche Formen von sexuellen Handlungen. Dabei musste allerdings – wie die juristische Kommentierung betonte – eine sexuell motivierte, nicht bloß flüchtige Berührung von Körperteilen der Minderjährigen vorliegen, damit der Tatbestand erfüllt war.[46]

Zwar konnten sich nach Gesetz sowohl Frauen wie Männer der »Schändung« an Kindern schuldig machen. Doch auch der §128 differenzierte nach

44 Willem Koops, Michael Zuckerman, Beyond the Century of the Child. Cultural History and Developmental Psychology, Philadelphia 2003; Dennis Thompson, John D. Hogan, Philip M. Clark, Developmental Psychology in Historical Perspective, West Sussex 2012.

45 Lammasch/Rittler, Grundriß 1926, S. 367.

46 Vgl. dazu auch Kirchknopf, Gewalt, S. 116–117; Elisabeth Greif, Verkehrte Leidenschaft. Gleichgeschlechtliche Unzucht im Kontext von Strafrecht und Medizin. Aus- und Verhandlungsprozesse vor dem Landesgericht Linz 1918–1938, Wien 2019, S. 52–55.

Geschlecht, indem er eine komplizierte Ausschlussklausel einführte: Der Tatbestand galt nur dann als »Schändung« von Kindern, »wenn diese Handlung nicht das im § 129 Ib bezeichnete Verbrechen bildet«, also nicht als »Unzucht wider die Natur mit Personen desselben Geschlechts« zu bezeichnen war. Die Frage, wie dieser Gesetzespassus zu interpretieren war, führte im 19. und 20. Jahrhundert zu zahlreichen Kontroversen. Sowohl die Judikatur wie auch die Rechtswissenschaft wandelten ihre Ansichten und präsentierten unterschiedliche Interpretationen. Während der OGH bis Ende des 19. Jahrhunderts davon ausging, dass eine Kindesmisshandlung im homosexuellen Kontext als »Schändung« nach § 128 StG zu beurteilen sei, ging er seit dem frühen 20. Jahrhundert – im Zuge einer allgemeinen Verschärfung der Kriminalisierung von homosexuellen Praktiken – davon aus, dass solche Übergriffe als »Unzucht wider die Natur« unter § 129 Ib zu subsumieren seien.[47] Die Abgrenzung zwischen diesen beiden Delikten blieb indes umstritten. Im Jahre 1930 verlangte der OGH, die Rechte von Minderjährigen müssten geschützt werden und betonte, dass das »Schutzobjekt« der beiden Verbrechen verschieden sei. Während § 129 Ib nur die »Sittlichkeit an sich« schütze, stehe bei § 128 das Recht des Einzelnen im Mittelpunkt, nicht missbraucht zu werden. Das Verbrechen der »Schändung« müsse folglich auch schärfer sanktioniert werden als das Verbrechen der »gleichgeschlechtlichen Unzucht«.[48] Doch auch diese Interpretation war Gegenstand von Kritik und wurde in der zweiten Hälfte des 20. Jahrhunderts erneut revidiert.[49] Die unklare Abgrenzung zwischen sexueller Gewalt an Kindern und homosexuellen Handlungen hatte tiefgreifende Auswirkungen. Einerseits galten Kinder, die sexuelle Misshandlung im gleichgeschlechtlichen Kontext erlebten, nicht immer als Opfer von Gewalt, sondern lediglich als »Object der That«, wie es der OGH 1902 formulierte.[50] Andererseits wurden Menschen, die wegen gleichgeschlechtlicher sexueller Kontakte –

47 Altmann et al., Kommentar 1928, S. 339–341; Elisabeth Greif, »Unzüchtige Umarmung«. Weibliche gleichgeschlechtliche Unzucht in der Zwischenkriegszeit, in: juridikum, 3 (2014), S. 291–300, S. 294. Bis 1928 konnten unmündige Mädchen und Knaben, die Opfer von gleichgeschlechtlicher »Unzucht« geworden waren, aufgrund des § 237 StG (1852) wegen Homosexualität strafrechtlich verfolgt werden. Mit der Einführung des JGG von 1928 wurden diese Bestimmung aufgehoben. Siehe auch Kirchknopf, Gewalt, S. 119.

48 Entscheidung vom 7. 2. 1930, 5 Os 1181/29 (Entscheidung des österreichischen Obersten Gerichtshofes, Wien 1930, Jahrgang 1930, X. Band, Entscheidung Nr. 21), S. 44 ff.

49 Vgl. dazu Kapitel 6.4.

50 Erkenntnis vom 12. September 1902, Slg. 2747, in: Entscheidungen des k. k. Obersten Gerichts- als Cassationshofes, veröffentlicht von der k. k. Generalprocuratur, Band 4, Wien 1903, S. 257–260, S. 260.

die sie als sexualmündige Personen untereinander auf freiwilliger Basis eingegangen waren –, in eine problematische Nähe zu Delinquenten gerückt, die sich der sexuellen Kindesmisshandlung schuldig gemacht hatten. Diese Vermengung verstärkte die Stigmatisierung von homosexuellen Menschen.[51]

Schließlich sprach das österreichische Strafrecht Jugendlichen unter bestimmten Voraussetzungen einen erhöhten Schutzanspruch zu, namentlich dann, wenn zwischen den Minderjährigen und Erwachsenen ein spezifisches Machtverhältnis bestand. So wurde die »Verführung« zu einer »unsittlichen Handlung« dann als Verbrechen eingestuft, das mit einer Kerkerstrafe von einem bis zu fünf Jahren sanktioniert wurde, wenn die Kinder bzw. Jugendlichen dem Täter oder der Täterin zur »Aufsicht«, »Erziehung« oder zum »Unterricht« anvertraut waren (§ 132.III StB). Als »Verführung« galten diejenigen Handlungen, die geeignet waren, »den anders gearteten Willen des Verleiteten zu beugen oder doch in einer vom Verleiteten ursprünglich nicht gewollten Richtung zu beeinflussten«.[52] Das Gesetz gab keine Hinweise, ob Jugendliche nur bis zu einer bestimmten Altersobergrenze vor »Verführungen« geschützt werden sollten.[53] Mit Hinweis auf einen Entscheid des OGH führte Gustav Kaniak indes in seinem Kommentar aus, dass nur Personen unter 21 Jahren durch den § 132.III geschützt würden.[54] Der Schutz erstreckte sich dabei auch auf Personen, die nicht mehr »im Besitze geschlechtlicher Reinheit« waren, solange diese Personen »weder durch unsittliches Benehmen, noch durch ihre bekannte unsittliche Lebensweise zu unzüchtigen Zumutungen Anlass« geboten hätten.[55] Schließlich sanktionierte das österreichische Strafrecht auch verschiedene Formen des außerehelichen »Beischlafes mit Jungfrauen«, so etwa die Kuppelei »unschuldiger Personen« (§ 132 Abs. IV) wie auch weitere Formen der »Entehrung« von Frauen, beispielsweise »unter der Zusage der Ehe« (§ 506). Diese Bestimmungen waren indes losgelöst von spezifischen Altersangaben. Im Mittel-

51 Vgl. dazu Johann Karl Kirchknopf, Die strafrechtliche Verfolgung homosexueller Handlungen in Österreich im 20. Jahrhundert, in: Zeitgeschichte. Homosexuellenverfolgung in Österreich. Geschichte und Nachgeschichte, 43 (2016) 2, S. 68–84, S. 74; Weingand, Homosexualität, S. 60–64; Martin J. Gössl, Von der Unzucht zum Menschenrecht. Eine Quellensammlung zu lesbisch-schwulen Themen in den Debatten des österreichischen Nationalrats von 1945 bis 2002, Graz 2011, S. 153–181.

52 Altmann et al., Kommentar 1928, S. 342.

53 Ebd., S. 347; Theodor Rittler, Lehrbuch des österreichischen Strafrechts, Zweiter Band, besonderer Teil, Wien 1962, S. 305.

54 Kaniak, Strafgesetz 1969, S. 269.

55 Josef Kimmel, Lehrbuch des österreichischen Strafrechts, 10., erw. Aufl., Wien 1948, S. 138.

punkt stand das Bestreben, die »Geschlechtsehre« von Frauen und Mädchen zu schützen.[56]

Mittels verschiedener Normen zielte das StG 1852 somit darauf ab, Kinder und Jugendliche vor sexuellen Handlungen Erwachsener zu schützen und sie damit vor der Gefahr einer moralischen Gefährdung und dem Verlust ihrer Unschuld zu bewahren. Gleichzeitig blieb die Herstellung einer bestimmten »sittlichen Ordnung« zentrale Aufgabe dieses Sittlichkeitsstrafrechts. Wegweisend war eine patriarchale und heteronormative Geschlechterordnung, die sich an strikt binären Geschlechterrollen orientierte, von einer »naturgemäß« unterschiedlichen weiblichen und männlichen Sexualität ausging und sexuelle Gewalt – bei Frauen und Mädchen – nicht nur als eine Verletzung der individuellen Persönlichkeitsrechte, sondern weiterhin auch als einen Angriff auf die familiären Herrschaftsstrukturen fasste, welche die Wahrung der »Geschlechtsehre« ihrer weiblichen Mitglieder einforderten. Folglich differenzierte das österreichische Strafrecht nach dem Geschlecht der Minderjährigen und nach Art der sexuellen Handlung. Dabei nahm es in Kauf, dass Kinder und Jugendliche strafrechtlich nur partikular vor sexuellen Übergriffen geschützt waren.

2.2 Die Internationalisierung der Kinderrechte: Die Resolutionen des Völkerbundes zum Heirats- und Schutzalter in der Zwischenkriegszeit

Mit der Verknüpfung von zwei unterschiedlichen Zielsetzungen – eines individuellen Kinderschutzes einerseits und der Durchsetzung einer bestimmten Sittlichkeitsordnung andererseits – bildete Österreich bis Mitte des 20. Jahrhunderts in Europa keinen Sonderfall. Auch andere Länder integrierten diese unterschiedlichen Zweckbestimmungen in ihre Strafrechtsordnung.[57] Dies verdeutlicht die internationale Enquete, die der Völkerbund Mitte der 1920er Jahre bei seinen Mitgliedstaaten über das Heirats- und sexuelle Schutzalter durchführte. Der Völkerbund war ein Ergebnis

56 Nicht als Verbrechen, sondern als Übertretung sanktionierte das Strafrecht schließlich sexuelle Handlungen mit »minderjährigen Anverwandten« des »Hausvaters« und der »Hausmutter«, also Familienmitgliedern unter dem 21. Lebensjahr, wenn sie sich im Kontext der Hausgemeinschaft abgespielt hatten (§§ 504, 505 StG). Diese Bestimmungen spielten in der Praxis in der zweiten Hälfte des 20. Jahrhunderts kaum mehr eine Rolle. 1953 wurde § 505 aufgehoben. Dagegen wurde am 24. Mai 1885 ein Gesetz erlassen, das weibliche Prostituierte bestrafte, wenn sie »jugendliche Personen« – also Knaben unter 18 Jahren – verführten. Vgl. Nancy M. Wingfield, The World of Prostitution in Late Imperial Austria, Oxford 2017.

57 Helmut Graupner, Sexual Consent. Die Criminal Law in Europe and Overseas, in: Archives of Sexual Behavior 29 (2000) 5, S. 415–461.

der Pariser Friedenskonferenz und wurde nach dem Ersten Weltkrieg als zwischenstaatliche Organisation mit Sitz in Genf gegründet. Die Republik Österreich wurde 1920 Mitglied des Völkerbundes.[58] Die Gründung des Völkerbundes 1919 förderte die Entwicklung des internationalen Rechts maßgeblich – so auch des internationalen Kinderrechts. Als ein wichtiger Meilenstein in der Entwicklung der internationalen Kinderrechte fungierte die *Declaration of Children's Rights*, die der Völkerbund 1924 verabschiedete und damit der Idee von universell gültigen Kinderrechten Vorschub leistete. Die fünf Artikel der *Declaration of Geneva*, wie die Konvention in der Folge benannt wurde, fokussierten auf eine materiell und geistig gesicherte Entwicklung von Kindern und formulierten deren besondere Schutzbedürftigkeit vor materieller Not und Kinderausbeutung.[59] Die Konvention verlangte, dass Kinder unabhängig ihrer Herkunft, ihrer ethnischen Zugehörigkeit und ihrer Nationalität den gleichen Anspruch auf Schutz erhalten sollten.[60] Auch auf organisatorischer Ebene sprach der Völkerbund dem Kinderschutz Bedeutung zu. Das 1925 ins Leben gerufene *Child Welfare Committee* (CWC) des Völkerbundes widmete sich den Kinderrechts- und Kinderschutzfragen, so etwa der Regelung von Adoptionen, der Säuglingssterblichkeit, der Schulbildung oder der Organisation von Jugendgerichten.[61] Ein Thema, welches das CWC in seinen Anfangsjahren intensiv beschäftigte, war die Frage des Heirats- und sexuellen Schutzalters.[62] Verschiedene Mitglieder des CWC gingen von der Ansicht aus, dass zahlreiche Mitgliedstaaten ein zu tiefes Heirats- und Schutzalter verankert hatten und damit Kinder zu früh mit sexuellen Handlungen konfrontiert waren. Die Bestrebungen über internationale Abkommen die Länder dazu zu bewegen, in ihrer Gesetzgebung zum Kinderschutz bestimmte Altersgrenzen festzusetzen, ging dabei bereits auf das ausgehende 19. und frühe 20. Jahrhundert

58 Vgl. Wilhelm Brauneder, Österreichische Verfassungsgeschichte, Wien 2009, S. 216.

59 Eckhardt Fuchs, Kinderschutz und Völkerbund. Zur Formierung des edukativen Multilateralismus in der Zwischenkriegszeit, In: Ders. (Hg.), Bildung International. Historische Perspektiven und aktuelle Entwicklungen, Würzburg 2006, S. 163–180, S. 174.

60 Dominique Marshall, The Rise of Coordinated Action for Children in War and Peace. Experts at the League of Nations, 1924–1945, in: Davide Rodogno, Bernhard Struck, Jakob Vogel (Hg.), Shaping the Transnational Sphere. Experts, Networks and Issues from the 1840s to the 1930s, New York, Oxford 2015, S. 82–107, S. 96.

61 Fuchs, Kinderschutz, S. 169; Ishita Pande, Sex, Law, and the Politics of Age. Child Marriage in India, 1891–1937, Camrbidge 2000, S. 79–80. Das CWC war – neben dem »Traffic in Women and Children Committee« – dem »Advisory Committee on the Traffic in Women and Children« (ACTWC) unterstellt.

62 LON (League of Nations Archive, Geneva), C. P. E./P. V., C.264.M.103.1926.IV, Annex 3, The Legal Age of Marriage and the Age of Consent, C. P. E. 36 (I); Matter, Sexualität.

zurück. Erste Initiativen, das Verbot der Kinderarbeit international zu normieren, finden sich beispielsweise an der Jahrhundertwende.[63]

Das CWC hatte eine relativ komplexe Struktur, die auf drei Pfeilern aufbaute. Erstens setzte es sich aus Staatsdelegierten zusammen, die mit einem Stimmrecht ausgestattet waren.[64] Zweitens waren Repräsentanten und Repräsentantinnen von verschiedenen internationalen philanthropischen Organisationen vertreten, die als sogenannte *assessors* in beratender Funktion Einsitz hatten. Drittens besetzten Vertreter der Internationalen Arbeitsorganisation (ILO) und der Gesundheitsorganisation (LNHO) das CWC. Während die stimmberechtigten Staatsdelegierten meist männliche Diplomaten waren, handelte es sich bei den *assessors* primär um Frauen, die eine Expertise im Bereich der Wohlfahrtspflege besaßen.[65] Gemeinsam war indes allen Mitgliedern, dass sie zum größten Teil aus europäischen Ländern stammten.[66] Die Debatten rund um das Heirats- und Schutzalter wurden im Völkerbund folglich aus einer eurozentristischen Perspektive geführt. Österreich, das sich seit dem 19. Jahrhundert mit Kinderschutzfragen befasste,[67] war im CWC nicht vertreten.

Der zwölfte Geburtstag und das Ende der Kindheit

Ausgangspunkt für die angestrebte internationale Normierung des Heirats- und Schutzalters war eine Enquete bei den Mitgliedstaaten.[68] 1927 legte das Sekretariat der *Social Section* des Völkerbundes eine Dokumentation zum

63 Dominique Marshall, International Child Saving, in: Fass, Routledge History, S. 469–490, S. 473.

64 Mitte der 1920er Jahre entsandten Frankreich, Belgien, Großbritannien, Dänemark, USA, Italien, Japan, Polen, Uruguay und Spanien (später auch Rumänien und Deutschland) Staatsdelegierte; Fuchs, Kinderschutz, S. 169.

65 Vgl. dazu Carol Miller, The Social Section and Advisory Committee on Social Questions of the League of Nations, in: Paul Weindling (Hg.), International Health Organisations and Movements, 1918–1939, Cambridge 1995, S. 154–173, S. 157; Jessica R. Pliley, Claims to Protection. The Rise and Fall of Feminist Abolitionism in the League of Nations' Committee on the Traffic in Women and Children 1919–1936, in: Journal of Women's History, 22 (2010), 4, S. 90–113, S. 104.

66 Die Zusammensetzung war vergleichbar im *Traffic in Women and Children Committee*. Auch sie fiel stark europalastig aus. Vgl. dazu Thomas Fischer, Frauenhandel und Prostitution. Zur Institutionalisierung eines transnationalen Diskurses im Völkerbund, in: Zeitschrift für Geschichtswissenschaft, 54 (2006) 10, S. 876–887, S. 881–882.

67 Vgl. dazu Malleier, Kinderschutz.

68 LON, C. P. E./P. V., C.264.M.103.1926.IV, Annex 3, The Legal Age of Marriage and the Age of Consent, C. P. E. 36 (I)., S. 75.

Heirats- und Schutzalter vor, die auf den Informationen von 41 Staaten beruhte.[69] Wie diese Enquete verdeutlicht, ließen sich die Gesetzesnormen nicht einfach bündeln, da sie einen weitgehend unterschiedlichen historischen Entstehungskontext hatten. Die untersuchten Länder kannten verschiedene Bestimmungen zum Ehemündigkeitsalter, zum minimalen Heiratsalter – das eine Heirat auch mit der Zustimmung von Autoritätspersonen ausschloss – und zum sexuellen Schutzalter.

Trotz der Vielfältigkeit im Bereich des Heirats- und Schutzalters kristallisierte sich in der tabellarischen Zusammenstellung der länderspezifischen Gesetze eine Untergrenze heraus: Auch wenn die Komiteemitglieder den *zwölften Geburtstag* nicht explizit als eine universell zu geltende Grenze proklamierten, der das Ende der Kindheit – verstanden als sexuelle Schutzphase – markierte, wirkte er gleichwohl in diesem Sinne normierend. Nur wenige Länder hatten eine niedrigere Altersgrenze festgelegt. Entsprechend ließen sich die einzelnen Länder, die von dieser Norm abwichen, als Negativbeispiele hervorheben. Dazu gehörten beispielsweise Estland oder der Bundesstaat Florida, die das sexuelle Schutzalter für Mädchen bei zehn Jahren verankerten. Beim Heiratsalter stach Polen bzw. das vormals preußische Territorium von Polen hervor, da dort das minimale Heiratsalter für Mädchen und Knaben bei sieben Jahren festgesetzt war. Auch Indien, das im internationalen Diskurs seit dem ausgehenden 19. Jahrhundert als Land fungierte, in dem Kinder besonders schlecht vor sexueller Gewalt geschützt schienen, unterschritt die Schutzgrenze von zwölf Jahren beim Heiratsalter.[70]

Anhand der tabellarischen Auflistung ließ sich eine international gültige Norm postulieren: Die Lebensphase der Kindheit erstreckte sich bis zum zwölften Geburtstag; sexuelle Kontakte – innerhalb und außerhalb der Ehe – erschienen daher unter dieser Altersgrenze als moralisch verwerflich. Diese Normierung entsprach weitgehend der europäischen Rechtstradition, die für die Mehrheit der Komiteemitglieder den zentralen Referenzrahmen darstellte. Bereits das römische Recht hatte das Heiratsalter für

69 LON, C. P. E./P. V., C.347.M.121.1927.IV, Annex 5, Geneva, April 30th, 1927, The Age of Marriage and the Age of Consent, C. P. E. 90 (I), S. 77–91.

70 1927 hatte die US-amerikanische Journalistin und Pro-Imperialistin Katherine Mayo »Mother India« publiziert – eine polemische Schrift, die sich mit Hinweis auf Indiens »Rückständigkeit« gegen dessen Unabhängigkeit aussprach und die sexuelle Gewalt an Mädchen im Kontext von Kinderheiraten breit verhandelte. Vgl. dazu Mrinalini Sinha, Specters of Mother India. The Global Restructuring of an Empire, Durham 2006; Pande, Sex, S. 81–88; Eleanor Rathbone, Child Marriage: The Indian Minotaur. An Object Lesson from the Past to the Future, London 1934.

Mädchen bei zwölf Jahren festgelegt (und für Jungen bei 14 Jahren).[71] Der zwölfte Geburtstag spielte darüber hinaus auch in modernen Diskursen über die Entwicklung von Kindern und Jugendlichen eine zentrale Rolle. In Modellen europäischer und US-amerikanischer Humanwissenschaftler und -wissenschaftlerinnen grenzte dieses Lebensjahr die Kindheit von der nachfolgenden Phase der Adoleszenz ab. Als wichtiger Theoretiker der Adoleszenz gilt der US-amerikanische Psychologe G. Stanely Hall, der 1907 das voluminöse Werk »Adolesence: Its Psychology and its Relations to Physiology, Anthropoligy, Sociology, Sex, Crime, Religion and Education« publizierte. Darin beschrieb Hall die Adoleszenz nicht nur als eine spezifische Entwicklungsphase, die mit der Pubertät einsetzte, sondern auch als krisenhafte »Sturm- und Drangphase«.[72] Wegweisend waren im Weiteren die Studien von Sigmund Freud, der auf die grundsätzlich unterschiedlichen Phasen der sexuellen Entwicklung hinwies und argumentierte, dass sich ein Übergang von einem »infantilen Sexualleben« zur nachfolgenden »genitalen Phase« im zwölften Lebensjahr vollzog.[73] Demnach unterscheidet sich die kindliche Sexualität in grundlegender Weise von der nachfolgenden adoleszenten bzw. erwachsenen Sexualität.[74]

Während die untersuchten Staaten sowohl für Mädchen wie Knaben ein minimales Heiratsalter kodifiziert hatten, kannten zahlreiche der befragten Staaten für Knaben kein sexuelles Schutzalter.[75] Auch im CWC lag der Fokus zunächst auf der Schutzbedürftigkeit von Mädchen, hatte sich doch der erste Vorstoß im CWC, die strafrechtliche Regelung zum Schutzalter mittels einer internationalen Enquete zu untersuchen, nur auf Mädchen

71 Das kanonische Recht hatte diese Bestimmung übernommen, aber Ausnahmen zugelassen, wenn die sexuelle Reife früher nachgewiesen war. Vgl. Ute Gerhard, Frauen in der Geschichte des Rechts. Von der frühen Neuzeit bis zur Gegenwart, München 1997, S. 76–77; Siegrid Westphal, Inken Schmidt-Voghes, Anette Baumann, Venus und Vulcanus. Ehe und ihre Konflikte in der Frühen Neuzeit, München 2011, S. 33.

72 Hamilton Cravens, The Historical Context of G. Stanley Hall's Adolescence (1904), in: History of Psychology, 9 (2006) 3, S. 172–185.

73 Sigmund Freud, Drei Abhandlungen zur Sexualtheorie, 2. Aufl., Hamburg 2015 (Original 1905), S. 91–97. Vgl. dazu auch Kapitel 6.1.

74 Rolf E. Muuss, Adoleszenz. Eine Einführung in die Theorien zur Psychologie des Jugendalters, Stuttgart 1971.

75 So verschiedene australische Bundesstaaten, China, Dänemark, Estland, Indien, Irland, Japan, die Niederlande, die niederländischen Kolonien Surinam und Curaçao, Neuseeland, Salvador, Teile des Königreichs Serbien, Kroatien und Slowenien, Spanien, Schweden, Uruguay, verschiedene amerikanische Gliedstaaten und Schweizer Kantone.

bezogen.[76] In der überarbeiteten Version wählte das CWC indes die geschlechtsneutrale Formulierung »children«.[77] Zwar fehlen in den Quellen Begründungen für diese semantische Verschiebung, doch ist die Bedeutung dieser neu gewählten Terminologie nicht zu unterschätzen. Im Unterschied zu früheren Reformdiskursen eröffnete sie die Möglichkeit, auch Knaben als schutzbedürftig zu fassen und kindlich-sexuelle Vulnerabilität grundsätzlich als ein Problem von Mädchen *und* Jungen zu denken.[78]

Reifungsprozesse, Klima und die imperialen Machtstrukturen

Die normativen Forderungen, wonach Mädchen und Knaben bis zu ihrem zwölften Geburtstag vor sexuellen Kontakten – sowohl innerhalb wie auch außerhalb der Ehe – geschützt sein sollten, waren im CWC unumstritten. Weit kontroverser wurde allerdings die Frage diskutiert, ob Kinder – und insbesondere Mädchen – auch über den zwölften Geburtstag hinaus vor sexuellen Handlungen abgeschirmt werden sollten. Letzteres war zentrales Anliegen von weiblichen Mitgliedern im CWC. Die Engländerin Eleanore Rathbone, Delegierte der »International Women's Organisation«, stellte 1928 die Frage: »Could not the Committee therefore add an expression of its opinion to the effect that, for reasons of moral and physical health, the age of consent and marriage should not be less than two years following the age of puberty?«[79] Mit diesem Vorschlag zielte Rathbone darauf, einen (wenn auch wenig konkreten, so doch) universal gültigen Marker für das Heirats- und Schutzalter zu bestimmen und den sexuellen Schutz über den Pubertätsbeginn hinaus auszudehnen. Damit nahm sie ein Anliegen auf, das Frauenrechtlerinnen seit dem ausgehenden 19. Jahrhundert mehrfach vorgebracht hatten: Durch revidierte Gesetzesbestimmungen sollten insbesondere ado-

76 LON, C. P. E./P. V., C.382.M.126.1925, Advisory Committee on the Traffic in Women and Protection of Children. Minutes of the Forth Session held at Geneva, from May 20th to 27th, 1925, Appendix 13, S. 103.

77 LON, R 3075, C. P. E.90 (I), Annex, Geneva, February 11th, 1928; C. P. E. 169 (2), Advisory Commission for the Protection and Welfare of Children and Young People. Legal Age of Marriage and of Consent. Resolution submitted by the Sub-Committee and adopted by the Commission, March 20th, 1928.

78 Vgl. dazu auch Robertson, Boys, S. 332–358.

79 LON, C. P. E./P. V., C.195.M.63.1928, IV., Joint Meetings of the Traffic in Women and Children Committee and the Child Welfare Committee. First Meeting, held on Monday, March 19th, 1928, S. 49. Zu Eleanore Rathbone siehe auch, Susan Pedersen, Eleanor Rathbone and the Politics of Conscience, New Haven, London 2004, S. 241–260.

leszente Mädchen länger im Schutzraum der Kindheit verortet werden.[80] Aktivistinnen strebten damit zwei Zielsetzungen an: Einerseits sollten Mädchen in der patriarchalen Geschlechterordnung vor Formen sexueller Ausbeutung bewahrt, andererseits auch ihre reproduktive Gesundheit besser geschützt werden, denn eine zu frühe Schwangerschaft galt als gesundheitsgefährdend. Die Idee, den Schutz vor sexueller Gewalt und Gesundheitsgefährdung als universelles Kinderrecht zu konzipieren, wurde am konsequentesten von der Französin Ghénia Avril de Sainte-Croix verfolgt. Sie forderte von den Mitgliedstaaten des Völkerbundes, sich von Traditionen des Zivil- und Strafrechts, die ja das Heirats- und sexuelle Schutzalter normierten, zu lösen. An deren Stelle sollte fortan ein universell gültiges Kinderrecht wegleitend sein.[81]

Rathbones und Sainte-Croix' Forderungen stießen allerding auf Widerstand. Als wichtiges Argument brachten Mitglieder des CWC die vermeintlich regional unterschiedlichen sexuellen Entwicklungsprozesse von Kindern vor. Die angeblich früher einsetzende Reife in tropischen Ländern fungierte als zentrales Argument, um die Altersgrenzen rechtlich unterschiedlich zu verankern: tiefer im »Süden«, höher hingegen im »Norden«.[82] Zwar zeigte die Enquete zum Heirats- und Schutzalter, dass selbst in »kühlen Regionen« Europas die Schutzgrenzen teilweise tief angesetzt waren. England verankerte das minimale Heiratsalter beispielsweise bei zwölf Jahren.[83] Gleichwohl fand die These von unterschiedlich verlaufenden Reifungsprozessen Zustimmung. Zahlreiche Komiteemitglieder stützten sich in ihren Argumenten auf eine bereits seit der Frühen Neuzeit entwickelten »Rassenkunde«, in der dem Klima eine zentrale Bedeutung zugemessen und u.a. die These vertreten wurde, wonach die Menarche umso später einsetze, je weiter Mädchen vom Äquator entfernt lebten.[84] In den frühen Sexualwissenschaften und in Handbüchern der Gynäkologie und Geburts-

80 Vgl. dazu Kretzschmar, Bahn, S. 6–11; Walkowitz, Prostitution, S. 246–252.

81 LON, C.P.E./P.V., C.347.M.121.1927.IV., Joint Meetings of the Traffic in Women and Children Committee and the Child Welfare Committee, held on Saturday, April 30th, 1927, 47; Zur Feministin und Abolitionistin Avril de Sainte-Croix siehe Karen Offen, Madam Ghénia Avril de Sainte-Croix, the Josephine Butler of France, in: Women's History Review, 17 (April 2008) 2, S. 239–255.

82 Tambe, Climate, S. 109–130; Ashwini Tambe, Defining Girlhood in India. A Transnational History of Sexual Maturity Laws, Urbana u.a. 2019, S. 29–34.

83 LON, C.P.E./P.V., C. 264.M.103.1926.IV., Minutes of the Second Session of the Child Welfare Committee. Third Meeting, held on Friday, March 26th, 1926, S. 13.

84 Tambe, Climate, S. 116; vgl. auch, Janice Delany, Mary Jane Lupton, Emily Toth, The Curse. A Cultural History of Menstruation, über. Aufl., Urbana, Chicago 1988, S. 49–50.

hilfe blieben bis ins frühe 20. Jahrhundert Ansätze dominant, die zur Begründung »rassischer Unterschiede« die verschiedenen klimatischen Bedingungen heranzogen.[85] Erst in den 1950er Jahren verloren klimatologische Argumente, die eine enge Beziehung zwischen Klima und Beginn der Pubertät herstellten, an Bedeutung. Stattdessen setzte sich die Ansicht durch, dass in erster Linie die Ernährung die sexuelle Entwicklung beeinflusse.[86]

Die These, wonach ein unterschiedliches Klima zu divergierenden sexuellen Reifungsprozessen führen würde, war letztlich durch rassistische Implikationen strukturiert: Da die Höhe des Heirats- und Schutzalters als direkter Indikator für den »Zivilisationsverlauf« eines Landes betrachtet wurde, situierten verschiedene Komiteemitglieder die »kalten westlichen« Länder explizit auf eine höhere Stufe im »Zivilisierungsprozess« als die »warmen« Länder, mit ihrer »dunklen« und sexuell angeblich frühreifen Bevölkerung.[87] Besonders pointiert äußerte sich hierzu der Attorney-General von Südwestafrika, der – wie andere Staatsrepräsentanten auch – zu den Ergebnissen der Enquete Stellung bezog. In seinem »Memorandum« an das CWC wandte er sich gegen eine globale Reglementierung des sexuellen Schutzalters: »Natives mature at an earlier age than do European. Until the Natives in general have reached a state of development at which their notions of sexual morality approximate more closely to those held by Europeans, I think it would be unjust to raise the age of consent for natives.«[88] Eine Erhöhung und Universalisierung von sexuellen Schutzbestimmungen wurde mit dem Hinweis auf die Andersartigkeit und »zivilisatorische Rückständigkeit« der Bevölkerung in den Kolonien abgelehnt. Die Ansicht, beim Heirats- und Schutzalter handle es sich um lokale und nationale Angelegenheiten, wurde schließlich auch im Völkerbundsrat und in der Vollversammlung vertreten.[89]

Die Resolutionen, die der Völkerbund seinen Mitgliedstaaten in den Jahren 1927 und 1928 vorlegte, waren in der Folge offen formuliert. Sie forder-

85 Tambe, Climate, S. 116; Ivan Bloch, Anthropological Studies on the Strange Sexual Practice of All Races and All Ages, New York 1930.

86 Levine, Sovereignty, S. 19–20.

87 Vgl. LON, C. P. E./P. V., C.347.M.121.1927.IV., Joint Meeting of the Traffic in Women and Children Committee and the Child Welfare Committee, held on Saturday, April 30th, 1927, S. 46; vgl. auch Tambe, Climate; Forman, Race, S. 123–129.

88 LON, R 3075, Memorandum by the Attorney-General for South West Africa Regarding the Age of Consent, 5602 (Received in Registry 3rd July 1928).

89 LON, C. P. E./P. V., C.195.M.63.1928.IV, Joint Meeting of the Traffic in Women and Children Committee and the Child Welfare Committee, held on Monday, March 19th, 1928, S. 49.

ten lediglich, das Heirats- und Schutzalter »ausreichend hoch« anzusetzen, um einen effektiven Schutz von Kindern und Jugendlichen sicherzustellen.[90] Es handelte sich dabei um *non-binding resolutions*, die Staaten bestimmte »gute Praktiken« empfahlen.[91] Indes hatte insbesondere die Publikation der Untersuchungsergebnisse eine normierende Wirkung. Die Ergebnisse boten nicht nur die Möglichkeit, die Grenzziehung zwischen Kindheit und Adoleszenz, wie sie in westlichen Ländern seit dem ausgehenden 19. Jahrhundert eingesetzt hatte, zu internationalisieren, sondern auch die Vorstellung zu globalisieren, wonach der Sexualität die entscheidende Funktion zukomme, diese Lebensphasen zu unterscheiden.[92] Schließlich ließen sich mit Hinweis auf die Untersuchungsergebnisse normative Forderungen klarer formulieren: Sex mit Kindern unter zwölf Jahren galt als »barbarischer« und »unzivilisierter« Akt, den Staaten zu sanktionieren hatten. Umstritten blieb aber weiterhin die Frage, wie die Sexualität von adoleszenten Mädchen reglementiert werden sollte. Die vehemente Ablehnung des Vorschlags von Eleanor Rathbone, das Heirats- und Schutzalter international zwei Jahre nach dem Pubertätsbeginn anzusetzen, zeigt deutlich auf: Eine Mehrheit der Mitglieder im CWC wollte eine rechtliche Differenzierung während der Adoleszenz entlang sozialer Kategorien – und hier insbesondere entlang der Kategorien *gender* und *race* – zulassen. In ihrer Perspektive fungierte das »weiße« (bürgerliche) Mädchen an der Spitze der Schutzbedürftigkeit, während für andere Mädchen weniger weitreichende Schutzbestimmungen adäquat erschienen.[93]

Österreich im internationalen Vergleich

Österreich gehörte zu den 41 Ländern, die auf die Befragung des Völkerbundes antworteten und Informationen zum Heirats- und Schutzalter lieferten. Allerdings waren die Informationen nicht präzise, denn der Völkerbund fragte nicht nur nach dem allgemeinen Schutzalter, sondern auch

90 LON, R 3075, C. P. E.90 (I), Annex, Geneva, February 11th, 1928.

91 Vgl. auch Joëlle Droux, Children and Youth. A Central Cause in the Circulatory Mechanisms of the League of Nations (1919–1939), in: Prospects, 45 (2015), S. 63–76, S. 68.

92 Vgl. dazu auch Ishita Pande, Feeling Like a Child: Narratives of Development and the Indian Child/Wife, in: Stephanie Olsen (Hg.), Childhood, Youth and Emotions in Modern History: National, Colonial and Global Perspectives, New York 2015, Childhood, S. 35–55, S. 44–49.

93 Vgl. dazu auch Matter, Sexualität.

nach Bestimmungen, die Jugendliche in spezifischen Abhängigkeitsverhältnissen adressierten. Zwar kannte das österreichische Strafrecht (wie zahlreiche andere Länder) solche Schutzmaßnahmen, doch fehlte diese Information in der tabellarischen Zusammenstellung des Völkerbundes. Abgesehen davon ermöglichte aber die Enquete, die österreichischen Normen des Zivil- und Strafrechts international zu vergleichen. Hinsichtlich des Ehemündigkeitsalters (21 Jahre) stimmte Österreich mit zahlreichen Ländern überein.[94] Dagegen kannte Österreich mit 14 Jahren ein vergleichsweises niedriges minimales Heiratsalter.[95] Beim sexuellen Schutzalter verankerte Österreich schließlich – wie die Enquete des Völkerbundes zeigte – eine vergleichsweise hohe Altersgrenze. Das sexuelle Schutzalter von 14 Jahren übertraf die Alterslimite zahlreicher anderer Staaten, die vielfach ein sexuelles Schutzalter von zwölf Jahren kannten.

Wegen der nur noch spärlich vorhandenen Quellen lässt sich nicht genau rekonstruieren, wie die internationale Diskussion um das Heirats- und Schutzalter und die vom Völkerbund verabschiedeten Resolutionen in Österreich rezipiert wurden. Zwar findet sich im Registerbuch des BMfJ der Titel des Geschäfts: »Anträge des Kinderschutzkomité beim Völkerbund wegen Hinaufsetzung des Zustimmungsalters auf dem Gebiete der Sittlichkeit in den § 127 und 128 StG«.[96] Die entsprechenden Quellenbestände sind jedoch im österreichischen Staatsarchiv nicht mehr auffindbar. Das BMfJ nahm folglich die Resolutionen zur Kenntnis, welche Bedeutung es den Beschlüssen des Völkerbundes letztlich aber zumaß, lässt sich nicht mehr rekonstruieren. Auch hat sich Österreich beim Völkerbund nicht offiziell zu den Resolutionen geäußert, jedenfalls finden sich im Archiv des Völkerbundes keine Hinweise auf ein solches Schreiben.

Andere Staaten versicherten dem Völkerbund hingegen, dass sie der Aufforderung, die sexuellen Schutzbestimmungen für Kinder auszudehnen, nachkommen würden.[97] Griechenland informierte beispielsweise, dass es die

94 LON, C. P. E./P. V., C.347.M.121.1927.IV, Annex 5, Geneva, April 30th, 1927, The Age of Marriage and the Age of Consent, C. P. E. 90 (I), S. 77–91.

95 LON, C. P. E./P. V., C.347.M.121.1927.IV, Annex 5, Geneva, April 30th, 1927, The Age of Marriage and the Age of Consent, C. P. E. 90 (I), S. 77–91. Einige Länder, wie beispielsweise Großbritannien und die australischen Bundesstaaten kannten für Mädchen das minimale Heiratsalter von 12 Jahren, während andere Länder dieses wesentlich höher ansetzten, so beispielsweise die Schweiz (20 Jahre für Männer und 18 Jahre für Frauen), Dänemark (21 Jahre für Männer und 18 Jahre für Frauen) und Finnland (21 Jahre für Männer und 17 Jahre für Frauen).

96 ÖStA/AdR, J. M. I, Justiz, Str-Stz, Bogen Nr. 3, S. 19.

97 Auf die Resolution zum Schutzalter antworteten 14, auf die Resolution zum Heiratsalter zwei Staaten. LON, R 3075, C. P. E. 90 (I), Annex II to Document C. P. E.,

Strafen bei sexuellen Misshandlungen von Kindern unter 15 Jahren stark verschärft hatte. Frankreich hielt wiederum fest, dass der französische Senat 1924 ein Gesetz verabschiedet hatte, das eine Erhöhung des Schutzalters von 13 auf 15 Jahre festlegte. Schließlich informierten verschiedene Mitgliedländer, dass die relevanten Gesetze zurzeit überarbeitet würden und die Resolutionen des Völkerbundes in diesen Reformprozessen ein wichtiger Referenzpunkt seien. Im polnischen Entwurf zum neuen Strafgesetzbuch war beispielsweise eine Erhöhung des Schutzalters auf 17 Jahre vorgesehen. Ähnlich strebte der estnische Entwurf zum neuen Strafrecht eine Ausdehnung des Schutzes von zehn auf 14 Jahre an.[98] Auch die indische Regierung bemühte sich, den Empfehlungen des Völkerbundes nachzukommen. Über die erzielten »Fortschritte« informierte Indien den Völkerbund in regelmäßigen Abständen.[99]

Wie die Antwortschreiben verschiedener Mitgliedstaaten aufzeigen, diente die Anerkennung von Kinderrechten im Bereich der Sexualität als ein Zeichen, anhand dessen sich die »Modernität« und »Humanität« eines Staates im frühen 20. Jahrhundert bestimmen ließen.[100] Österreich war hinsichtlich des sexuellen Kinderschutzes kein problematisches Land, so suggerierte es jedenfalls die tabellarische Zusammenstellung der Enquete. Bei genauerer Betrachtungsweise zeigte sich jedoch, dass Österreich den normativen Anforderungen des Völkerbundes keineswegs gänzlich folgte. Die Forderung, wonach Kinder beiderlei Geschlechts unter zwölf Jahren vor sexuellen Kontakten mit Erwachsenen geschützt werden sollten, unterliefen die Interpretatoren des österreichischen Rechts durch geschlechts- und sexualitätsspezifische Differenzierungen.[101] Die Resolutionen des Völker-

Geneva, March 12th, 1928; LON, C. P. E./P. V., C.295.M.98.1929.IV., Minutes of the Fifth Session of Child Welfare Committee, held from Friday, April 12th, to Friday, April 19th, 1929, Annex 2, C. P. E. 195, S. 75.

98 LON, R 3075, C. P. E. 90 (I), Annex II to Document C. P. E., Geneva, March 12th, 1928, S. 9.

99 Pande, Age, S. 218.

100 Daneben galt insbesondere die Stellung der Frau als Symbol, um die »Modernität« eines Staates in der internationalen Staatengemeinschaft zu beurteilen. Vgl. auch ebd.

101 Österreich positionierte sich dadurch weit näher bei Staaten, die in den 1920er Jahren nur für minderjährige Mädchen ein sexuelles Schutzalter verankert hatten, so verschiedene australische Bundesstaaten, China, Dänemark, Estland, Indien, Irland, Japan, die Niederlande, die niederländischen Kolonien Surinam und Curaçao, Neuseeland, Salvador, Teile des Königreiches Serbien, Kroatien und Slowenien, Spanien, Schweden, Uruguay, verschiedene amerikanische Gliedstaaten und Schweizer Kantone.

bundes hatten für Österreich somit das Potential, auf die Lücken im sexuellen Kinderschutz hinzuweisen und Reformmaßnahmen anzuregen.

Bei der Reflexion des sexuellen Schutzalters war für die österreichische Republik der 1920er Jahre indes nicht primär das internationale Recht von Bedeutung, sondern die Auseinandersetzung mit der deutschen Rechtsentwicklung. Im Staatsvertrag von Saint-Germain-en-Laye 1919 wurde zwar ein Zusammenschluss Österreichs mit Deutschland ausgeschlossen.[102] Die Orientierung an Deutschland blieb indes stark, auch im Bereich des Strafrechts. Die österreichische Justizverwaltung entschied, sich im Bereich der Strafrechtsreform eng an Deutschland anzuschließen. 1925 erschien der »Entwurf eines Allgemeinen Deutschen Strafgesetzbuches«, 1927 folgte ein zweiter, überarbeiteter Entwurf.[103] Mit der Bezeichnung des »Allgemeinen deutschen Strafgesetzbuches« sollte, wie es der Rechtshistoriker Eberhardt Schmidt formulierte, »die österreichische Mitarbeit und die deutsch-österreichische Strafrechtsangeleichung zum Ausdruck gebracht werden«.[104] Sonderausschüsse des deutschen Reichstages und des österreichischen Nationalrates berieten die Entwürfe, zudem tagte wiederholt eine deutsch-österreichische Strafrechtskommission.[105] Die Entwürfe hielten an einem sexuellen Schutzalter von 14 Jahren fest, sahen aber gegenüber dem österreichischen Strafgesetzbuch von 1852 verschiedene Änderungen vor. Alle sexuellen Handlungen an Minderjährigen wurden nun als »Unzucht mit Kindern« gefasst und mit einer Zuchthausstrafe bis zu zehn Jahren sanktioniert; die Unterscheidung zwischen »Notzucht«, »Schändung« und »Unzucht wider die Natur« fiel weg.[106] Des Weiteren nahmen die Entwürfe den

102 Manfried Rauchensteiner, Unter Beobachtung. Österreich seit 1918, Wien, Köln, Weimar 2017, S. 57–59; Brauneder, Verfassungsgeschichte, S. 217.

103 Vgl. dazu Amtlicher Entwurf eines Allgemeinen Deutschen Strafgesetzbuchs nebst Begründung. Erster Teil: Entwurf, Berlin 1925; Entwurf eines Allgemeinen Deutschen Strafgesetzbuchs mit Begründung und zwei Anlagen (Reichstagsvorlage), Berlin 1927; Johannes A. J. Brüggemann, Entwicklung und Wandel des Sexualstrafrechts in der Geschichte unseres StGB. Die Reform der Sexualdelikte einst und jetzt, Baden-Baden 2013, S. 49; Greif, Leidenschaft, S. 177.

104 Eberhard Schmidt, Einführung in die Geschichte der deutschen Strafrechtspflege, Göttingen 1951, S. 399.

105 Maria Wirth, Christian Broda. Eine politische Biographie, Wien 2011, S. 219. Vgl. im Weiteren Herbert Loebenstein, Strafrecht und Strafenpraxis im nationalsozialistischen Staat, in: Ulrike Davy et al. (Hg.), Nationalsozialismus und Recht. Rechtsetzung und Rechtwissenschaft in Österreich unter der Herrschaft des Nationalsozialismus, Wien 1990, S. 200–208, S. 200.

106 § 259 E 1925, § 286 E 1927. Hatte das Delikt schwere Folgen für das Opfer, konnte die Strafe auf lebenslanges Zuchthaus ausgedehnt werden (§ 261 E 1925, § 287 E 1927).

Strafbestand der »Verführung zum Beischlaf« von Mädchen unter 16 Jahren auf – eine Bestimmung, die das deutsche Strafgesetzbuch von 1871 bereits kannte, den Schutz jedoch nur auf »unbescholtene Mädchen« ausgedehnt hatte.[107] Schließlich wurde auch die »Verführung männlicher Jugendlicher zur gleichgeschlechtlichen Unzucht« explizit unter Strafe gestellt.[108]

Die Beratungen zu einem neuen Strafrecht kamen in der Zwischenkriegszeit weder in Deutschland noch in Österreich zu einem Abschluss – eine Reform der aus dem 19. Jahrhundert stammenden Strafrechtsordnungen scheiterte.[109] Ebenso wurden die Resolutionen, die der Völkerbund zum Heirats- und sexuellen Schutzalter in den 1920er Jahren verabschiedete, in den nachfolgenden Jahren im Zuge zunehmender internationaler Spannungen nicht mehr weiterentwickelt. Die Debatten der 1920er Jahre um die sexuellen Schutzbestimmungen für Kinder waren gleichwohl bedeutsam. Sie bildeten eine Grundlage, auf der sich die Diskussionen nach dem Zweiten Weltkrieg entfalteten, als die Frage des sexuellen Schutzes des Kindes erneut sowohl im Kontext zwischenstaatlicher Organisationen – so der neu gegründeten Vereinten Nationen (UNO) – wie auch auf nationalstaatlicher Ebene auf die politische Agenda kam.[110]

Schlussbemerkung

Als 1945 die Zweite Republik Österreich etabliert wurde, griff diese im Bereich des sexuellen Kindes- und Jugendschutzes auf unterschiedliche Normen und Rechtsentwicklungen zurück. Der wichtigste rechtliche Rahmen war das Strafgesetz von 1852. Die Bestimmungen zum sexuellen Schutzalter waren, entsprechend normativen Vorstellungen des 19. Jahrhunderts, durch heteronormative und geschlechterhierarchische Strukturen geprägt. Demnach waren zwar Mädchen und Jungen unter 14 Jahren vor sexuellen Handlungen durch Sexualmündige strafrechtlich geschützt, allerdings führte das Gesetz unterschiedliche geschlechtsspezifische Differenzierungen ein, so-

107 § 261 E 1925, § 288 E 1927; Johannes Nagler, Strafgesetzbuch nach dem neuesten Stand der Gesetzgebung. Leipziger Kommentar, Band 2, Berlin 1951, S. 105.

108 § 296 E 1927. Vgl. dazu auch Brigitte Kerchner, Körperpolitik. Die Konstruktion des »Kinderschänders« in der Zwischenkriegszeit, in: Wolfgang Hardtwig (Hg.), Politische Kulturgeschichte der Zwischenkriegszeit 1918–1939, Göttingen 2005, S. 241–278, S. 263.

109 Schmidt, Einführung, S. 400.

110 Marshall, Child, S. 469–477, S. 483–486; Brüggeman, Entwicklung, S. 51; vgl. Kapitel 7.1.

dass diese Schutzbestimmungen in bestimmten Fällen ausgehebelt werden konnten. Neben dem nationalen Recht entwickelten sich insbesondere im Kontext des Völkerbundes Ansätze eines internationalen Kinderrechts. Die *Declaration of Geneva* bildete hier einen wichtigen Auftakt. Die Resolutionen des Völkerbundes, die er in den ausgehenden 1920er Jahren zu sexuellen Schutzbestimmungen für Kinder erließ, hatten überdies das Potential, normierend auf das nationale Strafrecht einzuwirken, vermittelte doch der Völkerbund das Credo, dass sexuelle Kontakte Erwachsener mit Kindern unter zwölf Jahren verboten werden sollten. Der Völkerbund entwickelte im Kern somit Ansätze eines universellen Kinderrechts, das einen Schutz vor sexuellen Übergriffen gegenüber Kindern verankerte. Mit Blick auf die Adoleszenz vertrat er allerdings keine klare Position, vielmehr differenzierte er seine Forderung entlang sozialer Kategorien wie *gender* und *race*. Sowohl auf nationaler wie auch auf internationaler Ebene war die Genese des sexuellen Schutzalters somit durch ein Spannungsverhältnis geprägt. Auf der einen Seite gewannen seit dem 19. Jahrhundert Bestrebungen an Einfluss, welche die spezifischen Charakteristiken der Lebensphase der Kindheit hervorhoben und auf eigene Rechts- bzw. Schutzansprüche von Kindern pochten und diese auf einer nationalen und internationalen Rechtsebene zu verankern suchten.[111] Auf der anderen Seite blieb die Normierung des Kinderschutzes weiterhin bewusst partikular. Die differenzierende rechtliche Behandlung von Kindern unterschiedlichen Geschlechts, unterschiedlicher Klasse und unterschiedlicher Ethnie prägten die Geschichte der Kindheit des 20. Jahrhunderts ebenso wie die angestrebte Universalisierung der Kinderrechte.[112] Als die Zweite Republik Österreich die rechtlichen Institutionen im Sinne eines demokratischen Rechtsstaates neu etablierte und gesetzliche Bestimmungen bekräftigte, die einen sexuellen Schutz für Kinder und Jugendliche gewähren sollten, baute sie folglich auf Rechtstraditionen auf, die sowohl durch Universalisierungs- wie Differenzierungsbestrebungen geprägt waren.

111 Marshall, Child, S. 469–477; Eckhardt Fuchs, Children's Rights and Global Civil Society, in: Comparative Education, 43 (2007) 3, S. 393–412.

112 Vgl. auch Robin Bernstein, Racial Innocence. Performing American Childhood from Slavery to Civil Rights, New York 2011; Ishita Pande, Phulmoni's Body: The Autopsy, the Inquest and the Humanitarian Narrative on Child Rape in India, in: South Asian History and Culture (2012), S. 1–22; Tambe, Climate, S. 109–130; Heather Montgomery, Anthropological Perspectives on Children's Rights, in: Martin D. Ruck, Michele Peterson-Badali, Michael Freeman (Hg.), Handbook of Children's Rights. Global and Multidisciplinary Perspectives, New York, London 2017, S. 97–113.

3. Der demokratische Neubeginn, das Erbe des Nationalsozialismus und sexuelle Gewalt an Kindern

Mit der Gründung der Zweiten Republik knüpfte die österreichische Regierung an die demokratischen Normen der Ersten Republik an. Bei der Regelung des sexuellen Schutzalters waren dabei Bestimmungen wegleitend, die ihre Wurzeln bereits im 19. Jahrhundert hatten. Gleichzeitig begann mit dem Übergang von der NS-Herrschaft zur demokratischen Staatsordnung eine intensivierte Diskussion um das Delikt der sexuellen Kindesmisshandlung, die geprägt war von Dethematisierungs- und Skandalisierungsstrategien. Nachfolgend wird untersucht, welche Täterfiguren im Zusammenhang mit sexueller Kindesmisshandlung während der NS-Zeit dominierten und wie diese in der Nachkriegszeit neu definiert wurden.

3.1 Die sexuelle Kindesmisshandlung und die Nachgeschichte der NS-Herrschaft

1975 hielten die beiden österreichischen Rechtswissenschaftler Eugen Serini und Egmont Foregger zur Geschichte des österreichischen Strafrechts fest: »In den Jahren zwischen 1938 und 1945 blieb, wenn auch vielfach durch ein in Österreich eingeführtes oder für das ganze Deutsche Reich neu geschaffenes Strafrecht ergänzt, das Strafrecht von 1852 in Kraft, sodass nach dem Wiedererstehen Österreichs im Jahre 1945 nur die inzwischen eingetretenen Ergänzungen und Änderungen beseitigt werden mussten.«[113] Ihrer Geschichtsdeutung nach mussten also »nur« die unter dem Nationalsozialismus erlassenen »Ergänzungen und Änderungen« aufgehoben werden und ein Neubeginn unter demokratischen Vorzeichen erschien möglich.[114] Zweifelsohne war die Situation 1945 komplexer. Wie das Rechts-Überleitungsgesetz vom 1. Mai 1945 explizit bestimmte, sollten nicht alle Normen, die während der Zeit des Nationalsozialismus erlassen worden waren, aufgehoben werden. Hinzu kam, dass es gerade im Justizbereich zahlreiche personelle Kontinuitäten zum Nationalsozialismus gab.[115]

113 Egmont Foregger, Eugen Serini (Hg.), Strafgesetzbuch, StGB samt den wichtigsten Nebengesetzen, Wien 1975, S. 1–2.

114 Vgl. dazu auch Ilse Reiter-Zatloukal, Maria Sagmeister, Die Rechtsüberleitung 1945 und die Kontinuitäten nationalsozialistischen Rechts, in: juridikum, 2 (2015), S. 188–198.

115 Vgl. dazu u. a. Wolfgang Stadler, »Juristisch bin ich nicht zu fassen.« Die Verfahren des Volksgerichtes Wien gegen Richter und Staatsanwälte 1945–1955, Wien, Berlin 2007, S. 296–296; Claudia Kuretsidis-Haider, »Das Volk sitzt zu Gericht.« Öster-

Nach dem »Anschluss« 1938 war die Justiz in Österreich zu einem Werkzeug der nationalsozialistischen Machtausübung geworden. Richter, Staats- und Rechtsanwälte, die als politische Gegner des nationalsozialistischen Regimes oder als »rassenunrein« galten, verloren ihre Posten.[116] Die Verbliebenen hatten sich dem Nationalsozialismus anzuschließen und seine Grundsätze in die Praxis umzusetzen.[117] Wie Wolfgang Neugebauer argumentiert, ging das Verhalten der österreichischen Justiz ab 1938 »über eine formale Anpassung an die herrschenden Verhältnisse weit hinaus: Es war durch Übereifer und Beflissenheit, durch inhaltliche Akzeptierung der NS-Ideologie gekennzeichnet.«[118] Dies war insofern wenig erstaunlich, als sich die österreichischen Richter und Staatsanwälte, die 1938 in ihren Ämtern verblieben, schon vor dem NS-Staat von einem demokratischen Rechtsstaat abgewendet hatten und bereits ab 1933 mit dem diktatorischen Zugriff des austrofaschistischen Regimes auf die Justiz einverstanden gewesen waren.[119]

Die provisorische Regierung unter Staatskanzler Karl Renner übertrug 1945 dem parteilosen Staatssekretär Josef Gerö die Leitung des Staatsamts für Justiz. Dieser war 1922 in den Justizdienst eingetreten und 1934 in das

reichische Justiz und NS-Verbrechen am Beispiel der Engerau-Prozesse 1945–1954, Innsbruck, Wien 2006, S. 336.

116 Wolfgang Neugebauer, Der österreichische Widerstand 1938–1945, Wien 2015, S. 47; Karin Bruckmüller, Frank Höpfel, Strafrecht – ein Brennpunkt im Nationalsozialismus, in: Franz-Stefan Meissel et al. (Hg.), Juridicum Spotlight II. Diskussionsforum der Rechtswissenschaftlichen Fakultät. Vertriebenes Recht – Vertreibendes Recht. Zur Geschichte der Wiener Rechts- und Staatswissenschaftlichen Fakultät 1938 und 1945, Wien 2012, S. 351–373, S. 351.

117 Sabine Pitschneider, Die Entnazifizierung des Oberlandesgerichtes Innsbruck nach 1945, in: Bundesministerium für Justiz (Hg.), Täter – Richter – Opfer. Tiroler und Voralberger Justiz unter dem Hakenkreuz, Wien, Graz 2016, S. 49–108, S. 50; Barbara Sauer, »Keine von den Rückkehrern wäre drüben verhungert«. Die Remigration österreichischer Rechtsanwälte und Rechtsanwältinnen nach 1945, in: juridikum, 2 (2015), S. 234–244, S. 235; Ursula Schwarz, Zur Frage der personellen Kontinuität im Richtertum. Entlassungen und Weiterverwendungen von Richtern 1938 und 1945, in: Barbara Helige, Thomas Olechowski, 100 Jahre Richtervereinigung. Beiträge zur Juristischen Zeitgeschichte, Wien 2007, S. 127–146, S. 132.

118 Wolfgang Neugebauer, Der NS-Terrorapparat, in: Tálos et al., NS-Herrschaft, S. 721–743, S. 737.

119 Sylvia Köchl, »Das Bedürfnis nach gerechter Sühne«. Wege von »Berufsverbrecherinnen« in das Konzentrationslager Ravensbrück, Wien 2016, S. 69; Ursula Schwarz, Wolfgang Stadler, Staatsanwaltschaftskarrieren. Erste Republik – Bundesstaat Österreich – Nationalsozialismus – Zweite Republik, in: Gerald Kohl, Ilse Reiter-Zatloukal (Hg.), »… das Interesse des Staates zu wahren«. Staatsanwaltschaften und andere Einrichtungen zur Vertretung öffentlicher Interessen. Geschichte, Gegenwart, Perspektiven, Wien 2018, S. 273–305, S. 278–280.

BMfJ einberufen worden. Als »Halbjude« und wegen seiner beruflichen Tätigkeiten während der Zeit des Ständestaates wurde Gerö nach dem »Anschluss« von den Nationalsozialisten in die Konzentrationslager Dachau und Buchenwald verschleppt und – nach einer kurzzeitigen Freilassung – 1941 erneut eingekerkert.[120] Gerö war somit unzweifelhaft Opfer des NS-Staates, weshalb die SPÖ nach dem Krieg darüber hinwegsah, dass er 1934 bis 1938 an der Verfolgung von revolutionären Sozialisten und Februarkämpfern mitgewirkt hatte, und nominierte ihn zum Justizminister.[121] Unmittelbar nach Kriegsende kam es zunächst zu tiefgreifenden personellen Änderungen in der Justizverwaltung. Gemessen am Personalstand von 1938, wurden 1945/46 44% der Beschäftigten entlassen.[122] Mit der Verabschiedung des Nationalsozialistengesetzes 1947, das eine Unterteilung in »Belastete« und »Minderbelastete« einführte, wurden indes eine Reihe von Anfangserfolgen in der Entnazifizierung rückgängig gemacht.[123] Anstelle formaler Gesichtspunkte, beispielsweise dem Eintrittsdatum in die NSDAP, galt nun das Ausmaß der nationalsozialistischen Aktivität als ausschlaggebend. Als »belastet« galten in diesem Sinne alle Funktionäre vom Zellenleiter aufwärts, Angehörige ausgewählter nationalsozialistischer Organisationen und Gliederungen, Träger hoher Orden, »Illegale« oder die nach dem Kriegsverbrechergesetz Verurteilten.[124] Alle anderen Personen fielen in die Kategorie »minderbelastet«. Ziel war es, diese möglichst rasch wieder zu gleichberechtigten Mitgliedern der österreichischen Gesellschaft zu machen. 1957 wurde die Amnestie schließlich auch auf die »Belasteten« ausgeweitet.[125] Die Folge davon war, dass immer mehr ehemals bekennende Nationalsozialisten im Justizbereich wieder Beschäftigung fanden. Ende der 1940er bzw. Anfang der 1950er Jahre war das Bedürfnis nach einer »gründlichen« Entnazifizierung des Justizbereichs deutlich ins Gegenteil umgeschlagen.[126] Auch die strafrechtliche Verfolgung von NS-Richtern und -Staatsanwälten wurde nur bruchstückhaft vollzogen.[127] Kontinuitäten zum

120 Wirth, Broda, S. 201.

121 Stadler, Verfahren, S. 116–117; Wolfgang Neugebauer, Peter Schwarz (Hg.), Der Wille zum aufrechten Gang. Offenlegung der Rolle des BSA bei der gesellschaftlichen Reintegration ehemaliger Nationalsozialisten, Wien 2005, S. 197.

122 Dieter Stiefel, Die Entnazifizierung in Österreich, Wien, München, Zürich 1981, S. 149.

123 Pitschneider, Entnazifizierung, S. 59.

124 Wirth, Broda, S. 280.

125 Ebd.

126 Schwarz, Frage, S. 139. Im Jahr 1957 trat schließlich die Amnestie für »Belastete« in Kraft.

127 Stadler, Verfahren, S. 156–287; Kuretsidis-Haider, Volk, S. 336.

Nationalsozialismus bestanden schließlich nicht nur bei Richtern und Staatsanwälten, sondern auch im BMfJ. Seit den Anfängen der Zweiten Republik waren Juristen im BMfJ tätig, die während des Nationalsozialismus einflussreiche Positionen besetzt hatten.[128] Als prominentes Beispiel hierfür fungiert der Sozialdemokrat Otto Tschadek (1904–1969), der als Wehrmachtsrichter mehrere Todesurteile verhängt hatte und unter dem Kabinett Figl von 1949 bis 1952 und dem Kabinett Raab von 1956 bis 1960 das Amt des Justizministers bekleidete.[129] Schließlich finden sich auch im Lehrkörper der strafrechtlichen und kriminologischen Institute der österreichischen Universitäten vielfältige Kontinuitäten zum Nationalsozialismus.[130]

Während die Medien in den ersten Jahren der Zweiten Republik die unterbliebene bzw. rückgängig gemachte Entnazifizierung der österreichischen Justiz kritisch diskutierten, lassen sich für die 1950er Jahre kaum mehr Einwände finden. Erst in den frühen 1960er Jahren wurden erneut Forderungen laut, ehemalige NS-Richter und -Staatsanwälte aus dem Dienst zu entfernen. Aktivisten und Aktivistinnen der österreichischen Widerstandsbewegung forderten den damaligen Bundesminister für Justiz, Christian Broda (SPÖ), auf, namentlich genannte Richter und Staatsanwälte zu entlassen.[131] Die Auseinandersetzung um die »NS-Richter« erreichte 1965 eine breite mediale Öffentlichkeit, als der Journalist Oscar Bronner in der Zeitschrift Forum die NS-Vergangenheit von führenden österreichischen Justizfunktionären enthüllte.[132] Wegweisend für die österreichische Debatte waren u. a. Auseinandersetzungen um die Entnazifizierung des Justizwesens in der BRD.[133] Allerdings lehnte das österreichische Justizministerium unter Broda – der selbst im Widerstand gegen den Nationalsozialismus aktiv gewesen war – die in den 1960er Jahren gestellten Anträge ab, die Wiedereinstellung ehemaliger NSDAP-Mitglieder zu überprüfen und zu revidieren.

128 Schwarz, Frage, S. 117–118.

129 Thomas Geldmacher, Der gute Mensch von Kiel? Marinerichter Otto Tschadeck (1904–1969), in: Ders. et al. (Hg.), »Da machen wir nicht mehr mit …«. Österreichische Soldaten und Zivilisten vor Gerichten der Wehrmacht, Wien 2010, S. 215–227.

130 Ilse Reiter-Zatloukal, Juristenausbildung in Österreich unter dem NS-Regime. Kontinuitäten und Brüche 1938/1945 am Beispiel der Wiener Juristenfakultät, in: Meissel et al., Juridicum, S. 9–33, S. 30–33.

131 Maria Wirth, Oscar Bronner, »Die Richter sind unter uns« – Zur NS-Richterdiskussion im FORVM 1965, in: Florian Wenninger, Peter Pirker (Hg.), Wehrmachtsjustiz. Kontext, Praxis, Nachwirken, Wien 2010, S. 299–311, S. 310; Schwarz, Frage, S. 128–129; Stadler, Verfahren, S. 128–130.

132 Neugebauer, Schwarz, Wille, S. 194–195.

133 Vgl. dazu u. a. Sonja Boss, Unverdienter Ruhestand. Die personalpolitische Bereinigung belasteter NS-Juristen in der westdeutschen Justiz, Berlin 2009.

Dies erfolgte in Übereinstimmung mit Positionen der Richtervereinigung, der ÖVP-Bundesratsabgeordneten, aber auch einzelner Mitlieder der Parteilinken.[134] Auch in den darauffolgenden Jahren lancierte das BMfJ keine Ermittlungen gegen Richter und Staatsanwälte, auch wenn bekannt war, dass sie sich an schwerwiegenden Verbrechen des NS-Staates beteiligt hatten.[135]

Wie Wolfgang Mueller argumentiert, lasse sich die höchst partiell durchgeführte Entnazifizierung in Österreich seit den ausgehenden 1940er Jahren nur mit Bezug auf den Kalten Krieg verstehen. So wäre die einseitige Betonung der Eigenschaft Österreichs als Opfer des Nationalsozialismus von der internationalen Gemeinschaft wohl kaum akzeptiert worden, hätte nicht der Ost-West-Konflikt die Aufarbeitung des Nationalsozialismus in den Hintergrund gedrängt. Das offizielle Österreich benutzte die Opferthese, um die Wiedererlangung der Souveränität zu beschleunigen; die kommunistischen Entnazifizierungsforderungen verkamen derweil zur puren Propaganda und die USA rückte aufgrund des Kalten Krieges von ihrer strengen Haltung in der Frage der Entnazifizierung ab. Dies öffnete ehemaligen Nationalsozialisten die Möglichkeit, wieder in die Mitte der Gesellschaft zurückzukehren.[136]

Die nationalsozialistische Willkürherrschaft und die Verfolgung von »Kinderschändern«

Die rassistische Gesellschaftspolitik des Nationalsozialismus zielte darauf ab, einen »gesunden« und »rassenreinen« Volkskörper durchzusetzen. Als »minderwertig« bezeichnete Menschen wurden in der Folge ausgegrenzt und vielfach ermordet.[137] Zu den »Minderwertigen« zählten in der NS-Ideologie auch die »Berufs- und Gewohnheitsverbrecher«. Dabei lag der Fokus nicht zuletzt auf den sogenannten »Sittlichkeitsverbrechern«.[138] Bei der Verfolgung der »Kinderschänder« folgten die Nationalsozialisten einer biologis-

134 Stadler, Verfahren, S. 130.

135 Wirth, Bronner, S. 310; Wirth, Broda, S. 277–305.

136 Wolfgang Mueller, Kalter Krieg, Neutralität und politische Kultur in Österreich, in: https://www.bpb.de/apuz/32264/kalter-krieg-neutralitaet-und-politische-kultur-in-oesterreich, 18.12.2008 (Zugriff: 04.05.2021).

137 Ernst Hanisch, Der Ort des Nationalsozialismus in der österreichischen Geschichte, in: Tálos et al., NS-Herrschaft, S. 11–24, S. 21.

138 Vgl. dazu Dagmar Lieske, Unbequeme Opfer? »Berufsverbrecher« als Häftlinge im KZ Sachsenhausen, Berlin 2016, S. 156–158; Dagmar Lieske, Zum Umgang mit Pädophilie und sexuellem Kindesmissbrauch im Nationalsozialismus, in: Werkstatt*Geschichte,* 76 (2018), S. 17–30; Kämpf, Pädophilie, S. 104–175.

tischen Kriminalpolitik, in der weniger die Tat als vielmehr Anlage und Wesensmerkmale der Täter im Fokus standen. Diese hatte ihre Wurzeln in der im 19. Jahrhundert einsetzenden kriminologischen Wende, die Kriminalität naturalisierte, »Unsittlichkeit« in »Minderwertigkeit« umdeutete und in körperlichen Anomalien Hinweise auf kriminelle Veranlagungen sah.[139] In der kriminologischen Auseinandersetzung zur »Unzucht« mit Kindern spielten bis in die 1930er Jahre in Deutschland, ebenso wie in Österreich, naturalisierende und biologisierende Sichtweisen eine untergeordnete Rolle.[140] Als Wendepunkt in der Deutung der sexuellen Kindesmisshandlung kann im deutschsprachigen Raum, wie Brigitte Kerchner argumentiert, die Dissertation von Borwin Himmelreich angesehen werden, die er 1932 unter dem Titel »Der Kinderschänder« an der Universität Leipzig einreichte.[141] Er beschrieb unterschiedliche Tätertypen, die sich dem Verbrechen der »Unzucht« mit Kindern schuldig machen würden. Himmelreich war überzeugt, dass »Kinderschänder« bereits durch körperliche Merkmale identifizierbar seien. Der Typus des »psycho-sexuell Infantilen« zeichnete sich nach Himmelreich beispielsweise durch »unterentwickelte Hoden«, spärlich ausgebildete sekundäre Geschlechtsmerkmale, »feminine Fettablagerung« an Brust und Hüften und einen »kindlich verschwommenen Geschichtsausdruck« aus.[142] Im Mittelpunkt der Auseinandersetzung um den »Kinderschänder« stand somit der pathologische Täter. Diesen galt es möglichst aus der Gesellschaft auszugrenzen. Himmelreich schlug in seiner Dissertation die dauerhafte Sicherungsverwahrung für »Kinderschänder« vor.[143]

Die Nationalsozialisten propagierten in der Folge indes viel schärfere Strafmaßnahmen gegenüber »Kinderschändern«. § 42k des »Gewohnheitsverbrechergesetzes« von 1933 sah die Kastration von Männern ab 21 Jahren vor, wenn diese als »gefährliche Sittlichkeitsverbrecher« eingestuft wurden.[144] Eine »Entmannung« sollte durchgeführt werden, wenn eine Verurteilung von mindestens sechs Monaten wegen »Nötigung zur Unzucht«, »Schän-

139 Kerchner, Körperpolitik, S. 241–278, S. 250; Imanuel Baumann, Dem Verbrechen auf der Spur. Eine Geschichte der Kriminologie und Kriminalpolitik in Deutschland, 1880 bis 1980, Göttingen 2006, S. 80.

140 Ebd., S. 242.

141 Ebd.

142 Himmelreich, zitiert in Kerchner, Körperpolitik, S. 250.

143 Borwin Himmelreich, Die Kinderschändung, Dissertation, Universität Leipzig, Dresden 1932, S. 50–52.

144 Allerdings war bereits im Kaiserreich eine Bewegung für die Entfernung von Keimdrüsen bei Sexualverbrechern eingetreten. In der Weimarer Republik wurde mit freiwilligen Kastrationen begonnen. Kerchner, Körperpolitik, S. 253. Vgl. auch Baumann, Verbrechen, S. 88–89.

dung«, »Unzucht mit Kindern«, »Notzucht«, öffentlicher Vornahme »unzüchtiger Handlungen« oder sexuell motivierter Körperverletzung vorlag und der Täter einschlägig vorbestraft war.[145] Bis zum Kriegsbeginn 1939 wurden auf Basis des »Gewohnheitsverbrechergesetzes« 2.400 Männer kastriert, wobei diese Kastrationen sowohl als kriminalpräventives wie auch als rassenhygienisches Instrument dienten.[146] Für die Verfolgung von sogenannten »Sittlichkeitsverbrechern« waren auch die zunächst landesweit, ab Dezember 1937 reichsweit geltenden polizeilichen Erlasse, so insbesondere der »Grunderlass Vorbeugende Verbrechensbekämpfung« bedeutsam.[147] Diese ermächtigten die Kriminalpolizei dazu, gegen »kriminelle Personen« eine unbefristete und in Konzentrationslagern zu vollstreckende »Vorbeugehaft« auszusprechen. Bei »Sittlichkeitsverbrechern« reichte lediglich eine entsprechende Vorstrafe aus, um von der Kriminalpolizei in ein Konzentrationslager eingewiesen zu werden.[148] Ab dem 4. September 1941 konnten »Sittlichkeitsverbrecher« schließlich zum Tode verurteilt werden.[149] In der Verfolgung von Sexualstraftätern traten – wie in der Verfolgung der übrigen »Gewohnheitsverbrecher« – die rechtsstaatlichen Prinzipien außer Kraft; es fand eine Gleichschaltung von Verwaltung, Polizei und Rechtsprechung statt und eine systematisch ausgreifende Gewaltsamkeit herrschte vor.[150] Den Nationalsozialisten ging es mit diesen Maßnahmen nicht primär darum, Kinder besser zu schützen, sondern vielmehr um die Utopie einer homogenen und leistungsorientierten Volksgemeinschaft, die durch Ausgrenzung und Ausmerzung der »Ungearteten« erreicht werden sollte. Dies verdeutlichten nicht zuletzt die Erwägungen, nicht nur die Täter, sondern auch die minderjährigen Opfer »unfruchtbar« zu machen, wenn sie als »in-

145 Ebenfalls kastriert sollten u. a. diejenigen Täter werden, die wegen zwei solcher Taten zu einer mindestens einjährigen Freiheitsstrafe verurteilt worden waren. Vgl. dazu Lieske, Opfer, S. 75–76.

146 Jens Kolata, Kastrationsoperationen im Nationalsozialismus. Das Beispiel der Chirurgischen Universitätsklinik Tübingen, in: Ärzteblatt Baden-Württemberg 70 (2015) 11, S. 564–567.

147 Vgl. dazu Lieske, Opfer, S. 74; Gerhard Ungar, Die Konzentrationslager, in: Dokumentationsarchiv des österreichischen Widerstandes (Hg.), Opferschicksale. Widerstand und Verfolgung im Nationalsozialismus: 50 Jahre Dokumentationsarchiv des Österreichischen Widerstandes, Wien 2013, S. 191–209, S. 196.

148 Lieske, Umgang, S. 25.

149 Lieske, Opfer, S. 109. Bereits mit der »Verordnung von Volksschädlingen« von 1939 konnten Personen, die sich wiederholt wegen eines »schweren Sittlichkeitsverbrechens« an Minderjährigen schuldig gemacht hatten, zum Tode verurteilt werden. Kerchner, Körperpolitik, S. 270.

150 Ebd., S. 271.

tellektuell minderwertig« galten.[151] Zudem gingen die Nationalsozialisten, wie Katrin M. Kämpf aufzeigt, nicht immer rigoros gegen sexuelle Gewalt an Minderjährigen vor: Während ein Teil der Angeklagten mit drakonischen Maßnahmen belegt wurde, fielen die Urteile in anderen Fällen teilweise milde aus.[152]

Die Verfolgung von »Sittlichkeitsverbrechern« in Österreich während des Nationalsozialismus

Nach dem »Anschluss« 1938 wurde die Justiz auch in Österreich zu einem Instrument des NS-Regimes. Das österreichische StG von 1852 blieb zwar nach der nationalsozialistischen Machtübernahme in Kraft, es musste aber im Sinne der nationalsozialistischen Ideologie ausgelegt werden.[153] Auch die Maßnahmen im Rahmen der »vorbeugenden Verbrechensbekämpfung« beschränkten sich nicht auf das deutsche Reichsgebiet, sondern kamen in den besetzten und annektierten Gebieten zur Anwendung.[154] Ab dem 26. Juli 1938 galt der »Grunderlass Vorbeugende Verbrechensbekämpfung« auch in Österreich, wodurch das Willkürinstrument der Vorbeugehaft zum Zug kam.[155] Das »Gewohnheitsverbrechergesetz« trat in Österreich nicht sofort in Kraft, sondern erst im September 1941, dann allerdings in einer neuen und noch schärferen Fassung.[156] Demnach verfielen die »gefährlichen Gewohnheitsverbrecher und Sittlichkeitsverbrecher (§§ 125–128 öStG: Notzucht und Schändung) der Todesstrafe«, wenn der »Schutz der Volksgemeinschaft oder das Bedürfnis nach gerechter Sühne es erforderten«.[157]

151 Ebd., S. 260–261, S. 275–278. Vgl. auch Robert Claus, Fabian Virchow, The Far Right's Ideological Constructions of »Deviant« Male Sexualities, in: Michael Köttig, Renate Bitzan, Andrea Petö (Hg.), Gender and Far Right Politics in Europe, Cham 2017, S. 305–319, S. 313.

152 Kämpf, Pädophilie, S. 169–171; Dagmar Lieske, Zwischen repressiven Maßnahmen und der Bagatellisierung sexueller Gewalt. Zur strafrechtlichen Verfolgung von Kindesmissbrauch im Nationalsozialismus, in: Sexuologie, 25 (2008) 3/4, S. 193–199, S. 195.

153 Stadler, Verfahren, S. 61–63; Loebenstein, Strafrecht.

154 Lieske, Opfer, S. 120.

155 Ebd.

156 Köchl, Bedürfnis, S. 70.

157 Zitiert in Loebenstein, Strafrecht, S. 203. Vgl. auch Andreas Kranebitter, Der »Kampf gegen das Verbrechertum« im nationalsozialistischen Österreich. Die Kriminalpolizei und die Radikalisierung der NS-Verfolgungspolitik nach 1938, in: Österreichische Zeitschrift für Geschichtswissenschaften (ÖZG), 29 (2018) 1, S. 148–179, S. 160.

Gegenwärtig bestehen hinsichtlich des Umgangs mit Sexualstraftätern im Nationalsozialismus noch erhebliche Forschungslücken, was insbesondere damit zusammenhängt, dass »Kriminelle« als Betroffene von nationalsozialistischer Verfolgung bis heute keine Lobby haben und in der Erinnerungspolitik weitgehend verdrängt wurden.[158] Wie viele Personen, die wegen »Unzucht« oder »Notzucht« an Minderjährigen angezeigt wurden, von nationalsozialistischen Verfolgungsmaßnahmen (beispielsweise der Zwangskastration, der dauerhaften Verwahrung in Zuchthäusern oder Heil- und Pflegeanstalten, der Einweisung in Konzentrationslager oder der Todesstrafe) betroffen waren, ist derzeit weder für das deutsche Reichsgebiet noch für die »Ostmark« erforscht.[159] Katrin M. Kämpf argumentiert, dass die Verfolgung von Sittlichkeitsdelikten in der Logik des Volksgemeinschaftsdiskurses operierte. Brigitte Kerchner stellt in ihrer Untersuchung die These auf, dass der NS-Staat primär Männer verfolgte, die minderjährige Knaben sexuell misshandelten, während er sexuelle Handlungen an minderjährigen Mädchen weniger scharf sanktionierte.[160] »Sittlichkeitsverbrecher«, die in Konzentrationslager eingewiesen wurden, waren indes in besonderem Maße von der durch das Schutzstaffel (SS)-Personal ausgeübten Gewalt- und Vernichtungspolitik betroffen. Für das KZ Sachsenhausen ermittelte Dagmar Lieske 207 »Sittlichkeitsverbrecher«. Vielfach kamen sie direkt nach ihrer Einweisung in die Strafkompagnie, wo viele Häftlinge zu Tode gequält wurden.[161]

Die strafrechtliche Auseinandersetzung mit dem Problem der sexuellen Gewalt an Kindern fand zu Beginn der Zweiten Republik in Österreich somit unter spezifischen Vorzeichen statt. Einerseits nahmen im Justizwesen Akteure Platz, die sich bis 1945 zum Nationalsozialismus bekannt hatten und – mehr oder weniger intensiv – an der Verfolgung und Ermordung der »Sittlichkeitsverbrecher« mitgewirkt hatten oder davon zumindest wussten. Andererseits hatten die als »Kinderschänder« verfolgten Personen in den Nachkriegsjahren keine politische Lobby und waren von Unterstützungsleistungen explizit ausgeschlossen.[162] Da sie sowohl »Verbrecher« waren als

158 Lieske, Umgang S. 19–22; Kranebitter, Kampf, S. 149.

159 Vgl. dazu Lieske, Umgang, S. 19–22.

160 Kämpf, Pädophilie, S. 174; Kerchner, Körperpolitik, S. 273–275.

161 Lieske, Opfer, S. 158.

162 Franz Császár, Die Entwicklung der Kriminalität in Österreich, Wien, New York 1967, S. 14. Schließlich ergaben sich durch die unklare Abgrenzung zwischen § 128 und § 129 Ib im österreichischen Strafrecht problematische Konsequenzen für die Anerkennung der »sexuellen Orientierung« als Verfolgungsgrund während des Nationalsozialismus. Vgl. dazu Weingand, Homosexualität, S. 64.

auch »Opfer« des Nationalsozialismus, tat sich ein Spannungsfeld auf, das in den Nachkriegsjahren jedoch nicht explizit problematisiert wurde.

Das »Gesetz vom 12. Juni 1945 über die Wiederherstellung des österreichischen Strafrechts« und das »Gesetz vom 12. Juni 1945 über die Wiederherstellung des österreichischen Strafprozessrechtes« bestimmten, dass das Strafgesetz von 1852 und das Strafprozessrecht von 1873 für die Zweite Republik weiterhin Gültigkeit haben sollten.[163] Gleichzeitig umfassten die Gesetze eine umfangreiche Liste von Normen, die während der nationalsozialistischen Herrschaft erlassen worden waren und im demokratischen Rechtsstaat aufgehoben wurden.[164] Dazu gehörte auch die »Verordnung zur Durchführung des Gesetzes zur Änderung des Reichsstrafgesetzbuches« vom 24. September 1941, die für die »Reichsgaue der Ostmark« u.a. bestimmt hatte, dass »gefährliche Gewohnheitsverbrecher und Sittlichkeitsverbrecher« mit dem Tod zu bestrafen seien.[165] Österreich ging damit einen vergleichbaren Weg wie Deutschland. Das Kontrollratsgesetz vom 30. Januar 1946 bestimmte, dass »eine Reihe von Bestimmungen des allgemeinen Strafrechts aufgehoben« werden sollten, im Übrigen aber das deutsche Strafgesetzbuch in seiner am 8. Mai 1945 geltenden Fassung in Kraft gelassen werden sollte.[166] Das Jahr 1945 bedeutete für das Gebiet des deutschen wie österreichischen Strafrechts somit Neubeginn und Kontinuität.

3.2 Die Kriegsheimkehrer und ihre transformierte Sexualität: Die Expertendebatten

Im Bereich des Justizwesens bestanden in der Zweiten Republik Österreich zahlreiche Kontinuitäten zum NS-Staat fort. Gleichzeitig verdeutlichen die wissenschaftlichen und politischen Debatten der Nachkriegszeit, dass sich im Bereich der Täterbilder Veränderungen durchsetzten. Zwar verschwand der Begriff des »Kinderschänders« nicht aus den Debatten zur Pädosexualität. Es änderten sich aber Vorstellungen darüber, welche sozialen Gruppen

163 Herbert Loebenstein, Die Wiederherstellung des österreichischen Strafprozeßrechtes nach 1945, in: Erika Weinzierl et al. (Hg.), Justiz und Zeitgeschichte. Symposionsbeiträge 1976–1993, Band 2, Wien 1995, S. 465–473.

164 Gesetz vom 12. Juni 1945 über die Wiederherstellung des österreichischen Strafrechts, in: StGl 1945/9, S. 45–47; Gesetz vom 12. Juni 1945 über die Wiederherstellung des österreichischen Strafprozessrechtes, in: StGl 1945/9, S. 47–48.

165 Gesetz vom 12. Juni 1945 über die Wiederherstellung des österreichischen Strafrechts, 19. Punkt, in: StGl 1945/9.

166 Adolf Schönke, Strafrecht und Kriminalität im heutigen Deutschland, in: Schweizerische Zeitschrift für Strafrecht. Revue Pénale Suisse, 64 (1949), S. 16–31, S. 17–18.

besonders gefährdet waren, sexuelle Gewalt an Kindern zu begehen, wie auch Erklärungen, aus welchen Gründen die Sittlichkeitsverbrecher delinquent wurden. In den Augen zahlreicher Zeitgenossen kam es im Laufe des 20. Jahrhunderts nie zu so vielen sexuellen Gewaltakten gegen Kinder wie in den unmittelbaren Nachkriegsjahren.

Die Kriminalität der Kriegsheimkehrer

In der Auseinandersetzung um die Nachkriegskriminalität gerieten in der deutschsprachigen Fachliteratur, die sich primär auf die Verhältnisse in der BRD und Österreich bezog, unterschiedliche Tätergruppen ins Blickfeld. Einzelne Studien beschäftigten sich mit der Kriminalität von Menschen, die Opfer des Nationalsozialismus geworden waren, und untersuchten beispielsweise die Kriminalität von »Flüchtlingen«, von »Konzentrationslagerhäftlingen« und »Zigeunern«, wobei sie die im Nationalsozialismus praktizierten rassistischen Zuschreibungen vielfach ungebrochen weiterführten.[167] Die weitaus größte Aufmerksamkeit erhielt allerdings die Frage nach der Kriminalität der Kriegsheimkehrer.[168] In den ausgehenden 1940er und 1950er Jahren existierten unterschiedliche und teilweise widersprüchliche Bilder von Kriegsheimkehrern. Als wichtige Akteursgruppe in der Deutung der Bedürfnisse und der politischen Position der Kriegsheimkehrer fungierten die Veteranenverbände, die u.a. Gedenkfeiern organisierten und Mahnmale errichteten, die auf großes gesellschaftliches Echo stießen.[169] In Österreich erleichterte die »Opferthese« es den Kriegsheimkehrern, ihre Anliegen – etwa auf Unterstützungs- und Entschädigungsmaßnahmen – durchzu-

167 Vgl. dazu Karl S. Bader, Beobachtungen zur Nachkriegskriminalität der Nachkriegszeit, Bonn 1952, S. 28–30; Karl S. Bader, Der kriminelle KZ-Häftling, in: Die Gegenwart, 1 (1945/46), 14+15, S. 18–21; Eckart von Wallenberg, Der Einfluß des Flüchtlingsproblems auf die Kriminalität der Gegenwart, iur. Disseration, Universität Freiburg 1948. Vgl. auch Baumann, Verbrechen, S. 196–201, S. 217–222.

168 Der aus dem Krieg zurückgekehrte Soldat hatte sich nach dem Ersten Weltkrieg zu einer paradigmatischen Sozialfigur etablierte. Vgl. dazu Jonas Nesselhauf, Der ewige Albtraum. Zur Figur des Kriegsheimkehrers in der Literatur des 20. und 21. Jahrhunderts, Paderborn 2018.

169 Ernst Langthaler, Umbruch im Dorf? Ländliche Lebenswelten von 1945 bis 1950, in: Reinhard Sieder, Heinz Steinert, Emmerich Tálos (Hg.), Österreich 1945–1995. Gesellschaft, Politik, Kultur, Wien 1995, S. 35–53, S. 41; Birgit Schwelling, Heimkehr, Erinnerung, Integration. Der Verband der Heimkehrer, die ehemaligen Kriegsgefangenen und die westdeutsche Nachkriegsgesellschaft, Paderborn 2010, S. 39–101.

setzen.[170] Aber auch in Deutschland konnten sie mit ihren Veranstaltungen an ein weithin verbreitetes Gefühl anknüpfen, nicht zu den Tätern, sondern zu den Opfern des Krieges, der Alliierten und der beginnenden Ost-West-Konfrontation zu zählen.[171]

Die Diskussionen um die Kriminalität der Kriegsheimkehrer hinterfragten diesen Opferstatus nicht grundsätzlich. Doch waren die Reflexionen geprägt von der Befürchtung, die ehemaligen Soldaten seien durch die Kriegserfahrung transformiert und kriminalisiert worden. In der BRD führten in den 1950er Jahren mehrere Länder Untersuchungen durch, welche die Kriminalitätsquote von Kriegsheimkehrern zu ermitteln suchten. Die Untersuchungsergebnisse variierten allerdings so stark, dass Experten Zweifel an der Validität dieser Studien äußerten.[172] In den frühen 1950er Jahren erschienen schließlich zwei fundiertere wissenschaftliche Untersuchungen: 1950 publizierte Wolfgang Meyer seine Dissertation über die »Kriminalität« der Schwerkriegsbeschädigten und 1953 legte Günther Keller seine Dissertation zur »Kriminalität und strafrechtlichen Behandlung der Heimkehrer« vor.[173] Basis ihrer Untersuchungen waren Strafakten des Landgerichtsbezirkes Bonn resp. des Landgerichtsbezirkes Freiburg i. Br., wobei beide die Akten der Jahre 1945–1949 auswerteten. Sie kamen zum Ergebnis, dass Kriegsheimkehrer in den Nachkriegsjahren nicht häufiger straffällig wurden als andere Männer im vergleichbaren Alter. Im Gegenteil: Die Quote war sogar tiefer.[174] Keller erklärte, die kriminell besonders »Anfälligen und Belasteten« seien den »Anstrengungen der Kriegsgefangenschaft« wenig gewachsen gewesen: »In der und durch die Gefangenschaft fand demnach also eine Ausmerzung krimineller Elemente statt, die sich auch auf die Heimkehrer-Kriminalitätsziffer günstig ausgewirkt haben dürfte.«[175] Im Hinblick auf Sexualdelikte schien die Sachlage allerdings komplizierter. Sowohl Keller wie Meyer stellten fest, dass die »Heimkehrer« proportional häufiger wegen Sittlichkeitsdelikten und insbesondere wegen »Unzucht« mit Kindern verurteilt worden waren. Meyer resümierte: »An einigen Delikten sind die Schwerbeschädigten überhaupt nicht beteiligt, während sie bei der

170 Margit Reiter, Die Generation danach. Der Nationalsozialismus im Familiengedächtnis, Innsbruck, Wien, Bozen 2006, S. 46, S. 67.

171 Schwelling, Heimkehr, S. 37–38.

172 Günter Keller, Kriegsgefangenschaft und Heimkehr. Kriminalität und strafrechtliche Behandlung der Heimkehrer, Dissertation, Universität Freiburg 1953, S. 118.

173 Wolfgang Meyer, Die Kriminalität der Schwerkriegsbeschädigten im Landesgericht Bonn, Bonn 1950; Keller, Kriegsgefangenschaft.

174 Meyer, Kriminalität, S. 31.

175 Keller, Kriegsgefangenschaft, S. 240.

Unzucht mit Kindern sogar zahlenmäßig mit der Kriminalität der allgemeinen männlichen Bevölkerung konkurrieren können.«[176]

Obwohl in den Nachkriegsjahren – neben den beiden erwähnten Dissertationen – kaum empirische Untersuchungen zur Kriminalität von Kriegsheimkehrern vorlagen, brachten wissenschaftliche Experten in den Nachkriegsjahren Thesen über die angeblich pathologische und deviante Sexualität von ehemaligen Soldaten vor.[177] Als wichtige Plattform fungierte die Deutsche Gesellschaft für Sexualforschung, die das Thema auf mehreren Kongressen behandelte.[178] Des Weiteren diskutierten Wissenschaftler in juristischen und psychiatrischen Fachzeitschriften wie vereinzelt auch in kriminalsoziologischen Monographien die Ursachen für das verbrecherische Verhalten ehemaliger Wehrmachtssoldaten gegenüber Kindern.[179] Experten vertraten dabei die Ansicht, die Kriegsheimkehrer würden die Erfordernisse an eine »normale« Männlichkeit zu wenig erfüllen. Ihre Erschöpfung und ihr mangelnder Sexualtrieb leiteten sie demnach auf »falsche Bahnen«. Diese These brachten etwa medizinisch-psychiatrische Fachleute vor, die sich mit dem Krankheitsbild der »Dystrophie« auseinandersetzten. Letzteres erhielt gerade in der Nachkriegszeit zentrale Deutungsmacht in der Interpretation der körperlichen und psychischen Leiden von ehemaligen Kriegsgefangenen.[180] Wegweisend war die 1952 publizierte Monographie »Die Dystrophie als psychosomatisches Krankheitsbild« des Psychologen Kurt Gauger.[181] Zwar hatten Internisten wie auch Psychiater in der Dystrophie schon einige Jahre vorher eine plausible Erklärung für die verminderte Regenerationsfähigkeit der Kriegsheimkehrer gefunden. Sie argumentierten, dass die Organe durch Hunger und Fehlernährung unter Umständen weit mehr ge-

176 Meyer, Kriminalität, S. 246.

177 Keller, Kriegsgefangenschaft, S. 198; o. V. Frenzel, Der Heimkehrer im Straf- und Ehescheidungsprozess, in: Deutsche Richterzeitung, 28 (1950), S. 232–233.

178 Vgl. auch Frank Biess, Survivors of Totalitarianism. Returning POWs and the Reconstruction of Masculine Citizenship in West Germany, 1945–1955, in: Hanna Schissler (Hg.), The Miracle Years. A Cultural History of West Germany, 1949–1968, Princeton, Oxford 2001, S. 57–82, S. 71.

179 Vgl. dazu beispielsweise Karl S. Bader, Soziologie der Deutschen Nachkriegskriminalität, Tübingen 1949. Zu den Biographien der Psychiater, Sexual- und Rechtswissenschaftler sowie Mediziner, die sich in den Nachkriegsjahren zur Kriminalität der Kriegsheimkehrer äußerten, siehe u. a. Volkmar Sigusch, Günter Grau (Hg.), Personenlexikon der Sexualforschung, Frankfurt a. M., New York 2009.

180 Svenja Goltermann, Die Gesellschaft der Überlebenden. Deutsche Kriegsheimkehrer und ihre Gewalterfahrung im Zweiten Weltkrieg, München 2009, S. 130.

181 Ebd., S. 372. Zu Kurt Gauger siehe Geoffrey Cocks, Psychotherapy in the Third Reich. The Göring Institute, New Brunswick 1997, S. 125.

schädigt seien, als dies auf den ersten Blick ersichtlich sei. Gauger ging in seiner Deutung allerdings einen Schritt weiter und konzipierte die Dystrophie als »körperlich-seelische« Krankheit – eine Interpretation, die auch die Medien in den frühen 1950er Jahren breit rezipierten.[182] Gauger, wie auch andere Wissenschaftler, bezeichneten die unter Dystrophie leidenden Kriegsheimkehrer als weitgehend desexualisiert und argumentierten, die Körper von vielen dystrophischen Kriegsheimkehrern zeigten weibliche Formen wie auch eine weibliche Schambehaarung.[183] Zudem könne die Dystrophie das Sexualverhalten beeinflussen. Gauger, der auch als Gerichtsgutachter tätig war, schilderte in seiner Monographie den Fall eines 50-jährigen Mannes, der 1945 ein halbes Jahr in sowjetischer Kriegsgefangenschaft gewesen war, dort unter schwerer Mangelernährung litt und sich 1950 wegen sexueller Misshandlung an zwei minderjährigen Mädchen vor Gericht verantworten musste.[184] Gauger konstatierte, dass der Angeklagte »bis heute erheblich dystrophisch ist, und zwar nicht nur körperlich, sondern auch psychisch, insbesondere triebmäßig«. Infolge dieser Krankheit fühle er sich einem »erwachsenen Geschlechtspartner« nicht mehr gewachsen; er glaube, er könne seine »Männlichkeit« nur gegenüber Minderjährigen beweisen.[185] Gauger stufte den Angeklagten nach § 51 des deutschen StGB 1871 als unzurechnungsfähig ein. Gaugers These, wonach sich eine Dystrophie negativ auf das »Triebleben« auswirke, stieß in Expertenkreisen auf Widerhall. Der Rechtsmediziner Joachim Gerchow sah 1953 beispielsweise die »sexuellen Fehlhaltungen« bei ehemaligen Kriegsgefangenen als Folge der Dystrophie, wobei er insbesondere auf die Zunahme von Inzestdelikten hinwies, die Kriegsheimkehrer ausübten.[186] 1954 argumentierte der Psychologe und Kriminologe Gustav Nass schließlich, dass in jüngster Zeit die »geradezu tragischen Sittlichkeitsdelikte von dystrophen ehemaligen Kriegsgefangenen« abnehmen würden, »weil die kritische Phase dieser Fälle inzwi-

182 Goltermann, Gesellschaft, S. 372.

183 Kurt Gauger, Die Dystrophie als psychosomatisches Krankheitsbild. Entstehung, Erscheinungsformen, Behandlung, Begutachtung. Medizinische, soziologische und juristische Spätfolgen, München, Berlin 1952, S. 65; vgl. auch Biess, Survivors, S. 57–82.

184 Gauger, Dystrophie, S. 194–205.

185 Ebd., S. 200.

186 Jochen Gerchow, Über die Ursachen sexueller Fehlhaltungen und Straftaten bei ehemaligen Kriegsgefangenen, in: Deutsche Zeitschrift für gerichtliche Medizin, 42 (1953), S. 452–457.

schen überwunden« sei und »auch Beratungen auf sexualpsychologischem Gebiet sich auszuwirken« beginnen würden.[187]

Nebst der Dystrophie sprachen verschiedene Experten »die Kriegs- und Nachkriegsnöte« an, die bei vielen Menschen zu einer »vorübergehenden Verminderung der körperlichen und seelischen Spannkraft« und zu einer »Erschöpfung der Emotionalität« geführt habe.[188] Hans Bürger-Prinz, den die Deutsche Gesellschaft für Sexualforschung trotz seiner früheren aktiven Mitgliedschaft in der Nationalsozialistischen Deutschen Arbeiterpartei (NSDAP) und der SS zum Präsidenten gewählt hatte, bezog seine Reflexionen zu den »Sittlichkeitsverbrechen« von Kriegsheimkehrern auf diesen wenig spezifizierten Erschöpfungszustand. 1950 sah er darin den Grund, weshalb Männer »in unverbindliche und beziehungslose Formen der Sexualbetätigung, vor allem in der Richtung der Pädophilie« auswichen.[189] Auch F. Wiethold, Direktor des Instituts für gerichtliche und soziale Medizin an der Universität Frankfurt am Main, diskutierte die Bedeutung der »Erschöpfung« für die Kriminalität der Heimkehrer. Doch anders als Bürger-Prinz ging Wiethold nicht davon aus, dass die Männer nach ihrer Rückkehr in diesem Erschöpfungszustand verharren würden. Wie er 1952 auf dem *2. Kongreß der Deutschen Gesellschaft für Sexualforschung* in Königstein ausführte, finde bei den Kriegsheimkehrern – und ganz besonders bei lange inhaftierten Kriegsgefangenen – vielmehr ein »stürmisches Wiedererwachen« des Trieblebens statt, »das dem Erwachen der sexuellen Triebe im Pubertätsalter durchaus vergleichbar« sei. Der »Heimkehrer« sei den »ungewohnten Reizen« nicht gewachsen: »Der Mangel an Kontakt mit der neuartigen Umwelt führt in diesem Durchgangsstadium nicht selten zu Notzuchtsverbrechen, zu Kinderschändung, zu Exhibieren und zur widernatürlichen Unzucht.«[190]

Auch der Jurist Wolfgang Meyer sah die Ursachen für die »unzüchtigen Handlungen an Kindern« in einer Fehlleitung der Triebe. Dabei machte er

187 Gustav Nass, Unzucht mit Kindern – das Sexualdelikt unserer Zeit. Ursachen und Bekämpfung, in: Monatsschrift für Kriminologie und Strafrechtsreform, 37 (1954) 3/4, S. 69–82, S. 69.

188 F. Wiethold, Kriminalbiologische Behandlung von Sittlichkeitsverbrechern, in: Hans Bürger-Prinz, Hans Giese (Hg.), Über das Wesen der Sexualität. Vorträge gehalten auf dem 2. Kongreß der Deutschen Gesellschaft für Sexualforschung in Königstein 1952. I. Teil, Stuttgart 1952, S. 37–45, S. 41.

189 Hans Bürger-Prinz, zitiert in: F. Wiethold, Kriminalbiologische Behandlung von Sittlichkeitsverbrechern, in: Bürger-Prinz, Giese, Wesen, S. 37–45, S. 41; vgl. im Weiteren auch Roland Grassberger, Entwicklungstendenzen der Sexualkriminalität, in: Österreichische Juristen-Zeitung, 7 (1952), S. 225–232, S. 225.

190 Wiethold, Behandlung, S. 40–41.

allerdings nicht das pubertätsähnliche Erwachen der Triebe verantwortlich, sondern die fehlenden Möglichkeiten – insbesondere der schwerkriegsversehrten Männer – aufgrund ihrer körperlichen Defizite eine erwachsene Sexualpartnerin zu finden. Bei den Verurteilten handle es sich um Männer, bei denen sich die »unnatürlich angestaute und jedenfalls nicht auf natürliche Weise gelöste Sexualität« in falschen Bahnen entladen habe, nämlich mittels »unzüchtiger Handlungen an Kindern«.[191] In diesen Erklärungsansätzen standen – wenn auch in unterschiedlicher Weise – eine durch Gewalt- und Hungererfahrung verletzte und transformierte männliche Sexualität im Mittelpunkt. Folglich war es den Kriegsheimkehrern nicht mehr möglich, ihr sexuelles Begehren in einer konsensualen heterosexuellen Beziehung mit einer erwachsenen Frau auszuleben. Stattdessen »wichen« sie auf Minderjährige aus. Die Kriegsheimkehrer repräsentierten demnach einen Typus Mann, der sich fundamental von einem Männlichkeitsbild unterschied, wie es nicht zuletzt im Nationalsozialismus propagiert worden war. Sie waren weder stark noch gesund oder durchsetzungsfähig und kaum in der Lage, sich fortzupflanzen. Wie Dagmar Herzog ausführt, konstatierten in den Nachkriegsjahren verschiedene Ärzte und Psychologen eine allgemeine »Krise der Männlichkeit«.[192]

Demgegenüber brachten Experten auch Deutungen vor, wonach Männer durch den Krieg nicht erschöpft und ausgehungert, sondern brutalisiert zurückkehrten und deshalb sexuelle Gewalt gegen Kinder – und Frauen – anwandten. Der österreichische Jurist und Kriminologe Ernst Seelig, Leiter des Kriminologischen Instituts der Universität Graz, argumentierte 1952: »In Kriegszeiten, die stets einen kulturellen Rückschlag bedeuten, wurde seit jeher und bis in unsere Tage das ›Beuterecht‹ auch auf Frauen und Mädchen des niedergeworfenen Feindes ausgedehnt. Mancherorts hat sich dies in Aktionen der in Wäldern lebenden Partisanen, die bei Überfällen auf Bauerngehöfte mit der Erbeutung der Lebensmittel auch von den am Hofe befindlichen Frauen und Mädchen Besitz ergriffen, bis in die Nachkriegszeit fortgesetzt. Es ist daher verständlich, dass durch dieses Kriegs- und Nachkriegsgeschehen jener ursprüngliche Triebzusammenhang auch in anderen Menschen von primitiver seelischer Struktur Resonanz fand.«[193] Ernst Seelig, der seit 1939 mit der Durchführung der nach den Nürnberger Gesetzen vorgenommenen »Mischlingsuntersuchungen« in Österreich be-

191 Meyer, Kriminalität, S. 38.

192 Herzog, Sex, S. 86–88.

193 Ernst Seelig, Triebkoppelung, Triebkompensation und Ambivalenz bei Notzüchtern der Nachkriegszeit, in: Bürger-Prinz, Giese, Wesen, S. 46–58, S. 52.

traut worden war,[194] stellte 1952 für den Zweiten Weltkrieg und insbesondere für dessen Endphase bei Männern einen Zusammenhang zwischen dem Geschlechtstrieb und dem Aggressions-, Macht- und Besitzergreifungstrieb fest.[195] Bezeichnenderweise konstatierte er dies einzig bei den Partisanen und schwieg sich darüber aus, dass sich Soldaten der Wehrmacht in ausgeprägtem Maße an Vergewaltigungen von Frauen und Mädchen, insbesondere an der »Ostfront«, beteiligt hatten.[196]

Auch der österreichische Justizminister Otto Tschadek, der ebenfalls 1952 am *2. Kongreß der Deutschen Gesellschaft für Sexualforschung* referierte, setzte sich mit dem Zusammenhang von Gewalterfahrung und Aggression auseinander.[197] Er entwickelte eine spezifische Erklärung, weshalb Kriegsheimkehrer vielfach sexuelle Gewaltdelikte begehen würden: »Der Krieg mit seiner dauernden Todesgefahr, die Gefangenschaft mit ihrer lähmenden Ungewissheit erzeugen im Menschen ein Angstgefühl, das er nicht zu überwinden vermag und das ihn in allen Handlungen seines Lebens verfolgt.«[198] Dieses Angstgefühl könne auch die Sexualität beeinflussen und dazu führen, dass ein Mann, der jahrelang keinen Geschlechtsverkehr mehr hatte, in eine »psychologisch bedingte Impotenz« verfalle. Nun habe aber der Soldat im Kriege gelernt, die Angst durch Gewalt zu überwinden. Tschadeck folgerte daraus: »Es wird daher auch die Angst in sexuellen Dingen durch die Gewalt der Sexualität verdrängt und daraus erklären sich die vielen sexuellen Gewalttaten, die nach jedem Kriege aufscheinen.«[199] Zahlreiche juristische, psychiatrische und medizinische Experten sahen in der Nachkriegszeit folglich einen Zusammenhang zwischen der Kriegserfahrung, die Männer gemacht hatten, und den Sexualdelikten – insbesondere der sexuellen Kindesmisshandlung –, die sie nach ihrer Rückkehr in der Heimat begingen. Nur einzelne zeigten sich einer solchen Interpretation gegenüber skeptisch. So ergaben zwar die Untersuchungen des Juristen Günther Keller, dass die »Sittlichkeitsverbrechen« den höchsten »Heim-

194 Zur Biographie von Ernst Seelig siehe: Reinhard Müller, Biografie Ernst Seelig, in: Archiv für die Geschichte der Soziologie in Österreich. Collections. Nachlass Ernst Seelig, November 1996 http://agso.uni-graz.at/webarchiv/agsoe02/bestand 08_agsoe/08bio.htm (Zugriff: 15. 10. 2018).

195 Seelig, Triebkoppelung, S. 57.

196 Vgl. dazu Birgit Beck, Wehrmacht und sexuelle Gewalt. Sexualverbrechen vor deutschen Militärgerichten 1939–1945, Paderborn u. a. 2004.

197 Otto Tschadek, Die Aufgaben des Staates gegenüber dem Heimkehrer, in: Bürger-Prinz, Giese, Wesen, S. 76–79, S. 78.

198 Ebd.

199 Ebd., S. 79.

kehrer-Deliktsanteil« ausmachen würden.[200] Allerdings verdeutlichte Kellers Studie auch, dass ein beträchtlicher Teil der Verurteilten bereits vor ihrer Kriegsteilnahme wegen dieses Deliktes strafrechtlich verfolgt worden war. Keller ging deshalb davon aus, dass die Ursachen für Sexualdelikte als »anlagemäßig« und »entwicklungsbedingt« einzustufen seien. Dagegen ließe sich die These, wonach die Ursache für Sittlichkeitsdelikte im Krieg und in der Kriegsgefangenschaft zu suchen sei, nicht belegen. Es zeige sich vielmehr »die geringe Verführbarkeit des in dieser Hinsicht unbelasteten Menschen«.[201] In ähnlicher Weise ging auch der Rechtshistoriker Karl S. Bader, der für andere Delikte die Brutalisierung der Gesellschaft als durchaus relevant erachtete, bei den Sittlichkeitsdelikten davon aus, dass sie kaum von sozialen Entwicklungen geprägt waren: »Es kann kein Zweifel daran bestehen, dass zahlreiche Formen und Erscheinungen der Sittlichkeitsverbrechen sich nur aus der Abwegigkeit des Individuums, aus psychopathologischen Tatsachen erklären lassen, Tatsachen, die ihrerseits viel krisenbeständiger sind als gemeinhin angenommen wird.«[202] Auch das Delikt der »Unzucht« mit Kindern habe sich, so Bader, »unter den Einwirkungen und Folgen des Kriegs und Zusammenbruchs« kriminologisch nicht verändert.[203]

Während in den Nachkriegsjahren die Ansichten auseinandergingen, inwiefern Soldaten durch den Krieg in ihrem Sexualverhalten transformiert worden waren, herrschte bei einer spezifischen Gruppe von Kriegsheimkehrern in der Interpretation ihres delinquenten Verhaltens weitgehend Konsens: nämlich bei den hirnverletzten Männern. Diese Gruppe hatte im Zuge des Zweiten Weltkrieges markant zugenommen.[204] Die Hirnverletzten zeigten, wie der Neurologe und Psychiater Wladimir Lindenberg 1951 ausführte, »eine organisch bedingte Wesensänderung«, die nichts mit einer Neurose zu tun habe und sich anders als die üblichen »Psycho- und Neuropathien« bemerkbar mache. Je nachdem, welcher Hirnteil verletzt worden war, manifestierten sich bei den Betroffenen unterschiedliche Formen der Persönlichkeitsveränderung.[205] Die stärkste »Desintegrierung der sittlichen und sozialen Persönlichkeit« zeigten Personen, die Verletzun-

200 Keller, Kriegsgefangenschaft, S. 246.
201 Ebd.
202 Bader, Soziologie, S. 62.
203 Ebd., S. 66.
204 Achim von Winterfeld ging für das deutsche Bundesgebiet von 50.000, für die Ostzone von 70.000 Hirnverletzten aus. Achim von Winterfeld, Hirnverletzte im Strafrecht, in: Neue Juristische Wochenschrift, 4 (1951), S. 781–783, S. 781.
205 Waldimir Lindenberger, Hirnverletzung, organische Wesensänderung, Neurose, in: Der Nervenarzt, 22 (1951), S. 254–260.

gen des Stirn- und Schläfenhirns erlitten hatten.[206] Wie Lindenberg ausführte, klagten Angehörige von Hirnverletzten, die Betroffenen seien völlig verändert, wobei das Verhalten in zwei unterschiedliche Extreme ausschlagen könne. Die Hirnverletzten zeigten sich einerseits als aggressiv, enthemmt, grob und »sexuell ausschweifend« und andererseits als depressiv, »schlaffläppisch« und kontaktarm.[207]

Das Bild, das wissenschaftliche Experten von Kriegsheimkehrern der Nachkriegszeit in der BRD und in Österreich zeichneten, war letztlich ambivalent und wechselte zwischen Beschreibungen einer zu aggressiven und einer zu erschöpften Männlichkeit. Die empirisch-wissenschaftliche Basis, auf die sich die verschiedenen Experten bei ihren Reflexionen stützten, war regelmäßig dünn. In den ausgehenden 1940er und frühen 1950er Jahren hatten erbbiologische Ansätze über »Kinderschänder«, wie sie in den 1930er Jahren dominierten, an Einfluss verloren.[208] Anhänger der Dystrophie-Theorie beispielsweise maßen dem pathologisch gewordenen Körper zwar weiterhin eine große Bedeutung in der Erklärung von deviantem Verhalten zu, doch argumentierten sie, dass dystrophische Personen durch richtige Therapien eine Verbesserung ihres Zustandes erreichten. Auch distanzierten sich die Referenten, die etwa auf Kongressen der Deutschen Gesellschaft für Sexualforschung auftraten, von Forderungen, die Täter rigoros aus der Gesellschaft auszuschließen, wie dies unter dem Nationalsozialismus mit Bezug auf eine Kriminalbiologie in extremster Form praktiziert worden war. Die Debatten verweisen aber auf das Unbehagen, die Kriegsheimkehrer wieder in die Familien und in die Gesellschaft zu integrieren. Zwar gehörte die Individualisierung und Privatisierung der Kriegsfolgen zum Programm der neu gegründeten BRD wie auch der Österreichischen Republik.[209] Gleichwohl schien die Befürchtung, dass die Kriegsheimkehrer gerade für Kinder und Jugendliche eine Gefahr darstellten, verschiedenen Experten begründet. Ohne sich vertieft mit der Frage auseinanderzusetzen, wie die Nationalsozialisten das Bild des »Kinderschänders« geprägt hatten, bildete sich in den wissenschaftlichen Diskursen der Nachkriegsjahre somit ein neues Täterbild über Männer heraus, die eine Gefahr für Kinder darstellten. Dieses Bild war in seinen Konturen weit weniger scharf als das des biolo-

206 Ebd., S. 255.

207 Ebd., S. 255.

208 Zum Übergang der »Erbbiologie« zur Sozialisationstheorie in der Kriminologie siehe Annelie Ramsbrock, Geschlossene Gesellschaft. Das Gefängnis als Sozialversuch – eine bundesdeutsche Geschichte, Frankfurt a. M. 2020, S. 36–43.

209 Vgl. Vera Neumann, Nicht der Rede wert: Die Privatisierung der Kriegsfolgen in der frühen Bundesrepublik: Lebensgeschichtliche Erinnerungen, Münster 1999.

gisch-pathologischen »Kinderschänders«. Doch fungierte der Kriegsheimkehrer als Sittlichkeitsverbrecher ebenfalls als eine spezifische Sozialfigur, auf die sich die Ängste – einer wie auch immer konstituierten »Normalgesellschaft« – richteten und die einer konstatierten Gefahr – nämlich dem Anstieg von sexuellen Übergriffen an Kindern – ein Gesicht gab.

3.3 Interventionen in die gestörten Ordnungsverhältnisse? Der Ruf nach dem »Abschreckungsmoment der Strafe«

In den Expertendebatten der ausgehenden 1940er und frühen 1950er Jahre standen in erster Linie Überlegungen zu den Ursachen von sexuell-deviantem Verhalten im Mittelpunkt, während die Frage nach dem gesellschaftlichen Umgang mit Sexualverbrechern kaum thematisiert wurde. Demgegenüber fokussierten zivilgesellschaftliche Organisationen, die Medien wie auch politische Parteien die Frage, wie »Sittlichkeitsverbrecher« sanktioniert werden sollten. In Österreich setzte insbesondere in den frühen 1950er Jahren eine, teilweise scharf formulierte, Kritik an der Verfolgung von Tätern ein, die sich der sexuellen Gewalt an Kindern schuldig gemacht hatten. Dies manifestierte sich u. a. in einer Verdichtung der Anträge und Schreiben an das BMfJ. Zivilgesellschaftliche Organisationen informierten über Resolutionen, die sie im Bereich des Kindes- und Jugendschutzes verabschiedet hatten und forderten das BMfJ auf, konkrete Reformprozesse in die Wege zu leiten.[210] Ähnlich reichten in den frühen 1950er Jahre Parlamentsabgeordnete Anträge im Parlament ein, die eine schärfere Sanktionierung der Sittlichkeitsdelikte verlangten. Die Initiativen forderten, den besonderen Bereich der Sittlichkeitsverbrechen des österreichischen Strafrechts unverzüglich zu revidieren und Änderungen nicht erst im Zuge einer geplanten Gesamtreform durchzusetzen.

Diese politischen und zivilgesellschaftlichen Vorstöße liefen parallel mit einer Zunahme von strafrechtlichen Verurteilungen wegen »Schändungen« nach § 128 StG (1852) in den frühen 1950er Jahren. Für Österreich liegt die Zahl der Verurteilten für die einzelnen Sexualverbrechen erst ab 1950 vor. Zwar reicht die gerichtliche Kriminalstatistik bis ins 19. Jahrhundert zurück, doch wurden die Daten sämtlicher Sittlichkeitsdelikte zusammengezogen, sodass keine Angaben darüber gemacht werden können, wie sich die Kriminalitätsziffer einzelner Delikte – so der »Notzucht«, »Schändung« oder »Unzucht wider die Natur« – entwickelte.[211] Für die NS-Zeit besteht

210 Vgl. dazu ÖStA/AdR, BMfJ, Sektion II, Band 140.
211 Vgl. dazu Weingand, Homosexualität, S. 44.

in der österreichischen Kriminalstatistik zudem eine Lücke, da die Daten in diesen Jahren nicht systematisch erfasst wurden.[212] Die gerichtliche Kriminalstatistik weist nach 1950 die Zahl der Verletzungen des sexuellen Schutzalters aber ebenfalls nur unpräzise nach, da nicht ersichtlich wird, in wie vielen Fällen von »Notzucht« nach § 127 minderjährige Mädchen involviert waren. Ebenfalls fehlen Angaben dazu, in wie vielen Fällen von Verurteilungen nach § 129 lb (»Unzucht wider die Natur mit Personen desselben Geschlechts«) die sexuellen Handlungen an Minderjährigen erfolgten.[213] Auch wenn die Statistik damit keine präzisen Angaben über die Zahl der wegen Pädokriminalität Verurteilten liefert, zeigen die Erhebungen, dass die staatliche Verfolgung in den frühen 1950er Jahren einen Höhepunkt erreichte. Dieser Anstieg wurde in Österreich breit diskutiert und – wie beispielsweise der österreichische Strafrechtsprofessor Roland Grassberger argumentierte – als Zeichen eines durch den Krieg ausgelösten »sittlichen Verfalls« gelesen.[214] Grassberger ging im Weiteren davon aus, dass die Zahl der Fälle, in denen Täter, die wegen »Schändung« oder »Notzucht« an einem unter 14-jährigen Mädchen verurteilt worden waren, nicht nur in jüngster Zeit, sondern seit dem frühen 20. Jahrhundert in Österreich stark angestiegen sei: »Der außerordentlich rasche Anstieg der nach § 127 und § 128 erfolgten Verurteilungen hat dazu geführt, dass im Jahre 1936 bereits jedes vierzigste Mädchen bis zur Vollendung seines 14. Lebensjahres das Opfer eines deswegen gerichtlich abgeurteilten Sittlichkeitsverbrechers geworden war. Unter Berücksichtigung der nicht angezeigten Fälle ist davon auszugehen, dass damals bereits 8 % aller Vierzehnjährigen geschlechtlich missbraucht waren. Dieses Verhältnis dürfte sich seither kaum gebessert haben.«[215] Die Studie von Grassberger wies auf die Verbreitung der sexuellen Handlungen an minderjährigen Mädchen hin, doch blieb weitgehend unklar, auf welcher empirischen Basis er seine Thesen entwickelte. Außerdem reflektierte Grassbergers Studie nicht, dass die Zahl über die Verurteilten keine Angaben über das tatsächliche Ausmaß des Delikts geben konnte und bei sexueller Gewalt an Kindern die Dunkelziffer besonders hoch war.[216]

212 Siehe dazu beispielsweise Bundesministerium für Justiz, Kriminalstatistik für das Jahr 1960, Wien 1962, S. 40–41; Weingand, Homosexualität, S. 43–44.

213 Weingand, Homosexualität, S. 62.

214 Grassberger, Entwicklungstendenzen, S. 225.

215 Ebd., S. 229.

216 Vgl. dazu auch Császár, Entwicklung, S. 14.

Jahr	Verurteilte (männlich)	Verurteilte (weiblich)	Kriminalitätsziffer (männlich)	Kriminalitätsziffer (weiblich)
1951	605	10	25	0
1952	726	8	30	0
1953	**821**	**16**	**33**	**1**
1954	757	11	30	0
1955	725	6	29	0
1956	642	6	25	0
1957	598	2	24	0
1958	556	3	22	0
1959	595	6	23	0
1960	571	10	22	0

Gerichtliche Kriminalitätsstatistik: Anzahl Verurteilte und Kriminalitätsziffer betreffend das Delikt nach § 128 StG (»Schändung), 1951–1960[217]

Dem BMfJ standen in den frühen 1950er Jahren in relativ kurzen zeitlichen Abständen unterschiedliche Minister vor. Im November 1949 löste der Sozialdemokrat Otto Tschadek den parteilosen Bundesminister Josef Gerö ab und blieb bis September 1952 im Amt. Anschließend übernahm Gerö erneut das BMfJ, bis ihn im Dezember 1954 der Sozialdemokrat Adolf Schärf ablöste, der das Amt allerdings nur übergangsweise bis Januar 1955 besetzte.[218] In dieser – durch mehrfachen Wechsel gezeichneten – Phase nahmen leitende Beamte wie Eugen Serini und Hans Kapfer eine bedeutende Rolle ein, um die kontinuierliche Behandlung der Geschäfte sicherzustellen. Kapfer leitete nicht nur die Strafsektion im Justizministerium, sondern war

217 Die Kriminalitätsziffer ist bezogen auf 100.000 Strafmündige. Vgl. dazu Bundesministerium für Justiz, Kriminalstatistik 1960, S. 60, S. 68.

218 Zur Biographie dieser Akteure siehe u. a. die Homepage des österreichischen Parlaments: https://www.parlament. gv.at/WWER/PAD_01587 (Zugriff: 19. 10. 2018).

für einige Monate (von Januar 1955 bis Juni 1956) auch Justizminister, bis ihn Tschadek erneut ablöste.[219] Die Maßnahmen, die das BMfJ im Bereich der »Unzucht« an Kindern ergriff, orchestrierten in den frühen 1950er Jahren primär diese leitenden Beamten.

In der Sanktionierung der sexuellen Kindesmisshandlung brachte der Bund österreichischer Frauenvereine (BöFV) die weitreichendsten Forderungen an das BMfJ ein. Der BöFV wurde 1902 als Dachorganisation der bürgerlichen Frauenvereine gegründet und hatte zum Ziel, als konfessionelle und politisch »neutrale Organisation« die Interessen der Frauen zu fördern. Während der Ersten Republik Österreichs hatte er erfolglos eine parteiübergreifende Allianz angestrebt – zu tief waren die Gräben zwischen Sozialdemokratinnen und den katholisch organisierten Frauen. Zudem gelang es dem BövF nicht, ein von den Parteien unabhängiges politisches Gewicht zu erreichen.[220] Nach dem Zweiten Weltkrieg zeichnete sich der BöFV durch eine weitgehend wertkonservative Politik aus.[221] Henriette Hainisch, die Schwiegerenkelin der Gründerin Marianne Hainisch, nahm 1947 dessen Vorsitz ein. In ihrem Schreiben an das BMfJ argumentierte sie 1951, die Sittlichkeitsdelikte hätten in den letzten Jahren stark zugenommen und »die vielen Lustmorde sowie die häufigen Schändigungen [sic!] von kleinen Kindern« hätten die »größte Beunruhigung unter der Bevölkerung, besonders bei den Müttern und Vätern hervorgerufen«.[222] In seiner Forderung nach einem harten Durchgreifen des Staates stellte der BöFV die »physische und psychische Schädigung der Betroffenen – vor allem der Kinder« in den Mittelpunkt. Da die Folgen für die Opfer schwerwiegend seien, müssten die Täter härter sanktioniert werden. Zwar sei das Strafmaß in jüngster Zeit in einzelnen Fällen etwas erhöht worden, doch reiche dies nicht aus, um genügend abschreckend zu wirken. Folgende Maßnahmen schlug der BöFV deshalb vor:

219 Wirth, Broda, S. 203.

220 Johanna Gehmacher, Wenn Frauenrechtlerinnen wählen können … Frauenbewegung, Partei/Politik und politische Partizipation von Frauen – begriffliche und forschungsstrategische Überlegungen, in: Dies., Natascha Vittorelli (Hg.), Wie Frauenbewegung geschrieben wird. Historiographie, Dokumentation, Stellungnahmen, Bibliographie, Wien 2009, S. 135–180, S. 149.

221 Vgl. dazu Gabriella Hauch, Frauen bewegen Politik. Österreich 1848–1938, Innsbruck, Wien, Bozen 2009, S. 29–30.

222 ÖStA/AdR, BMfJ, Sektion II, Band 140, Henriette Hainisch, Bund österreichischer Frauenvereine an das Bundesministerium für Justiz, 25. November 1951.

1. Das Strafmaß für Sittlichkeitsdelikte möge *bedeutend erhöht* werden.
2. Die Täter müssten nach der Entlassung aus dem Gefängnis für eine entsprechende Zeit unter polizeilicher Überwachung stehen.
3. Bei schweren Fällen oder pathologischer Veranlagung müssten sie durch die Abgabe in ein Zwangsarbeiterlager unschädlich gemacht werden.[223]

Wie andere zivilgesellschaftliche Organisationen nahm auch der BöFV nicht explizit Bezug zur nationalsozialistischen Praxis, sogenannte »Kinderschänder« rigoros auszugrenzen. Die Forderung, die Täter in »Zwangsarbeiterlagern unschädlich« zu machen, verweist indes auf eine fehlende Auseinandersetzung mit Zwangsmaßnahmen des NS-Staates und die unkritische Übernahme des NS-Vokabulars.

Von den parlamentarischen Abgeordneten thematisierten vor allem Mitglieder der ÖVP die konstatierte Zunahme der verurteilten »Sittlichkeitsverbrecher«.[224] ÖVP-Politiker und (einzelne) -Politikerinnen unter der Federführung des Abgeordneten Ferdinand Geisslinger konstatierten »mit ernster Sorge« die Zunahme von sexuellen Übergriffen an Kindern sowie Jugendlichen und hielten in ihrem Antrag an das Parlament 1952 fest, diese »Verbrechenserscheinungen« würden von verschiedener Seite als »eine Folge des vergangenen Krieges« angesehen werden. Diese Ursachenerklärung bestritt die ÖVP zwar nicht, doch vertrat sie den Standpunkt, dass dieses kriminelle Verhalten nicht zu entschuldigen sei. Vielmehr verlangten die ÖVP-Abgeordneten ein hartes Durchgreifen des Staates, um die sittliche Ordnung wiederherzustellen, und argumentierten, die strenge Bestrafung sei im Interesse der »Elternschaft«, die »mit Recht eine unnachsichtige Haltung in der Bestrafung dieser Verbrechen« erwarte.[225] Sie klammerten in dieser Argumentation freilich aus, dass ein Teil der verurteilten »Sittlichkeitsverbrecher« selbst zur »Elternschaft« gehörte.[226] Die ÖVP verlangte eine Verschärfung des Strafmaßes über die Reform des Milderungsrechtes.[227] § 54 StG (1852) ermöglichte es den Gerichten, die Kerkerstrafe

223 Ebd. (Hervorhebung im Zitat).

224 Stenographisches Protokoll, 80. Sitzung des Nationalrates der Republik Österreich, 13. Februar 1952, S. 249; Stenographisches Protokoll, 5. Sitzung des Nationalrates der Republik Österreich, 22. April 1953, S. 9.

225 Ebd.

226 Vgl. dazu Kapitel 2.

227 ÖStA/AdR, BMfJ, Sektion II, 139, Bundesministerium für Justiz, Initiativantrag der Abg. Geisslinger u. Gen. betr. Ausschluss des ao. Milderungsrechtes im Verfahren wegen Sittlichkeitsdelikten begangen an Kindern und Jugendlichen, 19. Februar 1952.

abzukürzen, wenn solche Milderungsumstände zusammentrafen, »welche mit Grund die Besserung des Verbrechers erwarten lassen«.

In einem weiteren Antrag vom April 1953 präzisierten und erweiterten ÖVP-Abgeordnete ihre Forderungen. Sie beantragten im Nationalrat die Fassung eines Beschlusses, mit welchem die Bundesregierung aufgefordert werden sollte, »unverzüglich die Regierungsvorlage eines Gesetzes zum Schutze der Sittlichkeit auszuarbeiten und dem Parlament zur Behandlung vorzulegen«.[228] Dieses »Bundesgesetz zum Schutze der Sittlichkeit« verlangte nicht nur bei sexueller Gewalt an Kindern und Jugendlichen eine Neuregelung, sondern bei allen »Sittlichkeitsverbrechen«. Neben der Revision des § 54 (Milderungsrecht) forderte die ÖVP, dass die bedingte Verurteilung bei »Sittlichkeitsverbrechen« ausgeschlossen werden sollte. Nicht antasten wollten die Abgeordneten dagegen das Strafumwandlungsrecht, wie es der § 55 StG vorsah. Dieser eröffnete den Gerichten die Möglichkeit, die Strafdauer des Verurteilten abzukürzen, wenn durch die Strafe die »schuldlose Familie« in »ihrem Erwerbsstande wichtigen Schaden« erleiden würde.[229]

Die Forderungen nach einer schärferen Ahndung von Pädokriminalität unterstützten weitere, der ÖVP-Parteipolitik nahestehende Gruppierungen, so insbesondere die österreichische Frauenbewegung der ÖVP. Ausgehend vom Beschluss ihrer Länderkonferenz vom 27. Januar 1952, forderte diese »im Namen aller Frauen und Mädchen und aller gefährdeten Kinder« die Bundesregierung auf, »die Bestimmungen des Strafgesetzes bei Sittlichkeitsverbrechen an heranwachsenden Mädchen und Schändung an Kindern der Verwerflichkeit des Verbrechens entsprechend zu verschärfen«.[230] Die Österreichische Frauenbewegung der ÖVP argumentierte, in letzter Zeit würden sich sexuelle Übergriffe an Kindern und »halbwüchsigen« Mädchen in erschreckendem Maße häufen. »Tausende österreichische Mütter« verfolgten daher mit Sorge diese »ansteigende Gefahr, da sie ständig um ihre Kinder bangen« müssten. In Anbetracht der »Abscheulichkeit« dieser Verbrechen und »der nachhaltigen körperlichen und seelischen Schädigungen, die noch bis ins spätere Alter an den bedauerlichen Opfern Folgen zeitigen«, seien die milden Rechtsprüche unbegreiflich, die in letzter Zeit bei

228 ÖStA/AdR, BMfJ, Sektion II, 140, Bundesministerium für Justiz, Amtsvorlage. Antrag der Abgeordneten zum Nationalrat Reich und Gen. Betr. die Schaffung eines Bundesgesetzes zum Schutze der Sittlichkeit, 23. April 1953.

229 ÖStA/AdR, BMfJ, Sektion II, 140, Antrag der Abg. Reich, Köck, Prinke, Kranebitter, Altenburger und Genossen betreffend die Schaffung eines Bundesgesetzes zum Schutze der Sittlichkeit, 16. April 1953.

230 ÖStA/AdR, BMfJ, Sektion II, 139, Bundeskanzleramt-Ministerratsdienst an Bundesministerium für Justiz. Abschrift Resolution, 18. Februar 1952.

diesen Verbrechen gefällt worden seien.[231] Nicht explizit angesprochen wurde, wo die Gefahr lauerte: Vor wem fürchteten sich die »tausenden« von österreichischen Müttern? Vor fremden Tätern, die ihre Kinder hinterrücks in abgelegenen Wäldern überfielen? Oder vor männlichen Familienmitgliedern, die sich – möglicherweise transformiert durch den Krieg – an Kindern vergingen? Ob gewollt oder nicht – bis zu einem gewissen Grad ließen die ÖVP Frauen diese Frage in ihrem Schreiben offen. Dezidiert verlangten sie allerdings: »Solche Unholde gehören aus der menschlichen Gesellschaft entfernt durch Anwendung der strengsten Strafe unseres Gesetzes.«[232] Des Weiteren erhielten die Vorstöße der ÖVP von zivilgesellschaftlichen Organisationen Unterstützung, so beispielsweise vom österreichischen Wohlfahrtsdienst, der sich unter Federführung von Alma Motzko – die bis zum »Anschluss« eine der einflussreichsten österreichischen Politikerinnen gewesen war[233] – mehrfach an das BMfJ wandte. Dieser verlangte eine schärfere Sanktionierung der »Unzucht« an Minderjährigen und argumentierte, dass solche Übergriffe bei den Opfern zu einer »dauernden schweren psychischen Beeinträchtigung« führen würden.[234]

Besonders große Aufmerksamkeit erhielt schließlich eine Intervention, die im August 1952 im BMfJ eintraf. Eduard Speck, sozialdemokratischer Bürgermeister von Graz, richtete sich an den Bundesminister Tschadek und informierte, dass die »erschreckende Zunahme der Sittlichkeitsverbrechen« in der Grazer Bevölkerung zu »einer starken Erregung geführt« habe.[235] Die Empörung der Öffentlichkeit über die »Dreistigkeit und Hemmungslosigkeit«, mit der sich »entartete Menschen« an Kinder und Jugendliche heranmachten, sei groß und die Forderung, härter gegen Täter vorzugehen, mehrfach vorgebracht worden. In einem einvernehmlichen Bundesbeschluss der im Grazer Stadtrat vertretenen politischen Parteien – der SPÖ, ÖVP und dem Verband der Unabhängigen (VdU) – wurde Eduard Speck als Bürgermeister aufgefordert, »Schritte zu unternehmen, um allen in Betracht kommenden Stellen die öffentliche Meinung, die weitestgehenden Schutz

231 Ebd.

232 Ebd.

233 Felix Czeike, Historisches Lexikon Wien, Band 6: Ergänzungsband, Wien 2004, S. 138.

234 ÖStA/AdR, BMfJ, Sektion II, 140, Österreichischer Wohlfahrtsdienst, Bundesgeschäftsstelle, M. Kowatsch, Alma Motzko an Bundesminister für Justiz, Josef Gerö, 5. Juli 1954; Österreichischer Wohlfahrtsdienst, Bundesgeschäftsstelle, M. Kowatsch, Alma Motzko an Bundesminister für Justiz, Otto Tschadek, Wien 12. Juni 1959.

235 ÖStA/AdR, BMfJ, Sektion II, 140, Eduard Speck, Bürgermeister der Landeshauptstadt Graz, an Bundesminister für Justiz, Otto Tschadek, 12. August 1952.

für unsere Jugend verlangt, zur Kenntnis zu bringen und um Abhilfe zu ersuchen«.[236] Der Grazer Bürgermeister forderte Tschadek entsprechend auf, Maßnahmen zu ergreifen, um die Täter »mit aller Strenge zu bestrafen«.[237] Ohne dies explizit auszuführen, bezog sich Speck insbesondere auf einen Fall, der im Juli 1952 in Graz für Aufsehen gesorgt hatte. Das Landesgericht Klagenfurt hatte ein ehemaliges Mitglied eines Gemeinderates in der Steiermark wegen »drei Notzuchtsakten« an einem unmündigen Mädchen zu drei Jahren schwerem Kerker verurteilt. Der Oberste Gerichtshof (OGH) setzte die Strafe allerdings auf acht Monate schwerem Kerker herab, was die Presse teilweise scharf kritisierte.[238] Speck ging nicht näher darauf ein, was die Ursachen der »Entartung« und der angeblichen Zunahme der sexuellen Übergriffe an Kindern waren, doch war für ihn zweifelsfrei gegeben, dass sich die Täter außerhalb der Familie situierten: »Eltern, die besten Willens sind, ihre Kinder zu rechtschaffenen Menschen zu erziehen und sie von allen schädlichen Einflüssen ferne zu halten, sind verständlicherweise besorgt, es könnte bei den herrschenden Umtrieben einmal auch ihr Kind das Opfer eines Sexualverbrechers werden. Diese Sorge ist umso größer hinsichtlich jener Kinder, die zu ihrer Behausung größere Wegstrecken zurückzulegen haben und hierbei Anlagen und Gassen durchschreiten müssen, in denen sich gerne Unholde aufhalten«.[239]

Insbesondere auf parlamentarischer Ebene dominierte die ÖVP die Debatte um eine schärfere Sanktionierung der sexuellen Kindesmisshandlung. Gleichwohl beteiligten sich auch andere politische Parteien (wie die SPÖ) sowie unterschiedliche zivilgesellschaftliche Organisationen an der Auseinandersetzung. Gemeinsam war den Vorstößen der frühen 1950er Jahre, dass sie das Augenmerk primär auf das Mittel des Strafrechts richteten und davon ausgingen, dass harte Strafen aufgrund ihres Abschreckungseffekts die Gewaltverbrechen zukünftig vermindern würden. Dahinter verbarg sich ein starkes Vertrauen in die Regulierungsfähigkeit der staatlichen Strafinstanzen. Diese sollten die gesellschaftliche Ordnung, die als gestört empfunden wurde, wieder ins Lot bringen. In dieser Logik richtete sich der Fokus auf den einzelnen Kriminellen. Keineswegs forderten die Postulate, die Gesellschaft insgesamt zu transformieren, um die Kinder und Jugendlichen besser vor sexueller Gewalt zu schützen und die bestehenden Machtverhältnisse zwischen den Geschlechtern und den Generationen kritisch zu durchleuchten.

236 Ebd.

237 Ebd.

238 o. N., Oberster Gerichtshof ist wirklichkeitsfremd!, in: Kleine Zeitung, Nr. 173, 27. Juli 1952, S. 18.

239 ÖStA/AdR, BMfJ, Sektion II, 140, Speck an Tschadek, 12. August 1952.

Hartes Durchgreifen im Rahmen der bisherigen strafrechtlichen Bestimmungen: Die Haltung des BMfJ

Aufgrund der verschiedenen Vorstöße und medialen Debatten sah sich das BMfJ veranlasst, zur Frage der sexuellen Gewalt an Kindern Stellung zu beziehen. Die erste Maßnahme hatte das BMfJ 1951 lanciert, wobei es sich auf Forderungen des OGH bezog. In seinem Tätigkeitsbericht von 1950 stellte der OGH eine »ungewöhnliche Häufung der Sittlichkeitsdelikte, insbesondere der Verbrechen der Schändung und der Notzucht an unmündigen Mädchen« fest, was aus »Gründen der Generalprävention« eine strenge Ahndung erfordere. Der OGH verlangte in der Folge bei Fällen, in denen die Anwendung des außerordentlichen Milderungsrechts gerechtfertigt war, die Strafe »nicht zu weit unter dem gesetzlichen Mindestmaß« anzusetzen.[240] Am 10. September 1951 gab das BMfJ einen Erlass heraus, in dem es den Oberstaatsanwaltschaften die Meinung des OGH über eine teilweise zu geringe Bestrafung von »Sittlichkeitsverbrechen« mitteilte und diese anwies, »die unterstellten Anklagebehörden zu entsprechender Antragstellung sowie Anmeldung und Ausführung von Rechtsmitteln im Sinne der Ausführungen des OGH zu veranlassen«.[241]

Das Schreiben von Eduard Speck von 1952 gab für Justizminister Tschadek den Anlass zu prüfen, ob die Oberstaatsanwaltschaften dem Erlass des BMfJ genügend Beachtung geschenkt hatten. Am 28. August 1952 forderte Tschadek alle Oberstaatsanwaltschaften zur baldigen Berichterstattung darüber auf, »ob trotz des Erlasses vom 19. September 1951, […] Sittlichkeitsverbrecher überhaupt und vor allem solche Verbrecher, deren Opfer Jugendliche sind, mit der erforderlichen Strenge bestraft werden und ob auch sonst z. B. vor allem in der Frage der Haft, der vordringlichen Behandlung und des raschen Strafantrittes von den Gerichten ein genügend strenger Maßstab an solche Verbrechen angelegt wird«.[242] Die Oberstaatsanwälte von Innsbruck, Graz, Linz und Wien versicherten dem Justizminister, dass die Forderung, sexuelle Gewalt an Kindern streng zu ahnden, in ihren Gerichts-

240 ÖStA/AdR, BMfJ, Sektion II, 140, Josef Gerö, Bundesministerium für Justiz an Bürgermeister der Landeshauptstadt Granz, Professor Dr. Eduard Speck, 11. Oktober 1952.

241 ÖStA/AdR, BMfJ, Sektion II, 140, Bundesministerium für Justiz, Amtsvortrag: Antrag der Abgeordneten zum Nationalrat Reich und Gen. Betr. die Schaffung eines Bundesgesetzes zum Schutze der Sittlichkeit, 23. April 1953 (gezeichnet Kapfer, Serini).

242 ÖStA/AdR, BMfJ, Sektion II, 140, Gerö an Speck, 11. Oktober 1952; Otto Tschadek, Bundesministerium für Justiz an Bürgermeister der Landeshauptstadt Graz, Dr. Eduard Speck, Wien 28. August 1952.

kreisen konsequent umgesetzt worden sei. Der Oberstaatsanwaltschaft von Graz führte beispielsweise aus, dass er in einem Runderlass auf die Notwendigkeit hinwies, »durch strengste Bestrafung derartiger Verbrechen auch eine abschreckende Wirkung zu erzielen und damit neben dem Zwecke der Spezialprävention auch jenem der Generalprävention wirksam Rechnung zu tragen«.[243] Im Anschluss daran hätten die Staatsanwälte seines Sprengels zahlreiche Strafberufungen gegen »Sexualverbrecher« eingebracht, die fast ausnahmslos erfolgreich waren. Unter seiner persönlichen Mitwirkung seien die von der ersten Instanz verhängten Strafen vom Berufungsgericht häufig auf das Doppelte oder Dreifache erhöht worden.[244] Der Oberstaatsanwalt war überzeugt, dass in seinem Sprengel die Sittlichkeitsdelikte an Kindern mit der nötigen Härte verfolgt würden: »Zusammenfassend kann also gesagt werden, dass im hiesigen Sprengel im Rahmen der gesetzlichen Möglichkeiten von den Staatsanwaltschaften und Gerichten alles Erforderliche geschieht, um dieser wahren Seuche energisch entgegenzutreten.«[245] In ähnlicher Weise berichtete der Oberstaatsanwalt von Linz, dass sich die Berufungsgerichte den Anträgen der Staatsanwälte angeschlossen hätten und gegen »Sittlichkeitsverbrecher« mit der »erforderlichen Strenge vorgegangen« seien.[246] Und auch die Oberstaatsanwälte von Innsbruck und Wien führten aus, diese Delikte würden streng geahndet. Dies habe allerdings nicht unmittelbar zu einer merklichen Abnahme der »Sittlichkeitsverbrechen« an Minderjährigen geführt.[247]

Die Oberstaatsanwaltschaften vermittelten dem BMfJ demnach ein Bild, wonach die Staatsanwälte die Urteile der erstinstanzlichen Gerichte in Fällen von sexueller Gewalt an Kindern, wenn immer nötig, weiterzögen, um vor den Oberlandesgerichten eine härtere Strafe durchzusetzen. Gleichzeitig formulierten sie Verbesserungsvorschläge. Der Oberstaatsanwalt von Graz äußerte sich kritisch gegenüber der Urteilspraxis des OGH, der – entgegen der im Tätigkeitsbericht von 1950 geforderten Strenge – bei Pädokriminalität milde Urteile aussprechen und das Strafmaß der erstinstanzlichen Gerichte nach unten korrigieren würde: »Jene Strafberufungen,

243 ÖStA/AdR, BMfJ, Sektion II, 140, Oberstaatsanwaltschaft Graz an Bundesministerium für Justiz, 22. September 1952.

244 Ebd.

245 Ebd.

246 ÖStA/AdR, BMfJ, Sektion II, 140, Oberstaatsanwaltschaft Linz an Bundesministerium für Justiz, 23. September 1952.

247 ÖStA/AdR, BMfJ, Sektion II, 140, Oberstaatsanwaltschaft Innsbruck an Bundesministerium für Justiz, 5. September 1952; Oberstaatsanwaltschaft Wien an Bundesministerium für Justiz, Wien 22. September 1952.

die aus Anlass einer Nichtigkeitsbeschwerde vom Obersten Gerichtshof zu erledigen waren, hatten allerdings leider nicht immer den gewünschten Erfolg, es wurde vielmehr dort mehrfach sogar den Strafberufungen der Angeklagten stattgegeben und die erstgerichtlichen Strafen wesentlich herabgesetzt, wodurch naturgemäß eine gewisse Unsicherheit der I. Instanz hinsichtlich der Strafzumessung verursacht wurde und wird.«[248] Die juristischen Schlupflöcher lagen demnach nicht bei erstinstanzlichen Strafgerichten und den Oberlandesgerichten, sondern beim OGH.[249] Anders als bei einer Berufung an ein Oberlandesgericht, bei der die Frage nach der richtigen Anwendung des materiellen Rechts geprüft wurde, beurteilte der OGH die sogenannte »Nichtigkeitsbeschwerde«. Im Mittelpunkt dieser Beschwerdeform stand die Frage, ob das Erstgericht den Sachverhalt unrichtig oder unvollständig festgestellt hatte.[250] Auf einer primär symbolischen Ebene waren schließlich die Reformvorschläge angesiedelt, welche der Oberstaatsanwalt von Linz dem BMfJ unterbreitete. Er regte an, bei der Ausarbeitung der Weihnachtsamnestie von 1952 eine Bestimmung einzuschalten, »wonach sämtliche Sittlichkeitsverbrecher von dieser Begünstigung auszunehmen sind«. Er war überzeugt, dass diese Maßnahme bei der Bevölkerung »volle Billigung« finden werde.[251]

Die von Tschadek initiierte Untersuchung bei den Oberstaatsanwaltschaften brachte Gerö kurz nach seinem Amtsantritt im Herbst 1952 zum Abschluss. Dieser resümierte im Antwortschreiben an den Grazer Bürgermeister Speck, dass »gegen Sittlichkeitsverbrecher derzeit in jeder Hinsicht mit der erforderlichen Strenge vorgegangen« werde. Wenn dennoch, so Gerö, »ein merkliches Abnehmen der Sittlichkeitsverbrechen nicht festzustellen ist, so ist die Ursache hierfür auf Gebieten zu suchen, die nichts mit der Strafrechtspflege zu tun haben«.[252] Allerdings versicherte Gerö dem Grazer Bürgermeister, dass er dem Problem auch zukünftig seine besondere Aufmerksamkeit schenken werde und – solange keine Abnahme dieser Delikte eintrete – »in Abständen die Anklagebehörden an den Erlass vom 19. September 1951« erinnern werde.[253] Dies sollten keine leeren Worte bleiben. Nicht zuletzt als Reaktion auf die Vorschläge verschiedener gesellschaftspolitischer Grup-

248 ÖStA/AdR, BMfJ, Sektion II, 140, Oberstaatsanwaltschaft Graz an Bundesministerium für Justiz, 22. September 1952.
249 Diese Deutung teilte auch die »Kleine Zeitung.« o. N., Gerichtshof, S. 18.
250 Vgl. dazu § 280 StPO (1873).
251 ÖStA/AdR, BMfJ, Sektion II, 140, Oberstaatsanwaltschaft Linz an Bundesministerium für Justiz, 23. September 1952.
252 ÖStA/AdR, BMfJ, Sektion II, 140, Gerö an Speck, 11. Oktober 1952.
253 Ebd.

pierungen richtete das BMfJ am 7. April 1953 einen erneuten Erlass an die Oberstaatsanwaltschaften und die Präsidien der Oberlandesgerichte. Darin verlangte das BMfJ von den Anklagebehörden und Richtenden »die Anlegung eines strengen Maßstabes bei Sittlichkeitsdelikten«.[254]

Während das BMfJ forderte, beim Delikt der sexuellen Kindesmisshandlung die Strafmöglichkeiten möglichst auszuschöpfen, votierte es dagegen, das geltende Strafrecht zu reformieren. Insbesondere zeigten sich die leitenden Beamten, Hans Kapfer und Eugen Serini, ablehnend gegenüber dem Antrag der ÖVP, ein »Bundesgesetz zum Schutze der Sittlichkeit« zu schaffen und folglich die Bestimmungen des Milderungsrechts und der bedingten Verurteilung abzuändern. Das BMfJ machte vier Gründe dafür geltend: Mit Hinweis auf die Umfrage bei den Oberstaatsanwaltschaften argumentierte es erstens, dass die Gerichte die sexuellen Übergriffe an Kindern streng ahnden würden.[255] Zweitens seien die Ursachen der steigenden Zahl von Sittlichkeitsverbrechen im Wesentlichen auf außerstrafrechtlichem Gebiet zu suchen. Die Bekämpfung der Sittlichkeitsdelikte mit den Mitteln des Strafrechtes zeigte folglich nur beschränkt Wirkung. Damit relativierte das BMfJ gleichzeitig die These, wonach strenge Strafen eine generalpräventive Wirkung hätten. Drittens gab das BMfJ zu bedenken, dass es sich ohne Kenntnis des einzelnen Falles nicht bestimmen ließe, wie die Strafe konkret zu bemessen sei. Die Gerichte müssten jedoch über einen gewissen Spielraum verfügen, um die Einzeltat angemessen zu sanktionieren. Insbesondere würden das außerordentliche Milderungsrecht und das Gesetz über die bedingte Verurteilung den Gerichten ermöglichen, auf »außergewöhnliche Umstände« Rücksicht zu nehmen, die sonst nur im Gnadenverfahren beachtet werden könnten. Es bestehe aber, so das BMfJ, kein Anlass, diesen gerichtlichen Spielraum nur bei den Sittlichkeitsdelikten zu beseitigen. Das BMfJ ging somit nicht auf das vorgebrachte Argument ein, wonach es sich bei der sexuellen Gewalt an Kindern um ein Delikt handelte, das für die Opfer solch schwerwiegende Folgen hatte, dass die Täter nicht von einer Herabsetzung des Strafmaßes profitieren sollten. Wie das BMfJ viertens ausführte, wollte es vielmehr vermeiden, dass für den Bereich der Sexualdelikte ein »Sonderrecht« geschaffen werde. Dadurch wür-

254 ÖStA/AdR, BMfJ, Sektion II, 140, BMfJ, Amtsvortrag: Antrag der Abgeordneten zum Nationalrat Reich und Gen. Betr. die Schaffung eines Bundesgesetzes zum Schutze der Sittlichkeit, gezeichnet: 22. April 1953 Serini, 23. April 1953 Kapfer. Kenntnisnahme Josef Gerö.

255 ÖStA/AdR, BMfJ, Sektion II, 140, Bundesministerium für Justiz, Amtsvorlage. Antrag der Abgeordneten zum Nationalrat Reich und Gen. Betr. die Schaffung eines Bundesgesetzes zum Schutze der Sittlichkeit, 23. April 1953.

den nämlich neue Ungerechtigkeiten geschaffen. Denkbar wäre beispielsweise, so das BMfJ, dass ein Mörder, wenn es die besonderen Umstände erlaubten, mit nur einem Jahr schwerem Kerker davonkäme. Dagegen müssten die Gerichte aber einen Mann, »der ein verdorbenes Mädchen unter 14 Jahren mit ihrem Willen, vielleicht sogar von ihr dazu überredet, geschlechtlich missbrauchte, zu 5 Jahren schw. Kerker« verurteilen.[256] Das BMfJ drehte die Debatte um den sexuellen Kinderschutz, wie er in den frühen 1950er Jahren dominierte, somit in eine andere Richtung. Nicht alle Kinder unter dem sexuellen Schutzalter bedurften eines absoluten Schutzes. Insbesondere die sich bereits in der Pubertät befindenden Mädchen, die »verwahrlost« waren, sollten nur bedingt von einem solchen Schutz profitieren.

Das BMfJ kam unter der Leitung von Gerö zum Schluss, dass es keiner »legislativen Maßnahmen« bedürfe.[257] Das Anliegen der ÖVP-Politiker und -Politikerinnen wurde damit nicht weiterverfolgt. Wie im dritten Teil dieser Untersuchung aufgezeigt wird, war die Frage nach der strafrechtlichen Sanktionierung der sexuellen Kindesmisshandlung auch während der Strafrechtsform, die sich in Österreich zwischen 1954 und 1974 vollzog, mehrfach Thema. Doch wurde die harte Sanktionierung von pädosexuellen Handlungen nicht mehr mit einer solchen Vehemenz eingefordert, wie dies in den frühen 1950er Jahren der Fall war. Auch die Gerichtspraxis zeigt eine Abnahme der Verfolgungsintensität: Die Zahl der wegen »Schändung« verurteilten Personen verringerte sich nach 1953 kontinuierlich. Während österreichische Strafgerichte im Jahre 1953 noch 837 Personen nach § 128 StG verurteilten, waren es im Jahre 1965 nur noch 409 Personen.[258] Auch die Zahl der polizeilichen Ermittlungen zeigt beim Delikt der »Unzucht« an Minderjährigen einen stark rückläufigen Trend. 1953, als in Österreich erstmals eine polizeiliche Kriminalstatistik erschien, lag die Zahl der polizeilichen Ermittlungen zu »Schändungen« bei 1.880 Fällen, während die Polizei 1964 noch bei 1.130 Fällen Untersuchungen einleitete. Damit verzeichneten die Ermittlungen wegen »Unzucht« an Minderjährigen im Vergleich zur Gesamtzahl einen gegenläufigen Trend: In toto stiegen die polizeilichen Verfolgungszahlen zwischen 1953 und 1963 Jahren nämlich an.[259] Die sich in der zweiten Hälfte des 20. Jahrhunderts abzeichnende Abnahme in der polizeilichen Ermittlung und gerichtlichen Sanktionierung von sexuellen Handlungen an Minderjährigen zeigte sich nicht nur in Ös-

256 Ebd.

257 Ebd.

258 Österreichisches Statistisches Zentralamt, Kriminalstatistik für das Jahr 1965, Wien 1966, S. 53.

259 Császár, Entwicklung, S. 13.

terreich, sondern auch in dessen Nachbarländern. In der BRD lag die Kriminalitätsziffer bei der »Unzucht« an Minderjährigen im Jahre 1955 bei 23.2. In den nachfolgenden Jahren sank sie stark: 1970 lag sie bei 11.3 und im Jahre 1990 noch bei 6.0.[260] In der Schweiz ging die Zahl der wegen »Unzucht an Kindern« Verurteilten nach 1964 ebenfalls stark zurück.[261]

Der Ruf nach der Herstellung von Sittlichkeit in den frühen 1950er Jahren

Seit den ausgehenden 1940er Jahren setzte in zahlreichen europäischen Ländern eine sexualkonservative Wende ein. Der Ruf nach einer Wiederherstellung von »Sittlichkeit« und patriarchaler Familienordnung erfüllte nach dem Zweiten Weltkrieg die Funktion, Gesellschaft und Nation aus den Trümmern des Krieges und den vorangegangenen faschistischen Diktaturen neu zu erfinden.[262] Auch die österreichische Gesellschaft der frühen 1950er Jahre lässt sich als sexualkonservativ beschreiben. Beispielhaft dafür steht die Diskussion um die »Schmutz- und Schundproduktionen«, also um populäre Medien, wie Zeitschriften, Comics oder Filme, von denen man befürchtete, sie würden die Jugendlichen gefährden und zu Vergnügungssucht, moralischer »Verwahrlosung« und kriminellem Verhalten führen.[263] 1950 trat das Bundesgesetz »über die Bekämpfung unzüchtiger Veröffentlichungen und den Schutz der Jugend gegen sittliche Gefährdung« in Kraft.[264] In den frühen 1950er Jahren formierte sich über Kirchen, Schulen und Medien eine eigentliche Massenbewegung im Kampf gegen »Schmutz und Schund«, deren Ziel es war, das 1950 verabschiedete Bundesgesetz noch weiter zu verschär-

260 Hartmut Andresen, Die Sexualdelinquenz in Deutschland von 1882–1990 im Spiegel der Strafverfolgungsstatistik, Kiel 1995, S. 48.

261 Killias, Jugend, S. 197.

262 Herzog, Sex, S. 72.

263 Vgl. dazu auch, Edith Blaschitz, »Kampf gegen Schmutz und Schund«. Medienrezeption in Österreich (1945–1965), in: Dies., Martin Seibt (Hg.), Medienbildung in Österreich. Historische und aktuelle Entwicklungen, theoretische Positionen und Medienpraxis, Wien, Berlin, Münster 2008, S. 136–147, S. 136; Franz X. Eder, »›The Nationalists‹ ›Healthy Sensuality‹ was followed by America's Influence«. Sexuality and Media from National Socialism to the Sexual Revolution, in: Günter Bischof, Anton Pelinka, Dagmar Herzog (Hg.), Sexuality in Austria (Contemporary Austrian Studies, Vol. 15), New Brunswick, London 2007, S. 102–130, S. 122–124. Zu Deutschland siehe Sybille Steinbacher, Wie der Sex nach Deutschland kam. Der Kampf um die Sittlichkeit und Anstand in der frühen Bundesrepublik, München 2011, S. 50–85.

264 Edith Blaschitz, Der »Kampf gegen Schmutz und Schund«. Film, Gesellschaft und die Konstruktion nationaler Identität in Österreich (1946–1970), Wien, Berlin 2014.

fen. 1956 konnte dem damaligen Unterrichtsminister Heinrich Drimmel die beachtliche Zahl von einer Million Unterschriften vorgelegt werden.[265]

Die Auseinandersetzung um Sexualität war, so Dagmar Herzog, konstitutiv für die gesellschaftlichen Ordnungsentwürfe der europäischen Nachkriegsgesellschaften, sie nahm in der BRD und in Österreich indes eine spezifische Funktion ein: »Especially for Germans (burdened but also angered by the moral revulsion of the entire globe at Nazism's crimes) and for Austrians (who succeeded with breathtaking efficiency in promoting themselves as Nazi Germany's first victims rather than often enthusiatic collaborators), the onset of the Cold War and the ensuing reconfiguration of ideological frameworks provided a useful occasion for promoting the importance of cleaning up sexual mores.«[266] Mit der Fokussierung auf die Sexualmoral ließen sich andere moralische Fragen ausblenden, so insbesondere die Frage nach der Beteiligung an der Zwangsenteignung und dem Genozid der europäischen Juden. Zudem ließ sich mit dem Bekenntnis zu einer neuen Sittlichkeit auch eine Abgrenzung gegenüber dem Nationalsozialismus vollziehen, was nicht zuletzt die katholische Kirche und die christlich-demokratischen Parteien in der BRD und in Österreich propagierten. Indem der Nationalsozialismus mit sexueller Freizügigkeit, Promiskuität und Exzess gleichgesetzt wurde, ließ sich die »Wiederherstellung« von Sitte und Ordnung als ein postfaschistischer Imperativ propagieren.[267] In der Forderung, das Delikt der sexuellen Gewalt an Kindern scharf zu ahnden, blieb die Abgrenzung zum Nationalsozialismus indes unklar.[268] In der Nachkriegszeit zeigten sich die Vorstöße, wonach die »Sittlichkeitsverbrecher« härter sanktioniert werden sollten, gegenüber der nationalsozialistischen Verfolgungspraxis unreflektiert. Im Diskurs der frühen 1950er Jahre fungierte sexuelle Gewalt an Kindern vielmehr als Problem, mit dem sich die österreichische Nachkriegsgesellschaft – quasi in neuartiger Weise – auseinandersetzen musste, da die sexuellen Übergriffe an Kindern Dimensionen angenommen hätten, wie sie vorher nicht bestanden.

265 Allerdings flaute ab Mitte der 1950er Jahren die Sorge um die sittliche Ordnung der österreichischen Gesellschaft ab. Die Verschärfung des »Schund- und Schmutzgesetzes« wurde nicht mehr umgesetzt. Edith Blaschitz, Zwischen Re-Orientation und »Kampf gegen Schmutz und Schund«. Österreichische Kinder- und Jugendmedien in der Nachkriegszeit (1945–1960), in: Heinz Moser et al. (Hg.), Jahrbuch Medienpädagogik 7. Medien, Pädagogik, Politik, Wiesbaden 2008, S. 169–186, S. 175.

266 Dagmar Herzog, Sexuality in Europe. A Twentieth-Century History, New York 2011, S. 99.

267 Ebd.; Herzog, Sex, S. 101–107.

268 Vgl. dazu auch Lieske, Opfer, S. 156–157.

Eine intensivierte Beschäftigung mit sexueller Gewalt an Kindern setzte in den frühen 1950er Jahren nicht nur in Österreich, sondern auch in der BRD ein. Der Psychologe und Kriminologe Gustav Nass bezeichnete 1954 die »Unzucht mit Kindern« sogar als »das Sexualdelikt unserer Zeit« und argumentierte, man müsse von der »Ausbreitung einer Seuche« sprechen, »die unsere Kinder in große Gefahr bringt«.[269] Allerdings führte er nicht aus, auf welche statistischen Ergebnisse seine Annahmen fußten. Tatsächlich war die Verurteilungsziffer von 23,3 bei »Unzucht mit Kindern« im Jahre 1950 in der BRD relativ hoch. 1960 lag sie noch bei 18,6. Doch war die Verurteilungsziffer in den frühen 1950er Jahren deutlich tiefer als zu Zeiten der NS-Herrschaft: 1938 lag diese bei 26,1.[270] Auch in der Schweiz erschienen seit den ausgehenden 1940er Jahren eine Reihe von Zeitungsartikeln – sowohl in der bürgerlichen wie in der sozialistischen Presse – die eine Zunahme sexueller Gewalt an Kindern konstatierten und eine schärfere strafrechtliche Verfolgung diskutierten, die fortan angestrebt werden sollte. Die Arbeiter-Zeitung hielt 1947 beispielsweise fest: »Die Staatsanwaltschaft sieht sich veranlasst, im Hinblick auf die steigende Zahl von Sittlichkeitsvergehen an Kindern, an die Eltern, Lehrer und alle übrigen Personen, denen Kinder zur Obhut anvertraut sind, einen eindringlichen Appell zu richten. Nur allzu oft kommt es nämlich vor, dass Kinder sich von unbekannten oder flüchtig bekannten Männern anlocken lassen. [...] Sobald sie dann mit den Kindern an einen Ort gelangt sind, wo sie sich nicht beobachtet glauben [...], begehen sie mit ihnen mehr oder weniger schwere Unsittlichkeiten.«[271] Zwei Grundannahmen strukturierten die Argumentationen: Erstens gingen sie von einer effektiven Zunahme sexueller Gewalt an Kindern aus, ohne dafür einen empirischen Beweis erbringen zu können; zweitens bezeichneten sie die Täter, die sie mit diffamierenden Begriffen wie »Schweinekerle«[272] betitelten, als »Fremde«. Diese situierten sich folglich außerhalb des sozialen Umfelds der Kinder und Jugendlichen.

Die Auseinandersetzung um sexuelle Gewalt an Kindern war somit ein Thema, das in verschiedenen Ländern in den frühen 1950er Jahren erhöhte Aufmerksamkeit erhielt und – so die vorgebrachte These – Formen einer

269 Nass, Unzucht, S. 69.

270 Andresen, Sexualdelinquenz, S. 48.

271 o. N., Warnung vor Sittlichkeitsverbrechern, in: Arbeiter-Zeitung, 15. September 1947. Siehe auch: o. N., Sittlichkeitsverbrecher, in: Neue Zürcher Zeitung, 25. Juni 1949, S. 45; o. N., Kinder in Gefahr, in: Volksrecht, 11. Dezember 1952, S. 25.

272 o. N., Warnung, S. 23.

»moral panic« annahmen.[273] Eine »moral panic« bedeutet gemäß dem Soziologen Stanely Cohen zwar nicht, dass es die spezifischen Formen von Kriminalität und Devianz nicht gegeben hätte, doch würde die Problematik verzerrt dargestellt: »Calling something a ›moral panic‹ does not imply that this something does not exist or happened at all and that reaction is based on fantasy, hysteria, delusion and illusion or being duped by the powerful. Two related assumptions, though require attention – that the attribution of the moral panic label means that the ›thing's‹ extent and significance has been exaggerated (a) in itself (compared with other more reliable, valid and objective sources) and/or (b) compared with other, more serious problems.«[274] Mit Bezug auf das Konzept einer »moral panic« lassen sich für Österreich spezifische Strukturen im Diskurs zur sexuellen Kindesmisshandlung der frühen 1950er Jahre ausleuchten. Die Argumente basierten tatsächlich nur bedingt auf validen Quellen. Zudem gerieten nur ausgewählte Aspekte der sexuellen Gewalt in den Blick. Fokussiert wurden die »fremden Unholde«, während Täter aus dem sozialen Nahraum, die eine größere Gefahr für Minderjährige darstellten, keine Beachtung fanden. Allerdings ist die These, das Problem der sexuellen Gewalt an Kindern sei weniger akut gewesen als in den frühen 1950er Jahren dargestellt, problematisch. Die Zahl von sexuell misshandelten Kindern war hoch, wobei davon auszugehen ist, dass nur eine geringe Zahl von Fällen tatsächlich vor Gericht kam.[275] Zudem ist eine Wertung bzw. ein Vergleich von unterschiedlichen sozialen Problemen schwierig. Die sexuelle Gewalt an Kindern stellte in zahlreichen Fällen eine massive Persönlichkeitsverletzung dar. Gleichwohl ist die Frage legitim, weshalb historisch just in dem Moment eine intensive Auseinandersetzung um die Gefahr der Pädokriminalität einsetzte, als Tausende Menschen Opfer des nationalsozialistischen Terrorregimes zu betrauern hatten oder selbst Opfer dieser Verfolgungsmaßnahmen geworden waren. Zweifelsohne ermöglichte die Ausleuchtung eines Problems, ein anderes in den Hintergrund zu rücken.

273 Vgl. dazu Michael Meyer, Gewalt gegen Kinder und gesellschaftlicher Wandel. Die »Sex Crime Panic« in den USA in den 1950er Jahren, in: Stefan Grüner, Markus Raasch (Hg.), Zucht und Ordnung. Gewalt gegen Kinder in historischer Perspektive, Berlin 2019, S. 457–481.

274 Stanley Cohen, Folk Devils and Moral Panics. The creation of the Mods and Rockers, 3. Aufl., London, New York 2002, S. vii.

275 Zu kritischen Einwänden zu Stanely Cohens Ansatz der »moral panic« siehe Bettina Paul, Cohen, Stanley: Folk Devils & Moral Panics. The Creation of the Mods and Rockers, in: Christina Schlepper, Jan Wehrheim (Hg.), Schlüsselwerke der Kritischen Kriminologie, Weinheim, Basel 2017, S. 201–211, S. 208–210.

Dass in den unmittelbaren Nachkriegsjahren die Sexualität von Kindern stark fokussiert wurde, hing schließlich mit der engen konzeptionellen Verknüpfung von Kindheit und Reinheit zusammen. In den Debatten manifestierten sich ein Gefühl des Unbehagens und eine Sehnsucht nach Reinheit, die durch den Nationalsozialismus und den Krieg zerstört worden war.[276] Im Projekt, die Reinheit der österreichischen Nation wiederherzustellen, nahmen die Kinder – vor allem die vorpubertären – zwangsläufig eine Schlüsselrolle ein. Sie signifizierten aufgrund ihres noch jungen Alters das noch Unschuldige. Sie hatten die Kriegsjahre und die nationalsozialistische Herrschaft nicht – oder kaum bewusst – miterlebt. Somit fungierten sie auch als Hoffnungsträger und -trägerinnen für die Zukunft. Sie waren es, die die Zweite Republik aus den Trümmern des Krieges und der erheblichen moralischen Schuld, die die Österreicher und Österreicherinnen in der Kollaboration mit der nationalsozialistischen Diktatur auf sich geladen hatten, in eine bessere Zukunft führen konnten. Nichts aber konnte ihre Reinheit so stark beeinträchtigen wie ein sexueller Übergriff. Denn ein solcher Gewaltakt hatte – so die weitverbreitete Ansicht – immer auch das Potential, Kinder zu »verderben«.[277] Die Bewahrung der Reinheit der Kinder war somit essentiell für das Gedeihen der neu gegründeten Republik. Gleichzeitig schien das Desiderat, die Kinder vor sexuellen Übergriffen zu schützen, nach dem Krieg besonders hoch. Denn was der Nationalsozialismus und der Krieg auch gezeigt hatten, war das Ausmaß der Gewaltfähigkeit der Menschen – und hier insbesondere der Männer. Diese waren nach Kriegsende vielfach in die »Normalgesellschaft« zurückgekehrt. Die Äußerungen über die Allgegenwart von »fremden Unholden« kann also auch als eine unterschwellige Angst interpretiert werden: die Angst nämlich, dass die Integration von ehemaligen Kriegsteilnehmern in die Normalgesellschaft nicht gelingen würde.

Schlussbemerkung

Die Frage, wie Minderjährige vor sexuellen Übergriffen geschützt werden sollten, bewegte zu Beginn der Zweiten Republik Österreich nicht nur den Strafrechtsapparat, der wesentlich mit der Umsetzung der Normen zum sexuellen Schutzalter betraut war. Vielmehr fungierte die Frage in den Nachkriegsjahren als ein Politikum, das breite gesellschaftliche Aufmerksamkeit

276 Zur Suche nach »Reinheit« vgl. auch auch Blaschitz, Kampf (2014), S. 11.
277 Vgl. dazu auch Teil II.

erhielt. Die Politisierung der sexuellen Gewalt war dabei durch spezifische Prozesse des Ausblendens bzw. Ausleuchtens strukturiert. Weitestgehend dethematisiert wurde die nationalsozialistische Verfolgung von »Kinderschändern«, wie sie in Österreich zwischen 1938 und 1945 außerhalb rechtsstaatlicher Prinzipien durchgeführt wurde. Ebenfalls ausgeblendet waren gesellschaftliche Machstrukturen zwischen den Geschlechtern und zwischen den Generationen, die minderjährige Knaben und Mädchen in einer je spezifischen vulnerablen Position situierten. Die Debatten, die einen durchaus skandalisierenden Ton anschlugen, waren dagegen durch bestimmte Täter- und Opferkategorien strukturiert: Als »Täter« erschienen die »Unholde«, die – wie gefürchtet – aus dem Krieg hervorgegangen waren und die sich – wie es die wissenschaftliche Debatte suggerierte – durch eine transformierte Sexualität auszeichneten. Während die Täter die anderen, außerhalb der Normalgesellschaft situierten Menschen waren, befanden sich die Opfer im Zentrum der Gesellschaft: Es waren die »eigenen« Kinder, um deren Wohl sich österreichische Mütter, Väter wie auch die Gesellschaft insgesamt Sorgen machten. Diese Konstituierung von Täter- und Opferkategorien fand in einem historischen Kontext statt, als sich zahlreiche Menschen der österreichischen »Normalgesellschaft« nur wenige Jahre vorher als Täter an den Verbrechen des Nationalsozialismus beteiligt hatten. Sie erfolgte auch zu einem Zeitpunkt, als zahlreiche Opfer des NS-Regimes, welche die Vernichtungspolitik überlebt hatten, nur mit Mühe wieder einen Platz in der Gesellschaft einnehmen konnten.[278] Mit der Konstituierung von neuen Täter- und Opferkategorien ließen sich allerdings diese Täter- und Opfergruppen weitgehend in den Hintergrund rücken.

278 Vgl. dazu auch, Hanisch, Ort, S. 11–15.

II. Die Achsen der Macht und das sexuelle Schutzalter: Die gerichtlichen Aushandlungsprozesse

Die Normen zum sexuellen Schutzalter, ihre Auslegung durch die Judikatur und Rechtswissenschaft sowie auch die gesellschaftspolitischen Debatten zur sexuellen Kindesmisshandlung bildeten den zentralen Rahmen für die Beurteilung der Fälle von »Notzucht«, »Schändung« und »Unzucht wider die Natur« an Minderjährigen (StG 1852). Gleichwohl blieb, so die hier vertretene These, den involvierten Akteuren und Akteurinnen in jedem Strafrechtsfall beträchtlicher Raum, um die Geschehnisse zu interpretieren. Was der Fall war, ließ sich nicht mittels bestimmter juristischer Auslegungsmethoden quasi zwangsläufig beurteilen. Auch rezipierten Gerichte dominante gesellschaftspolitische Diskurse zu sexueller Gewalt an Minderjährigen keineswegs linear. Vielmehr präsentierten sich die Gerichtsverfahren als hierarchische Aushandlungsprozesse, in denen die Beteiligten unterschiedliche Deutungen von illegitimer Gewalt einerseits und legitimen sexuellen Handlungen andererseits darlegten.[1]

Die Beschuldigten, die Angeklagten, die Kinder und Jugendlichen: Die sozialen Hierarchien

Das Kreisgericht St. Pölten, das nachfolgend im Mittelpunkt der Untersuchung steht, ermittelte in den Stichjahren 1950, 1960 und 1970 242 Fälle, in denen das Delikt der »Notzucht«, »Schändung« oder »Unzucht wider die Natur« an Minderjährigen verhandelt wurde (§§ 127, 128, 129Ib StG 1852). Von diesen 242 sind 200 Fälle im Landesarchiv Niederösterreich überliefert: Für das Stichjahr 1950 handelt sich um 47, für das Stichjahr 1960 um 79 und für das Stichjahr 1970 um 73 Fallakten.

Hinsichtlich der sozialen Kategorien Geschlecht, Klasse, Konfession, Ethnizität und Alter weisen die Fälle spezifische Merkmale auf. Nur vier Beschuldigte waren weiblich: In drei Fällen ermittelten die Strafbehörden, ob sich die Frauen als Komplizinnen ihrer Ehemänner schuldig gemacht

1 Vgl. dazu u. a. Gerd Schwerhoff, Historische Kriminalitätsforschung, Frankfurt a. M., New York 2011.

hatten. Das Strafgericht verurteilte insgesamt zwei weibliche Personen, bei einer Frau wurden die Ermittlungen eingestellt. Nur in einem Fall wiesen die Untersuchungsbehörden direkte sexuelle Kontakte zwischen einer mündigen Täterin und unmündigen Knaben nach.[2] Die 16-jährige Renate E. hatte mehrmals mit einem 10- und einem 11-jährigen Knaben »Vater und Mutter« gespielt, wie die Beteiligten erläuterten, wobei es zu gegenseitigen Berührungen der Geschlechtsorgane kam. Das Gericht erkannte das Mädchen der »Schändung« schuldig.[3] In drei Fällen hatten sich Ehefrauen als Komplizinnen ihrer Ehemänner strafrechtlich zu verantworten, wobei die Richtenden in zwei Fällen zu einem Schuldspruch kamen.[4] In 199 Fällen waren die Beschuldigten somit männlichen Geschlechts.[5] Während auf der Seite der Täterschaft die Mehrheit männlich war, bildeten auf der Seite der Minderjährigen die Mädchen die Mehrzahl. In den untersuchten Stichjahren waren in 185 Fällen Mädchen involviert und in 15 Fällen Knaben. Mehrheitlich fanden die sexuellen Kontakte bzw. Übergriffe folglich in einem heterosexuellen Kontext statt. Für die Stichjahre 1950, 1960 und 1970 finden sich im Untersuchungssample insgesamt 17 Fälle, in denen die Behörden Untersuchungen wegen pädosexuellen Handlungen in einem gleichgeschlechtlichen Kontext einleiteten. Diese geschlechtsspezifische Verteilung bestätigt bisherige Forschungserkenntnisse, die bei sexueller Gewalt an Kindern und Jugendlichen sowohl auf die Dominanz männlicher Täter als auch auf die Überrepräsentation von Mädchen aufseiten der Opfer hinweisen.[6] Anhand der qualitativen Analyse von Fallakten gilt es im Folgenden zu untersuchen, wie diese Differenzierungen durch bestehende Strukturen der Geschlechterordnung geprägt waren.

Hinsichtlich der Klassenzugehörigkeit waren Beschuldigte aus der sozialen Unterschicht und unteren Mittelschicht dominant vertreten. Nur 3 % der Beschuldigten stammten aus bürgerlichen Verhältnissen und waren als Zahnarzt oder Ingenieur tätig. Auch die Gruppe der Angestellten, die einer sozialen Mittelschicht zugeordnet werden können und beispielsweise als Buch-

2 NÖLA, Vr 294/60.

3 NÖLA, Vr 294/60, Urteil, Kreisgericht St. Pölten als Jugendschöffengericht, 21. Juni 1960. Im Urteil wurde das genaue Strafmaß – wohl versehentlich – nicht festgehalten, sondern nur ausgeführt, dass die Strafe für eine Probezeit von drei Jahren vorläufig aufgeschoben werde.

4 NÖLA, Vr 52/50; Vr 1411/70.

5 Meist umfasst ein Fall einen einzelnen Beschuldigten, zuweilen führten die Strafbehörden aber in einem Fall auch Untersuchungen und Sanktionierungen zu mehreren Personen durch. Insgesamt sind im überlieferten Untersuchungssample der ausgewählten Stichjahre Ermittlungen zu 213 männlichen Personen enthalten.

6 Vgl. dazu Godenzi, Gewalt, S. 201–202.

halter, kaufmännischer Angestellter oder Grundschullehrer arbeiteten, ist im Untersuchungssample mit 4 % kaum vertreten. Des Weiteren situierten sich einzelne beschuldigte Landwirte und Gärtnereibesitzer, die über ein ansehnliches Gut und eigenes Haus verfügten, in gesicherten sozialen Verhältnissen. Die Mehrheit der Beschuldigten stammte indes aus der Arbeiterschicht. Sie waren als qualifizierte Handwerker – beispielsweise Werkzeugmacher, Schlosser oder Wagenmeister – tätig oder als unqualifizierte handwerklich tätige »Gesellen«. Am häufigsten hatten sich die »Hilfs- und Landarbeiter« gerichtlich zu verantworten: In mehr als 30 % der Fälle gaben die Beschuldigten diese Berufsbezeichnung an. In Niederösterreich situierten sich diese am untersten Ende der Klassengesellschaft.[7] Anhand der qualitativen Fallanalyse wird nachfolgend aufgezeigt, welche Gründe dazu führten, dass Personen der Arbeiterschicht überproportional häufig angeklagt waren.

Die überwiegende Mehrheit der Beschuldigten und Angeklagten waren österreichische Staatsbürger, viele davon waren in Niederösterreich selbst oder in benachbarten Bundesländern aufgewachsen und mehrheitlich römisch-katholischer Konfession. Einzelne stammten aus dem benachbarten Ausland und waren u. a. während des Zweiten Weltkrieges nach Österreich verschleppt worden oder hatten sich als Geflüchtete in Niederösterreich niedergelassen. Die Beschuldigten waren dominant weiß. Nur in einem Fall bezeichneten die Strafbehörden den Angeklagten konsequent als »Neger« und übernahmen damit den stigmatisierenden Begriff, mit dem der junge Mann in seinem Kollegenkreis bezeichnet wurde.[8] Während sich hinsichtlich der Kategorien Geschlecht, Klasse, Konfession und Ethnie bestimmte quantitative Verteilungsmuster abzeichnen, zeigt sich bei der Kategorie Alter eine weitaus größere Pluralität – sowohl seitens der Beschuldigten wie auch seitens der Minderjährigen. Vor Gericht sagten sehr kleine Kinder wie auch adoleszente Mädchen und Jungen aus. Das jüngste Kind war bei den sexuellen Übergriffen drei Jahre alt, die ältesten hatten in den Gerichtsverhandlungen bereits das Schutzalter von 14 Jahren überschritten. Auch bei den Beschuldigten war die Altersspanne groß. Der jüngste hatte das 14. Lebensjahr nur knapp überschritten, die ältesten waren 78 Jahre alt.[9] Allerdings betrafen 28 % der Fälle, in denen das Gericht ein Urteil wegen einer Verletzung des sexuellen Schutzalters aussprach, Jugendliche unter 18 Jah-

7 Vgl. dazu auch Erika Winkler, Im Dorf geschah in den fünfziger Jahren ein »Wunder« … Am Beispiel der Waldviertler Gemeinde Groß-Schönau, in: Gerhard Jagschitz, Klaus Dieter Mulley (Hg.), Die »wilden« fünfziger Jahre. Gesellschaft, Formen und Gefühle eines Jahrzehnts in Österreich, St. Pölten, Wien 1985, S. 30–40, S. 32.

8 NÖLA, Vr 1068/60.

9 NÖLA, Vr 1010/60; Vr 1971/70.

ren. Daraus folgt, dass sich in relativ großer Zahl 14- bis 18-jährige männliche Jugendliche wegen »Schändung« und »Notzucht« von Minderjährigen vor Gericht zu verantworten hatten. Diese hohe Verurteilungsziffer wurde auch Thema im Reformprozess zu einem neuen Strafrecht, als über die Einführung einer Alterstoleranzklausel debattiert wurde.[10]

Signifikant ist schließlich, dass das Kreisgericht St. Pölten in den untersuchten Stichjahren nur einen Fall beurteilte, in dem sexuelle Gewalt im Kontext eines Heimes stattfand. Obwohl in den Akten eindeutig vermerkt, ignorierten die Untersuchungs- und Gerichtsbehörden die Tatsache, dass sich der Angeklagte nicht nur an Jugendlichen (14- bis 18-Jährigen), sondern auch an einem 12-jährigen und damit unmündigen Knaben vergangen hatte.[11] Ebenfalls hatte sich in den Untersuchungsjahren keine geistliche Person wegen dieses Delikts zu verantworten. Diese niedrige Anzeige- und Verurteilungszahl weist darauf hin, dass der Staat Kinder und Jugendliche, die in Institutionen fremdplatziert waren oder sich im institutionellen Kontext wie der katholischen Kirche aufhielten, kaum vor sexueller Gewalt Erwachsener schützte.

Die Richtenden am Kreisgericht St. Pölten: Das sozial- und geschlechtsspezifische Profil

Das Sozialprofil der Richtenden, die am Kreisgericht St. Pölten als (Jugend-) Schöffengericht wirkten, war durch Charakteristiken geprägt, die auch für andere österreichische erst- und zweitinstanzliche Gerichte repräsentativ sind. Erstens war das Gericht im Untersuchungszeitraum dominant männlich besetzt. In Österreich waren Frauen lange vom richterlichen Vorbereitungsdienst ausgeschlossen. Erst 1947 gelang es zwei Frauen, zu selbstständigen Richterinnen ernannt zu werden.[12] In den darauffolgenden Jahren ging die Berufung von Frauen in das Richteramt nur zögerlich voran.[13] Im Untersuchungssample findet sich kein Fall, in dem eine Berufsrichterin an der Urteilsfindung zu Verletzungen des sexuellen Schutzalters mitgewirkt hätte.

10 Vgl. dazu Kapitel 9.2.

11 NÖLA, Vr 1994/70, Urteil, Kreisgericht St. Pölten, als Einzelrichter im vereinfachten Verfahren, 23. September 1971; Matter, Grenzen, S. 147.

12 Bei den beiden Frauen handelt es sich um Getrud Sollinger im Oberlandesgerichtssprengel Wien und Johanna Kundmann im Oberlandesgerichtssprengel Linz. Vgl. dazu Gabriele Schneider, Frauen in der österreichischen Staatsanwaltschaft. Ein historischer Rückblick, in: Kohl, Reiter-Zatloukal, Interesse, S. 303–318.

13 Siegfried Mattl, Zu Sozialgeschichte und Habitus österreichischer RichterInnen seit 1924, in: Helige, Olechowski, Richtervereinigung, S. 67–88.

Und auch bei den Schöffen – also den Laienrichtenden – waren Frauen in den 1950er und 1960er Jahren am Kreisgericht St. Pölten nur selten vertreten. 1950 wirkten beispielsweise Frauen in drei Fällen als Schöffen mit.[14] Das österreichische Strafprozessrecht schloss zwar die Integration von Frauen in die Schöffengerichte nicht aus, erachtete deren Mitwirkung aber nicht als wichtig.[15] Männer konnten sich nur aus bestimmten Gründen von der Verpflichtung befreien, als Laienrichter eingesetzt zu werden. So beispielsweise, wenn sie älter als 60 Jahre waren, ein parlamentarisches Amt während der Sitzungsperiode ausübten oder einer beruflichen Tätigkeit nachgingen, die eine Unentbehrlichkeit nahelegte. Letzteres wurde besonders bei medizinischen Berufen häufig erwähnt. Dagegen konnten Frauen, ohne weitere Gründe angeben zu müssen, die Berufung als Laienrichterin ablehnen.[16]

Zweites spezifisches Merkmal der Berufsrichtenden war ihre soziale Herkunft: Das Gros der Richter (und einzelnen Richterinnen) rekurrierte sich bis weit ins 20. Jahrhundert aus bürgerlichen Familien und stammte aus Beamten- und Richterfamilien.[17] Durch den Einbezug von Laien in die Schöffengerichte wurden die Profile der richtenden Personen pluralisiert. Neben den bürgerlichen Berufsrichtenden setzten sich die Laienrichtenden anteilsmäßig auch aus der Arbeiterschaft und kleineren Angestellten zusammen.[18] Des Weiteren waren in den Nachkriegsjahren am Kreisgericht St. Pölten wie auch am zweitinstanzlichen Oberlandesgericht Wien Richter tätig, die während der NS-Zeit den Eid auf Adolf Hitler abgelegt hatten und teilweise in nationalsozialistischen Organisationen aktiv gewesen waren.[19] Insbesondere die Verabschiedung des Nationalistengesetzes 1947, das eine Unterteilung in »Belastete« und »Minderbelastete« einführte, ermöglichte eine Rückkehr in das Richteramt.[20]

In Strafprozessen zu Verletzungen des sexuellen Schutzalters traten damit Akteure und Akteurinnen auf, die nicht nur mit Blick auf ihre Funktion als Beschuldigte, Zeugen und Zeuginnen bzw. juristische und psychiatrische Experten und Expertinnen verschieden waren, sondern sich auch

14 NÖLA, Vr 1485/50; Vr 67/50; Vr 1055/50.
15 Die Wahl zum Laienrichter erfolgte nach einem mehrstufigen Verfahren, vgl. dazu Lohsing, Strafprozeßrecht, S. 110–119.
16 Ebd., S. 112.
17 Mattl, Sozialgeschichte.
18 Sepp Rieder, Erfahrungen mit der Laiengerichtsbarkeit in der Zweiten Republik, in: Weinzierl et al., Justiz, S. 100–109, S. 106.
19 Vgl. beispielsweise ÖStA/AdR, Justiz, OLG Wien, PA 1-S-16; PA 7-W-279.
20 Vgl. Wirth, Broda, S. 277–282; Pitschneider, Entnazifizierung, S. 59; Schwarz, Frage, S. 139. Vgl. dazu Kapitel 4.2.

hinsichtlich ihrer sozialen Positionierung entlang der Kategorien von Geschlecht, Klasse, Alter und nationaler Herkunft unterschieden. In einer qualitativen Fallanalyse gilt es folglich zu untersuchen, wie diese Differenzkategorien die Deutung der Delikte und des Verhältnisses von Kindheit und Sexualmündigkeit prägten.

Die Bedingungen des Sprechens: Minderjährige als Zeugen und Zeuginnen im Strafprozess

Die Kinder und Jugendlichen hatten vor Gericht als Zeugen bzw. Zeuginnen auszusagen und waren folglich den Regeln des Strafprozessrechtes unterworfen. Die Frage, welchen Stellenwert die Strafgerichte den Aussagen der Kinder zumessen sollten, wurde von Experten und Expertinnen aus unterschiedlichen Wissenschaftsfeldern seit dem frühen 20. Jahrhundert kontrovers diskutiert.[21] Diese Frage trieb Exponenten und Exponentinnen der Psychologie, der Rechtswissenschaften und Kriminologie lange Zeit weit stärker um als die Frage, unter welchen körperlichen und psychischen Folgeschäden minderjährige Opfer von sexueller Gewalt litten. Entsprechend liegen für die erste Hälfte des 20. Jahrhunderts zahlreiche Monographien und Zeitschriftenartikel vor, die sich mit der Glaubwürdigkeit kindlicher und jugendlicher Zeugen und Zeuginnen bei Sittlichkeitsdelikten beschäftigen.[22] Wie die deutsche Psychologin Elisabeth Müller-Lückmann Anfang der 1960er Jahre argumentierte, stand – im Unterschied zu einer »früheren Gutachtergeneration« – die »so gefürchtete Phantasielüge« von Kindern und Jugendlichen nach Mitte des 20. Jahrhunderts nicht mehr im Vordergrund.[23] Dennoch gingen in den 1950er und 1960er Jahren die Einschätzungen, in wie vielen Fällen von Sittlichkeitsdelikten Minderjährige

21 Vgl. Rebecca Heinemann, Im Zweifel für das Kind? Sexuelle Gewalt gegen Kinder und Jugendliche im Kaiserreich und der Weimarer Republik, in: Grüner, Raasch, Zucht, S. 374–403, S. 386.

22 Vgl. dazu beispielsweise Max Döring, Zur Vernehmung und Begutachtung Jugendlicher in Sexualprozessen, in: Pädagogische Warte. Zeitschrift für wissenschaftliche Pädagogik, Lehrerfortbildung, Konferenzwesen, Tagesfragen und pädagogische Kritik, 32 (1925), S. 1028–1037; William Stern, Jugendliche Zeugen in Sittlichkeitsprozessen. Ihre Behandlung und psychologische Begutachtung. Ein Kapitel forensischer Psychologie, Leipzig 1926; Viktor Müller-Hess, Elisabeth Nau, Die Bewertung von Aussagen Jugendlicher in Sittlichkeitsprozessen, in: Jahreskurs für ärztliche Fortbildung, 21(1930) 9, S. 48–72.

23 Elisabeth Müller-Luckmann, Die psychologische Begutachtung der Glaubwürdigkeit insbesondere in Jugendschutzsachen, in: Günther Blau, dies. (Hg.), Gerichtliche

glaubwürdige Aussagen machen würden, immer noch weit auseinander. Während der Psychologe Udo Undeutsch beispielsweise argumentierte, dass »die Aussagen von Belastungszeugen in Sittlichkeitsverfahren fast ausnahmslos tatsächlich die selbst erlebten Vorkommnisse zum Gegenstand haben«, ging Müller-Lückmann davon aus, dass nur 59 % der von ihr begutachteten Zeuginnen glaubwürdig waren.[24]

Die Richtenden des Kreisgerichts St. Pölten warfen in verschiedenen Fällen die Frage auf, ob Kinder und Jugendliche glaubwürdige Aussagen machen konnten. 1948 hielt der OGH fest, dass es für die Bewertung der Glaubwürdigkeit belanglos sei, »dass das Mädchen sittlich verdorben war, und es bliebe selbst dann belanglos, wenn es die Unzuchtshandlungen wollte«.[25] Dieser Interpretation folgte das Kreisgericht St. Pölten. Zwar konstatierte es vielfach eine »Verdorbenheit« und »Verwahrlosung« der Minderjährigen, doch sprach ihnen das Gericht die Glaubwürdigkeit in der Regel nicht ab. Dies hing indes auch damit zusammen, dass ein großer Teil der Angeklagten – zumindest teilweise – geständig war. In elf Fällen, in denen das Gericht die Angeklagten freisprach, schenkten die Richtenden den Aussagen der Minderjährigen keinen Glauben bzw. erachteten die Beweislage als zu dünn, um den Angeklagten schuldig zu sprechen. Ein Vergleich mit der zeitgenössischen Literatur zeigt, dass die explizite Absprache der Glaubwürdigkeit der minderjährigen Zeugen und Zeuginnen in gut 6 % der Fälle als vergleichsweise niedrig bezeichnet werden kann.[26]

Die Positionierung der Minderjährigen als Zeugen und Zeuginnen – und nicht primär als Opfer einer Straftat – implizierte, dass sich die Kinder und Jugendlichen einer rigorosen Befragung durch die Strafbehörden unterziehen mussten. Bereits in der ersten Hälfte des 20. Jahrhunderts wandten wissenschaftliche Experten ein, dass sich die inquisitorische Befragung

Psychologie. Aufgabe und Stellung des Psychologen in der Rechtspflege, Neuwied am Rhein, Berlin-Spandau 1962, S. 130–147, S. 136.

24 Ebd., S. 144.

25 E. vom 11. September 1948, SSt. XIX 155, in: Entscheidungen des österr. Obersten Gerichtshofes in Strafsachen und Disziplinarangelegenheiten. Veröffentlicht von seinen Mitgliedern unter Mitwirkung der Generalprokuratur, Band 19, Wien 1950, S. 233–234, S. 234; Sonja Matter, Das »unschuldige«, das »verdorbene« und das »traumatisierte« Kind. Die Prekarität des Opferstatus bei sexueller Misshandlung in österreichischen Strafprozessen (1950–1970), in: Grüner, Raasch, Zucht, S. 431–456, S. 437; Kirchknopf, Gewalt, S. 120.

26 Elisabeth Nau, Die Persönlichkeit des jugendlichen Zeugen, in: Franz Günther Ritter von Stockert (Hg.), Das sexuell gefährdete Kind. Vorträge gehalten auf dem 8. Kongreß der Deutschen Gesellschaft für Sexualforschung vom 25. bis 27. Mai in Karlsruhe, 1. Teil, Stuttgart 1965, S. 27–37.

negativ auf Minderjährige auswirken würde. Insbesondere der Psychologe William Stern kritisierte in den 1920er Jahren, dass Untersuchungsbehörden und Richter die Kinder und Jugendlichen bei Sittlichkeitsdelikten zu häufig befragten. Kinder würden durchschnittlich mindestens viermal befragt, wobei bedacht werden müsse, dass die amtliche Vernehmung ein »stark affekthaltiges Ereignis« sei und negative Nachwirkung habe. Stern, der selbst als Gerichtsgutachter tätig war, betonte, eine besondere Rolle in den Vernehmungen spiele der »Angst- und Schreckaffekt: das plötzliche Auftauchen des Polizisten in der Wohnung oder in der Schule, das inquisitorische Gehabe des fremden Untersuchungsrichters, der mit Strenge und mit zum Teil unverständlichen Worten das Kind fortwährend zur Wahrheit ermahnt und es mit seinen Fragen quält, die bedrückende Feierlichkeit der Hauptverhandlung«. All dies könne selbst robuste Kinder verschüchtern und zarte wiederum stark verängstigen.[27]

Wie das untersuchte Fallsample verdeutlicht, trafen die Ausführungen von Stern für die Prozesssituation am Kreisgericht St. Pölten zu. Die Kinder und Jugendlichen wurden rigoros und mehrfach befragt. Zwar ging die Gendarmerie Niederösterreichs im Untersuchungszeitraum vermehrt dazu über, bei der Befragung der Minderjährigen eine Frau miteinzubeziehen. Allerdings handelte es sich nicht immer um ausgebildete Polizistinnen oder Fürsorgerinnen, sondern teilweise auch um Lehrerinnen des Dorfes. Die beigezogenen Frauen übernahmen vereinzelt die Befragung, teilweise waren sie bei der Vernehmung nur anwesend, wobei aus den Protokollen nicht eindeutig hervorgeht, welche Rolle sie in dieser Situation spielten. Kinder und Jugendliche mussten im Kontext von Sittlichkeitsprozessen mehrfach aussagen: teilweise mehrere Male auf dem Gendarmeriekommandoposten, dann vor dem Untersuchungsrichter und in der Hauptverhandlung. Die Situation war für die Minderjährigen angsteinflößend. So wurde im Fall eines 7-jährigen Mädchens, das von einem 78-jährigen Mann sexuell misshandelt wurde, in den Akten vermerkt: »Die 7-jährige Eva P. konnte nicht befragt werden, da sie stets aus Angst weinte. Selbst von ihrer Klassenlehrerin B. allein befragt, weinte sie ununterbrochen und gab keine Antwort.«[28] Die mehrfache Befragung der Kinder und Jugendlichen half nicht, die »Wahrheit« ans Licht zu bringen. Vielmehr lässt sich ein zunehmendes Verstummen der Kinder und Jugendlichen konstatieren, vor allem wenn diese die sexuellen Übergriffe als Gewalthandlungen wahrgenommen hatten. Während sie bei der ersten Befragung auf dem Gendarmeriekommando-

27 Stern, Zeugen, S. 42.
28 NÖLA, Vr 1500/50, Tatgeschichte, 5. Dezember 1950.

posten die Geschehnisse noch ausführlich zu schildern versuchten und mit Hinweis auf ihre Emotionen bestrebt waren, die Bedeutung, welche die Erlebnisse für sie gehabt hatten, für die Erwachsenen verständlich zu machen, waren die darauf folgenden Befragungen von einer zunehmenden Sprachlosigkeit der Kinder und Jugendlichen gekennzeichnet. Nicht zuletzt im Kreuzverhör der Hauptverhandlung, in der die Verteidiger der Angeklagten wie auch die Staatsanwaltschaft die Minderjährigen mit besonders scharfen Fragen konfrontierten, äußerten sich viele nicht mehr, sondern nickten nur noch oder schüttelten den Kopf, um die Fragen zu beantworten.

Aus den Prozessakten geht ebenfalls hervor, dass die Minderjährigen während der Gerichtsverhandlung teilweise mit dem Angeklagten konfrontiert wurden. Die Tatsache, dass sie sich mit dem Täter im selben Raum aufhalten mussten, war für die Kinder und Jugendlichen vielfach angsteinflößend. Ein Urteil aus dem Jahre 1950 führte etwa aus: »Die 7-jährige Volksschülerin Antonia T. machte, als Zeugin eingehend vernommen, auf das Gericht einen durchaus glaubwürdigen Eindruck. Wenn sie auch anfangs bei Betreten des Verhandlungszimmers sehr erschreckt beim Anblick des Angeklagten war, sehr aufgeregt war und heftig geweint hat, machte sie ihre Angaben und gab ihre Antwort nach Entfernung des Angeklagten aus dem Verhandlungszimmer durchaus sicher.«[29] Auch die 13-jährige Paula M. war erst bereit, eine Aussage zu machen, nachdem der Angeklagte aus dem Gerichtssaal entfernt worden war.[30] Eine Reform des Strafprozessrechts wurde seit den 1950er Jahren von verschiedener Seite gefordert: Wissenschaftliche und politische Akteure und Akteurinnen verlangten, Prozessbedingungen zu schaffen, die kindlichen und jugendlichen Opfern von sexueller Gewalt besser gerecht würden und nicht dazu führten, dass die Minderjährigen durch die polizeilichen und gerichtlichen Befragungen »seelischen Schaden« erlitten. Obwohl mehrere Akteursgruppen das Postulat vorbrachten, wurden im Untersuchungszeitraum keine substanziellen Reformen bei der Befragung von minderjährigen Zeugen und Zeuginnen im österreichischen Strafprozessrecht umgesetzt.[31]

29 NÖLA, Vr 785/50, Urteil, Kreisgericht St. Pölten, 22. Mai 1950.
30 NÖLA V 1566/50, Urteil, Kreisgericht St. Pölten, 7. Februar 1951.
31 Vgl. dazu u. a. ÖStA/ArR, BMfJ, Sektion II, 140, Amt der niederösterreichischen Landesregierung an das Bundesministerium für Justiz, 2. Oktober 1957; Österreichischer Gewerkschaftsbund an das BMfJ, 1. Februar 1960.

Die Urteilspraxis des Kreisgerichts St. Pölten zwischen 1950 und 1970

Von 200 Fällen, die in den untersuchten Stichjahren überliefert sind, finden sich in 174 Fällen ein Urteil des Kreisgerichts St. Pölten. Das Gericht beurteilte die Fälle entweder im vereinfachten Verfahren, als Schöffengericht oder als Jugendschöffengericht, je nach Alter der Angeklagten bzw. der angenommenen Schwere des Delikts.[32] In 21 Fällen (12 %) sprach das Gericht die Angeklagten frei. In 26 Fällen, in denen die Strafbehörden eine Strafuntersuchung wegen Verletzung des sexuellen Schutzalters lancierten, findet sich kein Gerichtsurteil in den Akten, wobei die Gründe hierfür nicht zweifelsfrei festgestellt werden können. Es liegen keine Ausführungen der Staatsanwaltschaft bei, die das Absehen von einer Anklage begründen würden. Es ist durchaus möglich, dass bei der Mehrheit der 26 Fälle die Staatsanwaltschaft – insbesondere aufgrund mangelnder Beweise – von einer Anklage absah. Zumindest in zwei, besonders intensiv untersuchten und auch als schwerwiegend zu bezeichnenden Fällen ist allerdings nicht auszuschließen, dass es zu einer Anklage kam und die Akten unvollständig sind.[33] Im Stichjahr 1970 sah die Staatsanwaltschaft in den polizeilich ermittelten Fällen weit häufiger von einer Anklage ab als in den früheren Jahren. Im Stichjahr 1950 brachte die Staatsanwaltschaft nur einen Fall, der eine Verletzung des sexuellen Schutzalters betraf, nicht zu einer Anzeige. Im Stichjahr 1970 waren es dagegen 17 Fälle. Während also die Staatsanwaltschaft 1950 bei fast 100 % der untersuchten Fälle Anzeige erhob, erfolgte dies im Stichjahr 1970 nur noch in rund 77 % der Fälle.[34] Demgegenüber weisen die Zahlen der Freisprüche des Kreisgerichts St. Pölten in den untersuchten Stichjahren keine signifikanten Veränderungen auf.[35] Anhand der qualitativen Fallanalyse gilt es insbesondere zu diskutieren, wie sich sexuelle Liberalisierungsbestrebungen seit den 1960er Jahren auf die Strafrechtspraxis auswirkten.[36]

32 Dagegen wurde kein Fall vor einem Geschworenengericht behandelt. Nachdem die Geschworenengerichtsbarkeit 1934 abgeschafft worden war, trat sie 1951 wieder in Kraft. Eingesetzt werden Geschworenengerichte bei schwersten Verbrechen sowie bei politischen Delikten. Vgl. dazu Wirth, Broda, S. 221–222. Zu den Verfahren vor österreichischen Strafgerichten ausführlich Greif, Leidenschaft.

33 NÖLA, Vr 518/70.

34 Im Stichjahr 1960 erhob die Staatsanwaltschaft noch bei fast 90 % der Fälle, bei denen wegen »Unzucht« und »Notzucht« an Minderjährigen ermittelt wurde, eine Anzeige.

35 Die Anzahl Freisprüche aufgrund von §§ 127 und 128 StG: 8 Freisprüche (1950), 6 Freisprüche (1960), 7 Freisprüche (1970).

36 Vgl. dazu Kapitel 5.2.

In den 174 Fällen, in denen das Kreisgericht St. Pölten ein Urteil aussprach, waren in 124 Fällen die Verurteilten älter als 18 Jahre. Da sie eines Verbrechens schuldig befunden wurden, hatten sie – außer sie konnten Milderungsgründe geltend machen – eine mehrmonatige oder mehrjährige Kerkerstrafe zu verbüßen. Dagegen ordnete das Kreisgericht St. Pölten als Jugendschöffengericht bei Jugendlichen in der Regel mehrmonatige Arreststrafe an, die meist auf eine Probezeit von drei Jahren aufgeschoben wurden.

Verletzungen des sexuellen Schutzalters: Was ist der Fall?

Im Folgenden werden drei unterschiedliche Kontexte ausgeleuchtet, in denen die Strafgerichte sexuelle Handlungen an Minderjährigen strafrechtlich ahndeten. Die Analysen werden entlang ausgewählter Fallbeispiele vorgenommen, die vor dem Kreisgericht St. Pölten verhandelt wurden. Die Wahl der Fälle beruht primär auf drei Überlegungen. Erstens lassen sich die ausgewählten Fälle hinsichtlich der Quellenlage als besonders vielschichtig beschreiben und ermöglichen folglich, die Handlungsmöglichkeiten, die emotionalen Repräsentationen und normativen Deutungen der Geschehnisse mittels einer systematisch-rekonstruktiven Hermeneutik zu untersuchen.[37] Zweitens erfüllen die ausgewählten Fälle das zentrale Erfordernis, Aussagen in zwei Richtungen vorzunehmen: Sie sind in spezifischer Weise einzigartig und eröffnen den Blick auf individuelle Erfahrungen; sie verweisen gleichzeitig aber auf etwas Allgemeines. Der Fall ist in diesem Sinne weder nur Exemplar noch bloßer *Einzel*fall: Er ist vielmehr »eingespannt in die Dialektik von Allgemeinem und Besonderem«.[38] Drittens ist die Auswahl der Fälle durch die Möglichkeit begründet, Kontrastierungen vorzunehmen und Unterschiede aufzuzeigen.[39] Dadurch soll die Komplexität deutlich gemacht werden, welche die historischen Aushandlungsprozesse um das Verhältnis von Kindheit, Erwachsenenalter und Sexualität prägten. Die ausgewählten und genauer diskutierten Fallbeispiele werden schließlich nicht nur im sozialhistorischen Kontext situiert, sondern auch mit den anderen Fällen des Untersuchungssamples in Bezug gesetzt.

37 Vgl. dazu auch Marietta Meier, Paradigmatische Fälle in der Geschichtswissenschaft. Kommentar zu einem historiographischen Normalfall, in: Hackler, Kinzel, Fälle, S. 157–166.
38 Andreas Wernet, Hermeneutik – Kasuistik – Fallverstehen. Eine Einführung, Stuttgart 2006.
39 Vgl. dazu auch Meier, Fälle, S. 162–163.

4. Sexuelle Gewalt in der Familie: Die prekären Bedingungen des Sprechens

Für die Stichjahre 1950, 1960 und 1970 bestätigen die Fallakten des Kreisgerichts St. Pölten Forschungsergebnisse der historischen und soziologischen Gewaltforschung, wonach sexuelle Gewalt an Kindern vielfach von verwandten und vertrauten Personen ausging (und ausgeht).[40] Von den untersuchten 200 Fällen von Verletzungen des sexuellen Schutzalters situieren sich 44 Fälle (22 %) im familiären Kontext. Nach dem österreichischen Strafrecht lag in diesen Fällen nicht nur das Verbrechen der »Notzucht«, der »Schändung« oder der »Unzucht wider die Natur mit Personen desselben Geschlechts« vor (§§ 127, 128, 129 Ib StG 1852), sondern weitere Delikte, die das Strafgericht je nach Beziehungs- und Verwandtschaftsgrad als unterschiedlich schwer einstufte. Nach § 131.II StG galt der Geschlechtsverkehr zwischen Verwandten in auf- und absteigender Linie, also zwischen Eltern und Kindern bzw. Großeltern und Enkeln, als »Blutschande«.[41] Wie der Strafrechtler Gustav Kaniak ausführte, erfasste der § 132.III (»Verführung zur Unzucht«) dagegen u. a. »Stiefväter«, »Ziehväter« und »Lebensgefährten«, die im gemeinsamen Haushalt mit der Mutter und deren Kinder lebten und diese zu sexuellen Handlungen missbrauchten.[42] Schließlich stufte das österreichische Strafrecht auch die »Unzucht zwischen Verwandten oder Verschwägerten« als Vergehen ein (§ 501). Explizit erwähnte der Gesetzesparagraph u. a. die »Unzucht zwischen voll- und halbbürtigen Geschwistern«.

Wie in den übrigen verhandelten Fällen war die Täterschaft praktisch ausschließlich männlich: Väter (10), Stiefväter (11), Pflegeväter (1) und Großväter (3) waren angeklagt, ihre Tochter oder ihren Sohn bzw. ihr Enkelkind sexuell misshandelt zu haben. Auch Lebensgefährten von Müttern (3), Großmüttern (1) oder Schwestern (1) machten sich sexueller Gewalt an minderjährigen Familienmitgliedern schuldig. In einem Fall wurde die Ehefrau als mitschuldig befunden: Sie hatte – allerdings unter Gewaltandrohung ihres Ehemanns – ihren Sohn veranlasst, sexuelle Handlungen gegenüber seinem Vater vorzunehmen.[43] In 5 Fällen waren Onkel wegen sexueller Misshandlung gegenüber Nichten, in einem Fall ein Schwager gegenüber seiner jugendlichen Schwägerin angeklagt und in 8 Fällen standen Brüder bzw. Stiefbrü-

40 Linda Gordon, Heroes of Their Own Lives. The Politics and History of Family Violence, New York 1988, S. 204–249; Jackson, Child, S. 25–26.

41 Kimmel, Lehrbuch, S. 138.

42 Kaniak, Strafgesetz 1969, S. 270.

43 NÖLA, Vr 52/50.

der wegen »Unzucht« an ihrer minderjährigen Schwester vor Gericht. Die Beschuldigten situierten sich mehrheitlich in der sozialen Unterschicht oder unteren Mittelschicht, keiner dieser Beschuldigten stammte aus bürgerlichen oder kleinbürgerlichen Verhältnissen. Die Mehrzahl der Opfer von sexueller Gewalt im familiären Kontext waren Mädchen. In nur drei der untersuchten 44 Fälle handelte es sich um Knaben.

Die Familie war im Untersuchungszeitraum eine weitgehend abgeschlossene Einheit. Außenstehende, beispielsweise Nachbarn oder staatliche Behörden, zeigten sich zurückhaltend, bei Verdachtsfällen von sexueller Gewalt in Familien zu intervenieren. Diese Haltung war durch Vorstellungen einer dualen Ordnung begründet, die von einer öffentlichen versus privaten Sphäre ausging. Die Familie, die dem Bereich des Privaten zugeordnet wurde (und wird), galt nicht nur als ein Bereich, der vor äußeren Interventionen geschützt werden sollte, sondern vielfach auch *per se* als friedvoller und sicherer als der öffentliche.[44] Dass sexuelle Gewalt in der Familie oft verschwiegen wurde, hing allerdings auch mit dem Inzesttabu zusammen. Gemäß der juristischen Kommentierung zum österreichischen Strafrecht war das Ziel des Inzestverbotes nicht primär, Minderjährige vor sexueller Gewalt zu schützen. Vielmehr stand die »Reinheit« der Familie und damit gleichzeitig das Interesse der Gesellschaft an einer bestimmten »sittlichen Ordnung« im Mittelpunkt. Der Strafrechtsexperte Carl Stooss führte diesbezüglich in seinem Kommentar zum österreichischen Strafrecht aus: »Der Beischlaf zwischen Verwandten gerader Linie und zwischen Geschwistern ist physiologisch unstatthaft. Daher verbietet der Staat die Ehe zwischen diesen Verwandten und er bestraft den Beischlaf. Ein solcher Verkehr zerstört die Reinheit des Familienverhältnisses. Diese wird auch durch einen geschlechtlichen Verkehr von Familiengenossen getrübt, gegen den physiologische Bedenken nicht bestehen. Auf diesem Gedanken beruht der Tatbestand des § 501. So ist die Reinheit des Familienverhältnisses der einheitliche Gegenstand des Strafschutzes.«[45] An dieser Interpretation hielt die Rechtslehre in Österreich in den darauffolgenden Jahrzehnten fest. Theodor Rittler führte in seinem Lehrbuch von 1962 beispielsweise aus, die »Blutschande« sei ein Strafdelikt, das die »Ordnung des Geschlechtslebens« angreife und deshalb sanktioniert werden müsse.[46] Sexuelle Gewalt an

44 Vgl. Lynn Sacco, Unspeakable. Father-Daugther Incest in American History, Baltimore 2009.

45 Carl Stooss, Lehrbuch des Österreichischen Strafrechts, Wien, Leipzig 1910, S. 180.

46 Rittler, Lehrbuch 1962, S. 338. Der Geschlechtsverkehr zwischen Blutsverwandten ist in Österreich, wie in verschiedenen anderen europäischen Ländern, bis heute strafbar. Die Regelung wird in jüngster Zeit allerdings kontrovers diskutiert. Vgl. u. a.

Minderjährigen im Kontext der Familie bedeutete somit stets einen doppelten Normbruch, einerseits eine Verletzung des sexuellen Schutzalters und andererseits eine Gefährdung der »Reinheit« der Familie.[47] Dies hatte für Kinder und Jugendliche zur Folge, dass ihnen ein Sprechen über die erlebten sexuellen Übergriffe erschwert, wenn nicht sogar unmöglich gemacht wurde. Gerade Minderjährige, die das sexuelle Schutzalter fast erreicht hatten, waren sich bewusst, dass sie in einer als moralisch besonders verwerflich eingestuften Tat involviert waren, die mit gesellschaftlicher Ächtung einherging und nicht nur die Täter, sondern unter Umständen auch die Opfer mit »Schande« versah.

Nachfolgend werden Verletzungen des sexuellen Schutzalters untersucht, die sich im Kontext verwandtschaftlicher und familiärer Beziehungen ereigneten. Ich fokussiere zunächst auf die Nachkriegsverhältnisse und untersuche, wie Opfer- und Täterkategorien in der postfaschistischen Zeit bei Fällen von sexueller Gewalt in der Familie verhandelt wurden. Anschließend wird aufgezeigt, wie sich das Inzesttabu in den ausgehenden 1960er und frühen 1970er Jahren weiterhin negativ auf Kinder und Jugendliche auswirkte, die sexuelle Gewalt in der Familie erlebten.

4.1 Sexuelle Gewalt in der Familie in den Nachkriegsjahren: Die Aushandlung der Täter- und Opferrollen

Die historische Forschung vertrat lange die These, dass die Familie im kriegserschütterten Europa als Institution der gesellschaftlichen Stabilisierung fungierte und als Ort, in der die nationalsozialistische Vergangenheit und das Grauen des Krieges bewältigt wurden.[48] Bedeutsam für diese Deutung dürfte die 1953 publizierte Studie des deutschen Soziologen Helmut Schelsky gewesen sein. In seiner Auseinandersetzung zu den »Wandlungen der deutschen Familie in der Gegenwart« stellte er die These auf, wonach die Familie in der BRD der Nachkriegsjahre nicht nur ein wichtiger »Stabilitätsrest« der Gesellschaft gewesen, sondern durch das wechselseitig entgegengebrachte Verständnis der Eheleute für die jeweils durchgemachten Strapazen

Mary Welstead, The Criminalisation of Consensual Sexual Relationships between Adult Siblings and Human Rights – Stübing v. Germany – European Court of Human Rights, 13 April 2012 (application no. 43547/08) [2012] International Family Law.

47 Fabienne Giuliani, Les liaisons interdites. Histoires de l'inceste au XIXe siècle, Paris 2014, S. 13.

48 Kritisch dazu Goltermann, Gesellschaft, S. 130.

in ihrem Zusammenhalt gestärkt worden sei.[49] Er sprach der Familie damit die Fähigkeit zu, die sozialen Nöte aufzufangen: »Die Familienmitglieder waren vielfach getrennt, ohne jegliches Wissen voneinander, [...] der Kampf um die bloße materielle Existenz trat in den Vordergrund usw. Diese derart geschwächte und in Frage gestellte Familie, die sich des Haltes innerhalb der größeren gesellschaftlichen Ordnung völlig beraubt sah, zog jetzt die Kräfte der Selbsterhaltung der einzelnen auf sich und bildete so, indem ihr Bestand zum Ziel der Menschen und sozialen Anstrengungen wurde, zugleich die soziale Sicherung und Zuflucht des einzelnen, das letzte stabile Gebilde der Gesellschaft.«[50]

Verschiedene neuere historische Studien relativieren dieses Bild und zeigen, wie konfliktreich sich die Wiederaufnahme des Familienlebens nach dem Zweiten Weltkrieg gestaltete.[51] So war die Familie in vielen Fällen gerade nicht der Ort, bei dem die Gewalterfahrungen des Krieges und der NS-Herrschaft verarbeitet werden konnten. Vielmehr herrschte ein Schweigen über die erlebten Grausamkeiten. Als Folge davon kam es sowohl zwischen den Geschlechtern als auch zwischen den Generationen zu Entfremdungen.[52] Bereits in den 1950er Jahren widersprachen verschiedene Expertengruppen der Ansicht von Helmut Schlensky. Obwohl die Scheidungsraten in den ausgehenden 1940er Jahren ihren Höhepunkt erreichten und in den 1950er Jahren zurückgingen, blieb die »Krise der Ehe« infolge des Krieges ein breit diskutiertes Thema, so auch in Österreich.[53] In diesem historischen Kontext ließ sich die sexuelle Kindesmisshandlung in der Familie – anders als in späteren Phasen des 20. Jahrhunderts – nicht einzig als privates Problem abtun. Vielmehr traf die Nachricht von sexueller Gewalt in der

49 Helmut Schelsky, Wandlungen der deutschen Familie in der Gegenwart. Darstellung und Deutung einer empirisch-soziologischen Tatbestandsaufnahme, Dortmund 1953.

50 Ebd., S. 88.

51 Siegfried Mattl, Frauen in Österreich nach 1945, in: Rudolf G. Ardelt, Wolfgang J. A. Huber, Anton Staudinger (Hg.), Unterdrückung und Emanzipation. Festschrift für Erika Weinzierl zum 60. Geburtstag, Wien, Salzburg 1985, S. 101–126; Herzog, Sexuality, S. 97–98; Eder, Nationalists, S. 48–51; Ela Hornung, Warten und Heimkehren. Eine Ehe während und nach dem Zweiten Weltkrieg, Wien 2005, S. 16–21.

52 Goltermann, Gesellschaft, S. 429; Langthaler, Umbruch, S. 35–53, S. 41–43; Maria Mesner, Vom Anfang und vom Ende. Beziehungsleben und Heiratssachen, in: Oliver Küschelm, Ernst Langthaler, Stefan Eminger (Hg.), Niederösterreich im 20. Jahrhundert, Band 3: Kultur, Wien, Köln, Weimar 2008, S. 461–498, S. 478–485; Reiter, Generation, S. 63.

53 Herzog, Sex, S. 66–67; Johanna Gehmacher, Maria Mesner, Land der Söhne. Geschlechterverhältnisse in der Zweiten Republik, Innsbruck, Wien, Bozen 2007, S. 56–57.

Familie einen empfindlichen Nerv, so auch der österreichischen Nachkriegsgesellschaft. Diese war bestrebt, über die Wiederherstellung einer hierarchischen Familienordnung die Gesellschaft zu stabilisieren, die durch den Krieg prekär geworden war.[54]

Sexuelle Gewalt an Minderjährigen im Kontext der Familie: Die Verhandlungen vor dem erstinstanzlichen Gericht

1950 entschied sich Gertrud M. dazu, Strafanzeige gegen ihren Ehemann Paul M. einzureichen und ihn wegen sexueller Gewalt an ihren Töchtern zur Rechenschaft zu ziehen. Die sexuellen Übergriffe fingen an, nachdem Paul M. nach Kriegsende in die Familie zurückgekehrt war, und dauerten mehrere Jahre, wie Gertrud M. festhielt. Die Gendarmerie nahm unmittelbar nach Einreichen der Strafanzeige Untersuchungen auf. In den Ermittlungen zu »Notzucht« und »Schändung« an Minderjährigen luden die Untersuchungsbehörden im Beweisverfahren immer mehrere Zeugen und Zeuginnen vor. Auch im Fall der Familie M. befragte die Gendarmerie die drei Töchter der Familie M. wie auch den Beschuldigten. Die Befragungen liefern Informationen, die weit über rein kriminalistische Aspekte hinausgehen. Die Strafprozesse geben Einblick in die niederösterreichische Nachkriegsgesellschaft, sowohl in ihrer sozialen, wirtschaftlichen wie auch kulturellen Dimension.

Da die Aussagen der befragten Mädchen und des Vaters im Fall der Familie M. im Wesentlichen übereinstimmten, waren die Ermittlungen vergleichsweise kurz. Die 16-jährige Linda M. gab in der Befragung auf dem Gendameriekommandoposten zu Protokoll, dass ihr Vater Ende 1945, nachdem er aus der Kriegsgefangenschaft entlassen und heimgekehrt war, sexuelle Gewalt gegen sie anwandte: »Nach ungefähr 2 Wochen kam er wieder zu mir in das Bett, riss mir die Hose herunter, worauf ich weinte und sagte, dass ich alles der Mutter sagen werde. Mein Vater sagte darauf: Das darfst du nicht sagen, sonst schlage ich dich, weil das nicht sein darf.«[55] In der Erinnerung von Linda M. war dies der schwerwiegendste Gewaltakt. Wie Maria M., eine andere Tochter, aussagte, übte Paul M. Ende 1945 aber noch weitere Übergriffe aus. Sie berichtete im Untersuchungsprozess, wie ihr Vater ihr und ihrer Schwester Linda regelmäßig an die Geschlechtsteile griff. Beide Mädchen betonten, der Vater habe gedroht, er würde sie schlagen,

54 Langthaler, Umbruch, S. 42.

55 NÖLA, Vr 89/50, Gendarmeriekommandoposten, Niederschrift, 11. Januar 1950.

wenn sie über die Vorfälle sprechen würden, und bezeichneten ihn allgemein als »grob«.[56] In ihren Narrationen dominierte das Gefühl der Angst: die Angst vor der Gewalt des Vaters, aber auch die Angst, durch den erzwungenen Geschlechtsverkehr vom Vater schwanger zu werden. Zum Zeitpunkt der Übergriffe sahen die Mädchen keine Möglichkeit sich gegen den Vater zu wehren. Wie Linda M. im Untersuchungsprozess erklärte, ordnete der Vater an, dass sie im Frühjahr 1946 – im Alter von zwölf Jahren – die Tätigkeit einer »landwirtschaftlichen Hilfsarbeiterin« in einer anderen Gemeinde aufnehmen und ihre Familie verlassen musste.[57] Die Familie lebte zu diesem Zeitpunkt in wirtschaftlich prekären Verhältnissen und die Fremdplatzierung wurde angeblich aus finanziellen Überlegungen getroffen. Wie aus dem Protokoll hervorgeht, hatte Linda M. – zumindest rückblickend – den Verdacht, dass ihr Vater sie damals wegschickte, damit sie keine Möglichkeit hatte, mit ihrer Mutter über die Vergewaltigung zu sprechen.

Wie aus dem Untersuchungssample hervorgeht, waren Kinder und Jugendliche der sexuellen Gewalt ihrer Familienmitglieder teilweise über eine lange Zeit ausgeliefert. Wenn Kinder beim Übergriff noch klein waren, konnten sie die Handlungen vielfach nicht einordnen und ließen die Übergriffe über sich ergehen. Die im Untersuchungsprozess bereits 17-jährige Eva D. sagte rückblickend beispielsweise aus: »Die erste Zeit wehrte ich mich nicht, weil ich ja noch zu dumm war.«[58] Ihre Schwester Ingrid D., die ebenfalls von ihrem Vater vergewaltigt worden und bei der Befragung 20 Jahre alt war, erklärte, sie habe »damals von solchen Dingen noch überhaupt keine Ahnung« gehabt, »ich möchte sagen, dass ich davon noch keine richtige Vorstellung hatte«.[59] Mit zunehmendem Alter versuchten die Kinder und Jugendlichen vielfach den sexuellen Übergriffen ihrer Familienmitglieder auszuweichen. Ein fortgeschrittenes Alter sowie erste Autonomiepotentiale waren wichtige Voraussetzungen dafür, dass sich Kinder gegen sexuelle Gewalt in der Familie zu wehren versuchten.[60] Die Abwehrmaßnahmen waren indes häufig wenig wirkungsvoll. Linda und Maria M. hatten »bei den Hosenfüßen einen starken Gummi eingenäht« und damit – allerdings vergeblich – versucht, die Übergriffe des Vaters abzuwehren.[61] Während sich die unmündigen Jugendlichen in anderen Konstellationen sexueller Gewalt teilweise gegen die Gewalt wehrten und aussagten, sie hätten die Täter an

56 Ebd.
57 Ebd.
58 NÖLA, Vr 1514/60, Gendarmeriekommandoposten, Niederschrift, 23. Oktober 1960.
59 NÖLA, Vr 1514/60, Gendarmeriekommandoposten, Niederschrift, 24. Oktober 1960.
60 Vgl. dazu Loch, Gewalt, S. 28.
61 NÖLA, Vr 89/50, Gendarmeriekommandoposten, Niederschrift, 11. Januar 1950.

den Haaren gezerrt, gebissen und geschlagen,[62] lassen sich im Kontext familiärer Gewalt kaum Beschreibungen von physischen Kämpfen zwischen Opfern und Tätern finden. Die Verkoppelung von physischer Übermacht der Täter mit einer gleichzeitigen sozialen und emotionalen Abhängigkeit der Opfer verunmöglichte weitgehend, dass sich die Minderjährigen zur Wehr setzten.[63] Vielmehr waren (und sind) Kinder und Jugendliche, die sexuelle Gewalt in der Familie erlebten, darauf angewiesen, die erlebte Gewalt nicht wahrzunehmen oder geheim zu halten, um eine Beziehung zum Täter und anderen Familienangehörigen weiterhin aufrechtzuerhalten.[64] Ein Ende der Gewalt erreichten einzelne Kinder und Jugendliche unter Umständen, wenn sie sich an eine Vertrauensperson wandten. Auch im Fall der Familie M. brachte der Entschluss von Linda M., ihre Mutter über die Gewalthandlung des Vaters zu informieren, schließlich die lang ersehnte Wende. Der Auslöser war ein erneuter sexueller Übergriff von Paul M., diesmal nun aber gegenüber der jüngsten, elfjährigen Tochter Ines. Als Linda M. von den Gewalthandlungen erfuhr, sagte sie zu ihrer Mutter: »Gehen wir gleich zur Fürsorgerin, sonst geht es meiner Schwester Ines genauso wie mir.«[65]

Interventionen gegen sexuelle Gewalt: Die Bedeutung der weiblichen Verwandten

Dass sich Gertrud M. 1950 dazu entschied, eine Strafanzeige gegen ihren Ehemann einzureichen, hatte verschiedene Gründe. Die Schwere der Übergriffe, von der nun auch ihre jüngste Tochter Ines M. betroffen war, wie auch die Tatsache, dass sie selbst unter der physischen Gewalt ihres Ehemannes litt, bildeten die wichtigsten Anstöße.[66] Darüber hinaus dürfte die Tatsache, dass ihre älteren Töchter beim Zeitpunkt der Anzeige bereits aus der Schule waren, ebenfalls eine Rolle gespielt haben. Wie aus den Untersuchungsakten hervorgeht, war das Einkommen von Gertrud und Paul M.,

62 Vgl. dazu Teil II.

63 Nur in einem Fall berichtete ein Mädchen von physischer Gegenwehr gegen ihren Vater. Vgl. dazu NÖLA, Vr 1070/60 und Kapitel 6.2.

64 Vgl. dazu auch Judith L. Herman, Die Narben der Gewalt. Traumatische Erfahrungen verstehen und überwinden, 4. Aufl., Paderborn 2014; Harvey Schwartz, Dialogue with Forgotten Voices. Relational Perspectives on Child Abuse Trauma and the Treatment of Dissociative Disorders, New York 2000; Loch, Gewalt, S. 26–29.

65 NÖLA, Vr 89/50, Gendarmeriekommandoposten, Niederschrift, 11. Januar 1950.

66 NÖLA, Vr 89/50, Hauptverhandlung Kreisgericht St. Pölten, 17. März 1950. Vgl. dazu auch, Jackson, Child, S. 48–50.

die als Hilfsarbeitende tätig waren, äußerst gering, sodass sie gezwungen waren, in ärmlichen Verhältnissen zu leben. Der sechsköpfigen Familie stand lediglich eine Wohnung mit einem Zimmer und einer Küche zur Verfügung.[67] 1950 zeichnete sich allerdings ab, dass die Töchter zunehmend weniger auf die finanzielle Hilfe ihrer Eltern angewiesen waren. Sie gingen als Hilfsarbeiterinnen ihrem eigenen Verdienst nach. Von großer Armut sprach im Stichjahr 1950 dabei nicht nur die Familie M. Auch aus anderen Prozessakten geht hervor, dass zahlreiche Familien in Niederösterreich nach dem Krieg nur knapp über die Runden kamen, was sich an den begrenzten Wohnräumen und dem bescheidenen Einkommen verdeutlichte. Verschiedene Gebiete Niederösterreichs standen nach dem Zweiten Weltkrieg wirtschaftlich – auch im Vergleich mit anderen Regionen Österreichs – schlecht da. Bis 1948 war die Ernährungslage prekär: Die Anbauflächen waren durch den Krieg zerstört und konnten aufgrund des Fehlens von Traktoren und Zugtieren zunächst nur langsam wiederaufgebaut werden. Hinzu kam, dass die Zonentrennung den wirtschaftlichen Neustart sowie den Warenaustausch behinderte.[68] Niederösterreich erhielt dabei nur einen kleinen Anteil der Investitionen aus dem Marshallplan.[69]

Die Hürden, Ehemänner vor das Strafgericht zu bringen, waren hoch.[70] Wie das Fallbeispiel der Familie M. verdeutlicht, zögerten Frauen vielfach mehrere Jahre, bis sie sich zu diesem Schritt entschlossen. Einerseits mussten Frauen gegen dominierende Normen ankämpfen, die den Erhalt der Familie über individuelle Interessen der Familienmitglieder stellten.[71] In den niederösterreichischen Familien, von denen ein großer Teil in der Landwirtschaft tätig war, blieben patriarchale Herrschaftsstrukturen prägend. Die kriegsbedingte Abwesenheit der Ehemänner hatte die hierarchische Geschlechterordnung nicht aus den Angeln gehoben, nach der Rückkehr aus dem Krieg verlangten die Männer vielmehr ihre Vorrangstellung zurück.[72] Darüber hinaus mussten sich Frauen auch die Frage stellen, wie die Familie

67 NÖLA, Vr 89/50, Hauptverhandlung Kreisgericht St. Pölten, 17. März 1950. Vgl. dazu auch Matter, Körper, S. 104–129.

68 Scharf, Wandel, S. 142–143; Gerhard Melinz, Jenseits des Reichtums. Existenzbedingungen zwischen Lohnarbeit, Arbeitslosigkeit und Armut in Niederösterreich (1918–1995), in: Melichar, Langthaler, Eminger, Niederösterreich, S. 491.

69 Andrea Komlosy, Zeiten und Reichweiten. Wirtschaft in Niederösterreich im 20. Jahrhundert, in: Melichar, Langthaler, Eminger, Niederösterreich, S. 733–771, S. 760.

70 Vgl. dazu auch Marie-Anne Cliché, Un secret bien gardé. L'inceste dans la société traditionelle québécoise, 1858–1938, in: Revue d'histoire de l'Amérique française, 50 (1996) 2, S. 201–226, S. 220.

71 Scharf, Wandel, S. 199; im Weiteren auch, Reiter, Generation, S. 194.

72 Vgl. Mesner, Anfang, S. 461–498.

ihre Existenz nach der Entfernung der Ehemänner sichern konnte. Trotz dieser für Frauen vielfach strukturell schwierigen Ausgangslage zeigen die Fallakten, dass die meisten Fälle, die das Kreisgericht St. Pölten wegen sexueller Gewalt in der Familie beurteilte, von weiblichen Verwandten der Opfer zur Anklage gebracht wurden: Mütter, Großmütter und Tanten der Minderjährigen wandten sich an die Gendarmerie.[73] Das Engagement von weiblichen Familienmitgliedern war entscheidend, um Mädchen und Jungen von der – vielfach über mehrere Monate – erlittenen sexuellen Gewalt zu befreien. Dagegen verhinderten männliche Solidaritätsbeziehungen ein Eingreifen. Kein Onkel, Vater, Groß- oder Schwiegervater ergriff die Initiative und zeigte einen verwandten Täter an. Nur ein gegenteiliger Fall ist überliefert: Der Bruder des Opfers wandte sich an den Jugendamt-Referenten, nachdem ihm seine Mutter – wohl im Vertrauen – gesagt hatte, sie fürchte, ihr Ehemann habe ihre Tochter aus erster Ehe sexuell misshandelt.[74]

Nebst den weiblichen Verwandten traten nur selten andere Instanzen auf, die einen Fall von sexueller Gewalt in der Familie anzeigten. Wie in den Akten festgehalten wurde, sah Linda M. in der Fürsorgerin zwar eine Vertrauensperson, an die sie sich wenden wollte. Doch zeigt das Fallsample auch, dass Fürsorgebehörden äußerst zurückhaltend waren, Täter von sexueller Gewalt in der Familie bei der Gendarmerie anzuzeigen. Es lässt sich beispielsweise kein Fall finden, der auf Initiative der Fürsorge strafrechtlich untersucht wurde.[75] Auch die Gendarmerie trat – im Unterschied zu anderen Fällen von Verletzung des sexuellen Schutzalters – bei Familien seltener als intervenierende Instanz in Erscheinung.[76] Bezeichnend dafür ist, dass mehrere Fälle nur durch Zufall ins Visier der Gendarmerie kamen. Die Gendarmerie setzte beispielsweise Ermittlungen zu einem Fall ein und endete damit, gleich mehrere Fälle von sexueller Kindesmisshandlung im Kontext der Familie aufzudecken.[77] Freilich lässt sich anhand des untersuchten Fallsamples keine Aussage darüber machen, ob es die Gendarmerie in bestimmten Fällen unter Umständen unterließ, Hinweisen auf sexuelle

73 Vgl. dazu beispielsweise NÖLA, Vr 308/60; Vr 619/60; Vr 1291/70.

74 NÖLA, Vr 1108/60.

75 Historische Forschungen bestätigen, dass Fürsorgebehörden bei Verdacht auf sexuelle Gewalt in der Familie die Täterschaft kaum je anzeigten. Vgl. Flavia Guerrini, Über Sexualität sprechen, über Gewalt schweigen. Zur Dethematisierung sexueller Gewalt in jugendamtsinternen Sittlichkeitsdiskursen (1945–1960), in: Jeannette Windheuser, Elke Kleinau (Hg.), Generation und Sexualität, Berlin, Toronto 2020, S. 51–67, S. 55–63.

76 Vgl. dazu auch Fabienne Giuliani, Monsters in the Village? Incest in Nineteenth Century France, in: Journal of Social History, 42 (2009) 4, S. 919–932.

77 Vgl. dazu NÖLA, Vr 1599/60; Vr 405/60.

Gewalt in der Familie nachzugehen. So wäre es beispielsweise möglich, dass sie in sozialen Konstellationen der Dorfgemeinschaft, wo Beziehungen eng gestrickt und Interessenverhältnisse vielfältig verflochten waren, wegschaute, obwohl ein genaueres Hinschauen nötig gewesen wäre. Das Schneeballprinzip, nach dem Fälle von sexueller Gewalt aufgedeckt wurden, hatte indes zur Folge, dass primär Männer der sozialen Unterschicht in den Fokus der Strafbehörden gerieten. Denn die Hinweise auf weitere Täter, die Zeugen und Zeuginnen in Strafprozessen gaben, überschritten kaum je die Klassengrenzen.

Die Verteidigungsstrategien des Angeklagten: Vom Täter zum Opfer

Bei Fällen von »Unzucht« und »Notzucht« an Minderjährigen, die im Kontext der Familie stattgefunden hatten, zog die Gendarmerie, wie im Fall der Familie M. deutlich wird, alle Familienmitglieder in die Untersuchung mit ein. Der angeklagte Paul M. bekannte sich in der Hauptverhandlung des Kreisgerichts St. Pölten schuldig, seine Töchter »am Geschlechtsteil betastet zu haben«. Er stritt hingegen ab, dass er mit seiner Tochter Linda »den Beischlaf zu unternehmen« suchte.[78] Ein grundsätzliches Reueeingeständnis oder Reflexionen darüber, welches Leid er seinen Töchtern zugefügt hatte, finden sich nicht.[79] Diese Haltung war weitgehend charakteristisch: In den untersuchten Stichjahren stritt nur eine Minderheit der Beschuldigten gänzlich ab, sexuelle Kontakte mit minderjährigen Verwandten gehabt zu haben. Die Mehrheit gab zu, dass es zu Formen von sexuellen Berührungen gekommen war; sie zielten aber darauf hin, diese als weitgehend harmlos zu schildern. Ebenso fehlen seitens der Beschuldigten Überlegungen dazu, welche Verletzungen sie ihren verwandten Minderjährigen zugefügt hatten. Die praktizierten Verharmlosungsstrategien schlossen Reflexionen des Bereuens und der Empathie für die Opfer – jedenfalls im Kontext des Strafprozesses – aus.

In Fällen, in denen die Angeklagten sich über Jahre der sexuellen Gewalt an Kindern schuldig gemacht hatten, versuchten Männer ihr Verhalten vielfach dadurch zu erklären, dass sie sich in einem »sexuellen Notstand« befunden hatten, und zwar deswegen, weil sie keinen ehelichen Geschlechtsverkehr ausüben konnten. Mit Hinweis auf normative Vorstellungen von männlicher Sexualität, die grundsätzlich als aktiv-aggressiv

78 NÖLA, Vr 89/50, Hauptverhandlung Kreisgericht St. Pölten, 17. März 1950.
79 Siehe auch Gordon, Heroes, S. 234.

konzipiert war, führten die Männer aus, sie hätten sich zwangsläufig an ihren Töchtern vergreifen müssen, um ihre sexuelle Lust zu befriedigen. Diesen Deutungsansatz übernahmen teilweise auch die Opfer. Die 15-jährige Leopoldine B. führte beispielsweise bei der Befragung aus, ihr Stiefvater habe sie über mehrere Jahre sexuell misshandelt und erklärte: »Ich kann verstehen, dass mein Vater mit mir und eventuell mit Luise [das Pflegekind der Familie, Anm. d. Verf.] diese Sache unternahm. Meine Mutter hat nur eine Niere und noch andere Krankheiten, sodass sie sich für Vater nur ganz selten hergeben kann. [...] Ich hätte diese Handlungen über mich nicht ergehen lassen. Es blieb mir jedoch nichts anderes übrig. Ab und zu konnte ich Vater abweisen, indem ich diesen, ohne dass ich redete, wegtauchte.«[80] In dieser Vorstellung blieb der Anspruch, die männliche Sexualität auszuleben, ungebrochen. Mehr noch: Er wog sogar schwerer als das Inzestverbot.[81]

Auch Paul M. griff auf das Argumentationsmuster des »sexuellen Notstandes« zurück, verknüpfte dieses indes in spezifischer Weise mit dem Kriegskontext. Wie andere Kriegsheimkehrer konterkarierte er seine Rolle als Täter, wegen der er sich vor Gericht zu verantworten hatte, mit der Rolle des Opfers, die er wegen der Kriegserfahrungen einzunehmen beanspruchte. Im Stichjahr 1950 präsentierten sich 50 % der angeklagten Männer, die wegen sexueller Gewalt an ihren Kindern bzw. Stiefkindern angeklagt wurden, als Kriegsheimkehrer.[82] Dieser Gruppe von Männern war es ein Anliegen, den Untersuchungsbehörden zu vermitteln, dass sie im Zweiten Weltkrieg ein schweres Schicksal erlitten hatten. Paul M. erklärte dem Gericht beispielsweise, dass er in die Wehrmacht eingezogen, kriegsversehrt wurde und schließlich in amerikanische Kriegsgefangenschaft geriet. Allerdings stellte sich Paul M. nicht als in psychischer Hinsicht transformiert dar. Dieses Deutungsnarrativ, das Experten in den 1950er Jahren für Kriegsheimkehrer entwickelten, war für Paul M., wie für die anderen Angeklagten der ländlichen Unterschicht Niederösterreichs, nicht greifbar. Vielmehr bediente er sich eines Argumentationsmusters, das seine Wurzeln in der patriarchalen Geschlechterordnung hatte und verknüpfte dieses mit zeitbedingten Kriegsereignissen: »Meine Frau ist von den Russen vergewaltigt worden. Als ich von der amerikanischen Kriegsgefangenschaft heimkehrte, wich ich ihr aus, weil ich glaubte, sie sei geschlechtskrank. So kam ich auf den blöden Gedanken und habe mich an meinen Kindern

80 NÖLA, Vr 918/60, Gendarmeriekommandoposten, Niederschrift, 27. Juni 1960.
81 Vgl. auch Gordon, Heroes, S. 204; Jackson, Child, S. 119.
82 Vgl. dazu beispielsweise NÖLA, Vr 89/50; Vr 140/40; Vr 1055/50; Vr 80/50.

vergangen.«[83] Während Paul M. einerseits auf durchaus schwere kriegsbedingte Gewaltereignisse Bezug nahm, verharmloste er andererseits seine persönlichen Reaktionen. Seinem kriminellen Handeln war lediglich »ein blöder Gedanke« vorausgegangen.

Wie für andere geographische Gebiete so ist es auch für Österreich nur möglich, Schätzungen über die stattgefundenen Vergewaltigungen von Frauen durch feindliche Soldaten zu liefern. Neuere Studien gehen davon aus, dass es in Wien und Niederösterreich zu 240.000 Vergewaltigungen von Frauen und Mädchen durch sowjetische Besatzungssoldaten gekommen ist.[84] Ähnlich wie Paul M. wiesen auch andere Angeklagte in Strafprozessen zu »Schändung« und »Notzucht« an Kindern darauf hin, dass ihre Ehefrau von den »Russen« vergewaltigt wurde.[85] Dagegen brachte keine Frau, die als Zeugin vor Gericht aussagte, diese Gewalterfahrung selbst zu Sprache. Deutlich wird die Funktion des Sprechens über die Kriegsvergewaltigungen der Ehefrauen. Die Beschuldigten schilderten diese nämlich primär als ein zusätzliches Erschwernis ihres männlichen Schicksals. Des Weiteren griffen sie auf Vorstellungen zurück, wonach eine Frau durch eine Vergewaltigung »entehrt« würde und damit für den Ehemann in sexueller Hinsicht nicht mehr attraktiv war. Letzteres unterstrich Paul M. durch den Hinweis, er habe befürchtet, seine Frau sei geschlechtskrank geworden.[86] Die Vergewaltigung durch einen feindlichen Soldaten markierte, so Paul M. im Gerichtsprozess, das Ende der sexuellen Beziehung. Er war es, der den ehelichen Geschlechtsverkehr ablehnte. Gleichzeitig machte der Angeklagte geltend, dass auch seine Frau den Geschlechtsverkehr nicht verlangte, bezog diesen Umstand allerdings nicht auf ihre erlittene Vergewaltigung. Vielmehr sei

83 NÖLA, Vr 89/50, Hauptverhandlung Kreisgericht St. Pölten, 17. März 1950.

84 Barbara Stelzl-Marx, Kinder sowjetischer Besatzungssoldaten in Österreich. Stigmatisierung, Tabuisierung, Identitätssuche, Wien, Köln, Weimar 2015, S. 93–135, S. 96–97; Marianne Baumgartner, Vergewaltigungen zwischen Mythos und Realität. Wien und Niederösterreich im Jahre 1945, in: Peter Eppel (Hg.), Frauenleben 1945. Kriegsende in Wien. Katalog zur 205. Sonderausstellung des Historischen Museums der Stadt Wien, Wien 1995, S. 59–72; Klaus-Dieter Mulley, Die Rote Armee in Niederösterreich 1945–1947. Ein ambivalentes Geschichtsbild, in: Stefan Karner, Barbara Stelzl-Marx (Hg.), Die Rote Armee in Österreich. Sowjetische Besatzung 1945–1955, 2. Aufl., Wien 2005, S. 469–485, S. 471.

85 Vgl. dazu NÖLA, Vr 201/50.

86 Zu Geschlechtskrankheiten als Folge von Vergewaltigung siehe auch Barbara Stelzl-Marx, Stalins Soldaten in Österreich. Die Innensicht der sowjetischen Besatzung 1945–1955, Wien 2012, S. 478.

seine Frau »von Geburt aus schon leidend und sehr schonungsbedürftig« und daher dem Geschlechtsverkehr abgeneigt gewesen.[87]

Paul M. schloss mit seinen Erklärungsansätzen letzlich an einen Topos an, der in der Nachkriegszeit in Ostösterreich präsent war: Das Bild des »plündernden« und »vergewaltigenden« Rotarmisten, der Schrecken und Leid über die Bevölkerung brachte.[88] Die Weigerung, den ehelichen Geschlechtsverkehr mit der »entehrten« Ehefrau wiederaufzunehmen, debattierten in den Nachkriegsjahren indes auch wissenschaftliche Experten. Wie der Wiener Psychiater Erwin Stransky 1956 am *4. Kongreß der Deutschen Gesellschaft für Sexualforschung* ausführte, manifestierte sich bei den zurückgekehrten Ehemännern vielfach eine »Sexualstörung« bzw. eine sexuelle Ablehnung gegenüber ihren vergewaltigten Ehefrauen.[89] In ähnlicher Weise hielt der Tübinger Mediziner A. Meyer fest, dass manche Kriegsheimkehrer durch die Information der Vergewaltigung ihrer Frau »so tief erschüttert« wurden, »dass sie bedauerten, nicht im Felde gefallen zu sein«.[90]

Mit den Narrativen über kriegsbedingtes Leiden zielte Paul M. darauf hin, seine Straftat zumindest partiell zu entschuldigen. Ob Kriegsheimkehrer wie Paul M. indes im Krieg nicht nur Opfer, sondern auch Täter waren, blieb im Strafprozess im Dunkeln.[91] Ähnlich wurde auch ihre politische Haltung während des Nationalsozialismus nicht weiter erwähnt. Die Strafbehörden thematisierten diese Frage nur, wenn die Beschuldigten ranghohe Nationalsozialisten oder Nationalsozialistinnen gewesen waren

87 NÖLA, Vr 89/50, Hauptverhandlung Kreisgericht St. Pölten, 17. März 1950; NÖLA Vr, Gendarmeriekommandoposten, Niederschrift, 13. Januar 1950.

88 Gehmacher, Mesner, Land, S. 30.

89 Erwin Stransky, Mehrfachdetermination der Sexualstörung bei Heimkehrern, in: Hans Bürger-Prinz, Hans Giese (Hg.), Die Sexualität des Heimkehrers. Vorträge gehalten auf dem 4. Kongreß der Deutschen Gesellschaft für Sexualforschung in Erlangen 1956, Stuttgart 1957, S. 19–26, S. 25.

90 A. Mayer, Zur Heimkehrerfrage, in: Hans Bürger-Prinz, Hans Giese (Hg.), Die Sexualität des Heimkehrers. Vorträge gehalten auf dem 4. Kongreß der Deutschen Gesellschaft für Sexualforschung in Erlangen 1956, Stuttgart 1957, S. 38–41.Vgl. im Weiteren auch Sibylle Meyer, Eva Schulze, »Als wir wieder zusammen waren, ging der Krieg im Kleinen weiter.« Frauen, Männer und Familien im Berlin der vierziger Jahre, in: Lutz Niethammer, Alexander von Plato (Hg.), »Wir kriegen jetzt andere Zeiten«. Auf der Suche nach der Erfahrung des Volkes in nachfaschistischen Ländern, Berlin, Bonn 1985, S. 305–326, S. 314.

91 Vgl. zum Erzählen über Gewalt auch Johanna Gehmacher, Klara Löffler, Über erfahrene Gewalt erzählen – Formen und Konstellationen. Eine Einleitung, in: Dies. (Hg.), Storylines and Blackboxes. Autobiografie und Zeugenschaft in der Nachgeschichte von Nationalsozialismus und Zweitem Weltkrieg, Wien 2017, S. 7–21.

und sich einem Entnazifizierungsverfahren hatten unterziehen müssen.[92] Indem die Angeklagten in den Strafprozessen zu Verletzungen des sexuellen Schutzalters eine Plattform erhielten, in der sie über ihre Kriegserlebnisse und Kriegsverletzungen sprechen konnten, eröffnete sich ihnen gleichzeitig die Möglichkeit, die Täter- und Opferrollen neu auszuhandeln und für sich, zumindest partiell, die Position des Opfers in Anspruch zu nehmen.

Die Folgen des Krieges und die Ermittlung des Strafmaßes: Die Position der Strafgerichte

Nicht nur zahlreiche Beschuldigte waren im Zweiten Weltkrieg in der Wehrmacht, sondern auch Richter des Kreisgerichts St. Pölten. So waren beispielsweise die beiden Berufsrichter, welche die Anklage gegen Paul M. beurteilten, mehrere Jahre für die Wehrmacht im Dienst. Zudem hatten sie bei der nationalsozialistischen Machtübernahme den Diensteid auf Adolf Hitler geleistet und sich um den Beitritt in nationalsozialistische Organisationen bemüht.[93] Im Fall von Paul M. erachteten es die beiden Berufsrichter zusammen mit den einberufenen Schöffen als unbestritten, dass die drei Mädchen die Wahrheit gesagt hatten und der Angeklagte seine Handlungen zu verharmlosen versuchte. Das Gericht sah mehrere Delikte als bewiesen: »das Verbrechen der Notzucht nach § 127 und das Verbrechen der Schändung nach § 128 StG und das Verbrechen der Verführung zur Unzucht nach § 132 III StG«.[94] Gleichzeitig entschied das Strafgericht, der spezifischen Situation des Täters Rechnung zu tragen und mehrere Milderungsgründe anzuerkennen, so sein »reumütiges Geständnis«, »seine Unbescholtenheit«, sein »guter Leumund« und »das wenig entgegenkommende Verhalten seiner Gattin«. Die Richter übernahmen die Deutung des Angeklagten, wonach seine Ehefrau dem Geschlechtsverkehr schon immer ablehnend gegenüberstand: »Auch scheint seine Frau eine ziemlich frigide Natur zu sein. Der Ehe entsprossen dennoch 4 Kinder.« Ebenfalls schien dem Strafgericht plausibel, dass Paul M., nachdem er von der Vergewaltigung seiner Frau gehört hatte, nicht mehr mit ihr verkehren und seine Lust anders ausleben wollte: »Als der Angekl. aus dem Kriege heimkehrte, erfuhr er, dass seine Gattin vergewaltigt worden sei. Er lebte nun in der Angst, sie könnte angesteckt worden sein, und mied sie daher. Zur Befrie-

92 NÖLA, Vr 883/50.
93 ÖStA/AdR, Justiz, OLG Wien, PA 1-S-16; PA 7-W-279.
94 NÖLA, Vr 89/50, Urteil, Kreisgericht St. Pölten, 17. März 1950.

digung seines geschlechtlichen Triebes bediente er sich seiner damals noch nicht 14 Jahre alten Töchter.«[95]

Das Kreisgericht St. Pölten verurteilte Paul M. zu zehn Monaten schweren Kerker, zusätzlich verschärft durch ein hartes Lager monatlich. In Anbetracht der Ermittlungsergebnisse, wonach der Angeklagte seine Töchter über mehrere Jahre sexuell misshandelt und sich nicht nur der »Schändung«, sondern auch der »Notzucht« schuldig gemacht hatte, fiel das Strafmaß äußerst milde aus. Tatsächlich ordnete das Gericht bei vergleichbaren Fällen in der Regel Kerkerstrafen von zweieinhalb bis vier Jahren an.[96] Damit schöpfte das Kreisgericht St. Pölten das Strafmaß, das das StG 1852 vorsah, zwar bei Weitem nicht aus. Doch sanktionierte das Strafgericht sexuelle Gewalt in der Familie in der Regel härter als andere Fälle von Verletzungen des sexuellen Schutzalters. Die vergleichsweisen langen Kerkerstrafen begründete das Gericht damit, dass neben § 127 (»Notzucht«) und § 128 (»Schändung«) weitere Tatbestände – so § 131 (»Blutschande«) und/oder § 132.III (»Verführung zur Unzucht«) – zu berücksichtigen waren. Bei der Beurteilung des Strafmaßes fiel außerdem ins Gewicht, dass die Übergriffe oftmals besonders lange andauerten.

In den Nachkriegsjahren äußerten sich verschiedene Akteursgruppen kritisch gegenüber einer zu milden Bestrafung der sexuellen Gewalt an Kindern.[97] Das BMfJ forderte die Staatsanwaltschaften sodann auch explizit dazu auf, korrigierend einzugreifen, was die Staatsanwaltschaft am Kreisgericht St. Pölten im Fall von Paul M. auch tat.[98] Erstens bestritt die Staatsanwaltschaft, dass die vom Erstgericht genannten Milderungsgründe überhaupt gegeben waren. Sie gab zu bedenken, dass der Angeklagte selbst zugegeben hatte, dass der »Vorsatz zu den Unzuchtshandlungen« in der Tatsache begründet war, »daß er seiner Frau nicht beiwohnen wollte«. Für die Staatsanwaltschaft war es daher »unerfindlich, wieso das Erstgericht eine Begünstigung der Verbrechen des Angeklagten durch ein mangelndes Entgegenkommen seiner Gattin annehmen konnte«.[99] Die Staatsanwaltschaft formulierte es zwar nicht explizit, aber im Kern dieser Argumenta-

95 NÖLA, Vr 89/50, Urteil, Kreisgericht St. Pölten, 17. März 1950.

96 Kürzere Strafen sprach das Kreisgericht dann aus, wenn Erziehungspersonen wie Väter, Stief- oder Großväter sich ausschließlich der Schändung (§ 128) ihrer Töchter, Söhne oder Enkelkinder schuldig gemacht hatten. Hier lag das Strafmaß in der Regel bei mehrmonatigen Kerkerstrafen, wurde aber – je nach Schwere des Übergriffs – auch auf mehrjährige Kerkerstrafen erhöht.

97 Vgl. dazu Teil I.

98 NÖLA, Vr 89/50, Staatsanwaltschaft St. Pölten, Berufung, 25. März 1950.

99 Ebd.

tion ging es um die Frage, welche Bedeutung die von Gertrud M. erlebte Vergewaltigung durch die sowjetischen Besatzungssoldaten für den vorliegenden Strafrechtsfall haben konnte und inwieweit die Tat bzw. die Angst von Paul M., seine Ehefrau könnte geschlechtskrank sein, die sexuellen Übergriffe an seinen Töchtern, wenn auch nicht rechtfertigte, so doch verständlicher machte. Während das Kreisgericht St. Pölten durchaus bereit war, zwischen diesen beiden Sexualdelikten einen Zusammenhang herzustellen und darin einen Milderungsgrund für das Handeln des Angeklagten anzuerkennen, weigerte sich die Staatsanwaltschaft, diese Verknüpfung zu akzeptieren. Bezeichnenderweise hielt die Staatsanwaltschaft auch fest, dass Paul M. seiner Frau nicht beiwohnen *wollte* und dass das Verhalten der Ehefrau nicht prozessrelevant war. Zweitens machte die Staatsanwaltschaft geltend, dass das Kreisgericht St. Pölten wichtige Sachverhalte nicht in die Urteilsbegründung einbezogen hatte: »Unberücksichtigt hat das Erstgericht aber den Umstand gelassen, dass durch das Vorgehen des Angeklagten eine schwere seelische Schädigung seiner Töchter herbeigeführt werden musste, die in ihren Auswirkungen noch nicht abzusehen ist.«[100] Mit Bezug auf den herrschenden gesellschaftspolitischen Diskurs der frühen 1950er Jahre wies die Staatsanwaltschaft drittens darauf hin, dass die »Unzuchtsverbrechen« einen immer größeren Umfang annehmen würden. Aus Gründen der Generalprävention sei es daher geboten, sexuelle Übergriffe an Minderjährigen mit »abschreckenden Strafen« zu belegen, »wozu die Strafsätze hinreichend Gelegenheit bieten«. Das Oberlandesgericht Wien folgte den Argumenten der Staatsanwaltschaft und bekräftigte dessen Einwände gegen die angeführten Milderungsumstände.[101] Das zweitinstanzliche Gericht hielt resümierend fest, dass der Angeklagte Schuld auf sich geladen habe, gerade weil er seinen eigenen Kindern eine »schwere seelische Schädigung« zugefügt habe. Diese verlange »eine entsprechende Sühne«. Es verurteilte Paul M. zu 18 Monaten schweren Kerker, verschärft durch ein hartes Lager monatlich. Damit hatte Paul M. eine wesentlich längere Strafe zu verbüßen, als vom Erstgericht vorgesehen, allerdings lag das Strafmaß immer noch deutlich unter den Sanktionen, die das Kreisgericht St. Pölten ansonsten bei sexueller Gewalt in der Familie aussprach.

100 Ebd.
101 NÖLA, Vr 89/50, Urteil, Oberlandesgericht Wien, Abt. 3, 19. April 1950.

4.2 Veflochtene Geschichten der Gewalt in den postfaschistischen Jahren

Für das westliche Europa lässt sich kurze Zeit nach Ende des Zweiten Weltkrieges eine regelrechte »Welle der Hoffnung und Aufbaubegeisterung« feststellen. Doch trotz der intensiven Bemühungen, sich wieder in einem »normalen« Alltag einzufinden, zeigen historische Studien, »dass die extreme Gewalt des Krieges und das Grauen des Nationalsozialismus in all diesen Gesellschaften, die in den Krieg verwickelt gewesen waren, fortdauernde immaterielle Trümmer hinterließen, die den Wiederaufbau überdauerten«, so die Historikerin Svenja Goltermann.[102]

Von diesen »immateriellen Trümmern« war in der Nachkriegszeit auch im Zusammenhang mit sexueller Gewalt an Kindern auf unterschiedlichen Ebenen die Rede: Wissenschaftliche Fachkonferenzen behandelten die Frage, ob es sich bei Kriegsheimkehrern um Männer handelte, die – durch Krieg in ihrer Sexualität transformiert – eine besonders große Gefahr für Minderjährige darstellten. Auf politischer Ebene versuchten insbesondere konservative Kreise eine Stabilisierung der als gestört empfundenen gesellschaftlichen Verhältnisse zu erreichen, indem sie nicht zuletzt das Delikt der sexuellen Kindesmisshandlung rigoroser verfolgen wollten.[103] Im Vergleich mit wissenschaftlichen und politischen Diskursen der Nachkriegszeit vermitteln die Narrationen in den Strafakten ein anderes und gleichzeitig komplexeres Bild von den Zusammenhängen zwischen Gewalt, Krieg, Sexualität und Familienverhältnissen. Deutlich wird erstens, dass zahlreiche Familien in Niederösterreich in den ausgehenden 1940er und frühen 1950er Jahren in wirtschaftlich höchst prekären Verhältnissen lebten und der Wegfall eines Einkommens durch eine strafrechtliche Verurteilung eines Familienmitgliedes ein Abrutschen in noch tiefere Armut bedeuten konnte. Zweitens zeugen die Strafakten von verschiedenen Formen sozialer Vulnerabilität der historischen Akteure und Akteurinnen, die unmittelbar auf den Krieg und die nationalsozialistische Herrschaft zurückgingen. Im Stichjahr 1950 finden sich in mehr als 40 % der untersuchten Fälle explizite Hinweise auf Gewalterfahrungen, die im Zusammenhang mit dem Nationalsozialismus und dem Zweiten Weltkrieg stehen, im Stichjahr 1960 sind es noch rund 20 %. So hatten sich, wenn auch in geringer Zahl, Opfer des Nationalsozialismus vor dem Kreisgericht St. Pölten zu verantworten.

102 Goltermann, Gesellschaft, S. 16. Vgl. im Weiteren auch Richard Bessel, »Leben nach dem Tod«. Vom Zweiten Weltkrieg zur zweiten Nachkriegszeit, in: Bernd Wegner (Hg.), Wie Kriege enden. Wege zum Frieden von der Antike bis zur Gegenwart, Paderborn 2002, S. 239–258.

103 Vgl. dazu Kapitel 3.3.

Ein Mann, der sich wegen »Schändung« seiner minderjährigen Stieftochter vor Gericht verantworten musste, hatte als politischer Gefangener die KZ-Haft überlebt.[104] Ebenso hatten sich mehrere Männer vor dem Strafgericht wegen sexueller Gewalt an minderjährigen Familienmitgliedern zu verantworten, die während des Krieges nach Österreich geflüchtet oder als Zwangsarbeiter verschleppt und nach dem Krieg in Österreich geblieben waren.[105] Die Frage, inwiefern sich diese Opfer des Nationalsozialismus auf Milderungsgründe berufen konnten, wurde nicht in allen, aber doch in verschiedenen Fällen explizit aufgeworfen. 1960 behandelte das Kreisgericht St. Pölten beispielsweise den Fall des 52-jährigen Mirko B., der seine 13-jährige Stieftochter vergewaltigt hatte. In den Akten vermerkten die Untersuchungsbehörden, dass Mirko B. ein »Flüchtling aus Jugoslawien« sei. Dieser sei verheiratet, wisse aber nicht, »wo sich seine Frau derzeit aufhält, oder ob sie überhaupt noch lebt«.[106] Seit 1953 lebte er mit einer Österreicherin zusammen, die bereits zwei Kinder aus früherer Ehe hatte, und mit der Mirko B. fünf außereheliche Kinder zeugte. Das Kreisgericht St. Pölten verurteilte den Angeklagten zu zweieinhalb Jahren schweren Kerker, verschärft durch ein hartes Lager und einen Fasttag vierteljährlich. Als Milderungsgrund gab das Gericht u. a. »das schwere Flüchtlingsschicksal des Angeklagten« an.[107] Allerdings entsprach das Strafmaß den Kerkerstrafen, die das Kreisgericht St. Pölten in vergleichbaren Fällen von sexueller Gewalt in der Familie aussprach. Der erwähnte Milderungsgrund führte demnach im Fall von Mirko B. nicht zu einer wesentlichen Reduktion des Strafmaßes.

Neben Opfern des Nationalsozialismus wurden auch mehrere ehemalige Wehrmachtssoldaten angeklagt, die für ihre Familien nicht nur eine Belastung, sondern eine eigentliche Bedrohung für die minderjährigen Kinder darstellten. Dies zeigte sich insbesondere in zwei Fällen, in denen das Kreisgericht St. Pölten die Tat von Männern zu beurteilen hatte, die aufgrund eines kriegsbedingten Kopfschusses hirnverletzt waren und der sexuellen Gewalt an ihren Töchtern bzw. Stieftöchtern beschuldigt wurden. In einem Fall kam es zu einem Freispruch, da der »Angeklagte zur Zeit der Tat sich im Zustande einer Sinnesverrückung im Sinne des § 2 StG. befunden hat«.[108] Im zweiten Fall sprach das Gericht – in Abweichung zur sonstigen Spruchpraxis – nur eine viermonatige Arreststrafe aus, die auf eine Probe-

104 NÖLA, Vr 67/50.
105 Vgl. dazu NÖLA, Vr 410/60.
106 NÖLA, Vr 1108/60, Urteil, Kreisgericht St. Pölten, 24. April 1961.
107 Ebd.
108 NÖLA, Vr 80/50, Urteil, Kreisgericht St. Pölten, 30. Mai 1950.

zeit von drei Jahren aufgeschoben wurde.[109] Auch wenn Familien vielfach mit der Aufgabe, kriegsversehrte Männer wieder zu integrieren, überfordert waren, so war unbestritten, dass der Staat diese Funktion von der Familie verlangte. Bezeichnenderweise ordneten die Gerichte bei beiden hirnverletzten Männern nicht an, dass sie aus ihrer Familie entfernt werden müssten. Weder wurde die Option einer Freiheitsstrafe ergriffen noch die Versorgung in eine psychiatrische Anstalt in die Wege geleitet.[110] Vielmehr sollte die Integration dieser beiden Kriegsinvaliden über ihren Verbleib in der Familie erfolgen, und zwar ungeachtet dessen, dass sie erwiesenermaßen eine Gefahr für die Kinder der Familie darstellten.

Mehrere Frauen, die mit der sexuellen Gewalt ihrer Ehemänner an ihren Kindern konfrontiert waren, hatten am Ende des Kriegs selbst Vergewaltigungen durch feindliche Soldaten erlebt.[111] Kinder mussten, nachdem ihre Väter oftmals jahrelang abwesend waren, mit Männern unter einem Dach leben, die ihnen vielfach zunächst fremd erschienen und die sich in der Folge teilweise als höchst gewalttätig zeigten. Die sogenannten Besatzungskinder befanden sich schließlich – mehr noch als andere uneheliche Kinder – innerhalb der Familie in einer vielfach prekären Lage. Wie ein Fallbeispiel aus dem Stichjahr 1960 zeigt, erhielten sie unter Umständen auch von ihren Müttern wenig Unterstützung, wenn sie unter der sexuellen Gewalt ihrer Stiefväter litten. Wie die Untersuchungsbehörden in den Akten festhielten, stammte Elisabeth N. von einem russischen Besatzungssoldaten, »von dem die Kindsmutter vergewaltigt worden sein soll«.[112] Die Mutter gab im Untersuchungsprozess explizit an, ihre 13-jährige Tochter hätte ihren 56-jährigen Stiefvater zum sexuellen Kontakt verleitet.[113] Die Untersuchungs-

109 NÖLA, Vr 140/50, Urteil, Kreisgerichts St. Pölten, 16. Februar 1950.

110 Allerdings waren die Möglichkeiten der Strafgerichte, Delinquenten zu »verwahren«, bis zur Strafrechtsreform der 1970er beschränkt. Vgl. dazu auch Kapitel 6.4.

111 Vgl. NÖLA, Vr 201/50.

112 NÖLA, Vr 382/60, Fragebogen, Bezirkshauptmannschaft, 31. März 1960. Mit der Wiederverlautbarung des österreichischen Strafrechts (1852) waren Abtreibungen nach § 144 StG illegal. Gleichwohl konnten Frauen in Niederösterreich unter staatlicher Mitwirkung zumindest 1945 einen Schwangerschaftsabbruch nach Vergewaltigungen von »russischen« Soldaten durchführen. Aus welchen Gründen die Mutter sich gegen eine Abtreibung entschieden hatte, geht aus den Akten nicht hervor. Vgl. dazu Marianne Baumgartner, »Jo, des waren halt schlechte Zeiten …«. Das Kriegsende und die unmittelbare Nachkriegszeit in den lebensgeschichtlichen Erzählungen von Frauen aus dem Mostviertel, Frankfurt a. M. 1994, S. 118. Siehe im Weiteren auch Stelzl-Marx, Stalins Soldaten, S. 474–477.

113 NÖLA, Vr 382/60, Gendarmeriekommandoposten, Zeugenvernehmung, 23. März 1960.

behörden bauten die Befragung des Mädchens daraufhin auf dieser Verführungsthese auf: »Vors.: Der Vater sagt, Du wärst die treibende Kraft gewesen, Du hast immer angefangen herumzuraufen und gesagt, ›tun wir was‹ und hast dabei auf sein Glied gegriffen. Zeugin: Ja.«[114] Wie das Beispiel von Elisabeth N. verdeutlicht, war es für Kinder ohne die Unterstützung von Müttern kaum möglich, im Untersuchungsprozess die Schuld der »Verführung« von sich zu weisen.

Die historische Analyse von Narrationen der Menschen, die auf unterschiedliche Weise durch die nationalsozialistische Herrschaft und den Krieg in ihrer Gesundheit und in ihrer sozialen Positionierung beeinträchtigt wurden, verweisen nicht auf einfache Kausalitäten zwischen der Kriegsgewalt und der nachträglich ausgeübten bzw. erfahrenen sexuellen Gewalt in der Familie. Inwiefern ehemalige Wehrmachtssoldaten tatsächlich durch den Krieg in ihrer Sexualität transformiert wurden, lässt sich anhand der untersuchten Gerichtsakten nicht feststellen. Nicht zuletzt zeigte sich das Kreisgericht St. Pölten zurückhaltend, wenn es darum ging, Pathologien infolge des Krieges – mit Ausnahme der Hirnverletzungen – anzuerkennen. Aufgezeigt werden kann indes, dass die Familie für diese vom Krieg und von der NS-Herrschaft schwer beeinträchtigten Menschen vielfach kein gesellschaftlicher »Stabilitätsrest« war, wie es Hans Schlensky formulierte. Vielmehr prallten die schweren Kriegsfolgen oft mit großer Wucht in der Familie aufeinander. Der österreichische Staat gab dabei zahlreiche Folgeprobleme der vergangenen NS-Herrschaft und des Krieges an die Familien ab. Er nahm damit gleichzeitig Leiderfahrungen der schwächsten Mitglieder in der Familie – nicht zuletzt der Kinder – in Kauf. In wissenschaftlichen und politischen Diskursen der Nachkriegsjahre, die sich mit dem Problem der sexuellen Gewalt an Kindern beschäftigten, stand indes praktisch ausschließlich die Frage nach der Sanktionierung der Täter im Mittelpunkt – Täter, die regelmäßig als außerhalb der Familie situiert imaginiert wurden. Dagegen wäre aber eine Stärkung der Rechte der Kinder und Jugendlichen vonnöten gewesen, indem die Handlungsmöglichkeiten der Mütter ausgeweitet und die Aufgaben der staatlichen Akteure – so insbesondere der Fürsorge und der Gendarmerie, Kinder vor sexueller Gewalt zu schützen – ausgebaut bzw. klarer eingefordert worden wären. Dies hätte aber bedeutet, dass diese Instanzen täterloyale Perspektiven kritisch hinterfragt hätten. Dieser Perspektivenwechsel wurde in den Nachkriegsjahren nicht zuletzt dadurch verhindert, da sich die Gesellschaft an einer restaurativen Familienpolitik orientierte und weniger die Rechte von Kindern im Blick hatte, son-

114 NÖLA, Vr 382/60, Befragung Untersuchungsrichter, 15. April 1960.

dern die Herstellung einer »sittlichen Ordnung«, die gegenüber der NS-Zeit einen Neubeginn markieren sollte. In den 1950er Jahren versäumten es die Fürsorgebehörden dann auch in mehreren Fällen, die anschließend vom Kreisgericht St. Pölten behandelt wurden, Kinder adäquat zu schützen, obwohl sie Hinweise auf das gewalttätige Handeln der Väter hatten.[115] Ebenso stellten sie sich vielfach nicht hinter die Minderjährigen, die sich an die Fürsorge wandten, um der Gewalt ihrer Väter zu entfliehen.[116]

Schließlich bestätigt die Untersuchung der Strafprozessakten zu »Unzucht« und »Notzucht« an Minderjährigen Forschungsergebnisse, wie sie verschiedene Sozialwissenschaftler und Sozialwissenschaftlerinnen vorlegen, die auf die Kontinuitäten zwischen der Verleugnung der Gewalt in der Familie und der Verleugnung der Geschichte des Nationalsozialismus hinweisen.[117] NS-Täter waren kaum aufgefordert, sich mit ihrem verbrecherischen Handeln auseinanderzusetzen. Diese Verleugnung begünstigte, wie Jürgen Müller-Hohagen argumentiert, das Schaffen von Sündenböcken – und zwar nicht nur auf einer kollektiven, sondern auch auf einer familialen Ebene – und ermöglichte so, von der eigenen Schuld abzulenken.[118] Die Tendenz der Beschuldigten, sowohl das gewalttätige Handeln während des Krieges als auch in der Familie auszublenden, findet sich auch in den Strafprozessen des Kreisgerichts St. Pölten. Es lag im Interesse der Täter von sexueller Gewalt, den Opferstatus, der ihnen als Kriegsheimkehrer gesellschaftlich zugestanden wurde, in den Kontext der Familie zu transferieren. Die Aufgabe der Richtenden war es dagegen, die Bedeutung dieser Opfernarrative mit dem Delikt der sexuellen Kindesmisshandlung in Verbindung zu bringen. Mussten sie als Milderungsgrund anerkannt werden? Oder galt es – im Sinne einer Generalprävention – mit dem Instrument des Strafrechts hart durchzugreifen? Wie das Fallbeispiel der Familie Paul und Gertrud M. aufzeigt, waren die Richter in den Nachkriegsjahren darüber keineswegs einer Meinung – auch wenn politische und juristische Akteure in

115 Vgl. dazu NÖLA, Vr 52/50.

116 Vgl. dazu NÖLA, Vr 692/60.

117 Vgl. dazu u. a. Loch, Gewalt; Jürgen Müller-Hohagen, Seelische Weiterwirkungen aus der Zeit des Nationalsozialismus – zum Widerstreit der Loyalitäten, in: Kurt Grünberg, Jürgen Straub (Hg.), Unverlierbare Zeit. Psychosoziale Spätfolgen des Nationalsozialismus bei Nachkommen von Opfern und Tätern, Tübingen 2001, S. 83–11; Gabriele Rosenthal, Transgenerationelle Spätfolgen der nationalsozialistischen Familienvergangenheit, in: Die Psychotherapeutin. Zeitschrift für Psychotherapie, (1998), S. 71–87.

118 Jürgen Müller-Hohagen, Tradierung von Gewalterfahrung. Sexueller Missbrauch im Schnittpunkt des »Politischen« und »Privaten«, in: Gitti Hentschel (Hg.), Skandal und Alltag. Sexueller Mißbrauch und Gegenstrategien, Berlin 1996, S. 35–52, S. 39.

den frühen 1950er Jahren ein rigoroses Einschreiten gegen die Gewalttäter eingefordert hatten.

Die Richter wiederum, die sich mit sexueller Gewalt an Kindern beschäftigten und Recht sprachen, hatten durch die NS-Herrschaft und den Zweiten Weltkrieg vielfach selbst biographische Brüche erlebt. Dies zeigt die Analyse der biographischen Akten von drei Richtern, die am Kreisgericht St. Pölten und am Oberlandesgericht Wien vergleichsweise häufig Fälle von Verletzungen des sexuellen Schutzalters beurteilten.[119] Diese Richter, die zwischen den 1890er und 1910er Jahren geboren worden waren, wurden alle in die Wehrmacht eingezogen, hatten an Feldzügen in unterschiedlichen Gebieten Europas teilgenommen, wurden teilweise kriegsverletzt und gerieten in Kriegsgefangenschaft. Alle hatten 1938 als Beamte des Justizwesens den Eid auf Hitler abgelegt. Ebenso hatten sie nach dem Krieg ein Treuegelöbnis auf die demokratische Republik geleistet. Ihre Gesinnung stand indes bei beiden Regimewechseln auf dem Prüfstand und die Akten verdeutlichen, wie flexibel die Männer ihre politische Gesinnung – je nach bestehendem Regime – schilderten. Wurde beispielsweise die Teilnahme an sozialistischen Vereinigungen 1938 vom einem der Richter noch relativiert, diente der Sonderkommission beim Oberlandesgericht Wien seine »erwiesene sozialdemokratische Einstellung« dazu, ihn von weiteren Untersuchungen zu befreien.[120] In ähnlicher Weise konnte auch die Mitgliedschaft im österreichischen Cartellverband (C. V.), dem katholischen Studentenverband, bebzw. entlastend wirken. So versuchte ein anderer, damals angehender Richter 1938 seine frühere Mitgliedschaft im C. V. möglichst zu verheimlichen, während sie ihm 1945 dazu diente, vor der Sonderkommission des Oberlandesgerichts Wien zu argumentieren, dass er nie nationalsozialistischer Gesinnung gewesen sei. Auch diese Darstellung überzeugte die Mitglieder der Sonderkommission.[121] Ein weiterer Berufsrichter, der erst in den ausgehenden 1940er Jahren aus der russischen Kriegsgefangenschaft zurückgekehrt war, musste sich demgegenüber gemäß den Akten gar nicht mehr vor einer Sonderkommission verantworten, obwohl er mehreren nationalsozialistischen Organisationen angehört hatte und als Richter in der NS-Zeit u.a. mit der Umsetzung von »Rassengesetzen« beauftragt war.[122] Als diese Richter in der Zweiten Republik Österreich am erstinstanzlichen Strafge-

119 Vgl. dazu ÖStA/AdR, Justiz, OLG Wien, PA 1-S-16; PA 7-W-279; PA 7-R-157.

120 ÖStA/AdR, Justiz, OLG Wien, PA 1-S-16, Beschluss, Sonderkommission I. Instanz beim Oberlandesgericht Wien, Wien, 6. März 1946.

121 ÖStA/AdR, Justiz, OLG Wien, PA 7-W-279, Beschluss, Sonderkommission I. Instanz beim Oberlandesgericht Wien, Wien, 23. Oktober 1946.

122 ÖStA/AdR, Justiz, OLG Wien, PA 7-R-157.

richt bzw. am Oberlandesgericht Wien wirkten, konnten sie sich am Strafgesetz von 1852 und dessen Kommentierung orientieren, um Recht zu sprechen. Dass die Anwendungen von Gesetzen in einem spannungsreichen Verhältnis zu normativen Prinzipien wie »Wahrheit« oder »Gerechtigkeit« stehen konnte, wussten die Richter, die sich in den 1950er und 1960er Jahren mit sexueller Gewalt an Kindern zu beschäftigen hatten, vielfach zweifelsfrei aus eigener Erfahrung.

Die Geschichte von Linda, Maria und Ines M., die durch ihren Vater Paul M. über einen langen Zeitraum hinweg sexuelle Gewalt erlitten, und mit der dieses Kapitel begann, endet in der untersuchten Akte mit der Verurteilung ihres Vaters. Zuletzt wird in der Akte nur noch davon berichtet, dass die Töchter in der Hauptverhandlung, nachdem sie auf dem Gendarmeriekommandoposten mehrfach über die Geschehnisse befragt worden waren, nicht mehr aussagen und von ihrem Recht Gebrauch machen wollten, als Töchter des Angeklagten keine Zeugenaussage mehr zu machen (§ 152 StOP).[123] Wie sich ihr Leben im Anschluss an den Strafprozess weiterentwickelte, ob sie, wie es die Staatsanwaltschaft und das Oberlandesgericht in Wien befürchteten, »schwere seelische Schäden« durch die sexuelle Gewalt des Vaters davontrugen, lässt sich aufgrund fehlender Quellen nicht rekonstruieren. Doch dürfte die Tatsache, dass ihre Mutter durch einen feindlichen Soldaten vergewaltigt wurde und der Vater im Krieg verletzt und in Gefangenschaft war, Auswirkungen auf die Deutung ihrer eigenen erlebten Gewalt gehabt haben. Der »seelische Schaden« der sexuellen Kindesmisshandlung manifestierte sich, folgt man den theoretischen Ansätzen der sequentiellen Traumatisierung, wie sie David Becker in Anschluss an Hans Keilson entwickelte, nicht allein durch die sexuellen Übergriffe, sondern auch durch die Situierung dieser Taten im spezifischen historischen Kontext.[124] Eine Gesellschaft, die schwer vom Krieg und der nationalsozialistischen Herrschaft beeinträchtigt war und welche die materiellen Trümmer erst ansatzweise und die immateriellen Trümmer noch kaum beseitigt hatte, stellte einen denkbar schwierigen gesellschaftlichen Kontext dar, um Kindern und Jugendlichen, die sexuelle Gewalt in der Familie erlitten hat-

123 § 152 StPO (1873) bestimmte: »Von der Verbindlichkeit zur Ablehnung eines Zeugnisses sind befreit: 1. Die Verwandten und Verschwägerten des Beschuldigten in auf- und absteigender Linie, sein Ehegatte und dessen Geschwister, seine Geschwister und deren Ehegatten, die Geschwister seiner Eltern und Großeltern, seine Neffen, Nichten, Geschwisterkinder, Adoptiv- und Pflegekinder, sein Vormund und sein Mündel.«

124 David Becker, Die Erfindung des Traumas – verflochtene Geschichte, Berlin 2006, S. 188–199. Vgl. im Weiteren auch die wegweisende Studie von Loch, Gewalt, S. 323.

ten, Unterstützung zu bieten und sie dabei zu begleiten, mit ihren »seelischen Schäden« umzugehen. Was dies für die niederösterreichische bzw. österreichische Gesellschaft langfristig für Folgen nach sich zog, verlangt weiterführende Reflexionen und Untersuchungen.

4.3 Die Scham: Das Inzestverbot und das Gebot des Schweigens

Das Inzestverbot des österreichischen Strafrechts adressierte, ähnlich wie in anderen europäischen Staaten des 19. und 20. Jahrhunderts, zwei unterschiedliche Formen von sozialen Machtverhältnissen. In einem ersten Sinne bezeichnet der Inzest Handlungen, die von autoritativen Erwachsenen gegenüber Kindern vorgenommen werden.[125] Diese Form des Inzests muss nicht zwingend biologisch sein, sondern kann beispielsweise auch Stiefväter oder Adoptiveltern einschließen. In einer zweiten Bedeutung wird der Inzest ausschließlich durch die biologische Beziehung definiert und kann einvernehmliche sexuelle Handlungen einschließen, z. B. sexuelle Beziehungen zwischen Geschwistern oder zwischen Cousins und Cousinen. Diese beiden Bedeutungen schließen sich nicht zwangsläufig aus, sondern können sich ergänzen oder vermischen.[126]

Auch die Fälle, die das Kreisgericht St. Pölten zwischen 1950 und 1970 verhandelte, umfassten unterschiedliche Inzestfälle: Während in den Narrationen von Kindern und Jugendlichen, die sexuelle Gewalt durch ihre Väter, Stief- oder Großväter erlebten, der Machtmissbrauch der Täter klar im Vordergrund stand, sind die Erzählungen in Fällen von sexuellen Kontakten zwischen Geschwistern oder Onkeln und Nichten ambivalenter. In mehreren Fällen sprachen die Mädchen von einer teilweisen Zustimmung zu den sexuellen Kontakten mit ihren Brüdern oder Onkeln, insbesondere wenn diese nur wenige Jahre älter waren als sie selbst, und erwähnten eine – zumindest punktuell – eigene Handlungsfähigkeit, die mit steigendem Alter zunahm.[127] Allerdings waren auch diese Fälle tendenziell durch hierarchische Machtbeziehungen geprägt. Die Mädchen nahmen primär die reagierende Rolle ein und besaßen vielfach nur ein partielles Wissen über

125 Giuliani, Liaisons, S. 13.

126 Ebd.

127 Vgl. dazu NÖLA, Vr 1306/50; Vr 172/70. Seit den 1980er Jahren widmete sich die psychologische Forschung vermehrt dem Geschwisterinzest. Vgl. u. a. David Finkelhor, Sex Among Siblings. A Survey on Prevalence, Variety and Effects, in: Archives of Sexual Behavior, 9 (1980) 3, S. 171–194; Margaret W. Ballantine, Sibling Incest Dynamics. Therapeutic Themes and Clinical Challenges, in: Clinical Social Work Journal, 40 (2012), S. 56–65.

Sexualität und Fortpflanzung.[128] Folglich hatten die vor Gericht präsentierten Narrationen über Geschwisterinzest wenig mit den Erzählungen von »Geschwisterliebe« gemein, wie sie in Romanen seit dem 18. Jahrhundert zu finden sind. Wie die Historikerin Claudia Jarzebowksi aufzeigt, besteht bis heute eine medial vielfach dokumentierte Bereitschaft, den Geschwisterinzest stärker als andere inzestuöse Beziehungen als Liebesbeziehungen zu erklären.[129] Die Frage, wie Inzest gedeutet werden muss, beschäftigte in der zweiten Hälfte des 20. Jahrhunderts zahlreiche wissenschaftliche Experten (und in weit geringeren Maße Expertinnen). Die Wirkungsmächtigkeit des Inzesttabus war, wie die Prozesse vor den Strafgerichten verdeutlichen, bis in die 1970er Jahre manifest.

Die wissenschaftliche Auseinandersetzung zum Inzest

Zwischen den 1940er und 1970er Jahren erschienen mehrere wissenschaftliche Studien, die sich aus einer strafrechtlichen, kriminologischen oder psychiatrischen Perspektive mit dem Inzest bzw. der »Blutschande« beschäftigten. Dabei zielten verschiedene Untersuchungen daraufhin, spezifische Merkmale von »Inzesttätern« und »Inzestopfern« herauszuarbeiten und die Ursachen für dieses Delikt zu eruieren.[130] Ausgangspunkt der Studien war in der Regel die Feststellung, dass das Inzesttabu beim »modernen Kulturmenschen« fest verankert sei.[131] Gleichwohl kam es, wie die Studien nach der Auswertung von Strafakten und psychiatrischen Begutachtungen aufzeigten, regelmäßig zu sexuellen Handlungen zwischen Verwandten. Der Psychiater Helmut Rennert vertrat 1958 die Ansicht, dass »blutschänderische Beziehungen« weit verbreitet waren.[132] Eine eindeutige »Täterpersönlichkeit« konnten die Studien indes nicht präsentieren. Zwar traten in weit größerer Zahl Männer als »Inzesttäter« in Erscheinung als Frauen, zudem

128 Vgl. dazu auch Kapitel 5.2.
129 Jarzebowski, Inzest, S. 9.
130 Lothar Fitzinger, Das Delikt der Blutschande in den Landgerichtsbezirken Wuppertal und Innsbruck unter besonderer Berücksichtigung der verschiedenen soziologischen und ökonomischen Gegebenheiten der Bezirke, Dissertation, Universität Bonn 1958; Wilfried Wittmann, Die Blutschande. Eine rechtsgeschichtliche, rechtsvergleichende und kriminologische Untersuchung unter Berücksichtigung der Nachkriegskriminalität in der Rheinpfalz, Dissertation, Universität Main 1953.
131 Fitzinger, Delikt, S. 9. Vgl. auch Hans Holder, Zum Problem der Blutschande, Dissertation Universität Bern, Zürich 1948, S. 4.
132 Helmut Rennert, Zur Problematik des Inzest, in: Deutsche Zeitschrift für gerichtliche Medizin, 48 (1958), S. 50–57, S. 52.

hatten sich überwiegend Personen der sozialen Unterschicht vor den Strafgerichten zu verantworten.[133] Gleichwohl ließen sich bei keiner dieser Personen eindeutige pathologische Persönlichkeitsmerkmale feststellen. Der Psychiater Hans Holder kam 1948 beispielsweise zum Schluss, dass es sich bei der Mehrzahl der Männer, die sich vor dem Berner Strafgericht wegen »Inzest« zu verantworten hatten und deswegen psychiatrisch begutachtet wurden, um Alkoholiker, um »ethisch Depravierte« und in einem Fall um einen »Sexualneurotiker« handelte. Der Rest setzte sich indes »aus psychisch unauffälligen und auch sozial gut angepassten Individuen« zusammen.[134] In ähnlicher Weise stellte der Jurist Franz Palmen nach der Untersuchung von Strafakten 1968 fest, dass es sich bei »Inzesttätern« mehrheitlich um »primitive Menschen« der unteren sozialen Schicht handle, die ein mangelhaft »sittlich-ethisches Werturteil« und eine »hemmungslos fordernde Sexualität« besitzen und sich vielfach einem übermäßigen Alkoholgenuss hingeben würden. Doch als krank in einem psychiatrischen Sinne erwies sich auch die Mehrheit der »Inzesttäter« in Palmens Studie nicht.[135]

Neben den Persönlichkeitsmerkmalen der Täter untersuchten mehrere Studien der 1950er und 1960er Jahre anhand von Strafakten die Charakteristiken der Opfer von Inzest. Mehrere arbeiteten sich an der These ab, die der Kriminologe Hans von Hentig 1925 formuliert hatte. Die lange Dauer von inzestuösen Verhältnissen sah von Hentig als Beweis dafür, dass »das Universalmodell des rohen, brutalen, das arme Kind zwingenden Vaters ein kriminal-psychologisches Märchen ist«. Vielmehr basiere der Inzest auf einem weitgehenden Einverständnis der Kinder.[136] Es sei also nicht allein der »Mörder«, so von Hentig im übertragenen Sinne, sondern »in vielen Fällen auch bei der Blutschande der ›Ermorderte‹ schuld«.[137] Verschiedene Rechtswissenschaftler und Kriminologen äußerten sich kritisch gegenüber dieser These und wiesen darauf hin, dass Töchter vielfach von ihren Vätern vergewaltig wurden.[138] Auch argumentierten Einzelne, wie der Psychologe Herbert Maisch, dass »Ängste verschiedener Art« die Hauptmotive von Mädchen waren, eine »passiv-duldende Haltung« gegenüber den sexuellen Hand-

133 Ebd., S. 103–109; Franz Palmen, Der Inzest. Eine strafrechtlich-kriminologische Untersuchung, Dissertation Universität Köln 1968, S. 116–117.

134 Holder, Problem, S. 23.

135 Palmen, Inzest, S. 116–117.

136 Hans von Hentig-Viernstein, Untersuchung über den Inzest, Heidelberg 1925, S. 31.

137 Ebd., S. 206. Vgl. im Weiteren Goltermann, Opfer, S. 183–184.

138 Fitzinger, Delikt, S. 31.

lungen der Täter einzunehmen.[139] Gleichwohl teilten mehrere Autoren die Ansicht, wonach die Inzestopfer vielfach »sittlich verwahrlost« waren, sich ohne Weiteres »von dem Täter gebrauchen ließen« oder die strafbaren Handlungen sogar initiiert hätten.[140] Schließlich warfen verschiedene Studien die Frage auf, ob eine strafrechtliche Verfolgung von Inzest überhaupt noch legitim war. Diesbezüglich zeichnete sich in den ausgehenden 1960er Jahren eine Wende ab. Zu diesem Zeitpunkt stellten mehrere Juristen in Zweifel, ob ein Rechtsgrund gegeben sei.[141] Dass die »erbbiologische Gesundheit der Nachkommenschaft« durch einen Inzest gefährdet wurde, war wissenschaftlich nicht erwiesen.[142] Zudem konnte es, wie mehrere Rechtswissenschaftler betonten, nicht Aufgabe des Strafrechts sein, eine bestimmte »sittlich-moralische« Familienordnung durchzusetzen; vielmehr müsse auf eine »Trennung von Recht und Moral« hingearbeitet werden.[143] Rechtsmediziner wie Joachim Gerchow wandten zudem ein, dass der Inzest nicht Ursache einer »familiären Destruktion« sei, sondern vielmehr Symptom, also die Folge einer »gestörten Familienordnung«. Mit der »Sonderinkrimination« und mit rigorosen Strafandrohungen könne man deshalb die »Wurzeln des Inzests« nicht angreifen und wirksamen Familienschutz betreiben.[144] Verschiedene Wissenschaftler vertraten in den ausgehenden 1960er Jahren die Position, die strafrechtlichen Bestimmungen zur »Blutschande« ganz aufzuheben. Ihnen schienen die Bestimmungen zum sexuellen Schutzalter und zum erweiterten sexuellen Schutz von Jugendlichen in Abhängigkeitsverhältnissen ausreichend.[145] Diese Ansicht setzte sich im revidierten österreichischen Strafgesetzbuch von 1975 allerdings nicht durch.[146]

139 Herbert Maisch, Der Inzest und seine psychodynamische Entwicklung, in: von Stockert, Kind, S. 51–59, S. 57.

140 Wittmann, Blutschande, S. 183–184; Fitzinger, Delikt, S. 44.

141 Vgl. dazu auch Brüggemann, Entwicklung, S. 474–480.

142 Palmen, Inzest, S. 122–149.

143 Ebd., S. 107; Ernst-Walter Hanack, Zur Revision des Sexualstrafrechts in der Bundesrepublik. Ein Rechtsgutachten unter Mitarbeit von E. Wahle und J. v. Gerlach, München 1968, S. 32–35. Im Weiteren auch Hans-Ulrich Gebhard, Der Inzest im schweizerischen Strafrecht mit einem Überblick über seine strafrechtliche Behandlung, Dissertation, Universität Zürich 1947.

144 Joachim Gerchow, Die Inzestsituation, in: von Stockert, Kind, S. 38–50, S. 49.

145 Vgl. dazu Jürgen Baumann et al., Alternativ-Entwurf eines Strafgesetzbuches. Besonderer Teil. Sexualdelikte. Straftaten gegen Ehe, Familie und Personenstand. Straftaten gegen den religiösen Frieden und die Totenruhe, Tübingen 1968, S. 58–61. Vgl. dazu auch Kapitel 8.2.

146 Vgl. § 211 StGB 1975.

»Blutschande« und Schwangerschaft: Die Position der Strafgerichte

Im Untersuchungszeitraum äußerte sich das Kreisgericht St. Pölten nie grundsätzlich zum Inzestverbot und dessen Zielsetzung, die »Reinheit« der Gesellschaft sicherzustellen. Das Strafgericht hatte sich in allen untersuchten Stichjahren mit sexueller Gewalt an Kindern im Kontext der Familie zu beschäftigen: 1950 in 13 Fälle, 1960 in 21 und 1970 in 10 Fällen. Während die Zahl der beurteilten Fälle von Pädokriminalität im Kontext der Familie schwankte, veränderte sich die Strafpraxis nicht: Das Kreisgericht St. Pölten sprach bei diesem Delikt im ganzen Untersuchungszeitraum vergleichsweise lange Haftstrafen aus.

Die Analyse der Strafprozessakten verdeutlicht die Wirkungsmächtigkeit des Inzesttabus. Dies lässt sich exemplarisch im Fall der Geschwister Almut und Bernhard P. aufzeigen, die während mehreren Monaten Geschlechtsverkehr miteinander hatten. Der erste Geschlechtsverkehr erfolgte unter Gewaltanwendung des Bruders, der das Jugendalter knapp überschritten hatte; zu den darauffolgenden sexuellen Handlungen hatte das 13-jährige Mädchen »zugestimmt«, wie sie vor Gericht aussagte. Nach einigen Monaten wurde Almut schwanger, hielt dies jedoch geheim.[147] Almuth P. brachte das Kind in der Folge alleine bei sich zu Hause auf die Welt, ohne dass ihre Eltern etwas von der Schwangerschaft und der Geburt bemerkten. Unmittelbar nach der Geburt erstickte das Mädchen den Säugling; die staatlichen Untersuchungen setzten ein, nachdem das tote Kind aufgefunden worden war.[148]

Wie die Aussagen von Almuth P. aufzeigen, war sie sich bewusst, dass sie gegen das Inzesttabu verstoßen hatte und dadurch einer sozialen Ächtung anheim zu fallen drohte.[149] Von den Untersuchungsbehörden darüber befragt, weshalb sie ihre Eltern nicht über ihre Schwangerschaft informiert habe, erklärte das Mädchen, sie habe Angst gehabt, sie würde in ein Heim eingewiesen werden – ein Szenario, das durchaus realistisch war.[150] Weiter ergänzte Almuth P., nicht die Tatsache, dass sie im Alter von 13 Jahren schwanger geworden sei, habe sie dazu veranlasst, ihr Kind zu töten. Vielmehr habe sie so gehandelt, da ihr Bruder der Vater des Kindes sei. Sie fürchtete, ihr Kind würde, wenn es größer werde, »von den anderen verachtet. Aus dem Grund verachtet, weil das Kind ja von meinem Bruder ist und

147 NÖLA, Vr 179/70, Gendarmeriekommandoposten, Niederschrift, 4. Februar 1970.
148 NÖLA, Vr 172/70, Urteil, Kreisgericht St. Pölten, 8. September 1970.
149 Vgl. zur Wirkungsmächtigkeit des Inzesttabus Brian Connolly, Domestic Intimacies. Incest and the Liberal Subject in Nineteenth-Century America, Philadelphia 2014.
150 NÖLA, Vr 172/70.

er der Vater ist«.[151] Wie die Historikerin Linda Gordon argumentiert, bezog sich das Inzesttabu im 20. Jahrhundert weit weniger auf die sexuellen Kontakte selbst als vielmehr auf die Möglichkeit einer sexuellen Fortpflanzung zwischen den Verwandten.[152] Dem Tabu, wonach Verwandte keine Kinder zusammen zeugen dürfen, waren sich auch Minderjährige bewusst. Das Tabu war so umfassend, dass sich das Mädchen niemandem anvertrauen konnte.

Die »Blutschande« in den Augen des Gerichts: Das Urteil

Das Kreisgericht St. Pölten hatte indes wenig Verständnis für die schwierige Situation von Almuth P. Das Erstgericht verurteilte das Mädchen, das bei der Geburt des Kindes 14-jährig und damit strafmündig war, wegen Kindsmord nach § 139 StG zu 15 Monaten strengen Arrest.[153] Das Gericht folgte dem psychiatrischen Gutachten, welches das Mädchen als voll zurechnungsfähig und reif (im Sinne des § 10 JGG) einschätzte. Der zuständige Gerichtspsychiater hielt nach seiner Examination fest: »In voller Anerkenntnis des effektiven Bedrängnisses und der prekären Situation, in der sich das Mädchen befand, hieße es aber mit Gewissheit die Kraft und Widerstandsfähigkeit der jugendlichen Psyche verkennen, wollte man in solcher Situation und Belastung eine ausreichende und entschuldbare Erklärung für die Überwindung so gewichtiger Hemmungen sehen, die der Vernichtung fremden Lebens entgegenstehen.«[154] Dass es nicht zuletzt das Inzesttabu war, das es Almuth P. verunmöglichte, über ihre Situation zu sprechen und um Hilfe nachzusuchen, reflektierte die Gerichtspsychiatrie und das Strafgericht nicht. Das Mädchen, das noch vor Erreichen des sexuellen Schutzalters schwanger geworden war, musste in den Augen der Richtenden für das Verbrechen des Kindesmordes strafrechtlich verfolgt werden.[155] Ihr Bruder wurde der »Notzucht« für schuldig befunden und zu einer 18-monatigen Kerkerstrafe verurteilt.[156]

151 NÖLA, Vr 179/70, Psychiatrisches Sachverständigengutachten, 5. Mai 1970.

152 Gordon, Heroes, S. 208–209. Siehe auch Giuliani, Monsters, S. 923.

153 NÖLA, Vr 179/70, Urteil, Kreisgericht St. Pölten als Jugendschöffengericht, 8. September 1970.

154 NÖLA, Vr 179/70, Psychiatrisches Sachverständigengutachten, 5. Mai 1970.

155 Zur Definition des Kindesmords und zur Bemessung der Strafe siehe u. a. Carl Stooss, Lehrbuch des österreichischen Strafrechts, 2., umgearbeitete Aufl., Wien, Leipzig 1913, S. 262–264.

156 NÖLA, Vr 172/70, Urteil, Oberlandesgericht Wien als Berufungsgericht, 28. Juli 1970.

Bei strafrechtlichen Untersuchungen zu sexueller Gewalt in der Familie standen immer unterschiedliche Interessen zur Debatte. Das Anliegen, einen sexuellen Kinderschutz durchzusetzen, stand mit Forderungen, eine »sittliche Ordnung« zu verwirklichen, in einem spannungsreichen Verhältnis. Für Minderjährige war es nicht zuletzt deshalb schwierig, über inzestuöse Handlungen zu sprechen, weil diese als moralisch besonders verwerflich galten und alle Involvierten sich für ihr Handeln *schämen* mussten. Dieses Gefühl der Scham war demnach nicht nur konstitutiv für das Aufrechterhalten des Inzestverbotes, sondern auch für die Verschleierung von Machtmissbrauch, die ältere Familienmitglieder gegenüber jüngeren ausübten. Allerdings waren Rechtswissenschaftler, Untersuchungsbehörden und Richtende kaum bereit, sich kritisch mit der Funktion der Scham auseinanderzusetzen, die das Inzestverbot begleitete. Die Tragödie des Kindsmordes war letztlich eine gesellschaftlich mitverursachte, denn dieses verunmöglichte es Almuth P. über die Vorkommnisse zu sprechen, ebenso wie sich vorstellen zu können, als Mutter eines von ihrem Bruder erzeugten Kindes zu existieren. Für das 13-jährige Mädchen war es undenkbar, dass sie und ihr Kind einen Platz in der Gesellschaft hätten finden können.

Schlussbemerkung

Die hier untersuchten Inzestfälle unterschieden sich hinsichtlich der Machtbeziehungen, die zwischen den sexualmündigen Personen und den Minderjährigen bestanden. Gemeinsam war den Fällen indes, dass sexuelle Übergriffe/Handlungen meist über einen besonders langen Zeitraum stattfanden und die Abhängigkeitsverhältnisse ausgeprägt waren. Letzteres schränkte die Möglichkeiten der Minderjährigen, sich zu wehren, stark ein. Folge davon war, dass Fälle von sexueller Gewalt in der Familie primär nur dann zur Anzeige kamen, wenn sich weibliche Verwandte dazu entschieden, die Täter zur Rechenschaft zu ziehen und damit das familiäre Gefüge insgesamt aufzubrechen. Die sozialen Kosten einer solchen Anzeige waren hoch. In der Regel mussten alle Familienmitglieder mit einschneidenden finanziellen Einbußen rechnen, wenn der Lohn des männlichen Familienmitglieds wegen einer Gefängnisstrafe wegfiel, der entsprechend des hierarchisch ausgestalteten Arbeitsmarktes höher war als dasjenige von weiblichen Familienmitgliedern. Zu den sozialen Kosten einer Offenlegung des Inzests gehörte auch die Beeinträchtigung des sozialen Ansehens, die sich nicht nur auf den Täter bezog, sondern auch auf die Minderjährigen. Auch wenn sexuelle Übergriffe in der Familie weit verbreitet waren (und sind), gehörten inzestuöse Handlungen zu den am stärksten stigmatisierten. Die hohen sozialen Kosten, die mit einer Anzeige verbunden waren, spielten den Tätern aber gleichzeitig in die Hände. Ihnen war zweifelsohne bewusst, dass eine Strafanzeige ein Schritt der Ultima Ratio war, der mit vielfältigen Beeinträchtigungen aller Familienmitglieder einherging. Der Akt des Inzestes war auch wesentlich geprägt durch eine spezifisch ausgestaltete Geschlechterordnung, durch Vorstellungen über Sexualität und Verwandtschaft wie auch durch die emotionalen Beziehungen, welche die Institution Familie strukturierten.

Die Fälle von sexueller Gewalt in der Familie zeichnen sich einerseits durch historische Kontinuitäten aus, was sich nicht zuletzt in der ungebrochenen Stigmatisierung der »Blutschande« verdeutlicht. Andererseits zeigt sich diese Gewaltform in seinen Deutungszusammenhängen als wandelbar. Sexuelle Gewalt an Kindern lässt sich nicht unabhängig von anderen Formen von Gewalt verstehen, die für eine Gesellschaft prägend sind. Als in Niederösterreich zahlreiche Menschen unter den Folgen der NS-Herrschaft und dem Zweiten Weltkrieg litten, wurden die Täter- und Opferrollen in Strafprozessen zu Verletzungen des sexuellen Schutzalters in Bezug auf diese kriegsbedingten Gewalterfahrungen verhandelt. Erst im Stichjahr 1970 verschwanden Bezüge zum Zweiten Weltkrieg ganz aus den Argumentationsstrategien der Angeklagten. Täter- und Opferrollen unterlagen somit einem Aushandlungsprozess, in dem es sowohl um die Frage von physischen und psychischen Verletzungen im Zusammenhang mit dem vergangenen Krieg ging als auch um die Zukunftsvisionen einer Republik, die auf »gesunden« und »reinen« Kindern aufbauen wollte. Wem in Fällen von sexueller Gewalt in der Familie welches Gehör geschenkt wurde, war somit immer auch eine politische Frage. Es standen nicht nur die Interessen der Kinder oder der Familien zur Debatte, sondern auch das politische Interesse, die Gesellschaft zu stabilisieren bzw. in eine neue Zukunft zu führen.

5. Adoleszente Mädchen, das sexuelle Schutzalter und die »sexuelle Liberalisierung«

Aktivistinnen der frühen Frauenbewegung und Mitglieder von Kinderschutzbewegungen setzten sich seit dem ausgehenden 19. Jahrhundert für eine Erhöhung des sexuellen Schutzalters ein. Diese Initiativen, die in zahlreichen Ländern sowohl der westlichen Hemisphäre wie auch in verschiedenen Kolonialstaaten lanciert wurden, zielten primär darauf hin, adoleszente Mädchen besser vor sexuellen Übergriffen und »Verführungen« zu schützen.[157] Während sich der zwölfte Geburtstag im Völkerbund in den ausgehenden 1920er Jahren als Grenze etablierte, unter welcher sexuelle Kontakte mit Kindern als »unzivilisiert« galten, blieb weitgehend umstritten, inwieweit die darauffolgende Lebensphase der Adoleszenz durch sexuelle Schutzbestimmungen reglementiert werden sollte. Das Votum von Feministinnen und Kinderrechtsaktivisten und -aktivistinnen, das sexuelle Schutzalter, insbesondere für Mädchen, über den zwölften Geburtstag hinaus auszudehnen, stieß auf Widerstand.[158]

Das Kreisgericht St. Pölten hatte sich in den untersuchten Stichjahren 1950, 1960 und 1970 bei Fällen von »Notzucht« und »Schändung« an Minderjährigen in einer vergleichsweise großen Zahl mit Mädchen zu beschäftigen, die über zwölf Jahre alt waren und sich – gemäß zeitgenössischen entwicklungspsychologischen Theorien und internationalen Debatten – bereits in der Adoleszenz befanden. Allerdings war der Anteil der Mädchen dieser Altersgruppe in den drei untersuchten Stichjahren unterschiedlich: Im Stichjahr 1950 waren die meisten Minderjährigen (37 Fälle), die vor Gericht aussagten, jünger als zwölf Jahre. In nur 10 der untersuchten Fälle waren Mädchen zwischen 1935 und 1937 geboren. Im Stichjahr 1960 hatte sich die Altersstruktur verschoben: In den 79 Straffällen waren in 48 Fällen Mädchen involviert, die zwischen 1945 und 1947 geboren waren. Im Stichjahr 1970 waren von den untersuchten 73 Fällen in 54 Fällen Mädchen involviert, die älter als zwölf Jahre waren.[159] Folglich zeichnete sich im Un-

157 Waites, Age, S. 60–67; Gerodetti, Sexualities, S. 131–162; Levine, Sovereignty; Tanika Sarkar, Rhetoric against Age of Consent: Resisting Colonial Reason and Death of a Child-Wife, in: Economic and Political Weekly, 28 (1993) 36, S. 1869–1878; Richard Philips, Imperialism and the Regulation of Sexuality: Colonial Legislation on Contagious Diseases and Ages of Consent, in: Journal of Historical Geography, 28 (2002) 3, S. 339–362.

158 Vgl. dazu Kapitel 2.1.

159 Die Produktion der Fallakten war nicht streng kohärent. Die meisten Fälle umfassen einen Beschuldigten und ein minderjähriges Kind. In zahlreichen Fällen wurde

tersuchungszeitraum ein Wandel ab: Die Strafbehörden und Richtenden am Kreisgericht St. Pölten hatten sich mit einer zunehmend größeren Zahl von »Unzuchtsfällen« zu beschäftigen, in denen Mädchen das Schutzalter fast erreicht hatten, sich also im 13. oder 14. Lebensjahr befanden. Während solche Fälle 1950 noch eine Minderheit darstellten (21 %), machten sie in den darauffolgenden Jahren die Mehrheit aus: Im Stichjahr 1960 waren in 60 %, 1970 sogar in 73 % der Fälle Mädchen im 13. und 14. Lebensjahr involviert. Demgegenüber hatte das Kreisgericht St. Pölten nur im Stichjahr 1960 einen Fall zu behandeln, in dem vier Knaben dieser Altersgruppe als Opfer von »Unzucht« vor Gericht aussagen mussten, sie waren alle 13-jährig.[160] Die anderen Knaben, die pädosexuelle Handlungen erlebten und als Zeugen aussagten, waren jünger und damit im vorpubertären Stadium.

Im Folgenden werden Fälle von Verletzungen des sexuellen Schutzalters untersucht, in denen 12- und 13-jährige Mädchen involviert waren. Diese Fälle entziehen sich teilweise einer einfachen Kategorisierung. Begriffe wie Zustimmung und Zwang, Begehren und Gewalt waren – aus der Perspektive der Mädchen – vielfach keine eindeutigen Referenzkategorien. Welche Handlungsspielräume konnten adoleszente Mädchen beanspruchen und welchen Formen der Diskriminierung, Disziplinierung und Gewalt waren sie in einer hierarchischen Geschlechterordnung unterworfen? Welche Konzeptionen von Adoleszenz strukturierten die Deutungen der Strafgerichte? Und was bedeutete eine sexuelle Liberalisierung für Mädchen, die in den 1950er und 1960er in Niederösterreich aufwuchsen?

5.1 Akzeleration, Konsumzeitalter und »sexuelle Revolution«: Die Neuverhandlungen von Jugendsexualität

Der Blick von Justiz und Fürsorge auf 12- bis 13-jährige Mädchen war von Deutungen geprägt, wie sie die Humanwissenschaften seit dem frühen 20. Jahrhundert über die Adoleszenz als spezifische Lebensphase bereitstellten. Während Theorien zur kindlichen Sexualität in den 1950er und 1960er Jahren noch kaum gefestigt waren, hatten sich Vorstellungen darüber ausgebildet, wie sich sexuelle Begehrensformen mit Beginn der Pubertät ma-

dem Beschuldigten aber auch angelastet, mit mehreren Minderjährigen »Unzucht« oder »Notzucht« betrieben zu haben. In der Regel wurde jedoch nicht für jedes Opfer eine eigene Fallakte angelegt. Ebenso folgte das Kreisgericht St. Pölten teilweise der Praxis, die Untersuchungen mehrerer Beschuldigter, die sich wegen sexueller Übergriffe an Minderjährigen zu verantworten hatten, in einer einzigen Fallakte abzulegen.

160 NÖLA, Vr 411/60.

nifestierten. Die an einer genitalen Befriedigung ausgerichtete Sexualität setzte sich, darin waren sich Experten und Expertinnen einig, mit Eintritt in die Pubertät zunehmend durch.[161] Als die »normale Variante« galt die Entwicklung eines heterosexuellen Begehrens, während vor homosexuellen »Verführungen« gewarnt wurde, um eine »Fehlprägung« zu vermeiden. Letzteres wurde primär bei Jungen befürchtet.[162]

Im Anschluss an den US-amerikanischen Psychologen G. Stanley Hall bestätigten zahlreiche Wissenschaftler und Wissenschaftlerinnen die These, wonach es sich bei der Adoleszenz um eine »krisenhafte« und geschlechtsspezifisch unterschiedlich verlaufende Entwicklungsphase handelt.[163] Die Definitionen von Adoleszenz, wie sie die Psychiatrie, die Psychoanalyse, die Entwicklungspsychologie wie auch die Soziologie und die Sozialanthropologie vorlegten, maßen den körperlich-biologischen Veränderungsprozessen einerseits und den sich wandelnden sozio-kulturellen Ansprüchen andererseits einen je unterschiedlichen Stellenwert bei. Rolf E. Muuss, dessen 1962 publizierten *Theories of Adolescence* breit rezipiert wurden und 1970 auf Deutsch erschienen, hielt beispielsweise fest: »Der ursächliche Zusammenhang zwischen den physiologischen, besonders endokrinen Veränderungen während der Pubeszenz und die Verhaltensformen und sozialen Phänomene der Adoleszenz sind bestritten worden; es wurde behauptet, dass das Verhalten während der Adoleszenz durch die Kultur determiniert ist.« Allerdings, so Muuss weiter, würden Forschungsergebnisse darauf hinweisen, »daß die soziale Einführung in das Erwachsenenalter entweder parallel mit der physiologischen Reife läuft oder ihr nachfolgt«. Jedenfalls würde das Erreichen der biologischen Sexualreife der sozialen Einweisung in die Adoleszenz immer vorangehen und niemals folgen.[164] Wie also die Zusammen-

161 Vgl. dazu u. a. Arnold Gesell, Jugend. Die Jahre von zehn bis sechzehn, Bad Neuheim 1958, S. 405–413.

162 Vgl. dazu Alexander Hensel, Tobias Neef, Robert Pausch, Von »Knabenliebhabern« und »Power-Pädos«. Zur Entstehung und Entwicklung der westdeutschen Pädophilen-Bewegung, in: Walter, Klecha, Hensel, Grünen, S. 136–159, S. 137–138; Kapitel 7.2.

163 Cynthia Comacchio, Lost in Modernity. »Maladjustment« and the »Modern Youth Problem«, English-Canada, 1920–1950, in: Mona Gleason et al. (Hg.), Lost Kids. Vulnerable Children and Youth in Twentieth-Century Canada and the United States, Vancouver 2010, S. 53–71; David M. Pomfret, Representations of Adolescence in the Modern City: Voluntary Provision and Work in Nottingham and Saint-Etienne, 1890–1914, in: Journal of Family History, 26 (2001) 4, S. 455–479; Sutherland, Jailbird, S. 478; Annick Ohayon, La jeunesse et l'adolescence dans la psychologie française 1946–1966, in: Jean-Michel Chapoulie et al. (Hg.), Sociologues et Sociologies. La France des années 60, Paris 2005, S. 163–178, S. 65.

164 Muuss, Adoleszenz, S. 9.

hänge zwischen Biologie und Kultur gedeutet werden mussten, um die Lebensphase der Adoleszenz zu verstehen, wurde in den 1950er und 1960er Jahren kontrovers diskutiert. Weitgehend unbestritten war, dass sich die physiologisch-sexuellen Entwicklungsprozesse gewandelt und der Zeitpunkt der ersten Menstruation bei Mädchen und der ersten Ejakulation bei Knaben im Laufe des 20. Jahrhunderts deutlich nach unten verschoben hatte. Auch der biologische Körper hat demnach eine Geschichte, die u. a. durch historisch unterschiedliche Ernährungsmöglichkeiten beeinflusst ist.[165] Zahlreiche Wissenschaftler beurteilten diese sogenannte »Akzeleration« in den 1950er und 1960er Jahren indes kritisch, da sie ein Auseinanderdriften der körperlich-sexuellen Entwicklung und psychischen Reifungsvorgänge annahmen, die zu einer »Dissoziation der Entwicklung der einzelnen Persönlichkeitsschichten« führen würde.[166] Die kognitive und psychische Entwicklung, so das vorgebrachte Argument, hinke der biologisch-körperlichen hinterher. Wegweisend für die Debatte um die »Akzeleration« war das zivilisationskritische Buch »Sexualreife und Sozialstruktur der Jugend«, das der deutsche Kinder- und Jugendpsychologe Hans Heinrich Muchow 1959 publizierte und das zu einem Bestseller avancierte.[167]

Wissenschaftliche Experten und Expertinnen betonten des Weiteren, dass sich die Lebensphase der Adoleszenz mit dem Beginn des Wirtschaftswachstums und der Ausformung eines Konsumzeitalters seit den 1950er Jahren auch in sozialer Hinsicht verändert habe.[168] Eine neue Sozialfigur setzte sich in der wissenschaftlichen und alltagssprachlichen Auseinandersetzung zu-

165 Joan Jacobs Brumberg zeigt mit Bezug auf die USA auf, dass 1780 die erste Menarche bei Mädchen mit 17 Jahren einsetzte, 1901 mit 13,9 Jahren, 1948 mit 12,9 Jahren und 2000 mit 12,5 Jahren. Vergleichbare Entwicklungen finden sich auch für europäische Länder. Joan Jacobs Brumberg, »Something Happens to Girls«. Menarche and the Emergence of the Modern American Hygiene Imperative, in: Miriam Forman-Brunell, Leslie Paris (Hg.), The Girls' History and Cultural Reader. The Twentieth Century, Urbana u. a. 2011, S. 15–42.

166 Vgl. dazu, Joachim Gerchow, Forensisch-medizinische Beurteilung der Jugendlichen und Heranwachsenden, in: Albert Ponsold et al. (Hg.), Lehrbuch der gerichtlichen Medizin einschließlich der ärztlichen Rechtskunde, ärztlichen Standeskunde sowie der Versicherungsmedizin, Stuttgart 1950, S. 90–108, S. 96; NÖLA, Vr 184/69, Psychiatrisches Sachverständigengutachten, 12. September 1960.

167 Hans Heinrich Muchow, Sexualreife und Sozialstruktur der Jugend, Reinbek bei Hamburg 1959; Rahel Bühler, Jugend beobachten. Debatten in Öffentlichkeit, Politik und Wissenschaft in der Schweiz. 1945–1979, Zürich 2019, S. 59–60.

168 Vgl. u. a. René König, Soziologie der Familie, in: Arnold Gehlen, Helmut Schelsky (Hg.), Soziologie. Ein Lehr- und Handbuch zur modernen Gesellschaftskunde, Düsseldorf, Köln 1955, S. 119–156; Thea Schönfelder, Die Rolle des Mädchens bei Sexualdelikten, Stuttgart 1968, S. 3–5; Heinz Reinhardt, Die Bestrafung der Un-

nehmend durch: Die »Teenager«, die einer eigenen Kultur frönten und sich sowohl von jüngeren Kindern als auch älteren Erwachsenen durch ihr Verhalten und ihre Stilrichtungen abzugrenzen suchten, beanspruchten nun einen spezifischen Platz im sozialen Gefüge.[169] In Österreich erforschten Leopold Rosenmayr, Eva Köckeis und Henrik Kreutz das veränderte Verhalten der Jugendlichen mittels soziologischer Untersuchungen. 1966 schilderten sie vermeintlich typische »Teenager«-Attribute: Bei den männlichen Jugendlichen erwähnten sie Kinobesuche, den Besitz von Plattenspielern und Radioapparaten sowie frühes Rauchen; bei weiblichen Jugendlichen insbesondere den Gebrauch von Kosmetika, wie Lippenstift und Nagellack, häufige Besuche beim Friseur und eine »ausgeprägte Vorliebe für lange Hosen«. Jugendliche, die solche »Teenager«-Attribute zeigten, würden zudem häufig die Jugendzeitschrift »Bravo« lesen.[170] Das Aufkommen von neuen Medien (Fernsehen und Jugendzeitschriften) wie die Verbreitung neuer Musikstile (u. a. Rock'n'Roll) führte, wie Zeitgenossen konstatierten, dazu, dass sich jugendspezifische Praktiken ausbildeten. Mit dem Aufkommen des Konsumzeitalters wurde die Adoleszenz verstärkt als distinkte Lebensphase wahrgenommen.[171]

Adoleszente Mädchen und Jungen in Niederösterreich in der sich etablierenden Konsumkultur

Die Untersuchungsakten des Kreisgerichts St. Pölten widerspiegeln den tiefgreifenden sozialen Wandel, den Niederösterreich zwischen 1950 und 1970

zucht mit Kindern unter besonderer Berücksichtigung des Verhaltens und der Persönlichkeit des Opfers, Bern 1967, S. 72–81.

169 Vgl. u. a. Detlef Siegfried, Time is on my Side. Konsum und Politik in der westdeutschen Jugendkultur der 60er Jahre, Göttingen 2006, S. 73–145; Caroline Henchoz, Anne-Françoise Praz, Carole Rusterholz, Saisir l'adolescence à travers la microéconomie familiale (1925–1970), in: Lebensalters. Les âges de la vie. Traverse. Zeitschrift für Geschichte. Revue d'histoire, 24 (2017) 2, S. 53–71; Tony Judt, Geschichte Europas von 1945 bis zur Gegenwart, München 2006, S. 385; Bühler, Jugend, S. 76–80; Norbert Frei, 1968. Jugendrevolte und globaler Protest, München 2008, S. 132.

170 Leopold Rosenmayr, Eva Köckeis, Henrik Kreutz, Kulturelle Interessen von Jugendlichen. Eine soziologische Untersuchung an jungen Arbeitern und höheren Schülern, Wien, München 1966, S. 107. Vgl. im Weiteren auch Franz Kroath, Einflussfaktoren der soziosexuellen Entwicklung 16- bis 18-jähriger Schüler, in: Hans-Jürgen Mechler (Hg.), Schülersexualität und Sexualerziehung, Wien, München 1977, S. 57–77, S. 59–61.

171 Friedrich H. Tenbruck, Jugend und Gesellschaft, Freiburg i. B. 1962. Vgl. auch Bühler, Jugend, S. 203–205.

durchlief. 1950 sprachen die polizeilich vorgeladenen Personen höchst selten von Freizeitvergnügungen wie dem Besuch von Kinos oder Kaffeehäusern. Zweifelsohne waren 1950 solche Konsummöglichkeiten für zahlreiche Menschen Niederösterreichs noch unerschwinglich. 20 Jahre später hatte sich die wirtschaftliche Situation stark verändert und Kino- und Kaffeehausbesuche gehörten, neben anderen Freizeitbeschäftigungen, zur Alltagspraxis zahlreicher Menschen. Tatsächlich entspannte sich die wirtschaftliche und soziale Lage in Niederösterreich in den frühen 1950er Jahren. 1953 hatte sich die Nahrungsmittelversorgung soweit gebessert, dass auch die letzten Reste der Rationierung aufgehoben werden konnten.[172] Auch die Zahl der Arbeitslosen sank seit den frühen 1950er Jahren und die Realeinkommen von Arbeitnehmenden und Angestellten nahmen zu.[173] Trotz weiterhin bestehender sozialer Ungleichheit konnte sich im Verlaufe der 1950er Jahre eine zunehmend größere Zahl von Menschen Konsumgüter leisten.[174]

Eine Partizipation am sich etablierenden Konsumzeitalter war nun auch Jugendlichen möglich. Vor dem Kreisgericht St. Pölten berichteten sie in den Stichjahren 1960 und 1970 beispielsweise von Besuchen in Kinos oder Eisbars, verschiedene erzählten, sie hätten auf einem Plattenspieler Musik gehört oder Jugendzeitschriften wie die »Bravo« gekauft.[175] Die Orte des Konsums unterlagen im Untersuchungszeitraum verschiedenen Wandlungsprozessen. Im ländlichen Niederösterreich erfreuten sich 1960 beispielsweise die sogenannten Fernsehabende einer großen Beliebtheit: Ein Gasthaus hatte sich einen Fernseher angeschafft und lud Gäste dazu ein, an einem bestimmten Abend einen Spielfilm anzusehen.[176] 1960 war das öffentliche Fernsehen eine Abendunterhaltung, an der Jugendliche – teilweise ohne Begleitung ihrer Eltern – partizipierten; 1970 hatte diese Unterhaltungsform indes bereits wieder an Bedeutung verloren, die Familien schufen sich selbst einen Fernseher an.[177]

172 Melinz, Reichtums, S. 491; Roman Sandgruber, Vom Hunger zum Massenkonsum, in: Jagschitz, Mulley, Fünfziger Jahre, S. 112–122, S. 114.

173 Melinz, Reichtums, S. 493–494.

174 Reinhold Wagnleitner, Die Kinder von Schmal(t)z und Coca-Cola, in: Jagschitz, Mulley, Fünfziger Jahre, S. 144–170, S. 150.

175 NÖLA, Vr 813/60; Vr 648/60; Vr 1289/60; Vr 1669/60; Vr 119/70; Vr 1470/70.

176 NÖLA, Vr 1500/60; Vr 1573/60. Vgl. dazu auch Winkler, Dorf, S. 40; Sandgruber, Hunger, S. 122.

177 Die Zahl der privaten Fernsehgeräte hatte in Österreich, wie in anderen europäischen Ländern, stark zugenommen. 1959 wurden 100.000 und 1967 800.000 Fernsehanmeldungen verzeichnet. Vgl. Hans Viegl, Die 50er und 60er Jahre. Geplantes Glück zwischen Motorroller und Minirock, Wien 1996, S. 136–139.

Zu den wichtigsten Orten, die Jugendliche in ihrer Freizeit in Niederösterreich frequentierten, gehörten schließlich Badeplätze und Schwimmbäder.[178]

Die Strafakten vermitteln ein Bild, wonach sich Jugendliche, allerdings erst seit den ausgehenden 1950er Jahren, an Stätten des Konsums aufhielten und sich so Orte einer Jugendkultur herausbildeten. Die Jugendlichen waren unter sich und gingen Freizeitvergnügungen unabhängig von Erwachsenen nach. Eltern waren vielfach bestrebt, den Aufenthalt ihrer Kinder an Orten des Konsums zu reglementieren, was, wie in den Strafprozessen dokumentiert wurde, zu Konflikten zwischen Eltern und adoleszenten Mädchen führen konnte.[179] Gleichzeitig weisen die Untersuchungsakten aber auch darauf hin, dass sich Kinder und Jugendliche in Niederösterreich im öffentlichen ländlichen Raum in den 1950er und 1960er Jahren bereits früh unabhängig von ihren Eltern bewegten. Kinder im Grundschulalter hielten sich beispielsweise allein im Wald auf, um Palmkätzchen zu suchen oder Verstecken zu spielen.[180] Auch auf Schul- oder Arbeitswegen (etwa um Milch zu holen) waren Kinder über längere Zeit alleine oder in Begleitung nur von anderen Kindern auf abgelegenen Wäldern und Wiesen unterwegs.[181] Der unabhängige Aufenthalt an Orten des Konsums stellte für Jugendliche gleichwohl eine neue Qualität dar. Nicht zuletzt fungierten die Vergnügungsstätten als Orte des »Flirtens«, der möglichen Anbahnung sexueller Beziehungen und des Einübens von Geschlechterrollen.

Die Verhandlung der Jugendsexualität: Wandlungsprozesse in den 1950er und 1960er Jahren

In den 1950er und 1960er Jahren veränderten sich im gesellschaftspolitischen und wissenschaftlichen Diskurs nicht nur Konzeptionen von Adoleszenz, sondern auch die normativen Vorstellungen von Jugendsexualität. Während sich die unmittelbaren Nachkriegsjahre noch durch eine liberalere Haltung hinsichtlich der Sexualität auszeichneten, setzte sich seit den frühen 1950er Jahren – nicht zuletzt durch das gezielte Engagement seitens der katholischen Kirche – das Bestreben durch, Jugendliche vor »unzüchtigen« Schriften zu schützen und sie auf eine konservative Sexualmoral zu

178 Vgl. beispielsweise NÖLA, Vr 1547/60; Vr 1670/60; Vr 1965/70.

179 Vgl. dazu NÖLA Vr 1289/60; Vr 1551/60.

180 Vgl. dazu NÖLA, Vr 701/60; Vr 986/70.

181 Vgl. dazu NÖLA, Vr 865/60; Vr 490/60. Darüber hinaus waren zahlreiche Kinder und Jugendliche schon früh in den Arbeitsprozess eingebunden, so insbesondere im Rahmen der Land- und Hauswirtschaft. Vgl. dazu NÖLA, Vr 1565/50; Vr 1165/50.

verpflichten.[182] Ziel war es, nach der nationalsozialistischen Herrschaft eine neue, »sittlichere« Gesellschaftsordnung durchzusetzen, die sich insbesondere durch eine konservative Sexualmoral auszeichnen sollte. Demnach war die christliche Ehe der einzig legitime Ort für Sexualität und der Imperativ, wonach Sexualität auf Fortpflanzung ausgerichtet sein müsse, wurde hochgehalten.[183] Die katholischen Aufklärungsbroschüren, die zwischen 1950 und 1960 in großer Zahl erschienen, forderten insbesondere von Mädchen sexuelle Abstinenz bis zur Ehe.[184] Wie eine katholische Broschüre von 1956 erklärte, sollte sich ein Mädchen, das sexuelle Beziehungen einging, der Konsequenzen bewusst sein: »Das Mädchen bedenkt nicht, daß ein Verkehr es für andere entwertet; ein hochstehender Jungmann – oft sogar ein solcher, der es nicht ist – will nach der Trauung ein unberührtes Mädchen umarmen.«[185] In die gleiche Richtung zielte eine weitere Broschüre von 1956: »Es geht […] beim vorehelichen Geschlechtsverkehr in der Seele des Mannes etwas vor sich, das für die spätere Ehe verhängnisvoll ist: seine Ehrfurcht vor dem Mädchen und der Frau wird zerstört.«[186] Selbstredend ging es nicht darum, das Verhalten des Mannes zu verändern, sondern das Verhalten von Frauen und Mädchen an die männlichen Forderungen anzupassen. Doch nicht nur explizit katholische, sondern auch andere Sexualratgeber der 1950er Jahre forderten von Mädchen sexuelle Enthaltsamkeit.[187] Selbst die »Bravo«, eine äußerst erfolgreiche Jugendzeitschrift, verlangte bis Mitte der 1960er Jahre in mehreren Artikeln, dass Mädchen keusch in die Ehe gingen.[188] 1965 riet »Bravo« seiner weiblichen Leserschaft: »Seid glücklich, wenn Ihr Eure Unschuld verteidigt habt. Einem Mädchen, dem es gelingt, seine Unschuld bis zur Ehe zu bewahren, hat es auch später leichter. Ihr Herz ist ohne Bitternis und ohne Narben.«[189] 1966 ließ sich der Schlagerstar Roy Black mit folgenden Worten in der »Bravo« zitieren: »Ich

182 Eder, Nationalists, S. 118; vgl. dazu auch, Herzog, Sex, S. 101–103.
183 Eder, Nationalists, S. 118.
184 Vgl. dazu Peter Huemer, Die Angst vor der Freiheit, in: Jagschitz, Mulley, Fünfziger Jahre, S. 208–220, S. 220.
185 Pius Fank, Führung durch die Reifejahre, Linz 1956, S. 68.
186 Hans Wirtz, Liebe lernen für die Ehe, Donauwörth 1956, S. 23. Vgl. im Weiteren Huemer, Angst, S. 212.
187 Eder, Nationalists, S. 119.
188 Thommi Herrwerth, Partys, Pop und Petting. Die Sixties im Spiegel der Bravo, Marburg 1997, S. 68–71.
189 Zitiert in ebd., S. 68–69.

würde nicht unbedingt von Dir fordern, dass Du unberührt in die Ehe gehst. Es würde mich jedoch glücklich machen.«[190]

Während kirchliche und pädagogische Autoritäten, aber auch Aushängeschilder der neuen Konsumkultur in den 1950er und frühen 1960er Jahren bei Jugendlichen – und hier insbesondere bei Mädchen – eine sexuelle Abstinenz bis zur Ehe verlangten, vermittelten verschiedene andere Medien der sich etablierenden Konsumkultur Bilder von Männern und Frauen, die mit diesen sexualkonservativen Normen in Widerspruch standen. Nicht zuletzt die aus den USA stammende und in Europa rezipierte Jugendkultur des Rock'n'Rolls propagierte einen freizügigeren sexuellen Umgang zwischen den Geschlechtern. Als Sinnbild dieser Musik- und Stilrichtung fungierte der US-amerikanische Rock'n'Roll-Star Elvis Presley, der allerdings in Österreich – wie in anderen europäischen Ländern – nebst begeisterter Aufnahme auch auf erhebliche Kritik stieß. So konstatierte die »Wiener Illustrierte« 1956 beispielsweise, dass »eine neue Seuche« um sich greife und die Jugend seit dem Auftreten von Elvis Presley, dem »neuen Idol der Halbwüchsigen«, »außer Rand und Band geraten« sei.[191]

Jugendliche in Niederösterreich rezipierten Konsumgüter dieser neuen Jugendkultur, wobei aus den Strafakten hervorgeht, dass sie im Untersuchungszeitraum die gezähmtere Version des Rock'n'Rolls konsumierten, so insbesondere die Musik und Filme mit Peter Kraus und Conny Froboess.[192] Ebenso erwähnten die Jugendlichen vor dem Kreisgericht St. Pölten, dass sie ins Kino gingen und im Stichjahr 1960 Filme wie »Schick deine Frau nicht nach Italien« und »Marina« ansahen. In diesen Filmen agieren die weiblichen Hauptfiguren zunächst durchaus widerspenstig, lösen sich von der männlichen Kontrolle und damit auch von den für sie vorgesehenen weiblichen Rollenerwartungen. Sie besinnen sich im Laufe des Filmes indes eines Besseren und willigen glücklich in die für sie vorgesehene Heirat ein bzw. kehren zu ihrem Ehemann zurück. Die Medien, die Jugendliche in den 1950er und 1960er Jahren in Niederösterreich konsumierten, blie-

190 Zitiert in Herrwerth, Partys, S. 68–69. Vgl. im Weiteren auch Ulrike Heider, Vögeln ist schön. Die Sexrevolte von 1968 und was von ihr bleibt, Berlin 2014, S. 14–19.

191 Viegl, 50er und 60er Jahre, S. 122. Vgl. im Weiteren auch Uta Poiger, Jazz, Rock, and Rebels. Cold War Politics and American Culture in a Divided Germany, Berkeley, Los Angeles, London 2000, S. 168–182. Zur »Amerikanisierung« Angelika Linke, Jakob Tanner, Attraktion und Abwehr. Amerikanisierung der Alltagskultur in Europa, Köln, Weimar, Wien 2006; Frank Becker, Amerikabild und »Amerikanisierung«, in: Ders., Elke Reinhardt-Becker (Hg.), Mythos USA. »Amerikanisierung« in Deutschland seit 1900, Frankfurt a. M., New York 2006, S. 19–47.

192 Vgl. dazu auch Poiger, Jazz, S. 191–192; Eder, Nationalists, S. 120.

ben sexualkonservativ und an traditionellen Geschlechterrollen verhaftet, doch kokettierten sie gleichzeitig mit einem freizügigeren Lebensstil und brachten ein bisschen Rock'n'Roll in die Stuben und Kinderzimmer der Nachkriegsjahre. Dies resultierte folglich in weitgehend widersprüchlichen Anforderungen an Jugendliche.[193]

Wie die Jugendzeitschrift »Bravo« exemplarisch verdeutlicht, zeichnete sich ein diskursiver Wandel in den ausgehenden 1960er Jahren ab. Während die Jugendzeitschrift das »Petting« Mitte der 1960er Jahre als Sexualpraktik unter Jugendlichen noch streng verurteilte, pries sie diese seit 1968 als »eine Möglichkeit, Liebe zu lernen«.[194] Wie zahlreiche historische Untersuchungen aufzeigen, setzte seit Mitte der 1960er Jahre in verschiedenen europäischen Ländern, so auch in Österreich, eine eigentliche »Sexwelle« ein. Es erschien eine Masse an Magazinen, Filmen und Plakaten, die sich explizit auf Sex bezogen. Seit 1966 wurden in Österreich eine Reihe von erotischen Filmen und Sex-Komödien gedreht, die breite Bekanntheit erreichten. Auch veränderte sich das Straßenbild wesentlich, indem erotische Bilder von – primär – Frauen mit viel nackter Haut auf Plakaten zu sehen waren.[195] Schließlich prägte die »Pille«, die 1961 auf den Markt kam und seit den ausgehenden 1960er und frühen 1970er Jahren nicht mehr ausschließlich für verheiratete, sondern auch alleinstehende Frauen zugänglich war, die Liberalisierung der Sexualität.[196] Die sexuelle Liberalisierung geht demnach nicht in der »sexuellen Revolution« von 1968 auf, sondern zeichnete sich bereits Jahre vorher im Kontext einer entstehenden neuen Konsumkultur, neuen Möglichkeiten der Verhütung und veränderten Vorstellungen über normativ »richtiges« sexuelles Verhalten ab. Gleichzeitig stand die »Befreiung der Sexualität« im Zentrum der 68er-Bewegungen, womit Sexualität auf neuartige Weise politisiert wurde.[197] Die gesellschaftskritischen Mitglieder der

193 Vgl. Franz X. Eder, Die »Sexuelle Revolution« – Befreiung und/oder Repression?, in: Ingrid Bauer, Christa Hämmerle, Gabriella Hauch (Hg.), Liebe und Widerstand. Ambivalenzen historischer Geschlechterbeziehung, Wien 2005, S. 397–414, S. 402–403.

194 Gleichzeitig galt »Petting« gegenüber dem Geschlechtsverkehr als inferiore »Übergangslösung«, Herrwerth, Partys, S. 74–77.

195 Viegl, 50er und 60er Jahre, S. 170–173; vgl. zur »Sexwelle« Herzog, Sexuality, S. 134–136; Herzog, Sex, S. 141–148; Franz X. Eder, Die lange Geschichte der »Sexuellen Revolution« in Westdeutschland (1950er bis 1980er Jahre), in: Bänziger et al., Revolution, S. 25–59, S. 26–37.

196 Vgl. dazu Ralf Dose, Die Implantation der Antibabypille in den 60er und frühen 70er Jahren, in: Zeitschrift für Sexualforschung 3 (1990) 1, S. 25–39; Herzog, Sexuality, S. 137.

197 Herzog, Sexuality, S. 133–152. Vgl. dazu auch Kapitel 8.2.

68er-Bewegung spürten das Potential der Provokation, dass die Forderung nach einer »Befreiung« des Sex hatte.[198]

In der BRD veränderten diese Liberalisierungsforderungen nicht zuletzt Konzeptionen einer Sexualaufklärung für Kinder und Jugendliche.[199] Sexualerziehung sollte, wie 1968 die Kulturministerkonferenz entschied, integraler Bestandteil des Unterrichts werden. Zwischen 1968 und 1974 entstanden in allen Bundesländern Richtlinien zur Sexualerziehung, überall als Ergebnis von Diskussionsprozessen zwischen Landesregierungen, Lehrer- und Elternverbänden, Kirchen sowie Schülern und Schülerinnen.[200] Zudem erschienen nach 1968 eine Vielzahl von Monographien zur Frage der Sexualerziehung, wobei Autoren und Autorinnen vielfach mit dem Anspruch auftraten, in der Sexualaufklärung neue Wege zu beschreiten: Sie wollten nicht lediglich Wissen über biologische Aspekte der Fortpflanzung vermitteln, sondern auch die emotionale Ebene der Kinder und Jugendlichen ansprechen und vor allem das sexuelle Begehren positiv darstellen.[201] Die Forderung nach einer »Befreiung der Sexualität« war schließlich auch zentraler Bestandteil der westdeutschen Schülerbewegung. Die Gymnasiasten und Gymnasiastinnen forderten, dass die Schulen Sexualaufklärung leisten und über die Pille und Abtreibung informieren sollten. Radikalere Gruppierungen verlangten darüber hinaus seit den ausgehenden 1960er Jahren die Anerkennung und positive Wertung von jugendlicher Sexualität und unterstrichen diese Forderungen mit verschiedenen Protestaktionen.[202] In Österreich waren die Forderungen weniger radikal, doch verlangten auch dort Schüler und Schülerinnen, dass Sexualunterricht ins Lehrprogramm aufgenommen werde.[203] 1970 führte schließlich Unterrichtsminister Leopold Gratz die Sexualerziehung in den Lehrplan ein, allerdings nicht als eigenes Fach, sondern als fächerübergreifendes Unterrichtsprinzip. Die Umsetzung der Sexualaufklärung wurde nachfolgend indes vielfach als ungenügend kritisiert. So gaben 1973 österreichische Lehrpersonen zwar in einer überwiegenden Mehrheit an, dass sie Sexualerziehung in Schu-

198 Ingrid Bauer, 1968 und *sex(ual) & gender revolution.* Transformations- und Konfliktzone: Geschlechterverhältnisse, in: Oliver Rathkolb, Friedrich Stadler (Hg.), Das Jahr 1968 – Ereignis, Symbol, Chiffre, Wien 2010, S. 163–186, S. 170.

199 Levsen, Autorität, S. 573–594.

200 Ebd., S. 573.

201 Vgl. dazu beispielsweise Günter Amendt, Sexfront, Frankfurt a. M. 1970.

202 Levsen, Autorität, S. 560–561; Heider, Vögeln, S. 42.

203 Fritz Keller, Mailüfterl über Krähwinkel, in: Bärbel Danneberg et al. (Hg.), Die 68er. Eine Generation und ihr Erbe, Wien 1998, S. 36–67, S. 61.

len für notwendig erachteten, doch nur ein Bruchteil integrierte Sexualaufklärung auch tatsächlich in ihren Unterricht.[204]

Die Norm der Jugendsexualität: Die empirischen sexualwissenschaftlichen Studien

Die Jugendsexualität avancierte seit den 1960er Jahren vermehrt zum Gegenstand der empirischen Sexualforschung, die sich, vielfach an den Methoden des US-amerikanischen Sexualforschers Alfred C. Kinsey orientiert, in zahlreichen europäischen Ländern etablierte.[205] Kinsey hatte zwischen 1948 und 1953 die Kinsey-Reporte publizierte, die innerhalb kurzer Zeit zu internationalen Bestsellern avancierten.[206] Als Pionierstudien der empirischen Sexualwissenschaften im deutschsprachigen Raum gelten die Arbeiten von Volkmar Sigusch und Gunter Schmidt. In der 1973 publizierten Untersuchung zur Jugendsexualität befragten die Sexualwissenschaftler 602 Schüler und Schülerinnen aus fünf westdeutschen Großstadtgebieten, die zum Zeitpunkt der Untersuchung im Jahre 1970 16 oder 17 Jahre alt waren.[207] Sigusch und Schmidt berechneten u. a. einen durchschnittlichen zeitlichen Ablauf der »heterosexuellen Entwicklung«.[208] Die Studie zur Jugendsexualität baute punktuell auf den vorangehenden Untersuchungen zur »Studenten-Sexualität« (1968) und »Arbeiter-Sexualität« (1971) auf.[209]

204 Adolf Graf, Elternhaus und Schule in der Sackgasse? Skizzen zum Problemfeld einer Sexualerziehung, in: Mechler, Schülersexualität, S. 19–37, S. 19–20; Susi o. N., Sexualerziehung. Wie sag ich's meinen Schülerinnen … Sexualerziehung in der Schule, in: AUF. Eine Frauenzeitschrift, 6 (1976), S. 9–10.

205 Vgl. Volkmar Sigusch, Geschichte der Sexualwissenschaft, Frankfurt a. M. 2008, S. 430–458. Vgl. auch Kapitel 8.1.

206 Trotz Mängel bei der Stichprobenbildung stellte Kinsey die empirische Forschung zur Sexualität des Menschen, wie der Sexualwissenschaftler Gunter Schmidt ausführt, auf ein bis dahin unerreichtes methodisches Niveau. Gunter Schmidt, Alfred C. Kinsey (1894–1956), in: Sigusch, Grau, Personenlexikon, S. 350–359, S. 358.

207 Volkmar Sigusch, Gunter Schmidt, Jugendsexualität. Dokumentation einer Untersuchung, Stuttgart 1973, S. 4.

208 Ebd., S. 8–9.

209 Hans Giese, Gunter Schmidt, Studenten-Sexualität. Verhalten und Einstellung, Reinbek bei Hamburg 1968; Gunter Schmidt, Volkmar Sigusch, Arbeiter-Sexualität. Eine empirische Untersuchung an jungen Industriearbeitern, Neuwies, Berlin 1971.

	Das »durchschnittliche Mädchen«	Der »durchschnittliche Junge«
verabredet sich zum ersten Mal	mit 13 Jahren und 9 Monaten	mit 14 Jahren und 2 Monaten
küsst zum ersten Mal	mit 14 Jahren und 5 Monaten	mit 14 Jahren und 11 Monaten
verliebt sich zum ersten Mal	mit 15 Jahren und 6 Monaten	mit 16 Jahren und 2 Monaten
hat erste/-n Freund/Freundin	mit 15 Jahren und 6 Monaten	mit 15 Jahren und 9 Monaten
erlebt zum ersten Mal Brustpetting	mit 15 Jahren und 11 Monaten	
macht zum ersten Mal Brustpetting		mit 16 Jahren und 10 Monaten
hat zum ersten Mal passives Genitalpetting	mit 16 Jahren und 9 Monaten	mit 17 Jahren und 2 Monaten
hat zum ersten Mal aktives Genitalpetting	mit 17 Jahren und 1 Monat	mit 16 Jahren und 10 Monaten
erlebt den ersten Koitus	mit 17 Jahren und 9 Monaten	mit 17 Jahren und 6 Monaten

Heterosexuelle Entwicklungsstufen nach Sigusch/Schmidt

Gemäß der Untersuchung von Sigusch und Schmidt folgten Mädchen und Jungen unterschiedlichen »heterosexuellen Entwicklungsschritten«. So verliebten sich Mädchen zuerst, bevor sie einen Freund hatten, während Jungen zuerst eine Freundin hatten, bevor sie sich erstmals verliebten. Mädchen und Jungen nahmen zudem in unterschiedlichem Maße eine aktive Rolle ein: Mädchen erlebten »passives« vor »aktivem Genitalpetting«, während es sich bei Jungen durchschnittlich umgekehrt verhielt. Die Vorstellung und Praxis, wonach Mädchen die passivere und Jungen die aktivere Rolle in sexuellen Beziehungen einnehmen würden, bestätigte sich in Siguschs und Schmidts Befragung. Resümierend hielten die Autoren fest: »Insgesamt zeigt sich, dass viele Jugendliche auch heute noch ein *Bild von geschlechtstypischer Sexualität* haben, welches weitgehend den traditionellen sexuellen Geschlechtsrollen entspricht, und dass die meisten sich entsprechend verhalten: In den Einstellungen und in der Praxis spielt das Stereotyp von der sexuell weniger appetenten Frau, die sexuell passiv und zurückhaltend sein muss und ihre Sexualität stärker in personale und emotionale Beziehungen integriert, nach wie vor eine zentrale Rolle. Die gesellschaftliche Bedingtheit dieser Gesellschaftsrollen können jedoch nur wenige Jugendliche erkennen.«[210]

Ohne den Anspruch zu erheben, Aussagen über die »Genese des sexuellen Liberalisierungsprozesses« zu machen, führten Sigusch und Schmidt im Weiteren aus, wie sich die Jugendsexualität in der letzten Dekade gewandelt hatte. Die stärksten Veränderungen stellten sie bei der Gruppe der Gymnasiasten und Gymnasiastinnen fest, die ihren ersten Koitus im Untersuchungsjahr 1970 nun vermehrt im Jugendalter hatten (bei den Jungen waren es rund 30 %, bei Mädchen rund 20 % mehr als zehn Jahre zuvor). Bei den Hauptschülern und -schülerinnen waren die Unterschiede weniger groß: Zwischen 1960 und 1970 hatten diese im Durchschnitt ein halbes Jahr früher ihren ersten Geschlechtsverkehr.[211] Für die BRD zeigten die Studien von Sigusch und Schmidt, dass eine sexuelle Liberalisierung, in deren Folge Jugendliche und junge Erwachsene früher Geschlechtsverkehr hatten, in der Arbeiterschicht bereits in den 1950er und frühen 1960er Jahren einsetzte, während sich diese Veränderungsprozesse in bürgerlichen Kreisen rund eine Dekade später vollzogen. Die Studierenden, die im Zuge der 68er-Bewegung besonders intensiv über eine »Befreiung« des Sex sprachen, gehörten, wie es Franz X. Eder auf den Punkt brachte, somit eigentlich zu den »Nachzüglern« der »sexuellen Revolution«.[212]

Die erste empirische Untersuchung zur »Schülersexualität« wurde in Österreich 1974 durchgeführt, wobei 860 Schüler und 1.425 Schülerinnen zwischen 16 und 18 Jahren befragt wurden.[213] Die Untersuchung initiierten Studierende des Instituts für Erziehungswissenschaften der Universität Innsbruck. Sie entwickelten hierzu den Fragebogen und führten die Erhe-

210 Sigusch, Schmidt, Jugendsexualität, S. 63 (Hervorhebung im Zitat).
211 Ebd., S. 74–75.
212 Vgl. dazu auch Eder, Revolution, S. 406.
213 Hans-Jürgen Mechler, Vorwort, in: Ders., Schülersexualität, S. 9–10.

bung durch.[214] Die Untersuchung eruierte das jugendliche Sexualverhalten, die Wertvorstellungen sowie das sexualbiologische Wissen von Schülern und Schülerinnen. Ähnlich wie Sigusch und Schmidt stellte das österreichische Forschungsteam eine Tabelle zur durchschnittlichen »heterosexuellen Entwicklung« von Mädchen und Jungen auf.[215]

Alter in Jahren		Küssen		Brust-petting		Genital-petting Jungen aktiv		Genital-petting Mädchen aktiv		Koitus	
		J (850) %	M (1387) %	J %	M %	J %	M %	J %	M %	J %	M %
12		9	9	2	2	3	1	3	1	1	0
13		23	28	10	8	7	5	6	3	1	1
14		44	53	25	22	19	14	12	9	4	3
15		66	73	45	45	37	32	28	22	11	10
16		76	83	59	63	52	50	41	39	23	22
17		82	87	65	71	58	60	48	50	32	31

Heterosexuelle Entwicklungsstufen nach Kroath

Laut den Untersuchungen der Innsbrucker Gruppe nahm nur eine Minderheit der befragten Jugendlichen Mitte der 1970er Jahre sexuelle Kontakte vor Erreichen des sexuellen Schutzalters auf. Ob diese sexuellen Kontakte

214 Das Forschungsvorhaben wurde vom Bundesministerium für Unterricht und Kunst gefördert. Hans-Jürgen Mechler, Einführung in eine empirische Untersuchung zur Schülersexualität, in: Ders. (Hg.), Schülersexualität, S. 11–18, S. 11.

215 Kroath, Einflussfaktoren, S. 58.

mit gleichaltrigen oder älteren Personen einvernehmlich stattfanden, blieb indes unthematisiert. Die quantifizierenden Untersuchungen gaben keine Hinweise auf die Qualität der sexuellen Handlungen und erfassten insbesondere die Spannungsfelder zwischen Freiwilligkeit und Zwang nicht, in denen diese vielfach ausgeübt wurden. Sexualwissenschaftler betonten zwar, sie würden Sexualität nur repräsentieren. Tatsächlich produzierten sie aber mit ihren Statistiken und Durchschnittsberechnungen gleichzeitig Vorstellungen und Praktiken einer »normalen« Sexualität.[216] Gemäß den Studien zur Jugendsexualität war es demnach in den 1970er Jahren »normal«, dass Jugendliche sexuell aktiv waren und dass diese Aktivitäten seit Mitte des 20. Jahrhunderts zeitlich früher einsetzten. Die Studien von Schmidt und Sigusch wiesen indes auch darauf hin, dass eine »sexuelle Liberalisierung« schichtspezifisch unterschiedlich verlief und dass diese nicht zwingend Hand in Hand mit einer Reform der patriarchalisch geprägten Geschlechterordnung einherging.

Die Jugendlichen und ihr sexuelles Begehren waren in den 1950er und 1960er Jahren somit Gegenstand von wissenschaftlichen und medialen Auseinandersetzungen. Die Transformationsprozesse, die Zeitgenossen hinsichtlich der Sexualität von Jugendlichen konstatierten – so beispielsweise die physiologische Akzeleration und die festgestellte frühere Aufnahme von sexuellen Kontakten –, lösten bei zahlreichen Zeitgenossen allerdings erhebliche Unsicherheiten aus. Die Bestimmungen zum sexuellen Schutzalter fungierten, wie nachfolgend aufgezeigt wird, denn auch nicht nur zum Schutz von Minderjährigen, sondern auch als Möglichkeit, ihr sexuelles Verhalten zu disziplinieren und zu normieren.

5.2 Verbotene Liebe? Verletzungen des sexuellen Schutzalters und die heteronormative Geschlechterordnung

Nach dem österreichischen Strafgesetz von 1852 galten Mädchen und Jungen unter 14 Jahren noch als zu wenig reif, um eine eigenständige Zustimmung zu sexuellen Beziehungen mit sexualmündigen Personen geben zu können. Im untersuchten Fallsample finden sich allerdings 23 Fälle, in denen Minderjährige, die sich mit sexualmündigen Partnern getroffen hatten, für sich in Anspruch nahmen, zu sexuellen Kontakten zustimmen zu können – auch wenn sie laut Gesetz ein *age of consent* noch nicht erreicht hat-

216 Pascal Eitler, Die »sexuelle Revolution« – Körperpolitik um 1968, in: Martin Klimke, Joachim Scharloth (Hg.), Handbuch 1968. Zur Kultur- und Mediengeschichte der Studentenbewegung, Stuttgart 2007, S. 235–246, S. 242.

ten. In allen Fällen handelte es sich um Mädchen, die sexuelle Beziehungen zu älteren männlichen Partnern unterhielten. Nicht zuletzt mit Hinweis auf die Gefühle von Zuneigung oder Sympathie rechtfertigten sie diese sexuellen Kontakte. Sie beschrieben diese als *gewollt* und verorteten sich in einer heterosexuellen Paarbeziehung.[217]

Während das Kreisgericht St. Pölten im Stichjahr 1950 keinen Fall zu beurteilen hatte, in dem sich Verletzungen des sexuellen Schutzalters im Kontext einer konsensualen Paarkonstellation abspielten, behandelte es im Stichjahr 1960 14 und im Stichjahr 1970 zehn solcher Fälle. Die Art der Paarkonstellation variierte. Einzelne Paare machten ihre Beziehung, obwohl sie strafrechtlich verboten war, zumindest in einem engeren Kreis öffentlich und bezeichneten sie als Liebesbeziehung, die mit Verbindlichkeiten wie gegenseitiger Treue und regelmäßigen Treffen einherging. Diese Paare unterhielten entsprechend nicht nur eine sexuelle Beziehung, sondern verbrachten auch ihre Freizeit miteinander und schmiedeten teilweise Zukunftspläne. Andere Paare hielten ihre Beziehung dagegen streng geheim oder beschränkten sie wesentlich auf sexuelle Kontakte. Die Angeklagten sprachen dann beispielsweise von einer »kleinen Freundschaft«.[218] Im Unterschied zu anderen Fällen, die das Kreisgericht St. Pölten wegen Verletzung des sexuellen Schutzalters verhandelte, war diesen Paarkonstellationen gemein, dass die Minderjährigen und die Beschuldigten sich mehrfach verabredeten und sexuelle Kontakte über einen gewissen Zeitraum hinweg unterhielten.

Die Mehrheit der Beschuldigten dieser Gruppe, die sich in den Stichjahren 1960 und 1970 vor Gericht zu verantworten hatten, war zwischen 15 und 22 Jahre alt. Sie waren demnach entweder jugendlich – und wurden vor Gericht nach dem JGG beurteilt – oder waren dem Jugendalter nur knapp entwachsen. Nur zwei beschuldigte Männer waren mit 30 und 31 Jahren deutlich älter.[219] Alle Beschuldigten waren österreichische Staatsbürger, katholischer Konfession und gehörten der Arbeiterschicht an. Die Mehrheit war in einem handwerklichen Beruf tätig (als Malergeselle, Metallschleifer oder Schmiedegeselle) oder absolvierte zum Zeitpunkt der Anklage eine Ausbildung in diesem Berufsfeld (beispielsweise als Tischler- oder Schlosserlehrling). Einzelne waren als ungelernte Hilfs- und Landarbeiter tätig und

217 Im Unterschied dazu finden sich keine Fälle, in denen minderjährige Burschen sexuelle Paarbeziehungen mit sexualmündigen Mädchen eingegangen wären. Ebenfalls enthält das Fallsample keine Fälle, in denen sich minderjährige und sexualmündige Personen zu einer homosexuellen Paarbeziehung bekannt hätten.

218 NÖLA, Vr 648/60, Gendarmeriekommandoposten, Niederschrift, 22. April 1960.

219 Vgl. dazu NÖLA, Vr 1547/60; Vr 2071/70.

zwei der Beschuldigten leisteten zum Zeitpunkt der Straftat Militärdienst. Alle Jugendlichen und jungen Männer, die mit 12- und 13-jährigen Mädchen eine sexuelle Beziehung unterhalten hatten und sich vor Gericht verantworten mussten, gingen damit einer regelmäßigen Erwerbstätigkeit nach. Mit der Ausnahme von zwei Männern waren die Beschuldigten ledig und kinderlos.[220]

Auch die Mädchen dieser Gruppen zeichneten sich durch bestimmte Merkmale aus: 20 Mädchen waren im 14. und drei Mädchen im 13. Lebensjahr, als sie sich auf sexuelle Beziehungen mit einem sexualmündigen Jugendlichen respektive Mann eingelassen hatten. Diese Mädchen setzten sich vielfach gegen die Normierung ihrer Sexualität zur Wehr und lehnten sich teilweise gegen die Strafuntersuchungen auf. Sie positionierten sich selbst nicht als Kinder, sondern als junge Mädchen/Frauen, die zu sexuellen Beziehungen zugestimmt hatten. Gleichzeitig bedeutete ihre Zustimmung nicht, dass sie im Machtgefüge der Paarbeziehung auch eine gleichberechtigte Position hätten einnehmen können. Sie waren vielfach ungenügend aufgeklärt und hatten keinen Zugriff auf Verhütungsmittel. Entsprechend groß war die Gefahr, ungewollt schwanger zu werden. Die Mädchen orientierten sich am Normalentwurf von heterosexuellen Beziehungen, der mit spezifischen Implikationen einherging, so insbesondere mit geschlechtsspezifisch unterschiedlichen Handlungsmöglichkeiten und Machtpositionen für Mädchen und Jungen, für Frauen und Männer.

»Doing Gender«: Die Anbahnung sexueller Beziehungen

In Strafprozessen zu Verletzungen des sexuellen Schutzalters erörterten die Untersuchungsbehörden nicht nur die Art der sexuellen Kontakte, sondern versuchten vielmehr, die Beziehungsgeschichte zu rekonstruieren. Dokumentiert sind die Formen des Werbens, des Flirtens und des Verabredens, wie sie im Untersuchungszeitraum in Niederösterreich zwischen Jugendlichen und jungen Erwachsenen üblich waren. Auch im Fall der 13-jährigen Erna K. und des 20-jährigen Peter E. fragten die Untersuchungsbehörden 1960, wie sich zwischen ihnen eine sexuelle Beziehung entwickelte. Die beiden machten im Untersuchungsprozess weitgehend kongruente Angaben.[221] Sie lernten sich im Juli 1959 kennen, als Erna K. gerade zwölf Jahre alt geworden war. Der damals 19-jährige Peter E. sah ihr beim Federballspiel zu und

220 Vgl. dazu NÖLA, Vr 2071/70; Vr 1373/70.
221 NÖLA, Vr 1689/60.

sprach sie an. Seit dieser Begegnung trafen sie sich regelmäßig und wurden – wie Erna K. ausführte – nach ca. zwei Monaten »vertrauter« miteinander.[222] Beide stammten aus der Arbeiterschicht und wuchsen in bescheidenen sozialen Verhältnissen auf.

Zwar hatten die Eltern von Erna K. versucht, den Bewegungsraum ihrer Tochter einzuschränken. Gleichwohl konnten sie nicht verhindern, dass es im Rahmen von nachbarschaftlichen Kontakten zur Anbahnung einer sexuellen Beziehung kam. Diese folgte in den untersuchten Fällen einem bestimmten Skript: Die Mädchen und Jungen berichteten von Blicken, die sie zunächst austauschten, und Überlegungen dazu, dass ihnen jemand »gefällt«. Daran schlossen sich das erste Ansprechen und die Entwicklung eines Gesprächs an, das schließlich in eine Verabredung münden konnte. Die Prozessakten vermitteln ein Bild, wonach die Formen des Umwerbens streng reglementiert waren. Es waren nahezu immer die jungen Männer, die sich zu den Mädchen setzten oder sie ansprachen. So auch Peter E., der sich selbst als den aktiven Part betrachtete: »Sooft ich in der Folgezeit vor dem Haus der Erna K. vorbeikam und sie auf der Straße war, blieb ich stehen und habe ich mit derselben gesprochen.«[223] Es sind Erzählungen von männlichen Eroberungen und weiblichem Erobertwerden, von männlichen Initiativen und weiblichen Reaktionen, welche die Befragten preisgaben.[224] Im Untersuchungssample sind nur einzelne Fälle enthalten, in denen die Mädchen die Initiative ergriffen und die Burschen ansprachen – eine Handlungsweise, die diese allerdings nicht als normkonform erachteten.[225]

Forciertes Sprechen über Sexualität: Die Befragungen der Strafbehörden

Die Untersuchungen zu Fällen von Verletzungen des sexuellen Schutzalters waren besonders umfangreich, wenn minderjährige, adoleszente Mädchen involviert waren. Zwar hatte sich in der juristischen Lehre im Laufe des frühen 20. Jahrhunderts das Credo durchgesetzt, wonach die Schutzgrenze von 14 Jahren absolut sei. Wie der renommierte Strafrechtsprofessor Gustav Kaniak festhielt, war der Tatbestand der »Schändung« wie auch der »Notzucht« unabhängig davon gegeben, ob Minderjährige »sittlich verdorben« seien oder in die »Unzuchtshandlungen« eingewilligt hatten.[226] Die

222 NÖLA, Vr 1689/60, Bundespolizeikommissariat, Niederschrift, 30. November 1960.
223 Ebd.
224 NÖLA, Vr 1547/60, Gendarmeriekommandoposten, Niederschrift, 4. Oktober 1960.
225 NÖLA, Vr 918/70.
226 Kaniak, Strafgesetz 1969, S. 265–266; Stooss, Lehrbuch 1910, S. 294.

erstinstanzlichen Gerichte folgten dieser Position indes nicht: Entgegen der Lehrmeinung schien es für sie relevant, zu wissen, ob die Mädchen bereits sexuell erfahren waren und wie sie sich zum Beschuldigten positionierten. Weder gaben sie sich mit der Interpretation zufrieden, dass sie es in den vorliegenden Fällen aufseiten der Minderjährigen immer mit »Kindern« zu tun hatten, noch waren sie bereit, die Täter stets als »rohe Wüstlinge« einzuordnen.[227] In der Folge eruierten sie *en detail* das Wissen, das junge Mädchen über Sexualität hatten und prüften beispielsweise, ob sie das spezifische Vokabular für sexuelle Handlungen kannten. Immer wieder hakten die Untersuchungsbehörden nach und forderten die Mädchen auf, die Art der sexuellen Berührungen genau zu umschreiben.[228]

Die Akten zeigen u. a. auf, welches Wissen Jugendliche in Niederösterreich in den 1950er und 1960er Jahren über Sexualität und Fortpflanzung besaßen. Im Fall von Erna K. und Peter E. brachten die Behörden in Erfahrung, dass die Mutter mit Erna K. über Fortpflanzung gesprochen hatte: »Ich hatte vorher schon meine Tochter aufgeklärt, da sie seit dem 12. Lebensjahr menstruierte.«[229] Auch in anderen Fallakten finden sich Hinweise, dass die Mütter diese Aufklärungsfunktion gegenüber ihren Töchtern wahrnahmen, vereinzelt hatten Minderjährige Informationen zu Sexualität aus Büchern.[230] Insgesamt blieben Hinweise auf Informationsquellen indes rar: Sexualaufklärung im Rahmen der Schulen, der erst 1971 eingeführt wurde, kam folglich nicht zur Sprache. Auch wenn Mädchen und Knaben selbst sexuell aktiv waren, hatten sie vielfach nur ein diffuses Wissen über Sexualität und Fortpflanzung. Beispielsweise konnten die Mädchen den Samenerguss nicht immer einordnen. Typisch ist die Aussage der 13-jährigen Margret B. Sie gab 1960 bei der Befragung zu Protokoll: »Gleich nach dem Geschlechtsverkehr, ich will sagen, als M. seinen Geschlechtsteil bei meinigem herauszog, spürte ich naß.«[231] Und auch die 13-jährige Josefine S. sagte 1960 aus, dass sie gemerkt habe, »daß ich in der Nähe meines Geschlechtsteiles an den Beinen naß wurde. Wieso mich A. naß machte, weiß ich nicht«.[232] Obwohl sich das Sprechen über Sexualität in Österreich wie

227 Robertson, Crimes, S. 2–5.

228 Vgl. dazu beispielsweise auch NÖLA, Vr 2022/70, Gendarmeriekommandoposten, Niederschrift, 13. November 1970.

229 NÖLA, Vr 1689/60, Gendarmeriekommandoposten, Niederschrift, 30. November 1960.

230 NÖLA, Vr 1551/60.

231 NÖLA, Vr 1547/60, Gendarmeriekommandoposten, Niederschrift, 4. Oktober 1960.

232 NÖLA, Vr 648/60, Gendarmeriekommandoposten, Bericht an das Bezirksgericht, 2. Februar 1960.

auch in anderen europäischen Ländern seit Mitte der 1960er Jahre im öffentlichen Raum intensivierte, hatte sich das Bild einer nur ungenügend aufgeklärten Jugend im untersuchten Stichjahr 1970 noch nicht wesentlich verändert. Besonders Jugendliche, die noch unter dem sexuellen Schutzalter waren und in Strafprozessen aussagten, fehlte es auch 1970 vielfach an rudimentärem Wissen über ihren eigenen sexuellen Körper wie auch über die Sexualität des anderen Geschlechts.

Für die untersuchten Stichjahre finden sich darüber hinaus kaum Hinweise auf die Verwendung von Verhütungsmitteln. Nur 1960 ermittelten die Untersuchungsbehörden, dass der 19-jährige Angeklagte Michael E. beim Geschlechtsverkehr mit einem 13-jährigen Mädchen ein »Blausiegelschutzgummi« verwendet hatte.[233] Wie in den Akten festgehalten, praktizierten die Paare meist einen »Coitus interruptus«. Erna K., die beim Geschlechtsverkehr mit Peter E. ebenfalls keine andere Verhütungsstrategie anwandte, war sich bewusst, dass sie schwanger werden könnte, und gab zu Protokoll, dass Peter E. ihr versicherte, dass er sie »nicht enttäuschen« würde – sie also im Falle einer Schwangerschaft heiratete.[234] Eine »verbotene Liebe« konnte für Mädchen einschneidende Konsequenzen haben. Im Untersuchungssample war in sechs Fällen die Schwangerschaft Ausgangspunkt für die Anklageerhebung wegen »Notzucht« an Minderjährigen, in einem Fall wurde das minderjährige Mädchen im Kontext einer konsensualen Paarbeziehung schwanger.[235]

Schließlich legen die Narrationen, wie sie die adoleszenten Mädchen und jungen Männer vor Gericht produzierten, nahe, dass sich in den ersten Nachkriegsjahrzehnten Vorstellungen einer gleichberechtigten Sexualität noch kaum durchgesetzt hatten und primär die männliche Lust im Mittelpunkt stand. In den Fällen konsensualer Sexualität, die im Untersuchungssample enthalten sind, waren sowohl die minderjährigen Mädchen wie auch die Beschuldigten dazu aufgefordert, Hinweise auf ihre sexuellen Praktiken zu geben. Nach den vor den Strafbehörden preisgegebenen Erzählungen prägten primär die jungen Männer den Ablauf der sexuellen Handlungen. Auch in den Erzählungen von Erna K. und Peter E. wird auf diese Rollenverteilung verwiesen. Erna K. schilderte sich als Akteurin, die primär in der Anfangsphase ihrer Beziehung aktiv agierte: »Zwei Monate nach unserem

233 NÖLA, Vr 1333/70, Gendarmeriekommandoposten, Niederschrift, 10. Juni 1969.
234 NÖLA, Vr 1689/60, Bundespolizeikommissariat, Niederschrift, 30. November 1960.
235 NÖLA, Vr 1289/60. Vgl. zu männlichen und weiblichen Entscheidungen, bestimmte Verhütungsmittel zu verwenden, auch Kate Fischer, »She was quite satisfied with the arrangements I made«. Gender and Birth Control in Britain (1920–1950), in: Past and Present, 169 (2000) 1, S. 161–193; Praz, L'enfant, S. 30–33.

Bekanntwerden, küßte ich Peter – dies ging längere Zeit so, erst heuer wurde ich mit ihm intimer.«[236] Mit der Intensivierung der sexuellen Beziehung gab, wie das Mädchen im Untersuchungsprozess aussagte, indes Peter E. zunehmend den Takt an: »Heuer im Frühling wurde die Bekanntschaft mit Peter intimer. Er griff mich auf der Brust, den Oberschenkeln und am Rücken ab. Anfangs ließ ich es nicht zu, dass er mir auf den Geschlechtsteil griff – dazu kam es erst später.« Der erste Geschlechtsverkehr erfolgte, wie Erna K. erläuterte, einige Woche nach diesen intimen Berührungen, allerdings erst nachdem sie aufgehört hatte, Widerstand zu leisten: »Es war niemand zuhause. Ich war anfangs nicht einverstanden, mit Peter zu verkehren, aber dann habe ich nachgegeben. Wir legten uns auf ein Bett im Kabinett.«[237] Auf weiteres Nachfragen seitens der Untersuchungsbehörden hielt Erna K. fest, dass sie beim ersten Geschlechtsverkehr »starke Schmerzen« hatte und die Hose blutig wurde, »da ich sie nicht ausgezogen und Peter sie nur etwas zur Seite geschoben hatte«.[238]

Ähnlich wie Erna K. verwiesen zahlreiche Mädchen auf ein Drängen ihrer Partner und einer stückweisen Eroberung des weiblichen Körpers.[239] Der zeitliche Rahmen, in denen sich die sexuelle Beziehung entwickelte, war durchaus unterschiedlich und konnte sich – wie im Fall von Erna K. und Peter E. – über mehrere Monate hinziehen. Doch insbesondere bei der Schilderung des Geschlechtsverkehrs dominierten Aussagen der Mädchen, wonach sie erst auf Drängen ihrer Partner zu dieser Sexualpraktik einwilligten. Während sich die Mädchen in den Untersuchungsprozessen – besonders beim Geschlechtsverkehr – als weitgehend passiv beschrieben, stellten sich die jungen Männer als aktiven Part dar, so auch Peter E.: »Bei dieser Liebkosung legte ich Erna auf den Rücken ins Bett, öffnete meinen Hosenlatz und führte meinen Geschlechtsteil durch ein Hosenbein in den Geschlechtsteil der Erna ein.«[240] Ähnlich wie Peter E. bestätigten auch andere Beschuldigte die Aussagen der Mädchen, dass sie die sexuellen Kontakte initiierten und ihren Wunsch nach einem Geschlechtsverkehr durchzusetzen wussten. In der Ansicht verschiedener junger Männer war es normal, ihre sexuelle Lust auch hartnäckig gegen anfängliches Zögern der jungen Mädchen auszuleben. Der 21-jährige Malergeselle Karl P. gab beispielsweise zu Protokoll, dass sich seine 13-jährige Freundin schließlich

236 NÖLA, Vr 1689/60.
237 NÖLA, Vr 1689/60, Bundespolizeikommissariat, Niederschrift, 30. November 1960.
238 Ebd.
239 Vgl. beispielsweise NÖLA, Vr 1547/60, Gendarmeriekommandoposten, Niederschrift 4. Oktober 1960.
240 NÖLA, Vr 1689/60, Bundespolizeikommissariat, Niederschrift, 30. November 1960.

über sein »Drängen« rücklings auf die Bettbank gelegt habe und er einen Geschlechtsverkehr durchführen konnte.[241]

Wie die Narrationen der jungen Männer und minderjährigen, adoleszenten Mädchen verdeutlichen, entfalteten sich zwischen den ausgehenden 1950er und 1960er Jahren nicht nur die Formen des Flirtens und die Anbahnung der Beziehungen entlang geschlechtsspezifischer Skripts, sondern auch die sexuellen Handlungen selbst: Die Mädchen und jungen Männer stellten – im Sinne eines »Doing Gender« – Weiblichkeit und Männlichkeit durch ein bestimmtes und sich wiederholendes geschlechtsspezifisches Handeln in der Praxis her.[242] Die Herstellungsprozesse von Geschlecht vollzogen sich dabei im Kontext einer hierarchischen Geschlechterordnung, die gleichzeitig die Möglichkeiten des sexuellen Repertoires strukturierte. Die männlichen Partner gaben – qua Geschlecht und Alter in der überlegenen Position – die Vorgaben für den Ablauf der sexuellen Handlungen weitgehend vor, wobei insbesondere beim Vollzug des Geschlechtsaktes die männliche Lust im Vordergrund stand. Zweifelsohne orientierten sich die adoleszenten Mädchen und jungen Männer im Untersuchungsprozess an normkonformen Bildern über männliche und weibliche Sexualität. Es scheint daher wenig erstaunlich, dass die Befragten vor Gericht Erzählungen einer weiblichen Passivität und männlichen Aktivität wiedergaben. Dass indes keine Abweichungen von dieser Narration vorkamen und bei den mehrfachen Befragungen auch kaum Widersprüche in den Erzählungen auftauchten, bestärkt die These, wonach Hinweise auf die männliche Dominanz nicht nur Teil eines strategischen Redens vor Gericht war, sondern Teil einer tatsächlich gelebten Praxis.[243]

Das strafbare Handeln und die Wahrhaftigkeit der Gefühle

In Prozessen zu »Schändung« und »Notzucht« an Minderjährigen wurden die jungen Männer vielfach gefragt, ob sie ein Bewusstsein für ihr kriminelles Handeln hatten. Peter E. gab unumwunden zu, das Alter von Erna K. gekannt und gewusst zu haben, dass er sich durch seine Handlungen

241 NÖLA, Vr 2022/70, Gendarmeriekommandoposten, Niederschrift, 13. November 1970.

242 Vgl. dazu auch Degele, Gender, S. 78–84.

243 Vgl. dazu auch Huemer, Angst, S. 216. Vgl. im Weiteren Eder, Nationalists, S. 119; Heider, Vögeln, S. 17–18. Auch die Studie von Sigusch und Schmidt zur Jugendsexualität ergab, dass die »sexuelle Initiative beim Petting und beim Koitus« einseitig zugunsten des Mannes verteilt war. Sigusch, Schmidt, Jugendsexualität, S. 61–62.

strafbar machte. Gleichwohl glaubte er nicht, tatsächlich etwas Unrechtes getan zu haben: Sein sexuelles Begehren legitimierte sich durch seine wahrhaften Gefühle der Liebe, die er gegenüber dem Mädchen empfand. Im Untersuchungsprozess führte er aus: »Ich habe Erna, seit ich sie kennen lernte, sehr gerne gehabt. Ich habe auch jetzt noch die Absicht, Erna K. einmal zu heiraten, wenn sie so weit erwachsen sein wird.«[244] Seine sexuellen Handlungen schienen umso legitimer, da Erna K. seine Gefühle erwiderte. Ihre Beziehung wich, wie Peter E. die Behörden resümierend zu überzeugen suchte, kaum von akzeptierten Normen einer heterosexuellen Beziehung ab. In kurzer Zeit würde er Erna K. heiraten können. Tatsächlich sah das österreichische Zivilrecht vor, dass Mädchen unter bestimmten Voraussetzungen auch unter dem Ehemündigkeitsalter von 16 Jahren heiraten konnten.[245]

Auch andere junge Männer rechtfertigen vor Gericht ihre sexuellen Beziehungen durch ihre leidenschaftlichen Gefühle, die sie für das minderjährige Mädchen hegten. Der 17-jährige Arnold P. erklärte den Untersuchungsbehörden beispielsweise, er sei seinen intensiven Gefühlen gegenüber der 13-jährigen Bettina M. gleichsam ausgeliefert und könne nicht von ihr lassen: »Ich habe in diesem Mädchen, obwohl es noch nicht 14 Jahre alt ist, einen Narren gefressen und ich möchte dieses Mädchen auf keinen Fall und um keinen Preis verlieren.« Es sei ihm in letzter Zeit zum Bewusstsein gekommen, dass er geradezu »versessen« sei auf das Mädchen.[246] Und auch der 18-jährige Thomas H. schien nicht nur wegen der Strafanzeige verzweifelt. Ebenso fürchtete er, seine 13-jährige Freundin zu verlieren. In der Hauptverhandlung sagte er aus: »Ich habe das Mädchen so gern gehabt. Ich habe das Mädchen heute noch gerne und würde sie auch heiraten. Sie war mein erstes Mädchen.«[247] Andere Angeklagte, beispielsweise der 19-jährige Schmiedegeselle Fritz V. oder der 19-jährige Bauhilfsarbeiter Albert L., wählten weniger leidenschaftliche Worte, um ihre romantischen Gefühle auszudrücken. Doch auch sie verwendeten Begriffe wie Liebe und Verliebtheit, um den Charakter der sexuellen Beziehung mit dem minderjährigen Mädchen zu umschreiben.[248]

244 NÖLA, Vr 1689/60, Bundespolizeikommissariat, Niederschrift, 30. November 1960.
245 Fritz Schwind, Kommentar zum österreichischen Eherecht, Wien 1951, S. 63; vgl. auch Kapitel 7.1.
246 NÖLA, Vr 1669/60, Gendarmeriekommandoposten, Niederschrift, 17. November 1960.
247 NÖLA, Vr 1359/60, Hauptverhandlung, Kreisgericht St. Pölten als Schöffengericht, 7. Dezember 1960.
248 NÖLA, Vr 1500/60, Gendarmeriekommandoposten, Niederschrift, 15. Oktober 1960; Vr 1263/69, Gendarmeriekommandoposten, Niederschrift, 24. Juni 1960.

Mit dem Sprechen über Gefühle verfolgten die Beschuldigten das Ziel, den Untersuchungsbehörden und Richtenden ihre Subjektposition verständlich zu machen. Das Sprechen über Emotionen, über das Verspüren von Liebe und Begehren, ebenso wie das Empfinden von Angst oder Abneigung bedeutet nicht zuletzt, sich selbst in Beziehung zu anderen setzen zu können und damit gleichzeitig eine spezifische Position in einem Kommunikationsprozess einzunehmen. Wie die Literaturwissenschaftlerin und Philosophin Elaine Scarry betont, habe uns die moderne Philosophie an den Gedanken gewöhnt, dass unsere Bewusstseinszustände mit Objekten in der äußeren Welt verknüpft seien. So haben wir nicht einfach Gefühle, sondern wir haben Gefühle *für* jemanden oder etwas. Eine Liste von allen emotionalen, perzeptiven und somatischen Zuständen, die ein Objekt erfordern – jemanden hassen, etwas sehen, nach etwas hungern – zeigt insgesamt die Fähigkeit der Menschen auf, die Grenzen des Körpers in eine allgemeine Außenwelt zu überschreiten.[249] Wie die Beschuldigten im Untersuchungsprozess verständlich machen wollten, waren ihren sexuellen Handlungen Gefühle von Liebe und Leidenschaft vorausgegangen, die sie gegenüber den Mädchen verspürten. An diesen Gefühlen war, so das wesentliche Rational, nichts Verwerfliches, vielmehr waren sie höchst positiv konnotiert. Romantische Gefühle beschränkten sich dabei – so propagierten es Literatur, Filme und die Musik der neuen Jugendkultur – nicht auf die Welt der heiratswilligen Erwachsenen, sondern waren vielmehr auch zentrales Thema für adoleszente Mädchen und Burschen.[250]

Im Vergleich zu den Beschuldigten äußerten sich die minderjährigen Mädchen weniger ausführlich über ihre Gefühle. Anders als Peter E., der im Untersuchungsprozess mehrfach von einem »Liebesverhältnis« zwischen ihm und seiner Freundin sprach, war Erna K. beispielsweise zurückhaltender in der Romantisierung ihrer Beziehung. Gemäß den Akten gab das Mädchen lediglich an, dass Peter »immer nett« zu ihr war. Er sei »ein ruhiger Bursch« und sie könne »gut mit ihm reden«.[251] Zwar machte Erna K. klar, dass auch sie sich eine gemeinsame Zukunft mit Peter E. vorstellen konnte, doch äußerte sie sich – gemäß den Protokollen der Untersuchungsbehörden – nicht über tiefe Gefühle zum Angeklagten. Entsprechend unterschiedlich präsentierte sie sich vor Gericht: Erna K. war in erster Linie das Objekt, auf das die Gefühle der Liebe gerichtet waren. Sie trat indes weit weniger

249 Elaine Scarry, Der Körper im Schmerz. Die Chiffren der Verletzlichkeit und die Erfindung der Kultur, Frankfurt a. M. 1985, S. 14.

250 Vgl. dazu auch Herrwerth, Partys, S. 22–25.

251 NÖLA, Vr 1689/60, Bundespolizeikommissariat, Niederschrift, 30. November 1960.

als Subjekt in Erscheinung, das ausgehend von seinen Gefühlen handelte. Auch hinsichtlich der Gefühlsökonomie, die vor Gericht verhandelt wurde, bestand somit ein Ungleichgewicht zwischen ihr und dem Beschuldigten. Während Erna K. kaum über ihre Gefühle zum Beschuldigten sprach, hielten andere Mädchen fest, dass sie ihren Partner »gern haben«.[252] Die 13-jährige Anna G. gab an, dass ihr der Angeklagte »gefallen« habe, »weil er nett zu mir war« und dass sie »nämlich den Beni sehr lieb« habe.[253] Besonders explizit bezog sich die beim Prozess 14-jährige Sabine J. auf ihre Gefühle. Nachdem sie vom Gendarmen gefragt worden war, ob sie bereue, mit Karl P. eine »geschlechtliche Beziehung« geführt zu haben, antwortete sie: »Nein, denn ich liebe ihn.«[254] Anders als bei den Beschuldigten finden sich in den Aussagen der adoleszenten Mädchen allerdings keine Hinweise auf eine leidenschaftliche »Versessenheit«. Gleichwohl zeigen die Akten, dass die Mädchen vielfach an den Beziehungen festhalten wollten und Widerstand gegen Versuche von Erwachsenen leisteten, diese zu unterbinden.[255] In der Folge trafen sie sich vielfach heimlich mit den jungen Männern – so auch Erna K.

Die Narrationen der minderjährigen, adoleszenten Mädchen und männlichen Jugendlichen bzw. jungen Erwachsenen verweisen auf Subjektivierungsprozesse, in denen romantische Gefühle gegenüber dem heterosexuellen Partner bzw. der heterosexuellen Partnerin ein konstitutives Element waren. Sie verknüpften diese Emotionen mit sexuellem Begehren und präsentierten die sexuellen Handlungen just durch diese Verknüpfung als ehrenhaft. Die Mädchen produzierten damit gleichzeitig ein Gegenbild zu anderen Diskursen. Sie zeigten sich nicht als »verwahrlost« oder »unsittlich«, sondern folgten den dominierenden Normen der heterosexuellen Geschlechterordnung. Sie waren nicht nur treu, sondern gaben auch den sexuellen Wünschen ihrer Partner nach. Die männlichen Jugendlichen und jungen Männer folgten dem gesellschaftlich anerkannten Imperativ, wonach das männliche Geschlecht seine sexuellen Wünsche ausleben darf. Allerdings präsentierten sie sich ebenfalls als ehrenhaft und strichen ihre tiefen Gefühle gegenüber dem Mädchen hervor. Sowohl die Mädchen wie auch die Beschuldigten versuchten dem Gericht somit verständlich zu machen, dass sie sich eigentlich innerhalb des »charmed circle« bewegten. Die Geschlechterforscherin Gayle Rubin bezeichnet damit den Bereich sexuellen Verhal-

252 NÖLA, Vr 1289/60, Krankenhaus, Niederschrift, 16. September 1960.

253 NÖLA, Vr 1373/70, Gendarmierkommandoposten, Gedächtnisprotokoll, 14. August 1970.

254 NÖLA, Vr 2022/70, Gendarmeriekommandoposten, Niederschrift, 13. November 1970.

255 Vgl. NÖLA, Vr 1500/60.

tens, der in einer spezifischen Kultur als normkonform gilt. Im innersten Kreis – dem »charmed circle« – sind die »guten und natürlichen« sexuellen Verhaltensweisen angeordnet, wozu in unbestrittener Weise heterosexueller, monogamer, unbezahlter Sex zählt, der in der Privatsphäre zwischen zwei Menschen stattfindet, die miteinander verheiratet sind. Im äußeren Kreis situiert Rubin die »schlechten und unnatürlichen« sexuellen Verhaltensweisen, wie z. B. Sexualität alleine oder in der Gruppe, gegen Bezahlung, Homosexualität, intergenerationelle Sexualität oder sadomasochistischer Sex.[256] Wie die Beschuldigten unter Hinweis auf ihre Gefühle, die sich mit den Anforderungen an eine heterosexuelle Paarbeziehung deckten, aufzuzeigen versuchten, handelte es sich um ein ungerechtes Missverständnis, dass sie nicht zum »charmed circle« gehörten und sich nun vor Gericht zu verantworten hatten.

Die Subjektivierungsprozesse von Mädchen und Jungen vollzogen sich in den untersuchten Stichjahren vor dem Hintergrund einer sich etablierenden Konsumgesellschaft, die Jugendlichen neue Freiräume eröffnete, aber auch neue normative Leitbilder vermittelte, wonach für sie – in Abgrenzung zu Kindern einerseits und (verheirateten) Erwachsenen andererseits – eigene kulturelle Werte und Handlungsmöglichkeiten offenstanden. Dass solche Fälle im Stichjahr 1950 noch nicht verhandelt wurden, 1960 und 1970 indes mehrfach vorkamen, bestätigt die These, wonach sexuelle Liberalisierungsprozesse nicht eng an die Chiffre 68 gebunden werden können. Insbesondere in der Arbeiterschicht positionierten sich Jugendliche seit den ausgehenden 1950er Jahren in ihrem Selbstverständnis als Subjekte, denen sexuelle Handlungsfähigkeit auch außerhalb der Ehe zustand. Eine Haltung allerdings, die das soziale Umfeld in bestimmten Fällen nicht tolerierte.

256 Gayle Rubin, Thinking Sex: Notes for a Radical Theory for a Radical Theory of the Politics of Sexuality, in: Dies., Deviations. A Gayle Rubin Reader, Durham 2011, S. 137–182, S. 145–155. Rubins Arbeiten, insbesondere »Thinking Sex«, gelten als Schlüsseltexte der Queer Theory. Kritisch werden in jüngster Zeit dagegen Positionen von Rubin in »Thinking Sex« diskutiert, in denen sie die Verfolgung von »boy-lovers« in den USA in den 1980er Jahren anprangerte. Vgl. dazu Rubin, Thinking Sex, S. 143; Rachel Hope Cleves, From pederasty to pedophilia: Sex between children or youth and adults in U. S. history, in: History Compass, 2018; 16:12435, in: https://doi.org/10.1111/hic3.12435, S. 1–9, S. 1–2.

Die Durchsetzung der Ordnungsverhältnisse: Kinder, Eltern, Nachbarn und die Strafbehörden

Die Fälle, in denen Verletzungen des sexuellen Schutzalters im Kontext von Paarkonstellationen stattfanden, teilten eine Gemeinsamkeit: Weder das Mädchen noch der Beschuldigte hatten ein Interesse daran, dass ihre sexuelle Beziehung bekannt wurde. Die Anzeige ging folglich auf eine dritte Partei zurück. Insbesondere Personen aus der Nachbarschaft spielten eine entscheidende Rolle. Diese entschlossen sich vielfach dann zur Anzeige, wenn die familiären Verhältnisse der Mädchen als problematisch betrachtet wurden oder wenn sie sich durch den Männerbesuch in ihrer Nachtruhe gestört fühlten.[257] Die Anzeigenden mussten ihre Identität nicht offenlegen. 1960 erfuhr die Gendarmerie beispielsweise über eine »vertrauliche Mitteilung«, dass die als »frühreif« geschilderte 14-jährige Erna K. und der 20-jährige Peter E. schon seit einem Jahr ein »Liebesverhältnis« unterhielten.[258]

Nicht immer wandten sich Personen direkt an die Gendarmerie, diese nahm Untersuchungen vielfach ausgehend von »Gerüchten« auf.[259] Sie ortete insbesondere dann Handlungsbedarf, wenn illegitime Beziehungen einen bestimmten Grad von Öffentlichkeit erreichten und gleichzeitig mit einer gewissen Selbstverständlichkeit praktiziert wurden. Die Präsenz von 12- und 13-jährigen Mädchen in Kaffeehäusern, Tanzveranstaltungen oder Kinovorstellungen und ihr – nach Ansicht der Behörden – zu ungezwungener Umgang mit jungen Männern erregten Anstoß. Der Gendarmerie verschiedener niederösterreichischer Orte war es in den 1960er und frühen 1970er Jahren durchaus daran gelegen, die strafrechtlichen Bestimmungen zum sexuellen Schutzalter durchzusetzen und damit eine bestimmte sittliche Ordnung herzustellen – insbesondere wenn es sich bei den Paaren um Mädchen und Burschen der Arbeiterschicht handelte. Die gesellschaftlichen Transformationsprozesse waren entsprechend von teilweise rigorosen staatlichen Abwehrmaßnahmen begleitet. Gerade in städtischen Zentren wie St. Pölten, die aufgrund der starken Zuwanderung der Bevölkerung aus ländlicheren Teilen Niederösterreichs in den 1960er Jahren angewachsen waren, trat die

257 Vgl. NÖLA, Vr 1500/60, Gendarmeriekommandoposten, Niederschrift, 20. Oktober 1960. Ob den Nachbarn jeweils bewusst war, dass den jungen Männern durch ihre Anzeige mehrjährige Kerkerstrafen drohten, geht aus den Akten nicht hervor.
258 NÖLA, Vr 1689/60, Bundespolizeikommissariat, Meldung, 24. November 1960.
259 Vgl. dazu NÖLA, Vr 1470/70; Vr 1961/70; Vr 1966/70; Vr 1967/70.

Gendarmerie als ordnende Instanz auf, welche die sexuellen Kontakte unter Jugendlichen kontrollierte und unter Umständen unterband.[260]

Die Prozesse zu Verletzungen des sexuellen Schutzalters veränderten nicht nur die Beziehung zwischen dem Beschuldigten und dem Mädchen, sondern auch zwischen den Eltern und ihren minderjährigen Töchtern. Unabhängig davon, ob die Eltern die sexuellen Beziehungen ihrer Tochter goutierten oder nicht, hatte nun der Staat das letzte Wort. Er intervenierte und ordnete – nicht nur gegenüber den als schuldig befundenen Männern, sondern auch gegenüber den Mädchen – vielfach Sanktionsmaßnahmen an. Verschiedene Eltern hatten im Vorfeld versucht, die Beziehung entweder ganz zu verbieten oder aber den Mädchen das Versprechen abzunehmen, sich nicht auf sexuelle Handlungen mit ihrem Partner einzulassen – so auch die Eltern von Erna K.[261] Nicht alle Eltern waren allerdings zu einem ruhigen Gespräch bereit. Vielmehr schimpften sie, ohrfeigten ihre Töchter und jagten die Männer aus ihrem Haus und Hof.[262] Doch nur in zwei Fällen wandten sich die Eltern an die Gendarmerie, um die »verbotene Liebe« zu unterbinden.[263]

Schließlich finden sich im Untersuchungssample auch Fälle, in denen Eltern ihre Tochter nicht mehr als Kind ansahen, das vor Sexualität abgeschirmt werden musste, auch wenn diese den 14. Geburtstag noch nicht erreicht hatte. Entsprechend unverständlich war ihnen, dass sie mit dem Vorwurf der »Kuppelei« konfrontiert waren. Tatsächlich hielt § 132.IV (StG 1852) fest, dass die »Kuppelei, woferne dadurch eine unschuldige Person verführt wurde« unter Strafe steht. Eltern, die es erlaubten, dass ihre unmündigen Töchter in ihrer Wohnung einen Geschlechtsverkehr durchführten, hatten sich entsprechend wegen dieses Straftatbestands zu verantworten.[264] Eine grundsätzlich veränderte Haltung seitens der Eltern gegenüber der Sexualität ihrer 12- und 13-jährigen Mädchen lässt sich zwischen

260 Die wirtschaftlichen Umbruchprozesse waren mit einer starken Abwanderung der Bevölkerung aus Niederösterreich (Wein- und Waldviertel) und einem Anwachsen der Stadtregionen, so vor allem St. Pölten, Wiener Neustadt und Amstetten, verbunden. Andreas Weigl, Von der Stagnation zu neuer Dynamik. Die demographische Entwicklung, in: Melichar, Langthaler, Eminger, Niederösterreich, S. 1–49, S. 36–42.

261 NÖLA, Vr 1689/60, Bundespolizeikommissariat St. Pölten, Niederschrift, 30. November 1960. Vgl. im Weiteren auch Vr 2022/70.

262 Vgl dazu beispielsweise NÖLA, Vr 1068/60.

263 NÖLA, Vr 1669/60, Gendarmeriekommandoposten, Bericht an das Bezirksgericht, 14. November 1960; Vr 1263/60 Gendarmierkommadoposten, Niederschrift, 24. Juni 1960.

264 NÖLA, Vr 2022/70, Gendarmeriekommandoposten, Niederschrift, 16. November 1970.

1960 und 1970 dabei nicht feststellen. Zwar findet sich für das Stichjahr 1970 kein Fallbeispiel mehr, in dem Eltern eine »verbotene Liebe« in der Hoffnung akzeptierten, ihre Tochter würde durch eine Heirat sozial aufsteigen, wie dies 1960 vereinzelt noch der Fall war.[265] Doch auch die Fälle des Stichjahrs 1970, in denen sich die Eltern nicht gegen die sexuelle Beziehung ihrer minderjährigen Töchter wandten, zeichnen sich nicht primär durch eine »liberale« Haltung aus. Vielmehr verknüpften die Eltern die Zustimmung zur sexuellen Beziehung ihrer Tochter mit Anforderungen an eine feste Partnerschaft, die in absehbarer Zeit in eine Eheschließung münden sollte.[266] Gleichwohl wird deutlich, dass im katholisch geprägten Niederösterreich der 1960er Jahre keineswegs alle Eltern eine strikte sexuelle Enthaltsamkeit vor der Ehe von ihren Töchtern einforderten, sondern ihren Töchtern mehr Handlungsspielraum lassen wollten, als dies katholische Autoritäten vorsahen.

Die Urteile: Verbotene Liebe in den Augen des Gerichts

Nach gut zwei Monaten Untersuchungszeit fällte das Kreisgericht St. Pölten im Fall von Peter E. und Erna K. sein Urteil. Das Gericht, das sich aus zwei Berufsrichtern und zwei Schöffen zusammensetzte, erkannte Peter E. der »Schändung« nach § 128 und »Notzucht« nach § 127 schuldig. Sie verurteilten ihn zu neun Monaten schweren Kerker, verschärft durch ein hartes Lager monatlich. Als Urteilsbegründung erwähnten sie, die verschiedenen sexuellen Handlungen seien im Untersuchungsprozess eindeutig festgestellt worden. Erschwerend sei das »Zusammentreffen von zwei Verbrechen und deren Wiederholung«. Als strafmildernd erachteten sie dagegen das Schuldbekenntnis, die bisherige Unbescholtenheit des Angeklagten und das junge Alter von knapp 20 Jahren zur Tatzeit. Schließlich war, wie das Gericht betonte, auch der Umstand, dass die »Tat aus wirklich tiefer Zuneigung heraus« entstanden war, strafmildernd: »Der Angeklagte erklärt auch heute noch, Erna K. wirklich zu lieben, weshalb es ja nur zu diesen strafbaren Handlungen gekommen sei, und auch jetzt noch die Absicht zu haben, sie später einmal, sobald als möglich, zu heiraten.«[267] Bei der Begründung des Strafmaßes im Fall von Peter E. ging das Kreisgericht St. Pölten nicht auf das Verhalten von Erna K. ein. Als strafmildernd hob das Ge-

265 NÖLA, Vr 1289/60.
266 NÖLA, Vr 2022/70.
267 NÖLA, Vr 1689/60, Urteil, Kreisgericht St. Pölten, 19. Dezember 1960.

richt einzig die tiefen Gefühle des Angeklagten gegenüber dem Mädchen hervor. In gut der Hälfte der Urteile, in denen sich Verletzungen des sexuellen Schutzalters im Kontext von Paarkonstellationen abspielten, bezog sich das Gericht allerdings explizit auf das Verhalten der Mädchen, um die Milderung des Strafmaßes zu begründen. Das Kreisgericht erwähnte beispielsweise die »leichte Gelegenheit«, das »Entgegenkommen des Mädchens« oder den Umstand, »daß das Mädchen mit den unsittlichen Handlungen einverstanden war« als Grund zur Strafmilderung.[268]

Verletzungen des sexuellen Schutzalters, die sich im Kontext von konsensualen Paarkonstellationen ereigneten, zogen ein unterschiedlich hohes Strafmaß nach sich. Im Stichjahr 1960 kamen alle Fälle von »verbotener Liebe« zu einer Anklage und zu einem Schuldspruch. Nur in einem Fall ließ die Staatsanwaltschaft die Anklage fallen, da der Beschuldigte nachweislich über das Alter des Mädchens falsch informiert war.[269] Hatten die Angeklagten das 18. Lebensjahr überschritten, sprach das Kreisgericht mehrmonatige Kerkerstrafen aus, die nur dann auf eine Bewährung von drei Jahren ausgesetzt wurden, wenn die sexuellen Kontakte als vergleichsweise harmlos galten. Wie Peter E. mussten junge Männer jedoch die Kerkerstrafe immer dann antreten, wenn sie mit dem minderjährigen, adoleszenten Mädchen mehrfach Geschlechtsverkehr hatten. 1960 wurden drei Männer, die zwischen 18 und 20 Jahre alt waren und sexuelle Beziehungen mit 12- und 13-jährigen Mädchen im Rahmen einer Paarbeziehung eingegangen waren, mit Kerkerstrafen zwischen sechs und zehn Monaten bestraft.[270] Deutlich höher war das Strafmaß für den 31-jährigen, bereits wegen Diebstahl vorbestraften Walther M. Er hatte eine Kerkerstrafe von eineinhalb Jahren zu absolvieren.[271] Das Strafmaß für Jugendliche unter 18 fiel dagegen deutlich milder aus. Das Kreisgericht St. Pölten als Jugendschöffengericht sanktionierte Jugendliche in solchen Fällen nach dem JGG mit zwei bis viermonatigen Arreststrafen, die in aller Regel für die Probezeit von drei Jahren aufgeschoben wurden.[272]

Im Stichjahr 1970 lassen sich punktuelle Wandlungsprozesse feststellen. Von den neun Fällen von Verletzungen des Schutzalters, die sich im Kontext

268 Vgl. dazu beispielsweise NÖLA, Vr 648/60, Urteil, Kreisgericht St. Pölten als Jugendschöffengericht, 26. Oktober 1960; Vr 1409/60, Urteil, Kreisgericht St. Pölten als Jugendschöffengericht, 3. Februar 1961; Vr 1373/70, Urteil, Kreisgericht St. Pölten, 5. November 1970.

269 NÖLA, Vr 1289/60.

270 NÖLA, Vr 1359/60, Urteil, Kreisgericht St. Pölten, 7. Dezember 1960; Vr 1500/60; Urteil, Kreisgericht St. Pölten, 14. Dezember 1960.

271 NÖLA, Vr 1547/60, Urteil, Kreisgericht St. Pölten, 14. Juni 1961.

272 Vgl. dazu NÖLA, Vr 1669/60.

von Paarbeziehungen ereigneten, kam es nur noch in fünf Fällen zu einer Anklage und einem Urteil. In den vier anderen Fällen wurden zwar Untersuchungen durchgeführt, jedoch keine Anklage erhoben.[273] Im Vergleich zum Stichjahr 1960 waren die Untersuchungsbehörden weniger gewillt, Fälle von konsensualer Jugendsexualität vor Gericht zu bringen. Zudem weisen einzelne Fälle darauf hin, dass das Kreisgericht St. Pölten weniger harte Strafen aussprach. Wie der Fall des 18-jährigen Alexander P. verdeutlicht, setzte das Strafgericht 1970 eine Kerkerstrafe auch dann auf Bewährung aus, wenn der Angeklagte sich wegen »Notzucht« nach § 127 schuldig gemacht hatte – eine Praxis, die sich 1960 in keinem Fall bestätigte.[274] 1970 musste nur noch ein Angeklagter, der eine konsensuale sexuelle Beziehung mit einem 13-jährigen Mädchen eingegangen war, eine siebenmonatige Kerkerstrafe verbüßen. Für das Urteil des 20-jährigen Bernhard C. kam erschwerend dazu, dass er nicht nur Geschlechtsverkehr mit der 13-jährigen Anna G. hatte, sondern sich auch der Entführung schuldig machte. Da er das Mädchen abends nicht nach Hause brachte, gaben die Eltern bei der Gendarmerie eine Vermisstenmeldung auf. Zudem verwickelte er das Mädchen in einen Autounfall.[275] Die tendenziell liberalere Haltung gegenüber Formen von Jugendsexualität findet sich im Untersuchungssample schließlich nicht nur beim Erstgericht, sondern auch beim Oberlandesgericht Wien. Dieses zeigte sich 1970 ebenfalls wenig geneigt, junge Männer, die eine konsensuale sexuelle Beziehung mit minderjährigen, adoleszenten Mädchen eingegangen waren, hart zu sanktionieren.[276]

Die Narrationen vor Gericht verdeutlichen somit, dass sich Vorstellungen darüber, wer zum »charmed circle« gehörte, seit den ausgehenden 1950er Jahren zu verschieben begannen. Bereits im untersuchten Stichjahr 1960, also einige Jahre vor dem Aufbruch der Schüler- und Studentenbewegung, die eine »Befreiung der Sexualität« einforderten, traten männliche Jugendliche und junge Erwachsene der Arbeiterschicht mit dem Anspruch auf, voreheliche sexuelle Beziehungen mit Mädchen eingehen zu können. Das strafrechtlich verankerte sexuelle Schutzalter wirkte, insbesondere im Stichjahr 1960, aber weiterhin in starkem Maße disziplinierend. Folge waren teilweise massive Verletzungen eines Rechts auf Sexualität, sowohl seitens der Beschuldigten wie der minderjährigen Mädchen. Während die Gendarmerie auch 1970 noch bestrebt war, Fälle von »verbotener Liebe« zur Anzeige zu bringen

273 NÖLA, Vr 1659/70; Vr 2022/70; Vr 626/70; Vr 481/70.
274 NÖLA, Vr 1337/70, Urteil, Kreisgericht St. Pölten, 8. Juni 1971.
275 NÖLA, Vr 1373/70, Urteil, Kreisgericht St. Pölten, 5. November 1970.
276 NÖLA, Vr 1325/70.

und dazu systematisch bestimmte Kaffeehäuser aufsuchte, in denen sich minderjährige Mädchen aufhielten, zeigten sich die Strafgerichte, anders noch als zehn Jahre früher, nun zurückhaltender in der Verurteilung von Jugendlichen und jungen Erwachsenen, die sexuelle Beziehungen mit 12- und 13-jährigen Mädchen eingegangen waren. Gleichzeitig verdeutlichen die Strafprozesse, dass minderjährige, adoleszente Mädchen hinsichtlich Sexualität nicht nur handlungsfähig waren, sondern schutzbedürftig blieben. Denn auch wenn sie im Zuge einer sexuellen Liberalisierung seit den ausgehenden 1950er Jahren früher sexuelle Beziehungen aufnahmen, bedeutete dies nicht zwangsläufig, dass sie aus einer gestärkten Position agieren konnten. Das Wissen, das Mädchen über Sexualität und Fortpflanzung hatten, blieb auch nach Beginn der »Sexwelle« in Österreich zunächst noch prekär, der Zugang zu Verhütungsmitteln für unmündige Mädchen schwierig und eine gleichberechtigte Anerkennung der männlichen und weiblichen Lust Ende der 1960er und frühen 1970er Jahre höchst umstritten. Die in der historischen wie auch feministischen Forschung angesprochene Ambivalenz der sexuellen Liberalisierung manifestiert sich somit auch in den Strafprozessen. Zwar wurden männlichen Jugendlichen und jungen Männern im Laufe der 1960er Jahre mehr sexuelle Freiheiten zugestanden, was zu einer Abnahme der strafrechtlichen Verfolgung von Fällen »verbotener Liebe« führte. Doch die Frage, was ein Recht auf Sexualität für 12- und 13-jährige Mädchen bedeuten könnte, die unter dem sexuellen Schutzalter waren, erfuhr hierbei keine vertiefte Erörterung.[277]

5.3 Sexuelle Gewalt gegen adoleszente Mädchen

Die Bestimmungen zum sexuellen Schutzalter sehen vor, dass sexuelle Handlungen gegenüber sexualunmündigen Kindern sanktioniert werden – und zwar auch dann, wenn keine körperliche Gewalt im Spiel war. Im Unterschied zu anderen Sexualverbrechen des österreichischen Strafgesetzes (1852) war beim Delikt der »Unzucht« an Kindern der Nachweis einer physischen Gewaltanwendung nicht Voraussetzung für die Kriminalisierung der Täterschaft. In der Praxis stand aber insbesondere bei Mädchen, die das Schutzalter fast erreicht hatten, die Frage vielfach trotzdem zur Disposi-

277 Vgl. dazu auch Brumberg, Body Project, S. 189–192; Dagmar Herzog, Die »Sexuelle Revolution« in Westeuropa und ihre Ambivalenzen, in: Bänziger et al., Revolution, S. 347–368, S. 349. Auch die zeitgenössische sexualwissenschaftliche Forschung thematisierte, dass eine sexuelle Liberalisierung bei einer nur mangelnden Transformation von Herrschaftsverhältnissen als problematisch zu beurteilen sei. Vgl. Sigusch, Schmidt, Jugendsexualität, S. 6; Mechler, Einführung, S. 13.

tion, ob sich das Opfer gegen den Übergriff des Täters zur Wehr gesetzt hatte. Gleichzeitig positionierten sich Mädchen dieser Altersgruppe – anders als jüngere Kinder – vielfach als Subjekte, die über ihre sexuelle Integrität selbst bestimmen wollten und sich mit »aller Kraft« gegen die tätlichen Angriffe wehrten. Sie sahen sich selbst als Opfer von Gewalt.

Im Untersuchungssample finden sich in 28 Fällen Hinweise darauf, dass 12- und 13-jährige Mädchen physischer und sexueller Gewalt seitens männlicher Jugendlicher und Erwachsener ausgeliefert waren und teilweise massive körperliche Verletzungen erlitten. Während im Stichjahr 1950 drei Mädchen vor dem Kreisgericht St. Pölten von erlebter körperlicher und sexueller Gewalt berichteten, nahm die Zahl solcher Fälle zu: 1960 auf elf und 1970 auf 14 Fälle. Dass Mädchen unter dem sexuellen Schutzalter sowohl sexuelle wie auch physische Gewalt erlitten, war demnach keine Ausnahme: 14% der Fälle des Untersuchungssamples waren durch beide Gewaltformen geprägt. Demgegenüber sagten Jungen, die nur knapp unter dem Schutzalter waren, vor dem Kreisgericht St. Pölten nur selten wegen »Unzuchtshandlungen« aus (§ 128, § 129 Ib). In einem Fall, in dem vier 13-jährige Knaben sexuelle Übergriffe durch einen Erwachsenen erlitten, drohte der Täter den Knaben zwar massiv und verabreichte ihnen Alkohol, jedoch wandte er keine direkte körperliche Gewalt an.[278] Während Mädchen im 13. und 14. Lebensjahr vergleichsweise häufig Opfer von physischer und sexueller Gewalt wurden, wandten Täter gegen jüngere Mädchen und Knaben seltener körperliche Gewalt an, nicht zuletzt deshalb, weil sich jüngere Kinder weit weniger gegen die Angriffe wehrten. Nachfolgend werden die Gewaltformen, die 12- und 13-jährige Mädchen erlebten, ausgeleuchtet und gefragt, wie sie durch eine hierarchische Geschlechterordnung und Prozesse einer sexuellen Liberalisierung geprägt waren.

»Sie sieht nicht wie ein Kind aus«: Sexuelle Gewalt gegen Mädchen im öffentlichen Raum

Wie verschiedene historische Arbeiten aufzeigen, dominierte ein spezifisches Narrativ das Sprechen über sexuelle Gewalt. Demnach ereignen sich sexuelle Übergriffe und Vergewaltigungen in erster Linie an abgelegenen Orten, der Aggressor ist ein Mann, der sein weibliches Opfer nicht persönlich kennt und an Körperkraft deutlich überlegen ist. In dieser Repräsentation von sexueller Gewalt erscheinen abgelegene Wälder und Felder, in denen Frauen und

278 NÖLA, Vr 411/60.

Mädchen alleine unterwegs sind, besonders gefährlich. Im Zentrum dieses Narratives steht eine einzelne Tat, ein Überfall, der einen Bruch in der Normalität des Lebens der Frauen und Mädchen bedeutet. Diese Bilder von Vergewaltigungen waren bereits in der Vormoderne dominierend und wurden im Laufe des 20. Jahrhunderts modifiziert und erweitert.[279] Die rasant angewachsenen Städte rückten zu Beginn der Moderne in den Fokus und »gefährliche Quartiere und Plätze« wurden benannt, in denen sich Mädchen und Frauen, insbesondere in der Dunkelheit, nicht bewegen durften.[280] Mit dem Aufkommen des Automobils wurde ein neuer Ort der Gefahr verhandelt: Narrationen über Täter, welche die Opfer in ihr Auto lockten, entführten, sexuell misshandelten und möglicherweise umbrachten, prägten nun die Imaginationen von sexueller Gewalt – insbesondere an Kindern.[281]

Während die Strafbehörden und Richtenden die Opferpositionen von vorpubertären Kindern, die durch fremde Männer sexuelle Gewalt erlebten, vorbehaltlos anerkannten, war die Position von adoleszenten Mädchen prekärer.[282] Nach dem österreichischen Strafrecht und der dominierenden Lehre machte sich jemand der »Schändung« bzw. »Notzucht« an einem unmündigen Mädchen schuldig, wenn er die »Möglichkeit in Betracht zog«, dass das Mädchen noch nicht 14 Jahre alt war – und somit mit Eventualvorsatz (*dolus eventualis*) handelte.[283] Ging der Täter aber aufgrund der Größe, Entwicklung und der Geschlechtsreife des Mädchens davon aus, dass sie älter als 14 Jahre war, so lag nach herrschender Ansicht ein Strafausschließungsgrund nach § 2e (StG 1852) vor.[284] Diese Regelung konnte, wie das Fallbeispiele der 13-jährigen Sigrid K. aus dem Stichjahr 1970 verdeutlicht, für Mädchen negative Konsequenzen haben.

Sigrid K. fuhr im Juni 1970 am frühen Abend mit ihrem Rad von einem Badeplatz auf einem Feldweg heim, als der 18-jährige Rainhard E. sie ansprach

279 Lorenz, Delikt, S. 63–88; Töngi, Sexualität, S. 106–108.

280 Joachim Schlör, Nachts in der großen Stadt. Paris, Berlin, London 1840–1930, München 1991, S. 162–174.

281 Dieser Topoi wurde auch in Filmen und in der Literatur aufgenommen, siehe z. B. den Film »Es geschah am helllichten Tag (1958)« und den Kriminalroman von Friedrich Dürrenmatt, Das Versprechen, Zürich 1958.

282 Im untersuchten Fallsample finden sich 15 Fälle (7,5 %), in denen minderjährige Kinder und Jugendliche – mehrheitlich Mädchen – von fremden Männern angesprochen wurden und in der Folge im öffentlichen Raum sexuelle Übergriffe erlebten.

283 Kaniak, Strafgesetz 1969, S. 260.

284 Altmann et al., Kommentar 1928, S. 335; Kirchknopf, Gewalt, S. 116.

und anschließend vom Rad stieß.[285] Wie Sigrid K. im Untersuchungsprozess aussagte, verhielt sich Rainhard E. höchst gewalttätig: »Nachdem sich der Bursche auf mich gesetzt hatte, wollte er mich küssen, worauf ich mich bereits heftig wehrte [...]. Er forderte mich immer wieder auf, ›ihn zu lassen‹, was ich jedoch entschieden ablehnte. Daraufhin drohte er mir, er werde mir die Hand brechen, falls ich ihn ›nicht ließe‹. Da mir die Hand, die er mir verbog, bereits sehr weh tat, willigte ich ganz kurz ein, und zwar nur so lange, bis der Bursche die Hand ausließ. Daraufhin sagte er mir: ›Na gut, dann steck ihn dir hinein!‹ [...]. Während der Bursche mehrmals versuchte, mir sowohl die Beine auseinanderzudrücken als auch mit seiner Hand zu meinem Geschlechtsteil zu gelangen, wehrte ich ihn heftig kratzend ab und begann auch zu weinen. Als es mir endlich gelang, ihn abzuschütteln, sprang ich blitzschnell auf und wollte weglaufen. Dem Burschen gelang es jedoch nochmals, meine Hände zu erfassen und mich kurze Zeit, bis ich mich abermals losriß, festzuhalten. Ich lief, sobald ich los war, in Richtung See zurück.«[286]

Für den Verlauf des Falles war bedeutsam, dass Sigrid K. unmittelbar über den Vorfall sprach: Sie ging zurück zum Badeplatz und berichtete einigen Bekannten vom erlebten Überfall. Ein Badegast hatte von der Ferne beobachtet, wie das Mädchen vom Täter angesprochen worden war, und identifizierte den jungen Mann. Die Gendarmerie konnte den Beschuldigten noch am selben Abend ausfindig machen und befragen. Nach ersten Falschaussagen gab dieser das Verbrechen zu.[287] Rainhardt E. führte aus: »Als ich mit dem Mädchen raufte und dabei versuchte, an ihr einen Geschlechtsverkehr durchzuführen, weinte es. Es weinte auch noch, als es davonfuhr.«[288] Nach Angaben der Gendarmerie zeigte das Mädchen keine Verletzungsspuren am Körper, während Rainhard E. am Oberkörper und Rücken leichte Kratzspuren hatte und hinkte, als die Gendarmerie ihn fasste.[289]

Die Untersuchungsbehörden betrieben vielfach einen großen Aufwand, um herauszufinden, ob der Täter das Alter des Mädchens wusste und entsprechend mit Eventualvorsatz handelte.[290] Im Fall von Sigrid K. ließ sich

285 NÖLA, Vr 1233/70, Gendarmeriekommandoposten, Anzeige an die Staatsanwaltschaft St. Pölten, 27. Juli 1970.
286 NÖLA, Vr 1233/70, Gendarmeriekommandoposten, Niederschrift, 28. Juni 1970.
287 NÖLA, Vr 1233/70, Gendarmeriekommandoposten, Anzeige an die Staatsanwaltschaft St. Pölten, 27. Juli 1970.
288 NÖLA, Vr 1233/70, Gendarmeriekommandoposten, Niederschrift, 23. Juni 1970.
289 NÖLA, Vr 1233/70, Gendarmeriekommandoposten, Anzeige an die Staatsanwaltschaft St. Pölten, 27. Juli 1970.
290 Vgl. dazu auch NÖLA, Vr 999/70, Gendarmeriekommandoposten, Strafanzeige an das Bezirksgericht, 17. Juni 1970.

ihr Alter aufgrund ihres Erscheinungsbildes nicht klar bestimmen. Ihre Körpermaße, die sie im Untersuchungsprozess angeben musste, schienen sie nicht mehr ohne Weiteres als »Kind« erkennbar zu machen: Sie war 163 cm groß und wog 57 Kilo.[291] Der Täter – befragt über das angenommene Alter des Mädchens – gab an, er habe gedacht, Sigrid K. sei »ca. 14 jährig«. Der beschuldigte Rainhard E. hatte durchaus eine Vorstellung über ein sexuelles Schutzalter, allerdings eine unpräzise, fragte er doch das Mädchen während des Überfalls, ob es bereits zwölf Jahre alt sei.[292]

Die Perspektive des Täters auf das Opfer und dessen Einschätzung über sein Alter prägten nicht nur die Frage, welches Sexualdelikt vorlag, sondern beeinflussten unweigerlich auch die Prozessbedingungen. Bei Verletzungen des sexuellen Schutzalters prüften die Untersuchungsbehörden das Verhalten der Minderjährigen eingehend: Sie mussten mehrfach und teilweise in direkter Konfrontation mit den Angeklagten aussagen.[293] Gingen die Behörden davon aus, dass die Täter nicht wissen konnten, dass die Mädchen unmündig waren, gestalteten sich die Prozessbedingungen für die Opfer noch rigoroser. Dann kamen nämlich die Prozessbedingungen zum Zug, die für mündige Opfer von Sexualdelikten galten. Ähnlich wie erwachsene Frauen, die Opfer von Sexualverbrechen geworden waren, mussten unmündige Mädchen darlegen, dass sie sich mit »aller Kraft« und »allen Mitteln« gegen die Gewalt gewehrt hatten. Nur wenn sie eine solche Abwehr überzeugend darlegen konnten, verurteilte das Strafgericht die Angeklagten – nicht wegen Kindesmisshandlung, sondern wegen »Notzucht« an einer Mündigen. Diese Praxis war für die Mädchen problematisch: Obwohl sie *de facto* unmündig waren, wurden sie im Strafprozess nicht als solche behandelt.[294]

Für Kinder und Jugendliche war es schwierig, den inquisitorischen Untersuchungen standzuhalten, wie die Befragung von Sigrid K. in der Haupt-

291 NÖLA, Vr 1233/70, Zeugenvernehmung, Kreisgericht St. Pölten, 7. September 1970. Vgl. dazu Sonja Matter, Strafprozesse und die Macht von Bildern, in: fernetzt. Junges Forschungsnetzwerk Frauen- und Geschlechtergeschichte, https://www.univie.ac.at/fernetzt/schutzalter-bilder (Zugriff: 15.02.2018).

292 NÖLA, Vr 1233/70, Gendarmeriekommandoposten, Niederschrift, 27. Juni 1970; Gendarmeriekommandoposten, Niederschrift, 28. Juni 1970.

293 In den Hauptverhandlungen hatten die Angeklagten die Möglichkeit, die Aussagen der Opfer in deren Anwesenheit zu hinterfragen. Vgl. dazu NÖLA, Vr 999/70, Hauptverhandlung, Kreisgericht St. Pölten, 21. Dezember 1970. Kritisch dazu, Elisabeth Müller-Luckmann, Über die Wahrhaftigkeit kindlicher und jugendlicher Zeugen in der Hauptverhandlung, in: von Stockert, Kind, S. 100–108.

294 Vgl. dazu Sonja Matter, Die Grenzen der Kindheit und die Grenzen der »Schutzwürdigkeit«, in: Österreichischen Zeitschrift für Geschichtswissenschaften (ÖZG), 28 (2017) 3, S. 133–156.

verhandlung deutlich macht. Während das Mädchen in den vorherigen Befragungen auf dem Gendarmeriekommandoposten immer betont hatte, dass sie sich intensiv gegen die Angriffe des Angeklagten gewehrt hatte und in einem günstigen Moment fliehen konnte, wich sie nun von ihren früheren Aussagen ab. Nach mehreren eindringlichen Fragen des Staatsanwaltes und des vorsitzenden Richters veränderte Sigrid K. schließlich ihre Aussagen und hielt fest, sie habe den Eindruck gehabt, dass der Angeklagte freiwillig von ihr abgelassen habe.[295]

In der Urteilsbegründung fiel diese letzte Aussage von Sigrid K. nicht ins Gewicht, was auf ein gewisses Verständnis des Gerichts für die Situation des Mädchens hinweist. Die Richter waren letztlich überzeugt, dass die Gewalt nur durch die intensive Gegenwehr gestoppt wurde: »Der Angeklagte hat somit durch gefährliche Bedrohung und wirklich ausgeübte Gewalttätigkeit versucht, Sigrid K. außerstande zu setzen, ihm Widerstand zu tun, und sie in diesem Zustande zum außerehelichen Beischlafe zu mißbrauchen. Die Vollbringung des Vollbrechens [sic!] ist nur infolge der heftigen Gegenwehr des Mädchens unterblieben. Dabei kann von einem freiwilligen Rücktritt keine Rede sein, da der Angeklagte nur deswegen von seinem Vorhaben abließ, weil er sich nicht in der Lage sah, den Widerstand des Mädchens zu überwinden.«[296] Das Gericht verurteilte den Täter wegen »versuchter Notzucht« einer mündigen Frau nach § 125 StG zu sieben Monaten schweren Kerkers, verschärft durch ein hartes Lager monatlich.

Für Sigrid F. bestand kein Zweifel, dass ihr ein Unrecht zugestoßen war und dass sie den Täter dafür verantwortlich machen wollte. Sie teilte den Untersuchungsbehörden mit, dass sie sich sehr »erschreckt«, »Angst« gehabt und die Gewaltdrohungen des Täters ernst genommen hatte.[297] Gleichwohl wehrte sie sich und nutzte im Rahmen ihrer Möglichkeiten ihr Recht, sich vor den gewalttätigen Übergriffen zu schützen und den Täter zur Rechenschaft zu ziehen. Die Verhaftung des Täters gelang im Wesentlichen, da sie sich unmittelbar nach der Tat an ihr soziales Umfeld wandte. Mit diesen Formen von *agency* stellte sie allerdings dominante Konzeptionen von Kindheit infrage, die sich an den Prämissen von Passivität und Unwissen orientierte.[298] Der Schutzanspruch von adoleszenten, unmündigen Mädchen, die sich nachhaltig für ihre Rechte einsetzten, war prekär. Bei Gewalttaten durch unbekannte Täter war es für sie schwierig, vor Gericht als

295 NÖLA, Vr 1233/70, Hauptverhandlung, Kreisgericht St. Pölten, 9. November 1970.

296 NÖLA, Vr 1233/70, Urteil, Kreisgericht St. Pölten, 9. November 1970.

297 NÖLA, Vr 999/70, Gendarmeriekommandoposten, Bericht, 13. Juni 1970; NÖLA, Vr 1233/70, Hauptverhandlung, Kreisgericht St. Pölten, 9. November 1970.

298 Vgl. dazu auch Robertson, Age, S. 781–798.

»Kind« beurteilt zu werden. Das Gericht erkannte Sigrid K. sodann auch nicht als Kind, sondern als »unschuldige« Frau, die sich mit allen Mitteln gegen die sexuellen Übergriffe gewehrt hatte.

Die exzessive Gewalt: Die Gruppenvergewaltigungen

Besonders schwer waren Formen von physischer Gewalt gegenüber adoleszenten Mädchen, wenn sich mehrere Täter gemeinsam am sexuellen Übergriff beteiligten. In acht Fällen des Untersuchungssamples berichteten Mädchen, dass sie Opfer von Gruppenmisshandlungen bzw. -vergewaltigungen geworden waren. In zwei Fällen schilderten die Mädchen die Gruppenvergewaltigungen im Kontext eines Strafprozesses, der aufgrund einer anderen Anklage zu sexueller Kindesmisshandlung durchgeführt wurde. Ob die Behörden daraufhin eine Untersuchung einleiteten, geht aus den vorliegenden Akten nicht hervor.[299] In sechs Fällen, in denen Mädchen von mehreren Tätern gleichzeitig sexuell misshandelt wurden, geben die Akten dagegen Hinweise auf durchgeführte Untersuchungs- und Strafprozesse. Insgesamt wurden in diesen sechs Fällen 23 Personen beschuldigt, sich an einer Gruppenvergewaltigung eines Mädchens beteiligt zu haben. Mit der Ausnahme einer Frau, die sich als Mitschuldige und Teilnehmerin des Verbrechens nach § 5 StG verantworten musste, da sie die Täter zu den Gewalthandlungen aufforderte, handelte es sich dabei ausschließlich um männliche Täter.[300] Darüber hinaus waren in zwei der untersuchten Fälle neben strafmündigen Tätern auch strafunmündige Jugendliche involviert, gegen die keine strafrechtliche Untersuchung eingeleitet wurde, die aber als Zeugen aussagen mussten.[301] Die Untersuchungen gegen die beschuldigten Personen waren umfangreich und geben entsprechend Hinweise auf den Ablauf dieser spezifischen Gewaltform.

Mit Ausnahme eines Mädchens, das zum Zeitpunkt der Übergriffe erst das elfte Lebensjahr erreicht hatte,[302] waren die Opfer einer Gruppenver-

299 NÖLA, Vr 1244/50; Vr 918/70.

300 Vgl. dazu NÖLA, Vr 1411/70; Vr 662/70. § 5 StG bestimmte, dass nicht nur der »unmittelbare Thäter« allein des Verbrechens schuldig ist, sondern auch jeder, »der durch Befehl, Anrathen, Unterricht, Lob, die Uebelthat eingeleitet, vorsätzlich veranlasset, zu ihrer Ausübung durch absichtliche Herbeischaffung der Mittel, Hintanhaltung der Hindernisse, oder auf was immer für eine Art, Vorschub gegeben, Hilfe geleistet, zu ihrer sicheren Vollstreckung beigetragen« hat.

301 NÖLA, Vr 701/60; Vr 963/70.

302 NÖLA, Vr 701/60.

gewaltigung über zwölf Jahre alt. Die Mädchen versuchten sich, mehr oder weniger intensiv, gegen die Gewalt zu wehren, konnten sich aber gegen die Übermacht der Täter kaum verteidigen. Die Mädchen berichteten dann auch von besonders schweren Formen physischer und sexueller Gewalt. Nicht nur die Opfer von Gruppenvergewaltigungen, sondern auch die Beschuldigten gehörten mehrheitlich in die Alterskategorie der Adoleszenz und unterstanden damit dem JGG: Nur drei der Angeklagten hatten das 18. Lebensjahr – allerdings nur knapp – überschritten. Ein Mann, der sich an einer Gruppenvergewaltigung eines minderjährigen Mädchens beteiligte und von dem die Akte erhalten geblieben ist, war mit 24 Jahren deutlich älter.[303] Im Stichjahr 1950 finden sich in einem Fall Hinweise auf eine Gruppenvergewaltigung, die ein minderjähriges Mädchen erlebte; 1960 hatte sich das Gericht in zwei Fällen mit dieser Gewaltform zu beschäftigen. 1970 kamen Gruppenvergewaltigungen in acht Fällen zur Sprache und beschäftigen damit die Behörden deutlich stärker als in den vorangegangenen Stichjahren.

Die Gruppen, von denen die sexuellen Übergriffe ausgingen, waren unterschiedlich zusammengesetzt. Doch lässt sich in allen Fällen eine spezifische Übergriffs- und Gewaltspirale erkennen, die dadurch geprägt war, dass sich mehrere junge Burschen und Männer gleichzeitig an den sexuellen Übergriffen beteiligten. Die Jugendlichen orientierten sich an den Praktiken der älteren Gruppenmitglieder und versuchten, ihre Handlungen nachzuahmen oder zu übertrumpfen. Wie der Fall der 13-jährigen Susanne T. verdeutlicht, den das Kreisgericht St. Pölten 1970 verhandelte, gingen auch sehr junge Täter brutal vor.[304] Im Untersuchungsprozess machten die Angeklagten und das Opfer weitgehend überstimmende Aussagen. Demnach hatten die drei Jugendlichen – der 14-jährige Stefan B., der 13-jährige Max S. und der 12-jährige Johann P. – bewusst den Plan gefasst, Susanne T. zu misshandeln.[305] Die Jugendlichen erpressten ihre Schulkollegin, damit sie mit ihnen in einen abgelegenen Schuppen ging. Falls sie nicht mitkomme, würden sie – so die Drohung – dem Vater des Mädchens einen Brief zeigen, den ihr ein Schulkollege geschrieben habe und der sie in ein negatives Bild rücken würde. Tatsächlich gab es diesen Brief nicht; er wurde von den Jugendlichen erfunden, um Susanne T. aus dem Haus in den benachbarten Wald zu locken. Ihr Plan ging auf: Susanne T. folgte den Knaben, wobei sie das Gewaltpotential erahnt zu haben schien. Sie hatte sich mit einer

303 Dessen Ehefrau, die als Mittäterin angeklagt wurde, war bereits 35 Jahre alt. Siehe dazu NÖLA, Vr 1411/70.

304 NÖLA, Vr 963/70.

305 NÖLA, Vr 963/70, Gendarmeriekommandoposten, Aktenvermerk, 25. Mai 1970; Gendarmeriekommandoposten, Niederschrift, 22. Mai 1970.

Erdapfelgabel bewaffnet, da sie »den dreien nicht recht getraut habe«, wie sie zu Protokoll gab.[306] Während Stefan B. und seine Komplizen explizit von einem »Plan« sprachen, Susanne T. sexuelle Gewalt anzutun, erwähnten andere, die der Gruppenvergewaltigung beschuldigt wurden, keine klar vorgefassten Absichten. Doch verweisen die Aussagen der Täter auf eine vielfach hohe Gewaltbereitschaft. Griffen die Täter zu Messern oder Schusswaffen, verschärfte sich das Machtgefälle zwischen ihnen und den Opfern zusätzlich.[307]

Der Ablauf der Gewalthandlung und die Objektivierung der Opfer

Die Formen der physischen, psychischen und sexuellen Gewalt, die im Kontext von Gruppenvergewaltigungen von Mädchen angewandt wurden, waren vielfach massiv. So auch im Fall der 12-jährigen Susanne T.: Im abgelegenen Schuppen hielten die beiden jüngeren Täter das Mädchen fest, während der 14-jährige Stefan B. ihr ein Halstuch in den Mund steckte, sodass sie nicht um Hilfe schreien konnte. Die Jugendlichen drückten das Mädchen auf den Boden, Stefan B. zog ihr die Hose herunter und vergewaltigte sie. Anschließend legten sich die beiden anderen Jugendlichen auf Susanne T. und misshandelten sie ebenfalls. Die drei Jugendlichen einigten sich darauf, dass jeder »5 Minuten dürfe« und stoppten abwechselnd die Zeit. Nachdem sich alle an dem Mädchen vergangen hatten, legte sich Stefan B. ein zweites Mal auf das Mädchen und vergewaltigte sie erneut.[308] Wie der konsultierte Arzt einen Tag später feststellte, wurde das Mädchen nicht nur »defloriert«, sondern erlitt an den Schamlippen tiefe Risswunden.[309] Alle drei Beschuldigten hatten physische Gewalt angewendet, Stefan B. bedrohte das Mädchen zudem massiv. So berichtete Max S. im Untersuchungsprozess, Stefan B. habe dem Mädchen gesagt, »wenn du nicht ruhig bist, hau ich dir eine drauf, du bist dann sofort hin«.[310] Schließlich drohte Stefan B. dem Mädchen, er würde sie umbringen, wenn sie jemandem über die Vorfälle berichten würde.[311]

306 NÖLA, Vr 963/70, Gendarmeriekommandoposten, Aktenvermerk, 26. Mai 1970.
307 Vgl. dazu auch, NÖLA, Vr 931/70, Gendarmeriekommandoposten, Niederschrift, 12. Februar 1970.
308 NÖLA, Vr 963/70, Gendarmeriekommandoposten, Aktenvermerk, 25. Mai 1970; Aktenvermerk 26. Mai 1970; Niederschrift, 22. Mai 1970.
309 NÖLA, Vr 963/70, Gendarmeriekommandoposten, Bericht an Bezirks- und Arbeitsgericht, 5. Juni 1970.
310 NÖLA, Vr 963/70, Gendarmeriekommandoposten, Aktenvermerk 25. Mai 1970.
311 NÖLA, Vr 963/70, Gendarmeriekommandoposten, Aktenvermerk 26. Mai 1970.

Die jungen Täter handelten einerseits brutal, andererseits verdeutlicht der Untersuchungsprozess, dass sie nur partielles Wissen über Sexualität und Fortpflanzung hatten. Wie auch die zahlreichen Mädchen, die in Prozessen zu »Schändung« und »Notzucht« an Minderjährigen aussagten, einen Samenerguss weder benennen noch deuten konnten, so war auch den beschuldigten Burschen vielfach nicht klar, was der »weiße Schlatz« zu bedeuten hatte. Johann P. gab beispielsweise zu Protokoll: »Wie der Stefan aufgestanden ist, habe ich auf seinem Spatz so etwas Weißes gesehen. Er hat es der Susanne auf die Füße gespritzt. Das hat er aber weggewischt. Auf meine Frage, was das war, antwortete mir Stefan, ein Saft.«[312] Für Gruppenvergewaltigungen war im Weiteren charakteristisch, dass die Täter jeweils unterschiedliche Rollen einnahmen und sich dabei abwechselten. Nicht nur im Fall von Susanne T., sondern noch in einem weiteren Fall, den das Kreisgericht St. Pölten im Untersuchungszeitraum zu behandeln hatte, schlugen Gruppenmitglieder vor, die Zeit zu stoppen, während ein Täter das Mädchen misshandelte.[313] Auch wechselten sich die Täter darin ab, das Mädchen entweder an den Armen und Schultern niederzudrücken, ihm den Mund zuzuhalten oder dem Gewaltakt einfach zuzuschauen. Schließlich übernahmen die Täter nacheinander die Rolle des »Aufpassers«, der außerhalb des Verstecks beobachtete, ob sich jemand näherte. Wie einzelne Beschuldigte aussagten, übten Jugendliche und junge Männer vielfach gegenseitig Druck aus, sich an sexuellen Übergriffen zu beteiligen und die je zugewiesenen Rollen einzunehmen. 1960 gab beispielsweise der 13-jährige Walter B. an, er sei vom 14-jährigen Leopold P. – zusammen mit weiteren Jugendlichen – aufgefordert worden, sexuelle Gewalt gegenüber dessen 11-jähriger Schwester auszuüben. Als sich Walter B. weigerte, da ihm »grauste«, bezeichnete ihn Leopold P. als »feigen Hund«. Darauf griff Walter B. seinen Kollegen körperlich an und es kam zu einer Rauferei zwischen den beiden Jugendlichen.[314]

Die Untersuchungsbehörden fragten die Beschuldigten nicht systematisch nach den Gründen für ihr gewalttätiges Handeln. Gleichwohl finden sich in verschiedenen Strafprozessen Erklärungen, weshalb die Jugendlichen und jungen Männer – zusammen mit anderen Komplizen – sexuelle Gewalt gegenüber Mädchen angewandt hatten. Mehrere schilderten die Übergriffe als eine Form von Spiel, das möglicherweise etwas aus den Fugen geraten war. So sagte der 24-jährige Emil K., der an einer Gruppenvergewaltigung eines

312 NÖLA, Vr 963/70, Gendarmeriekommandoposten, Aktenvermerk 25. Mai 1970.

313 Vgl. dazu beispielsweise NÖLA, Vr 1411/70, Gendarmeriekommandoposten, Niederschrift, 4. Oktober 1969.

314 NÖLA, Vr 701/60, Gendarmeriekommando, Bericht an das Bezirksgericht, 12. Mai 1960.

12-jährigen Mädchens beteiligt war, sie hätten die Handlungen als »lustig« empfunden: »Wir haben alle sehr gelacht«.[315] Andere gaben an, sie seien neugierig gewesen, so auch der beim Gerichtsprozess 18-jährige Heinz N., der ein Mädchen aus seiner Nachbarschaft, teilweise alleine, teilweise zusammen mit seinem Bruder misshandelte: »Den Geschlechtsverkehr führte ich mit Ines M. deshalb aus, weil ich neugierig war, wie ein solcher mit einem jungen Mädchen sei. Weil es mir Spaß machte, spielte ich mich [sic!] zweimal mit dem Geschlechtsteil der Ines M., indem ich ihr meine Finger in ihre Scheide steckte.«[316] Bei jungen Angeklagten vermischten sich Gefühle von Eifersucht oftmals mit Besitzansprüchen gegenüber dem Mädchen. 1960 gab beispielsweise der 15-jährige Jakob N. an: »Mein Bruder Heinz und ich haben die Handlungen an Ines M. nur deshalb begangen, weil sie am Abend öfters mit Rudolf W., der im gleichen Haus als wir wohnhaft ist, auf der Hausbank saß. Deswegen wurden wir zornig und wollten uns an Ines M. rächen.«[317]

In eine besonders gefährliche Position gerieten Mädchen unter Umständen, wenn bekannt war, dass sie bereits mit mehreren Jugendlichen sexuelle Kontakte gehabt hatten. Die 14- bzw. 15-jährigen Brüder Bernhard und Christian M. erzählten in ihrem sozialen Umfeld, dass sie in einem abgelegenen Turm sexuelle Beziehungen mit der 13-jährigen Elfriede A. eingegangen waren, die – wie auch das Mädchen im Untersuchungsprozess im Jahre 1970 aussagte – freiwillig erfolgt waren.[318] Elfriede A. gab zu Protokoll, dass es nach dem ersten Geschlechtsverkehr zu weiteren sexuellen Handlungen gekommen war, die ihr »schon gefallen« hatten.[319] Das Gerücht, wonach Elfriede A. »leicht zu haben sei«, veranlasste in der Folge mehrere Jugendliche, sich ebenfalls zum geheimen Treffpunkt zu begeben. Für Elfriede A. war es höchst folgenreich, dass sie einen »schlechten Ruf« hatte. Die jungen Täter sprachen ihr den Status einer mit elementaren Persönlichkeitsrechten ausgestatteten Person ab und misshandelten sie massiv. Das Mädchen wurde zum Objekt gemacht, das für sexuelle Begierden aller zur Verfügung zu stehen hatte.[320] Diese Dynamik findet sich in verschiedenen weiteren Fällen, die das Kreisgericht St. Pölten in den untersuchten Stichjahren behandelte. Die männlichen Jugendlichen sprachen Mädchen, die sie despek-

315 NÖLA, Vr 1411/70, Gendarmeriekommandoposten, Niederschrift, 4. Oktober 1969.
316 NÖLA, Vr 1318/60, Gendarmeriekommandoposten, Niederschrift, 17. August 1960.
317 Ebd.
318 NÖLA, Vr 931/70, Gendarmeriekommandoposten, Niederschrift, 12. Februar 1970.
319 NÖLA, Vr 962/70, Gendarmeriekommandoposten, Niederschrift, 12. Februar 1970.
320 NÖLA, Vr 931/70.

tierlich als »Fritscherl«, »leichtes Mädchen« oder »Luder« bezeichneten, ein Recht ab, selbst über ihren sexuellen Körper zu bestimmen.[321]

Nicht nur in den Aussagen von Susanne T., sondern auch in den Berichten der anderen Mädchen, die im Kontext einer Gruppe sexuelle Gewalt erfuhren, dominierten die Narrationen einer physischen Unterlegenheit. Die 13-jährige Erika N. führte aus, sie habe versucht, aus dem abgelegenen Gebäude zu fliehen: »Ich wollte unbedingt weglaufen«. Doch warfen sie zwei der Täter nieder und hielten sie fest, während ein dritter sie auszog.[322] Die beim Untersuchungsprozess 14-jährige Ines M. schilderte, wie ihre Nachbarn ihr nicht nur Gewalt angetan hatten, sondern sie auch daran hinderten, um Hilfe zu rufen: »Ohne etwas zu sagen, warf mich Heinz N. auf den Boden und sein Bruder Jakob N. hielt mich an den Händen fest, damit ich mich nicht wehren konnte. Ferner hielt mir Jakob N., damit ich nicht schreien konnte, den Mund zu.«[323] Trotz der physischen Übermacht der Täterschaft versuchten sich die Mädchen vielfach mit allen Mitteln gegen die Gewaltakte zu wehren. In einem Fall notierten die Behörden, die 12-jährige Franziska N. hätte um sich geschlagen und versucht, die Täter zu beißen. Daher hielten drei Täter das Mädchen nicht nur an Armen und Beinen, sondern auch am Kopf fest.[324]

Zweifelsohne führte die Gruppendynamik zu besonders brutalen Gewaltakten, in denen die minderjährigen Mädchen teilweise massive körperliche Verletzungen erlitten. Die 12-jährige Petra A., die 1950 von zwei Männern festgehalten und von einem dritten vergewaltigt wurde, sagte aus, sie habe »am Geschlechtsteil heftige Schmerzen« gehabt und geblutet.[325] Doch nicht nur die physischen Verletzungen waren bei diesen Gewaltakten besonders schwer, sondern auch die Formen der Demütigungen. Die Erniedrigung ergab sich einerseits aus dem Blick der Mittäter auf die Gewalt und das Leiden des Opfers. Andererseits lässt sich im Kontext der Gruppe eine spezifische Steigerung der Demütigungspraktiken finden. Einzelne Mädchen berichteten, dass die Täter ihnen verschiedene Gegenstände in die Scheide eingeführt hatten.[326] Nach der vollzogenen sexuellen Misshandlung urinierte der 17-jährige Bernhard M. vor den Augen mehrerer Jugendlicher auf die 13-jährige Elfriede A.[327]

321 Vgl. dazu u. a. NÖLA, Vr 648/60; Vr 940/60; Vr 1185/60; Vr 1963/70.
322 NÖLA, Vr 495/70, Gendarmeriekommandoposten, Niederschrift, 13. Oktober 1969.
323 NÖLA, Vr 1304/60, Gendarmeriekommandoposten, Niederschrift, 17. August 1960.
324 NÖLA, Vr 1411/70.
325 NÖLA, Vr 1244/50, Gendarmeriekommandoposten, Tatgeschichte, 4. Oktober 1950.
326 NÖLA, Vr 1411/70; Vr 962/70.
327 NÖLA, Vr 962/70, Gendarmeriekommandoposten, Niederschrift, 17. Februar 1970.

Deutungen der exzessiven sexuellen Gewalt: Die Frage nach der »geistigen Reife« der Jugendlichen

Wie die Akten des Kreisgerichts St. Pölten deutlich machen, waren die Untersuchungsbehörden bestrebt, bei Formen von Gruppenvergewaltigungen die gewalttätigen Handlungen aller involvierten Täter genau zu dokumentieren: Entsprechend sind die Übergriffe, welche die jungen Mädchen erlebt haben, *en detail* in ihrer ganzen Brutalität dokumentiert. Dies veranlasste die Behörden allerdings nicht, auf die Gewalt spezifisch zu reagieren. In keinem Fall ordnete das Gericht eine psychiatrische Begutachtung der noch sehr jungen Burschen an, um eine Einschätzung über ihre Gefährlichkeit zu erhalten. Nur in einem Fall wurde eine psychiatrische Examination durchgeführt. Auf Antrag der Verteidigung des angeklagten Mauerlehrlings Rudolf P., der bei der Tat 15 1/2 Jahre alt war, hatte der Gerichtspsychiater ein Gutachten über die »geistige Reife« des Jugendlichen im Sinne des §10 JGG 1961 auszustellen.[328]

Im österreichischen JGG herrschte die Vorstellung vor, wonach sich die Jugendzeit durch einen Reifungsprozess charakterisiere, während dem die Einsicht in strafbare Handlungen zwar im Kern vorhanden, jedoch noch nicht vollständig ausgebildet war. Der Gesetzgeber war bemüht, dieser Prozesshaftigkeit Rechnung zu tragen. Das JGG 1949 bestimmte, dass delinquente Jugendliche dann nicht strafbar seien, wenn sie »aus besonderen Gründen noch nicht reif genug« waren, das Unrecht ihrer Tat einzusehen – eine Bestimmung, die auch das revidierte JGG von 1961 weiterführte (§10).[329] Insbesondere »ererbte Defekte«, »Verwahrlosung«, Krankheit und Unterernährung nannten die Judikatur und Rechtswissenschaft als Gründe, die den Eintritt der Reife verzögerten.[330] Den Gerichten war es somit möglich, eine bis zu einem gewissen Grade individualisierende Rechtsprechung anzuwenden und fallweise zu bestimmen, inwieweit Jugendliche tatsächlich einen Reifegrad erreicht hatten, der eine Einsicht in ihr strafbares Handeln voraussetzte. Der 14. Geburtstag sollte damit keine absolut trennscharfe Demarkation bilden, sondern eine Richtlinie, von der im einzelnen Fall abgewichen werden konnte.

Die Strafgerichte griffen, wie im Fall von Rudolf P., im Wesentlichen auf die Einschätzungen der psychiatrischen Experten zurück, um die Frage der »Reife« zu klären. Bei der Untersuchung auf dem Gendarmeriekom-

328 NÖLA, Vr 495/70.

329 §11 JGG 1949; §11 JGG 1961.

330 OGH, 5.11.1952, EvBl. 1953 Nr. 102; OHG, 5.12.1952, JBl. 1953, S. 157.

mandoposten im Herbst 1969 gab Rudolf P. an, er habe sich vor einigen Monaten an gewalttätigen Übergriffen an den 12- bzw. 13-jährigen Schwestern Franziska und Erika N. beteiligt. Er schilderte, wie er Erika N. zusammen mit dem 19-jährigen Alois S. am Boden festhielt und versuchte, sowohl an Franziska wie auch Erika N. einen Geschlechtsverkehr durchzuführen. Da ihm dies nicht gelang, sei er beim älteren Mädchen »mit einem Finger in ihren Geschlechtsteil hineingefahren«.[331] Seine Aussagen verweisen einerseits auf das Ausmaß der ausgeübten physischen Gewalt, andererseits auf die Strategien der Täter, ihre Gewalttaten zu banalisieren. Nachdem die vier Täter die beiden Mädchen an zwei unterschiedlichen Orten misshandelt und teilweise vergewaltigt hatten, gingen sie in ein Gasthaus und tranken »ein Krügel Bier pro Person«.[332]

Im Fall von Rudolf P. zog sich der Strafprozess ungewöhnlich in die Länge. Erst eineinhalb Jahre nach der ersten Befragung auf dem Gendarmeriekommandoposten stellte der Gerichtspsychiater das Gutachten aus. Zwar wäre Rudolf P. bereits mehrere Monate vorher zur jugendpsychiatrischen Untersuchung vorgeladen gewesen, doch wurde diese verschoben: zunächst wegen einer Leistenbruchoperation, der sich der Jugendliche unterziehen musste, später wegen »eines mehrwöchigen Berufsschulinternates«. Somit fand die psychiatrische Befragung rund zwei Jahre nach der Tat statt. Gleichwohl schien es dem zuständigen Gerichtspsychiater möglich, die Ereignisse aufgrund des Gesprächs mit dem Beschuldigten zu rekonstruieren und die Handlungen des Jugendlichen zu deuten. So hielt er fest, Rudolf P. hätte damals »schon sehr unter dem Geschlechtstrieb zu leiden« gehabt: »[…] er hatte onaniert, hatte auch schon Necking-Erlebnisse mit gleichaltrigen Mädchen – aber keine sexuelle Berührung.«[333] Wie der Gerichtspsychiater weiter ausführte, fand die Begegnung mit den beiden Mädchen just in dieser »Krisenzeit« statt, wobei ihm aufgrund der ausgestellten Akte bekannt war, dass die Mädchen in problematischen sozialen Verhältnissen aufgewachsen, seitens der Eltern wenig beaufsichtigt waren und entsprechend einen zweifelhaften Leumund hatten: »In dieser Situation treffen sie [die Beschuldigten, Anm. d. Verf.] auf die beiden zwar altersmäßig jungen, aber sexuell sicher nicht mehr unerfahrenen und schwer depravierten herumzigeunernden Mädchen, die sich als willkommene Objekte für einschlägige Abenteuer anbieten.«[334] Das Gutachten führte weiter aus, Rudolf

331 NÖLA, Vr 495/70, Gendarmeriekommandoposten, Niederschrift, 22. Oktober 1969.
332 Ebd.
333 NÖLA, Vr 495/70, Psychiatrisches Sachverständigengutachten, 30. April 1971.
334 Ebd.

P. sei in der Gruppe »von Anfang an selbst recht aktiv gewesen«. Doch müsse bedacht werden, dass ihn sein älterer Schwager in seinen Handlungen unterstützte. Zum sexuellen Übergriff führte der Gerichtspsychiater in verharmlosender Weise aus: »Nunmehr erprobte er – wenn auch im wesentlichen vergeblich – seine junge Männlichkeit erstmal am heterosexuellen Partner.«[335] Das »Kontrollvermögen« des Jugendlichen sei, wie der Gerichtspsychiater abschließend feststellte, durch verschiedene Faktoren beeinträchtigt gewesen:

1. Durch die noch deutlich etwas unausgeglichene Persönlichkeitsstruktur und die nicht ganz schritthaltende seelische Reife;
2. durch gewisse Erziehungsmängel;
3. durch die sexuelle Not in der kritischen Pubertätsphase;
4. durch die willkommene und sich sehr leicht anbietende Gelegenheit endlich zur adäquaten sexuellen Betätigung zu kommen;
5. durch das enorme Moment der Verführung durch den älteren Schwager, der ihm ja auch weitgehend alle moralischen Bedenken durch sein schlechtes Beispiel zerstören musste!
6. Durch das Geltungsstreben, die Großmannssucht, die dadurch ganz undenkbare Vorstellung vom Kneifen![336]

Der Gerichtspsychiater stellte eine »mangelnde Reife im Sinne des § 10 JGG hinsichtlich der Handlungsfähigkeit« von Rudolf P. fest: »Man würde von einem Jugendlichen dieser Art, dieser Entwicklungsphase und dieses Alters ein unzumutbares Maß an Heroismus und Reife voraussetzen, wolle man verlangen, dass er sich aus eigener Kraft bei solchen Taten von der Gruppe, in der er der Jüngste, der schwächste und der Anpassungshungrigste ist, absetze!«[337]

Nicht nur die Beschuldigten sprachen demnach – den als »verdorben« geltenden Mädchen – einen Subjektstatus ab. Auch der psychiatrische Experte hinterfragte die Objektivierung der Mädchen nicht, sondern übernahm diese vielmehr in seiner Begutachtung. Mit der Bezeichnung der »verwahrlosten« und »sexuell depravierten« Kinder und Jugendlichen verwendete die Psychiatrie eine wissenschaftliche Sprache, die stigmatisierend wirkte und geeignet war, das Recht von Kindern und Jugendlichen auszublenden, vor sexuellen Übergriffen geschützt zu werden.[338] Wie aus dem Untersuchungs-

335 Ebd.
336 Ebd.
337 Ebd.
338 Eine vergleichbare Praxis findet sich auch in der Heilpädagogik, Ina Friedmann, Von der »Schuld« der Opfer. Die Behandlung von Kindern, die Opfer sexueller

prozess hervorging, wurde Franziska N. bereits im Alter von neun Jahren vergewaltigt. Es folgten weitere sexuelle Übergriffe.[339] In den Augen des Gerichtspsychiaters waren die Mädchen aber nicht primär Opfer von sexueller Gewalt, sondern »verwahrloste Mädchen«, die für sexuelle Bedürfnisse von Jugendlichen eine »sehr leicht anbietende Gelegenheit« darstellten. Mit dem Begriff der »herumzigeunernden Mädchen« griff der Psychiater zudem auf Alltagskonzeptionen eines nicht angepassten Verhaltens zurück, die durch rassistische Konnotationen strukturiert waren und eine zusätzliche Abwertung implizierten.[340] Auch Rudolf P. hatte den Begriff verwendet: Auf die Frage des Psychiaters, ob er heute solche sexuellen Handlungen wiederholen würde, gab der Jugendliche an: »Da täte ich auch nichts machen ... erstens weil sie noch zu jung sind ... eine ... na ich meine ›Umanandaziagerte‹ die nemmert sich sowieso nicht ... das wäre für mich nichts ... das ist ja nichts ...«.[341] Zwei Jahre nach der Gruppenvergewaltigung stellte sich der 17 1/2-Jährige als jungen Mann dar, der Mädchen durchaus wählerisch begegnete und in sexuellen Belangen Zurückhaltung übte.

Die massiven physischen und sexuellen Gewaltakte, welche die Gendarmerie dokumentierte, erörterte die Gerichtspsychiatrie nicht vertieft. Während Rudolf P. vor der Gendarmerie seine Gewaltakte zugegeben hatte, sagte er im psychiatrischen Gespräch, die Mädchen hätten sich »auf gar keinen Fall gewehrt«, sie hätten sich lediglich »vielleicht ein wenig geziert«.[342] Diese Widersprüche ließ der Gerichtspsychiater mit dem Hinweis auf die »männliche Pubertätskrise« stehen. Die aggressiven Handlungen als Folge der entwicklungspsychologischen Krisenzeit und der damit verbundenen »sexuellen Not« schienen nicht weiter erklärungsbedürftig. Diese

Gewalt wurden, an der Heilpädagogischen Abteilung der Wiener Universitäts-Klinik im 20. Jahrhundert, 1. Juni 2017, https://zeitgeschichte-online.de/themen/von-der-schuld-der-opfer (Zugriff: 06.08.2018). Die Abkehr vom Begriff der »Verwahrlosung« erfolgte erst Mitte der 1970er Jahre. Vgl. Eva Gehltomholt, Sabine Hering, Das verwahrloste Mädchen – Diagnostik und Fürsorge in der Jugendhilfe zwischen Kriegsende und Reform (1945–1965), Opladen 2006, S. 53; vgl. im Weiteren auch Sieder, Smioski, Kindheit, S. 30–34.

339 NÖLA, Vr 1411/70, Gendarmeriekommandoposten, Amtsvermerk, 3. Oktober 1969.

340 Vgl. dazu auch Barbara Rieger, Roma und Sinti in Österreich nach 1945. Die Ausgrenzung einer Minderheit als gesellschaftlicher Prozess, Frankfurt a.M. 2003; Erika Weinzierl, »Zigeuner« als Beispiel historisch-gesellschaftlicher Marginalisierung in Österreich, in: Klaus-Peter Pfeiffer (Hg.), Vom Rande her? Zur Idee des Marginalismus. Festschrift für Heinz Robert Schlette zum 65. Geburtstag, Würzburg 1996, S. 293–299.

341 NÖLA, Vr 495/70, Psychiatrisches Sachverständigengutachten, 30. April 1971.

342 Ebd.

Haltung war durchaus kongruent mit dominierenden psychiatrischen Lehrmeinungen, die davon ausgingen, dass Knaben in der Pubertät zu einem gewissen aggressiven Verhalten neigen würden. Dieses galt als durchaus normal und Teil des Entwicklungsprozesses vom Kind zum jungen Mann. Der Schweizer Kinderpsychiater Moritz Tramer führte beispielsweise in seinem mehrfach aufgelegten Lehrbuch aus, dass sich die Pubertät durch einen starken Durchbruch eines »neuen Trieblebens« auszeichne, weswegen die Pubertät auch als »Triebphase« bezeichnet werde. »Ihre Äußerungen können besonders beim männlichen Geschlecht heftig sein, wegen der bei diesem vorherrschenden *Aggressions*tendenz«. Dabei äußere sich nicht nur der Sexualtrieb in starker Weise, sondern auch der »Geltungs- und Machttrieb«.[343]

Im Untersuchungszeitraum vertraten auch mehrere Kriminologen die These, dass sich die Ursache von sexuell gewalttätigem Verhalten bei jungen Männern in der Spezifik der pubertären Entwicklung finden lasse. Der Jurist Günter Schulz argumentierte beispielsweise 1958, der Jugendliche vermöge infolge der im Pubertätsalter fehlenden Harmonie »den auftretenden Sexualtrieb einfach nicht mehr zu zügeln«,[344] wodurch er sich gegenüber Mädchen sexuell gewalttätig verhalte. Diese als krisenhaft verstandene psychosexuelle Entwicklungsphase könne, so Schulz weiter, beim männlichen Geschlecht vom zwölften bis zum 22. Lebensjahr andauern.[345] Ähnlich argumentierte der Rechtswissenschaftler Günther Brückner 1956. Bei männlichen Jugendlichen stehe das Sexuelle im Seelenleben derartig im Vordergrund, dass es alle Gefühle und Vorstellungen beherrsche. Die Sittlichkeitsdelikte der Jugendlichen müssten folglich als Pubertätserscheinung verstanden werden. Durch die »Reifungsschwierigkeiten« würden die Jugendlichen vorübergehend aus dem Gleichgewicht gebracht, was schließlich die Ursache des deliktischen Verhaltens bilde.[346] Sowohl in den psychiatrischen wie auch kriminologischen Schriften fungierten die »biologischen Umwälzungen« der Pubertät beim männlichen Jugendlichen somit als Ursache des sexualdeliktischen Handelns.[347]

343 Moritz Tramer, Lehrbuch der allgemeinen Kinderpsychiatrie einschließlich der allgemeinen Psychiatrie der Pubertät und Adoleszenz, 3. Aufl., Basel 1949, S. 109 (Hervorhebung im Zitat).

344 Günter Schulz, Die Notzucht, Hamburg 1958, S. 130.

345 Ebd., S. 128.

346 Günther Brückner, Die Jugendkriminalität. Erscheinungsformen, Ursachen, Behandlung, Hamburg 1956, S. 44.

347 Vgl. dazu auch Thomas Würtenberger, Jugendliche Tätertypen, in: Bundeskriminalamt Wiesbaden (Hg.), Bekämpfung der Jugendkriminalität, Wiesbaden 1955, S. 92–99, S. 97.

Die Position des Gerichtspsychiaters, der das kriminelle Verhalten von Rudolf P. primär als Pubertätserscheinung bezeichnete, war für den Beschuldigten entlastend. Die Staatsanwaltschaft sah von einer Klage ab. Die Beteiligung an einer Gruppenvergewaltigung hatte damit für den Jugendlichen keine Konsequenzen. Eine viel strengere Reaktion seitens der Strafbehörden hatte Rudolf P. dagegen als Strafunmündiger erfahren. Als er mit 13 Jahren einen Opferstock ausgeraubt und ein Moped gestohlen hatte, wurde er für ein halbes Jahr in ein Erziehungsheim eingewiesen, aus dem er, wie er selbst beteuerte, wesentlich gebessert ausgetreten war.[348] Aus seiner eigenen Erfahrung musste Rudolf P. zum Schluss kommen, dass die Strafbehörden das Delikt des Diebstahls rigoros ahndeten, nicht aber das Delikt der sexuellen Gewalt an Mädchen.

Die Gruppenmisshandlungen gegenüber unmündigen Mädchen in den Augen des Gerichts: Die Urteile

Die Mehrheit der Angeklagten, die sich wegen einer Gruppenvergewaltigung an einem minderjährigen Mädchen verantworten mussten, war jünger als 18 Jahre. Als Jugendschöffengericht sprach das Kreisgericht St. Pölten in diesen Fällen Arreststrafen von einem bis acht Monaten aus, wobei das Gericht die Strafe in allen Fällen auf eine, in der Regel drei Jahre dauernde Probezeit aussetzte. Damit befanden sich die Jugendlichen zwar unter einer Art Damoklesschwert, denn ein weiterer Fehltritt – auch ein strafrechtliches Delikt anderer Art – konnte ausreichen, um eine Arreststrafe antreten zu müssen.[349] Gleichwohl blieb ihnen eine regelmäßige Auseinandersetzung mit den Strafbehörden und ihrem Delikt erspart. Nur in einem Fall, beim 14-jährigen Stefan B., der die 12-jährige Susanne T. massiv verletzte, ordnete das Jugendschöffengericht an, den Jugendlichen während der Probezeit unter Bewährungshilfe zu stellen, und berief sich dabei auf das revidierte JGG von 1961, das neue Bestimmungen über die Bewährungshilfe eingeführt hatte (§ 19).[350] Doch auch wenn Jugendliche wie Stefan B. unter Bewährungshilfe standen, bedeutete dies nicht, dass sie sich mit ih-

348 NÖLA, Vr 495/70, Psychiatrisches Sachverständigengutachten, 30. April 1971.

349 Zur Geschichte der Bewährungshilfe siehe, George Mair, Lol Burke, Redemption, Rehabilitation and Risk Management, London 2012; Brigitte Studer, Sonja Matter (Hg.), Zwischen Aufsicht und Fürsorge. Die Geschichte der Bewährungshilfe im Kanton Bern, Bern 2011.

350 NÖLA, Vr 963/70, Urteil, Kreisgericht St. Pölten als Jugendschöffengericht, 15. Juni 1970. Vgl. auch Heidrich, Zastiera, Jugendgerichtsgesetz 1962, S. 84–85.

rem gewalttätigen Handeln auseinandersetzen mussten. Wie die abgelieferten Berichte verdeutlichen, prüfte der Bewährungshelfer bei seinen wöchentlichen Besuchen primär, ob Stefan B. seine Arbeit als handwerklicher Lehrling erfolgreich absolvierte und keinen Alkohol trank. Da sich der Jugendliche diesbezüglich normkonform verhielt, stellte der Bewährungshelfer dem Jugendlichen ein gutes Zeugnis aus. Er hielt beispielsweise fest: »Stefan ist ein hochaufgeschlossener, kräftiger Bursche, der auch bei schweren Arbeiten seinen Mann stellt.«[351] Das Thema Sexualität und Gewalt blieben indes in den Berichten ausgespart; es ist folglich auch davon auszugehen, dass der Bewährungshelfer mit Stefan B. nicht über die Vergewaltigung sprach.

Bei den über 18-jährigen Angeklagten ordnete das Kreisgericht St. Pölten höhere Sanktionen an. Im Stichjahr 1960 verurteilte es beispielsweise den 18-jährigen Heinz N. zu einem Jahr schweren Kerker, da er teilweise zusammen mit seinem jüngeren Bruder gegenüber einem 13-jährigen Mädchen sexuelle Gewalt ausgeübt hatte.[352] 1970 fiel das Strafmaß in vergleichbaren Fällen tendenziell milder aus. So wurde beispielsweise beim 20-jährigen Kurt G. die mehrmonatige Kerkerstrafe auf eine Probezeit ausgesetzt, ungeachtet dessen, dass er sich mehrfach an einer sexuellen Gruppenmisshandlung beteiligt hatte.[353] 1970 hatten die Angeklagten bei einer Gruppenvergewaltigung in erster Linie dann mit einer mehrmonatigen Kerkerstrafe zu rechnen, wenn sie über 21 Jahre alt waren.[354] Die Strafinstanzen zeigten gegenüber jungen Männern 1970 eine mildere Haltung als 1950 und 1960. Die nachsichtigere Beurteilung bezog sich somit nicht nur auf Fälle, in denen junge Männer konsensuale sexuelle Kontakte mit Mädchen eingegangen waren. Von einer milderen Strafpraxis profitierten 1970 auch Angeklagte, die massive sexuelle Gewalt gegen Mädchen angewandt hatten.

Wie in anderen Fällen von »Unzucht« und »Notzucht« spielten bei Gruppenvergewaltigungen nicht nur die Handlungen der Täter eine Rolle bei der Festsetzung des Strafmaßes, sondern auch der Leumund und das Verhalten der Mädchen. So erachtete das Kreisgericht St. Pölten beispielsweise beim angezeigten 24-jährigen Emil K. die »Verdorbenheit des Mädchens« als strafmildernd.[355] Das Gericht ging auch dann noch davon aus, dass der Täter »leichte Gelegenheit« gehabt hatte, wenn aus dem Untersuchungs-

351 NÖLA, Vr 963/70, Bewährungshelfer, Bewährungshilfe Geschäftsstelle St. Pölten, an Kreis-, Bezirks-, Arbeitsgericht St. Pölten, 14. Dezember 1971.

352 NÖLA Vr 1318/60, Urteil, Kreisgericht St. Pölten, 30. Januar 1960.

353 NÖLA Vr 662/70, Urteil, Kreisgericht St. Pölten, 24. November 1971.

354 NÖLA Vr 1411/70, Urteil, Kreisgericht St. Pölten, 5. Oktober 1970.

355 Ebd.

prozess hervorgegangen war, dass sich die Mädchen gegen die Übergriffe zu wehren versucht hatten.[356] Obwohl beispielsweise der 16-jährige Anton M. zugab, dass er die 12-jährige Franziska N. festgehalten hatte, damit andere Komplizen das Mädchen sexuell misshandeln konnten, hielt das Kreisgericht im Urteil 1970 fest: »Das Mädchen, welches sittlich bereits völlig verdorben ist, war mit allen diesen Handlungen einverstanden und hat sich den Burschen und Männern geradezu aufgedrängt.«[357]

Während ein schlechter Leumund und der Hinweis, das Mädchen sei »verwahrlost« oder »verdorben«, den Ausgang eines Strafprozesses auch bei Gruppenvergewaltigungen maßgeblich beeinflussten, spielte die Frage, inwieweit die Täter physische Gewalt angewendet und das Mädchen durch spezifische Praktiken besonders gedemütigt oder körperlich verletzt hatten, kaum eine Rolle. In keinem der untersuchten Fälle zu Gruppenmisshandlungen beurteilte das Gericht die exzessive Gewalt als »erschwerend«. Dass die Täter nicht allein, sondern die sexuellen Übergriffe zusammen mit Komplizen vornahmen, wurde seitens der Richtenden weder reflektiert noch problematisiert und blieb für das Ermessen des Strafmaßes ohne Konsequenzen.

Gruppenvergewaltigung und Verletzungen des sexuellen Schutzalters: Die wissenschaftlichen Positionen

Am Kreisgericht St. Pölten entwickelte sich im Untersuchungszeitraum kein Problembewusstsein über die spezifische Gewaltform der Gruppenvergewaltigung. Die Problematik erhielt in der kriminologisch-strafrechtlichen Literatur der 1950er und 1960er Jahre ebenfalls nur punktuell Beachtung. Einzelne Kriminologen und Psychiater versuchten zwar eine Typologie der Täter zu erstellen. Günter Suttinger unterschied beispielsweise in seinem Artikel zum Thema Jugendkriminalität, der 1966 im breit rezipierten Handwörterbuch der Kriminologie erschien, zwei Gruppen von »Kollektivtätern«: erstens die »puberalen Gemeinschaftstäter«, die sich durch »Aktivitätsbedürfnis, Erlebnisdrang, Streben nach Selbstbestätigung, puberaler Selbstunsicherheit, Tendenz zu aggressiver Entlastung« und »Gruppenloyalität« auszeichneten. Sexuelle Motive würden bei dieser Tätergruppe nur teilweise bestehen. Zweitens nannte Suttinger die »Gemeinschaftstäter«

356 NÖLA, Vr 701/60, Urteil, Kreisgericht St. Pölten als Jugendschöffengericht, 21. März 1961.

357 NÖLA, Vr 409/70, Urteil, Kreisgericht St. Pölten als Jugendschöffengericht, 26. Mai 1950. Vgl. im Weiteren Hommen, Kontinuität, S. 133.

im Alter von 18 bis 21 Jahren »mit sexueller Erfahrung und hedonistischer Einstellung, sachlich-zweckbestimmt«. Diese Täter würden die Opfer häufig gezielt auswählen. Ihnen würde es an »Gemüt und Verantwortungsgefühl« mangeln, »wenngleich keine abnorme Charakterstruktur vorliegt«.[358] Die Kriminalstatistik von Österreich, aber auch anderer Länder, weisen für den Untersuchungszeitraum meist nicht aus, ob die Delikte der »Notzucht« und »Schändung« an Minderjährigen von Einzeltätern oder im Kontext von Gruppen ausgeführt wurden. Sie liefern somit keine Hinweise, wie sich die Fallzahlen von Gruppenvergewaltigungen veränderten. Suttinger argumentierte indes, dass »Kollektivtaten« bei sexueller Gewalt an Minderjährigen, an denen Jugendliche und junge Erwachsene (bis 21 Jahre) beteiligt waren, seit den 1950er Jahren zugenommen hätten. Er stützte sich primär auf Untersuchungen, die in der BRD durchgeführt wurden, diskutierte allerdings die Gründe für die konstatierte Zunahme nicht.[359]

Etwas nuancierter äußerte sich Erhard Phillip über die Ursachen dieser spezifischen Gewaltform. Phillip publizierte 1962 im Jahrbuch für »Jugendpsychiatrie und ihre Grenzgebiete« einen Aufsatz zum Thema »Jugendliche Gruppentäter bei Sexualdelikten«, der auf einer Untersuchung von 28 strafrechtlich verfolgten Gruppen mit 128 jugendlichen und heranwachsenden Tätern basierte, die sich Sexualdelikte zu Schulde hatten kommen lassen. Die Täter waren jung: Der Durchschnitt lag zwischen 14,2 und 17,7 Jahren.[360] Phillip führte aus, dass die Täter teilweise brutal vorgingen, dass es sich um »Spontangruppen« und nicht um »durchorganisierte Gangs« handelte und dass die Jungen meist ein »unvollständiges, unverarbeitetes *Sexualwissen*« hätten. Phillip sah in der »Koppelung von jugendlicher Selbstunsicherheit, die im Gruppenerlebnis einen Ausgleich sucht und der sexuellen Unwissenheit« die Ursache für die »gewalttätigen Unzuchtsdelikte«.[361] Gleichwohl erachtete er es als wichtig, auch die Rolle der Opfer auszuleuchten und betonte, in 21 seiner 28 untersuchten Fälle hätten die Mädchen, die zwischen 10 und 18 waren, »anfänglich ein deutliches Entgegenkommen« gezeigt.[362] Resümierend hielt er fest, dass bei den »sexuellen Gruppendelikten« von einer hohen Dunkelziffer ausgegangen werden

358 Günter Suttinger, Jugendkriminalität, in: Rudolf Sieverts (Hg.), Handwörterbuch der Kriminologie. Aberglaube – Kriminalbiologie, Berlin 1966, S. 401–436, S. 414–415.

359 Ebd., S. 401–436.

360 Erhard Phillip, Jugendliche Gruppentäter bei Sexualdelikten, in: H. Stutte (Hg.), Jahrbuch für Jugendpsychiatrie und ihre Grenzgebiete, Band 3, Bern, Stuttgart 1962, S. 116–119.

361 Ebd., 118 (Hervorhebung im Zitat).

362 Ebd.

müsse.[363] Den jugendlichen Tätern stellte er eine günstige Prognose. Die Studien von Suttinger und Phillip charakterisieren sich dadurch, dass sie zwar die Brutalität der Tat erwähnen, jedoch keine Reflexionen über psychische Schäden anstellen, welche die Mädchen aufgrund dieser spezifischen Gewaltform möglicherweise erlitten.

Eine neue Perspektive auf die Gruppenvergewaltigungen leistete 1968 der forensische Psychiater Wilfried Rasch. Dieser legte nicht nur die ausführlichste Studie vor, sondern theoretisierte die Problematik der sexuellen Gewalt an adoleszenten Mädchen auf neuartige Weise. Wie Rasch aufgrund von Akten des Landgerichts Köln aufzeigte, waren primär Mädchen ab dem zwölften Geburtstag Opfer von Gruppenvergewaltigungen – ein Ergebnis, das sich mit der Studie von Phillip deckte.[364] Von den untersuchten Fällen, die jugendliche und heranwachsende Täter bis zum 20. Lebensjahr umfassten, waren die 15- bis 16-jährigen Täter am stärksten vertreten.[365] Rasch hob in seiner Analyse mehrfach explizit die Bedeutung hervor, die den Prozessen der »Versachlichung« des Opfers im Kontext von Gruppenvergewaltigungen zukam. Die »Verwandlung des Opfers zum bloßen Objekt« würde nicht nur dazu führen, dass die Jugendlichen und Heranwachsenden besonders gewalttätige und demütigende Praktiken anwandten, sondern begünstigten auch eine äußerst unerbittliche Haltung: Alles »Flehen, Betteln und Weinen des Opfers« würde nichts nützen, sondern »mit Lachen, Spott, Schlägen, gemeinen Redensarten oder zumindest mit der Bemerkung quittiert«, keine »show« zu machen.[366] Im Unterschied zu anderen Autoren lehnte Rasch eine Mitverantwortung der Mädchen ab. Rasch kritisierte, im Bemühen, Verständnis für den »Fehltritt« der jugendlichen Delinquenten zu erzeugen, würde gelegentlich »etwas pointiert der schlechte Ruf des viktimisierten Mädchens oder sein in Provokation oder mangelnder Vorsicht liegender Tatbeitrag herausgestellt«.[367] Rasch wandte ein, dass sich Opfer zwar teilweise selbst in eine gefährliche Situation hineinmanövrierten, doch gelte es, die jugendliche Unerfahrenheit der Mädchen zu berücksichtigen. Diese habe es ihnen unmöglich gemacht, die Fol-

363 Ebd.

364 Wilfried Rasch, Gruppennotzuchtdelikte Jugendlicher und Heranwachsender, in: Hans Giese (Hg.), Zur Strafrechtsreform. Symposion der Deutschen Gesellschaft für Sexualforschung vom 13. bis 14. November 1967 in Bonn aus Anlaß des 70. Geburtstages von Herrn Prof. Dr. med. Dr. jur. h. c. Hans Bürger-Prinz, Stuttgart 1968, S. 66–112, S. 84.

365 Rasch, Gruppennotzuchtdelikte, S. 74.

366 Ebd., S. 101.

367 Ebd., S. 81.

gen zu antizipieren.[368] Insbesondere kritisierte Rasch die Praxis von Strafgerichten, den Opfern von Gruppenvergewaltigungen die Glaubwürdigkeit abzusprechen, wenn sie sich nicht durchgängig gegen den Gewaltakt gewehrt hätten. Pointiert hielt Rasch fest: »Einzubeziehen ist in die Überlegung weiter, dass die psychische und physische Abwehrkraft der Mädchen und Frauen ihre Grenzen hat. Ist das Opfer erst einige Male vergewaltigt worden, können sich die folgenden Täter wahrheitsgemäß darauf beruhen, es habe sich nicht gewehrt.«[369]

Rasch präsentierte auch neuartige Reflexionen zu den Ursachen der Gewalt der männlichen Jugendlichen. Er hielt fest, dass die These nicht abwegig sei, wonach sich in der Pubertät »der Sexualtrieb mit besonderer Dringlichkeit« melde. »Gedanklicher Kurzschluß« sei es indes zu meinen, eine »pure Sexualität« würde sich unmittelbar in »bestimmte, notfalls auch sozial unerwünschte Handlungen umsetzen.«[370] Es sei auch beim Jugendlichen, der sich in der Pubertät befinde, keineswegs als Selbstverständlichkeit anzusehen, dass sich sein Sexualtrieb in einem aggressiven Delikt manifestiere.[371] Vielmehr gelte es, so Rasch, einen »Männerkomplex« als Voraussetzung der spezifischen Form sexueller Gewalt zu berücksichtigen. Dieser zeichne sich dadurch aus, dass Härte, Rücksichtslosigkeit, »Anti-Ritterlichkeit« als Selbstwerte angestrebt würden, »um sich in der eigenen Männlichkeitsrolle zu bestätigen«.[372] Resümierend könne die Haltung der jugendlichen und heranwachsenden Sexualdelinquenten durch »Betonung der Sexualität mit vulgär-abwertendem Akzent, Aggressivität bis zur Rücksichtslosigkeit, Egozentrizität, Genußsucht, fehlenden Bindung an Ziele und Werte, die über den Augenblick hinausweisen, Demonstration von ›Männlichkeit‹, die durch Verachtung des Weiblichen komplementär ergänzt wird« charakterisiert werden.[373] Rasch legte damit eine weit differenziertere Analyse der Gruppenvergewaltigung vor als andere zeitgenössische Studien, die sexuelle Gewalt von Jugendlichen vielfach in einer biologistischen Perspektive deuteten. Allerdings ging Rasch nicht so weit, den konstatierten »Männerkomplex« als gesamtgesellschaftliches Problem einer hierarchisch organisierten Geschlechterordnung zu sehen. Vielmehr argumentierte er, dieser »Männerkomplex« finde sich im »Wertesystem der jugendlichen Straßenkultur«. Die »Gruppennotzucht« würde primär von

368 Ebd., S. 84.
369 Ebd., S. 104.
370 Ebd., S. 105.
371 Ebd., S. 106.
372 Ebd., S. 108.
373 Ebd., S. 109.

Tätern begangen, die der sozialen Unterschicht und der Berufsklasse der ungelernten Arbeiter angehörten, überproportional schlechten Schulerfolg hätten und aus einem »gestörten Elternhaus« kämen.[374] Rasch brachte damit sexuelle Gewalt einerseits mit spezifischen Männlichkeitsbildern in Verbindung und öffnete den Weg, sexuelle Gewalt in einer soziologischen Perspektive zu verstehen. Andererseits verortete er dieses problematische Männlichkeitsbild am Rande der Gesellschaft, ohne kritisch zu reflektieren, inwiefern das untersuchte Material – nämlich Strafgerichtsakten – sich durch ein spezifisches soziales Bias auszeichneten. Dass vorwiegend Jugendliche und Männer der sozialen Unterschichten der Gruppenvergewaltigung überführt wurden, bedeutete nicht, dass diese Gewaltform ausschließlich in diesem sozialen Milieu vorkam.

Bei Fällen von Verletzungen des sexuellen Schutzalters waren in einem relativ großen Prozentsatz minderjährige, adoleszente Mädchen involviert, die neben sexueller Gewalt auch physische und psychische Gewalt erlitten. Obwohl die Untersuchungsbehörden die Brutalität der Gewalt minutiös dokumentierten, fehlten Reflexionen über die »seelischen Schäden« oder »Traumata«, welche die Mädchen dadurch erlitten – eine Frage, die bei anderen Kontexten von sexueller Misshandlung an Kindern und Jugendlichen durchaus diskutiert wurde. Ebenso blieben Ansätze, wonach sich männliche Jugendliche und junge Männer, die Mädchen im Kontext der Gruppe vergewaltigten, durch eine »toxische Männlichkeit« auszeichneten, in der Minderheit.[375] In den 1950er und 1960er Jahren war dagegen die Position unter Rechtswissenschaftlern, Kriminologen, Psychiatern und Richtern verbreitet, wonach gewalttätiges Handeln von männlichen Jugendlichen Folge einer Pubertätskrise sei, die gleichermaßen zu einem normalen Entwicklungsprozess des männlichen Geschlechts gehöre.

5.4 Freiwilligkeit und Zwang: Dynamiken von Begehren und Gewalt

Während sich 12- und 13-jährige Mädchen in zahlreichen Fällen von vornherein ablehnend gegenüber sexuellen Kontakten zeigten, sind im Untersuchungssample elf Fälle überliefert, in denen Mädchen anfänglich – wenn auch zögerlich – zu gewissen sexuellen Praktiken zustimmten, im Verlauf der sexuellen Handlung hingegen einen Abbruch wollten und die Berüh-

374 Ebd., S. 109–110.

375 Vgl. dazu auch Dirk Baier et al., »Toxische Männlichkeit«. Die Folgen gewaltlegitimierender Männlichkeitsnormen für Einstellung und Verhaltensweisen, in: Kriminalistik: Zeitschrift für die gesamte kriminalistische Wissenschaft und Praxis, 73 (2019) 7, S. 465–471.

rungen abzuwehren versuchten. In mehreren Fällen gaben 12- und 13-jährige Mädchen vor Gericht an, dass junge Männer zu ihnen »fensterln« gekommen seien. Als die Jugendlichen bzw. jungen Männer in ihrem Zimmer waren, verloren die Mädchen indes vielfach die Kontrolle. Die 13-jährige Charlotte M. sagte aus, der 20-jährige Ferdinand W. sei durch ihr Fenster ins Zimmer gestiegen und habe sich zu ihr ins Bett gelegt. Er sei dann gleich zu ihr »zärtlich« geworden, »indem er mich umarmte und auf den Mund küßte«. Schließlich habe er von ihr verlangt, dass sie sein Glied anfasse und in ihre Scheide einführe. Wie das Mädchen festhielt, weigerte sie sich, diese Praktik durchzuführen, worauf Ferdinand W. »mit seinen Füßen« ihre Beine auseinanderpresste und sein Glied in die Scheide einführte.[376] Auch die 13-jährige Monika F., die von zu Hause weggelaufen war, begab sich in eine gefährliche Situation, aus der sie sich nicht zu befreien wusste: Im Hotel angekommen, übte der Angeklagte, wie das Mädchen angab, sexuelle Handlungen an ihr aus, die sie nicht mehr abwehren konnte.[377]

Während die Strafbehörden bei den delinquenten männlichen Jugendlichen betonten, dass sich ein Bewusstsein über das kriminelle Handeln erst im Übergang von der Kindheit zur Adoleszenz entwickelte, zeigten diese weit weniger Verständnis für die Transitphase, in der sich adoleszente Mädchen befanden. Die dokumentierten Aussagen der Mädchen geben Hinweise darauf, dass sie zwar ein Wissen über Sexualität hatten und sich unter Umständen auch zu männlichen Sexualpartnern hingezogen fühlten, doch bedeutete dies nicht, dass sie ihre Bedürfnisse selbstbestimmt einfordern und sich gegen Dynamiken der Gewalt effektiv zur Wehr setzen konnten. Die Untersuchungsbehörden bezeichneten Mädchen im 13. und 14. Lebensjahr seit den 1960er Jahren vielfach explizit als »Teenager«, doch entwickelten sie kein Verständnis für die sexuelle Übergangsphase, in der sich diese Mädchen befanden. Entzogen sich Mädchen den für sie vorgesehenen normativen Rollen und zeigten gegenüber Burschen bzw. jungen Männern ein sexuelles Interesse, bezeichneten die Behörden sie u. a. als »Typus des frühreifen Teenagers«, die »blasiert« gehandelt hätten.[378] Besonders wenn die Mädchen anfänglich sexuellen Kontakten mit jungen Männern zugestimmt hatten, galten sie in den Augen der Richtenden in der Regel als »verdorben« und damit für die erlebte sexuelle Gewalt als mitverantwortlich. Dieser Blick

376 NÖLA, Vr 136/70, Gendarmeriekommandoposten, Protokoll, 14. Januar 1970.
377 NÖLA, Vr 119/70, Gendarmeriekommandoposten, Niederschrift, 17. Oktober 1969.
378 NÖLA, Vr, 937/60, Kreisgericht St. Pölten, Vernehmung des Beschuldigten, 19. August 1960.

auf die adoleszenten Mädchen prägte auch zahlreiche der juristischen, kriminologischen und psychiatrischen Abhandlungen zum sexuellen Schutzalter.[379]

Eine Ausnahme dazu bildet die Habilitationsschrift der Psychologin Thea Schönfelder von 1968. Schönfelder führte aus, dass sich Mädchen im »Probierstadium der Sexualität« vielfach in einer gefährlichen Situation wiederfinden würden.[380] Mädchen im 13. und 14. Lebensjahr würden beginnen, das »ungewohnte und komplizierte Instrument der Weiblichkeit« zu erproben. Schönfelder problematisierte, dass Männer dieses Probeverhalten der Mädchen vielfach falsch lesen würden: »Die mangelhafte Feinabstufung der Ausdrucksmittel des Flirts, für den aufmerksam gewordenen Mann eindeutig, ist in manchen Fällen eben nicht Zeichen undifferenziert-brisanter Annäherungstendenzen, sondern eines noch fehlenden oder nicht ausreichenden Hineinreifens in einen altersangemessenen heterosexuellen Kontakt.«[381] Die Mädchen würden sich die Attitude der reizvollen Erfahrenheit geben, doch hätten sie keineswegs die Souveränität, um sich aus der nicht intendierten Intimsituation wieder zurückzuziehen. Diese falsche Deutung der Bedürfnisse und Handlungen von 12- und 13-jährigen Mädchen konnte für Männer negative Konsequenzen haben, so Schönfelder mit Bezug auf die Studie von Paul H. Gebhard: »Gefahr für den Mann ist gegeben dadurch, dass er sich in seinem Verhalten nach den in seiner Umwelt üblichen Spielregeln im Umgang mit dem anderen Geschlecht richtet, für die wiederum ein Wort Gebhards stehen kann: ›A part of masculine folklore is the concept, that a female who promises but does not fulfill the promise deserves to be forced‹. Bei fehlender Korrektur dieser irrtümlichen Einschätzung des Mädchens droht er, statt in die Rolle des Eroberers in die des geächteten Delinquenten versetzt zu werden.«[382]

Die Fehlinterpretationen stellten auch für Mädchen eine Gefahr dar. Schönfelder führte allerdings nicht weiter aus, welche Konsequenzen – insbesondere auch psychischer Art – für die Mädchen aus einem Sexualkontakt folgten, zu dem sie nicht bereit waren, und welche Gewaltformen, Männer – auf patriarchale Vorrechte berufend – unter Umständen an-

379 Vgl. dazu Reinhardt, Bestrafung, S. 50–53.

380 In der Erläuterung ihrer Überlegung bezog sie sich dabei auf den Roman der US-amerikanischen Schriftstellerin Carson McCullers »The Member of the Wedding« (1946). Nach Schönfelder symbolisierte die Hauptprotagonistin, die 12-jährige Frankie, exemplarisch die »naiv kokette Pubertierende, die mit ihrer weiblichen Wirkung spielerisch, aber unsicher und inadäquat zielgerichtet experimentiert«. Siehe dazu Schönfelder, Rolle, S. 48, S. 89.

381 Ebd., S. 48.

382 Ebd., S. 48–49.

wandten.[383] Sie forderte allerdings, das Verhalten der Mädchen nicht als ein »starkes Interessiertsein« für Männer zu vereinfachen, das eindeutig auf die Provokation eines sexuellen Kontaktes abziele. Vielmehr bestünde eine Diskrepanz zwischen dem »Anschein« und der »Erlebnisverarbeitung« der 12- bis 13-jährigen Mädchen. Die Persönlichkeitsbeurteilungen zeigten vielfach noch eine Dominanz von weitgehend kindlichen Perzeptionen.[384] Schönfelder beschrieb die Geschlechterbeziehungen als Kampfplatz und betonte: »Wissen vom Vorhandensein geschlechtsspezifischer Waffen und deren Funktion bedeutet nicht gleichzeitig deren Zuhandensein und setzt auch das Bedürfnis nach deren Hantierung nicht ohne weiteres voraus.«[385] Dies hätten auch die Strafbehörden zu berücksichtigen, wenn sie sich mit Fällen von Verletzungen des sexuellen Schutzalters befassten. Das österreichische Strafrecht, dass das sexuelle Schutzalter bei 14 Jahren festsetzte, hätte den Untersuchungsbehörden und Richtenden im Prinzip ermöglicht, das Verhalten von minderjährigen, adoleszenten Mädchen im Sinne Schönfelders zu interpretieren und dem Umstand Rechnung zu tragen, dass sich 12- und 13-jährige Mädchen in einer Transitphase befanden, in der sie die Sphäre des Sexuellen entdeckten und mit den Spielregeln der heterosexuellen Geschlechterordnung erst vertraut wurden. Allerdings lässt sich ein solchermaßen nuancierter Blick im Strafsystem nicht finden. Vielmehr behandelten die Strafbehörden die Mädchen, sobald sie sexuelles Begehren gegenüber dem männlichen Geschlecht zeigten, als selbstverantwortliche Frauen, die durch den sexuellen Kontakt ihren Leumund – und damit ihre »Schutzwürdigkeit« – aufs Spiel setzten.

Die Strafprozessakten zu Verletzungen des sexuellen Schutzalters verdeutlichen, wie in der Mitte des 20. Jahrhunderts männliche und weibliche psychosexuelle Entwicklungsphasen unterschiedlich konzipiert wurden. Bei Jungen wurde der Eintritt in die Pubertät mit einer sexuellen Experimentierphase gleichgesetzt, während adoleszenten Mädchen ein Ausprobieren nicht zugestanden wurde. Diese geschlechtsspezifisch unterschiedlichen Anforderungen wirkten sich stabilisierend auf eine hierarchische Geschlechterordnung aus. In dem Moment, in dem Mädchen und Jungen ein auf eine genitale Sexualität ausgerichtetes Begehren entwickelten, kommunizierte ihnen die dominierende Gesellschaftsordnung, dass sie sehr unterschiedliche Handlungsmöglichkeiten hatten. Zum Heranwachsen in die männliche Rolle gehörte aktiv-aggressives sexuelles Verhalten. Adoleszente Mädchen

383 Ebd., S. 89.
384 Ebd., S. 49.
385 Ebd., S. 89.

erhielten dagegen das Signal, dass ihnen leicht die Flügel gestutzt wurden, wenn sie – wie es Thea Schönfelder formulierte – ihr »ungewohntes und kompliziertes Instrument der Weiblichkeit« auszuprobieren begannen.

5.5 Die sexuelle Doppelmoral und die institutionelle Einsperrung

Untersuchungsprozesse zu Verletzungen des sexuellen Schutzalters hatten, wie historische Studien aufzeigen, nicht nur für Täter verschiedene Formen des Freiheitsentzugs zur Folge. Auch Opfer von sexueller Gewalt und Minderjährige, die teilweise freiwillig sexuelle Kontakte unterhalten hatten, waren mit institutionellen Einsperrungen konfrontiert.[386] Im Fall von adoleszenten Mädchen, die wegen »Verwahrlosung« in ein Erziehungsheim platziert wurden, sollte mit der Einweisung eine Korrektur des sittlichen Verhaltens erreicht werden. In mindestens sieben Fällen des Untersuchungssamples ist eine solche Einweisung von »verwahrlosten« Mädchen dokumentiert, doch dürfte die Zahl der Mädchen höher gewesen sein, die nach Beendigung eines Strafprozesses nach §§ 127 und 128 StG in Fürsorgeheime gebracht wurden. Die Einweisung musste nicht zwangsläufig in den Strafakten vermerkt werden, da nicht die Strafgerichte, sondern die Fürsorgebehörden bzw. Bezirksgerichte die Einweisung anordneten.[387] Jugendämter, die in Strafprozessen zu Verletzungen des sexuellen Schutzalters im Beweismittelverfahren mitwirkten, verlangten bei Mädchen im 13. und 14. Lebensjahr insbesondere dann Heimeinweisungen, wenn sie bereits mehrere sexuelle Kontakte eingegangen waren und diese Kontakte einem größeren sozialen Umfeld bekannt waren.[388] Demgegenüber warfen sie die Frage einer fürsorgerischen Intervention in der Regel nicht auf, wenn die sexuellen Kontakte im Kontext einer heterosexuellen Paarkonstellation erfolgten. Verschiedentlich zeigten sich die Eltern bei der Erziehung der Mädchen überfordert und stimmten einer Heimeinweisung zu.[389] In den meisten Fällen lässt sich allerdings die Position der Eltern gegenüber den Fürsorgemaßnahmen wegen mangelnder Quellen nicht nachweisen. Mädchen, die wegen eines als zu promiskuitiv erachteten Lebensstils in den Fokus der Fürsorge gerieten, waren einem

386 Odem, Statutory, S. 452; Matter, Kind.

387 Vgl. dazu auch Nora Bischoff, Flavia Guerrini, Christine Jost, In Verteidigung der (Geschlechter)Ordnung. Arbeit und Ausbildung im Rahmen der Fürsorgeerziehung von Mädchen. Das Landerziehungsheim St. Martin in Schwaz 1945–1990, in: Ralser, Sieder, Kinder, S. 220–247, S. 230.

388 Vgl. dazu NÖLA, Vr 940/60; Vr 1565/69; Vr 648/60; Vr 368/70; Bischoff, Guerrini, Jost, Verteidigung, S. 229–239.

389 Vgl. dazu NÖLA, Vr 940/60.

Verwahrlosungsdiskurs unterworfen, an dem sich neben den Jugendämtern auch die Richtenden und die Gerichtspsychiatrie beteiligten. Wie Untersuchungen zu Westösterreich, der BRD und der Schweiz aufzeigen, stieg die Zahl von Heimeinweisungen von Kindern und Jugendlichen in den 1950er und 1960er Jahren an, insbesondere sogenannte »verwahrloste« Mädchen waren mit institutionellen Einsperrungen konfrontiert.[390]

Dass die Mädchen aufgrund ihres Alters einen rechtlichen Schutzanspruch vor sexuellen Kontakten hatten – ganz unabhängig davon, welche Formen von *agency* sie gezeigt hatten –, rückte mit Bezug auf den Verwahrlosungsdiskurs vor den Strafgerichten in den Hintergrund. Dies prägte auch die Befragung im Strafprozess, wie das Beispiel der 13-jährigen Irma M. zeigt, die 1960 von zu Hause weggelaufen war und in der Folge sexuelle Gewalt durch mehrere Männer erlitten hatte. Nach ihrer Rückkehr wurde sie in das Erziehungsheim Hollabrun eingewiesen. In der Hauptverhandlung hatte sie als Zeugin Rechenschaft über ihr Verhalten abzuliefern:

> Vors.: Warum bist Du überhaupt von zu Hause weg? Wolltest Du Burschenbekanntschaften haben?
> Zg.: Nein.
> Vors.: Hast Du vorher schon etwas erlebt?
> Zg.: Ja mit Z.
> Vors.: Wozu hast Du Dich älter gemacht, warum treibst Du Dich 3 Tage lang herum und nächtigst bei verschiedenen Burschen?
> Zg.: Gibt keine Antwort.
> Vors.: Bist Du jetzt in Hollabrun brav?
> Zg.: nickt.[391]

Während im Zusammenhang mit Verletzungen des sexuellen Schutzalters gegenüber den minderjährigen, adoleszenten Mädchen in zahlreichen Fällen eine Heimeinweisung entweder angedroht wurde oder tatsächlich erfolgte,

390 Guerrini, Sexualität, S. 51–52; Urs Germann, Zur Nacherziehung versorgt. Die administrative Versorgung von Jugendlichen im Kanton Bern 1942–1973, in: Berner Zeitschrift für Geschichte, 80 (2018), 1, S. 7–42; Martin Lengwiler, Anne-Françoise Praz, Kinder- und Jugendfürsorge in der Schweiz. Entstehung, Implementierung und Entwicklung (1900–1980), in: Gisela Hauss, Thomas Gabriel, Martin Lengwiler (Hg.), Fremdplatziert. Heimerziehung in der Schweiz, 1940–1990, Zürich 2018, S. 29–52, S. 46–47; Susanne Businger, Nadja Ramsauer, »Genügend goldene Freiheit gehabt«. Heimplatzierungen von Kindern und Jugendlichen im Kanton Zürich, 1950–1990, Zürich 2019, S. 56–66.

391 NÖLA, Vr, 937/60, Hauptverhandlung, Kreisgericht St. Pölten, 21. November 1960.

griff das Kreisgericht St. Pölten nur in einzelnen Fällen auf die Möglichkeit zurück, jugendliche Straftäter, die sich der »Notzucht« oder »Schändung« an Minderjährigen schuldig gemacht hatten, auf unbestimmte Zeit in eine Erziehungsanstalt einzuweisen. Nach den Bestimmungen des § 2 (JGG 1949, 1961) wäre es den Gerichten möglich gewesen, die straffälligen Jugendlichen, denen es an der »nötigen Erziehung« fehlte, in zwangsfürsorgerische Institutionen zu platzieren. Der optimale Zeitpunkt der Entlassung, d. h. der Moment, in dem die jugendlichen Delinquenten ihre »schädliche Neigung« überwunden hatten, wurde dabei nicht vom Gericht, sondern von den jeweiligen Strafvollzugsbehörden festgestellt.[392] Im Untersuchungssample sind allerdings nur zwei Fälle überliefert, in denen männliche Jugendliche wegen Verletzungen des sexuellen Schutzalters nach § 2 des JGG auf unbestimmte Zeit in die Bundesanstalt Kaiser-Ebersdorf einzutreten hatten. Beide Fälle datieren aus dem Jahre 1950.[393] In den übrigen Fällen ordnete das Gericht eine genau definierte Arreststrafe an, die in der Regel bedingt ausgesprochen wurde. Damit ergab sich bei der Sanktionierung des normabweichenden Verhaltens von Jugendlichen in mehreren Fällen eine signifikante Differenz: »Sittlich verwahrloste« Mädchen, die eigentlich als Unmündige durch das Strafrecht vor sexuellen Kontakten geschützt waren, mussten Monate, wenn nicht sogar Jahre zur Korrektur ihres Verhaltens in Erziehungsheimen verbringen, während die männlichen Jugendlichen, die nach dem Strafrecht als »Verbrecher« zu klassifizieren waren, meist mit einer bedingt ausgesprochenen Arreststrafe davonkamen.[394] Dies ermöglichte es ihnen, ihr bisheriges soziales und berufliches Leben weitgehend bruchlos weiterzuführen. Die Einweisung in ein Kinder- oder Erziehungsheim hatte dagegen für die Mädchen einschneidende Folgen. Nicht nur wurden sie von ihrer Familie und ihrem bisherigen sozialen Umfeld getrennt; auch charakterisierten sich die Erziehungsheime in Österreich, wie in zahlreichen anderen Ländern, bis in die 1970er Jahre durch autoritäre Strukturen und massive Disziplinierungsmaßnahmen. Oft erlebten die Eingewiesenen körperliche, psychische wie auch sexuelle Gewalt, unter deren Folgen sie vielfach ihr ganzes Leben litten.[395] Zudem hatten insbeson-

392 Christian Pfeiffer, Unser Jugendstrafrecht – eine Strafe für die Jugend? Die Schlechterstellung junger Straftäter durch das JGG – Ausmaß, Entstehungsgeschichte und kriminalpolitische Folgerung, in: DVJJ-Journal, 2 (1991), S. 114–129.

393 NÖLA, Vr 1306/50; Vr 518/50.

394 Zur Heimeinweisung von Mädchen siehe auch Ralser et al., Heimkindheiten, S. 507–570.

395 Vgl. dazu u. a. Michael John (Hg.), Sozialpädagogisches Jugendwohnheim Wegscheid. Begleitpublikation zur Ausstellung: von der Korrektionsbaracke zur sozial-

dere eingewiesene Mädchen kaum je die Möglichkeit, eine Berufslehre zu absolvieren, vielmehr hatten sie im Heim unqualifizierte Arbeiten zu verrichten, die ihnen nach der Entlassung keine sozialen Aufstiegschancen eröffneten.[396]

Die Strafprozesse zu Verletzungen des sexuellen Schutzalters, in denen adoleszente Mädchen und Jungen involviert waren, stellten die hierarchische Geschlechterordnung damit nicht infrage, sondern bestätigten diese vielmehr. Die jungen Angeklagten erfuhren seitens der Richter, Staatsanwälte, Gendarmen und psychiatrischen Experten viel Nachsicht für ihr gewalttätiges Handeln gegenüber Mädchen; die Strafbehörden vermieden es insbesondere, dass männliche Jugendliche wegen Verletzungen des sexuellen Schutzalters aus ihren gewohnten Arbeits- und Lebenszusammenhängen herausgerissen wurden. Die minderjährigen, adoleszenten Mädchen konnten im Strafprozess dagegen nicht auf vergleichbare Unterstützung hoffen. Vielmehr stießen sie auf aggressive Reaktionen, die mit ausgreifenden Stigmatisierungs- und Abwertungsprozessen einhergingen. Beispielhaft dafür steht das Gutachten, das der psychiatrische Experte 1960 im Fall der 13-jährigen Josefine S. ausstellte, die u.a. mit dem 17-jährigen Erich A. sexuelle Kontakte eingegangen war. Dem Psychiater war es ein Dorn im Auge, dass junge Männer wegen sexueller Kontakte mit »sittlich verwahrlosten« Mädchen strafrechtlich verfolgt werden konnten, wie er in der Hauptverhandlung ausführte: »Bemerkenswerterweise, was immer wieder bei der einschlägigen Psychiatrisierung bei Mädchen zu bemerken ist, dass sie trotz eindeutiger Gefühle der Zuneigung zu einem bestimmten Burschen nicht sich davon abhalten lassen, diesen zu belasten, u.z.w. immer mit der gleichen Begründung: auf der einen Seite tut er mir ja leid, aber auf der anderen Seite müsse er ja doch dafür büßen, für das Schreckliche, was er an mir getan hat. Das ist immer die gleiche Einstellung, die wir finden können, so auch bei dieser Zeugin. Wenn ich nicht hinsichtlich der Glaubwürdigkeit, sondern nur hinsichtlich der Schutzwürdigkeit gefragt werde,

pädagogischen Institution, Linz 2006; Michaela Ralser, Reinhard Sieder, editorial: die kinder des staates / Children of the State, in: Dies., Kinder, S. 7–17; Marion Wisinger, »Ich weiß nicht, ob man sich so was vorstellen kann«. Über den Erkenntnisprozess der Kommission Wilhelminenberg, in: Ralser, Sieder, Kinder, S. 320–330, S. 327–328. Im Zuge der internationalen Heimkritik setzten Reformen seit den 1970er Jahren in der österreichischen Heimlandschaft ein. Vgl. dazu Susanne Backes, »Funktionieren musst du wie eine Maschine«. Leben und Überleben in deutschen und österreichischen Kinderheimen der 1950er und 1960er Jahre, Weinheim, Basel 2012, S. 37; Oliver Rathkolb, Umkämpfte Internationalisierung: Österreich 1968, in: Rathkolb, Stadler, Jahr, S. 221–237, S. 232–233.

396 Bischoff, Guerrini, Jost, Verteidigung, S. 225–229.

so ist bereits das Wesentliche vorweg genommen. Es handelt sich bei Josefine S. um ein ausgesprochen früh verdorbenes, bedenklich verwahrlostes, oberflächliches und triebhaftes Geschöpf, dessen moralische, nicht rechtliche Schutzbedürftigkeit im Augenblick der hier gegenständlichen Straftaten sicher seit längerer Zeit nicht gegeben war.«[397] In der Folge wurde die 13-jährige Josefine S. auf unbestimmte Zeit in Erziehungsheime in Tirol und Salzburg eingewiesen.[398] Der 17-jährige Erich A., der mit Josefine S. – trotz mehrfacher Verwarnung aus dem sozialen Umfeld – eine lose sexuelle Beziehung unterhielt, verurteilte das Gericht wegen des Delikts der »Schändung« nach dem JGG zu drei Monaten strengen Arrest, der für eine Probezeit von drei Jahren vorläufig aufgeschoben wurde.[399] Nach Einspruch sowohl der Verteidigung von Erich A., die eine Nichtigkeitsbeschwerde einreichte, wie auch der Staatsanwaltschaft, die eine schärfere Strafe verlangte, erhöhte der OGH die Strafe auf fünf Monate Arrest, setzte diesen aber ebenfalls für eine Probezeit von 3 Jahren vorläufig aus.[400] Während die Untersuchungsbehörden das Sexualleben von Josefine S. bis ins Detail ausleuchteten, musste Erich A. keine Rechenschaft darüber ablegen, mit wie vielen Mädchen er bereits sexuelle Kontakte gehabt hatte. Die »Doppelmoral«, die Mädchen und Jungen, Frauen und Männer unterschiedlichen sexuellen Normen unterwarf und die bereits seit dem ausgehenden 19. Jahrhundert von Aktivistinnen der Frauenbewegung kritisiert wurde, griff in Prozessen zu Verletzungen des sexuellen Schutzalters in Österreich bis in die 1970er Jahre.

Schlussbemerkung

Die 1950er und 1960er Jahre waren sowohl auf diskursiver wie auch auf praktischer Ebene durch Transformationsprozesse geprägt, die sich auf die Handlungsmöglichkeiten von adoleszenten Mädchen und Jungen auswirkten. Wie zeitgenössische wissenschaftliche Studien aufzeigten, wurden Mädchen und Jungen im Vergleich zu vorangehenden Generationen durchschnittlich früher geschlechtsreif. Die Jugendlichen, die auch von Akteuren und Akteurinnen in Strafprozessen zum sexuellen Schutzalter seit den aus-

397 NÖLA, Vr 648/60, Hauptverhandlung, Kreisgericht St. Pölten, 26. Oktober 1960.
398 Zur Geschichte dieser Erziehungsheime siehe Ralser et al., Heimkindheiten, S. 526–550; Bauer, Hoffmann, Kubek, Abgestempelt, S. 184–193.
399 NÖLA, Vr 648/60, Urteil, Kreisgericht St. Pölten als Jugendschöffengericht, 26. Oktober 1960.
400 NÖLA, Vr 648/60, Urteil, OGH, 28. März 1961.

gehenden 1950er Jahren vermehrt als »Teenager« bezeichnet wurden, unterschieden sich aber auch hinsichtlich ihrer Konsumformen von früheren Generationen. Zu diesen jugendspezifischen Praktiken gehörte auch das Flirten, das Einüben geschlechtsspezifischer Geschlechterrollen und die Anbahnung von sexuellen Beziehungen. Zunächst vor allem in der Arbeiterschicht, seit den ausgehenden 1960er Jahren auch in bürgerlichen Kreisen wurden adoleszente Mädchen und Jungen sexuell aktiv und stellten damit Normen einer sexuellen Enthaltsamkeit bis in Ehe infrage. Noch bevor die 68er-Bewegung den Sex als Möglichkeit der gesellschaftspolitischen Befreiung hochstilisierte, legitimierten Jugendliche die heterosexuellen Beziehungen außerhalb der Ehe mit dem Konzept der romantischen Liebe. Diese erschien geradezu konstitutiv für die Subjektivierungsprozesse von Jugendlichen.

Die Transformationsprozesse der 1950er und 1960er Jahre waren gleichzeitig geprägt durch Widerstandsbewegungen, die sich geschlechts- und schichtspezifisch unterschiedlich auswirkten. So griff der Staat, wie die Fallbeispiele des Kreisgerichts St. Pölten exemplarisch aufzeigen, zunächst äußerst disziplinierend gegen eine freizügige Jugendsexualität ein. Insbesondere männliche Jugendliche und Heranwachsende der Arbeiterschicht waren von Disziplinierungsmaßnahmen betroffen, was im drastischsten Fall in einer mehrmonatigen Kerkerstrafe resultierte, wenn ihnen nachgewiesen werden konnte, dass ihre Partnerin noch minderjährig war. Erst in den ausgehenden 1960er und 1970er Jahren, als sich eine sexuelle Liberalisierung verstärkt in bürgerlichen Schichten durchzusetzen begann, nahm der strafende Zugriff des Staates gegenüber Formen von Jugendsexualität ab.

Wie Sigusch und Schmidt in ihrer Studie zur Jugendsexualität von 1973 feststellten, implizierte eine sexuelle Liberalisierung nicht zwingend eine Transformation der Geschlechterbeziehung. Die hierarchische Geschlechterordnung blieb weitgehend unangetastet, was u. a. bedeutete, dass sich Burschen und junge Männer als den sexuell aktiven Part konzipierten und ihre Lust im Mittelpunkt stand, während das sexuelle Begehren von Mädchen als zweitrangig eingestuft wurde. Was die empirische Sexualforschung nicht aufzeigte, jedoch in den Strafakten deutlich zum Ausdruck kommt, ist die explosive Mischung, die sich aus diesen unterschiedlichen Prozessen ergeben konnte. Die patriarchalen Männlichkeitsbilder, wie sie in den 1950er und 1960er Jahren vorherrschend waren, kollidierten mit dem Versprechen von größerer sexueller Freiheit, was nicht zuletzt für Heranwachsende problematisch sein konnte. Adoleszente Jungen wussten mangels sexueller Aufklärung vielfach nicht, wie mit ihrem erwachenden sexuellen Begehren richtig umzugehen sei. Die Gesellschaft vermittelte ihnen Männlichkeitsbilder, die sich gerade in sexuellen Beziehungen durch einen erheblichen Anteil an Aggressivität auszeichneten. Sowohl einzelne zeitgenössische Studien wie auch das Untersuchungssample weisen darauf hin, dass die Zahl von Fällen, in denen männliche Jugendliche an schweren sexuellen Gewaltdelikten gegen Mädchen involviert waren, seit den 1950er Jahren zugenommen hatte. Dies hätte bedingt, grundsätzlicher über die Machtbeziehungen in den Geschlechterverhältnissen nachzudenken und zu reflektieren, welche Ambivalenzen mit einer sexuellen Liberalisierung einhergingen. Obwohl Strafgerichte in zahlreichen Fällen mit just dieser Frage konfrontiert waren, setzte bei den Richtenden indes keine Auseinandersetzung über diesen Problembereich ein. Vielmehr dehnten sie die mildere Strafpraxis im Laufe der 1960er Jahre auch auf Täter aus, die massive sexuelle Gewalt gegenüber minderjährigen, adoleszenten Mädchen ausgeübt hatten.

Aus der Perspektive der 12- und 13-jährigen Mädchen waren die Bestimmungen zum sexuellen Schutzalter vielfach problematisch. Zahlreiche Täter wurden, wenn sie sich gewalttätig gegenüber den Mädchen verhalten hatten, zwar strafrechtlich verfolgt. Doch indem sowohl die Strafbehörden wie auch die Gerichtspsychiatrie vielfach einer Täterperspektive folgten und Logiken einer hierarchischen Geschlechterordnung bestätigten, verhinderten sie, dass der Schutzanspruch, den das Strafrecht den minderjährigen Mädchen im Prinzip zugestand, in der Praxis tatsächlich umgesetzt wurde. Darüber hinaus wirkten sich die Prozesse zu Verletzungen des sexuellen Schutzalters nicht nur disziplinierend auf die Angeklagten aus, sondern auch auf die minderjährigen, adoleszenten Mädchen, denen die Strafbehörden kein Recht auf Sexualität zugestanden. Eine sexuelle Liberalisierung unter Beibehaltung von geschlechtsspezifischen Normen, in denen Mädchen vor allem als begehrte Objekte fungieren und nicht als begehrende Subjekte, die selbst über ihre Sexualität bestimmen, konnte sich besonders für Mädchen in der Transitphase vom Kind zur erwachsenen Frau unter Umständen als äußerst gefährlich auswirken.

6. (K)ein Blick in das »Innere«: Täter, Opfer und die Pathologie von Pädosexualität

Nach dem österreichischen Strafgesetz (1852) machten sich sexualmündige Personen, die sexuelle Handlungen mit Kindern unter 14 Jahren eingingen, in aller Regel strafbar. Das bedeutete gleichzeitig einen Ausschluss vom »charmed circle« (Gayle Rubin). In diesen fanden primär Menschen Einlass, die »guten und natürlichen sexuellen Verhaltensweisen« nachgingen. Gleichwohl war für die Richtenden des Kreisgerichts St. Pölten unbestritten, dass nicht alle, die sich wegen »Schändung« oder »Notzucht« an Minderjährigen strafbar gemacht hatten, sich gleich weit vom »charmed circle« entfernt hatten. Es gab Angeklagte, wie die jungen Männer, die im Rahmen einer Paarbeziehung sexuelle Handlungen mit 12- und 13-jährigen Mädchen eingingen, die sich nahe am »charmed circle« bewegten.[401] Es gab aber auch Angeklagte, die sich besonders weit vom »charmed circle« zu situieren schienen und deren sexuelle Verhaltensweisen als »unnatürlich«, moralisch »verwerflich« und »gefährlich« betrachtet wurden. Diese Täter wurden im Laufe des 20. Jahrhunderts in unterschiedlicher Weise als »grobe Wüstlinge«, »Kinderschänder«, »Pädophile« oder »Pädokriminelle« bezeichnet. Doch was waren die Gründe, weshalb sich bestimmte Angeklagte am äußersten Rand des zweiten – die »unnatürlichen« Sexualpraktiken umfassenden – Kreises positionierten? Was begründete ihre »Abnormalität« und ihre »Gefährlichkeit«? In den 1950er und 1960er Jahren bestanden erhebliche Unsicherheiten darüber, wie diese Fragen beantwortet werden sollten. Zwar nahmen Disziplinen wie die Psychiatrie und die Sexualwissenschaften im Laufe des 20. Jahrhunderts eine zunehmend wichtigere Rolle ein, um Sexualdelinquenten zu charakterisieren und ihr normabweichendes Verhalten zu erklären. Gleichwohl blieben vor den Strafgerichten eine Reihe von Fragen umstritten, die für die Deutung der »Abnormalität« und der »Gefährlichkeit« von Tätern bedeutsam erschienen. Waren sexuelle Handlungen an vorpubertären Kindern deshalb besonders verwerflich, weil Kinder asexuell zu sein hatten und nicht mit Sexualität in Kontakt gebracht werden durften? Wurden Kinder und Jugendliche, die sexuelle Kontakte/Gewalt seitens Erwachsener erlebten, in ihrer Persönlichkeit verändert bzw. in ihrer psychischen Gesundheit beeinträchtigt? Und gab es pathologische Sexualdelinquenten, die in »triebhafter Weise« immer wieder sexuelle Gewalt gegen Minderjäh-

401 Vgl. Kapitel 5.

rige ausübten? Um diese Fragen zu klären, musste die innere Disposition – die »Triebe«, »Anlage« oder die »Psyche« – sowohl der Opfer wie der Täterschaft untersucht werden, die in Fällen von Verletzungen des sexuellen Schutzalters involviert waren. Anhand der Analyse des Fallsamples des Kreisgerichts St. Pölten wird im Nachfolgenden aufgezeigt, auf welche alltagspraktischen und wissenschaftlichen Deutungsrahmen sich österreichische Strafgerichte in den 1950er und 1960er Jahren bezogen, um den Abstand auszumessen, der zwischen »normalen« sexuellen Handlungen einerseits und einem »krankhaften«, »unnatürlichen« und »gefährlichen« sexuellen Verhalten andererseits bestand.

6.1 Das homologe und heterologe Modell kindlicher Sexualität

Am Kreisgericht St. Pölten war, in Übereinstimmung mit internationalen Kinderrechtsdebatten und wissenschaftlichen Diskursen, unbestritten, dass sich die Sexualität mit Eintritt in die Pubertät veränderte. Mädchen, die im 13. und 14. Lebensjahr waren, erschienen nun auch nur noch bedingt als Kinder, sondern vielmehr als junge Frauen, die legitimerweise das sexuelle Begehren von »normalen« Burschen und Männern zu wecken vermochten. Unmündige Jungen, die Geschlechtsverkehr mit einer Frau hatten, galten nach dem Strafgesetz von 1852 gar nicht als schutzbedürftig. Anders wurden hingegen vorpubertäre Kinder betrachtet. Zwar sollten sie dem sexuellen Begehren von Erwachsenen entzogen sein. Gleichzeitig löste die Feststellung sexueller Äußerungen von vorpubertären Kindern erhebliche Unsicherheiten aus.

Mit der Formation der Sexualwissenschaften im ausgehenden 19. Jahrhundert wandten sich Wissenschaftler unterschiedlichen sexuellen Begehrensformen zu. In Abgrenzung zur Sexualität Jugendlicher und Erwachsener beschrieben diese nun auch die kindliche Sexualität und versuchten sie zu qualifizieren.[402] In der Charakterisierung der kindlichen Sexualität lassen sich idealtypisch zwei Modelle unterscheiden, die sich im ausgehenden 19. Jahrhundert formierten und bis in die Gegenwart kontrovers diskutiert werden. Auf der einen Seite traten Sexualwissenschaftler und

402 Vgl. dazu Ilka Quindeau, Micha Brumlik (Hg.), Kindliche Sexualität, Weinheim, Basel 2012; Christin Sager, Das aufgeklärte Kind. Zur Geschichte der bundesrepublikanischen Sexualaufklärung (1950–2010), Bielefeld 2015, S. 60–63; R. Danielle Egan, Gail Hawkes, Theorizing the Sexual Child in Modernity, New York 2010; Sophinette Becker, Aktuelle Diskurse über Pädosexualität/Pädophilie und ihre Leerstellen, in: Baader et al., Tabubruch, S. 313–325, S. 317; Sauerteig, Loss, S. 156–183.

Sexualwissenschaftlerinnen für ein heterologes Modell kindlicher Sexualität ein. Nach diesem Modell unterscheidet sich die kindliche Sexualität sowohl strukturell wie qualitativ von einer erwachsenen Sexualität. Ein wichtiger Vordenker dieses Modells war Sigmund Freud, der von 1904–1905 die *Drei Abhandlungen zur Sexualtheorie* verfasste. Darin beschrieb Freud die sogenannte »infantile Sexualität« als polymorph-sinnlich und argumentierte, dass sie spezifische Phasen von oralen Lüsten, über anale Lüste bis hin zu Lüsten genitaler Stimulation durchlaufe.[403] In dieser Perspektive stellt sich die Frage, inwiefern die kindlichen Formen von Sinnlichkeit überhaupt als »sexuell« bezeichnet werden sollen. Freud führte aus, dass sich die Sinnlichkeit von Kindern energetisch aus der gleichen Quelle speise wie die spätere Sexualität – nämlich vom Sexualtrieb, der Libido.[404]

Anders als Freud fasste der Sexualwissenschaftler Albert Moll kindliche Sexualität, der 1909 *Das Sexualleben des Kindes* publizierte.[405] Molls Fokus lag auf dem Verhalten und dem quantitativen Vergleich der kindlichen mit der erwachsenen Sexualität. Moll ging von einer strukturellen Gleichheit der kindlichen und erwachsenen Sexualität aus und beschrieb das »Geschlechtsleben« beim Kinde als noch nicht so ausgestaltet wie beim Erwachsenen.[406] Das homologe Modell wurde Mitte des 20. Jahrhunderts insbesondere von Alfred C. Kinsey weiterentwickelt. Dieser betonte ebenfalls die strukturellen Ähnlichkeiten von Kinder- und Erwachsenensexualität und interessierte sich für die erwachsenentypischen, paraadulten Formen kindlicher Sexualität als Vorformen späterer Sexualität. Entsprechend erforschte Kinsey sexuelle Reaktionen wie den Orgasmus und sexuelle Verhaltensweisen wie die Masturbation beim Kinde.[407] In jüngster Zeit mehren sich indes Stimmen, die das homologe Modell kritisieren und argumentieren, dieses sei unterkomplex. Indem Homologiker die kindliche Sexualität der Erwachsenensexualität gleichsetzten, so das Argument des Sexualwissenschaftlers Gunter Schmidt, würden sie vielfach übersehen, dass gleichförmige Handlungen noch lange nicht dasselbe bedeuteten, weil Kinder noch nicht die sexuellen Skripte und Bedeutungszuschreibungen der Erwachsenen hätten.[408] Knapp und bündig brachte unlängst der Sexualwissenschaftler Volkmar Sigusch die Unterschiede zwischen kindlicher und er-

403 Freud, Abhandlungen, S. 53–90.
404 Schmidt, Kindersexualität, S. 62.
405 Albert Moll, Das Sexualleben des Kindes, Leipzig 1908.
406 König, Sexualität, S. 430.
407 Vgl. ebd., S. 430–448; Schmidt, Kindersexualität, S. 62.
408 Ebd., 64. Siehe dazu auch Ilka Quindeau, Die infantile Sexualität, in: Quindeau, Brumlik, Sexualität, S. 24–44, S. 28.

wachsener Sexualität auf den Punkt: Die Kinder begehren, aber nicht wie die Erwachsenen und auch nicht den Erwachsenen.[409]

Sprechen über kindliche Sexualität am Kreisgericht St. Pölten

In Strafprozessen zu Verletzungen des sexuellen Schutzalters kamen unterschiedliche Formen von Sexualität zur Sprache, was damit zusammenhing, dass die verhandelten Sexualitäten in verschiedenen Machtkontexten verortet waren. Im Bestreben der Strafgerichte, möglichst das ganze »Sexualleben« von Minderjährigen auszuleuchten, um »Unzuchtsfälle« interpretieren zu können, berichteten Kinder und Jugendliche teilweise von sexuellen Handlungen, die zeitlich weit zurücklagen und mit dem aktuellen Straffall im Prinzip nichts zu tun hatten. Die Strafgerichtsakten bestätigen folglich, was verschiedene Sexualwissenschaftler und Psychologinnen seit dem ausgehenden 19. Jahrhundert postuliert hatten: Sexualität beginnt nicht erst mit der Pubertät. Gleichzeitig hatten sexuelle Handlungen nicht immer dieselbe Bedeutung; sie veränderten sich, nicht zuletzt mit der psychosexuellen Entwicklung von Kindern und Jugendlichen.[410]

Auch im Fall der 12-jährigen Martina E., die 1960 wegen mehrfach erlebter sexueller Gewaltakte vor dem Kreisgericht St. Pölten aussagen musste, kamen während des Strafprozesses Hinweise für unterschiedliche Sexualitäten zur Sprache, so auch Formen einer kindlichen Sexualität zwischen ihr und ihrem Bruder, die bereits vor mehreren Jahren begonnen hatten. Martina E. berichtete auf dem Gendarmeriekommandoposten, dass sie im Alter von acht Jahren mit ihrem damals neun Jahre alten Bruder vom Milchholen durch den Wald gegangen sei. Dabei hörten sie plötzlich Geräusche. Sie schlichen sich an ein Gebüsch heran und konnten dort einen Geschlechtsverkehr zwischen einem Paar beobachten. Die Geschwister imitierten daraufhin das Gesehene: »Seitdem wir L. mit dem nackten Mädchen gesehen haben, haben ich und mein Bruder Peter in der Wohnung unserer Eltern, wenn diese nicht zu Hause waren, öfters probiert. Ich habe mich jedoch dazu noch nie ganz nackt, sondern nur jedesmal die Hose ausgezogen. Mein Bruder Peter ist mit seinem Geschlechtsteil bei mir nie ganz hineingekommen. Er ist ihm auch nur hin und wieder gestanden. Auch ist

409 Volkmar Sigusch, Das Kind begehrt, aber nicht den Erwachsenen, in: Der Freitag, 07.04.2020, https://www.freitag.de/autoren/der-freitag/das-kind-begehrt-aber-nicht-den-erwachsenen (Zugriff: 02.05.2019).

410 Vgl. dazu auch Becker, Diskurse; Matter, Grenzen.

ihm noch nie etwas Schlitziges gekommen.«[411] Wie Martina E. weiter ausführte, hatten sie und ihr Bruder diese Handlungen in den darauffolgenden Jahren mehrmals vollzogen, das letzte Mal wenige Monate vor Beginn des Untersuchungsprozesses. Martina E.s Aussage gibt nicht nur Auskunft über die Handlungen zwischen ihr und ihrem Bruder, sondern lässt auch Rückschlüsse auf die Produktionsbedingungen der Prozessakten zu. So wurden die Aussagen der Kinder und Jugendlichen, wie im vorliegenden Fall, vielfach in direkter Rede und als fortlaufende Narration aufgeschrieben. Letztere war indes durch die Fragen der Untersuchungsbehörden strukturiert. Es ist davon auszugehen, dass die 12-jährige Martina E. nicht von sich aus erzählte, dass bei ihrem Bruder »nie etwas Schlitziges gekommen« sei. Vielmehr gaben Kinder und Jugendliche solch spezifische Hinweise auf sexuelle Reaktionen nur auf gezieltes Nachfragen der Behörden. Dass sich diese inquisitorische Befragung durchaus traumatisch auf Kinder auswirken konnte, wurde von einzelnen Psychologinnen bereits in den 1960er Jahren problematisiert.[412]

In Untersuchungen zu Verletzungen des sexuellen Schutzalters kamen mehrmals Sexualitäten zur Sprache, die Kinder im vorpubertären Alter ausübten. Ebenso wurden gemeinsame sexuelle Handlungen von Mädchen und Jungen, die sich im Übergang zur Pubertät befanden, erwähnt. Bei verschiedenen Fällen wurde die Gerichtspsychiatrie eingeschaltet, um diese Formen von Sexualität einzuordnen. Der zuständige Psychiater, der im Untersuchungszeitraum zahlreiche »Unzuchtsfälle« begutachtete, verwendete den Begriff der »infantilen Sexualität«, um sexuelle Handlungen von vorpubertären Kindern zu bezeichnen. Er bezog sich in seinen Ausführungen im Wesentlichen auf Sigmund Freud, der 1905 in den »drei Abhandlungen zur Sexualtheorie« die Entwicklung der »infantilen Sexualität« geschildert hatte.[413] Demnach war, so der psychiatrische Experte in einem Gutachten aus dem Jahre 1960, das Kind im »jüngsten Alter ausschließlich seinem Luststreben unterworfen«. Dabei könne auch der »kritische Beobachter« nicht übersehen, »daß darin bereits eine Art frühkindliche Sexualität in bestimmter Form verborgen ist«.[414] Ohne genauer auf Praktiken einer frühkindlichen Sexualität einzugehen, hielt der Gerichtspsychiater im Weiteren fest, dass Kinder im Alter von sieben Jahren in die »Latenzphase« eintreten würden, die mehrere Jahre andauere und »eine Zeit ruhi-

411 NÖLA, Vr 864/70, Gendarmeriekommandoposten, Gedächtnisprotokoll, 8. Juni 1960.
412 Müller-Luckmann, Wahrhaftigkeit.
413 Freud, Abhandlungen, S. 53–90.
414 NÖLA, Vr 436/60, Psychiatrisches Sachverständigengutachten, 12. September 1960.

ger und stetiger Entwicklung mit einem Maximum an Wissenszuwachs« darstelle. Mit dem Beginn der Pubertät komme es schließlich zu weiteren »Unruhen«.[415] Der Gerichtspsychiater folgte im Anschluss an Sigmund Freud somit einem heterologen Modell von Sexualität. Demnach unterschied sich die »infantile Sexualität« sowohl strukturell wie qualitativ von einer »erwachsenen Sexualität«.

In den einzelnen psychiatrischen Gerichtsgutachten des Kreisgerichts St. Pölten, die sich im Untersuchungszeitraum zur kindlichen Sexualität äußerten, finden sich keine expliziten Hinweise auf Vertreter des homologen Modells wie etwa Alfred Kinsey, dessen Arbeiten mit der Übersetzung der »Kinsey-Reporte« in den Jahren 1954 und 1955 in der BRD, aber auch in Österreich, eine breite Rezeption erfuhren.[416] Sigmund Freud blieb primärer Referenzpunkt, auch wenn seine Theorien teilweise modifiziert wurden. In verschiedenen Fällen bezeichnete der zuständige Gerichtspsychiater beispielsweise Formen einer kindlichen Sexualität als durchaus »natürlich«, wobei er sich nicht immer streng an das Stufenmodell von Freud hielt und davon ausging, dass Formen kindlicher Sexualität – so beispielsweise das gegenseitige Erkunden des Körpers – durchaus auch in der sogenannten »Latenzphase« vorkommen könne.[417]

Kindliche Sexualität in den Augen des Strafgerichts

Obwohl die Entwicklungspsychologie, Psychoanalyse und Kinderpsychiatrie bestimmte Konzepte von sexuellen Entwicklungsschritten im Kindes- und Jugendalter bereitstellten – und diese über die Gerichtspsychiatrie auch punktuell Eingang in die Strafprozesse fanden –, waren Behörden und Richtende am Kreisgericht St. Pölten vielfach nicht bereit, Formen kindlicher Sexualität als »normale« Handlungen anzuerkennen. Vielmehr sahen sie diese als Praxis, die Kinder »verderben« würde. Sexualität war mit dem Bild des unschuldigen Kindes nicht in Übereinstimmung zu bringen, doch primär dieses hatte, wie das Gericht mehrfach festhielt, Anspruch auf einen erhöhten Schutz vor sexuellen Übergriffen. Das »verdorbene« Kind hingegen löste Misstrauen aus und stellte die Strafbehörden vor die Frage, ob es nicht am Verbrechen mitschuldig war.

415 Ebd.
416 Elberfeld, Sünde, S. 254. Vgl. dazu Kapitel 8.1.
417 NÖLA, Vr 835/60, Psychiatrisches Sachverständigengutachten, 6. September 1960.

Wie das Fallbeispiel von Martina E. verdeutlicht, prägte ein solches Misstrauen die Art und Weise, wie Fälle von sexueller Gewalt gedeutet wurden. Der Untersuchungsprozess ergab, dass Martina E. von mehreren jugendlichen und erwachsenen Männern, die im selben Haus lebten, teilweise massive sexuelle Gewalt erlebt hatte. Der 18-jährige Gustav B. übte die weitgehendsten Gewaltakte aus: Er vergewaltigte das Mädchen u.a. einmal im benachbarten Wald.[418] Seine Übergriffe wurden im Strafprozess eindeutig festgestellt und das Gericht kam zum Schluss, dass »der Tatbestand des Verbrechens der Notzucht nach § 127 StG« vorliege. Es verurteilte Gustav B. zu zehn Monaten schweren Kerker, verschärft durch ein hartes Lager monatlich. Bei der Strafbemessung erachtete das Gericht »das Schuldbekenntnis, das Alter unter 20 Jahren und die geringe Schutzwürdigkeit des geschützten Objektes« als strafmildernd.[419] Die Richter sprachen also nicht von einem 12-jährigen Mädchen, dessen Persönlichkeitsrechte durch die »Notzucht« schwer verletzt worden waren, sondern von einem »Objekt«, das nur über »geringe Schutzwürdigkeit« verfügte. Ausschlaggebend für die abwertende Bezeichnung des 12-jährigen Mädchens war die Feststellung, dass Martina E. mit ihrem Bruder Peter mehrmals einen »Geschlechtsverkehr« durchgeführt hatte.[420] Welchen Begriff das Mädchen tatsächlich verwendete, geht aus dem Protokoll nicht hervor. Dass sie aber kaum von »Geschlechtsverkehr« sprach, zeigt sich nicht zuletzt daran, dass Martina E. die Worte für verschiedene Aspekte des Sexuellen fehlten. Sie kannte für die männlichen und weiblichen Geschlechtsteile nur die umgangssprachlichen Begriffe »Beutl« und »Fut«, die sie aber im Untersuchungsprozess nicht laut aussprechen wollte, sondern nur bereit war, auf Papier niederzuschreiben.[421] Den Samenerguss bezeichnete sie als das »Schlitzige«.

Die Untersuchungsrichter erkannten allerdings weder an, dass es sich bei den sexuellen Handlungen zwischen Martina E. und ihrem Bruder um Formen einer kindlichen Sexualität handelte, noch folgerten sie aus der Befragung, dass das Mädchen ein nur rudimentäres Wissen über Sexualität besaß. Bezeichnend dafür ist die Haltung des Untersuchungsrichters. Dieser fragte Martina E., »ob sie sich bei dem Verkehr mit dem Besch. Gustav B. im Wald wirklich tatkräftig zur Wehr« gesetzt habe. Immerhin seien »ihr doch die Dinge durch ihre Beziehungen mit ihrem Bruder schon be-

418 NÖLA, Vr 864/70, Gendarmeriepostenkommando, Gedächtnisprotokoll, 8. Juni 1960.

419 NÖLA, Vr 864/70, Urteil, Kreisgericht St. Pölten, 12. September 1960.

420 NÖLA, Vr 864/70, Gendarmeriekommandoposten, Gedächtnisprotokoll, 8. Juni 1960.

421 Ebd., angeführt unter »Anmerkung«.

kannt gewesen«.[422] Die Aussage des Untersuchungsrichters verdeutlicht den disziplinierenden Charakter, den die Prozesse zum sexuellen Schutzalter gegenüber unmündigen Kindern und Jugendlichen immer auch haben konnten. Ihr Recht auf Schutz vor sexuellen Übergriffen verschwand vielfach hinter dem Bestreben der erwachsenen Akteure, eine sittliche Ordnung herzustellen, in der Sexualität nur einer bestimmten Gruppe – primär erwachsenen bzw. miteinander verheirateten Personen – zugestanden wurde. Zwar fanden über die psychiatrische Expertise durchaus Ansätze Eingang in die Strafprozesse, die den Begriff der Sexualität ausdehnten und auch Kindern eine Sexualität zugestanden. Dies bedeutete indes nicht, dass die Richtenden ihre moralisierenden Positionen aufgegeben und die Vielfältigkeit von Sexualität als eine *conditio humana* anerkannt hätten.

Letztlich stand die Anerkennung einer kindlichen Sexualität in Konflikt mit normativen Vorstellungen, wie sie sich im 18. Jahrhundert verstärkt durchzusetzen begannen und das Kindheitsbild in der europäischen Moderne wesentlich prägten. Vorpubertäre Kinder galten im Unterschied zu Erwachsenen als unwissend und unschuldig und damit auch als besonders schutzbedürftig.[423] Allerdings war dieses Kriterium der »Unwissenheit« und »Unschuld« auf das Engste mit einer angenommenen Asexualität verknüpft. Entsprechend irritiert reagierten Erwachsene auf sexuelle Handlungen von Kindern, was sich nicht zuletzt in den rigoros geführten Kämpfen gegen die kindliche und jugendliche Onanie exemplarisch verdeutlicht.[424] Die Konzeption einer spezifischen Unschuld und Schutzbedürftigkeit von Kindern war für die Ausformulierung eines sexuellen Schutzalters somit zentral, denn erst dadurch wurde es möglich, sexuelle Handlungen an Kindern von sexuellen Handlungen an Erwachsenen zu unterscheiden. Gleichzeitig hatte die Verknüpfung der angenommenen Schutzbedürftigkeit mit einer Asexualität weitreichende Konsequenzen für die Beurteilung der kindlichen Sexualität: Diejenigen Kinder, die Anzeichen einer sexuellen *agency* zeigten, disqualifizierten sich gleichsam als »schutzwürdig«.[425] Diesen Nexus zwischen Schutzbedürftigkeit und Asexualität hinterfragten zwar verschiedene wissenschaftliche Disziplinen seit dem frühen 20. Jahrhundert. Doch im Kontext der österreichischen Strafgerichte war er bis in die 1970er Jahre wirksam. Dies bedeutete auch – um auf das Modell von

422 NÖLA, Vr 864/70, Zeugenvernehmung, Bezirks-Gericht, 1. Juli 1960.

423 Bailey, History, S. 196; Heinemann, Zweifel, S. 379; Kapitel 2.1.

424 Vgl. Robert Darby, The Masturbation Taboo and the Rise of Routine Male Circumcision. A Review of the Historiography, in: Journal of Social History, 27 (2003), S. 737–757.

425 Vgl. dazu auch Jackson, Childhood, S. 223–232; Robertson, Crimes, S. 8–9.

Gayle Rubin zurückzukommen –, dass nicht nur sexualmündige Personen, sondern unter Umständen auch vorpubertäre Kinder dem »äußeren Kreis« zugeordnet wurden, in dem Menschen mit »unnatürlichen« und »gefährlichen« sexuellen Verhaltensweisen platziert waren.

6.2 »Verdorben« oder »traumatisiert«? Die Deutung der Folgen von sexuellen Handlungen in den Strafgerichtsprozessen

Die Frage, welche psychischen Folgen sexuelle Übergriffe für Kinder und Jugendliche hatten, war bedeutsam für die Bemessung der Strafe. Während im Fall von Martina E. ihre vermeintliche »Verdorbenheit« für den Angeklagten zu einer Reduktion des Strafmaßes führte, begründeten die Richter bei Linda, Maria und Ines M., die über Jahre von ihrem Vater sexuell misshandelt wurden, eine Erhöhung der Strafe wegen des erlittenen »seelischen Schadens«.[426] Im Untersuchungszeitraum entwickelten das Kreisgericht St. Pölten, die Staatsanwaltschaft, das Oberlandesgericht Wien und der OGH keine eindeutige Haltung zur Frage, inwieweit sexuelle Gewalt an Minderjährigen in »seelischer« Hinsicht als schädlich einzustufen war und in welchem Kontext sich sexuelle Übergriffe besonders negativ auf die Betroffenen auswirkten. Tatsächlich war die Frage, inwiefern sexuelle Gewalt im Kindesalter zu psychischen Leiden führte, im Untersuchungszeitraum umstritten und es bestanden unterschiedliche Erklärungsansätze nebeneinander.[427]

Das »verdorbene Kind«

Die Vorstellung, wonach Kinder durch sexuelle Kontakte »verdorben« werden könnten, war – wie zahlreiche historische Studien aufzeigen – seit dem 19. Jahrhundert bis weit ins 20. Jahrhundert verbreitet. Die Überzeugung herrschte vor, dass sexuelle Kontakte die »Triebe« von Kindern und Jugendlichen »weckten« und in der Folge zu einem normabweichenden sexuellen Verhalten führten. Bei Mädchen wurde insbesondere ein promiskuitives Verhalten mit einem »Abrutschen« in die Prostitution prognostiziert, bei Knaben stand bei sexuellen Übergriffen durch Männer die »Fehlleitung« der Triebe in Richtung Homosexualität im Fokus.[428] Dabei spielte die Art der sexuellen Handlungen eine nur untergeordnete Rolle: Formen von kind-

426 Vgl. dazu Kapitel 4.1.
427 Vgl. dazu ausführlich Kapitel 6.2.
428 Moll, Sexualleben, S. 204. Vgl. auch Guerrini, Sexualität, S. 51.

licher Sexualität, sexuelle Handlungen, die Jugendliche untereinander eingingen, wie auch sexuelle Gewalt von Erwachsenen an Minderjähren hatten alle das Potential, die Kinder zu »verderben«.[429] Gleichzeitig war die Ansicht verbreitet, wonach »verdorbene« Kinder eine Gefahr für andere Kinder darstellten. Die »Verdorbenheit« schien ansteckend und deren Ausbreitung konnte nur unterbunden werden, wenn Kinder und Jugendliche sich an ein Schweigegebot über ihre Misshandlungserfahrung hielten.[430]

Auch verschiedene Zeugen und Zeuginnen, die in den Untersuchungsjahren 1950, 1960 und 1970 in Strafgerichtsprozessen des Kreisgerichts St. Pölten aussagten, vertraten die Meinung, wonach Kinder und Jugendliche durch sexuelle Kontakte »sittlich verdorben« würden.[431] So hielt etwa eine Pflegemutter eines 7-jährigen Mädchens, das von einem 71-jährigen Nachbarn sexuell misshandelt worden war, vor Gericht fest: »Das Kind ist durch das Vorgehen des Beschuldigten ganz verdorben und können wir ihr jetzt nicht abgewöhnen, dass sie an ihrem eigenen Geschlechtsteil herumkratzt.«[432] Mehrere Eltern entschieden, mit den Kindern nicht über die sexuellen Misshandlungen zu sprechen, um sie nicht noch weiter moralisch zu korrumpieren. Im Jahre 1960 hatte beispielsweise ein Jugendlicher mehrere Mädchen und Jungen sexuell misshandelt. Die Mutter eines betroffenen Mädchens sprach ein älteres, 10-jähriges Mädchen, das ebenfalls Opfer der Misshandlungen geworden war, auf die Vorfälle an. Wie die Zeugin vor Gericht erklärte, habe sie das Mädchen jedoch nicht näher über die Ereignisse ausgefragt, »damit das Kind nicht noch mehr verdorben« werde.[433]

Das »traumatisierte Kind«

Mit dem Hinweis auf die »Verdorbenheit« wurden sexuelle Übergriffe an Kindern in erster Linie als eine Zerstörung ihrer »Reinheit« und »Unschuld« verstanden. Auch in der Adaption moderner entwicklungspsychologischer Diskurse blieben diese Deutungen wichtig. Wie der einflussreiche Strafrechtler Theodor Rittler in seinem Kommentar von 1926 argumentierte, müsse die »Unzucht mit Kindern« sanktioniert werden, da sie einen

429 Vgl. dazu Robertson, Crimes, S. 104; Bischoff, Guerrini, Jost, Verteidigung, S. 231.
430 Gordon, Heroes, S. 216–217; Jackson, Child, S. 6–7, S. 135.
431 Vgl. Matter, Kind.
432 NÖLA, Vr 14/50, Zeugenvernehmung, Kreisgericht St. Pölten, 23. Januar 1950.
433 NÖLA, Vr 861/80, Gendarmeriekommandoposten, Niederschrift, 21. Januar 1960.

»störenden Einfluß auf die psychische Entwicklung des Kindes durch dessen vorzeitige Einführung in das Geschlechtsleben« habe.[434]

Die Vorstellung, dass pädosexuelle Handlungen für Kinder zu »seelischen« oder »psychischen« Verletzungen führen konnten, setzte sich im Kontext des Strafrechts nur langsam durch. In den frühen 1950er Jahren verlangten zwar unterschiedliche politische und soziale Akteursgruppen eine Verschärfung des Strafrechts und stützten diese Forderung nicht zuletzt mit dem Argument, dass die »Schändung« an Kindern zu »schweren seelischen Schäden« führen würde.[435] Doch nahmen die Strafgerichte nur punktuell auf dieses Argument Bezug. Ebenfalls spielte das wissenschaftliche Konzept des »Traumas« eine nur untergeordnete Rolle.[436] Im vorliegenden Untersuchungssample bezog sich das Kreisgericht St. Pölten erstmals 1960 auf den Begriff. Dieser wurde über die Gerichtspsychiatrie eingeführt, die bei einzelnen sexuell misshandelten Kindern ein sexuelles Trauma attestierte.[437] Der psychiatrische Blick erfolgte in Prozessen zu »Schändung« und »Notzucht« über die Abklärung der Glaubwürdigkeit der Minderjährigen. Im Stichjahr 1960 untersuchte die Gerichtspsychiatrie in neun Fällen die Glaubwürdigkeit von minderjährigen Mädchen.[438]

Bei der Ermittlung der Glaubwürdigkeit fand eine Untersuchung der Persönlichkeit der Mädchen statt, die eine Reihe von Aspekten umfasste. Neben der Intelligenz wurden insbesondere die Verarbeitung der sexuellen Handlungen und die Rolle, welche die Mädchen im strafrechtlichen Delikt eingenommen hatten, untersucht. Zur Beschreibung der Folgen von sexueller Misshandlung wandten die Psychiater unterschiedliche Begrifflichkeiten an. 1960 erkannte der zuständige Gerichtspsychiater bei der 14-jährigen Helene W. ein »Trauma«. Ihr Vater Ludwig W. hatte das Mädchen mehrfach sexuell misshandelt, wobei Helene sich gegen die Gewaltakte wehrte. Vor diesen Übergriffen hatte sich Ludwig W. bereits der sexuellen Gewalt an seiner älteren Tochter schuldig gemacht und musste eine Haftstrafe absitzen.[439] Im Gutachten hielt der Gerichtspsychiater über Helene W. fest:

434 Lammasch/Rittler, Grundriß 1926, S. 368. Vgl. dazu auch Heinemann, Zweifel, S. 382–383.

435 Vgl. dazu Kapitel 3.3.

436 Zur Geschichte des Konzepts des Traumas siehe u. a. Goltermann, Gesellschaft; Goltermann, Opfer, S. 171–233; Richard McNally, Remembering Trauma, Cambridge 2003; Paul Lerner, Hysterical Men. War, Psychiatry, and the Politics of Trauma in Germany, 1890–1930, Ithaca 2003.

437 Vgl. z. B. NÖLA, Vr 876/60, Psychiatrisches Sachverständigengutachten, 21. Juni 1961.

438 In den Stichjahren 1950 und 1970 fanden dagegen keine psychiatrischen Prüfungen der Glaubwürdigkeit von Minderjährigen statt.

439 NÖLA, Vr 1070/60, Urteil, Kreisgericht St. Pölten, 1. März 1961.

»Einen entscheidenden Einfluss in der Entwicklung und Bildung ihres Wesens, ihres Charakters hat das Miterleben der sexuellen Verführung ihrer älteren Schwester durch den Vater mit all ihren Folgen genommen, das als ausgesprochenes psychisches Trauma von Helene verarbeitet werden musste; von daher ist in erster Linie die heute zu beobachtende etwas eigenartige Paarung von mädchenhafter Scheu, innerer Zurückgezogenheit einerseits und Eigenwilligkeit und energischem Selbstbewusstsein andererseits zu erklären«[440] Welches Leiden mit diesem »psychischen Trauma« einherging, führte der Gutachter indes nicht aus. Resümierend führte er nur aus, dass an der Glaubwürdigkeit des Mädchens keine Zweifel bestehen würden. Die Ansicht übernahm auch das Kreisgericht St. Pölten, das festhielt, dass Helene W. »das Miterleben der sexuellen Verführung ihrer älteren Schwester durch den Vater« als »ausgesprochenes psychisches Trauma« hätte verarbeiten müssen. An der Glaubwürdigkeit der Zeugin hegte auch das Gericht keine Zweifel.[441]

Das gerichtspsychiatrische Gutachten über mögliche »Traumata« beeinflusste nicht nur die Beurteilung der Glaubwürdigkeit der Opfer durch die Gerichte, sondern konnte sich auf die Bemessung der Strafe auswirken. Die 12-jährige Bernadette P. erläuterte 1960 im Untersuchungsprozess, dass ein Bekannter sie als 10-jähriges Mädchen mehrfach sexuell misshandelte: »Im Jahre 1958 vor den Sommerferien musste ich öfters über Auftrag meiner Eltern von dem Wagnermeister Walter N. Werkzeug holen und dann zurückbringen. Meistens wenn ich das Werkzeug zurückbrachte, hielt er mich fest, zog mir das Hoserl aus und spielte mit dem kleinen Finger in meinem Lulu (gemeint Geschlechtsteil).«[442] Der zuständige Gerichtspsychiater erachtete Bernadette P., wie zahlreiche andere Kinder und Jugendliche, nicht als besonders intelligent: »Intellektuell wirkt sie etwas schwerfällig und zeigt auch keine besonders gute Auffassung. […] Sie weiß, wo die Sonne auf- und untergeht. Wohin der Schatten am Abend fällt, weiß sie auch nach entsprechender Demonstration mit Taschenlampe und Bleistift nicht zu sagen. Blumen kennt sie nur wenige.«[443] Des Weiteren hielt er fest, das Mädchen hätte über die sexuellen Übergriffe »freimütig und langsam« erzählt, »wie es ihre Art ist, sie lächelt dabei auch gelegentlich und nimmt nichts besonders wichtig, wie es scheint«. Dass sie nichts – auch nicht die sexuellen Übergriffe – »besonders wichtig« nehme, stand allerdings in Wi-

440 NÖLA, Vr 1070/60, Psychiatrisches Sachverständigengutachten, 25. Dezember 1960.
441 NÖLA, Vr 1070/60, Urteil, Kreisgericht St. Pölten, 1. März 1961.
442 NÖLA, Vr 876/60, Niederschrift, Gendarmeriekommandoposten, 27. Juni 1960.
443 NÖLA, Vr 876/60, Psychiatrisches Sachverständigengutachten, 19. Juni 1961.

derspruch mit einer weiteren Feststellung: Das Mädchen führte nämlich in der psychiatrischen Befragung aus, dass sie »alles noch ganz genau« wisse, »obwohl es nun schon so lange her wäre«. Dies hätte auch eine andere Interpretation eröffnet, nämlich dass die Übergriffe für das Mädchen einschneidend waren. Das Resümee des Gerichtspsychiaters ging in eine andere Richtung. Nach seiner Einschätzung hatten die »behaupteten Erlebnisse [...] keinerlei psychisches Trauma gesetzt bzw. einschlägige anregende Impulse erteilt«.[444] Mit Bezug auf diese Expertise entschied das Kreisgericht St. Pölten, das Strafmaß für den Täter herabzusetzen.[445]

Auf welche wissenschaftlichen Konzeptionen von Trauma sich der zuständige Gerichtspsychiater stützte, geht aus den Akten nicht eindeutig hervor. Zwar bezog er sich mehrfach auf Sigmund Freud, insbesondere wenn er die psychosexuelle Entwicklung von Kindern reflektierte. Doch hinsichtlich der sexuellen Gewalt an Kindern veränderte Freud bekanntlich seine Position: 1896 versuchte er in einem Aufsatz über die »Ätiologie der Hysterie« auf der Basis von mehreren Fallanalysen nachzuweisen, dass Hysterie durch »Erlebnisse von vorzeitiger sexueller Erfahrung« im Kindes- oder Jugendalter ausgelöst würde.[446] Freud vertrat damit die Auffassung, dass die erlittene sexuelle Gewalt im Kindesalter die Ursache für die viel später auftretenden seelischen Störungen bildete. Frauen und Männer hatten, so Freud, die sexuelle Gewalt ins Unbewusste verdrängt, die Misshandlungserlebnisse konnten allerdings in darauffolgenden sexuellen Erfahrungen reaktiviert werden und erhielten auf diese Weise eine verstörende, traumatisierende Dimension.[447] Wenig später distanzierte sich Freud allerdings von dieser Annahme: Nun argumentierte er, dass die gesammelten Berichte über sexuelle Übergriffe vonseiten der Väter »unwahr seien«. Er sei, so Freud, zum Schluss gekommen, »dass die hysterischen Symptome sich von Phantasien, nicht von realen Begebenheiten ableiten«.[448] Als Gründe für seinen Meinungswandel nannte er methodische Schwierigkeiten angesichts der Aufgabe, Realität und Phantasie in den Berichten seiner Patientinnen voneinander zu trennen, wie auch ausbleibende therapeutische Erfolge. Außerdem

444 Ebd.
445 NÖLA, Vr 876/60, Urteil, Kreisgericht St. Pölten, 11. Oktober 1961.
446 Sigmund Freud, Zur Ätiologie der Hysterie, in: Ders., Schriften zur Krankheitslehre und Psychoanalyse, Frankfurt a. M. 1997 (Original 1897), S. 53–84, S. 71.
447 Stefan Grüner, Kinder und Trauma. Zur wissenschaftlichen Konzeptualisierung von kindlicher Kriegs- und Gewalterfahrung seit dem 19. Jahrhundert, in: Grüner, Raasch, Zucht, S. 321–370, S. 330–331.
448 Freud zitiert in Danny Michelsen, Pädosexualität im Spiegel der Ideengeschichte, in: Walter, Klecha, Hensel, Grünen, S. 23–59, S. 39.

erschien Freud das große Ausmaß von sexueller Misshandlung in der Familie als unwahrscheinlich.[449] In der Folge rückte die reale traumatische Verursachung psychischer Störung im Rahmen der Freud'schen Psychoanalyse stark aus dem Blickfeld, ebenso die Frage nach einer Exogenie von Trauma.[450]

Eine systematische Verwendung des Trauma-Begriffs lässt sich in der Expertise der Gerichtspsychiatrie am Kreisgericht St. Pölten der 1950er und 1960er Jahre nicht finden. So sprach der zuständige Gerichtspsychiater in mehreren Fällen lediglich von einer »tiefen Traurigkeit«, welche die sexuelle Gewalt bei minderjährigen Mädchen verursacht habe – so bei der 13-jährigen Eva M., die von ihrem Stiefvater vergewaltigt wurde. Er hielt in seinem Gutachten fest, das Mädchen mache »einen beträchtlich infantil-retardierten Eindruck«. Obwohl sie bereits 13 Jahre alt war, sah er in dem Mädchen weniger eine heranwachsende Frau, sondern ein sexuell »unschuldiges« Kind. Nachdem der Gerichtspsychiater Hinweise auf ihre Intelligenz gesammelt hatte, leitete er das Gespräch auf die sexuellen Übergriffe, die das Mädchen erlebt hatte: »Es wird dann ohne jede Überleitung gefragt, ob sie jetzt, nach diesen Vorfällen, böse auf ihren Papa sei. Aus ihrem rasch erfolgenden, leisen und tonlosen ›ja‹ kann man den ganzen, abgrundtiefen Jammer dieses Mädchens unmittelbar erleben! Ohne dass ein weiteres Wort fällt, beginnen über ihr hilflos-kindliches, nunmehr grenzenlos trauriges Gesicht die Tränen zu fließen, ganz still und leise, ohne Dramatik, ohne jedes Theater – es ist, als ob sie gar nicht da wäre, zumindest vergessen hätte, in welcher Umgebung sie sich befinde. Wenn man sie dann ganz vorsichtig zu fragen beginnt, warum sie jetzt weine, was sie habe, da sagt sie nur, wieder ebenso still, aber gleichzeitig abschließend: ›eh nix‹. Man kann sehen, dass sie genau fühlt, wie sie in Wirklichkeit mit all dem allein ist und bleiben muss.« Resümierend hielt der Psychiater fest, dass an der Glaubwürdigkeit des Mädchens keine Zweifel bestehen würden. Zudem hob er explizit hervor, dass das Mädchen durch die Vergewaltigung nicht »verdorben« worden sei. Das Mädchen sei durch die Erfahrung weder »sexuell aufgerüttelt« noch seien ihre »sexuellen Phantasien aufgestachelt« worden. Vielmehr hätten sich »in ihr lediglich das Gefühl des Missbrauchtwordenseins, verbunden mit einer tiefen Traurigkeit darüber« festgesetzt.[451] Eine Prognose über die zukünftige Entwicklung und

449 Grüner, Kinder, S. 331. Vgl. im Weiteren Jeffrey Masson, Was hat man dir, du armes Kind, getan? Sigmund Freuds Unterdrückung der Verführungstheorie, Reinbek bei Hamburg 1984; Rush, Geheimnis, S. 135–168.

450 Esther Fischer-Homberger, Zur Medizingeschichte des Traumas, in: Gesnerus, 56 (1999), S. 260–294, S. 279.

451 NÖLA, Vr 1108/60, Psychiatrisches Sachverständigengutachten, 9. Dezember 1960.

die möglichen lang anhaltenden psychischen Folgeschäden stellte der Gerichtspsychiater nicht aus. Doch zeigt das Gutachten auf, wie die psychiatrische Expertise vielfach eine dichotome Unterscheidung vornahm. Entweder verursachten die sexuellen Gewalthandlungen eine »tiefe Traurigkeit« – in diesen Fällen galten die Minderjährigen dann auch als eindeutige Opfer; oder aber die sexuellen Übergriffe »weckten« die sexuellen Triebe und »stachelten die sexuellen Phantasien« auf, dann galten die Minderjährigen als »verwahrlost«.[452]

Wie die Analyse des Untersuchungssamples verdeutlicht, bedeutete die Einstufung als »verdorben« nicht zwangsläufig, dass das Gericht den Minderjährigen die Glaubwürdigkeit absprach. 1950 hielt das Gericht beispielsweise explizit fest, dass trotz der festgestellten »Verdorbenheit« des Mädchens »durchaus keine Veranlassung« bestehe, »an der Wahrheit ihrer Aussage, die sich im Wesentlichen ja mit der des Angeklagten deckt, zu zweifeln«.[453] Die Akteure des Kreisgerichts St. Pölten schenkten den minderjährigen Zeugen und Zeuginnen in der Regel Glauben und ging davon aus, dass die sexuellen Handlungen stattgefunden hatten, zumal nur einzelne Angeklagte diese prinzipiell abstritten. Doch erachtete das Gericht längst nicht alle Minderjährige, die als Zeugen und Zeuginnen vorsprachen, auch als Opfer von Gewalt, denen ein Unrecht widerfahren war.

6.3 Angst, Ekel und Schmerz: Die Aussagen von Kindern und Jugendlichen im Strafprozess

In den hierarchisch strukturierten Gerichtsprozessen hatten die involvierten Akteure und Akteurinnen unterschiedlichen Einfluss auf die Deutung des Straffalles. Entscheidendes Gewicht kam den psychiatrischen Experten zu; das letzte Wort hatten indes die Richtenden. Neben den Erwachsenen brachten auch Kinder und Jugendliche ihre Deutungen des Falles vor. Wie die Kinder und Jugendlichen den Gewaltakt selbst erlebten, erschien für die Strafbehörden zwar nicht zwingend relevant. Gleichwohl machten die Kinder und Jugendlichen Aussagen über ihre Emotionen. Sie berichteten vor dem Gendarmeriekommandoposten und vor Gericht über ihre Gefühle und drückten somit aus, was sexuelle Gewalt für sie hieß. Ihre Aussagen sind von Bedeutung, wenn aus der Perspektive der Minderjährigen

452 Zur wissenschaftlichen Definition der »Verwahrlosung« bis in die 1970er Jahre siehe auch Gehltomholt, Hering, Mädchen, S. 51–63; Bischoff, Guerrini, Jost, Verteidigung, S. 227–232.

453 NÖLA, Vr 1500/50, Urteil, Kreisgericht St. Pölten, 17. Januar 1951.

ausgeleuchtet werden soll, inwieweit sexuelle Handlungen an Mädchen und Knaben als »gefährlich« und »anormal« eingestuft werden müssen.

Die Kinder und Jugendlichen berichteten von unterschiedlichen negativen Emotionen, die sie mit der erlebten sexuellen Gewalt verbanden. Sie hatten *Angst* vor dem Täter, da sie fürchteten, er werde ihnen körperliche Gewalt antun. In zahlreichen Fällen wandten die Täter im Zusammenhang mit sexueller auch körperliche Gewalt an oder drohten ihren Opfern mit Schlägen.[454] Besonders angsteinflößend wirkte sich die Drohung der Täter aus, wonach die Kinder in ein Heim kommen würden, wenn sie nicht in die sexuellen Handlungen einwilligten.[455] Manchmal gaben die Kinder aber auch an, Angst gehabt zu haben, ohne genau zu wissen, wie sie die sexuellen Handlungen einordnen sollten – dies galt insbesondere für die noch jüngeren Kinder. So berichtete beispielsweise der 11-jährige Jakob W. in der Zeugenvernehmung, der 39-jährige Klaus A. habe »seinen Spatz« angefasst, zudem habe er ihn aufgefordert, auch seinen »Spatz« zu berühren, was er jedoch nicht wollte: »Ich habe dies alles gemacht, weil ich vor dem Besch., der mir dies auftrug, Angst hatte, ohne dass ich eigentlich wusste, warum dies alles geschehen ist.«[456] Das Gefühl der *Angst* begleitete mehrere Kinder und Jugendliche auch nach dem sexuellen Übergriff, da die Täter vielfach weiterhin in ihrem sozialen Umfeld lebten und sie ihnen regelmäßig begegneten. Dies galt nicht nur für Inzestopfer, sondern auch für Kinder und Jugendliche, die beispielsweise durch Nachbarn sexuelle Gewalt erlebt hatten. Die 13-jährige Marianne Z. berichtete 1950, dass sie im Wald vom 20-jährigen Ludwig R. vergewaltigt wurde, und hielt fest: »Nach dieser Handlung hatte ich von R. große Angst.«[457] Auch hinderte die Angst vor den Tätern die Minderjährigen oftmals daran, sich ihren Eltern oder anderen Personen anzuvertrauen. Die 12-jährige Leopoldine W. erlebte mehrfach sexuelle Übergriffe durch ihren 65-jährigen Musiklehrer. Auf die Frage, weshalb sie sich nicht früher ihren Eltern anvertraute oder den Musikunterricht abbrach, führte das Mädchen aus: »Ich wollte das schon lange meinen Eltern sagen, aber der Besch. hat mir gleich anfangs gedroht, er werde mich erschlagen, wenn ich etwas sage und habe ich mich vor ihm gefürchtet. Von der Stunde fernbleiben wollte ich deshalb nicht, weil ich mich fürchtete, er werde mich abpassen und mir etwas antun.«[458]

454 Vgl. dazu u. a. NÖLA, Vr 1484/60, Bericht, 13. Oktober 1960.
455 NÖLA, Vr 411/60, Gendarmeriekommandoposten, Zeugeneinvernehmung, 7. April 1960.
456 Ebd.
457 NÖLA, Vr 1244/50, Bezirksgericht, Tatgeschichte, 26. September 1950.
458 NÖLA, Vr 1389/50, Zeugenaussage, 16. November 1960.

Die Fähigkeit, die eigenen Emotionen kognitiv zu bewerten und entsprechend zu benennen, war abhängig vom Alter und Entwicklungsstand der Minderjährigen.[459] Allerdings verdeutlicht ein Fall, den das Kreisgericht St. Pölten 1961 zu behandeln hatte, dass selbst Kinder mit einer geistigen Behinderung, die sich nicht sprachlich ausdrücken konnten, Wege fanden, um ihrem Gefühl der Angst Ausdruck zu verleihen. So sah die Pflegemutter eines 8-jährigen Mädchens, das als Folge einer Hirnhautentzündung geistig behindert war, wie ein 30-jähriger Bekannter im Schuppen ihre Tochter umfasste.[460] Die Pflegemutter entschloss sich allerdings erst zu einer Anzeige, nachdem sie tiefgreifende Veränderungen im Verhalten des Mädchens festgestellt hatte. Das Mädchen wollte sich beispielsweise nicht mehr die Unterhosen ausziehen lassen. Sobald der Name des Beschuldigten fiel, zeigte das Mädchen stets auf ihren Geschlechtsteil und flüchtete panisch, wenn es an den Ort im Schuppen gebracht wurde, an dem die sexuellen Übergriffe stattgefunden hatten. Der beigezogene Kinderarzt und Heilpädagoge, der neben dem zuständigen Gerichtspsychiater ein weiteres Gutachten ausarbeitete, führte aus: »Das Kind wird dann von der Pflegemutter in Begleitung des SV [Sachverständigen, Anm. d. Verf.] an die Stelle geführt, wo die Schändung stattgefunden haben soll. […] Als der SV im Schuppen auf die Mj [Minderjährige, Anm. d. Verf.] zukommt, reißt sie sich schreiend unter Zeichen von Angst von der Hand der Frau C. und läuft in die Scheune hinein […]«.[461]

Neben dem Gefühl der Angst erwähnten mehrere Minderjährige, dass sie sich vor den sexuellen Übergriffen »grausten« oder dass die Handlungen bei ihnen ein Gefühl des *Ekels* ausgelöst hatten. So hielt die 10-jährige Anna B., die vom 17-jährigen Heinrich I. sexuell misshandelt worden war, fest: »Er forderte mich auf, dass ich seinen Spatz angreifen soll. Dies habe ich nicht gemacht, weil mir davor grauste«.[462] Ebenso erklärte die 14-jährige Monika P., die von ihrem 20-jährigen Bruder vergewaltigt wurde, dass diese sexuellen Gewaltakte sie enorm abstießen: »Dann hat er sein Hosentürl aufgemacht und ›Seins‹ herausgenommen. Mir hat so gegraust, dass ich die Augen fest zugemacht habe.«[463] Mädchen, die von zu Hause weggelaufen waren, fanden sich vielfach in einer Situation, in denen sie dem Zwang eines, meist älteren Mannes ausgeliefert waren. Die 13-jährige Irma M. blieb zunächst beim 35-jährigen Beschuldigten, da er ihr eine Arbeitsmöglichkeit versprach und

459 Vgl. dazu u. a. Schönfelder, Rolle, S. 67–73.
460 NÖLA, Vr 1094/60, Urteil, Kreisgericht St. Pölten, 8. Juni 1961.
461 NÖLA, Vr 1094/60, Sachverständigengutachten für Heilpädagogik, 18. Mai 1961.
462 NÖLA, Vr 861/60, Gedächtnisprotokoll, 21. Juni 1961.
463 NÖLA, Vr 882/70, Niederschrift, 28. April 1970.

sie damit die Hoffnung verband, nicht zu ihren Eltern zurückkehren zu müssen. Die sexuellen Handlungen, die er dafür einforderte, lösten bei ihr allerdings Ekelgefühle aus: »Als er zurückkam, setzten wir uns wieder bei der Traisen auf eine Decke und bekam ich von ihm einige Zungenküsse. Es ekelte mich aber furchtbar vor ihm. Auch musste ich wieder sein Glied angreifen.«[464]

Schließlich sprachen die Minderjährigen, die sexuelle Übergriffe erlebt hatten, auch vom Gefühl der *Scham*. Letzteres setzte vor allem beim Gedanken ein, dass andere von den sexuellen Übergriffen erfahren könnten. Die 11-jährige Esther B., die vom 15-jährigen Vincent M. vergewaltigt wurde, hielt etwa fest: »Ich schlug auf M. ein, als er aber sagte, dass er seine Freunde holen werde, hörte ich auf herumzuschlagen, da ich mich vor diesen schämte.«[465] Sexualität war in Niederösterreich der 1950er und 1960er Jahre ein tabuisierter Bereich, über den die Minderjährigen vielfach nicht offen zu sprechen wagten. Zudem waren sich bereits sehr junge Mädchen bewusst, dass die erlebten sexuellen Übergriffe geeignet waren, ihre Reputation zu schädigen – auch wenn sie sich selbst als Opfer von Gewalt fühlten. Die 11-jährige Flora B., die vom 49-jährigen Nachbarn sexuell misshandelt wurde, führte im Untersuchungsprozess etwa aus: »Da ich mich sehr schämte, habe ich bis zum Sonntag den 5.3.1950 zu niemandem etwas gesagt.«[466] Einzig zu ihrem Zwillingsbruder fasste sie schließlich ausreichend Vertrauen, sodass sie über die Vorfälle sprechen konnte. Besonders schambelastet waren die sexuellen Übergriffe für Kinder, wenn die sexuelle Gewalt von einer Autoritätsperson ausging. 1950 misshandelte ein 37-jähriger Lehrer mehrere 8- bis 10-jährige Mädchen, die bei ihm den Unterricht besuchten. Die 8-jährige Petra B. erklärte auf dem Gendarmeriekommandoposten: »Ich schämte mich sehr und getraute nichts zu sagen.«[467] Dass die sexuellen Gewaltakte des Lehrers schließlich aufgedeckt wurden, ging auf die Initiative von zwei 10-jährigen Mädchen zurück. Diese wurden selbst Opfer seiner sexuellen Übergriffe, machten aber erst Aussagen über die Vorfälle, als sie beobachteten, dass der Lehrer auch die 8-jährige Theresia M. misshandelte. Sie gingen zu deren Stiefvater, der zu Protokoll gab: »Am 1. März, zwischen 5 und 6.00 Uhr abends kamen zu uns die Kinder Rosa H. und Helga P. Ich war gerade im Hof beschäftigt. Als die Kinder mich sahen, wollten sie weggehen. Als ich sie fragte, was sie wollten, fragten sie mich, ob die Tochter meiner Lebensgefährtin [...] zuhause sei. Ich hörte die Kinder, als sie vor der Türe standen und zu-

464 NÖLA, Vr, 937/60, Bericht Kriminalpolizei, 5. Juli 1960; Matter, Kind.
465 NÖLA, Vr 1484/60, Bericht, 13. Oktober 1960.
466 NÖLA, Vr 413/50, Tatgeschichte, 16. März 1950.
467 NÖLA, Vr 347/50, Zeugenvernehmung, 15. März 1950.

einander sagten, ›sags Du, sags Du‹. Meine Lebensgefährtin fragte darauf die Kinder, was los sei. Sie sagten dann, ›die Theresia soll es Ihnen sagen, wir schämen uns‹. Über neuerliches befragen meiner Lebensgefährtin sagte die Helga P., dass der Beschuldigte die Kinder immer ausziehe und abgreife.« Sie hatten zudem beobachtet, wie der Lehrer auch Theresia am Geschlechtsteil berührte.[468] Nur in der Gruppe konnten die Mädchen ihre individuelle Scham überwinden und sich an Erwachsene wenden. Anders als Almuth P.,[469] die von ihrem leiblichen Bruder schwanger wurde und sich des Verstoßes des Inzesttabus bewusst war, konnten Minderjährige, die sexuelle Übergriffe in einem anderen Kontext erlebt hatten, ihre Scham teilweise überwinden und Erwachsene um Hilfe bitten.

Die Repräsentationen von Emotionen, über die Kinder und Jugendliche sprachen, bezogen sich in erster Linie auf Gefühle, die sich unmittelbar beim sexuellen Gewaltakt einstellten oder die sie in den ersten Wochen oder Monaten nach der Tat begleiteten. Dagegen liefern die Strafprozessakten keine Hinweise auf längerfristige psychische Schädigungen, welche die sexuelle Gewalt bei den Minderjährigen möglicherweise zur Folge hatte. Doch verweisen die Schilderungen über Angst, Ekel und Scham auf das Verletzungs- und Schädigungspotential, das Akte sexueller Gewalt insbesondere in psychischer Hinsicht für Kinder und Jugendliche hatten. Die zeitgenössische kriminologische, strafrechtliche und psychiatrische Literatur maß dem emotionalen Empfinden bei sexueller Gewalt allerdings kaum Bedeutung zu. Die entsprechenden Äußerungen von Kindern und Jugendlichen blieben in den wissenschaftlichen Abhandlungen meist unerwähnt.[470] Die Richtenden am Kreisgericht St. Pölten zogen die Schilderungen der Emotionen der Minderjährigen dagegen fallweise in die Urteilsbegründung mit ein. Bestätigten die emotionalen Äußerungen eines Mädchens oder eines Jungen das Bild, das sich die Richtenden über den jeweiligen Fall gemacht hatten, bewerteten sie die Aussagen als sinnstiftend für ihre Deutung der Geschehnisse. Präsentierte sich ein Kind vor Gericht als »unschuldig« und in sexuellen Belangen als unwissend, nahmen Untersuchungs- und Gerichtsbehörden die Aussage des Kindes, es hätte sich vor dem Täter gefürchtet, durchaus ernst und gingen in solchen Fällen viel-

468 NÖLA, Vr 347/50, Zeugenvernehmung, 15. März 1950.

469 Vgl. dazu Kapitel 4.3.

470 Eine Ausnahme hierzu ist die Studie der Psychologin Thea Schönfelder aus dem Jahre 1968. Sie kam zum Schluss, dass primär folgende negativen Emotionen die Narrationen von Mädchen prägten, die jünger als 14 Jahre waren und mit sexuellen Kontakten seitens Erwachsener konfrontiert waren: »Ekel und Abscheu«, »Peinlichkeit und Scham« und »Angst«. Schönfelder, Rolle, S. 98–112.

fach davon aus, dass das Kind seelischen Schaden erlitten hatte. Stimmten die Hinweise auf emotionales Empfinden indes nicht mit den Interpretationen überein, die sich die Strafbehörden über die Ereignisse gemacht hatten, war es für die Kinder und Jugendlichen kaum möglich, sich vor Gericht als Opfer zu positionieren.[471] Dass sich auch als »verwahrlost« eingestufte Kinder und Jugendliche vor sexuellen Handlungen Erwachsener fürchteten, war für das Gericht nicht plausibel. Dies bedeutete letztlich, dass die Aussagen der Kinder über ihre Emotionen nur bedingt als relevant eingestuft wurden, um auszuloten, wie weit sich die Angeklagten vom »charmed circle« entfernt hatten und als gefährlich eingestuft werden mussten.

6.4 Eine »Landplage« oder »Opfer einer krankhaften Veranlagung?« Die Frage nach der pathologischen Persönlichkeit der Sexualverbrecher

Bei der strafrechtlichen Beurteilung von Verletzungen des sexuellen Schutzalters war umstritten, welche psychischen Folgen diese für Minderjährige hatten. Ebenso bestanden im Untersuchungszeitraum Unsicherheiten darüber, was die Ursachen dieser devianten sexuellen Handlungen waren. Folglich rückten nicht allein die kriminellen Handlungen der Täter in den Fokus, sondern auch das sexuelle Begehren, das diese Handlungen anzuleiten schien. Die Strafinstanzen erachteten insbesondere sexuelle Handlungen an vorpubertären Kindern nicht nur als einen Gesetzesverstoß, sondern auch in moralischer Hinsicht als verwerflich. Wie verschiedene Kriminologen, Sexualwissenschaftler und Psychiater seit dem frühen 20. Jahrhundert argumentierten, handelte es sich bei diesen Sexualdelinquenten vielfach um psychisch »abnorme« Personen. In dieser Perspektive galten Sexualverbrecher einerseits durch zielgerichtete Maßnahmen als transformier- und kurierbar, andererseits aber auch als besonders gefährliche Wiederholungstäter. Diese Ambivalenz prägte die vorgeschlagenen Sanktionsmaßnahmen maßgeblich.[472] Ausgangspunkt für Forderungen

471 Grundlegend zu den Grenzen einer objektiven und methodisch fundierten Rechtsprechung Hans-Georg Gadamer, Hermeneutik I. Wahrheit und Methode. Grundzüge einer philosophischen Hermeneutik, 6. Aufl., Tübingen 1990, S. 271.

472 Vgl. dazu u. a. Hans Bürger-Prinz, Hans Giese, Psychiatrie und Sexualstrafrecht, in: Fritz Bauer et al. (Hg.), Sexualität und Verbrechen. Beiträge zur Strafrechtsreform, Frankfurt a. M. 1963, S. 262–272; Jakob Wyrsch, Die sexuellen Perversionen und die psychiatrisch-forensische Bedeutung der Sittlichkeitsdelikte, in: Hans Walter Gruhle et al. (Hg.), Psychiatrie der Gegenwart. Forschung und Praxis. Band 3, Berlin, Göttingen, Heidelberg 1961, S. 351–385, S. 379; Greg Eghigian, The Corri-

einer spezifischen Sanktionierung von Sexualstraftätern war die Überzeugung, dass sich diese durch einen abweichenden und insbesondere überbordenden Sexualtrieb auszeichnen würden.[473] Doch in welchen psychiatrischen Kategorien sie gefasst werden sollten, war in der strafrechtlichen Praxis der 1950er und 1960er Jahre umstritten, ebenso die Frage nach einem adäquaten Umgang mit ihnen. Dies zeigte sich besonders deutlich bei den Wiederholungstätern, die im Laufe ihres Lebens immer wieder sexuelle Gewalt an Kindern anwandten und sich mehrfach vor einem Strafgericht zu verantworten hatten.

Im Stichjahr 1950 hatte sich das Kreisgericht St. Pölten mit einem Fall zu beschäftigen, in dem die Frage nach der pathologischen Persönlichkeitsstruktur des Angeklagten intensiv verhandelt wurde. Der 1928 geborene Hermann B. machte sich mehrfach der sexuellen Gewalt an minderjährigen Knaben und, in einzelnen Fällen, an minderjährigen Mädchen schuldig. Hermann B. bezeichnete sich – zumindest in den Worten seiner Rechtsanwälte – als »Opfer meiner erblichen Belastung und krankhaften Veranlagung«.[474] Nachdem die ersten sexuellen Übergriffe an minderjährigen Knaben bekannt, aber noch nicht angezeigt worden waren, veranlasste seine Mutter Ines B., dass ihr damals 20-jähriger Sohn psychiatrisch untersucht wurde. Sie wählte dafür einen über die Landesgrenzen hinaus bekannten Wiener Psychiater. Während sich die strafbaren Handlungen von Hermann B. nicht wesentlich von anderen Fällen unterschieden, die das Kreisgericht St. Pölten nach §§ 128 oder 129 Ib StG (StG 1852) beurteilte, ermöglichte ihm seine privilegierte soziale Situierung – sein Vater verfügte über erhebliche finanzielle Mittel –, seine Taten mit Rückgriff auf psychiatrisches Expertenwissen zu deuten. Insbesondere die Mutter von Hermann B. versuchte sowohl auf die Interpretation der strafbaren Handlungen wie auch auf die Sanktionsmaßnahmen Einfluss zu nehmen. Sie erachtete einen Strafvollzug in einem Zuchthaus für ihren Sohn als unangemessen und verlangte eine an medizinisch-psychiatrischen Logiken ausgerichtete »Behandlung«. Nachfolgend wird dieser Fall genauer ausgeleuchtet, weil er aufzeigt, welche unterschiedlichen nationalen und internationalen Deutungen in den ersten Nachkriegsjahren über Straftäter bestanden, die sich der sexuellen Gewalt an Kindern schuldig gemacht hatten.

gible and Incorrigible. Science, Medicine, and the Convict in Twentieth-Century Germany, Ann Arbor 2015, S. 14; Germann, Psychiatrie, S. 282–290.

473 Eghigian, Corrigible, S. 165; Robertson, Crimes, S. 209–210.

474 NÖLA, Vr 1039/50, Antrag auf gnadenweisen Erlass der Reststrafe, an BMfJ, 30. Januar 1958.

»Hart am Rande von § 2«: Die Frage der Zurechnungsfähigkeit

Hermann B. musste sich 1950 erstmals vor dem Kreisgericht St. Pölten verantworten, da er mehrere sexuelle Übergriffe an minderjährigen Knaben vorgenommen und auch sexuelle Handlungen an über 14-jährigen Burschen ausgeübt hatte. Der 8-jährige Rudolf M. gab bei der Zeugenbefragung an, Hermann B. habe zu ihm gesagt: »›Rudolf komm her und hau mir einen runter‹ […] Dies musste ich ungefähr, wie schon erwähnt, 2 bis 3 mal machen […].«[475] Diese strafbaren Handlungen beging Hermann B., als er sich bei seinem Wiener Psychiater in Therapie befand. Im Prozess hatte dieser als Sachverständiger auszusagen, zudem stellte er ein psychiatrisches Gutachten aus.[476] Der Psychiater gab zu, dass ihm der Angeklagte »damals schon etwas entglitten« sei: zum einen weil dessen Vater angeordnet hatte, dass Hermann B. nur noch alle drei Wochen zur Therapie kommen solle, zum anderen weil es urlaubsbedingt zu einer Unterbrechung der Therapie kam. Er diagnostizierte beim Angeklagten einen leichten »Intelligenzdefekt«, »Rückstände der Persönlichkeitsentwicklung« sowie »eine Hemmung der sexuellen Reifung, wahrscheinlich in Verbindung mit anlagebedingten Anomalien«, womit er auf eine angenommene erbliche homosexuelle »Belastung« verwies, die sich auch bei Hermann B.s Onkel zu zeigen schien.[477] Laut dem Psychiater lag das Hauptproblem allerdings darin, dass sich bei Hermann B. erst spät – mit 20 Jahren – ein »Geschlechtstrieb« manifestierte. In der Hauptverhandlung argumentierte er zudem, dass »die Tatsache, dass diese Vorfälle geschehen sind« – gemeint waren die strafbaren Handlungen –, vom »ärztlichen Standpunkt aus gesehen eine Besserung« darstellen würden.[478] Der psychiatrische Experte ging von der These aus, dass sich das nun geweckte sexuelle Begehren durch kontinuierliche Therapie in die »richtigen Bahnen« lenken ließ. Er selbst habe nach einigen Monaten Therapie erste Erfolge verzeichnen können, da der Angeklagte angab, »nun doch schon etwas wie eine Art sex appeal weiblichen Personen gegenüber zu empfinden«.[479] Tatsächlich ließen die knappen Aussagen des Angeklagten in der Hauptverhandlung solche Rückschlüsse nicht zu. Bei der Befragung der Staatsanwaltschaft führte Hermann B. aus: »Warum ich mich immer gerade an kleine Buben wende, weiß ich nicht; es überkommt mich immer so plötzlich.« Auf Nachfrage des Verteidigers

475 NÖLA, Vr 1039/50, Gendarmeriekommandoposten, Niederschrift, 4. August 1950.
476 NÖLA, Vr 1039/50, Hauptverhandlung, Kreisgericht St. Pölten, 11. Oktober 1950.
477 NÖLA, Vr 1039/50, Psychiatrisches Sachverständigengutachten, ohne Datum.
478 NÖLA, Vr 1039/50, Hauptverhandlung, Kreisgericht St. Pölten, 11. Oktober 1950.
479 NÖLA, Vr 1039/50, Psychiatrisches Sachverständigengutachten, ohne Datum.

ergänzte er: »Mit reiferen Männern dasselbe zu tun, danach verlangt es mich nicht.« Dass er Frauen sexuell begehren würde, stand außer Frage.[480]

Hermann B.s Psychiater resümierte in der Hauptverhandlung, er stelle den Angeklagten »hart an den Rand des § 2 StG wegen der pathologischen Entwicklung«.[481] Nach § 2 StG galt als unzurechnungsfähig, wer »des Gebrauchs der Vernunft ganz beraubt« war. Im Falle einer »abwechselnden Sinnenverrückung« musste die Tat während einer kritischen Phase ausgeübt worden sein. Anders als der psychiatrische Experte hielt das Kreisgericht St. Pölten den Angeklagten für voll zurechnungsfähig: »Nach den Angaben dieses Zeugen und nach dem Eindruck des Gerichtes kann Angeklagter nicht als geisteskrank, also nicht als zurechnungsunfähig angesehen werden. Eine angeborene widernatürliche Neigung an sich kann dem Angeklagten auch nicht die Zurechnungsfähigkeit nehmen. Der Angeklagte war daher für sein Tun verantwortlich zu machen.«[482] Schließlich resümierte das Gericht, »mit einer Besserung« sei nur durch den Strafvollzug selbst zu rechnen. Die sexuellen Übergriffe, die Hermann B. an den Knaben unter 14 Jahren vollzog, subsumierten die Richter unter den Straftatbestand der »Schändung«, während sie die »teils versuchten, teils vollbrachten« sexuellen Handlungen an über 14-jährigen Jungen nach dem § 129 Ib als »Unzucht wider die Natur« sanktionierten.[483] Die Strafe fiel mit sechs Monaten Kerker vergleichsweise mild aus, was sich durch die Anerkennung verschiedener Milderungsgründe erklärte. Das Gericht anerkannte neben dem vollen Geständnis, der »Unbescholtenheit«, dem guten Leumund, der zurückgebliebenen geistigen und körperlichen Entwicklung auch »seine erbliche Belastung« als Milderungsgrund an, womit das Strafgericht auf die im psychiatrischen Gutachten konstatierte homosexuelle Veranlagung verwies. Auf diesen Milderungsgrund nahm das Gericht ansonsten kaum je Bezug, was auf den Einfluss des psychiatrischen Experten hinweist.[484]

Bereits seit dem frühen 20. Jahrhundert erörterten Expertenkreise, welche Pathologien es rechtfertigten, die wegen »Unzuchtsdelikten« Angeklagten als zurechnungsfähig, vermindert zurechnungsfähig oder exkulpiert einzustufen. Die nationalen Strafrechtsordnungen gaben den Gerichten unterschiedlich weiten Handlungsspielraum, um Straffreiheit aufgrund von

480 NÖLA, Vr 1039/50, Hauptverhandlung, Kreisgericht St. Pölten, 11. Oktober 1950.
481 Ebd.
482 NÖLA, Vr 1039/50, Urteil, Kreisgericht St. Pölten, 11. Oktober 1950.
483 Ebd.
484 Ebd.

Erkrankung anzuerkennen.[485] Die Gerichtspsychiatrie nahm im Laufe des 20. Jahrhunderts in zahlreichen Ländern einen zunehmend größeren Einfluss bei der Feststellung der Zurechnungsfähigkeit.[486] Dies verdeutlicht exemplarisch der *8. Kongreß für Sexualforschung*, der 1964 das Thema »Pädophilie und ihre strafrechtliche Problematik« behandelte.[487] Die zum Kongress eingeladenen Psychiater wiesen darauf hin, dass die Frage der Zurechnungsfähigkeit der Sexualstraftäter durch die Berücksichtigung verschiedener Faktoren geprüft werden müsse.[488] Offen blieb jedoch die Frage, wie hoch der durchschnittliche Anteil an unzurechnungsfähig eingestuften Pädokriminellen war. Der deutsche Psychiater Gerd Huber führte in seinem Referat beispielsweise aus, dass er zwischen 1955 und 1963 bei den von ihm begutachteten Fällen bei 47 % der »pädophilen« Täter die Zurechnungsfähigkeit bejahte, bei 28 % eine verminderte Zurechnungsfähigkeit feststellte und bei 23 % die aufgehobene Schuldfähigkeit angenommen hatte.[489] Wie diese Zahlen allerdings im nationalen und internationalen Vergleich einzuordnen waren, erörterte der Referent nicht.[490]

Im Vergleich mit der Praxis anderer Strafgerichte, die Referenten am *8. Kongreß für Sexualforschung* präsentierten, war das Kreisgericht St. Pölten vergleichsweise zurückhaltend, die wegen sexueller Gewalt an Kindern beschuldigten Personen auf mögliche Pathologien hin zu untersuchen. Wie das Untersuchungssample verdeutlicht, ordnete das Gericht nur wenige psychiatrische Begutachtungen an: In drei Fällen ließen die Richter volljährige Männer hinsichtlich ihrer Zurechnungsfähigkeit psychiatrisch untersuchen, da sie aufgrund angeborener Behinderung oder erlittener Kriegs-

485 Das österreichische Strafrecht kannte die »verminderte Zurechnungsfähigkeit« im Unterschied zum deutschen und schweizerischen Strafrecht nicht. Vgl. dazu Maria A. Eder-Rieder, Die freiheitsentziehenden vorbeugenden Maßnahmen, Wien 1985, S. 76–81.

486 Vgl. Germann, Psychiatrie, S. 139–149.

487 Franz Günther Ritter von Stockert (Hg.), Die Pädophilie und ihre strafrechtliche Problematik. Vorträge gehalten auf dem 8. Kongreß der Deutschen Gesellschaft für Sexualforschung vom 25. bis 27. Mai in Karlsruhe, 2. Teil, Stuttgart 1964. Der erste Teil des Kongresses war dem Thema »Das sexuell gefährdete Kind« gewidmet. Siehe dazu von Stockert, Kind.

488 P. A. Fischer, Probleme des Sachverständigengutachtens bei der Pädophilie, in: von Stockert, Pädophilie, S. 42–55, S. 30–41; Siegfried Haddenbrock, Das psychiatrische Gutachten zur Beurteilung der Schuldfähigkeit von Triebtätern mit besonderer Berücksichtigung der Pädophilie, in: von Stockert, Pädophilie, S. 56–68.

489 Gerd Huber, Zur forensisch-psychiatrischen Begutachtung pädophiler Sexualdelinquenten, in: von Stockert, Pädophilie, S. 42–55, S. 44.

490 Vgl. dazu u. a. Rudolf Wyss, Unzucht mit Kindern. Untersuchungen zur Frage der sogenannten Pädophilie, Berlin, Heidelberg, New York 1967.

verletzungen eine Beeinträchtigung der geistigen Fähigkeiten der Beschuldigten vermuteten.[491] In sieben Fällen ließ das Strafgericht prüfen, ob die Beschuldigten, die zwischen 15 und 18 Jahre alt waren, im Sinne des § 10 JGG als »reif« zu bezeichnen waren.

Ähnlich wie in den psychiatrischen Stellungnahmen zur Glaubwürdigkeit der minderjährigen Mädchen lieferten die psychiatrischen Gutachten bei den Beschuldigten nicht nur Hinweise auf deren Zurechnungsfähigkeit (§ 2 StG) bzw. Reife (§ 10 JGG), sondern auch Einschätzungen zu deren Persönlichkeit. Ein psychiatrischer Experte hielt beispielsweise fest, dass der von ihm untersuchte Beschuldigte aufgrund eines Kopfschusses, den er während des Zweiten Weltkrieges erlitten hatte, phasenweise unter einem »epileptischen Dämmerzustand« leiden würde;[492] bei einem anderen Beschuldigten konstatierte der zuständige Gerichtspsychiater »funktionelle (hysterische) Erscheinungen«.[493] Während Hermann B.s Psychiater eine »erbliche Homosexualität« diagnostizierte, äußerten sich andere Gerichtspsychiater, deren Gutachten im Fallsample erhalten sind, nicht über mögliche sexuell-pathologische »Abweichungen«. Nicht zuletzt fehlten auch Hinweise für eine bestehende »Pädophilie«.

Die pathologische Persönlichkeit: Die Auseinandersetzung zur »Pädophilie«

Die juristisch-kriminologischen Abhandlungen zur sexuellen Kindesmisshandlung nahmen bis Mitte des 20. Jahrhunderts nur punktuell Bezug auf den Begriff der »Pädophilie«. Zwar zielten Studien darauf hin, die »Persönlichkeit« der Täter zu erforschen und spezifische Merkmale herauszukristallisieren, doch verwiesen sie in der Regel nicht auf den Begriff der »Pädophilie«.[494] Erst seit den ausgehenden 1950er Jahren lässt sich eine intensivierte Auseinandersetzung mit der »Pädophilie« und einen Eingang der Begrifflichkeit in die strafrechtlichen Debatten feststellen.[495] Dabei bezogen sich die Abhandlungen teilweise auf die Studien des Psychiaters Richard von Krafft-Ebing (1840–1902), der erstmals die »Pädophilia erotica« als Perversion charakterisierte. In den darauffolgenden Jahren entwickelte

491 Vgl. dazu NÖLA, Vr 80/50; V 1595/60; Vr 1514/60.

492 NÖLA, Vr 80/50, Psychiatrisches Sachverständigengutachten, 2. Mai 1950.

493 NÖLA, Vr 2213/70, Psychiatrisches Sachverständigengutachten, 24. November 1971.

494 Vgl. dazu auch Kerchner, Körperpolitik.

495 Meike Sophia Baader, Tabubruch und Entgrenzung. Pädosexualität und Wissenschaft in den 1960er und 1990er Jahren, in: Zeitschrift für Pädagogik, 64. Beiheft (2018), S. 28–39; vgl. dazu u. a. Wyss, Unzucht, S. 1–4.

der Sexualwissenschaftler Albert Moll in der Überarbeitung der »Psychopathia sexualis« von Krafft-Ebing die Begrifflichkeit weiter.[496] 1924 führte Moll aus, dass es sich bei diesen »Perversen« nach Krafft-Ebing um Personen handle, »die eine erotische Neigung zu Kindern« hätten. Krafft-Ebing definierte »Pädophilie« wie folgt:

1. Es handelt sich um belastete Individuen.
2. Die Neigung zu unreifen Personen des andern Geschlechts erscheint primär (im Gegensatz zum Wüstling); die Vorstellungen sind in abnormer Weise und mächtig von Lustgefühl betont.
3. Die kriminellen Akte der bis auf einen Fall potenten bestehen in bloßer unzüchtiger Betastung und Onanisierung der Opfer. Gleichwohl führen sie zur Befriedigung des Betreffenden, selbst wenn er dabei nicht zur Ejakulation gelangt.
4. Die Pädophilen sind unerregbar durch sexuelle Reize des erwachsenen Individuums, an dem der Koitus nur in Ermanglung von Kindern ohne seelische Befriedigung vollzogen wird.

Auch beim weiblichen Geschlecht kommt die Pädophilia erotica vor.[497]

Die »Pädophilia erotica« sei, wie Krafft-Ebing betonte, nur bei einem Bruchteil der Fälle von »Unzucht« und »Schändung« Minderjähriger die Ursache gewesen. Die Mehrheit dieser Delikte würde von Menschen begangen werden, die nicht an einer »krankhaften Disposition, einer psycho-sexualen Perversion« litten. Krafft-Ebing unterteilte die nicht psychopathologischen Fälle in drei Gruppen: erstens die »Wüstlinge«, die alle normalen und abnormalen Arten des Geschlechtsverkehrs durchgekostet hätten und nun einen seelischen Kitzel, eine neuartige sexuelle Situation darin suchten, sich an der Scham und Verlegenheit eines Kindes (Mädchen oder Jungen) zu weiden.[498] Zweitens die gleichermaßen weibliche Variante des »Wüstlings«, die »lasziven Dienstmägde, Bonnen«, Frauen also, die Kinder betreuten

496 Vgl. dazu Richard von Krafft-Ebing, umgearbeitet von Albert Moll, Psychopathia sexualis mit besonderer Berücksichtigung der konträren Sexualempfindung. Eine medizinisch-gerichtliche Studie für Ärzte und Juristen, 16. und 17., vollständig umgearbeitete Aufl. von Albert Moll, Stuttgart 1924, S. 518–532; Becker, Diskurse, S. 315.

497 Moll/Krafft-Ebing, Psychopathia, S. 518–519.

498 Vgl. dazu Richard von Krafft-Ebing, Psychopathia sexualis mit besonderer Beruecksichtigung der contraeren Sexualempfindungen, 10., verb. und vermehrte Aufl., Stuttgart 1898, S. 338; Sophinette Becker, Pädophilie zwischen Dämonisiereung und Verharmlosung, in: Werkblatt. Zeitschrift für Psychoanalyse und Gesellschaftskritik, 38 (1997) 1, S. 5–21, S. 11.

und das Abhängigkeitsverhältnis der ihnen anvertrauten Kinder ausbeuteten. Drittens schließlich erwähnte Krafft-Ebing Jugendliche, die sich noch nicht getrauten, sich mit erwachsenen Frauen einzulassen bzw. diesen gegenüber Angst und Potenzprobleme hatten und deshalb auf Mädchen »auswichen«. Neben der Perversion der »Pädophilia erotica« nannte Krafft-Ebing bei den psychopathologischen Fällen hirnorganische Beeinträchtigungen durch verschiedene Krankheiten (Alkoholismus, Syphilis, Altersschwachsinn), angeborene geistige Behinderung und passagäre Ausnahmezustände, die zu »Unzucht mit Kindern« führten.[499]

Krafft-Ebing bezeichnete somit nur eine kleine Gruppe von Delinquenten als »pädophil«, die er, wie Katrin M. Kämpf aufzeigt, primär in bürgerlichen, weißen, unter fehlender Triebkontrolle leidenden Männern repräsentiert sah.[500] In der Weiterentwicklung der Theorien zur »Pädophilia erotica« durch Moll wurde indes just diese enge Definition infrage gestellt. Nach Moll sollten auch Personen zur »Pädophilia erotica« gerechnet werden, die nicht ausschließlich »pädophile Neigungen« verspürten. Denn ähnlich wie bei anderen sexuellen Perversionen würde auch bei der »Pädophilia erotica« der »normale«, mehr oder weniger ausgeprägte, neben dem »perversen« Geschlechtstrieb bestehen. »Es gibt Männer, die zum erwachsenen Weibe Neigung haben, aber von Zeit zu Zeit pädophil werden. Ebenso gibt es Homosexuelle, bei denen dies der Fall ist, und endlich auch Frauen, die einen Mann leidenschaftlich lieben können, aber eines Tages trotzdem erotische Empfindungen für Kinder haben«.[501] Auch diese sollten, wie Moll resümierte, der »Pädophilia erotica« zugeordnet werden.

Die Deutsche Gesellschaft für Sexualforschung begann, sich Mitte der 1960er Jahre von Begriffen wie »Unzucht« oder »Schändung« zu distanzieren, welche die strafrechtliche Auseinandersetzung mit sexuellen Handlungen an Minderjährigen seit dem 19. Jahrhundert geprägt hatten.[502] Gleichzeitig verdeutlichen die Referate des Kongresses zu »Pädophilie und ihre strafrechtliche Problematik«, dass der Begriff »Pädophilie« Mitte der 1960er Jahre noch keine präzise Verwendung gefunden hatte und die Frage, wie eng diese Perversion definiert werden sollte, weiterhin ungeklärt war.[503]

499 Krafft-Ebing, Psychopathia, S. 335–337; Becker, Pädophilie, S. 11.
500 Kämpf, Pädophilie, S. 47–62.
501 Moll/Krafft-Ebing, Psychopathia, S. 519.
502 Vgl. dazu die Beiträge in von Stockert, Kind; von Stockert, Pädophilie.
503 Vgl. dazu beispielsweise Wyss, Unzucht, S. 3; Jan-Henrik Friedrichs, Delinquenz, Geschlecht und die Grenzen des Sagbaren. Sexualwissenschaftliche Diskursstränge zur Pädophilie in ausgewählten Periodika, 1960–1995, in: Zeitschrift für Sexualforschung, 30 (2017) 2, S. 161–182, S. 170–171.

Der Wiener Psychiater Friedrich Stumpfl präsentierte beispielsweise weder eine Ätiologie spezifischer sexueller Begehrensformen, noch bemühte er sich, zwischen den »Perversionen« zu differenzieren. Vielmehr stellte er die »Pädophilie« in seinem Referat unkritisch mit Homosexualität gleich.[504] Zudem ersetzten Referenten die Begriffe der »Unzucht« oder »Schändung« von Minderjährigen weitgehend undifferenziert durch den Begriff der »Pädophilie«. Dadurch wurden alle pädosexuellen zu »pädophilen« Handlungen. Letzteres unterband eine Diskussion über die unterschiedlichen sozialen Kontexte und Machtverhältnisse, in denen sich sexuelle Gewalt an Kindern vollzog, und verhinderte eine kritische Reflexion über spezifische Tätermerkmale. Zwar schien in der wissenschaftlichen Literatur unbestritten, dass es gefährlichere und weniger gefährliche Delinquenten gab. Gleichwohl verdeutlicht der Kongressband, dass sich Mitte der 1960er Jahre noch kaum ein vertieftes Wissen über Menschen, deren sexuelles Begehren primär auf vorpubertäre Kinder fixiert war, ausgebildet hatte.[505]

Einzig der Sexualwissenschaftler Hans Giese präsentierte 1964 am *8. Kongreß für Sexualforschung* eine im Vergleich mit seinen Vorrednern enger gefasste Definition: »Anders als beim normalen heterosexuellen oder durchschnittlichen homosexuellen Verhalten, bei dem es im wesentlichen um einen Vorrang des anderen bzw. des eigenen Geschlechts im sexuellen Erleben geht, kreist das pädophile Begehren erst sekundär um das Geschlecht des Partners; primär geht es um das Alter, nämlich um die gerade noch Infantilität eines möglichen Geschlechtspartners. Die Diagnose ›Pädophilie‹ orientiert sich also an der begehrten Altersspanne, besser gesagt Altersgrenze, in bzw. bis zu der ein Kind oder Jugendlicher sexuell begehrt wird. Die Spanne reicht von früher bis früheste Kindheit bis zum Eintritt oder gerade noch Abschluss der Pubertät (nicht Adoleszenz).«[506] Des Weiteren betonte Giese, dass die »pädophile« Persönlichkeit in der Regel »prinzipiell bisexuell empfindend« sei. Hier liege auch der wesentliche Unterschied zwischen »Pädophilie« auf der einen und Hetero- und Homosexualität auf der anderen Seite. Der durchschnittliche Mensch, ob hetero- oder homosexuell, würde sich, so Giese, »so gut wie nicht« für das »eigentliche Partnerziel des pädophilen Menschen« interessieren. Hans Giese, der sich für die Entkri-

504 Friedrich Stumpfl, Die Persönlichkeit des Pädophilen, in: von Stockert, Pädophilie, S. 1–17. Vgl. dazu auch Dagmar Herzog, Sexuelle Traumatisierung und traumatisierte Sexualität. Die westdeutsche Sexualwissenschaft im Wandel, in: Baader et al., Tabubruch, S. 37–54.

505 Vgl. dazu auch Herzog, Traumatisierung, S. 43.

506 Hans Giese, Zur Diagnose der Pädophilie, in: von Stockert, Pädophilie, S. 24–29, S. 25 (Hervorhebung im Zitat); vgl. auch Kämpf, Pädophilie, S. 205–206.

minalisierung der Homosexualität einsetzte, allerdings seine eigene Homosexualität weitgehend geheim hielt,[507] betonte explizit, dass die homosexuelle »Pädophilie« »erst sekundär zu den Homosexuellen, primär aber zur Gruppe der Pädophilen mit ihrer sehr speziellen psychologischen und psychopathologischen Struktur« gehöre. Auch würden die »Pädophilen« eine kleine Minderheit darstellen: »unter 187 Homosexuellen, die mich ambulant konsultierten, waren 6 Pädophile, d. h. 3,2 %«. Jedenfalls sei »Pädophilie« viel seltener als gemeinhin angenommen.[508]

Mit seinem Votum richtete sich Giese auch gegen strafrechtliche Praktiken, die diese verschiedenen Sexualitäten vielfach nicht unterschieden. Dies galt in besonderem Maße für die österreichische Judikatur: 1958 kam der OGH zum Schluss, dass pädosexuelle Handlungen im gleichgeschlechtlichen Kontext immer als »Unzucht wider die Natur mit Personen desselben Geschlechts« gefasst werden müssten und nicht als »Schändung«.[509] Für die Abgrenzung der Verbrechen sei allein die »objektive Beschaffenheit der Tat« maßgebend: »onanistische, masturbatorische und beischlafsähnliche Handlungen«, die an einer unmündigen Person gleichen Geschlechts begangen werden, müssten immer als »Unzucht im Sinne des § 129 lit. b StG« beurteilt werden.[510] Der OGH argumentierte, der Wortlaut des § 129 lasse es nicht zu, eine Unterscheidung zwischen »Unzucht wider die Natur mit Tieren« (§ 129 Ia) und »Unzucht wider die Natur mit Personen desselben Geschlechts« (§ 129 Ib) zu vollziehen. Beide »widernatürlichen Handlungen« müssten, auch im Fall von Kindern, unter § 129 subsumiert werden.[511] Damit wandte sich der OGH in den ausgehenden 1950er Jahren gleichzeitig von früheren Positionen ab. Denn in vorangehenden Urteilen hatte der OGH

507 Vgl. dazu Sigusch, Geschichte, S. 392–394.

508 Giese, Diagnose, S. 26. Vgl. im Weiteren auch Hans Giese, F. Flitner, Albert Ponsold, Sittlichkeitsdelikte, in: Albert Ponsold (Hg.), Lehrbuch der Gerichtlichen Medizin. Für Mediziner und Juristen, Stuttgart 1967, S. 144–161, S. 155–157

509 Entscheidung vom 28. November 1958, 8 Os 77/58 (Entscheidung des österreichischen Obersten Gerichtshofes, Wien 1960, Jahrgang 1958, XXIX. Band, Entscheidung Nr. 80, 252 ff.).

510 Vgl. dazu auch Russ, Behandlung, S. 110–111.

511 Entscheidung vom 28. November 1958, 8 Os 77/58 (Entscheidung des österreichischen Obersten Gerichtshofes, Wien 1960, Jahrgang 1958, XXIX. Band, Entscheidung Nr. 80, 252 ff.). Damit wurde ein früherer Entscheid aus dem Jahre 1946 aufgehoben, der die sexuelle Kindesmisshandlung im gleichgeschlechtlichen Kontext als »Schändung« bezeichnete. Entscheidung vom 18. September 1946, 2 Os 374/46 (Entscheidung des österreichischen Obersten Gerichtshofes, Wien 1950, Jahrgang 1946–48, XIX. Band, Entscheidung Nr. 13, S. 21 ff.).

bestimmt, dass sexuelle Handlungen an Kindern im gleichgeschlechtlichen Kontext als »Schändung« zu bezeichnen seien.[512]

Während der internationale strafrechtliche Diskurs den Begriff der »Pädophilie« vermehrt rezipierte, nahmen ihn die Akteure des OGH und der erstinstanzlichen Strafgerichte im Untersuchungszeitraum nicht auf. Die Richtenden des Kreisgerichts St. Pölten zeigten sich insgesamt zurückhaltend, wenn es darum ging, den Angeklagten spezifische Pathologien zuzuschreiben. Bei Hermann B. bemängelten die Richter zwar eine rückständige »Willensentwicklung«, betonten allerdings, dass dieser keineswegs als »geisteskrank« einzustufen sei.[513] Auch bei anderen Wiederholungstätern äußerte sich das Gericht nicht zu einer möglicherweise bestehenden Pathologie. Im Untersuchungssample finden sich insgesamt 16 Fälle, in denen die Angeklagten bereits vorher wegen sexueller Gewalt an Kindern strafrechtlich verurteilt worden waren. Der Kontext der sexuellen Übergriffe war unterschiedlich. Mehrere der Täter setzten die sexuelle Gewalt an Kindern und Stiefkindern fort, nachdem sie aus dem Zuchthaus entlassen und in ihre Familie zurückgekehrt waren.[514] Ein vergleichsweise hoher Anteil der Wiederholungstäter griffen Minderjährige an, die sie nicht kannten. Sie überfielen die Kinder teilweise in abgelegenen Orten oder lockten sie in ihr Auto.[515] Einzelne gingen strategisch vor und bauten zunächst soziale Kontakte zu den Müttern der Kinder auf. Der 1970 bereits vom Landesgericht Salzburg wegen »Schändung« als schuldig erkannte 30-jährige Walter F. misshandelte drei minderjährige Mädchen während seiner Probezeit, nachdem die Frauen ihm ihre Kinder zur kurzen Aufsicht überlassen hatten.[516]

Diese Täter nahmen vielfach ein hohes Risiko in Kauf, gefasst zu werden. Kinder, die durch Fremde im öffentlichen Raum angegriffen wurden, wandten sich häufig unmittelbar an ihre Eltern, wodurch die Täter leichter ausfindig gemacht werden konnten. Gleichzeitig verdeutlicht das Untersuchungssample, dass die österreichischen Strafgerichte in den 1950er und 1960er Jahren keine spezifische Antwort auf notorische Straftäter lieferten. Zwar hatten sie die Möglichkeit, das Strafmaß zu erhöhen, da eine Wiederholung des Delikts als Erschwerungsgrund fungierte. Doch selbst eine mehrjährige Kerkerstrafe hielt diese Gruppe von Straftätern nicht davon ab, Kinder sexuell zu misshandeln. Der 35-jährige Victor A., der 1960 drei minderjährige Mädchen sexuell misshandelte, war beispielsweise bereits sechs-

512 Matter, Grenzen, S. 143–145.

513 NÖLA, Vr 1039/50, Urteil, Kreisgericht St. Pölten, 11. Oktober 1950.

514 Vgl. dazu NÖLA, Vr 52/50; Vr 1967/70.

515 Vgl. dazu NÖLA, Vr 699/60; Vr 466/60; Vr 989/60.

516 NÖLA, Vr 1505/70.

mal einschlägig vorbestraft.[517] Der 44-jährige Karl M., der 1970 die 7-jährige Marie G. auf ihrem Schulweg überfiel, hatte zuvor bereits 18 Jahre Freiheitsstrafe verbüßt.[518] Weder das Kreisgericht St. Pölten noch das Oberlandesgericht in Wien hatten bis 1970 allerdings einen begrifflichen Referenzrahmen entwickelt, um die Gruppe von Tätern zu kategorisieren, die trotz wiederholt ausgesprochener Strafen immer wieder sexuelle Gewalt gegen Kinder anwandten. Ebenfalls ließen die Gerichte diese Täter nicht psychiatrisch begutachten und auf ihre Gefährlichkeit hin überprüfen, obwohl eine Examination seit den 1960er Jahren von Fachkreisen vermehrt gefordert wurde.[519]

Im Untersuchungssample findet sich neben dem Fall von Hermann B. kein weiteres Beispiel, in dem die Beschuldigten die Strategie verfolgt hätten, sich selbst zu pathologisieren und ihr deviantes Verhalten als Ausfluss einer »krankhaften Persönlichkeit« zu beschreiben. Für die Beschuldigten, die mehrheitlich den sozialen Unterschichten angehörten, waren psychiatrische und sexualwissenschaftliche Diskurse, die das sexuelle Verhalten in spezifischen Begriffen der Pathologie fassten, im Untersuchungszeitraum weder greifbar noch strategisch nutzbar. Die Männer, die sich wiederholt der sexuellen Gewalt an Kindern schuldig machten, lebten vielfach über Jahre zwischen Freiheit und Zuchthaus und misshandelten im Laufe ihres Lebens teilweise Dutzende von Kindern.

Alternative Anstaltseinweisungen für gefährliche Sexualverbrecher

Nicht nur die Möglichkeit, sich in psychiatrische Therapie zu begeben, war in Niederösterreich größtenteils Angehörigen der bürgerlichen Klasse vorbehalten, auch der Gebrauch von Rekursmitteln beschränkte sich *de facto* mehrheitlich auf diese soziale Gruppe, denn Voraussetzung war, dass finanzielle Mittel für die rechtliche Beratung vorhanden waren. Hermann B.s Familie unterstützte ihn, Rekurse gegen die Urteile einzulegen. Das erste Gnadengesuch an den Bundespräsidenten war erfolgreich. Gut einen Monat nach dem Urteil kam Hermann B. frei und musste die restlichen fünf Monate nicht mehr im Zuchthaus verbringen. Er wurde indes unter eine 5-jährige Probezeit gestellt.[520] Als sich Hermann B. während seiner Bewäh-

517 NÖLA, Vr 199/60. Siehe auch Vr 194/50, Vr 466/60.

518 NÖLA Vr 833/70.

519 Vgl. Huber, Begutachtung, S. 51–52.

520 NÖLA, Vr 1039/50, Anstaltsleiter Gefangenhaus St. Pölten an Hermann B., 20. Dezember 1950.

rungszeit 1953 erneut wegen sexueller Übergriffe an Minderjährigen strafbar machte, ließen seine Eltern ein externes psychiatrisches Gutachten ausarbeiten und beauftragten damit einen weiteren renommierten Wiener Psychiater. Dieser konstatierte beim Angeklagten »einen Zug ins läppische Knabenhafte«, wodurch der »geistige Zustand dem eines Jungen in den Flegeljahren« ähneln und er folglich »in einem Prozess psychischer Erkrankung« stehen würde.[521] Die erst- und zweitinstanzlichen Strafgerichte erachteten den Wiederholungstäter, der mehrere minderjähre Knaben und Mädchen sexuell misshandelt hatte, indes als zurechnungsfähig. Die 1953 vom Erstgericht ausgesprochene vierjährige Kerkerstrafe erhöhte das Oberlandesgericht in Wien auf Begehren der Staatsanwaltschaft auf sieben Jahre.[522]

1957 reichte der inhaftierte Hermann B. erneut ein Gnadengesuch ein, worin er geltend machte: »Der krankhafte Zustand der meine Taten ausgelöst hat, wird auch durch Strafen niemals zu heilen sein, wohl aber durch ärztliche Maßnahmen, über die meine Eltern bereits mit namhaften Gelehrten sich ausgesprochen haben.«[523] Das Kreisgericht St. Pölten, das nach Auftrag des BMfJ das Gnadengesuch zu beurteilen hatte, sah das verbrecherische Handeln von Hermann B. indes nicht als Folge eines »krankhaften Zustandes«. Es kam zum Schluss, dass keine »gnadenwürdigen Umstände« vorliegen würden. Noch während er sich auf Bewährung befand, sei Hermann B. erneut straffällig geworden, sodass er innerhalb von sechs Jahren 17 Knaben und vier Mädchen unter 14 Jahren »geschlechtlich missbraucht und sittlich in ihrer Fortentwicklung aufs schwerste gefährdet« habe. Er sei zu »einer förmlichen Landplage geworden«.[524] In der Interpretation des Gerichts handelte es sich also bei Hermann B. nicht um einen »krankhaft« veranlagten Menschen, der medizinisch-psychiatrischen Interventionen zugeführt werden musste, sondern um eine »Plage«, auf die mit langjähriger Kerkerstrafe zu reagieren war.

Die Mutter von Hermann B. war indes nicht gewillt, diese Interpretation zu akzeptieren. Sie weitete daraufhin die Konsultation mit verschiedenen psychiatrischen Experten aus. Insbesondere suchte sie nach Alternativen zum Strafvollzug im Zuchthaus. Sie rekurrierte auf einen Diskurs, der bereits seit dem frühen 20. Jahrhundert wirkungsmächtig war. Demnach

521 NÖLA, Vr 1039/50, Antrag auf gnadenweisen Erlass der Reststrafe an das BMfJ, 15. Oktober 1957.
522 NÖLA, Vr 1039/50, Protokoll, Hermann B., Strafanstalt Stein, 12. Januar 1954.
523 NÖLA, Vr 1039/50, Antrag auf gnadenweisen Erlass der Reststrafe an das BMfJ, 15. Oktober 1957.
524 NÖLA, Vr 1039/50, Beschluss Kreisgericht St. Pölten: Ablehnung Gnadengesuch, 8. November 1957.

sollten Sexualverbrecher aufgrund ihrer angenommenen pathologischen Persönlichkeitsmerkmale im Strafvollzugssystem auf spezifische Weise behandelt werden. Nicht zuletzt sollte die Möglichkeit der »Kurierbarkeit« ihrer fehlgeleiteten Triebe ergriffen werden.[525] Bereits 1955 hatte sich Ines B. beim BMfJ erkundet, ob es in Österreich »besondere Anstalten für die Behandlung sexuell ungehemmter Personen« gäbe, in der ihr Sohn eingewiesen werden könne. Das BMfJ gab ihr eine negative Antwort: In Österreich bestünden weder die gesetzlichen Grundlagen noch Anstalten für eine solche spezielle Unterbringung. Welche Formen von »Anstalten« der Mutter von Hermann B. genau vorschwebten, lässt sich aufgrund fehlender Quellen nicht rekonstruieren. Möglicherweise hoffte sie, ihr Sohn könne in eine psychiatrische Anstalt eingewiesen werden.

Tatsächlich wurde bereits seit dem ausgehenden 19. Jahrhundert darüber diskutiert, ob für Straftäter und – in einem weit geringeren Maße – für Straftäterinnen mit einer pathologischen Persönlichkeit spezifische Institutionen errichtet werden sollten, in denen sie »verwahrt« werden konnten. Die Maßnahme der Sicherungsverwahrung bedeutete eine Abkehr von der absoluten Strafrechtstheorie der klassischen Schule, die eine Vergeltung einer begangenen Tat verlangte. Ausschlaggebend für die Anordnung einer Sicherungsverwahrung war weniger die Tat als die Persönlichkeit der Delinquenten und die Frage, wie die Gesellschaft vor »gefährlichen Verbrechern« zukünftig bewahrt werden konnte.[526] Als einflussreicher Begründer des dualistischen Sanktionssystems, das sowohl Strafen wie Maßregeln kennt, gilt Carl Stooss, der im Vorentwurf zu einem schweizerischen Strafrecht von 1893 neben den Vergeltungsstrafen erste Vorschläge zur Einführung der Sicherungsverwahrung ausarbeitete, die in den darauffolgenden Jahren im internationalen Austausch modifiziert und erweitert wurden.[527] Mehrere Länder hatten das dualistische Sanktionssystem bereits vor dem Zweiten Weltkrieg verankert: Schweden führte die Sicherungsverwahrung 1927 ein, Holland, Norwegen und Jugoslawien 1929, Italien, Dänemark und Belgien 1930 sowie Polen und Finnland 1932.[528] In Deutschland wurde

525 Eghigian, Corrigible, S. 14.
526 Eder-Rieder, Maßnahmen, S. 1–9.
527 Urs Germann, Kampf dem Verbrechen. Kriminalpolitik und Strafrechtsreform in der Schweiz 1870–1950, Zürich 2015; Urs Germann, Die späte Erfindung der Zweispurigkeit. Carl Stooss und die Entstehung der Zweispurigkeit von Strafen und Maßnahmen im schweizerischen Strafrecht – eine historisch-kritische Retrospektive, in: Schweizerische Zeitschrift für Strafrecht. Revue Pénale Suisse, 127 (2009), S. 152–176.
528 Annelie Ramsbrock, Lebenslang. Sozialprognose und Kriminalprävention, 1890–1980, in: Nicolai Hannig, Malte Thießen (Hg.), Vorsorgen in der Moderne. Akteure,

1933 mit dem »Gewohnheitsverbrechergesetz« eine auf kriminalbiologischen Prämissen fußende Verwahrungsmaßnahme eingeführt. In der DDR schaffte das Oberste Gericht die Sicherungsverfahrung 1952 ab, während die Maßnahme in Westdeutschland nach dem Zweiten Weltkrieg weiterbestand.[529] Nach Ansicht der Alliierten lag dieser Maßregel kein spezifisch nationalsozialistisches Denken zugrunde.[530] Während die Sicherungsverwahrung in den ersten Nachkriegsjahren eher selten verhängt wurde, begann die Anordnungsrate in der BRD nach 1953 bis 1970 stetig zu steigen.[531]

Österreich hob 1945 das während der NS-Herrschaft eingeführte »Gewohnheitsverbrechergesetz« auf.[532] Ansätze eines dualistischen Sanktionssystems waren in der Folge nur punktuell ausgestaltet, von Bedeutung war das 1951 wiederverlautbarte »Arbeitshausgesetz«. Dieses richtete sich einerseits gegen »Kleinkriminelle«, die gerichtlich auf unbestimmte Zeit in ein Arbeitshaus eingewiesen werden konnten, um sie an einen »arbeitsamen Lebenswandel zu gewöhnen«.[533] Andererseits adressierte es »Schwerkriminelle«, also Personen, die mindestens zwei Freiheitsstrafen verbüßt hatten und wegen eines nach Vollendung des 18. Lebensjahres begangenen Verbrechens zu einer mindestens sechsmonatigen Freiheitsstrafe verurteilt wurden – allerdings nur dann, wenn sie sich als »arbeitsscheu« erwiesen.[534] Sexualstraftäter fielen entsprechend nicht zwangsläufig unter das Arbeitshausgesetz. Des Weiteren konnten in Österreich »gefährliche Kranke«, wie bereits im frühen 20. Jahrhundert praktiziert, von Verwaltungsbehörden in

Räume und Praktiken, Berlin, Boston 2017, S. 45–61, S. 51. Zur Entwicklung in den USA siehe Robertson, Crimes, S. 223–232.

529 Ramsbrock, Lebenslang, S. 51.

530 Ebd.; Matthias Etzel, Die Aufhebung von nationalsozialistischen Gesetzen durch den Alliierten Kontrollrat (1945–1948), Tübingen 1992, S. 176–179; Gernot Steinhilper, Sexualtäter und Sicherungsverwahrung. Abhandlung über Fragen der Sicherungsverwahrung und kriminologische Untersuchung an rückfälligen Sexualtätern, Dissertation, Heidelberg 1971, S. 18–19; Eckhart Dietrich, Wiederholungsgefahr bei Sittlichkeitsverbrechern. Der Haftgrund des § 112 Abs. 3 StPO in historischer, rechtsdogmatischer und kriminologischer Sicht, Berlin 1970. Im Rahmen der Gefängnisreform der ausgehenden 1960er und frühen 1970er Jahre etablierte die BRD neue Maßnahmen, die sich nicht zuletzt an Sexualverbrecher richteten: Die Haftanstalten mit sozialtherapeutischen Maßnahmen sollten zu einer Umerziehung von Straffälligen führen. Vgl. dazu Eghigian, Corrigible, S. 160–198.

531 Baumann, Verbrechen, S. 226–229.

532 Claudia Andrea Spring, Zwischen Krieg und Euthanasie. Zwangssterilisationen in Wien 1940–1945, Wien 2009, S. 277–278.

533 Eder-Rieder, Maßnahmen, S. 7.

534 Ebd.

psychiatrische Anstalten eingewiesen werden.[535] Das österreichische »Krankenanstaltengesetz« von 1957 führte diese Praxis fort. Demnach hatten die Strafgerichte bei unzurechnungsfähigen Delinquenten das Strafverfahren einzustellen oder mit Freispruch zu beenden. Die Verwahrung »gefährlicher Geisteskranker« war somit den Verwaltungsbehörden überlassen, die Gerichte waren lediglich befugt, Entmündigungen anzuordnen. Diese Bestimmung schränkte die Möglichkeiten der Strafgerichte, eine Institutionalisierung von unzurechnungsfähigen Straftätern bzw. Straftäterinnen anzuordnen, stark ein.[536]

Eingriffe in den sexuellen Körper: Die »Ausmerzung« des krankhaften Triebes

1955 teilte das BMfJ Ines B. mit, dass es keine Anstalten für »die Behandlung sexuell ungehemmter Personen« gäbe. Gleichzeitig wies das Amt auf »die Möglichkeit einer Behandlung« hin, sofern diese »auf eigene Kosten« ginge und vom Anstaltsarzt befürwortet würde.[537] Wie das Schreiben des zuständen Anstaltsarztes aufzeigt, erhielt Hermann B. eine solche »Behandlung«: Er sei in der Strafanstalt »wegen hochgradiger neurastischer sowie hochgradiger sexueller Beschwerden in ärztlicher Behandlung: durch Brommed. sowie Epiphysaninjektionen konnte sein Befinden deutlich gebessert werden«.[538] Zudem hielt der Anstaltsarzt, nachdem das Gnadengesuch 1957 abgelehnt worden war, fest, dass er ein erneutes Gnadengesuch ärztlicherseits befürworten würde. Neben der hormonellen Behandlung könne »im Zusammenhang mit zahlreichen Aussprachen eine Umstellung in seinem sexuellen Verhalten nach der Haftentlassung doch erwartet werden«.[539] Diese Ausführungen verdeutlichen, dass die österreichischen Strafanstalten in den 1950er Jahren bei Sexualstraftätern hormonelle Behandlungen durchführten, mit dem Ziel, ihre Sexualtriebe zu verändern bzw. dämpfen. Dabei dürften die Maßnahmen in einem gesetzlichen Graubereich angewendet worden sein.[540] In den 1950er und 1960er Jahren standen verschiedene

535 Ebd., S. 23.

536 Elisabeth Wintersberger, Die vorbeugende Maßnahme gem. § 21 Abs. 1 StGB. Maßgeschneidertes Behandlungskonzept oder menschenrechtswidrige Verwahrung?, Wien 2018, S. 6.

537 NÖLA, Vr 1039/50, Weinzetl, BMfJ, an Ines B., 29. September 1955.

538 NÖLA, Vr 1039/50, Sanitätsoberkommissär, Ärztliches Gutachten, 19. Februar 1958.

539 Ebd.

540 Vgl. dazu die punktuellen Ausführungen zur Kastration in der österreichischen Judikatur und Rechtwissenschaft, Rittler, Lehrbuch 1962, S. 25; Kimmel, Lehrbuch, S. 149–150.

medizinische, psychiatrische und kriminologische Fachleute der Anwendung von hormonellen Behandlungen bei rückfälligen Sexualstraftätern positiv gegenüber.[541] Mehrere betonten allerdings, dass es sich nicht um eine gänzlich sichere Methode handle.[542] Dabei kamen unterschiedliche chemische Präparate zum Einsatz, die auf ihre Wirksamkeit hin erst ausgetestet wurden. Neben der Behandlung von Sexualdelinquenten mit gegengeschlechtlichen Hormonen (Östrogenen) kamen Neuroleptika, Tranquilizers und – seit den ausgehenden 1960er Jahren – der Testosteronblocker Cyproteronacetat zur Anwendung.[543] In Österreich nahm die Heilpädagogin und Kinderpsychiaterin Maria Nowak-Vogl, welche die Kinderbeobachtungsstation des Landeskrankenhauses Innsbruck zwischen 1954 und 1987 leitete, in der Verabreichung von Epiphysan eine Schlüsselrolle ein. Sie führte ihre Versuche allerdings an Kindern zwischen sechs und 16 Jahren durch, deren sexuelles Verhalten sie als unangemessen einstufte.[544] Nicht zuletzt behandelte Nowak-Vogl, wie sie 1964 am *8. Kongreß für Sexualforschung* ausführte, Mädchen, die Opfer von sexueller Gewalt geworden waren, um ihre darauf folgenden »Verwahrlosungserscheinungen« zu unterdrücken.[545]

Die Mutter von Hermann B. zog in der »Behandlung« ihres Sohnes nicht nur die Injektion von Hormonen in Betracht, vielmehr zielte sie darauf hin, alle Möglichkeiten auszuschöpfen, um ihren Sohn aus der Strafanstalt zu befreien. Sie brachte weitere Expertenmeinungen vor. Bei einem Wiener Psychiater ließ sie eine »Abhandlung zwischen Kastration und Geschlechtstrieb« anfertigen. Dieser argumentierte, dass die ausgeführte Kastration zu einem »Erlöschen des Geschlechtstriebes« führen würde.[546] Einen Schweizer Psychiater konsultierte sie in Zürich. Dieser bestätigte Ines B. schriftlich,

541 Eghigian, Corrigible, S. 181–183.

542 Steinhilper, Sexualtäter, S. 31–32; Wyrsch, Bedeutung, S. 393.

543 Heinrich Hoffet, Über die Anwendung des Testosteronblockers Cyproteronazetat (SH 714*) bei Sexualdelinquenten und psychiatrischen Anstaltspatienten, in: Praxis. Schweizerische Rundschau für Medizin. Revue suisse de médecine, 57 (1968), S. 221–230; Kämpf, Pädophilie, S. 219–223.

544 Wie Ina Friedmann ausführt, waren die Eingriffe in die Körper der betroffenen Patientinnen beträchtlich und erfolgten ohne die Einwilligung der Eltern. Ina Friedmann, »[D]a sie wieder am Tag onanierte.« Epiphysanverabreichungen an der Innsbrucker Kinderbeobachtungsstation 1954–1987, in: Virus – Beiträge zur Sozialgeschichte der Medizin, 17 (2018), S. 131–146.

545 Maria Vogl, Die Dämpfung hypersexueller Zustände durch Epiphysan, in: von Stockert, Pädophilie, S. 86–90.

546 NÖLA, Vr 1039/50, Abhandlung über die Beziehung zwischen Kastration und Geschlechtstrieb, ohne Datum. In der Akte nicht erwähnt werden stereotaktische Hirnoperationen, die in der BRD seit den 1950er Jahren teilweise bei Sexualverbrechern praktiziert wurden. Kämpf, Pädophilie, S. 212–216.

was er ihr anlässlich ihres Besuchs bereits mündlich erläutert hatte: »Sie haben mir damals den Zustand Ihres Sohnes Hermann B. einlässlich beschrieben. Ich hielt es auf Grund dieser Beschreibung für durchaus möglich, dass die triebhaften Störungen des Patienten einer ärztlichen Behandlung zugänglich sein könnten, wenn ich mich selbstverständlich auch nicht mit voller Bestimmtheit über Indikationen und Prognosen aussprechen konnte, ohne den Patienten persönlich untersucht zu haben.«[547] Welche Maßnahme er mit »ärztlicher Behandlung« meinte, führte der Zürcher Psychiater in seiner schriftlichen Korrespondenz nicht explizit aus, allerdings ist davon auszugehen, dass er die Kastration ansprach. Dass Ines B. nach Zürich reiste, war dabei kein Zufall, galt die Schweizer Psychiatrie doch als Pionierin in der Durchführung von Kastrationen, ohne dass dazu jedoch gesetzliche Grundlagen verabschiedet worden waren. Der Schweizer Psychiater Auguste Forel führte beispielsweise bereits 1890 die erste Kastration durch.[548] Doch auch psychiatrische und kriminologische Experten anderer europäischen Länder befürworteten die Kastration bei Sexualstraftätern.[549]

In Europa erließen Dänemark (1929), Norwegen und Schweden (1934) Gesetze, welche die Kastration auf freiwilliger Basis regelten. In den Niederlanden konnten Sexualstraftäter ebenfalls seit dem frühen 20. Jahrhundert auf »freiwilliger« Basis kastriert werden, allerdings ohne dass eine entsprechende gesetzliche Grundlage bestand.[550] In Deutschland hoben die Alliierten nach Kriegsende die nationalsozialistischen Gesetze zur »zwangsweisen Entmannung« im »Gewohnheitsverbrechergesetz« auf, ließen aber das »Gesetz zur Verhütung erbkranken Nachwuchses« (GzVeN) mit der Möglichkeit bestehen, einen Mann mit dessen »Einwilligung« zu kastrieren.[551] Nur in der sowjetisch besetzten Zone wurde das GzVeN ganz aufgehoben. Nachfolgend zeichneten sich in den verschiedenen Bundesländern

547 NÖLA, Vr 1039/50, Schreiben an Ines B., 11. März 1958.

548 Urs Germann, »Entmannung« oder dauerhafte Versorgung? Die Kastration von Sexualstraftätern in der Schweiz zwischen 1930 und 1970. Zum Stand der historischen Forschung, in: Daniel Fink et al. (Hg.), Sexualität, Devianz, Delinquenz, Bern 2014, S. 119–135, S. 123; Wyrsch, Bedeutung, S. 392.

549 Theo van der Meer, Eugenic and Sexual Folklores and the Castration of Sex Offenders in the Netherlands (1938–1968), in: Studies in History and Philosophy of Biology and Biomedical Sciences, 39 (2008), S. 195–204; Germann, »Entmannung«.

550 Annelie Ramsbrock, Das verlorene Geschlecht. Zur Kastration von Sexualstraftätern seit 1945, in: Themenportal Europäische Geschichte, 27.06.2016, https://www.europa.clio-online.de/essay/id/fdae-1302 (Zugriff: 07.08.2019), S. 4.

551 Ramsbrock, Geschlecht, S. 4; Ramsbrock, Gesellschaft, S. 232–233; Germann, »Entmannung«, S. 122.

unterschiedliche Positionen in der Kastrationsfrage ab.[552] Das bundesdeutsche Kastrationsgesetz von 1969 regelte den Bereich schließlich einheitlich und bestimmte, dass eine Kastration u.a. dann straffrei war, »wenn bei dem Betroffenen ein abnormer Geschlechtstrieb gegeben ist, der nach seiner Persönlichkeit und bisherigen Lebensführung die Begehung rechtswidriger Taten [...] erwarten lässt und die Kastration [...] angezeigt ist, um dieser Gefahr zu begegnen und damit dem Betroffenen bei seiner künftigen Lebensführung zu helfen«.[553] Im Vorfeld der Verabschiedung dieses Gesetzes legte der Psychiater Albrecht Langelüddeke eine der umfassendsten Untersuchungen zur Kastration von Sexualstraftätern vor.[554] Langelüddeke hatte seine Karriere im Nationalsozialismus begonnen, wo er u.a. als Richter Sterilisationen begutachtete. Dennoch erhielt er in den 1950er Jahren die Unterstützung des Bundesamtes für Justiz, um Untersuchungen an über 1.000 unter dem Nationalsozialismus kastrierten Männern durchzuführen. In seiner 1963 publizierten Studie kam er zum Schluss, dass die Kastration besonders bei »Kinderschändern«, bei Exhibitionisten und bei Vergewaltigern effektiv sei.[555]

In Österreich wurde 1945 das GzVeN aufgehoben, aufgrund derer während der NS-Zeit zahlreiche Kastrationen durchgeführt worden waren.[556] Folglich war für die Frage der Kastration § 152 (StG 1852) bestimmend, der die »Verbrechen der schweren körperlichen Beschädigung« regelte.[557] Wie Theodor Rittler in seinem Kommentar zum österreichischen Strafrecht ausführte, war die Kastration als schwere Körperbeschädigung einzustufen – auch dann, wenn die Betroffenen dem Eingriff zustimmten. Explizit führte er 1962 zur Kastration aus: »Als sichernde Maßnahme gegen gefährliche Sittlichkeitsverbrecher sieht sie unser Recht nicht vor.«[558] Damit reg-

552 Spring, Krieg, S. 279.

553 Gesetz über die freiwillige Kastration und andere Behandlungsmethoden (KastrG) vom 15. August 1969, § 2, zitiert in Ramsbrock, Geschlecht, S. 11. Für die Kastration wurde ein Mindestalter von 25 Jahren festgelegt, Ramsbrock, Gesellschaft, S. 240.

554 Albrecht Langelüddeke, Die Entmannung von Sittlichkeitsverbrechern, Berlin 1963.

555 Eghigian, Corrigible, S. 170–173; Albrecht Langelüddeke, Die Wirkung der Entmannung, in: von Stockert, Pädophilie, S. 91–95.

556 Vgl. dazu u.a. Roman Birke, Medizinische Maßnahmen zur Bekämpfung der Homosexualität. »Freiwillige Entmannungen« homosexueller Männer im Nationalsozialismus, in: Marco Brenneisen et al. (Hg.), Stigmatisierung – Marginalisierung – Verfolgung. Beiträge des 19. Workshops zur Geschichte und Gedächtnisgeschichte der nationalsozialistischen Konzentrationslager, Berlin 2015, S. 37–56.

557 Vgl. dazu Gustav Kaniak, Das österreichische Strafgesetz samt den einschlägigen strafrechtlichen Nebengesetzen, 5. Aufl., Wien 1960, S. 310.

558 Rittler, Lehrbuch 1962, S. 25.

lementierte Österreich in den Nachkriegsjahrzehnten die Kastration restriktiver als andere europäische Länder.

Das letzte Dokument, das die Anwälte von Hermann B. für das Gnadengesuch von 1958 einreichten, war eine unterschriebene Erklärung des Inhaftierten: »Im Zusammenhang mit einem Gnadengesuch um Erlassung eines Strafrestes erkläre ich freiwillig und ohne dass es eine Überredung bedurfte, dass ich wünsche, meine Keimdrüsen auf operativem Wege entfernen zu lassen in der Meinung, dass diese die beste Gewähr gäbe gegen eine erneute eventuelle Rückfälligkeit in Sexualvergehen, die ich mir habe zu Schulden kommen lassen«.[559] Die Richter ließen sich indes nicht umstimmen und beurteilten das erneute Gnadengesuch abschlägig. Die Bemühungen von Ines B., ihren Sohn durch eine alternative Anstaltseinweisung oder durch eine Kastration von der Zuchthausstrafe zu befreien, liefen ins Leere. An dieser Stelle verliert sich schließlich die Spur von Hermann B. Es ist davon auszugehen, dass er die ganze 7-jährige Kerkerstrafe abzusitzen hatte. Wie sein weiterer Lebensweg aussah, lässt sich anhand der vorliegenden Fallakte nicht feststellen. Unklar bleibt auch, ob er sich nach Beendigung der Kerkerstrafe einer Kastration – möglicherweise auch im Ausland – unterzog und inwieweit er seine »krankhaften Triebe« bändigen konnte.

Das Fallbeispiel von Hermann B. öffnet den Blick auf die Maßnahmen, die in den Nachkriegsjahren in Europa gegenüber den als pathologisch eingestuften Sexualverbrechern praktiziert wurden. Die vorgeschlagenen und in verschiedenen Ländern praktizierten Maßnahmen gegen die als gefährlich und krankhaft beurteilten Sexualverbrecher waren breit: Sie reichten von Operationen, hormonellen Behandlungen, Verwahrung bis hin zur Psychotherapie. Am Kreisgerichts St. Pölten kamen diese Maßnahmen kaum zum Zug, da das österreichische Strafrecht in den 1950er und 1960er Jahren kaum Alternativen zum Strafvollzug kannte, kein System der Sicherungsverwahrung etabliert hatte und die Kastration von Sexualverbrechern restriktiv regelte. Insbesondere fehlten Maßnahmen, mit denen die Strafbehörden auf Wiederholungstäter hätten in spezifischer Weise reagieren können. Dies bedeutete nicht zuletzt eine Gefahr für Kinder, denn bestimmte Delinquenten, wie Hermann B., wurden sofort wieder strafbar, sobald sie aus der Haft entlassen wurden. Dass das österreichische Strafsystem, das seinen Ursprung im 19. Jahrhundert hatte, reformbedürftig war, postulierten indes nicht nur Akteure und Akteurinnen, die einen besseren Schutz für Kinder verlangten. Auch Familienmitglieder der Täter und – so lassen sich zumindest einzelne Aussagen von Hermann B. lesen – die Verurteilten selbst ver-

559 NÖLA, Vr 1039/50, Erklärung, Hermann B., 18. Juni 1958.

langten in den 1950er und 1960er Jahren eine Differenzierung des Strafrechts und eine Berücksichtigung von sexuellen Pathologien. Eine psychiatrische Diagnose konnte für Straftäter eine entlastende Funktion haben, neue Deutungen für die strafbaren Handlungen bereitstellen und neben der Bestrafung das Konzept der Behandlung einführen. Das Fallbeispiel von Hermann B. verdeutlicht allerdings auch, dass Verurteilte zu Maßnahmen wie der Kastration nicht einfach »freiwillig« zustimmten. Im Kontext eines ausgeprägten asymmetrischen Machtverhältnisses, in dem die Kastration – im Vergleich zu einer Kerkerstrafe – lediglich als das kleinere Übel erscheinen musste, lässt sich nur bedingt von »Zustimmung« sprechen.

Schlussbemerkung

Das österreichische Strafgesetz von 1852 bezeichnete sexuelle Handlungen an Mädchen und Jungen unter 14 Jahren als Verbrechen. Allerdings adressierte das Recht in seiner zwangsläufig generell-abstrakten Fassung zahlreiche Aspekte nicht, welche die Aushandlungsprozesse zu Verletzungen des sexuellen Schutzalters wesentlich strukturierten. Mehrere Fragen lauerten gleichsam im Hintergrund, wenn Fälle von »Notzucht«, »Schändung« oder »widernatürliche Unzucht« an Kindern und Jugendlichen verhandelt wurden. Inwiefern transformierten sexuelle Handlungen, die von Erwachsenen ausgingen, die Persönlichkeit der Kinder und Jugendlichen? Und weiter: Woher rührte das Verlangen sexualmündiger und insbesondere erwachsener Personen, Sex mit Kindern zu haben? Diese Fragen verlangten, dass ins »Innere« der Opfer und Täter, der Kinder und Erwachsenen geblickt werden konnte und Hinweise über die »Triebe«, »Persönlichkeit« und »Psyche« vorzufinden waren. Diese »Innenschau« war indes schwierig und die Ergebnisse höchst ungewiss, sodass über diese Fragen in den 1950er und 1960er Jahren, wie die Debatten des Kreisgerichts St. Pölten exemplarisch verdeutlichen, größte Unsicherheit herrschte. Es bestanden unterschiedliche und widersprüchliche Erklärungsansätze: Kinder konnten durch sexuelle Handlungen »verderben«, »verwahrlosen«, »tieftraurig«, »seelisch geschädigt« oder »traumatisiert« werden. Erwachsene, die sexuelle Handlungen an Minderjährigen ausführten, wurden als »Landplage« und unter Umständen als »homosexuell Belastete« bezeichnet. Die Deutung von pädosexuellen Handlungen verkomplizierte sich schließlich noch zusätzlich, da Akteure und Akteurinnen, die in Strafprozessen zu Verletzungen des sexuellen Schutzalters involviert waren, diese ungeklärten Fragen aufeinander bezogen. War es möglich, dass ein »verdorbenes« Kind gar nicht Opfer von sexuellen Übergriffen war, sondern vielmehr Initiator bzw. Initiatorin und das sexuelle Begehren beim Erwachsenen entfacht hatte? Zahlreiche Richtende, Strafbehörden und psychiatrische Fachleute hielten dies für durchaus plausibel und kehrten damit Opfer- und Täterrollen um. Insbesondere wenn Minderjährige sexuelle Begehrensformen zeigten – auch solche, die einer »infantilen Sexualität« zugeordnet werden konnten –, sprachen die Richtenden den Kindern und Jugendlichen eine »Schutzwürdigkeit« ab.

Seitens der Wissenschaft erhielten die Richtenden in den 1950er und 1960er Jahren keine zweifelsfreien Deutungsangebote. Letzteres betraf sowohl die Frage nach den psychischen Folgen von sexueller Kindesmisshandlung wie auch die Ursachen von Pädokriminalität.[560] Besonders bei der Beurteilung der Folgeschäden, die Kinder und Jugendliche durch sexuelle Handlungen möglicherweise erlitten, gingen die Interpretationen des Kreisgerichts St. Pölten, aber auch der Zweitgerichte weit auseinander. Die soziale Situierung von Minderjährigen und Angeklagten, das Alter, das Geschlecht der Involvierten, ihr Leumund und die Art der sexuellen Handlungen waren ausschlaggebend für die Richtenden, die in ihren Urteilen fallspezifische Deutungen lieferten. So glaubten sie bei einigen Kindern, dass sie wegen der erlebten sexuellen Gewalt unter tiefen »seelischen« Verletzungen leiden würden – unter Umständen auch lange Zeit nach dem Übergriff. Bei anderen stritten sie eine »Traumatisierung« ab oder bezeichneten die Kinder als »verwahrlost«, was gleichzeitig eine Aberkennung des psychischen Leidens implizierte. Eine bestimmte Interpretation von Pädosexualität findet sich im Untersuchungssample indes nicht: die Deutung nämlich, dass sexuelle Handlungen von Erwachsenen an vorpubertären Kindern »harmlos« seien und weder eine Gefährdung der »Sittlichkeit« der Minderjährigen noch der bestehenden Gesellschaftsordnung darstellten. Diese Deutung einer Unschädlichkeit von Pädosexualität, die im wissenschaftlichen und politischen Diskurs der ausgehenden 1960er Jahre vermehrt vorgebracht und – wie im dritten Teil aufgezeigt wird – punktuell auch in den Debatten zur österreichischen Strafrechtsreform aufgegriffen wurde, rezipierten die Richtenden der untersuchten erst- und zweitinstanzlichen Strafgerichte nicht. Sexuelle Handlungen an Kindern, insbesondere wenn diese unter zwölf Jahre alt waren, interpretierten sie im ganzen Untersuchungszeitraum als einen in moralischer Hinsicht verwerflichen Akt.

Die Analyse des Untersuchungssamples zeigt, dass die Aussagen von Kindern und Jugendlichen, die vor Gericht über sexuelle Gewalt sprachen, nur partiell Bedeutung erhielten. Die Prozessakten enthalten detaillierte

560 Vgl. dazu auch Kapitel 8.2.

Narrationen der Minderjährigen über negative Emotionen wie Angst, Ekel und Scham, die sie während dem sexuellen Gewaltakt oder nach dem Übergriff verspürten. Die untersuchten Strafgerichte setzten sich allerdings nie grundsätzlich mit den Dimensionen des Leidens auseinander, über welche die Minderjährigen berichteten. Es war also keineswegs so, dass die Kinder und Jugendlichen in den Nachkriegsjahren keine Stimme gehabt und über sexuelle Gewalt grundsätzlich geschwiegen hätten. Vielmehr waren sie als Zeugen und Zeuginnen in Strafprozessen gleichsam gezwungen, über ihre Erfahrung mit sexueller Gewalt zu sprechen, und sie haben dies – in vielfach äußerst mutiger und präziser Weise – auch getan. Nur waren ihre Stimmen nicht von Gewicht: Sie dienten nicht als stichhaltige Hinweise, um zu reflektieren, inwiefern es sich bei den Angeklagten um besonders »gefährliche« Täter handelte. Diese Forschungsergebnisse werfen einen kritischen Blick auf den Umgang mit sexueller Gewalt an Kindern, da sie aufzeigen, dass das Leiden von Kindern und Jugendlichen in den Strafakten zwar dokumentiert wurde, sich aber trotzdem bis in die 1980er Jahre nur partikular ein gesellschaftspolitischer Handlungsbedarf daraus formuliert hatte. Darüber hinaus werfen diese Forschungsergebnisse ganz grundsätzlich die Frage auf, welche Positionen Kinder und Jugendliche in demokratischen Gesellschaften wahrnehmen konnten. Kinder gehören in der Moderne zu der wohl am meisten geliebten generationellen Bevölkerungsgruppe, und trotzdem waren sie dermaßen machtlos, dass eindeutige Aussagen auf erfahrenes Leiden ohne Weiteres überhört werden konnten.

Während sich die Richtenden der untersuchten österreichischen Strafgerichte punktuell mit der Frage auseinandersetzten, welche psychischen Folgen pädosexuelle Handlungen für Minderjährige hatten, reflektierten sie kaum, was die möglichen psychisch-pathologischen Ursachen von »Unzuchtshandlungen« an Minderjährigen waren. Die Richtenden des Kreisgerichts St. Pölten entzogen sich weitgehend dem Diskurs der Medikalisierung von Sexualstraftätern, wie er sich seit den 1950er Jahren verstärkt formierte. In diesem Diskurs wurde auszuloten versucht, was die »Gefährlichkeit« und »Abnormalität« eines Sexualdelinquenten begründete, und erste Vorschläge formuliert, um die sexuelle Pathologie der »Pädophilie« zu charakterisieren. Die Richtenden des Kreisgerichts St. Pölten blieben dagegen eng an Deutungsansätzen verhaftet, wie sie im 19. Jahrhundert entwickelt wurden. Demnach waren Männer, die sexuelle Gewalt an Kindern ausübten, primär »Wüstlinge«, welche ihre Sexualität aufgrund mangelnder Willenskraft nicht im Griff hatten. Zweifelsohne situierten sich diese »Wüstlinge« weit weg vom »charmed circle« und einem normkonformen sexuellen Verhalten. Ihnen sollte aber primär eine Bestrafung und nicht eine Behandlung zukommen.

III. Schutz oder Befreiung? Die Politisierung des sexuellen Schutzalters (1950–1990)

In der zweiten Hälfte des 20. Jahrhunderts wurden verschiedene sexualpolitische Fragen kontrovers diskutiert, so beispielsweise die Frage der Entkriminalisierung der Homosexualität, die Fristenlösung bei Abtreibungen oder der Zugang zu Verhütungsmitteln. Insbesondere die 1960er Jahre erscheinen in der westlichen Welt, so auch in Österreich, als Umbruchzeit. Verschiedene soziale Bewegungen forderten eine Liberalisierung von Sexualität. Diese Politisierung ging gleichzeitig mit einer gesteigerten Kommerzialisierung des Sexes einher – eine Entwicklung, die Zeitgenossen vielfach kritisch beobachteten. Die Auseinandersetzung mit sexualpolitischen Fragen war dabei von der Suche nach einer demokratischeren, aber auch freieren Gesellschaftsordnung begleitet.[1]

Im Kontext dieser sexualpolitischen Debatten wurde auch die Frage nach dem Verhältnis von Kindheit, Erwachsenenalter und Sexualität neu diskutiert. Auch hier zeigten sich in internationalen sowie nationalen politischen und wissenschaftlichen Diskursen – und weniger in der Praxis der Strafgerichte – seit den 1960er Jahren tiefgreifende Wandlungsprozesse. Seit dem frühen 19. Jahrhundert hatte sich in zahlreichen Ländern, so auch in Österreich, die Ansicht durchgesetzt, dass sexuelle Handlungen von Erwachsenen an Kindern einen Machtmissbrauch darstellten, der das Potential hatte, sowohl die »sittliche Ordnung« zu stören als auch die Persönlichkeitsrechte der Kinder zu verletzen. Diese Konzeption von Pädosexualität wurde indes seit den 1960er Jahren infrage gestellt. Dies zeigte sich beispielhaft am Begriff der »gewaltlosen Unzucht mit Kindern«, der seit den 1960er Jahren vermehrt Verwendung fand, und implizierte, dass es »gute« und »schlechte« pädosexuelle Handlungen gab.[2] In dieser Perspektive erschienen primär sexuelle Handlungen an Kindern, die unter physischer Gewalt ausgeübt wurden, als problematisch, während die sogenannten gewaltlosen Handlungen vermehrt als unschädlich, wenn nicht sogar als förderlich für die Entwicklung eines Kindes eingestuft wurden.

Der folgende Teil fokussiert diese Umbruchprozesse und zeigt auf, wie das Verhältnis von Kindheit, Erwachsenenalter und Sexualität in der zweiten Hälfte des 20. Jahrhunderts diskutiert wurde. Die Forderung nach

1 Vgl. u. a. Eder, Geschichte; Herzog, Sexuality, S. 133–152.
2 Vgl. Matter, Kind.

einer Liberalisierung von Pädosexualität war einflussreich, doch keineswegs unumstritten. Mit Blick auf die österreichische Strafrechtsreform, die Ausgestaltung der internationalen Kinderrechte und das Aufkommen unterschiedlicher sozialer Bewegungen wird untersucht, wie die Frage nach einem adäquaten Umgang mit Pädosexualität in der zweiten Hälfte des 20. Jahrhunderts zu einem höchst kontroversen Politikum avancierte, mit dem sich demokratische Gesellschaften zu beschäftigen hatten. Es werden die Auseinandersetzungen analysiert, in denen wissenschaftliche und politische Überzeugungen zu Pädosexualität hervorgebracht, aber auch wieder hinterfragt und verworfen wurden. Untersucht wird demnach, welche Stimmen bei der Erarbeitung neuer Gesetzesbestimmungen zum sexuellen Schutzalter Gehör fanden: Auf wessen Wissen, Expertise, Ansicht und Erfahrung wurde zurückgegriffen? Wer wurde nicht gehört?

7. Das Strafrecht und das internationale Kinderrecht II: Zögerlicher Ausbau von Kinderrechten in den Nachkriegsjahren

Der Zweite Weltkrieg, der global eine hohe Anzahl von Toten und Verletzten forderte, wie auch die Erfahrungen von faschistischen und nationalsozialistischen Diktaturen stellten die internationale Staatengemeinschaft und die einzelnen Nationalstaaten nach Kriegsende vor die Herausforderung, gesetzliche Regulative zu erlassen, die Frieden, Stabilität und die Entwicklung von demokratischen Staatsformen fördern sollten. Die Gründung der UNO (1945) und die Verabschiedung der Allgemeinen Erklärung der Menschenrechte (1948) waren mit der Hoffnung verbunden, dass Gewalt und Vernichtung, wie sie die totalitären Regime in den 1930er und 1940er Jahren ausgeübt hatten, in Zukunft verhindert werden konnten.[3] Die österreichische Bundesregierung stellte 1947 einen Antrag auf Aufnahme in die UNO. Erst 1955 wurde Österreich jedoch vollberechtigtes Mitglied.[4] Des Weiteren hatte die Zweite Republik nach 1945 ihre gesetzlichen Grundlagen zu reformieren, um nach der NS-Herrschaft eine demokratische Rechtsordnung zu verankern. In den frühen 1950er Jahren brachten wissenschaftliche und politische Akteursgruppen Forderungen vor, die lange angestrebte Reform des österreichischen Strafrechts zu verwirklichen. In diesen internationalen und nationalen gesetzlichen Reformprozessen wurden auch erste Schritte unternommen, um die Rechte der Kinder weiterzuentwickeln und dabei punktuell auf Debatten Bezug genommen, wie sie bereits im Völkerbund geführt worden waren. In Österreich wurde zudem an Strafrechtsreformbestrebungen der 1920er Jahre angeknüpft. Nachfolgend wird die Konzeptualisierung von Kinderrechten auf internationaler und nationaler Ebene untersucht und aufgezeigt, auf welche Art und Weise sexuelle Rechte von Kindern und Jugendlichen in den Nachkriegsjahrzehnten adressiert wurden.

3 Vgl. dazu Mary Ann Glendon, A World Made New. Eleanor Roosevelt and the Universal Declaration of Human Rights, New York 2001; Johannes Morsink, The Universal Declaration of Human Rights: Origins, Drafting, and Intent, Philadelphia 1999.

4 Rathkolb, Republik, S. 293–294.

7.1 Sexualität aus dem Blickfeld? Die Weiterentwicklung der internationalen Kinderrechte

Nach Ende des Zweiten Weltkrieges bestand zunächst weitgehender Konsens, dass die UNO den Kinderrechten, wie es bereits der Völkerbund getan hatte, große Aufmerksamkeit schenken sollte. Allein die Tatsache, dass Millionen von Kindern im Zweiten Weltkrieg getötet worden waren, verdeutlichte die besondere Schutzbedürftigkeit von Kindern. Zudem hatten unzählige Kinder aufgrund des Krieges ein oder beide Elternteile verloren und viele waren ohne Domizil. Auch nahm die Kindersterblichkeit in zahlreichen kriegsinvolvierten Staaten stark zu.[5]

Im Bereich der Kinderrechte hatte sich die UNO die Frage zu stellen, in welcher Weise sie die *Declaration of Geneva*, die der Völkerbund 1924 verabschiedet hatte, übernehmen sollte. Eine temporäre Kommission analysierte die Aktivitäten des *Child Welfare Committee* (CWC) des Völkerbundes, deren Programme auf der *Declaration of Geneva* basierten. Die Kommission äußerte sich in ihrem Schlussreport befürwortend hinsichtlich der Fortführung der internationalen Arbeit im Bereich der Kinderrechte und des Kinderschutzes.[6] Insbesondere die *Union internationale des secours aux enfants* (UISE), auf welche die Ausarbeitung der ersten internationalen Kinderrechtserklärung zurückging, setzte sich dafür ein, die *Declaration of Geneva* neu zu bekräftigen.[7] Angesichts der vielen neuen Chartas, die nach 1945 im Umlauf waren, hoffte sie, dass der universelle Charakter der *Declaration of Geneva* wieder aufgegriffen und vom neuen supranationalen Gremium übernommen werde. In der UNO und insbesondere innerhalb der Sozialkommission der UNO regte sich allerdings Widerstand gegen eine einfache Integration der *Declaration of Geneva* ins System des im Aufbau befindlichen Völkerrechts.[8]

1950 nahm die Sozialkommission schließlich eine »Concept Declaration of the Rights of the Child« einstimmig an, wobei der gewählte Titel – Erklärung statt Charta – auf die Allgemeine Erklärung der Menschenrechte

5 Zoé Moody, Les droits de l'enfant. Genèse, institutionnalisation et diffusion (1924–1989), Neuchâtel 2016, S. 149–151.

6 Zoé Moody, La fabrication internationale des droits de l'enfant: Genèse de la Déclaration des Nations Unies relative aux droits de l'enfant (1946–1959), in: Relations internationales, 2 (2015), S. 65–80, S. 68.

7 Philip E. Veerman, The Rights of the Child and the Changing Image of Childhood, Dordrecht, Boston, London 1992, S. 159; Moody, droits, S. 164–171.

8 Moody, Fabrication, S. 70.

Bezug nahm.[9] Wegen der expliziten Verknüpfung von Kinderrechten mit Menschenrechtsfragen leitete die Sozialkommission den Entwurf an den Wirtschafts- und Sozialrat der UNO (ECOSOC) weiter und schlug vor, ihn der UNO-Menschenrechtskommission (CHR) vorzulegen. Der Wirtschafts- und Sozialrat bestätigte die enge Beziehung zwischen dem Erklärungsentwurf und der Allgemeinen Erklärung der Menschenrechte und übermittelte ihn zur Prüfung an die UNO-Menschenrechtskommission, welche die Debatte über den Deklarationsentwurf für 1951 traktandierte.[10] In den frühen 1950er Jahren zeichnete sich allerdings ab, dass die Erneuerung und Verabschiedung einer Kinderrechtserklärung keine Priorität hatte. Die UNO-Menschenrechtskommission legte das Schwergewicht ihrer Tätigkeit vielmehr auf die Ausarbeitung der Menschenrechtspakte, die der Allgemeinen Erklärung der Menschenrechte bindende Wirkung verleihen sollten. Die mit dem Kalten Krieg verbundenen Spannungen verzögerten diesen Ausarbeitungsprozess allerdings. Was als Menschenrecht galt, war historisch kontingent und politisch umstritten. So bezeichnete die kommunistische Staatenwelt die Verurteilung des Rassismus und die Garantie kollektiver und sozialer Rechte als Kern der Menschenrechte. Dagegen betonten liberale Demokratien des Westens die individuellen und politischen Rechte, die sie in ihren Verfassungen bereits verankert hatten.[11] Dies führte u.a. dazu, dass 1966 schließlich zwei statt einem Pakt verabschiedet wurde: der internationale Pakt über die wirtschaftlichen, sozialen und kulturellen Rechte (UNO-Pakt I) und der internationale Pakt über bürgerliche und politische Rechte (UNO-Pakt II).

Sowohl im Rahmen der UNO-Menschenrechtskommission wie auch in der anschließenden Beratung der Generalversammlung der UNO wurde die Frage kontrovers diskutiert, ob die Erklärung der Rechte des Kindes als ein rechtsverbindliches Übereinkommen kodifiziert werden sollte.[12] 1959 verabschiedete die Generalversammlung der UNO die Kinderrechtserklärung schließlich lediglich als ein deklaratorisches Instrument. Ebenso wie

9 Veerman, Rights, S. 162. Die Allgemeine Erklärung der Menschenrechte, in: un.org/depts/german/menschenrechte/aemr.pdf (Zugriff: 12. 07. 2022), von 1948 erwähnt Kinder explizit im Art. 25, Abs. 2 (Mutterschutz und eheliche bzw. aussereheliche Kinder) und im Art. 26, Abs. 3 (Recht der Eltern auf Auswahl der Bildung ihrer Kinder).

10 Moody, Fabrication, S. 72.

11 Stefan-Ludwig Hoffmann, Die Universalisierung der Menschenrechte nach 1945, in: https://zeitgeschichte-online.de/kommentar/die-universalisierung-der-menschenrechte-nach-1945, 1. Juni 2011 (Zugriff: 10. 5. 2021).

12 Veerman, Rights, S. 164–166.

die *Declaration of Geneva* war diese somit völkerrechtlich nicht verbindlich, sondern fungierte nur als Empfehlung für die Staaten.[13] Wie die *Declaration of Geneva* betonte die Erklärung der Rechte des Kindes von 1959 die Schutzbedürftigkeit von Kindern und definierte sie primär über die Schutzpflichten der Erwachsenen.[14] Mehrere einflussreiche Staaten vertraten die Auffassung, dass die Allgemeine Erklärung der Menschenrechte ausreiche, um die Rechte des Kindes zu garantieren. Sie zeigten daher wenig Interesse an dieser Erklärung. Andere stellten indes bereits seinen deklarativen Charakter infrage und verwiesen auf die Notwendigkeit, eine Kinderrechtskonvention zu entwerfen.[15]

Die zehn Artikel der Erklärung der Rechte des Kindes von 1959 blieben relativ allgemein. Wie bereits die *Declaration of Geneva* formulierte diese ein Diskriminierungsverbot und hielt fest, dass allen Kindern unabhängig der »Rasse, der Hautfarbe, des Geschlechts, der Sprache, der Religion, der politischen oder sonstigen Überzeugung, der nationalen oder sozialen Herkunft, des Eigentums, der Geburt oder der sonstigen Umstände, die in der eigenen Person oder in der Familie begründet sind, Anspruch auf diese Rechte« haben (Art. 1).[16] Zu den konkretesten Forderungen gehören etwa das Recht von Kindern, bei Geburt Anspruch auf einen Namen und eine Staatsangehörigkeit zu haben (Art. 3), wie auch ein Recht auf unentgeltlichen Pflichtunterricht (Art. 7). Die Bereiche der Sexualität und Reproduktion adressierte die Kinderrechtserklärung von 1959 dagegen nicht explizit. Ein Schutz vor sexueller Gewalt war beispielsweise nur implizit formuliert. So führte Artikel 2 aus, dass das Kind einen »besonderen Schutz« genießt und kraft des Gesetzes »Chancen und Erleichterungen« erhalten soll, »so dass es sich körperlich, geistig, moralisch, seelisch und gesellschaftlich gesund und normal und in Freiheit und Würde entwickeln kann«.[17] Artikel 9 bestimmte, dass das Kind »vor allen Formen der Vernachlässigung, Grausamkeit und Ausbeutung« geschützt ist. Während die Erklärung der Rechte des Kindes explizit ausführte, dass ein Kind vor Er-

13 Markus Haslinger, Bewirkt die UN-Konvention über die Rechte des Kindes einen neuen völkerrechtlichen oder menschenrechtlichen Status des Kindes in Österreich? in: Maria Rauch-Kallat, Johannes W. Pichler (Hg.), Entwicklungen in den Rechten der Kinder im Hinblick auf das UN-Übereinkommen über die Rechte des Kindes, Wien, Köln, Weimar 1994, S. 49–72, S. 56; Sax, Hainzl, Umsetzung, S. 15.

14 Ebd., S. 15.

15 Moody, Fabrication, S. 79; Moody, Droits, S. 171–182.

16 Erklärung der Rechte des Kindes vom 20. November 1959, in: UN-Kinderrechtskonvention, https://www.kinderrechtskonvention.info/erklaerung-der-rechte-des-kindes-vom-20-november-1959-3347 (Zugriff: 20.03.2020).

17 Vgl. dazu auch Veerman, Rights, S. 170–171.

reichung »eines angemessenen Mindestalters nicht zur Arbeit zugelassen« werden darf (Art. 9), formulierte sie keine Bestimmungen zu einem minimalen Heirats- oder sexuellen Schutzalter.[18]

Diese Lücke wurde in den darauffolgenden Jahren weder vom UNO-Pakt I noch dem UNO-Pakt II geschlossen. Die UNO-Pakte adressierten zwar in einzelnen Artikeln explizit Kinder- und Jugendrechte. Der UNO-Pakt II führt in Artikel 24 Abs. 1 beispielsweise aus: »(l) Jedes Kind hat ohne Diskriminierung hinsichtlich der Rasse, der Hautfarbe, des Geschlechts, der Sprache, der Religion, der nationalen oder sozialen Herkunft, des Vermögens oder der Geburt das Recht auf diejenigen Schutzmaßnahmen durch seine Familie, die Gesellschaft und den Staat, die seine Rechtsstellung als Minderjähriger erfordert.« Die UNO-Pakte begründeten damit eine Rechtssubjektivität des Kindes und anerkannten das Recht des Kindes, diskriminierungsfrei Schutz zu erhalten. Sie gingen damit weiter als die 1953 in Kraft getretene Europäische Erklärung der Menschenrechte, die Kinderrechte nicht explizit adressierte.[19] Allerdings blieben die Rechte von Kindern mit Bezug auf Sexualität und Reproduktion, wie zahlreiche andere Rechtsbereiche, auch in den UNO-Pakten unerwähnt.[20]

Die internationalen Debatten um ein minimales Heiratsalter

Das CWC des Völkerbundes forderte in seinen Resolutionen zum Heirats- und sexuellen Schutzalter von den Mitgliedstaaten, die sexuellen Schutzbestimmungen für Kinder »ausreichend hoch« anzusetzen. Wie die Debatten im Völkerbund verdeutlichten, setzte sich in den 1920er Jahren die Vorstellung durch, wonach sexuelle Kontakte mit Kindern unter zwölf Jahren innerhalb und außerhalb der Ehe »unzivilisierte« und »barbarische« Akte waren, die rechtlich sanktioniert werden mussten. Während die Frage des minimalen Heiratsalters in den Nachkriegsjahren erneut in den Fokus der internationalen Staatengemeinschaft rückte, fanden die von Feminis-

18 Ebd., S. 178–179.

19 Der Europäische Gerichtshof für Menschenrechte entwickelte in den darauffolgenden Jahren allerdings die Kinderrechte durch seine Rechtsprechung weiter. Siehe Wouter Vandenhole, Children's Rights from a Legal Perspective. Children's Rights Law, in: Ders. et al. (Hg.), Routledge International Handbook of Children's Rights Studies, London, New York 2015, S. 27–42, S. 30.

20 Vgl. im Weiteren auch ebd., S. 29.

tinnen im Völkerbund lancierten Bestrebungen, das sexuelle Schutzalter zu internationalisieren, in den Nachkriegsjahren keine Fortsetzung mehr.[21]

1962 verabschiedete die Generalversammlung der UNO die »Convention on Consent to Marriage, Minimum Age of Marriage and Registration of Marriages«. Diese hielt in Artikel 1 fest, dass eine Ehe ohne die freie und »uneingeschränkte Willenseinigung« beider Verlobten nicht rechtmäßig eingegangen werden kann. Die Konvention legte dabei kein minimales Heiratsalter fest, sondern bestimmte in Artikel 2: »Die Vertragsstaaten bestimmen im Wege der Gesetzgebung ein Heiratsmindestalter. Personen, welche dieses Alter nicht erreicht haben, können rechtmäßig eine Ehe nicht eingehen, es sei denn, dass die zuständige Behörde aus schwerwiegenden Gründen im Interesse der künftigen Ehegatten Befreiung vom Alterserfordernis erteilt hat.«[22] Die Konvention basierte einerseits auf Artikel 16 der Allgemeinen Erklärung der Menschenrechte, der die Freiheit des Einzelnen schützt, die Ehe einzugehen; andererseits gründete sie auf der Resolution 843 (IX) vom 17. Dezember 1954, die erklärte, »bestimmte Bräuche, veraltete Gesetze und Gepflogenheiten in Bezug auf Ehe und Familie seien unvereinbar« mit den Bestimmungen der Allgemeinen Erklärung der Menschenrechte.

Diese Resolution ging auf das Engagement der *Commission on the Status of Women* (CSW) zurück. Diese intergouvernementale Organisation, die sich aus Staatsdelegierten und Vertretenden von NGOs zusammensetzte, wurde 1946 mit dem Ziel gegründet, die Interessen von Frauen zu fördern. Wie Boutros Boutros-Ghali rückblickend festhielt, berichtete die CSW in den frühen 1950er Jahren, dass die Praxis, Mädchen zwischen 11 und 13 Jahren zu verheiraten, verbreitet sei, und pochte deshalb auf Maßnahmen, ein minimales Heiratsalter durchzusetzen.[23] Wie Ashwini Tambe aufzeigt, ging die »Convention on Consent to Marriage, Minimum Age for Marriage and Registration of Marriages« indes nicht nur auf die Lobbyarbeit von Frauenrechtsaktivistinnen zurück, die sich für einen umfassenderen Mädchenschutz einsetzten. Bedeutsam waren auch abolitionistische Bestrebungen, die Sklaverei zu beenden. Länder wie Großbritannien und Spanien, die zu den einflussreichsten Imperialmächten gehörten und im transatlantischen Sklavenhandel involviert gewesen waren, bezeichneten nun bestimmte Heiratspraktiken als Sklaverei. Damit ging eine Verschie-

21 Vgl. dazu auch Tambe, Girlhood, S. 85–100.

22 Übereinkommen über die Erklärung des Ehewillens, das Heiratsmindestalter und die Registrierung von Eheschließung, in: Bundesgesetzblatt für die Republik Österreich, https://www.un.org/Depts/german/uebereinkommen/ar1763-a-xvii-oebgbl.pdf (Zugriff: 26.03.2020).

23 Zitiert in Tambe, Girlhood, S. 87.

bung der Perspektive einher: Die bis in die jüngste Vergangenheit praktizierte Sklaverei der europäischen Länder geriet aus dem Blickfeld, während die Heiratspraktiken in den ehemaligen Kolonien hervorgehoben und als Sklaverei bezeichnet wurden.[24] Die 1956 verabschiedete »UN Supplementary Convention on the Abolition of Slavery« schlug sodann auch vor, das Heiratsalter zu regulieren.[25] Bestrebungen, ein explizites minimales Heiratsalter bei 14 Jahren festzusetzen, wurden indes nicht umgesetzt.[26]

Erst die 1965 verabschiedete »Recommendation on Consent to Marriage, Minimum Age for Marriage and Registration of Marriages« formulierte schließlich präzise Altersgrenzen. Niemand sollte unter 15 Jahren heiraten dürfen, außer eine »competent authority« stimmte aus triftigen Gründen und im Interesse des Paares einer früheren Heirat zu.[27] Dass sich 1965 in den Empfehlungen zum minimalen Heiratsalter schließlich 15 Jahre als Richtlinie durchsetzte, war indes nicht allein auf Bestrebungen zurückzuführen, den sexuellen Kinderschutz – insbesondere für Mädchen – auszubauen. Eine wichtige Rolle spielte der Diskurs zur »Überbevölkerung«, wie er seit den frühen 1960er Jahren zunehmend an Einfluss gewann und an dem sich, mit Ausnahme von Ländern des Ostblocks wie der Sowjetunion, zahlreiche Staaten sowohl des globalen Nordens wie Südens beteiligten. Die Forderungen zielten darauf hin, die Geburtenrate im globalen Süden mittels verschiedener Maßnahmen zu senken. Die Erhöhung des Heiratsalters diente in Gremien der UNO, insbesondere seit Ende der 1960er Jahre, als Mittel dazu, die Fertilitätsrate von Mädchen und Frauen im globalen Süden zu senken.[28] Ausgehend von neomalthusianischen Prämissen verankerten Programme der UNO, allen voran der 1969 etablierte UN-Bevölkerungsfonds (UNFPA), Maßnahmen zur Geburtenkontrolle, um die »Bevölkerungsex-

24 Ebd., S. 88–93.

25 Art. 2, Supplementary Convention on the Abolition of Slavery, the Slave Trade, and Institutions and Practices Similar to Slavery, Adopted by a Conference of Plenipotentiaries convened by Economic and Social Council resolution 608 (XXI) of 30 April 1956 and done at Geneva on 7 September 1956, Entry into force: 30 April 1957, in accordance with article 13, in: United Nations Human Rights. Office of the High Commissioner, https://www.ohchr.org/EN/ProfessionalInterest/Pages/SupplementaConventionAbolitionOfSlavery.aspx (Zugriff: 26.03.2020).

26 Tambe, Girlhood, S. 90.

27 Recommendation on Consent of Marriage, Minimum Age of Marriage and Registration of Marriages. General Assembly resolution 2018 (XX) of 1 November 1965, in: United Nations Human Rights. Office of the High Commissioner, https://www.ohchr.org/Documents/ProfessionalInterest/recommendation.pdf (Zugriff: 15.04.2020).

28 Wegweisend dazu Matthew Connelly, Fatal Misconception. The Struggle to Control World Population, Cambridge 2008.

plosion« im globalen Süden zu stoppen und damit, so die Zielsetzung, Armut und »Unterentwicklung« zu bekämpfen.[29]

Die ersten Dezennien nach dem Zweiten Weltkrieg zeichneten sich somit durch einen nur zögerlichen Ausbau der internationalen Kinderrechte aus. Insbesondere gelang es nicht, eine völkerrechtlich verbindliche Kinderrechtskonvention zu verankern. Erst 1989 verabschiedete die Generalversammlung der UNO die UN-Kinderrechtskonvention, welche die Vertragsstaaten dazu verpflichtet, die im Übereinkommen verankerten Rechte jedes Kindes zu achten und zu gewährleisten.[30] In den 1950er bis 1970er Jahren fokussierte die internationale Staatengemeinschaft die Frage der sexuellen Rechte von Kindern und Jugendlichen dagegen nur punktuell. Zwar adressierten internationale Gremien wie das CWS die Problematik, dass das Heiratsalter in zahlreichen Ländern zu tief angesetzt und der sexuelle Schutz insbesondere von Mädchen nur mangelhaft ausgestaltet war. Doch blieb die Forderung, auch das sexuelle Schutzalter international zu normieren, anders als in der Ära des Völkerbundes, nun aus. Die internationalen Debatten um das minimale Heiratsalter zeigen schließlich auf, dass die Forderung, die sexuellen Rechte von Kindern – und insbesondere Mädchen – zu schützen, primär durch die Überlagerung vielfältiger Zielsetzungen mehrheitsfähig wurde. Das Bestreben, mit der Problematisierung von Sklaverei den Fokus von den (ehemaligen) Kolonialmächten auf die Länder des globalen Südens zu verschieben, spielte dabei eine wichtige Rolle. Seit den ausgehenden 1960er Jahren war zudem das Argument einflussreich, wonach in der Dritten Welt eine »Bevölkerungsexplosion« stattfinde, welche die Ursache von Armut und »Unterentwicklung« sei. Mit der Forderung, das minimale Heiratsalter global anzuheben, verknüpften sich folglich menschenrechtliche mit bevölkerungspolitischen Zielsetzungen.[31]

29 Vgl. dazu u.a. Paige Whaley Eager, Global Population Policy. From Population Control to Reproductive Rights, Aldershot 2004; Mario Faust-Scalisi, Die Ford Foundation und der Population Council. Zwei Institutionen, die gemeinsam globale Bevölkerungsdiskurse prägten, in: Thomas Etzemüller (Hg.), Vom »Volk« zur »Population«. Interventionistische Bevölkerungspolitik in der Nachkriegszeit, Münster 2015, S. 134–157; Shalini Randeria, Malthus contra Condorcet. Bevölkerungspolitik, Gender und Kultur aus ethnologischer Perspektive, in: Historische Anthropologie, 14 (2006), 1, S. 30–48.

30 Martin D. Ruck, Michele Peterson-Badali, Michael Freeman, Preface, in: Dies., Handbook, S. xiii-xxi. Vgl. Kapitel 10.3.

31 Vgl. auch Alison Bashford, Global Population. History, Geopolitics, and Life on Earth, New York 2014, S. 328–364.

Rezeption der internationalen Kinderrechte in der Zweiten Republik Österreich

In den ausgehenden 1920er Jahren, als der Völkerbund seine Resolutionen zum Heirats- und Schutzalter lancierte, gehörte Österreich zu den Staaten, die mit 14 Jahren ein niedriges Heiratsalter verankert hatten. Nach dem österreichischen Privatrecht waren Unmündige, »ohne Unterschied des Geschlechts«, unfähig, einen Ehevertrag zu schließen.[32] Als Österreich 1969 allerdings der »Convention on Consent to Marriage, Minimum Age for Marriage and Registration of Marriages« beitrat, galten andere zivilrechtliche Bestimmungen.[33] Nach der nationalsozialistischen Machtübernahme trat am 6. Juli 1938 das »Gesetz zur Vereinheitlichung des Rechts der Eheschließung und der Ehescheidung im Lande Österreich und im übrigen Reichsgebiet« in Kraft.[34] Dieses setzte die Ehemündigkeit beim Mann bei der Vollendung des 21. Lebensjahres, bei der Frau bei der Vollendung des 16. Lebensjahres fest (§ 1, Abs. 1). Weiter führte das Gesetz aus: »Dem Mann und der Frau kann Befreiung von dieser Vorschrift bewilligt werden, dem Mann jedoch nur dann, wenn er das achtzehnte Lebensjahr vollendet hat und nicht mehr unter elterlicher Gewalt oder unter Vormundschaft steht«. Während das Gesetz also für Männer ein explizites minimales Heiratsalter bei 18 Jahren festsetzte, fehlten vergleichbare Ausführungen für Frauen bzw. Mädchen. Nach Kriegsende hob die Provisorische Staatsregierung am 26. Juni 1945 verschiedene Bestimmungen dieses Gesetzes auf, so insbesondere dessen rassenhygienische und eugenische Bestandteile. Die Normen zur Ehemündigkeit blieben indes in Kraft.[35] Dies hatte zur Folge, dass Mädchen *de jure* in Österreich bereits im vorpubertären Alter eine Ehe hätten eingehen können. Der Rechtsprofessor Fritz Schwind hielt diesbezüglich 1951 kritisch fest: »Die Altersgrenze für die Eheschließung bei Mädchen ist mit *sechzehn* Jahren bereits außerordentlich tief angesetzt. Trotzdem sieht

32 Josef Krainz, System des österreichischen allgemeinen Privatrechts (Grundriß und Ausführungen). Aus dessen Nachlaß herausgegeben und redigiert von Prof. Dr. L. Pfaff. Zweiter Band: Der specielle Theil, Wien 1889, S. 300–301.

33 Unterzeichnung des Übereinkommens über die Erklärung des Ehewillens, das Heiratsmindestalter und die Registrierung von Eheschließungen, Wien, 9. September 1969, in: Bundesgesetzblatt für die Republik Österreich, Jahrgang 1969, 12. Dezember 1969, S. 3150–3155.

34 Reichsgesetzblatt, Teil 1. Ausgegeben zu Berlin, 8. Juli 1938, in: Alex. Historische Rechts- und Gesetzestexte Online, http://alex.onb.ac.at/cgi-content/alex?aid=dra&datum=19380004&seite=00000807 (Zugriff: 15. 04. 2020).

35 Gesetz vom 26. Juni 1945 über Maßnahmen auf dem Gebiet des Eherechtes, des Personenstandsrechtes und des Erbgesundheitsrechtes, in: https://www.ris.bka.gv.at/Dokumente/BgblPdf/1945_31_0/1945_31_0.pdf (Zugriff: 15. 04. 2020).

das Gesetz noch eine Befreiung vor, wobei eine altersmäßige Grenze nicht angegeben ist, so dass theoretisch bis zur Grenze der Geschäftsunfähigkeit mit sieben Jahren heruntergegangen werden könnte.«[36] Schwind vertrat zwar die Ansicht, dass eine Unterschreitung des Heiratsalters von 16 Jahren in der Praxis kaum je vorkommen würde. Denkbar wäre dies nur in Ausnahmefälle, wie etwa bei einer Schwangerschaft des Mädchens. Dem Vormundschaftsrichter sei jedoch aufgetragen, eine »verantwortungsvolle Entscheidung« zu treffen.[37] Erst 1973 regelte der Gesetzgeber die Bestimmungen zum Heiratsalter neu und legte das minimale Heiratsalter bei Burschen auf das 18. und bei Mädchen auf das 15. Lebensjahr fest.[38]

Bis 1973 bestanden damit für Mädchen in der Zweiten Republik problematische Differenzen zwischen den rechtlichen Bestimmungen zum sexuellen Schutzalter, das bei 14 Jahren festgesetzt war, und dem minimalen Heiratsalter, das de jure deutlich niedriger angesetzt war. Gleichwohl nahmen weder das österreichische Parlament noch die Regierung den Impuls seitens des internationalen Rechts (wie er insbesondere über die »Convention on Consent to Marriage, Minimum Age for Marriage and Registration of Marriages« gegeben wurde) zügig auf und verlangten eine Revision der rechtlichen Bestimmungen zum Heiratsalter. Die Orientierung an internationalen Menschenrechten war in der Zweiten Republik jedoch insgesamt zunächst nur partikular gegeben. Österreich verabschiedete die UNO-Pakte I und II beispielsweise erst 1978. Zudem wurde, wie nachfolgend aufgezeigt wird, auch in den Debatten zur Strafrechtsrevision nur marginal Bezug auf Menschenrechte genommen; eine Referenz zu internationalen Kinderrechten fehlte vollkommen.

7.2 Die Neuverhandlung des sexuellen Schutzalters: Erste Weichenstellung in der österreichischen Strafrechtsreform

Das österreichische Strafrecht galt zahlreichen Experten bereits im 19. Jahrhundert als reformbedürftig. In der Zweiten Republik sollte das Projekt, ein neues Strafrecht zu verankern, endlich verwirklicht werden. Die österreichische Strafrechtskommission trat am 25. Oktober 1954 zur konstituieren-

36 Schwind, Kommentar 1951, S. 63 (Hervorhebung im Zitat). Vgl. auch Karl Wolff, Grundriß des österreichischen bürgerlichen Rechts, 4., neubearbeitete Auflage, Wien 1948, S. 307.

37 Schwind, Kommentar 1951, S. 63.

38 Bundesgesetz vom 14. Februar 1973, mit dem Bestimmungen über die Geschäftsfähigkeit und die Ehemündigkeit geändert werden, in: Bundesgesetzblatt für die Republik Österreich, Jg. 1973, 2. März 1973, S. 691–695.

den Sitzung zusammen. Wie die Historikerin Maria Mesner argumentiert, verdankte die Strafrechtskommission ihre Existenz einem »strukturellen Mangel der großen Koalition«.[39] Obwohl die Koalition von SPÖ und ÖVP in den 1950er Jahren vor allem in wirtschaftspolitischer Hinsicht effizient war, gelang es ihr nicht, für Konflikte, die gesellschaftlich-kulturelle Fragen betrafen, Lösungen zu finden. Wie der damalige Justizminister Josef Gerö erklärte, wurde die Strafrechtskommission mit dem Ziel eingesetzt, um die »weltanschaulich bedingte Verschiedenheiten zunächst noch im Schoße der Kommission« auszufechten und zu überbrücken, bevor die Öffentlichkeit davon erfahre und »die Gemüter allzu sehr erhitzt sind«.[40] Diese Zielsetzung prägte die Zusammensetzung der Strafrechtskommission. Die Mehrheit der Mitglieder waren Rechtsexperten, die von Institutionen wie dem OGH, den Universitäten, der Generalprokuratur und verschiedenen juristischen Berufsvertretungen und Vereinen vorgeschlagen wurden. Diese sollten eine »sachliche Diskussion« garantieren. In allen Fällen handelte es sich um Männer, die in der Regel bereits in früheren politischen Regimen Karriere gemacht und teilweise auch während des Austrofaschismus und des Nationalsozialismus einflussreiche Positionen besetzt hatten.[41] Friedrich Nowakowski, Strafrechtsprofessor an der Universität Innsbruck, hatte beispielsweise während der NS-Zeit einflussreiche Ämter inne: Er war u. a. bei der Anklagebehörde beim Sondergericht der NS-Justiz tätig und an der Vollstreckung von mindestens zwei Todesurteilen beteiligt.[42] 1948 konnte Nowakowski seine Habilitation als »Minderbelasteter« einreichen.[43] Andere Kommissionsmitglieder hingegen erlebten während des Nationalsozialismus Diskriminierungen und einen Karriereunterbruch, so etwa der Rechtswissenschaftler Wilhelm Malaniuk, den die Nationalsozialisten 1938 seines Postens in der Staatsanwaltschaft Wien enthoben. Die Strafrechtskommission war als »unpolitisches Expertenforum«[44] konstituiert, was effektiv zur Folge hatte, dass politisch belastete Themen in dieser Kommission nicht zur Sprache gebracht wurden. Gerade Kontinuitäten, die im

39 Maria Mesner, Frauensache? Zur Auseinandersetzung um den Schwangerschaftsabbruch in Österreich, Wien 1993, S. 101.

40 Josef Gerö zitiert in ebd., S. 102.

41 Vgl. ebd., S. 103.

42 Wirth, Broda, S. 225; Claudia Kuretsidis-Haider, Der Fall Engerau und die Nachkriegsgerichtsbarkeit. Überlegungen zum Stellenwert der Engerau-Prozesse in der österreichischen Nachkriegsjustizgeschichte, in: Jahrbuch 2001. Dokumentationsarchiv des österreichischen Widerstandes, Wien 2001, S. 67–90, S. 77.

43 Wirth, Broda, S. 225.

44 Wolfgang Stangl, Die neue Gerechtigkeit. Strafrechtsreform in Österreich 1954–1975, Wien 1985, S. 35.

Strafrecht zum Nationalsozialismus bestanden, deuteten die Kommissionsmitglieder eher nur an als sie offen zu problematisieren. Nebst den Rechtsexperten hatten auch einzelne Ärzte Einsitz in der Kommission, zudem Abgeordnete der Parlamentsparteien (mit Ausnahme der Kommunistischen Partei, KPÖ).[45] Zum Vorsitzenden der Kommission wählte das BMfJ den damals bereits 80-jährigen Ferdinand Kadečka. Dieser war als Universitätsprofessor und Ministerialrat in den 1920er Jahren an der Ausarbeitung des Strafgesetzentwurfes von 1927 wesentlich beteiligt gewesen. Kadečkas Stellvertreter war der 78-jährige Strafrechtsprofessor Theodor Rittler, der ebenfalls bereits an früheren Strafgesetzentwürfen mitgearbeitet hatte.[46] Wie Christian Broda, der spätere Justizminister, argumentierte, war ein progressiver Geist kaum vertreten: »Weder in der Strafrechtskommission saßen Revolutionäre noch waren unter den Gutachtern Umstürzler. Ihre große Mehrheit war von durchaus konservativer Grundhaltung. Sie gehörten allerdings zur Elite der österreichischen Juristen. So waren ihre Beschlüsse und Meinungsäußerungen repräsentativ für den Stand der Strafrechtswissenschaft in Österreich nach dem Zweiten Weltkrieg.«[47] In der Strafrechtskommission waren darüber hinaus keine Frauen vertreten, was nicht nur damit zusammenhing, dass Frauen in Österreich das rechtswissenschaftliche Studium und die juristischen Kaderpositionen lange verwehrt waren. Vielmehr waren Frauen zu Beginn der Zweiten Republik grundsätzlich aus den Zentren der Macht ausgeschlossen. Sie waren weder in den Führungsetagen der politischen Parteien noch in den Organisationen der späteren Sozialpartner vertreten.[48]

Die Strafrechtskommission stellte 1960 den ersten Entwurf eines österreichischen Strafrechts fertig. 1962 wurde dieser nach einer zweiten Lesung neu aufgelegt. Das BMfJ überarbeitete ihn anschließend und gab ihn als »Entwurf eines Strafgesetzbuches samt Erläuterung« 1964 heraus. Dieser sogenannte Ministerialentwurf war wesentlich durch den SPÖ-Justizminister Christian Broda geprägt, der während des Austrofaschismus und während des Nationalsozialismus Haftstrafen wegen »kommunistischer

45 Ebd., S. 35.

46 Wirth, Broda, S. 223. Siehe im Weiteren Roland Grassberger, Ferdinand Kadečka, in: Neue Deutsche Bibliographie, 10 (1974), S. 721, https://www.deutsche-biographie.de/sfz38188.html (Zugriff: 15.05.2020); Günter Spendel, Theodor Rittler (1876–1967) – zu seinem 90. Geburtstag, in: Ders., Kriminalistenporträts: Neun biographische Miniaturen, Asendorf 2001, S. 82–91.

47 Zitiert in Stangl, Gerechtigkeit, S. 29.

48 Mesner, Frauensache, S. 32, 60.

Betätigung« abbüßen musste.[49] Neben Broda übte Friedrich Nowakowski wesentlichen Einfluss auf den Ministerialentwurf von 1964 aus.[50] Als in den frühen 1960er Jahren in Österreich, ebenso wie in der BRD, die Forderung aufkam, ehemalige NS-Richter aus dem Justizapparat zu entfernen, konnte sich Nowakoswki – nicht zuletzt durch die Unterstützung von Justizminister Broda – weiterhin als führender Rechtsexperte halten und seinen Einfluss ungehindert auf die Strafrechtsreform ausüben.[51]

»Das heikle Kapitel der Sexualdelikte«: Die Debatten zu einem neuen Sexualstrafrecht

Die Sexualdelikte – und damit auch die Fragen betreffend die Normierung eines sexuellen Schutzalters – beriet die Strafrechtskommission erstmals in der 16. Sitzung Ende September 1957. Wie bei anderen Rechtsbereichen lud die Strafrechtskommission externe Experten zur Beratung ein. Diese sollten, wie Kadečka festhielt, die Kommission bei der Beschlussfassung »über das heikle Kapitel der Sexualdelikte« unterstützen. Eingeladen waren der Heilpädagoge und Kinderarzt Hans Asperger, der Psychiater und Neurologe Hans Hoff, der Psychiater Erwin Stransky, der Gerichtsmediziner Anton Werkgartner und der Strafrechtsprofessor Roland Grassberger.[52]

Die Experten eröffneten die Debatte mit ihren Reflexionen zur »Unzucht mit unmündigen Personen«, wobei insbesondere die »Akzelerationstheorie« Aufmerksamkeit erhielt. Hans Asperger informierte, dass im Vergleich zum frühen 20. Jahrhundert die Pubertät bei den Heranwachsenden heute um zwei Jahre früher eintrete. Asperger bewertete die Entwicklung durchaus negativ, denn es komme dabei zu einer »Desintegrierung der Persönlichkeit« – eine Ansicht, der auch Hans Hoff und Erwin Stransky beipflichteten.[53] Die drei Experten vertraten eine kritische Sicht auf die zeitgenössische Jugend. Sie schien, insbesondere hinsichtlich ihrer sexuellen Entwicklung, aus den Fugen geraten. Damit folgten sie der Einschätzung psy-

49 Broda war zwischen 1960–1966 und erneut zwischen 1970–1983 Justizminister. Vgl. dazu Wirth, Broda.

50 Stangl, Gerechtigkeit, S. 71.

51 U.a. kritisierte Simon Wiesenthal die ausgeprägte Toleranz Brodas gegenüber ehemaligen NS-Kadern. Vgl. dazu o. N., Christian Broda: Wien Geschichte Wiki, 05. 09. 2018, https://www.geschichtewiki.wien.gv.at/Christian_Broda (Zugriff: 09. 04. 2020).

52 ÖStA/AdR, BMfJ, Sektion II, Straflegislative, Kanzlei L, Band 189, Protokoll über die sechzehnte Arbeitssitzung der Kommission zur Ausarbeitung eines Strafgesetzentwurfes im Jahre 1957, 19. September 1957 (nicht bereinigte Niederschrift).

53 Ebd. Zu Positionen Hans Aspergers zu sexueller Gewalt an Kindern siehe auch Friedmann, »Schuld«.

chiatrischer und psychologischer Experten und Expertinnen, die in der Mitte des 20. Jahrhunderts die Adoleszenz als Krisenphase beschrieben.[54] Nicht nur die eingeladenen psychiatrischen und heilpädagogischen Experten fokussierten in ihren Reflexionen über ein sexuelles Schutzalter primär auf Mädchen und Knaben, die bereits in der Pubertät waren. Auch die Mitglieder der Strafrechtskommission konzentrierten sich primär auf diese Altersgruppe.

Die »Verführung« und die »Prägung« von männlichen Jugendlichen: Das erhöhte sexuelle Schutzalter bei Homosexualität

Eines der umstrittensten Themen der österreichischen Strafrechtsrevision war die Frage der Entkriminalisierung der Homosexualität. Verschiedene Staaten waren im Laufe des 20. Jahrhunderts dazu übergegangen, Homosexualität zwischen Erwachsenen nicht mehr unter Strafe zu stellen.[55] Die österreichische Strafrechtskommission setzte sich in den 1950er Jahren intensiv mit dem Thema auseinander. Während einzelne Kommissionsmitglieder weiterhin an einem gänzlichen Verbot festhalten wollten, votierte die Mehrheit gegen die Strafbarkeit homosexueller Handlungen unter Erwachsenen.[56] Allerdings strebten sie an, ein spezifisches sexuelles Schutzalter für männliche Jugendliche zu erlassen. Dieses Modell war in unterschiedlichen Variationen bereits in anderen Ländern umgesetzt.[57] Basis war die »Prägungstheorie«, die der Sachverständige Hans Hoff in der Strafrechtskommission genauer erläuterte. Demnach gab es »gewisse Perioden im Leben des Jugendlichen«, in denen er »besonders für einen Vorgang empfindlich ist«. Zur »Prägung« komme es, wenn die Verführung in einem besonders kritischen Zeitpunkt der psychosexuellen Entwicklung stattfinde. Hierzu präzisierte Hoff weiter: »Die Verführung allein macht einen Menschen noch nicht zum Homosexuellen, sonst hätten wir viele, viele Tausende Homosexuelle.« Immerhin seien die Mitglieder der Kommission, so

54 Vgl. dazu Kapitel 5.1.

55 Vgl. dazu Fritz Bauer, Sexualstrafrecht heute, in: Ders. et al., Sexualität, S. 11–26, S. 12–18.

56 Hans-Peter Weingand, »Auch in Österreich wird der Nacht einmal der Morgen folgen«. Die Beseitigung des Totalverbots homosexueller Handlungen in Österreich durch die Strafrechtsreform 1971, in: Gössl, Unzucht, S. 17–62, S. 19–20.

57 Bauer, Sexualstrafrecht, S. 16. Vgl. dazu auch Natalia Gerodetti, Konstruktionen von Homosexualität während der Vereinheitlichung des StGBs, in: Claudia Opitz, Brigitte Studer, Jakob Tanner (Hg.), Kriminalisieren – Entkriminalisieren – Normalisieren, Zürich 2006, S. 311–324; Hensel, Neef, Pausch, »Knabenliebhabern«, S. 137–138.

war Hoff überzeugt, alle »einmal in der Gefahr einer homosexuellen Verführung in einem gewissen Alter gestanden«: Als diese 14 oder 15 Jahre alt gewesen seien, sei »auf einmal ein 17-jähriger Bursch gekommen und hat Sie homosexuell verführen wollen«. Das sei die Regel und trotzdem, so Hoff, »ist keiner von Ihnen homosexuell geworden«. Denn zur Verführung müsse auch noch eine psycho-dynamische Entwicklung dazukommen. Nur wo die Entwicklung und die Verführung aufeinander abgestimmt seien, komme es zur Prägung.[58] Dieser Protokollauszug verdeutlicht einerseits, wie der Prägungsverlauf imaginiert wurde und als Legitimation für ein erhöhtes sexuelles Schutzalter fungierte, das bei homosexuellen Handlungen greifen sollte. Andererseits verweist er auf den männlich dominierten Kontext der Strafrechtskommission. Bei ausgewählten Fragen des Strafrechts, wie etwa der Abtreibung, wurden zwar vereinzelt auch Frauen als Expertinnen eingeladen. Mehrheitlich blieben die Männer allerdings unter sich, so auch bei den Verhandlungen zu verschiedenen Aspekten des Sexualstrafrechts. Dies wirkte sich auf den Kommunikationsstil der Kommission aus, der teilweise einen jovial-männerbündlerischen Ton annahm.[59]

Da Hoff die »homosexuelle Verführung« unter Umständen als »außerordentlich gefährlich« einstufte, verlangte er, sie unter Strafe zu stellen und ein Schutzalter von 18 Jahren zu verankern.[60] Während sich die anderen Sachverständigen diesem Votum anschlossen, forderte Roland Grassberger, auch die Homosexualität von Erwachsenen zu kriminalisieren, damit »Homosexualität nicht zur Mode werde«. Falls die Kommission gleichwohl eine Entkriminalisierung der Homosexualität von Erwachsenen anstrebe, so müsse das Schutzalter auf 24 Jahre angesetzt werden.[61] Die Mehrheit der Kommission vertrat allerdings eine deutlich liberalere Haltung. Nach langen Debatten entschieden sie, die Strafdrohung lediglich auf die »Verführung jugendlicher Personen männlichen Geschlechts zur Homosexualität sowie auf die gewerbsmäßige widernatürliche Unzucht zwischen Männern einzuschränken«. Als Vorbild diente der Art. 194 des schweizerischen StGB

58 ÖStA/AdR, BMfJ, Sektion II, Straflegislative, Kanzlei L, Band 189, Protokoll über die sechzehnte Arbeitssitzung der Kommission zur Ausarbeitung eines Strafgesetzentwurfes im Jahre 1957, 19. September 1957 (nicht bereinigte Niederschrift).

59 Vgl. dazu auch Mesner, Frauensache, S. 127.

60 ÖStA/AdR, BMfJ, Sektion II, Straflegislative, Kanzlei L, Band 189, Protokoll über die sechzehnte Arbeitssitzung, 19. September 1957 (nicht bereinigte Niederschrift). Vgl. auch, Hans Hoff, Arzt und Strafrechtsreform, in: Christian Broda et al., Der modernen Gesellschaft ein modernes Strafrecht!, Wien, Frankfurt a. M., Zürich 1968, S. 53–58, S. 53–56.

61 ÖStA/AdR, BMfJ, Sektion II, Straflegislative, Kanzlei L, Band 189, Protokoll über die sechzehnte Arbeitssitzung, 19. September 1957 (nicht bereinigte Niederschrift).

(1937). Der Mehrheit der Strafrechtskommission erschien nicht jeder strafwürdig, der mit einem Jugendlichen »gleichgeschlechtliche Unzucht« trieb, sondern nur »jeder Homosexuelle, der ihn verdirbt«.[62]

Das BMfJ, das 1964 den Ministerialentwurf vorlegte, erachtete den Entscheid der Kommission aus mehreren Gründen »kriminalpolitisch und juristisch« bedenklich und schlug restriktivere Bestimmungen vor.[63] Fortan sollten sämtliche homosexuelle Handlungen mit männlichen Jugendlichen unter 18 Jahren sanktioniert werden.[64] Dagegen sollten gleichgeschlechtliche Handlungen an weiblichen Jugendlichen straffrei sein: »Lesbische Verführung kommt sehr selten vor. Lesbierinnen sind nicht im gleichen Maß wie homosexuelle Männer ausschließlich gleichgeschlechtlich veranlagt, eine Normalisierung ihrer Triebrichtung ist bei ihnen daher viel eher möglich. Auch ist es eine Folge der physischen und psychischen Natur der Frau, dass sich eine klare Grenzziehung zwischen schwärmerischer Freundschaft, sexueller Zuneigung und gleichgeschlechtlicher Betätigung nur sehr schwer ziehen lässt. Zwischen Frauen kommt es auch gelegentlich zu körperlichen Vertraulichkeiten, die verschiedene Deutungen zulassen, was zu einer prekären Beweislage führen kann.«[65] In den Fokus der gesetzlichen »Schutzbestimmungen« geriet demnach ausschließlich der männliche Jugendliche.

Der schutzbedürftige Knabe: Die Ausdehnung der Schutzbestimmungen

Bei der Frage, inwieweit Knaben vor heterosexuellen Kontakten geschützt werden sollten, einigten sich die Rechtsexperten vergleichsweise zügig. Nach dem StG (1852) blieben sexualmündige Frauen straffrei, die einen Geschlechtsverkehr mit unmündigen Knaben durchführten.[66] In der Strafrechtskommission plädierte nur noch eine Minderheit dafür, an der bisher geltenden Rechtspraxis festzuhalten. Ministerialrat Paul Hausner fragte: »Wird ein geschlechtsreifer Bursch von unter 14 Jahren dadurch, dass er verfrüht zu normaler sexueller Betätigung kommt, in irgendeiner besonderen Weise gefährdet? Ich glaube, wir alle halten ja daran fest, der Kinderschänder im landläufigen Sinn soll weiter bestraft werden, d. h. der, der zur Befriedigung seiner Lüste ein geschlechtlich noch nicht reifes Wesen missbraucht.« Al-

62 Bundesministerium für Justiz, Entwurf eines Strafgesetzbuches samt Erläuterungen. Besonderer Teil, Wien 1964, S. 192.

63 Ebd., S. 193.

64 Ebd., S. 193–194.

65 Ebd., S. 190.

66 Vgl. dazu Kapitel 2.1.

lerdings wollte er eine Frau nicht bestrafen, die sich einem solchen Jungen »hingäbe«, der eben wie ein Mann wirke: »Wo liegt die Schädigung in der körperlichen und psychischen Entwicklung?«[67] Hauser verlangte, in dieser Frage Sachverständige einzubeziehen, was die Mehrheit der Kommission aber ablehnte.[68] Für sie war unbestritten, dass Knaben unter 14 Jahren unter die strafrechtlichen Schutzbestimmungen fallen müssten. Otto Tschadek gab etwa zu Bedenken, dass ein frühzeitiger Geschlechtsverkehr negative »psychologische Auswirkungen« habe: »Wir sehen, daß der Gymnasiast in der 7. Klasse, der Vorzugsschüler war, auf einmal absinkt und kaum mehr dem Unterricht folgt, weil er unter dem Eindruck des ersten großen wirklichen Sexualerlebnisses mit einer Frau steht, das weit über die sexuellen Spielereien der Masturbation und anderer sexueller Spielerein junger Leute hinausgeht. Es ist die Gefahr, daß der Knabe, der ja nicht abschätzet, was geschehen ist, nunmehr geradezu in eine sexuelle Süchtigkeit verfällt, die dann zu einer körperlichen und seelischen Schädigung führt.«[69] Mit Nachdruck fügte er hinzu, es »sei gar nicht einzusehen, warum eine Frau das Recht haben soll, sich ausgerechnet einen 13-jährigen Jungen auszusuchen«.[70] Die Mehrheit der Strafrechtskommission folgte dieser Argumentationsweise.[71] Ebenso stellte der Ministerialentwurf (1964) den »Beischlaf mit Unmündigen« unter Strafe.[72] Explizit wurde im Entwurf ausgeführt, dass »auch der Beischlaf mit einem körperlich geschlechtsreifen unmündigen Knaben […] wegen der dieser Altersstufe noch anhaftenden psychischen Unreife die normale sittliche Entwicklung des Kindes schädigt«.[73]

67 ÖStA/AdR, BMfJ, Sektion II, Straflegislative, Kanzlei L, Band 189, Protokoll über die sechzehnte Arbeitssitzung, 19. September 1957 (nicht bereinigte Niederschrift).

68 Der Antrag wurde mit elf zu zwei Stimmen abgelehnt.

69 ÖStA/AdR, BMfJ, Sektion II, Straflegislative, Kanzlei L, Band 189, Protokoll über die sechzehnte Arbeitssitzung, 19. September 1957 (nicht bereinigte Niederschrift).

70 Ebd.

71 Nur zwei Kommissionsmitglieder, nämlich Theodor Rittler und der Rechtsanwalt Rudolf Skrein, wollten explizit nur Mädchen unter 14 Jahren vor dem Geschlechtsverkehr schützen, Min Rat. Dr. Paul Hausner enthielt sich der Stimme.

72 § 241 hielt fest: »Wer mit einer unmündigen Person den ausserehelichen Beischlaf unternimmt, wird mit Freiheitsstrafe von einem bis zu zehn Jahren bestraft.« Vgl. Bundesministerium für Justiz, Entwurf 1964, S. XXVI.

73 Ebd., S. 184.

Der Schutz des adoleszenten Mädchens

Nach dem StG (1852) hatten die Richtenden bei Fällen von »Schändung« und »Notzucht« Minderjähriger zu prüfen, ob ein Beschuldigter mit Eventualvorsatz handelte, ob er demnach die »Möglichkeit in Betracht zog«, dass das Mädchen (oder der Junge) noch nicht 14 Jahre alt war.[74] Kadečka brachte den Vorschlag ein, zusätzlich eine Fahrlässigkeitsklausel zu integrieren. Er orientierte sich dabei u.a. am schweizerischen StGB, das Täter unter Strafe stellte, die bei »pflichtgemäßer Vorsicht« die »irrige Vorstellung, das Kind sei mindestens 16 Jahre alt«, hätten vermeiden können.[75] In der österreichischen Strafrechtskommission war unbestritten, dass die Einführung einer Fahrlässigkeitsklausel zu einer Verschärfung des Strafrechts führte und insbesondere Männer, die sexuelle Kontakt mit minderjährigen Mädchen eingegangen waren, leichter bestraft werden konnten.

Der Vorschlag von Kadečka stieß in der Expertenkommission auf breite Ablehnung. Dass männlichen Jugendlichen und Erwachsenen eine »pflichtgemäße Vorsicht« auferlegt werden sollte, sich über das Alter eines Mädchens zu informieren, bevor sie sexuelle Kontakte mit ihm eingingen, erschien der Mehrheit als eine unhaltbare Zumutung. Tschadek, der in der gleichen Sitzung nicht einsehen wollte, »warum eine Frau das Recht haben soll, sich ausgerechnet einen 13-jährigen Jungen auszusuchen«,[76] konnte sich vielfältige Szenarien vorstellen, in denen ein sexualmündiger Mann mit einem minderjährigen Mädchen Geschlechtsverkehr hatte. Dass ein Mann immer nach dem Alter des Mädchens fragen müsse, bevor er mit ihm sexuell intim wurde, schien zu viel verlangt: »Ich denke an folgenden Fall: Auf einem Kirchweihfest geht, obwohl es verboten ist, ein 13½-jähriges Mädel, das blendend entwickelt ist, auf den Tanzboden. Ein Mann tanzt mit dem Mädchen, das Mädchen ist anschmiegsam, er hat durchaus das Gefühl, dass es auch in vorgerückter Stimmung geneigt ist, einen Geschlechtsverkehr mit ihm einzugehen und es kommt dann zu dem Verkehr. Jetzt zu sagen, der Mann hätte am Tanzboden erforschen sollen, wie alt das Mädchen ist, das geht dann doch zu weit, entweder er hat erkannt, oder berechtigte Bedenken hinsichtlich des Alters gehabt und sich darüber hinweggesetzt, dann ist entweder dolus directus oder dolus eventualis gegeben. Hatte er aber gar

74 Kaniak, Strafgesetz 1969, S. 260.

75 O.A. Germann, Schweizerisches Strafgesetzbuch, Zürich 1942, Art. 191. ÖStA/AdR, BMfJ, Sektion II, Straflegislative, Kanzlei L, Band 189, Protokoll über die sechzehnte Arbeitssitzung der Kommission zur Ausarbeitung eines Strafgesetzentwurfes im Jahre 1957, 19. September 1957 (nicht bereinigte Niederschrift).

76 Ebd.

keine Bedenken, weil er sich sagte, es ist ein gesundes großes Mädel, tanzen ist sie auch gegangen, was man normaler Weise erst ab 14 Jahren darf, also kann ich auch mit ihr schlafen gehen, dann liegt überhaupt nichts vor.«[77]

Diese Ansicht vertraten weitere Kommissionsmitglieder. So gab Nowakowski zu bedenken, dass sich ein Mann zum Zeitpunkt, in der er sich »mit einem Mädchen in a. e. Verkehr einläßt«, nicht »in jener kühl abwegenden Stimmung« befinde, »in der man die juristische Fahrlässigkeit anwenden könnte«. Es sei keine »richtige Grundlage« vorhanden, »um hier eine Kontrolle ausüben zu können«.[78] Nowakowski berief sich auf ein Bild männlicher Sexualität, die zügellos war und die als Gegenteil eines rationellen Handels fungierte. Die wohl größte Zustimmung in der Kommission erhielt aber das Argument, wonach Mädchen, die knapp unter dem Schutzalter waren, durchaus als »Verführerinnen« auftreten würden. Hauser wandte ein, dass die Bestimmungen des Strafrechts im Fall, in dem ein 12- oder 13-jähriges Mädchen »schon Weib geworden« sei, nicht zwingend greifen sollten. Habe sich ein Mann durch »das Sexappeal, durch die Lockung, die vom reifen Weib« ausgegangen sei, verführen lassen, so sehe er »kein besonderes Unglück, wenn dieser Mann straflos« bleibe. Eine Aussage, die der »Chor« mit »ja, ja, ja« guthieß, wie im Protokoll festgehalten wurde.[79] Dass es solche minderjährigen Mädchen gebe, die es geradezu darauf anlegten, Männer zum Geschlechtsverkehr zu verführen, bestätigte auch der psychiatrische Experte Stransky: »Ich habe es in meiner Eigenschaft als gerichtlicher Experte oft genug erleben müssen, daß z. B. ein 12–13-jähriges Mädel ausgesprochene Kunststücke aufgeführt hat, um irgend einen älteren Herren zu reizen. Das wissen nämlich unsere zum Teil sehr verdorbenen Großstadtmädchen schon ganz genau, die benützen das dann zu allerlei kleinen Erpressungen, Zuckerl, Geld u. ä. Es ist also psychologisch verstanden, gar nicht immer so, daß der betreffende alte oder ältere Herr der Verführende ist, man könnte eher sagen: halb zog sie ihn, halb sank er hin.«[80] Während die Mehrheit der Kommissionsmitglieder bei der Aushandlung der Schutzbestimmung für Knaben betonte, nicht nur die biologische, sondern auch die psychische Entwicklung sei zu berücksichtigen, positionierte sich diese bei der Diskussion um die Schutzbestimmungen von adoleszenten Mädchen gerade umgekehrt. Die physiologische Geschlechtsreife und Formen

77 Ebd.
78 Ebd.
79 Ebd.
80 Ebd. Trotz dieser »verführerischen Wirkung« von Mädchen trat Stransky allerdings für eine strenge Bestrafung von Tätern ein, da sie aufgrund ihrer Erfahrung in der Lage hätten sein müssen, über das sexuelle Schutzalter informiert zu sein.

von *sexual agency* galten als eindeutiges Zeichen, wonach die Schutzbestimmungen für Mädchen aufgeweicht werden sollten.

Nur einzelne Kommissionsmitglieder vertraten beim Mädchenschutz eine andere Haltung. Malaniuk wandte ein, es werde gegenwärtig viel vom Schutz der Jugend gesprochen, aber wenn es nun konkret darum gehe, den Jugendschutz auszubauen, würde wiederum Zurückhaltung gefordert. Doch gerade bei der Reglementierung des sexuellen Schutzalters »soll nicht der Täter, sondern das Opfer in erster Linie geschützt werden«. Mit Hinweis auf die Praxis der Strafgerichte wandte Malaniuk ein: »Wir brauchen uns keine Sorgen um den Täter zu machen, sondern sollten uns viel, vielmehr Sorgen um das Opfer machen, gerade aus den Gründen der Beweisschwierigkeiten«.[81] Nach Malaniuk war das *dolus eventualis* eine Krücke, die in der Praxis vielfach zu Schwierigkeiten führte. Die Einführung einer Fahrlässigkeitsklausel würde die Gerichtsarbeit erleichtern. Dieser Ansicht pflichtete einzig Franz Handler, Präsident des OGH, bei. Handler argumentierte, er kenne aus der Praxis der Strafgerichte »empörende Fälle«, in denen es dem Täter nur darum ging, »das Mädel zu Fall zu bringen«.[82] Diese wenigen Gegenstimmen, die eine Verschärfung des Strafrechts befürworteten, blieben indes chancenlos. In der Schlussabstimmung wurde die Bestimmung zur Fahrlässigkeit fallengelassen. Dieser Position folgte auch der Ministerialentwurf von 1964.

Die Sicherungsverwahrung: Maßnahmen gegen »Kinderschänder«

Bei den Debatten um das sexuelle Schutzalter fokussierte die Strafrechtskommission primär die Frage, inwiefern adoleszente Mädchen und Jungen einen erhöhten sexuellen Schutz bedurften. Dagegen äußerten sie sich bei der Diskussion der entsprechenden Artikel nicht grundsätzlich zur Schutzbedürftigkeit von vorpubertären Kindern. Zwar verlangten zu Beginn der 1950er Jahre noch verschiedene politische und zivilgesellschaftliche Gruppierungen, sexuelle Gewalt an Kindern härter zu sanktionieren.[83] Doch griffen die Experten diese Vorstöße in den ausgehenden 1950er Jahren nicht mehr auf. Die Frage nach der Schutzbedürftigkeit von vorpubertären Kindern diskutierten die Mitglieder der Strafrechtskommission vielmehr indi-

81 ÖStA/AdR, BMfJ, Sektion II, Straflegislative, Kanzlei L, Band 189, Protokoll über die sechzehnte Arbeitssitzung, 19. September 1957 (nicht bereinigte Niederschrift).

82 Ebd.

83 Vgl. dazu Kapitel 3.3.

rekt, nämlich bei der Beratung des Allgemeinen Teils des Strafrechts, als sie die Frage der Einführung der sichernden Maßnahmen erörterten.

Nach der Aufhebung des nationalsozialistischen »Gewohnheitsverbrechergesetzes« war das Maßnahmenrecht in der Zweiten Republik zunächst nur rudimentär ausgestaltet. Die Notwendigkeit der Reform des österreichischen Strafrechts wurde in den 1950er und 1960er Jahren nicht zuletzt mit dem Fehlen von sichernden Maßnahmen begründet. Eugen Serini, leitender Jurist im BMfJ, führte 1953 dazu aus: »Gar nicht berücksichtigt hat unser geltendes Strafgesetz die Aufgabe, die Gesellschaft vor unverbesserlichen Verbrechern zu schützen. Sicherungsmaßnahmen fehlen unserem Strafgesetz fast gänzlich. […] Der Mißbrauch, den der Nationalsozialismus mit den Sicherungsmaßnahmen, vor allem auch mit der Entmannung, betrieben hat, verhindert es noch immer, die Probleme solcher Sicherungsmaßnahmen, vor allem auch die Frage des Schutzes der Gesellschaft vor den immer mehr ansteigenden Sittlichkeitsverbrechen, ohne Sentiments zu diskutieren.«[84]

Die Kommission setzte sich im September 1955 mit der Einführung von Sicherungsmaßnahmen für »gefährliche« Täter auseinander. Wie Kadečka ausführte, gelte es im Interesse der Öffentlichkeit, Eingriffe in die persönliche Freiheit des einzelnen Menschen vorzunehmen: »Wenn wir keine Bedenken haben, einen Leprakranken lebenslänglich einzusperren, warum sollen wir die Messerstecher, die Schänder, die Notzüchtler nach einer bestimmten Zeit auslassen, wenn wir sicher wissen, sie werden das wieder tun. Ich kann den Zweck des Strafrechts nur darin erblicken, Verbrechen zu verhüten. Wenn diese Verbrechen aber nicht anders verhütet werden können als durch lebenslange Einsperrung, dann muß der Mann eben lebenslang sitzen. Wir können nicht die Öffentlichkeit seinen Launen und seinen Angriffen preisgeben, weil seine persönliche Freiheit darunter leidet. Die persönliche Freiheit ist ja gewiß ein sehr hohes Gut, aber sie ist unter Umständen auch ein Götzenbild. Und dieses Götzenbild spielt in unserer Beratung hier eine sehr hemmende Rolle.«[85] Die persönliche Freiheit als Götzenbild zu bezeichnen, ging einzelnen Kommissionsmitgliedern indes zu weit. Ohne es explizit auszusprechen, verwies Rittler auf die Zeit des Nationalsozialismus, während der die persönliche Freiheit durch verschiedenste Maßnahmen massiv verletzt wurde. Auf das Votum vom

84 ÖStA/AdR, BMfJ, Sektion II, Straflegislative, Kanzlei L, Band 143, Eugen Serini, Amtsvortrag: Grundgedanken zu einer großen Strafrechtsreform in Österreich, 27. November 1953.

85 ÖStA/AdR, BMfJ, Sektion II, Strafrechtslegislative 1945–1983, Kanzlei L, Band 202, Protokoll über die 15. Sitzung der Kommission zur Ausarbeitung eines Strafgesetzentwurfes, 22. September 1955, S. 1323.

Kadečka wandte er ein: »Ich glaube, wir müssen zwei Dinge berücksichtigen. Schutz der Gemeinschaft, aber auch Schutz des Einzelnen in seiner Freiheit. Ich bin nicht der Auffassung des Herrn Vorsitzenden, daß es sich hier um ein Götzenbild handelt, sondern um etwas, das scharf ins Auge gefaßt werden muß. Ich brauche nicht an eben vorübergegangene Zeiten zu erinnern.«[86] Eine vertiefte Auseinandersetzung mit dem unter der NS-Herrschaft eingeführten »Gewohnheitsverbrechergesetz« fand in der Kommission nicht statt. Allerdings gaben einzelne, wie der Generalprokurator Franz Pallin, zu bedenken, man müsse sich davor hüten, über den Weg der sichernden Maßnahmen eine »Art Internat« aus dem Staat zu machen.[87]

Die Mehrheit der Experten folgte der Position, dass die sichernden Maßnahmen einen erheblichen Einschnitt in die Persönlichkeitsrechte darstellten. Gleichwohl erschienen sie ihnen als gerechtfertigt. Wie mehrere Mitglieder der Strafrechtskommission ausführten, zeigte sich dies just am Beispiel des »Kinderschänders«, der immer wieder rückfällig wurde.[88] Nicht nur Kadečka verglich diese Tätergruppe mit Leprakranken. Auch Hauser zog Parallelen zwischen dem »Kinderschänder« und dem »Aussätzigen« und verwies auf einen Fall, der sich unlängst in Innsbruck ereignet hatte: »Ein Mann schändet immer wieder Kinder und folgt dabei einem – wie er selbst behauptete und wie auch die Sachverständigen bestätigen – fast übermächtigen Trieb. Der Mann zeigt sich in der Verhandlung zerknirscht, erklärt aber dem Richter: ›Wenn ich nach Verbüßung meiner – ich glaube zweijährigen Strafe – aus der Strafhaft entlassen werde, so werde ich wieder diese Verfehlung begehen, denn ich kann nicht anders.‹ Die Zeitungen schreiben: ›Man sperrt diesen Mann 2 Jahre ein und dann wird er nach seiner eigenen Ankündigung weiterhin Kinder schänden. Ein solcher Mensch muß dauernd unschädlich gemacht werden.‹ Nun könnte ich mir vorstellen, daß das ein Fall für die von uns vorgesehene Sicherungsverwahrung wäre.«[89] Auch der eingeladene psychiatrische Experte, Hans Hoff, unterstützte die Forderung, insbesondere »Kinderschänder« zu verwahren, indem er ausführte, dass diese sehr häufig »Psychopathen« seien, die seiner Ansicht nach nicht in den normalen Strafvollzug gehörten.[90] Damit nahm Hoff auf psychiatrisch-kriminologische Konzepte Bezug, die ihre Wurzeln im ausgehenden 19. Jahrhundert hatten und, nicht zuletzt während der NS-Zeit, eine rigorose Verfolgung von – als solchermaßen pathologisch

86 Ebd., S. 1326.
87 Ebd., S. 1330.
88 Ebd., S. 1368.
89 Ebd., S. 1444.
90 Ebd., S. 1368–1369.

eingestuften – Delinquenten begründeten.[91] Der Ministerialentwurf von 1964 übernahm die Vorschläge der Kommissionsmehrheit. Eine Entwicklung vom Tatstrafrecht hin zum Täterstrafrecht sollte sich durchsetzen.[92]

Nachhaltige Weichenstellungen: Die Reformvorschläge der ersten Strafrechtskommission

Die Kommissionentwürfe (1960, 1962) und der Ministerialentwurf (1964) schlugen bedeutende kriminalpolitische Neuerungen vor. Neben der Einführung des Maßnahmenrechts ist etwa die Aufhebung der Dreiteilung der Delikte in Verbrechen, Vergehen und Übertretung zu nennen.[93] Auch hinsichtlich der Kriminalisierung von pädosexuellen Handlungen stellten die Entwürfe der frühen 1960er Jahre wichtige Weichen. Es finden sich Elemente der Verschärfung: Insbesondere über die sichernden Maßnahmen sollten Täter, die sich wiederholt der sexuellen Gewalt an Kindern schuldig gemacht hatten, nun für unbestimmte Zeit verwahrt werden können. Ausgebaut wurden des Weiteren die sexuellen Schutzbestimmungen für Knaben unter 14 Jahren. Dies manifestierte sich auch darin, dass die Entwürfe die bisher problematische Bestimmung nicht mehr weiterführten, wonach gleichgeschlechtliche Handlungen an Unmündigen als »Unzucht wider die Natur mit Personen desselben Geschlechts« (§ 129 Ib) eingestuft werden konnten. Diese Handlungen waren nun ebenfalls als »Unzucht mit Unmündigen« zu werten.

Hinsichtlich der Schutzbedürftigkeit von adoleszenten Mädchen verharrten die Rechtsexperten dagegen eng in Argumentationsmustern, wie sie bereits das StG (1852) prägte. Demnach standen pubertäre Mädchen unter 14 Jahren zwar unter einem strafrechtlichen sexuellen Schutz, gleichwohl ließ man rechtliche Schlupflöcher offen, um männliche Jugendliche und Erwachsene straffrei zu lassen, die diese Norm verletzten. Die Figur des »verführerischen« 12- oder 13-jährigen Mädchens, das selbst gestandene Männer ohne Weiteres zum Geschlechtsverkehr verleiten konnte, blieb wirkungsmächtig. Demgegenüber wurde die Überzeugung *ad acta* gelegt, wonach

91 Vgl. dazu auch Baumann, Verbrechen, S. 192–193.

92 Wirth, Broda, S. 230.

93 Die angedrohten Strafen waren zum Teil deutlich niedriger als diejenigen des StG (1852). Der Entwurf formulierte im Sinne einer Zweckstrafe die Sanktionen differenzierter. Zudem war die Möglichkeit der bedingten Verurteilung und Entlassung erweitert, wie auch die Verurteilung ohne Strafe bei Bagatelldelikten im Entwurf vorgesehen. Stangl, Gerechtigkeit, S. 43.

Burschen, sobald sie geschlechtsreif waren, nicht mehr im strafrechtlichen Sinne schutzbedürftig waren. Damit fand eine signifikante Verschiebung statt: Der Schutzanspruch von Knaben unter 14 Jahren wurde gestärkt, während Forderungen chancenlos blieben, den sexuellen Schutz auszubauen, der insbesondere adoleszente Mädchen betroffen hätte.

Die Bestimmungen zum sexuellen Schutzalter schrieben sich somit in eine heteronormative Geschlechterordnung ein. Bei der partiellen Entkriminalisierung der Homosexualität zeigten sich die Mitglieder der Strafrechtskommission insbesondere über die sexuelle Entwicklung von männlichen Jugendlichen besorgt. Der heranwachsende Mann sollte vor einer »Fehlprägung« bewahrt und damit der heterosexuellen »Normalgesellschaft« erhalten bleiben. Um die heranwachsenden Frauen machten sich die Akteure der österreichischen Strafrechtsreform – in weitgehender Übereinstimmung mit dem internationalen Diskurs – kaum Sorgen. Die Sexualität von Mädchen und jungen Frauen charakterisierten sie als unbestimmt, weibliche homosexuelle Handlungen schienen sich kaum von freundschaftlichen Berührungen zu unterscheiden. In dieser Konzeption fungierte die Sexualität von Mädchen und jungen Frauen nämlich auch nicht als Zeichen einer eigenen Subjektivität. Sie wurden vielmehr als Objekte konzipiert, auf welche die Sexualität gerichtet war. Eine »Fehlprägung« der weiblichen Sexualität war in dieser Vorstellung nur bedingt möglich. Da die männlichen Rechtsexperten Frauen und Mädchen nicht als Agentinnen, sondern primär als Rezipientinnen sexueller Handlungen imaginierten, spielte ihr Begehren keine Rolle.

Schlussbemerkung

Ähnlich wie die *Declaration of Geneva* (1924) betonte die Erklärung der Rechte des Kindes (1959) die besonderen Bedürfnisse von Kindern und verwies auf die Verpflichtung der Menschheit, Kindern besondere Fürsorge zuteil werden zu lassen. Diese Dokumente entsprachen damit der Vorstellung, wonach Kinder primär unselbstständige, sich über die Schutzpflichten Dritter definierende Menschen sind.[94] In den ersten Nachkriegsjahrzehnten konnten sich Forderungen, den Staaten bei der Wahrung von Kinderrechten völkerrechtliche Verpflichtungen aufzuerlegen, nicht durchsetzen. Gleichwohl war die Auseinandersetzung um die Erklärung der Rechte des Kindes bedeutsam, um der Vorstellung zum Durchbruch zu

94 Sax, Hainzl, Umsetzung, S. 15.

verhelfen, dass die Rechte von Kindern nicht in allgemeinen Menschenrechten aufgehen, sondern eine spezifische Ausformulierung bedürfen. In der Auseinandersetzung um ein sexuelles Schutzalter in Österreich finden sich indes keine expliziten Bezugnahmen auf Kinderrechte: Die Rechtsexperten erwähnten die Erklärung der Rechte des Kindes nicht, auch wenn deren Verabschiedung in die Zeitspanne fiel, als sich die Experten mit der Frage nach der sexuellen Schutzbedürftigkeit von Mädchen und Jungen beschäftigten. Dies verdeutlicht, dass Transfers zwischen unterschiedlichen Rechtsgebieten – dem internationalen Recht und dem nationalen Strafrecht – nur punktuell oder mit zeitlichen Verzögerungen stattfanden. Gleichwohl zeigen die Debatten der ersten Strafrechtskommission, dass die Vorstellung, wonach vorpubertäre Kinder ein Recht auf Schutz vor sexuellen Handlungen Erwachsener haben, in den Nachkriegsjahren weitgehend unbestritten war. Demgegenüber gingen die Ansichten auseinander, inwiefern adoleszente Jungen und Mädchen schutzbedürftig waren. Maßstab in der Beurteilung dieser Frage waren weniger die Vorstellungen von spezifischen Kinderrechten, sondern vielmehr die Anforderung, eine Geschlechter- und Sexualordnung zu verankern, die sowohl durch heteronormative wie auch geschlechterhierarchische Prämissen strukturiert war.

8. »Widerstandsfähig gegen seelische Schäden«: Die nationalen und internationalen Debatten zur Pädosexualität in den 1960er Jahren

In der BRD, ebenso wie in anderen westeuropäischen Ländern, setzte seit den frühen 1960er Jahren eine neuartige Auseinandersetzung um Pädosexualität ein, die ihre Wurzeln in unterschiedlichen Kontexten hatte: Die Rezeption der Arbeiten des US-amerikanischen Sexualforschers Alfred C. Kinsey spielte eine Rolle, aber ebenso sexualpolitische Forderungen, sich von moralisierenden Prämissen im Bereich des Sexualstrafrechts zu lösen. Die 1960er Jahre markieren eine Zeit der Weichenstellung, in der das Sagbare über Kindheit und Sexualität deutlich verändert wurde. Im Nachfolgenden werden unterschiedliche Schlüsselmomente dieses Wandels ausgeleuchtet, so die Publikation des Sammelbandes »Sexualität und Verbrechen« im Jahre 1963, der *8. Kongreß der Deutschen Gesellschaft für Sexualforschung* zum Thema sexuelle Gewalt an Kindern, der 1964 in Karlsruhe stattfand, und schließlich die Debatten zu Pädosexualität, die mit Bezug auf die westdeutsche Strafrechtsreform in den ausgehenden 1960er Jahren geführt wurden. Alle diese Schlüsselmomente hatten Signalwirkung, die weit über den westdeutschen Kontext hinauswirkten und auch die österreichischen Debatten zur Normierung eines sexuellen Schutzalters zu prägen vermochten, wie abschließend aufgezeigt wird.[95]

8.1 Die empirische Sexualwissenschaft und die Neuausrichtung der Sexualpolitik

Der österreichische Ministerialentwurf von 1964 war von Vorstellungen einer heteronormativen Geschlechterordnung und geschlechtsspezifisch differierenden Zuschreibungen weiblicher und männlicher Sexualität geprägt. Im Vergleich mit dem 1962 präsentierten Entwurf zur westdeutschen

95 Vgl. Kapitel 9 und 10. Während die österreichischen Strafrechtskommissionen die Entwicklungen in der BRD genau verfolgten und auch die einschlägigen Akten nach Wien liefern ließen, waren Reformdebatten in anderen Ländern, insbesondere des Ostblocks, weniger einflussreich. Zu Debatten in der DDR siehe Benjamin Baumgart, Juristische Hintergründe zum sexuellen Missbrauch von Kindern und Jugendlichen in der DDR, in: Christian Sachse, Stefanie Knorr, Benjamin Baumgart, Sexueller Missbrauch in der DDR. Historische, rechtliche und psychologische Hintergründe des sexuellen Missbrauchs an Kindern und Jugendlichen in der DDR, Wiesbaden 2018, S. 133–171; Kämpf, Pädophilie, S. 175–197.

Strafrechtsreform zeigte er sich in verschiedenen Bereichen des Sexualstrafrechts allerdings liberaler. Wie der Politologe Franz Walter argumentiert, handele der Entwurf »in höchster Pedanterie eine bis dahin unbekannte Fülle möglicher Delikte« ab.[96] Er kriminalisierte beispielsweise weiterhin die Homosexualität unter erwachsenen Männern, wie auch die Abtreibung. Das sexuelle Schutzalter wurde wie bisher bei 14 Jahren festgesetzt und die »Verführung« eines Mädchens unter 16 Jahren unter Strafe gestellt.[97] Der Entwurf fungierte als Schlüsselbeispiel des deutschen Sexualkonservatismus der Nachkriegsjahre: Er zielte darauf hin, eine – insbesondere in Abgrenzung zum Nationalsozialismus – wertkonservative und moralisch »richtige« Sittenordnung zu erlassen. Gleichzeitig bestanden aber auch deutliche Kontinuitäten zum Nationalsozialismus, so beispielsweise bei der Kriminalisierung von Homosexualität.[98]

Die konservative Ausrichtung des Strafgesetzentwurfes stieß allerdings auf Kritik: Auf dessen Veröffentlichung folgte die Forderung seitens Wissenschaft und Politik, seine moralisierenden Bestimmungen abzuschaffen. Einen wichtigen Auftakt der Debatte bildete der Sammelband »Sexualität und Verbrechen«, den Fritz Bauer, Hans Bürger-Prinz, Hans Giese und Herbert Jäger 1963 publizierten. Wie die Herausgeber in ihrem Vorwort festhalten, verfolgten sie mit der Publikation das Ziel, »einige besonders umstrittene Probleme des Sexualstrafrechts« zu erörtern, eine »breitere Öffentlichkeit darüber zu informieren, welche Fragen gegenwärtig in der Wissenschaft diskutiert werden« und »noch einmal die wissenschaftlichen Einwände und Bedenken« zu unterbreiten, die gegen die vorgeschlagenen Lösungen zu erheben seien.[99] Wie Dagmar Herzog ausführt, war der Sammelband eine Schlüsselinstanziierung einer intensiven kulturellen Energie, wie sie in der Nachkriegszeit in der BRD just durch die Zusammenarbeit von jüdischen, ehemalig nationalsozialistischen und nichtjüdischen liberalen Intellektuellen ermöglicht wurde.[100]

Zwei Autoren des Sammelbandes setzen sich ausführlich mit der Frage der Pädosexualität auseinander: Der Psychologe Wolfgang Hochheimer

96 Franz Walter, »In dubio pro libertate«. Sexualstrafrecht im gesellschaftlichen Wandel, in: Walter, Klecha, Hensel, Grünen, S. 108–135, S. 110.

97 Auszüge aus der Bundestagsdrucksache IV/650 vom 4. Oktober 1962 (Regierungsentwurf eines Strafgesetzbuches – E 1962), in: Bauer et al., Sexualität, S. 365–424.

98 Dagmar Herzog, Sexuality, Memory, Morality. West Germany in the 1950s–1960s, in: Dies., Lust und Verwundbarkeit. Zur Zeitgeschichte der Sexualität in Europa und den USA, Göttingen 2018, S. 7–40, S, 36.

99 Fritz Bauer et al., Vorwort der Herausgeber, in: Dies., Sexualität, S. 7–10, S. 7.

100 Herzog, Memory, S. 29.

und der Philosoph Theodor W. Adorno. Ihre Aufsätze wurden in der Folge besonders häufig zitiert.[101] Wolfgang Hochheimer entwickelte seine Argumentation zur »Problematik kindlich-jugendlicher Sexualität und ihrer Schutzbedürftigkeit« auf Basis der Erkenntnisse der Kinsey-Reporte, die aufzeigten, »daß das Kind kein ›asexuelles‹ Wesen sei und nicht der romantischen, engelhaften Verklärung entspräche«.[102] Hochheimer schloss damit an eine Forschungsdiskussion an, die sich in der BRD seit den frühen 1960er Jahren entfaltet hatte und zur Deutung von Pädosexualität vermehrt auf Kinseys Studien zurückgriff.[103] Kinsey hatte sich u.a. mit dem sexuellen Verhalten und sexuellen Reaktionen von Knaben auseinandergesetzt. Hierfür untersuchte er über 317 Jungen zwischen zwei Monaten und 15 Jahren: Bei 65% wurde beobachtet, dass sie einen Orgasmus hatten.[104] Kinsey zog Aussagen präpuberaler Jungen, Erinnerungen von erwachsenen Interviewteilnehmern wie auch Beobachtungen von »pädophilen« Männern in die Untersuchung ein.[105] Diesbezüglich führte Kinsey aus: »[...] preadolescent boys, since they are incapable of ejaculation, may be as uncertain as some inexperienced females in their recognition of orgasm. In consequence, the record of such early experiences is incomplete in most histories. [...] Better data on preadolescent climax comes from the histories of adult males who have had sexual contacts with younger boys and who with their adult background, are able to recognize and interpret the boys' experience.«[106] Kinsey integrierte in seinem Bericht demnach Informationen von Sexualdelinquenten, ohne diese der Polizei zu melden.[107] Während andere Aspekte von Kinseys Studie seit den 1950er Jahren durchaus kontrovers diskutiert wurden – so insbesondere seine Ergebnisse, wonach homo- und bisexuelle Praktiken viel verbreiteter waren als bisher angenommen –, stieß die problematische Datengenerierung zur kindlichen Sexualität kaum auf Kritik.

101 Ebd., S. 30.

102 Wolfgang Hochheimer, Sexualstrafrecht in psychologisch-anthropologischer Sicht, in: Bauer et al., Sexualität, S. 84–117, S. 90

103 Vgl. dazu u.a. Karl Josef Groffmann, Die psychischen Auswirkungen von Sittlichkeitsverbrechen bei jugendlichen Opfern, in: Günter Blau, Elisabeth Müller-Luckmann (Hg.), Gerichtliche Psychologie. Aufgaben und Stellung des Psychologen in der Rechtspflege, Darmstadt 1962, S. 148–181.

104 Ebd., S. 356

105 Ebd., S. 356.

106 Alfred C. Kinsey et al., Sexual Behavior in the Human Male, Philadelphia 1948, S. 176.

107 John Bancroft, Alfred C. Kinsey and the Politics of Sex Research, in: Annual Review of Sex Research, 15 (2004), S. 1–39, S. 17.

Erst in den frühen 1980er Jahren setzte eine Kontroverse über diese Textpassage ein, die bis heute nicht abgeschlossen ist.[108]

Des Weiteren ergab Kinseys Studie, dass 25 % der befragten Frauen während ihrer Kindheit sexuelle Handlungen durch Erwachsene erlebt hatten. Kinsey erachtete diese Erfahrungen indes als wenig gravierend: »Some of 80 % of the children had been emotionally upset or frightened by their contacts with adults. A small portion had been seriously disturbed; but in most instances the reported fright was nearer the level that children will show when they see insects, spiders or other objects against which they have been adversely conditioned.«[109] Als besonders einflussreich sollte sich schließlich Kinseys These herausstellen, wonach eine »längerdauernde Bedrücktheit« infolge sexueller Übergriffe vor allem dann auftrete, wenn die Reaktionen der Eltern, der Polizei- und Gerichtsbehörden Anlass zu Angst- und Schuldgefühlen gaben. Demnach waren die pädosexuellen Handlungen weit weniger problematisch als die gesellschaftlichen Reaktionen darauf. Kinsey vertrat die Ansicht, wonach sexuelle Erfahrungen in der Kindheit in einer Vielzahl der Fälle keineswegs zu späteren psychischen Schädigungen führen würden.[110]

Hochheimer rezipierte Kinseys Ausführungen zur kindlichen Sexualität weitgehend unkritisch und argumentierte, dass das »kindlich-jugendliche Sexualleben« sich durch eine »Reichhaltigkeit und Höchstleistungsfähigkeit auszeichne, die in krassem Widerspruch […] zu den wirklichkeitsfernen Behauptungen vom ›asexuellen Kind‹« stehen würden.[111] Als Beweis dieser »Höchstleistungsfähigkeit« zitierte Hochheimer u. a. die Forschungsergebnisse von Kinsey, wonach ein Viertel der vorpuberalen Jungen zehn, teilweise bis zu 20 Orgasmen in weniger als einer Stunde haben können. Diese »Verhaltensrealität« müsse, so Hochheimer, bei der Normierung der Pädosexualität mitberücksichtigt werden. Hochheimer argumentierte diesbezüglich weiter, dass Sexualität ein »fluidaler Prozeß« sei, der Altersunterschiede leicht überschreite. So würden auch Kinder und Jugendliche sexuelle »Regungen« gegenüber Erwachsenen empfinden, nicht nur umgekehrt. Die Jugend sei, so Hocheimer weiter, weder »verdorben« noch »rein«. Vielmehr gehöre die Sexualität »mit ihren speziellen Triebbedürfnissen inklu-

108 Ebd., S. 1–39.

109 Alfred C. Kinsey et al., Sexual Behavior in the Human Female, Bloomington 1953, S. 121.

110 Vgl. dazu auch Rudolf Wyss, Zur Frage der Spätschäden bei kindlichen Opfern von Sittlichkeitsdelikten, in: Schweizerische Zeitschrift für Strafrecht, 79 (1963), S. 272–292, S. 282; Groffmann, Auswirkungen.

111 Hochheimer, Sexualstrafrecht, S. 110.

sive deren Ausmündung in ›Täterschaft‹« zu ihrem Leben.[112] Wie andere Autoren des Sammelbands argumentierte er, das »sittliche Volksempfinden«, auf das der Entwurf von 1962 mehrfach Bezug nahm, könne nicht Richtschnur für die Formulierung eines neuen Strafrechts sein. Hochheimer erinnerte an die nationalsozialistische Vergangenheit: »Das ›Volksempfinden‹ wurde noch gestern in ganz anders willkommener Weise angesprochen und freigesetzt, um ›Andersartige‹ wie ›Wanzen‹, ›Läuse‹, ›Teufel‹, ›Tiere‹, ›Untermenschen‹ grausam zu vernichten. Auch sexuell ›Abartige‹ gehörten ausdrücklich dazu.«[113] Nicht das »Volksempfinden« sollte also für die strafrechtlichen Bestimmungen richtungsweisend sein, sondern die Ergebnisse der Wissenschaft und diese zeigten auf, dass pädosexuelle Handlungen neu interpretiert werden müssten.

Die Bezugnahme auf die Studien von Kinsey nahm seit den 1960er Jahren in verschiedenen Ländern eine wichtige Rolle ein, um Pädosexualität neu zu bewerten. Exemplarisch dafür stehen die Arbeiten des Schweizer Psychiaters Rudolf Wyss, der 1963 mit Bezug auf Kinsey behauptete, »Spätschäden« nach Sexualdelikten während der Kindheit seien selten, denn Kinder hätten eine »ungemein hohe Widerstandsfähigkeit«. Die Gefährlichkeit von pädosexuellen Handlungen werde demnach, so Wyss resümierend, weitgehend überschätzt.[114] Die These, wonach sexuelle Handlungen zwischen Erwachsenen und Kindern als Teil einer »fluidalen« Sexualität vorkommen würden, verwob sich bei westdeutschen Autoren allerdings in spezifischer Weise mit Interpretationen zur nationalsozialistischen Sexualitätspolitik. Dies verdeutlicht der Beitrag von Theodor W. Adorno.[115] Adorno forderte, sich grundsätzlich mit Sexualtabus und Sexualrecht auseinanderzusetzen, um zu verstehen, welche politischen Folgen eine »Verdrängung des Sexus« habe. Wie Adorno argumentierte, würde die »Verdrängung des Sexus« (die seiner Ansicht nach trotz der steigenden Kommodifizierung von Sex in der sich etablierenden Marktwirtschaft weiterhin stattfand) »permanent das Reservoir autoritätsgebundener Charaktere speisen«. Solche Menschen zeigten sich bereit, »totalitären Regierungen welcher Spielart auch immer nachzulaufen«.[116] Die »deutschen Sexualtabus« lagen nach Adorno folglich an der Wurzel dessen, was eine »authoritarian personality« hervorbringen konnte

112 Ebd., S. 111.
113 Ebd., S. 97.
114 Wyss, Frage, S. 289.
115 Theodor W. Adorno, Sexualtabus und Recht heute, in: Bauer et al., Sexualität, S. 299–317, S. 316.
116 Ebd., S. 301.

und »dem Nationalsozialismus die Massenbasis zu verschaffen half«.[117] Da die Sexualtabus nach wie vor höchst wirksam waren, stellten sie weiterhin eine eminente Gefahr für die Demokratie dar.[118]

Adorno leuchtete in seinem Aufsatz aus, welche Sexualitäten tabuisiert waren, und nannte die Prostitution wie auch die Homosexualität. »Das stärkste Tabu von allen« sei jedoch im Augenblick, so Adorno, »jenes, dessen Stichwort ›minderjährig‹ lautet«. Dieses Sexualtabu habe sich schon ausgetobt, als Freud die infantile Sexualität entdeckte: »Das universale und begründete Schuldgefühl der Erwachsenenwelt kann, als Gegenbild und Refugium, dessen nicht entraten, was sie die Unschuld der Kinder nennen, und diese zu verteidigen, ist ihnen jedes Mittel recht. Bekannt, daß Tabus um so stärker werden, je mehr der ihnen Hörige unbewußt selber begehrt, worauf die Strafe gesetzt ist. Der Grund für den Minderjährigenkomplex dürfte in ungemein mächtigen Triebregungen liegen, die er abwehrt.«[119] Die Art und Weise, wie diese »Triebregungen« gegenwärtig kriminalisiert würden, erschien Adorno problematisch. Er argumentierte, es sei wissenschaftlich noch zu wenig untersucht, ob pädosexuelle Handlungen bei Kindern zu psychischen Schäden führten, und verlangte entsprechende »empirische Untersuchungen«.[120] Zwar trat Adorno nicht für eine Abschaffung eines strafrechtlichen Schutzalters ein, er argumentierte allerdings, »bei den Schutzgesetzen für Minderjährige wäre zumindest zu prüfen, ob sie wirklich die Opfer sei's von Gewalt, sei's von abgefeimten Täuschungsmanövern sind, oder ob sie nicht selbst längst in jenem Zustand sich befinden, den das Gesetz zu verzögern sich anmaßt, und ob sie nicht ihren Mißbrauch aus Freude an der Sache, vielleicht auch nur um zu erpressen, selbst provozierten«.[121]

In der BRD, aber auch in Ländern wie Österreich oder der Schweiz, standen die Artikel von Hochheimer und Adorno am Anfang einer neuen Perspektive auf Pädosexualität. Diese zeichnete sich durch eine Distanzierung von einem moralisierenden Diskurs aus, der Kindern jegliche Formen von Sexualität absprach und kindliche Sexualität mit »Verdorbenheit« gleichsetzte. Kinseys Arbeiten waren eine wichtige Grundlage für diese Neubewertung. Nicht diskutiert wurde indes, dass Kinsey einem strikt homologen Modell folgte und kindliche und erwachsene Sexualität analogisierte. Die gewichtigen Differenzen in den Theorien zur kindlichen Sexu-

117 Ebd.

118 Ebd., S. 303. Vgl. im Weiteren Walter, »Dubio«, S. 112–113; Herzog, Memory, S. 31–32.

119 Adorno, Sexualtabus, S. 308–309.

120 Ebd., S. 309–310, S. 316.

121 Ebd., S. 310.

alität wurden, wie der Artikel von Hochheimer beispielhaft verdeutlicht, in den frühen 1960er Jahren vielfach ignoriert. Hochheimer bezog sich sowohl auf Kinsey wie auch auf Freud, um die Existenz von kindlicher Sexualität zu konstatieren. Dabei vernachlässigte er es allerdings, darauf hinzuweisen, dass diese beiden Wissenschaftler die kindliche Sexualität grundsätzlich unterschiedlich interpretierten, was auch Konsequenzen für die Beurteilung pädosexueller Handlungen hatte. Die unsorgfältige Rezeption von Theorien kindlicher Sexualität ließ sich nicht zuletzt darauf zurückführen, dass es in den Publikationen zur Strafrechtsreform nicht primär darum ging, die kindliche Sexualität und die kindliche Schutzbedürftigkeit zu erforschen. Vielmehr sollte eine neue Sexualpolitik entworfen werden, in der die »sexuelle Befreiung des Kindes« eine Schlüsselrolle einnahm. Diese schien wegen der Erfahrung des nationalsozialistischen Terrorregimes und der bereitwilligen Zustimmung breiter Massen zu diesem Regime als unabdingbar, denn nur ein »befreites Kind« konnte als erwachsene Person autoritären Diktaturen widerstehen.

8.2 »Das sexuell gefährdete Kind«: Der *8. Kongreß für Sexualforschung* in Karlsruhe 1964

Seit den frühen 1960er Jahren wurde die Frage nach der sexuellen Schutzbedürftigkeit von Kindern in Expertenkreisen neu verhandelt. Der *8. Kongreß der Deutschen Gesellschaft für Sexualforschung* von 1964 bildete einen wichtigen Meilenstein in der Auseinandersetzung um Pädosexualität.[122] Dieser widmete sich in einem ersten Teil dem Thema des »sexuell gefährdeten Kindes«. Führende Experten und Expertinnen aus der BRD, Österreich und der Schweiz referierten zum Thema. Prominent vertreten waren die Psychiatrie, Psychologie ebenso wie die Sexual- und Rechtswissenschaft.[123]

Wie die Psychologin und Gerichtsgutachterin Elisabeth Müller-Luckmann argumentierte, würden wissenschaftliche Untersuchungen zu Folgen von Pädosexualität noch fehlen: »Seit Jahren versuche ich vergeblich, eine Dissertation über die Spätfolgen von Sexualdelikten (an Kindern) anzuregen, jedoch schrecken die meist jungen Psychologinnen, die für eine solche Arbeit in Betracht kommen, vor den überaus großen inneren und äußeren Schwierigkeiten zurück, die sich der Lösung einer solchen Aufgabe in den

122 von Stockert, Kind; vgl. dazu auch Herzog, Traumatisierung, S. 37–54.

123 Der zweite Teil des Kongresses fand unter dem Titel »Die Pädophilie und ihre strafrechtliche Problematik« statt. Siehe dazu auch Kapitel 6.4.

Weg stellen – und das ist wohl ganz begreiflich.«[124] Trotz dieser konstatierten Forschungsdefizite gaben verschiedene Teilnehmende eine Einschätzung über die psychische Schädlichkeit von sexuellen Übergriffen im Kindesalter ab. Einzelne Referenten wie der Psychiater J. Gerchow argumentierten, die traumatischen Folgen von sexuellen Kindesmisshandlungen würden generell überschätzt. Die »im Kindesalter erlebten sexuellen Aggressionen« würden »viel seltener zu manifesten psychischen Störungen führen, als im allgemeinen angenommen wird«.[125] Mehrere Referierende verwiesen explizit auf die Thesen von Kinsey, wonach die negativen Folgen eines Sexualdeliktes an Kindern weniger in der Tat selbst als vielmehr in den Reaktionen der Umwelt begründet liegen.[126]

Obwohl sich in der ersten Hälfte der 1960er Jahre Stimmen häuften, die Pädosexualität als wenig problematisch einstuften, vertrat in Karlsruhe 1964 noch eine Mehrheit der Referierenden die Überzeugung, dass sexuelle Übergriffe in der Kindheit zu psychischen Folgeschäden führen konnten.[127] Die Psychoanalytikerin Erika Geisler führte beispielsweise aus, die Entfaltung der Sexualität von Kindern werde »bei sexuellen Insulten« verletzt und dadurch könne die Persönlichkeit und Entwicklung der Liebesfähigkeit nachhaltig gestört werden.[128] Franz Günter Ritter von Stockert, der Herausgeber des Kongressbandes, sprach von »seelische[r] Belastung bei einem körperlich und psychisch unausgereiften und auf sexuelle Anforderungen unvorbereiteten Individuum«.[129] Die deutsche Psychiaterin Hedwig Wallis bestätigte im Weiteren die Einschätzung von Müller-Luckmann, wonach bei »Opfern von Sittlichkeitsverbrechen« bisher »jedes gesicherte und systematische Wissen« über die »Art, Häufigkeit und Prognosen der durch die erlittenen Verbrechen verursachten Schäden« fehlten.[130] Allerdings würden »Falldarstellungen« besonders aus der psychoanalytischen Literatur aufzeigen, »daß schwere Neurosen und sexuelle Fehlhaltungen

124 Müller-Luckmann, Wahrhaftigkeit, S. 100; Kämpf, Pädophilie, S. 204.

125 Gerchow, Inzestsituation, S. 38.

126 Vgl. dazu die Hinweise von Müller-Luckmann, Wahrhaftigkeit, S. 101.

127 Vgl. dazu u. a. Stephanus Pfürtner, Das Sittlichkeitsempfinden in theologischer Sicht, in: von Stockert, Kind, S. 60–79, S. 60; D. H. Schomerus, Der Pädophile und sein Opfer in theologischer Sicht, in: von Stockert, Kind, S. 80–87, S. 85.

128 Erika Geisler, Sittlichkeitsgefühl und Schulderlebnis von Kindern und Jugendlichen bei sexueller Verfehlung und ihre Berücksichtigung bei der Begutachtung, in: von Stockert, Kind, S. 88–99, S. 88–89.

129 Franz Günther Ritter von Stockert, Zur Einführung in die Problemstellung, in: Ders., Kind, S. 1–7, S. 1.

130 Hedwig Wallis, Die Behandlung der kindlichen und jugendlichen Opfer von Sittlichkeitsstraftaten, in: von Stockert, Kind, S. 116–123, S. 116.

Folgen von in der Kindheit erlittenen Sittlichkeitsdelikten sein können«. Dieses kasuistische Material würde, so Wallis, noch nichts darüber aussagen, wie häufig psychische Folgeschäden seien. Die ihr aus den Fallstudien bekannten, vorübergehenden Folgen und bleibenden Schädigungen beurteilte sie allerdings als schwerwiegend. Zu Letzteren zählte Wallis: »Sexualängste«, »Schwierigkeiten der Partnerwahl (besonders bei Inzestfällen)«, »Fixierungen an bestimmte sexuelle Praktiken und damit Bahnung von Perversionen«, »Verwahrlosung und Verwahrlosungstendenzen bzw. Manifestierung von Verwahrlosungssymptomen (Neigung zur Promiskuität)«, »Homosexuelle Fixierung oder Tendenzen«, »bleibende Neurosen schwerer Art, wie anankastische oder phobische bzw. sado-masochistische Entwicklung«.[131] In dieser Konzeption von Folgen sexueller Gewalt wurde das Leiden der Opfer zwar erwähnt, doch gleichzeitig auch betont, dass sexuelle Übergriffe an Kindern das Potential hatten, diese zu transformieren: Sie machten die Kinder zu normabweichenden, wenn nicht gar »perversen« sexuellen Subjekten.

Ausgehend von ihren praktischen Erfahrungen und mit Bezug auf kasuistisches Material, wiesen neben Wallis weitere Referenten darauf hin, dass es bei Sittlichkeitsdelikten an Kindern vielfach zu Spätschäden komme. Der Schweizer Psychiater Adolf Friedemann, Direktor des Instituts für Psychologie in Biel und Professor an der Universität Freiburg im Breisgau, zählte zu den Spätfolgen insbesondere »Verwahrlosung, Fehlprägung, Fixierungen auf der Stufe gewisser Partialtriebe, Triebinversion, Frigidität, Prostitutionsneigung, Kriminalität mit Symbolcharakter und Neigung zu einem Vollzug des jus talionis«.[132] In der Besprechung ausgewählter Fälle erwähnte Friedemann im Weiteren »panische Angstzustände« wie auch die Entwicklung einer »schweren schizoiden Neurose« als mögliche Folge von sexueller Gewalt im Kindes- und Jugendalter.[133] Friedemann forderte u. a., dass Täter für die »Unkosten« aufkommen sollten, die durch Behandlung, Betreuung und besondere soziale Maßnahmen für die Opfer von sexueller Gewalt geleistet werden müssten. Ärzte und Juristen hätten gemeinsam Mittel und Wege zu suchen, »um diese Spätschäden schon als Risiko in die Begutachtung einzubauen und den Täter dazu zu verhalten, auch für die Spätschäden aufzukommen, um wiedergutzumachen, was vielleicht noch zu heilen ist«.[134]

Mitte der 1960er Jahre bestand somit ein Argumentationsstrang, der auf kasuistisches Material zurückgriff und aufzeigte, dass Kinder, die sexuellen

131 Ebd., S. 117–118.

132 Adolf Friedemann, Spätschäden bei Kindern und Jugendlichen, in: von Stockert, Kind, S. 8–26, S. 24.

133 Ebd., S. 21–22.

134 Ebd., S. 24.

Handlungen Erwachsener ausgesetzt waren, unter Umständen psychische Symptome zeigten. Der verwendete Begriff des »Traumas« war allerdings nicht deckungsgleich mit dem Trauma-Konzept des »Post-traumatic Stress Disorders« (PTSD) bzw. der posttraumatischen Belastungsstörung, wie es sich im ausgehenden 20. Jahrhundert breit durchsetzte.[135] Die Experten und Expertinnen verwiesen Mitte der 1960er Jahre mit dem Trauma-Begriff primär auf mögliche sexuelle »Verwahrlosungserscheinungen«. Dabei rückten sie das seelische Leiden, wie etwa Angstzustände, vielfach in den Hintergrund – Emotionen, die im kasuistischen Dokumentationsmaterial jedoch festgehalten wurden. Verschiedene Wissenschaftler und Wissenschaftlerinnen stellten somit relativ ausführlich Fallgeschichten von sexuell misshandelten Kindern vor, die unzweifelhaft auf deren Leiderfahrungen hinwiesen. Gleichwohl arbeiteten sie dieses Leiden nicht in eine Trauma-Theorie zur sexuellen Gewalt an Kindern ein.[136]

Die Referate des *8. Kongresses für Sexualforschung* verdeutlichen, dass Trauma-Konzeptionen, wie sie von einzelnen Psychoanalytikern im frühen 20. Jahrhundert vorgelegt wurden, in der zweiten Jahrhunderthälfte zunächst kaum rezipiert wurden. Der ehemalige Freud-Schüler Sándor Ferenczi hatte sich beispielsweise bereits in den frühen 1930er Jahren mit traumatischen Folgen von sexueller Gewalt an Kindern auseinandergesetzt. Er hielt fest, »daß das Trauma, speziell das Sexualtrauma, als krankmachender Agens nicht hoch genug angeschlagen werden kann«. Zudem war er überzeugt, dass sexuelle Gewalt an Kindern weit verbreitet war: »Auch Kinder angesehener, von puritanischem Geist beseelter Familien fallen viel öfter, als man es zu ahnen wagt, wirklichen Vergewaltigungen zum Opfer. [...] Der naheliegende Einwand, es handle sich um Sexualphantasien des Kindes selbst, also um hysterisches Lügen, wird leider entkräftet durch die Unzahl von Bekenntnissen dieser Art, von Sichvergehen an Kindern, seitens Patienten, die sich in Analyse befinden.«[137] Ferenczi setzte sich im Weite-

135 Vgl. dazu auch Hans-Georg Hofer, Gewalterfahrung, »Trauma« und psychiatrisches Wissen im Umfeld des Ersten Weltkrieges, in: Helmut Konrad et al. (Hg.), Terror und Geschichte, Wien, Köln, Weimar 2012, S. 205–221, S. 206; Goltermann, Opfer, S. 202; Dagmar Herzog, Cold War Freud. Psychoanalysis in an Age of Catastrophes, Cambridge 2018, S. 89–122.

136 Dagmar Herzog spricht in diesem Zusammen von einer »Geringschätzung der Opfer«. Herzog, Traumatisierung, S. 42.

137 Sándor Ferenczi, Sprachverwirrung zwischen den Erwachsenen und dem Kind, in: Ders., Schriften zur Psychoanalyse, Band 2, Frankfurt a. M. 1972, S. 303–313, S. 307–308. Zur konfliktreichen Auseinandersetzung um Inzest in der Psychoanalyse siehe auch Rahel Devlin, The Oedipal Age. Postwar Psychoanalysis Reinterprets the Adolescent Girl, in: Forman-Brunell, Paris, Girls' History, S. 217–241.

ren mit der Symptomatik und Schutzreaktion traumatisierter Kinder auseinander und beschrieb Formen der »Persönlichkeitsspaltung« ebenso wie die »Identifikation mit dem Angreifer« oder die »Verinnerlichung von Schuldgefühlen«.[138] Ferenczis Arbeiten stießen allerdings auf starke Ablehnung. Freud selbst lehnte die Thesen von Ferenczi ab und versuchte, dessen Publikationen zu verhindern. Ferenczi war gegen Ende seines Lebens in der psychoanalytischen Fachwelt weitgehend isoliert. Aufgrund seines frühen Todes im Jahre 1933 konnte er seine Ausführungen zum kindlichen Trauma nicht weiterentwickeln.

Schließlich bedeutete auch die Machtübernahme der Nationalsozialisten, dass in Europa psychoanalytische Auseinandersetzungen, so auch zur sexuellen Gewalt an Kindern, weitgehend unterbrochen wurden. Wie kaum eine andere Wissenschaftsdisziplin bekämpfte der Nationalsozialismus die Psychoanalyse. In den 1930er Jahren emigrierten zahlreiche jüdische Psychoanalytiker und Psychoanalytikerinnen in die USA, wo sie die Psychoanalyse weiterentwickelten.[139] Die von Ferenczi erarbeiteten Ansätze zu »Sexualtraumatas« wurden in den USA indes nicht fortgeführt. Zwar beschäftigte sich die Psychoanalyse insbesondere in den 1950er Jahren in der Auseinandersetzung mit dem Ödipuskomplex auch mit der Inzestproblematik. Allerdings stuften einflussreiche Psychoanalytiker und Psychoanalytikerinnen, darunter Phyllis Greenacre, inzestuöse Handlungen als wenig problematisch ein.[140] Ferenczis Reflexionen zu traumatischen Folgen sexueller Gewalt im Kindheitsalter blieben auch nach Ende des Zweiten Weltkrieges in Vergessenheit. Erst in den 1980er Jahren – im Zuge einer intensivierten Auseinandersetzung um Traumata von Kindern – erhielten seine Arbeiten wieder verstärkt Beachtung.[141]

Die These, wonach sich »Traumatisierungen« von Kindern aufgrund sexueller Übergriffe insbesondere durch »Verwahrlosungserscheinungen« äußern würden, wurde am *8. Kongreß für Sexualforschung* von niemandem grundsätzlich in Abrede gestellt, ebenso fehlten Reflexionen über die stigmatisierende Konnotation dieses Begriffs. Friedemann kritisierte allerdings den gesellschaftlichen Umgang mit »verwahrlosten« Minderjährigen und die strafrechtliche Praxis, Opfer von sexueller Gewalt zu Mitverantwortlichen der Straftat zu machen. Friedemann betonte, dass die festgestellte sexuelle »Verwahrlosung« bei Kindern vielfach als »direkte Folge sexueller Trauma-

138 Grüner, Kinder, S. 338.

139 Laura Fermi, Illustrious Immigrants. The Intellectual Migration from Europe 1930–41, 2. Aufl., Chicago, London 1968, S. 142–145.

140 Devlin, Age.

141 Grüner, Kinder, S. 339; Fischer-Homberger, Medizingeschichte, S. 287.

tisierung« aufgefasst werden müsse. Die Strategie der Strafverteidiger von Sexualverbrechern, zu behaupten, das Opfer sei bereits so »verwahrlost« gewesen, dass nicht der Erwachsene, sondern das Kind an der Verführung schuld sei, müsse abgelehnt werden.[142] Diese Praxis war, wie auch die Strafakten des Kreisgerichts St. Pölten aufzeigen, im Rahmen von Strafprozessen in den 1950er und 1960er Jahren tatsächlich weit verbreitet.[143]

In den darauffolgenden Jahren erhielt die Frage, welche psychischen Schäden pädosexuelle Handlungen an Kindern und Jugendlichen verursachten, im Rahmen der in der BRD und in Österreich angestrebten Strafrechtsrevisionen weitere Brisanz. Doch obwohl erheblicher Klärungsbedarf über die Folgen von Pädosexualität bestand, wurden weiterhin keine Forschungsarbeiten durchgeführt.[144] Die Akteure der Strafrechtsreform, von denen zahlreiche angetreten waren, das neue Strafrecht wissenschaftlich zu fundieren, lancierten bei Fragen der Normierung eines sexuellen Schutzalters keine wissenschaftlichen Studien, um die Gefährlichkeit von pädosexuellen Handlungen zu erforschen. Folglich fehlten den Akteuren und Akteurinnen der Strafgerichte, die sich jährlich mit zahlreichen Fällen von Pädosexualität zu beschäftigen hatten, gesicherte wissenschaftliche Grundlagen, die sie zur Deutung von Delikten wie »Schändung« und »Notzucht« Minderjähriger hätten hinzuziehen können. Wie die Untersuchungen der Strafakten des Kreisgerichts St. Pölten exemplarisch aufzeigen, hatte dies zur Folge, dass die Richtenden verschiedene Deutungsrahmen in der Beurteilung der Fälle anwandten und bei bestimmten Kindern davon ausgingen, sie hätten durch die Gewalthandlung einen »seelischen Schaden« erlitten, bei anderen jedoch annahmen, sie seien durch sexuelle Übergriffe »verdorben« worden. Der Leumund der Kinder und ihre soziale Situierung beeinflussten die Interpretation weit stärker als gesichertes Wissen über psychische Folgen von sexueller Gewalt.[145]

142 Friedemann, Spätschäden, S. 14.

143 Vgl. dazu Kapitel 6.2.

144 Steinhilper, Sexualtäter, S. 88–89. Die fehlende Bereitschaft, Folgen von sexueller Gewalt zu erforschen, lässt sich bis ins 21. Jahrhundert feststellen. Vgl. Sabine Andresen, Rudolf Tippelt, Sexuelle Gewalt in Kindheit und Jugend, in: Dies. (Hg.), Sexuelle Gewalt in Kindheit und Jugend. Theoretische, empirische und konzeptionelle Erkenntnisse und Herausforderungen erziehungswissenschaftlicher Forschung, Weinheim, Basel 2018, S. 9–17, S. 11.

145 Vgl. dazu Kapitel 7.

8.3 Auf dem Weg zu einem liberalen westdeutschen Sexualstrafrecht? Die Neufassung von Pädosexualität

Die Kritik an der konservativen Stoßrichtung des Entwurfs von 1962 nahm in den darauffolgenden Jahren in der BRD laufend zu. 1965 versammelten sich explizit (links-)liberale Strafrechtswissenschaftler und -wissenschaftlerinnen, um einen »Alternativ-Entwurf« auszuarbeiten. Die sogenannten »Alternativ-Professoren«, zu denen u. a. Jürgen Baumann, Strafrechtsprofessor in Tübingen, und Ernst-Walter Hanack, Strafrechtsprofessor in Heidelberg gehörten, zielten auf eine Abkehr der an »Sittlichkeit« orientierten Gesetzgebung: Der 1968 publizierte »Alternativ-Entwurf« sah sodann auch nicht nur von einer Entkriminalisierung bestimmter sexueller Praktiken ab, sondern führte auch einen Begriffswandel ein. Die »Unzucht mit Kindern« bezeichnete der »Alternativ-Entwurf« beispielsweise als »sexuellen Mißbrauch von Kindern«.[146]

Das Lamento, wonach es an gesichertem Wissen über die Folgen von Pädosexualität fehlte, findet sich auch im »Alternativ-Entwurf« und in Hanacks Gutachten zur Strafrechtsreform, das zeitgleich erschien.[147] Allerdings zeichnete sich im Laufe der 1960er Jahre eine Verschiebung ab. Während am *8. Kongreß für Sexualforschung* in Karlsruhe 1964 noch mehrere Referierende auftraten, die auf Basis von kasuistischem Material eine Schädlichkeit pädosexueller Handlungen konstatierten, verlor das in der therapeutischen Praxis generierte Wissen in den ausgehenden 1960er Jahren deutlich an Einfluss. Dies zeigt sich nicht zuletzt daran, dass Begriffe wie »Traumata« oder »Sexualtraumata« aus den Debatten um ein neues Strafrecht weitgehend verschwanden.[148] Nun war nur noch von »psychischen Schäden« die Rede, die pädosexuelle Handlungen möglicherweise verursachten.

Die Ausführungen über solche »Schäden« blieben im Spekulativen, wie Hanack zugeben musste. Entsprechend fielen seine Einschätzungen widersprüchlich aus. Einerseits argumentierte er, pädosexuelle Handlungen seien für ein »gesundes Kind« nicht »sonderlich gravierend«, wenn die Umwelt verständnisvoll darauf reagiere.[149] Andererseits hielt er fest, dass Kinder durch nicht »altersadäquate Konfrontierung mit der Sexualität« in vielfältiger Form »gefährdet« werden konnten, was sich bis ins Erwachsenenalter be-

146 Baumann et al., Alternativ-Entwurf, S. 18.

147 Hanack, Revision.

148 Im Zusammenhang mit der »gleichgeschlechtlichen Handlung an Minderjährigen« spricht der Alternativ-Entwurf von möglicher Traumatisierung, nicht aber beim sexuellen Missbrauch an Kindern. Baumann et al., Alternativ-Entwurf, S. 35.

149 Hanack, Revision, S. 99.

lastend auswirken könne. Daher schien es Hanack legitim, an einem sexuellen Schutzalter von 14 Jahren festzuhalten.[150] Auch der »Alternativ-Entwurf« hielt an einem sexuellen Schutzalter fest, wollte allerding nur noch »sexuelle Handlungen von einiger Erheblichkeit« unter Strafe stellen.[151] Die Verfassenden führten aus, dass bei »sexuellem Mißbrauch« von Kindern »eine relativ milde Strafdrohung« gelten solle, denn eine »echte oder anhaltende Schädigung« würde in der Mehrzahl der Fälle nicht eintreten. Eine schärfere Sanktionierung sollte nur bei »schwerwiegenden Angriffen« folgen, wenn der Täter das Kind beispielsweise »körperlich schwer mißhandelte«.[152] Schließlich schlug die Autorenschaft vor, beim »sexuellen Mißbrauch an Kindern« in unqualifizierten Fällen das Opportunitätsprinzip in die Strafprozessordnung einzuführen. Nach diesem Prinzip konnten die Strafbehörden eingreifen, sie mussten aber nicht. Die Anwendung des Opportunitätsprinzips schien deshalb legitim, da »nach allgemeiner wissenschaftlicher Erfahrung« durch ein Strafverfahren die psychischen Schäden am Kind leicht vertieft oder überhaupt erst entstehen würden. Selbst bei qualifizierten Fällen müsse deshalb geprüft werden, ob das Opportunitätsprinzip angewendet werden solle, wenn dies im Interesse des Kindes sei. Die Verfassenden resümierten, es müsse diskutiert werden, ob »nicht weitere Sicherungen zum Schutze des Opfers in das Verfahrensrecht« einzubauen seien.[153]

Wissenschaftliche Expertise unter Vorbehalt: Das Hearing des Sonderausschusses des Deutschen Bundestages 1970

Der »Alternativ-Entwurf« wie auch das Gutachten von Ernst-Walter Hanack stießen auf breiten politischen Konsens.[154] Die Forderung nach einer Liberalisierung des Strafrechts war schließlich auch bei einem Hearing dominant, in dem 31 Fachleute beim *Sonderausschuß des Deutschen Bundestages* im Jahre 1970 ihre Expertise zur Strafrechtsreform abgaben.[155] Die Ex-

150 Ebd., S. 109–110.
151 Baumann et al., Alternativ-Entwurf, S. 18.
152 Ebd., S. 19–20. Absatz 2 § B4 (Sexueller Missbrauch an Kindern) führte im Weiteren als schwerwiegende Angriffe auf, wenn der Täter mit dem Kind einen Beischlaf vollzog, ein Kind während längerer Zeit wiederholt missbrauchte oder die Tat an einem leiblichen, einem Adoptiv- oder Stiefkind bzw. ihm zur Betreuung anvertrautem Kind beging.
153 Baumann et al., Alternativ-Entwurf, S. 23.
154 Walter, »Dubio«, S. 116.
155 Ebd., S. 118; Johanna Klatt, Alexander Hensel, Oliver D'Antonio, Andere Perspektiven, neue Fronten. Die Verdrängung der Pädophilie-Debatte ab den 1980er

perten und Expertinnen betonten ein weiteres Mal, dass hinsichtlich der Spätfolgen von Pädosexualität noch kaum Forschung vorliegen würde. Trotzdem behaupteten mehrere Fachpersonen, dass Kinder in einem sonst unauffälligen Milieu durch sexuelle Kontakte/Übergriffe durch Erwachsene – ohne physische Gewaltanwendung – keine nachteiligen Störungen der Persönlichkeitsentwicklung erleiden würden. Diese Position vertraten renommierte Wissenschaftler wie der Kinder- und Jungendpsychiater Reinhard Lempp, der Sexualwissenschaftler Eberhard Schorsch oder der Psychoanalytiker Alexander Mitscherlich.[156] Der Sexualpädagoge Helmut Kentler argumentierte sogar, dass »erotische Elemente in Erziehungsprozessen« höchst wertvoll seien. Einzig der Psychoanalytiker Rudolf Affemann vertrat eine andere Haltung und verwies auf die Grenzen der empirischen Sexualforschung, wie sie u. a. Kinsey vorgelegt hatte. Diese Untersuchungen würden nur ins Bewusstsein vordringen, nicht jedoch in die »Tiefenschichten« des sexuellen Begehrens. Im Bereich des Sexuellen müsse man allerdings in den Dimensionen der langen Dauer denken.[157] Verschiedene der konsultierten Wissenschaftler und Wissenschaftlerinnen hatten in ihrer Forschung oder als Gerichtsgutachtende auch Strafgerichtsakten zu Verletzungen des sexuellen Schutzalters herangezogen. In diesen waren vielfach ausführliche Hinweise dokumentiert, wie sich pädosexuelle Handlungen für die Kinder und Jugendlichen anfühlten. Zwar bezogen sich ihre Aussagen zu Angst, Scham und Ekelgefühlen primär auf das Erleben der sexuellen Gewalt und nicht auf psychische Spätfolgen. Dass die pädosexuellen Handlungen für Kinder jedoch vergleichbar waren mit dem Schrecken, der ihnen – wie Kinsey argumentierte – eine Spinne einjagte, widerlegten die Zeugnisse der Kinder zweifelsohne: Gerade die zahlreichen Hinweise auf Angsterfahrungen verweisen auf das Leiden, das viele Kinder und Jugendlichen mit pädosexuellen Handlungen verbanden. Doch diesen emotionalen Repräsentationen maßen die Experten und Expertinnen wenig Bedeutung bei und reproduzierten damit, was Richtende der Strafgerichte ebenfalls praktizierten: Sie schenkten den Kindern und Jugendlichen, obwohl diese rigoros über die Ereignisse befragt wurden, nur partiell Gehör.[158]

Im Hearing des *Sonderausschusses des Deutschen Bundestages* setzte sich schließlich ein Interpretationsansatz durch, der seinen Ausgang in den frühen 1960er Jahren hatte und sich durch eine Abwertung des – vor allem

Jahren, in: Walter, Klecha, Hensel, Grünen, S. 228–251, S. 229; Becker, Pädophilie, S. 5–6.

156 Walter, »Dubio«, S. 118–122.

157 Ebd., S. 120.

158 Vgl. dazu Kapitel 6.3.

von der Psychologie und Psychoanalyse – generieten fallbasierten Wissens charakterisierte. In der deutschsprachigen Wissenschaft legten diesbezüglich Frauen wichtige Arbeiten vor, so insbesondere Erika Geisseler und Hedwig Wallis. Deren Forschungsergebnisse wurden nun weitgehend ignoriert. Die These, wonach pädosexuelle Handlungen zu keinen negativen psychischen Folgen führen würden, zeichnete sich darüber hinaus durch einen unsorgfältigen wissenschaftlichen Duktus aus. Vermeintliche Forschungslücken wurden konstatiert, aber nicht geschlossen und ungesicherte Behauptungen ständig wiederholt. Zweifelsohne sahen sich Wissenschaftler und Wissenschaftlerinnen seit den ausgehenden 1960er Jahren in moralischer Hinsicht auf der richtigen Seite stehen, wenn sie eine rigorose strafrechtliche Verfolgung von pädosexuellen Handlungen ablehnten. Denn vorrangiges Ziel musste es sein, so die sich Überzeugung, den Weg für eine sexuell befreite Generation zu öffnen.

Das transformatorische Potential einer »befreiten« Sexualität

Dieses Postulat einer »Befreiung der Sexualität« erfuhr in den ausgehenden 1960er Jahren in der BRD weit über die wissenschaftlichen Kreise hinaus Zustimmung. Die Ansichten der Aktivisten und Aktivistinnen der Schüler- und Studentenbewegung und der außerparlamentarischen Linken punkto Sexualität erhielten durch eine – allerdings unpräzise – Geschichtsinterpretation spezifische Radikalität. Sie vertraten die Ansicht, wonach das Dritte Reich im Kern sexualfeindlich und der Holocaust ein pervertiertes Produkt sexueller Repression gewesen sei. Folglich hielten sie die sexuelle Befreiung für ein antifaschistisches Gebot.[159] Zur Untermauerung dieser These bezogen sich die 68er – allerdings in vielfach unsorgfältiger Weise – auf verschiedene philosophische und psychoanalytische Vordenker, so insbesondere Theodor W. Adorno, Erich Fromm, Max Horkheimer und Herbert Marcuse.[160] Besonders großen Einfluss hatten die Werke des kommunistischen Freudianers Wilhelm Reich. Dieser argumentierte, dass sich sexuelle Befriedigungsfähigkeit und Sadismus gegenseitig ausschließen würden: »Grausame Charakterzüge« träten bei denen zutage, die sich »im Zustande chronischer sexueller Unbefriedigtheit« befänden, während sich

159 Herzog, Sex, S. 157–158; Levsen, Autorität, S. 406–407, S. 560–561, S. 575–585.
160 Herzog, Sex, S. 157.

»genital befriedigte Menschen« durch »Milde und Güte« auszeichneten.[161] Ein Schwerpunkt von Reichs Theoriebildung betraf die kindliche Sexualität. Diesbezüglich führte er aus: »Die Kernaufgabe der unautoritären Umstrukturierung der Menschen ist die sexuell bejahende Erziehung des Kindes.«[162] Reich bestand darauf, dass die kindliche Sexualität nicht nur toleriert, sondern aktiv gewürdigt werde.[163]

Um diese »Befreiung« der Sexualität zu legitimieren, griffen Exponenten einer »sexuellen Revolution« neben psychoanalytischen und philosophischen Werken auch auf ethnologische Studien zurück.[164] Bedeutsam waren die Untersuchungen von Bronislaw Malinowski und Margaret Mead über »primitive« Stammesgesellschaften in Afrika oder Asien. Diese zeigten auf, so zumindest die Interpretation der 68er, dass in Gesellschaften, in denen Sexualität nicht systematisch unterdrückt werde, Aggressivität und psychische Krankheiten weitgehend unbekannt seien.[165] Auch die Ausführungen zur kindlichen Sexualität, wie sie Malinowski beispielsweise in seiner 1930 publizierten Studie »Das Geschlechtsleben der Wilden in Nordwest-Melanesien« beschreibt, erhielten vermehrt Aufmerksamkeit. Eine kritische Auseinandersetzung um orientalisierende Perspektiven, mit denen die Ethnologen und Ethologinnen in der Zwischenkriegszeit den »Wilden« begegneten, fand dabei nicht statt, vielmehr gerieten die Ergebnisse der ethnologischen Studien verkürzt zu anthropologischen Gewissheiten.[166] Insbesondere dienten sie dazu, die Normierung der sexuellen Generationenverhältnisse zu hinterfragen, wie sie in der westlichen Welt dominierte. Die vermeintlich »freie« und »natürliche« Sexualität der »Primitiven« fungierte als schillernder Gegensatz zur rigiden Sexualmoral der westlichen Welt, in der pädosexuellen Handlungen angeblich zu viele Res-

161 Zitiert in Dagmar Herzog, Die Politisierung der Lust. Sexualität in der deutschen Geschichte des zwanzigsten Jahrhunderts, München 2005, S. 195. Vgl. auch Kristina Schulz, Frauen in Bewegung. Mit der Neuen Linken über die Linke(n) hinaus, in: Klimke, Scharloth, Handbuch 1968, S. 247–258, S. 248–249; Heider, Vögeln, S. 51–60.

162 Wilhelm Reich, Die sexuelle Revolution, 16. Aufl., Frankfurt a. M. 2004 (Original 1945), S. 243.

163 Vgl. dazu Sven Reichardt, Pädosexualität im linksalternativen Milieu und bei den *Grünen* in den 1970er bis 1990er Jahren, in: Baader et al., Tabubruch, S. 137–160, S. 143; Herzog, Sex, S. 198–211; Klatt, Hensel, D'Antonio, Perspektiven, S. 230.

164 Vgl. dazu Heider, Vögeln, S. 58; Levsen, Autorität, S. 409, S. 576–577.

165 Vgl. dazu Eitler, Revolution, S. 243–244.

166 Ebd., S. 243.

triktionen auferlegt wurden.[167] Damit wurde gleichzeitig das Zivilisationsnarrativ, in dem die Sexualität der »Wilden« als »barbarisch« dargestellt wurde, verändert: Zwar galt die Sexualität der »Primitiven« immer noch als grundsätzlich anders als diejenige der »Modernisierten«, doch erschien sie nun in positivem Licht.

Diese propagierten Neukonzeptionen von kindlicher Sexualität und die radikal-libertären Empfehlungen, wie sie u. a. Wissenschaftler wie Helmut Kentler im Hearing 1970 vorbrachten, flossen indes kaum in das neue westdeutsche Strafrecht ein, das am 23. November 1973 verkündet wurde. Die sozialliberale Koalition war in der BRD Anfang der 1970er Jahre brüchig geworden, auf der Ebene der Bundesländer zeichnete sich eine Erstarkung der Konservativen ab.[168] Das neue Strafrecht nahm am sexuellen Kinder- und Jugendschutz sodann auch keine substantiellen Änderungen vor. § 176 StGB sanktionierte den »sexuellen Mißbrauch« mit Kindern unter 14 Jahren, nach § 182 StGB wurde die »Verführung zum Beischlaf« mit Mädchen unter 16 Jahren weiterhin kriminalisiert. Herabgesetzt wurde die Altersgrenzen bei sogenannten Autoritätsverhältnissen. Hier erstreckte sich ein sexueller Schutz nach § 174 StGB nun nicht mehr bis 21, sondern nur noch bis 18 Jahre. Nach § 175 wurden schließlich homosexuelle Handlungen mit männlichen Jugendlichen unter 18 Jahren sanktioniert.[169]

8.4 Die konservative Wende: Die Strafrechtsreform in Österreich der ausgehenden 1960er Jahre

Die Ausformulierung eines neuen Sexualstrafrechts führte nicht nur in der BRD zu heftigen gesellschaftspolitischen Debatten. Auch in Österreich wurde die Strafrechtsrevision kontrovers diskutiert und wurde dabei von westdeutschen Debatten beeinflusst. Allerdings waren die Auseinandersetzungen durch andere politische Mehrheitsverhältnisse geprägt. Während in den frühen 1960er Jahren vergleichsweise liberale Strafrechtsentwürfe vorlagen, legte die ÖVP 1968 einen deutlich konservativeren Vorschlag vor.

167 Vgl. dazu beispielsweise Arno Plack, Die Gesellschaft und das Böse, München 1968, S. 136–139; Ernest Bornemann, Sexualität, in: Karl W. Bauer, Heinz Hengst (Hg.), Kritische Stichwörter, München 1978, S. 292–305, S. 293–295. Vgl. im Weiteren auch Peter-Paul Bänziger et al., Sexuelle Revolution? Zur Sexualitätsgeschichte seit den 1960er Jahren im deutschsprachigen Raum, in: Dies. (Hg.), Revolution, S. 7–23, S. 17.

168 Walter, »Dubio«, S. 124–125.

169 Friedrich-Christian Schroeder, Die Reform der Straftaten gegen die Entwicklung des Sexuallebens, in: Zeitschrift für Rechtspolitik, 25 (1992) 8, S. 295–297, S. 295.

Die Politisierung der österreichischen Strafrechtsreform sei, wie Wolfgang Stangl argumentiert, vor dem Hintergrund der zerbrechenden großen Koalition zu verstehen. Die Bemühungen von ÖVP und SPÖ, Kompromisse auszuarbeiten, hatte nach Abschluss des Staatsvertrages und der Beseitigung der gravierendsten Kriegsfolgen seine Dringlichkeit verloren.[170] Das Justizministerium unter der Leitung des Sozialdemokraten Christian Broda reagierte defensiv auf die konservative Kritik am Ministerialentwurf von 1964. 1966 legte das BMfJ einen neuen Strafrechtsentwurf vor, der frühere Liberalisierungsbestrebungen zurücknahm.[171] Zu einer Besprechung im Parlament kam es jedoch nicht mehr: Der Entwurf wurde erst bekannt gemacht, nachdem bereits feststand, dass die SPÖ die Wahlen verloren hatte.[172]

Während der darauf folgenden ÖVP-Alleinregierung unter Josef Klaus übernahm Hans Klecatsky, Hofrat am Verwaltungsgerichtshof und Universitätsprofessor in Innsbruck, die Leitung des Justizministeriums. Im Bereich der Rechtsreform fokussierte die ÖVP-Alleinregierung einerseits auf die Verabschiedung eines Strafvollzugsgesetzes und andererseits auf die Ausarbeitung einer Regierungsvorlage zu einem neuen Strafgesetzbuch, die sie 1968 im Nationalrat einbrachte. Dem Druck der Bischofskonferenz folgend, hatte sich diese Regierungsvorlage von 1968 von den liberaleren Entwürfen entfernt. Sie zielte auf eine weitere Verschärfung der Strafen und insbesondere auf die Strafbarkeit von Schwangerschaftsabbruch und Homosexualität.[173] Die Regierungsvorlage 1968 führte auch bei der Bestimmung zu einem sexuellen Schutzalter verschiedene Verschärfungen ein. Während die vorangehenden Entwürfe das sexuelle Schutzalter sowohl beim »Beischlaf« wie auch bei der »Unzucht« bei 14 Jahren verankerten, setzte die Regierungsvorlage das Schutzalter beim »Beischlaf« nun bei 15 Jahren fest.[174] Begründet wurde dies mit den damaligen sozialen Wandlungsprozessen. Im 19. und frühen 20. Jahrhundert erfolgte, so die Verfasser der Regierungsvorlage, die »geistig-sittliche Reifung harmonisch mit der körperlichen Reifung«. Daher hätten junge Menschen ihr »Triebleben« entsprechend den Stadien der körperlichen Entwicklung weitgehend nach eigenem Willen steuern können.[175] Die Jugendlichen seien dabei vom Elternhaus, Schule

170 Stangl, Gerechtigkeit, S. 41.

171 Wirth, Broda, S. 234; Mesner, Frauensache, S. 149–154; Regierungsvorlage eines Strafgesetzbuches samt Erläuterungen, Wien 1968, S. 381

172 Wirth, Broda, S. 235.

173 Stangl, Gerechtigkeit, S. 78; Wirth, Broda, S. 356; Mesner, Frauensache, S. 161–165; Weingand, Österreich, S. 24.

174 Regierungsvorlage 1968, S. 35.

175 Ebd., S. 369.

und Religionsgemeinschaft wie überhaupt »durch die allgemein herrschenden sittlichen Vorstellungen« unterstützt worden. In jüngster Zeit sei dieser harmonische Entwicklungsprozess allerdings gestört worden: einerseits durch die Akzeleration, wonach Mädchen und Jungen zwar früher in die Pubertät kämen, jedoch »kein adäquater Reifungsprozeß auf der geistig-sittlichen Ebene« stattfinde; andererseits durch die »pädagogischen Faktoren«, die den Jugendlichen früher Halt gegeben hatten, nun aber »erheblich vermindert, wenn nicht gänzlich verschwunden« seien.[176]

Da die Ordnungsverhältnisse durcheinandergeraten waren, sollte das Strafrecht disziplinierend eingreifen. Ziel war es dabei nicht, Mädchen und Jungen in einer hierarchischen Geschlechter- und Generationenordnung umfassender zu schützen. Vielmehr strebte die konservative Regierung an, die negativen Folgen des Geschlechtsverkehrs zu bekämpfen, nämlich Geschlechtskrankheiten und Teenager-Schwangerschaften.[177] Die Regierungsvorlage machte darüber hinaus geltend, dass die Erhöhung des sexuellen Schutzalters auf 15 Jahre auch deswegen angezeigt sei, weil in Österreich die Schulpflicht auf 15 Jahre erhöht wurde. »Es würde zu erheblichen Schwierigkeiten führen, wenn die Schwängerung schulpflichtiger Mädchen ohne strafrechtliche Sanktion bliebe. Es ist dabei nicht nur an das geschwängerte schulpflichtige Mädchen selbst zu denken, sondern auch an die Auswirkung eines solchen Ereignisses auf seine weiblichen und männlichen Schulkameraden.«[178] Die Regierungsvorlage sah zwar eine Erhöhung des Schutzalters beim »Beischlaf« vor, jedoch nicht bei anderen sexuellen Handlungen, da eine umfassendere Kriminalisierung von jungen Burschen vermieden werden sollte. Die »unzüchtigen Handlungen« würden, so der Entwurf, insbesondere von Burschen vorgenommen, »denen es noch an Mut und Erfahrung für einen normalen Geschlechtsverkehr fehlt und die dennoch ihrem immer stärker werdenden Geschlechtstrieb folgen«. Zudem bestehe für Mädchen und Jungen zwischen 14 und 15 Jahren bei »unzüchtigen Handlungen« kein erhöhtes Schutzbedürfnis: »Denn aus solchen nicht im Beischlaf bestehenden geschlechtlichen Handlungen kann keine Nachkommenschaft entstehen, und es ist bei ihnen auch die Gefahr einer venerischen Infektion ungleich geringer als bei einem Beischlaf.«[179]

Die oppositionelle SPÖ kritisierte die moralisierenden Tendenzen der Regierungsvorlage von 1968 und betonte, dass der »Strafrichter« kein »Sit-

176 Ebd.
177 Ebd., S. 369–370.
178 Ebd., S. 370.
179 Ebd.

tenrichter« sei.[180] Doch nicht nur die Linken lehnten die Regierungsvorlage ab, auch katholisch-konservative Stimmen übten Kritik – ein Anzeichen dafür, dass das konservative Lager Ende der 1960er Jahre in der Frage der Strafrechtsreform brüchig wurde.[181] Die kritischen Einwände erhielten Auftrieb durch die Entwicklungen in der bundesdeutschen Strafrechtsreform. Der »Alternativ-Entwurf« wurde auch in Österreich rezipierte so vor allem von sozialdemokratischer Seite. 1967 organisierte der Verband sozialistischer Studenten beispielsweise eine Tagung unter dem Titel »Sexualität ist nicht pervers. Normierte Sittlichkeit im österreichischen Strafrecht – Positionen moderner Wissenschaft«, an der namhafte deutsche Experten wie Eberhad Schorsch, Fritz Bauer und Theodor W. Adorno referierten.[182]

Als Kritiker der Regierungsvorlage 1968 trat u. a. der Generalprokurator Franz Pallin hervor.[183] In Vorträgen, die er im Mai 1968 vor dem *Arbeitsausschuß sozialdemokratischer Juristen* in Berlin bzw. im Januar 1969 vor dem Verband sozialistischer Studenten Österreichs (Sektion Salzburg) hielt, kritisierte Pallin, dass die Regierungsvorlage 1968 zu stark von den Wünschen der katholischen Bischofskonferenz geprägt worden sei.[184] Pallin ging in seinen Referaten u. a. auf die angestrebte Erhöhung des sexuellen Schutzalters ein, wobei er die Änderungsvorschläge als irrational bezeichnete. Nach geltendem Recht würde die Schutzaltersgrenze von 14 Jahren mit der Mündigkeitsgrenze zusammenfallen. Die Erhöhung des sexuellen Schutzalters auf 15 Jahre – bei einer Beibehaltung der strafrechtlichen Mündigkeit bei 14 Jahren – würde schwerwiegende Konsequenzen haben: »Wenn zwei noch nicht Fünfzehnjährige miteinander künftig geschlechtlich verkehren werden, wird daher ein jeder von ihnen als Notzüchtler seines Geschlechtspartners strafrechtlich verantwortlich sein.«[185]

180 Wirth, Broda, S. 359.

181 Stangl, Gerechtigkeit, S. 80.

182 ÖStA/AdR, BMfJ, Sektion II, Straflegislative, Kanzlei L, Band 144, Tagungsprogramm: Sexualität ist nicht pervers. Normierte Sittlichkeit im österreichischen Strafrecht – Positionen moderner Wissenschaft, 16.–20. 10. 1967.

183 Vgl. dazu Christian Broda, Der Weg zur Verwirklichung der Strafrechtsreform, in: Broda et al., Gesellschaft, S. 9–21; Stangl, Gerechtigkeit, S. 87.

184 ÖStA/AdR, BMfJ, Sektion II, Straflegislative, Kanzlei L, Band 144, Franz Pallin, Schwerpunkte der Strafrechtspolitik in Österreich, Vortrag, am 20. Mai 19 68 vor der Arbeitsgemeinschaft sozialdemokratischer Juristen (ASJ) in Berlin; Franz Pallin, Die Sexual- und Familiendelikte in der österreichischen und der deutschen Strafrechtsreform, Vortrag, am 15. Januar 1969 vor dem Verband sozialistischer Studenten Österreichs, Sektion Salzburg.

185 ÖStA/AdR, BMfJ, Sektion II, Straflegislative, Kanzlei L, Band 144, Pallin, Schwerpunkte, S. 23–24.

Neben dieser rechtlich problematischen Situation erschien es Pallin aber grundsätzlich nicht wünschbar, zwei unterschiedliche Altersgrenzen für die Normierung der Jugendsexualität einzuführen. Dass Jugendliche in Zukunft ein Jahr lang »bloß die Vorstufen der Sexualität genießen dürfen«, sei auch vom »Standpunkt der Moral aus gewiß nicht als gerade glücklich zu nennen«.[186] Pallin gab im Weiteren zu Bedenken, dass durch eine solche Erhöhung des sexuellen Schutzalters ein hoher Prozentsatz der männlichen Jugendlichen zu Verbrechern abgestempelt würde, seien doch nach einer ihm vorliegenden Statistik »19 % der berufstätigen Mädchen in Wien im Alter von 14 Jahren defloriert«.[187] Die Kriminalisierung der »Verführung« von 14- bis 16-jährigen Mädchen lehnte er ebenfalls ab, denn die »große Zeit der Verführer«, die mit »Geld, Prunk oder gleißenden Uniformen naive Mädchen betörten«, sei heute vorbei.[188] Resümierend hielt er fest: »Ein Strafgesetz sollte sich der Lebensform der Gesellschaft anpassen und nur gesellschaftsfeindliche Handlungen unter Strafe stellen, nicht aber gleich einem Sittenkodex den Menschen eine bestimmte Lebensform aufzwingen.«[189]

Pallin zeigte sich allerdings nicht nur gegenüber dem Vorhaben, adoleszente Mädchen und Jungen vor sexuellen Handlungen mit sexualmündigen Personen abzuschirmen, kritisch. Als einer der wenigen Exponenten der österreichischen Strafrechtsreform forderte er auch, sexuelle Handlungen an vorpubertären Kindern unter Umständen straffrei zu lassen. Pallin befürwortete den Vorschlag des »Alternativ-Entwurfes«, für »leichtere Fälle« von sexueller Kindesmisshandlung das Opportunitätsprinzip einzuführen. Es müsse verhindert werden, dass durch das Strafverfahren Kinder in einer Weise geschädigt werden, die in keinem angemessenen Verhältnis zur Tat stehen: »Ich glaube, man wird auch in Österreich nicht umhin kommen, das Problem im Zusammenhang mit der allgemein zu fordernden Straflosigkeit leichter Fälle zu überdenken.«[190]

In seinem Berliner Vortrag warf Pallin abschließend die Frage auf, wie es denn möglich gewesen sei, dass in Österreich ausgerechnet 1968 – in einem Jahr, das von »Revolutionen« geprägt war – eine solchermaßen konservative

186 Ebd., S. 24.

187 ÖStA/AdR, BMfJ, Sektion II, Straflegislative, Kanzlei L, Band 144, Pallin, Sexual- und Familiendelikte.

188 Ebd.

189 ÖStA/AdR, BMfJ, Sektion II, Straflegislative, Kanzlei L, Band 144, Pallin, Schwerpunkte, S. 24–25.

190 ÖStA/AdR, BMfJ, Sektion II, Straflegislative, Kanzlei L, Band 144, Pallin, Sexual- und Familiendelikte.

Regierungsvorlage für ein neues Strafrecht vorgelegt wurde. Tatsächlich hatten sich die Proteste von antiautoritären Bewegungen, Bewegungen der Neuen Linken, Friedensbewegungen sowie Studenten- und Schülerbewegungen 1968 international verdichtet, was sich global in einer Reihe von politischen Ereignissen abzeichnete.[191] Auch in Österreich und insbesondere Wien kam es 1968 zu zahlreichen Protesten, die u. a. von sozialistischen Studierenden organisiert wurden und zu Konflikten innerhalb der Linken führten.[192] Neben Demonstrationen, welche die Polizei teilweise gewaltsam auflöste, erregte die anarchisch-oppositionelle Kunst der »Wiener Aktionisten« Aufsehen, zu welchen u. a. Otto Mühl gehörte, der Gründer der »Kommune Friedrichshof«.[193] Die Wiener Aktionisten erkoren den Körper zum Material und Ausdrucksmittel einer radikalen Gesellschaftskritik.[194] Im Vergleich mit anderen europäischen Ländern waren, so die Einschätzung von Zeitgenossen aber auch von Historikern und Historikerinnen, die 68er-Revolutionen in Österreich allerdings von kürzerer Dauer, konzentrierten sich stark auf Wien, die künstlerische Avantgarde und studentische Kreise.[195] Die ordnungspolitischen Kontinuitäten bei fehlenden revolutionären Traditionen und die katholische Prägung, die klare hierarchische Unterordnungssysteme förderte, wirkten sozialen Protesten entgegen.[196]

Für Pallin stand 1969 außer Zweifel, dass Österreich mit den progressiven Veränderungen gerade auch im Recht nicht Schritt hielt. Nach seiner Ansicht hing dies damit zusammen, dass ein Bekenntnis zur liberalen Gesellschaft nur marginal ausgestaltet sei: »Es ist eine Tragik, daß außerhalb der Sozialisten der Liberalismus in Österreich nur in den Herzen Einzelner schlummert und er keine politische Heimat bei uns hat. Es gehört heute ein gewisser Bekennermut dazu, offen für freiheitliche Ideale einzutreten. Denn es ist in Wien wieder modern geworden, sich klerikal zu geben.«[197]

191 Vgl. dazu Friedrich Stadler, Das Jahr 1968 als Ereignis, Symbol und Chiffre, in: Rathkolb, Stadler, Jahr, S. 9–20, S. 12.

192 Vgl. dazu u. a. Keller, Mailüfterl, S. 36–67.

193 Zu Otto Mühl siehe Kapitel 10.3.

194 Keller, Mailüfterl, S. 62–63; Ingrid Bauer, Das 68er-Gedächtnis in Österreich, männergeschichtliche Deutungen und *Models* als »Expertinnen« der Emanzipation, in: Dies., Hana Havelková (Hg.), Gender & 1968. L'Homme. Europäische Zeitschrift für Feministische Geschichtswissenschaft, 20 (2009) 2, S. 129–142, S. 131–134.

195 Stadler, Jahr, S. 10–11; Käthe Kratz, Lisbeth N. Trallori (Hg.), Liebe, Macht und Abenteuer. Zur Geschichte der Neuen Frauenbewegung in Wien, Wien 2013, S. 29.

196 Rathkolb, Internationalisierung, S. 237.

197 ÖStA/AdR, BMfJ, Sektion II, Straflegislative, Kanzlei L, Band 144, Pallin, Schwerpunkte, S. 33–34.

8.5 Die SPÖ-Alleinregierung in Österreich und die Durchsetzung der Strafrechtsreform

Nur kurze Zeit nach Pallins Referat veränderten sich allerdings die politischen Verhältnisse in Österreich grundlegend: Nach vier Jahren ÖVP-Alleinregierung konnte die SPÖ die Wahl vom 1. März 1970 für sich entscheiden. 1970 errang die SPÖ die relative, 1971 die absolute Mandatsmehrheit im Parlament. Der SPÖ gelang es unter Bruno Kreisky, die großen Themen der 68er-Bewegung auf ihre Mühlen zu lenken.[198] Während der »Kreisky-Ära« wurde, neben anderen Bereichen, das Strafrecht grundlegend reformiert. Durch die erreichte Nationalratsmehrheit war es der SPÖ möglich, der konservativen Regierungsvorlage einen sozialdemokratischen Strafgesetzentwurf entgegenzusetzen.[199] Das Strafrechtsänderungsgesetz (»kleine Strafrechtsreform«), welches das Parlament am 8. Juli 1971 verabschiedete, realisierte verschiedene Reformen, um die in den vorangegangenen Jahren intensiv gerungen worden war: Die Homosexualität zwischen Erwachsenen wurde entkriminalisiert und ein Schutzalter für männliche Homosexualität bei 18 Jahren eingeführt. Die »Unzucht mit Tieren« und die Ehestörung wurden straffrei.[200] Damit wurden erste »heiße Eisen« vorgezogen, in der bewussten Absicht, die »große Strafrechtsreform« hiervon zu entlasten.

Unter der Leitung des wiederum eingesetzten Justizministers Christian Broda setzten die Arbeiten an der »großen Strafrechtsreform« im März 1970 ein. Die Bundesregierung legte dem Nationalrat 1971 den Gesetzentwurf vor, der anschließend von einem zwölfgliedrigen Unterausschuss des Justizausschusses beraten wurde, dem Abgeordnete der SPÖ, der ÖVP und der Freiheitlichen Partei Österreich (FPÖ) angehörten. Als Obmann des Unterausschusses fungierte der Abgeordnete Gustav Zeillinger (FPÖ).[201] Der Unterausschuss beriet den Gesetzentwurf zwischen März 1972 bis November 1973 in insgesamt 43 Sitzungen. Der Wille der SPÖ, die Strafrechtsreform zu einem Abschluss zu bringen, die Zurückdrängung der katholischen Kräfte in den Reihen der ÖVP und die Einsetzung einer neuen Verhandlungsgruppe ermöglichten, dass im Unterausschuss Kompromisse für ein neues Strafrecht gefunden werden konnten. Anders als während der

198 Stadler, Jahr, S. 11; Rathkolb, Internationalisierung, S. 226–229.
199 Stangl, Gerechtigkeit, S. 90.
200 Wirth, Broda, S. 476; Mesner, Frauensache, S. 181; Weingand, Österreich, S. 29–44.
201 Seitens des BMfJ waren der Bundesminister Christian Broda, der Sektionschef Eugen Serini, die Ministerialräte Foregger und Matouschek und der Sektionsrat Kunst beteiligt. Bericht des Justizausschusses, 959 der Beilage zu den stenographischen Protokollen des Nationalrates XIII.GP.

ersten Strafrechtskommission fanden die Arbeiten indes unter politischer Vorherrschaft der Sozialdemokratie statt.[202] Die Regierungsvorlage von 1971 orientierte sich vorrangig am Ministerialentwurf (1964). Broda argumentierte, dieser Entwurf sei »aus verschiedenen Gründen zeitgemäßer« als die darauffolgenden und sollte daher als Grundlage dienen.[203]

Die Debatten zum sexuellen Schutzalter im Unterausschuss des Justizausschusses

Die Mitglieder der ersten Strafrechtskommission begründeten die Notwendigkeit, die Sicherungsverwahrung ins neue Strafrecht einzuführen, u.a. damit, gefährliche »Kinderschänder« aus der Gesellschaft ausschließen zu können. In den frühen 1970er Jahren nahmen die Mitglieder im Unterausschuss des Justizausschusses nicht mehr explizit Bezug auf diese Deliktgruppe, um die Frage der sichernden Maßnahmen zu verhandeln. Sie erörterten primär, wie ein »Hang« zum Verbrechen festgestellt werden könne. Die eingeladenen psychiatrischen Experten, Professor Peter Berner und Oberarzt Sulga, zeigten sich zuversichtlich, dass mittels psychiatrischer Testmethoden und der Untersuchung der Lebensgeschichte der Rechtsbrechenden »zahlreiche Anhaltspunkte etwa über Bremsmechanismen, Art der Triebbefriedigung, Frustrationssituation und Anpassungsfähigkeit« gewonnen werden könnten.[204] Die Experten sprachen in der Folge nicht mehr von »Gewohnheitsverbrechern«, sondern von »Hangtätern«, und orientierten sich damit am bundesdeutschen Strafrechtsreformgesetz, das 1970 in Kraft getreten war. Dieses hob die seit 1933 bestehenden Bestimmungen des »Gewohnheitsverbrechergesetzes« auf und regelte die Voraussetzungen für eine Sicherungsverwahrung neu. Nachdem in den 1960er Jahren mehrere Rechtswissenschaftler, so u.a. die Autorenschaft des »Alternativ-Entwurfs«, Kritik an der Sicherungsverwahrung formulierten und sowohl die Verfassungsmäßigkeit wie auch die kriminalpräventive Wirksamkeit der

202 Stangl, Gerechtigkeit, S. 93.

203 ÖStA/AdR, BMfJ, Sektion II, Straflegislative, Kanzlei L, Band 207, Republik Österreich, Bundesministerium für Justiz, Niederschrift des Bundesministeriums für Justiz über die Sitzung des zur Vorberatung der Regierungsvorlage eines Strafgesetzbuches eingesetzten Unterausschusses des Justizausschusses vom 12. April 1972 (1. Sitzung), S. 8–9.

204 ÖStA/AdR, BMfJ, Sektion II, Straflegislative, Kanzlei L, Band 207, Republik Österreich, Bundesministerium für Justiz, Niederschrift des Bundesministeriums für Justiz über die Sitzung des zur Vorberatung der Regierungsvorlage eines Strafgesetzbuches eingesetzten Unterausschusses des Justizausschusses vom 20. Oktober 1972 (11. Sitzung), S. 25.

Maßnahme infrage stellten, wurde das Instrument der Sicherungsverwahrung zwar nicht aufgehoben, jedoch mit höheren Auflagen verknüpft. Nicht mehr Kleinkriminelle, sondern nur noch Schwerverbrecher sollten unter bestimmten Voraussetzungen verwahrt werden können. Die Höchstfrist für die erstmalige Unterbringung betrug nach dem neuen deutschen Recht zehn Jahre.[205]

Im österreichischen Unterausschuss bestand kein Zweifel, dass sichernde Maßnahmen im neuen Strafrecht eingeführt werden sollten, doch sprachen sich die Mitglieder für eine Begriffsänderung aus: Die Regierungsvorlage 1971 habe in Übereinstimmung mit den früheren Entwürfen und dem ausländischen Strafrecht die »Unterbringung in eine Anstalt für gefährliche Rückfallstäter« als »Sicherungsverwahrung« bezeichnet. Gegen die Bezeichnung wurden jedoch Bedenken geäußert. Denn dadurch könne der Eindruck entstehen, dass diese Maßnahme lediglich eine Sicherung bzw. Verwahrung bezwecke, doch zielte sie auch auf eine Resozialisierung der Delinquenten. Darüber hinaus empfahl der Justizausschuss, »den auch durch unerwünschte Erinnerungen vorbelasteten Ausdruck ›Sicherungsverwahrung‹ durch die Bezeichnung ›Unterbringung in einer Anstalt für gefährliche Rückfallstäter‹ zu ersetzen«.[206] In den frühen 1970er Jahren fand indes erneut keine vertiefte Auseinandersetzung mit dem »Gewohnheitsverbrechergesetz« statt, wie es während der NS-Zeit in Österreich implementiert worden war und aufgrund dessen u. a. zahlreiche »Kinderschänder« in KZ eingewiesen wurden. Nur einzelne Rechtsexperten, so der Strafrechtsprofessor Hellmuth Mayer, argumentierten, dass nach den Erfahrungen der NS-Diktatur die Sicherungsverwahrung abzulehnen sei: Die Praxis, Delinquenten eine dauernde Gefährlichkeit zu attestieren, würde sie zwangsläufig zu »Feinden« der Gesellschaft machen. Solche Zuschreibungsprozesse würden zu Unmenschlichkeiten führen, dies hätte »die tatsächlich durchgeführte physische Vernichtung eines großen Teils der Sicherungsverwahrten in Deutschland« gezeigt.[207] In Österreich wurde, ähnlich wie in der BRD, dagegen die Rechtsstaatsverträglichkeit des Maßnahmenrechts betont und darauf verwiesen, dass demokratische Staaten dieses Instrument bereits seit Jahrzehnten verankert hatten.[208] Wie der Ministe-

205 Baumann, Verbrechen, S. 298–301.

206 Bericht des Justizausschusses, 959 der Beilage zu den stenographischen Protokollen des Nationalrates XIII.GP, S. 6.

207 Mayer zitiert in Baumann, Verbrechen, S. 288.

208 Ebd.

rialentwurf bereits 1964 explizit festhielt, sollten mit dem neuen Maßnahmenrecht nicht zuletzt »gefährliche Sexualverbrecher« erfasst werden.[209]

Anders als der *Sonderausschuß des Deutschen Bundestages* 1970 warf der österreichische Unterausschuss des Justizausschuss 1971 die Frage nicht auf, ob sexuelle Handlungen von Erwachsenen für Minderjährige schädlich seien. Die Notwendigkeit einer Kriminalisierung von sexuellen Handlungen insbesondere an vorpubertären Kindern war in der österreichischen Beratung unbestritten: Forderungen, bei sexueller Misshandlung an Kindern ein Opportunitätsprinzip einzuführen, wie dies Pallin vorgeschlagen hatte, nahmen die Abgeordneten nicht auf. Allerdings knüpften die österreichischen Abgeordneten an Überlegungen an, die Experten bereits in der ersten Strafrechtskommission vorgebracht hatten. So hatte Nowakowski 1957 die Frage gestellt, ob man für Personen, »die selbst noch ganz jung sind«, nicht eine »Privilegierung oder eine Ausnahme« schaffen sollte. Man denke, so Nowakowski, bei Fällen von Verletzungen des Schutzalters unwillkürlich an die »Lustgreise«. Tatsächlich würden sich aber bei der Jugendgerichtsbarkeit sehr häufig Fälle finden, in denen der Altersunterschied zwischen dem Beschuldigten und der Zeugin »äußerst gering« sei.[210] Eine scharfe Sanktionierung von jungen Burschen schien ihm nicht angemessen. Ende der 1950er Jahre wurde dieser Einwand nicht weiterentwickelt, zumal sich in der Strafrechtskommission unmittelbar Gegenstimmen erhoben. Franz Handler, Präsident des OGH, wandte ein, dass Jugendliche nach dem JGG bereits milder bestraft würden. »Wenn der Jugendliche weiß, das ist ein unmündiges Mädchen oder eine unmündige Person, dann ist das Schuld genug. Und es ist gar nicht einzusehen, warum er unter einen anderen Strafsatz fallen soll«.[211]

Der österreichische Unterausschuss nahm in den frühen 1970er Jahren den Vorschlag auf, bei der Normierung eines sexuellen Schutzalters eine Alterstoleranzklausel einzuführen. Vorbild hierzu war der »Alternativ-Entwurf eines Strafgesetzbuches« von 1968.[212] Eine Alterstoleranzklausel wurde im westdeutschen StGB nicht aufgenommen, jedoch in Österreich rezipiert. Im Unterausschuss des österreichischen Justizausschusses bestand über die Parteigrenzen hinaus Konsens, dass Jugendliche, wenn sie sexuelle Kontakte mit Minderjährigen eingingen, unter Umständen nicht straf-

209 Bundesministerium für Justiz, Entwurf eines Strafgesetzbuches samt Erläuterungen. Allgemeiner Teil, Wien 1964, S. 46.

210 ÖStA/AdR, BMfJ, Sektion II, Straflegislative, Kanzlei L, Band 189, Protokoll über die sechzehnte Arbeitssitzung, 19. September 1957 (nicht bereinigte Niederschrift).

211 Ebd.

212 Ebd., S. 19 (B4, Absatz 5).

rechtlich verfolgt werden sollten. Besonders dezidiert traten SPÖ-Abgeordnete für diese Forderung ein. Peter Schieder hielt beispielsweise fest: »Liebeskontakte von Personen unter 14 Jahren sollten meiner Meinung nach nicht unbedingt in allen Fällen unter strafrechtliche Sanktion gestellt werden.«[213] In ähnlicher Weise argumentierte der SPÖ-Abgeordnete Karl Blecha, dass »Petting-Handlungen« wie auch ein Geschlechtsverkehr an 12- bis 14-jährigen Personen nicht strafbar sein sollten, wenn sie von Jugendlichen vorgenommen wurden.[214] Der ÖVP-Abgeordnete Walter Hauser wollte zwar zunächst an einer absoluten Grenze von 14 Jahren festhalten und argumentierte, die »Schaffung eines Differenzalters würde zu Problemen führen«.[215] Er war es aber auch, der den Kompromissvorschlag unterbreitete, der schließlich die Zustimmung des Unterausschusses fand. Demnach sollten Jugendliche bis 18 Jahre nicht, wie zunächst von SPÖ-Abgeordneten gefordert, von den Bestimmungen eines sexuellen Schutzalter ausgenommen werden. Vielmehr schlug Hauser vor, ein »Differenzalter von lediglich 2 Jahren« einzuführen.[216] Nach dieser Regelung konnten Jugendliche dieses Altersspektrums bei sexuellen Kontakten mit Minderjährigen nur noch dann strafrechtlich belangt werden, wenn sie gewalttätig vorgingen. Sie machten sich dann aber nicht eines Sexualdeliktes schuldig, sondern hatten sich wegen »leichter Körperverletzung« zu verantworten.[217]

Der Bericht des Justizausschusses, der als Beilage zu den stenographischen Protokollen des Nationalrates eingereicht wurde, begründete die Einführung einer Alterstoleranzklausel mit folgenden Worten: »Nicht ganz selten lassen sich Jugendliche in geschlechtlicher Neugierde oder in der Unsicherheit ihres erwachenden Triebes in Unzuchtshandlungen an Unmündigen ein. Derartige Vorfälle werden in aller Regel ohne Einschaltung der Behörden pädagogisch erledigt. Das ist sachgerechter als ein strafgerichtliches Verfahren. Solche Jugendtaten lassen nicht auf einen zukünftigen Sittlichkeitsverbrecher schließen, sondern sind ein Ausfluss der Unreife. Mit einer behördlichen Untersuchung verbindet sich die Gefahr einer Verfestigung

213 ÖStA/AdR, BMfJ, Sektion II, Straflegislative, Kanzlei L, Band 211, Republik Österreich, Bundesministerium für Justiz, Niederschrift des Bundesministeriums für Justiz über die Sitzung des zur Vorberatung der Regierungsvorlage eines Strafgesetzbuches eingesetzten Unterausschusses des Justizausschusses vom 5. November 1973 (41. Sitzung), S. 14.

214 Ebd., S. 13.

215 Ebd., S. 13.

216 ÖStA/AdR, BMfJ, Sektion II, Straflegislative, Kanzlei L, Band 211, Niederschrift Sitzung des Unterausschusses des Justizausschusses, 12. November 1973 (42. Sitzung), S. 13.

217 Ebd., S. 13.

der Erlebnisse bei Opfer und Täter und damit einer Schädigung beider. Schließlich lehrt die Erfahrung, dass die Aktivität oft von der körperlich bereits mehr oder weniger gereiften und sexuell interessierten unmündigen Person ausgeht.«[218] In der Parlamentsdebatte des Nationalrates wurde die Frage der Normierung des sexuellen Schutzalters kaum kontrovers diskutiert, sodass die Vorschläge, wie sie der Justizausschuss dem Parlament vorlegte, ins neue Strafrecht übernommen wurden. Der ÖVP-Abgeordnete Friedrich König sprach sich beispielsweise positiv über die Einführung einer Alterstoleranzklausel aus: »So möchte ich darauf verweisen, daß in Abänderung der Regierungsvorlage einstimmig beschlossen wurde, daß im Falle der Schändung der Täter straflos bleibt, wenn der Altersunterschied zwischen Knaben und Mädchen nicht mehr als zwei Jahre beträgt. Damit wird verhindert, daß ein Verhalten kriminalisiert wird, das besser vom Erzieher und vom Psychologen als vom Richter behandelt wird.«[219] Des Weiteren brachte der FPÖ-Abgeordnete Tassilo Broesigke den Antrag ein, beim § 208 (Sittliche Gefährdung Unmündiger und Jugendlicher) und § 212 Abs. 1 (Mißbrauch eines Autoritätsverhältnisses) den Teilsatz »um dadurch sich und einen Dritten geschlechtlich zu erregen oder zu befriedigen« zu streichen.[220] Der Antrag wurde indes abgelehnt.

Das Strafgesetzbuch 1975 und die Normierung eines sexuellen Schutzalters: Verschärfung, Liberalisierung und neue Möglichkeiten des Sagbaren

Das revidierte österreichische Strafgesetzbuch, das 1975 in Kraft trat, verankerte die Bestimmungen zum sexuellen Schutzalter unter dem zehnten Abschnitt, den »Strafbaren Handlungen gegen die Sittlichkeit«. § 206 sanktionierte den »Beischlaf mit Unmündigen«, also mit Kindern und Jugendlichen unter 14 Jahren, mit einer Freiheitsstrafe von einem bis zu zehn Jahren. Bei qualifizierten Fällen – wenn die Tat eine schwere Körperverletzung oder eine Schwangerschaft zur Folge hatte – war die Freiheitsstrafe fünf bis 15 Jahre, beim Tod der unmündigen Person zehn bis 20 Jahre. § 207 bestrafte die »Unzucht mit Unmündigen« mit einer Freiheitsstrafe von sechs Monaten bis zu fünf Jahren, im Fall einer Körperverletzung mit einer Freiheitsstrafe zwischen einem und zehn Jahren. Hatte die Tat den Tod der

218 Bericht des Justizausschusses, 959 der Beilage zu den stenographischen Protokollen des Nationalrates XIII.GP, S. 31.

219 Vgl. dazu 84. Sitzung NR XIII.GP. Stenographisches Protokoll, 84. Sitzung, 27. November 1973, S. 8035.

220 Ebd., S. 8087.

unmündigen Person zur Folge, lag die Freiheitsstrafe zwischen fünf und 15 Jahren. § 208 sanktionierte Handlungen, die geeignet waren, »die sittliche, seelische oder gesundheitliche Entwicklung unmündiger und jugendlicher Personen« zu gefährden, wie beispielsweise exhibitionistische Handlungen. § 209 bestrafte schließlich »Personen männlichen Geschlechts« über 18 Jahre, die mit einer »jugendlichen Personen gleichgeschlechtliche Unzucht treibt«, mit einer Freiheitsstrafe von sechs Monaten bis zu fünf Jahren.[221]

Das Strafmaß bei Verletzungen des sexuellen Schutzalters wurde gegenüber dem StG (1852) in bestimmten Fällen gemildert: Die bisherigen Kerkerstrafen, die mittels drakonischer Maßnahmen wie »hartes Lager« oder »Fastentage mit Wasser und Brot« verschärft werden konnten, wurden abgeschafft und durch, teilweise kürzere, Freiheitsstrafen ersetzt. Allerdings schuf das StGB (1975) mit der Einführung des Maßnahmenrechts (§§ 21–25) die Möglichkeit, das Strafmaß zu verschärfen. Die »geistig abnormen Rechtsbrecher« konnten neu auf unbestimmte Zeit (§ 23), die »gefährlichen Rückfallstäter« auf maximal zehn Jahre in eine Anstalt eingewiesen werden (§ 23).[222] Mit diesem Instrument ermöglichte es das StGB (1975), Sexualdelinquenten und -deliquentinnen, die sich wiederholt der sexuellen Gewalt an Kindern strafbar machten, bedeutend härter zu sanktionieren. Dagegen blieb die Kastration, die als Interventionsmaßnahme bei Sexualverbrechern in zahlreichen Ländern praktiziert wurde, in Österreich auch nach 1975 vergleichsweise restriktiv geregelt.[223] Vorschläge nach einem Ausbau von Sozialtherapie anstelle von Verwahrungen, wie sie u. a. der »Alternativ-Entwurf« vorgebracht hatte, wurden im österreichischen Strafrecht kaum verwirklicht.[224]

Im europäischen Vergleich bewegte sich Österreich bei der Normierung eines sexuellen Schutzalters im Mittelfeld. Dies ergab u. a. eine Untersuchung, die Eugen Serini vom BMfJ 1968 in Auftrag gab. Laut dieser Studie variierten die Altersgrenzen des sexuellen Schutzalters in Europa weiterhin stark. Es gab mehrere europäische Länder, die nur ein sexuelles Schutzalter für Mädchen, nicht jedoch für Knaben kannten. Dazu gehörten die Niederlande, Portugal, Rumänien, Spanien und Ungarn. Am tiefsten setzten Portugal und Spanien die sexuellen Schutzgrenzen an, nämlich bei zwölf Jahren. Hohe Altersgrenzen – für beide Geschlechter – kannten dagegen die Schweiz und Griechenland. Sie kodifizierten das sexuelle Schutzalter

221 Foregger, Serini, Strafgesetzbuch 1975.
222 Ebd., S. 40–47.
223 Vgl. dazu 84. Sitzung NR XIII.GP. Stenographisches Protokoll, 84. Sitzung, 27. November 1973, S. 7979.
224 Vgl. dazu auch Baumann, Verbrechen, S. 291–298.

bei 16 Jahren. Die übrigen untersuchten Länder setzten das sexuelle Schutzalter für heterosexuelle Beziehungen zwischen diesen beiden Polen an, d. h. hauptsächlich bei 14 oder 15 Jahren. Einzelne Länder, wie die BRD, differenzierten nach Geschlecht und sanktionierten beispielsweise die »Verführung« von Mädchen. Die Sowjetunion schließlich kannte kein fixes sexuelles Schutzalter, sondern stellte sexuelle Kontakte mit Mädchen und Knaben unter Strafe, »die die Geschlechtsreife noch nicht erreicht haben«.[225] Des Weiteren ergab die durch Serini beauftragte Untersuchung, dass Österreich mit der Einführung einer Alterstoleranzklausel 1975 zu den Pionierländern gehörte.

Sexualität und das Ende der Kindheit – der lokale, nationale und transnationale Wissenstransfer

Die erst- und zweitinstanzlichen Strafgerichte beschäftigten sich in den 1950er bis 1970er Jahren, als sich Politik und Wissenschaft mit der Strafrechtsreform befassten, mit hunderten von »Unzuchts«- und »Notzuchtsfällen« an Minderjährigen. Die Gendarmerie, die Richtenden, Staats- und Rechtsanwaltschaft produzierten umfangreiches Wissen über diese Delikte. Allein die Aussagen der minderjährigen Zeugen und Zeuginnen, die in diesen Fällen involviert waren, dürften mehrere Laufmeter in den österreichischen Archiven umfassen. Doch welche Deutungen, Erfahrungen und Stimmen letztlich als gewichtig galten, unterlag Selektionsprozessen, wonach bestimmte Formen des Leidens anerkannt und andere negiert wurden.

Vermehrt Aufmerksamkeit erhielt die Forderung, Kinder vor notorischen Pädokriminellen zu schützen. Im untersuchten Sample der Urteile des Kreisgerichts St. Pölten findet sich eine Gruppe von Tätern, die immer wieder straffällig wurden und – teilweise innerhalb weniger Jahre – Dutzende von Kindern sexuell misshandelten.[226] Auf diese Sexualdelinquenten konnten die Strafgerichte nur ungenügend reagieren, denn die Täter kamen nicht »gebessert« aus der Strafanstalt. Die Auseinandersetzung um den notorischen »Kinderschänder« und dessen Verwahrung verwies gleichzeitig auf die schwierige Frage, wie demokratische Gesellschaften mit solchen Delin-

225 ÖStA/AdR, BMfJ, Sektion II, Straflegislative, Kanzlei L, Band 144, Übersicht über die Sexualdelikte in den europäischen Strafgesetzbüchern. Zur Einsicht vor Hinterlegung, Herrn SekChef Dr. Serini, 1968.

226 Vgl. dazu Kapitel 6.4.

quenten umgehen sollten. Wie weit konnte ein demokratischer Staat gehen, um »Kinderschändern« die persönliche Freiheit abzusprechen? Während der Ausarbeitung eines neuen österreichischen Strafrechts schwebte diese Frage immer latent im Hintergrund, denn sie berührte in unbequemer Weise die NS-Geschichte Österreichs. Das neue Maßnahmenrecht erweiterte zweifelsohne die Möglichkeit, tief in die Freiheitsrechte von Straffälligen zu intervenieren, was neue Anforderungen an die Güterrechtsabwägung zwischen sexuellen Rechten von Kindern einerseits und Freiheitsrechten Erwachsener andererseits stellte. Wie die Diskussionen in Österreich der frühen 1950er Jahre exemplarisch verdeutlichten, ging es bei der Auseinandersetzung um Pädokriminalität indes nicht ausschließlich um die Rechte von Kindern. Die Wut und Empörung über das Delikt hingen vielfach auch mit der Vorstellung zusammen, wonach sexuelle Übergriffe die »Reinheit« von Kindern zerstören und damit die Zukunft der Gesellschaft insgesamt gefährdeten. Nicht nur für totalitäre Regime, sondern auch für demokratische Gesellschaften waren Zukunftsvisionen über eine prosperierende Gesellschaft sinnstiftend. Die Sicherstellung der »Reinheit« des Kindes nahm in der zweiten Hälfte des 20. Jahrhunderts einen privilegierten Platz ein und beeinflusste die Art und Weise, wie unterschiedliche Interessen gegeneinander abgewogen wurden.

Dagegen fand die spezifisch vulnerable Position, in der sich minderjährige, adoleszente Mädchen vielfach befanden, in der Ausarbeitung zu einem neuen Strafrecht keine gesonderte Beachtung. Die Abgeordneten führten mit der Alterstoleranzklausel die Möglichkeit ein, Sexualität zwischen »Teenagern« nicht mehr zu kriminalisieren. Dabei war die Debatte um eine Liberalisierung des Strafrechts durch eine unkritische Haltung gegenüber Jugendsexualität strukturiert. Die Untersuchung von erstinstanzlichen Strafakten verdeutlicht, dass männliche Jugendliche nicht nur »harmlose« sexuelle Spielereien mit minderjährigen Mädchen durchführten, sondern teilweise massive Formen von sexueller Gewalt anwandten. Gerade Gruppenvergewaltigungen an Mädchen wurden zu einem großen Teil von noch sehr jungen Burschen durchgeführt. Diese sexuellen Gewaltakte konnten, wenn der Altersunterschied zwischen Tätern und Opfern nicht mehr als zwei Jahre betrug, nach dem revidierten StGB nun aber nicht mehr als Sexualdelikt, sondern nur noch als Körperverletzung geahndet werden. Ebenso zeigt das Untersuchungssample, dass sich das Fehlen einer Fahrlässigkeitsklausel bei Delikten der »Notzucht« und »Schändung« Minderjähriger im Strafprozess vielfach negativ auf adoleszente Mädchen auswirkte. Doch auch auf diese Problematik war die Mehrheit der Experten und Gesetzgebenden nicht gewillt zu reagieren. Der legitimierte Zugriff auf den minderjährigen, adoleszenten Mädchenkörper blieb somit weiterhin möglich und wurde teilweise ausgebaut.

Eine vertiefte Auseinandersetzung mit den Zielsetzungen der *Erklärung über die Rechte des Kindes* von 1959 hätte das Potential gehabt, die Interessen von minderjährigen, adoleszenten Mädchen sorgfältiger zu reflektieren. Die Kinderrechtserklärung adressierte zwar die sexuellen Rechte von Kindern nicht explizit; doch empfahl sie den Staaten, einen Perspektivenwechsel vorzunehmen und in Rechtsbereichen, die Kinder und Jugendliche betrafen, deren Interessen primäre Beachtung zu schenken. Doch genau dieser Perspektivenwechsel fehlte in den Debatten zu einem neuen österreichischen Strafrecht. Das adoleszente, minderjährige Mädchen erschien nicht als Subjekt, das einen Rechtsanspruch auf einen Schutz vor sexuellen Handlungen hatte, sondern primär als Objekt, auf das ein sexuelles Begehren gerichtet ist. Nicht aufgeworfen wurde schließlich die Frage, was die Verwirklichung eines sexuellen Rechts für adoleszente Mädchen bedeuten könnte – also die Möglichkeit, ein sexuelles Begehren ausleben zu können, das sich im Laufe der sexuellen Entwicklung vom Kind zur erwachsenen Frau veränderte. Die Vorstellung, dass Männer auf die Bedürfnisse von Mädchen, die sich in der Transitphase vom Kind zur Frau befanden und somit sowohl schutzbedürftig als auch handlungsfähig waren, Rücksicht nehmen mussten, war im Denkhorizont der Mehrheit der Verantwortlichen eines neuen Strafrechts schlicht nicht vorhanden.

Schlussbemerkung

Das revidierte österreichische Strafrecht kodifizierte weiterhin ein sexuelles Schutzalter und verbot sexuelle Handlungen sexualmündiger Personen mit Mädchen und Jungen unter 14 Jahren. Trotz dieser strafrechtlichen Kontinuitäten bis ins 19. Jahrhundert verdeutlichen indes die internationalen Diskussionen seit den 1960er Jahren, dass sich die Vorstellungen über kindliche Sexualität und über die sexuelle Schutzbedürftigkeit von Kindern nach Mitte des 20. Jahrhunderts diversifizierten. Der Aufstieg der empirischen Sexualwissenschaften und die Propagierung eines homologen Modells kindlicher Sexualität spielten hierbei eine wichtige Rolle. Der Bedeutungszuwachs der empirischen Sexualwissenschaften war gleichzeitig begleitet von einer Abwertung des Wissens, das auf therapeutischer Arbeit mit Opfern von sexueller Gewalt basierte. Die in den 1960er Jahren immer wieder wiederholte Aussage, wonach über die Spätfolgen von pädosexuellen Handlungen keine Forschungsergebnisse bestehen würden, stimmten auch nur bedingt. Tatsächlich gab es durchaus einen Korpus an Wissen, der auf die Gefahr der »Traumatisierung« hinwies, die Kinder durch sexuelle Misshandlung erfahren konnten – nur wurde dieses Wissen im Laufe der 1960er Jahre zunehmend ignoriert. Die Forschungsergebnisse zu psychischen Folgeschäden pädosexueller Handlungen ließen sich kaum in politische Theorien zur kindlichen Sexualität integrieren, die auf einer spezifischen Geschichtspolitik basierten und ein Angebot zu einer nationalsozialistischen Vergangenheitsbewältigung machten: Die »befreite« und als »fluid« anerkannte kindliche Sexualität fungierte im Kontext der 68er-Bewegung als Schlüssel zu einer »unautoritären Umstrukturierung« des Menschen. In der Praxis der Strafrechtsreform wurden indes die Liberalisierungsforderungen nur punktuell umgesetzt. Österreich ging mit der Einführung einer Alterstoleranzklausel besonders weit. Sie zielte daraufhin, die Normierung der Jugendsexualität zu liberalisieren, was in der Praxis primär mit einem verminderten sexuellen Schutz von 12- und 13-jährigen Mädchen einherging.

Gleichzeitig bestand neben der Debatte, die kindliche Sexualität zu »befreien«, die Forderung fort, das Kind – und hier vor allem das vorpubertäre – vor sexuellen Übergriffen zu schützen. Die Figuren des »Unholdes« und des »Kinderschänders«, die insbesondere in den frühen 1950er Jahren im politischen Diskurs verhandelt wurden, verschwanden im Kontext von sexuellen Liberalisierungsforderungen nicht, auch wenn sie weniger Aufmerksamkeit erhielten. Die sichernden Maßnahmen galten in den frühen 1970er Jahren als notwendig, um insbesondere dezidiert gegen Sexualverbrecher vorgehen zu können. Nur einzelne Stimmen verwiesen dabei kritisch auf Kontinuitäten, die zwischen dem nationalsozialistischen »Gewohnheitsverbrechergesetz« und den sichernden Maßnahmen der revidierten Strafgesetze bestanden.

9. Die autonome Frauenbewegung, die »Pädophilen«-Bewegung und die Politisierung von Pädosexualität in den 1970er und 1980er Jahren

Das revidierte österreichische Strafrecht, das 1975 in Kraft trat, ließ keinen Zweifel offen, dass sexuelle Handlungen insbesondere an präpubertären Kindern hart sanktioniert werden mussten. Gleichwohl gingen die Debatten um die »Befreiung der kindlichen Sexualität« und die Postulate, wonach pädosexuelle Handlungen für Kinder unschädlich seien, nicht spurlos an der österreichischen Gesellschaft vorbei. Seit den 1960er Jahren erweiterte sich das Sagbare hinsichtlich Pädosexualität in Österreich – ebenso wie in anderen Ländern – und unterschiedliche Akteursgruppen stellten die Legitimität eines sexuellen Schutzalters infrage. Im Gegensatz dazu fragten Feministinnen der autonomen Frauenbewegung, wie sie sich in den frühen 1970er Jahren formierte, dezidiert nach den Ursachen sexueller Gewalt an Kindern. Die Verabschiedung des österreichischen Strafgesetzbuches 1974 bedeutete demnach keine Konsolidierung der Auseinandersetzung um Pädosexualität. Wie der nachfolgende Ausblick auf die 1970er und 1980er Jahre aufzeigt, setzte mit der Formation sozialer Bewegungen, wie der »Pädophilen«-Bewegung und der autonomen Frauenbewegung, vielmehr eine Politisierung der Pädosexualität ein.

9.1 Die autonome Frauenbewegung: Kampf gegen sexuelle Gewalt an Frauen und Kindern

Die 68er-Bewegung markierte eine Zeitperiode, in der Autoritätssysteme kritisiert, Machtverhältnisse hinterfragt und historische Ordnungen der sozialen Beziehungen zurückgewiesen wurden.[227] Wie Frauen, die in unterschiedlichen Zweigen der 68er-Bewegung aktiv waren, feststellten, waren männliche Aktivisten indes vielfach nicht bereit, die Machtkritik auch auf die bestehende Geschlechterordnung zu beziehen.[228] Die Forderung von Frauen, die antiautoritären Postulate, wie sie die revolutionären Bewegungen der ausgehenden 1960er Jahre formulierten, konsequent für das Mann-Frau-Verhältnis weiterzudenken, gilt dann auch als Initialzündung der

227 Hobsbawm, Zeitalter, S. 4.
228 Bauer, 1968, S. 180–181.

»Neuen Frauenbewegung«.[229] Diese verlangte eine radikale Transformation der bestehenden Geschlechterordnung, was nicht zuletzt mit einer kritischen Auseinandersetzung von Sexualität und Gewalt einherging. Wie nachfolgend aufgezeigt wird, setzten sich Feministinnen zunächst mit sexueller Gewalt an Frauen auseinander, bevor sie sich dem Problembereich der sexuellen Gewalt an Kindern zuwandten.[230]

Für die Politisierung von Frauen in Österreich und die Entstehung einer neuen österreichischen Frauenbewegung lieferten internationale Beispiele, besonders aus der BRD und den USA, wichtige Impulse.[231] Ingrid Strobl, die später Aktivistin in der »Aktion Unabhängiger Frauen« (»AUF«) wurde, datierte beispielsweise den Beginn ihres feministischen Engagements auf einen Abend im Jahr 1970 in Innsbruck. Im Vereinslokal der Innsbrucker »Basis-Gruppe«, einer Organisation der undogmatischen Linken, hatten Genossinnen ein Flugblatt des »Frankfurter Weiberrats« von 1968 aufgehängt. Das Plakat zeigte eine Frau, die – lediglich mit einem Hut bekleidet – auf dem Sofa liegt und ein Beil in der Hand hält. Über ihr an der Wand waren, wie Jagdtrophäen, die Penisse von sechs Aktivisten der Studentenbewegung sichtbar. Das Bild lief unter der Parole: »Befreit die sozialistischen Eminenzen von ihren bürgerlichen Schwänzen.« Strobl beschrieb die Auseinandersetzung um das Plakat als Schlüsselmoment, in dem sie sich entschied, die männliche Vorherrschaft nicht mehr zu akzeptieren.[232] Die Feministin Bodil Maria Pedersen wiederum erinnerte sich, dass sie Ende der 1960er Jahre in Wien einen Artikel im »New Yorker« las. Dieser berichtete über eine Frauengruppe in den USA, die gemeinsame politische Strategien entwickelte, um die persönliche Erfahrung von Unterordnung zu politisieren. Pedersen bezeichnete diesen Abend als Anfang ihres frauenbewegten Lebens.[233]

229 Vgl. dazu Brigitte Studer, 1968 und die Formung des feministischen Subjekts, Wien 2011; Bauer, 1968, S. 183; Schulz, Frauen, S. 250.

230 Siehe dazu auch Boussaguet, Pédophilie, S. 186–194.

231 Gehmacher, Mesner, Land, S. 21–22.

232 Ingrid Strobl, *Sisterhood* oder: Wir kommen von weit, weit her …, in: Kratz, Trallori, Liebe, S. 18–24, S. 20.

233 Bodil Maria Pedersen, Wandlungen, in: Kratz, Trallori, Liebe, S. 182–189, S. 182. Für viele galt im Weiteren die Rede von Helke Sander im Herbst 1968 auf der Delegiertenkonferenz des Sozialistischen Deutschen Studentenbundes in Frankfurt und der Tomatenwurf auf den SDS-Vorsitzenden als Schlüsselereignis für den Beginn der feministischen Bewegung. Vgl. dazu u. a. Kristina Schulz, Der lange Atem der Provokation. Die Frauenbewegung in der Bundesrepublik und in Frankreich 1968–1976, Frankfurt a. M., New York 2002, S. 82–85.

Als wichtigen Moment der Mobilisierung der Frauenbewegung fungierten in zahlreichen Ländern die Proteste gegen die Kriminalisierung der Abtreibung.[234] Auch in Österreich wirkte die Auseinandersetzung um die Reform des Sexualstrafrechts und die Liberalisierung der Abtreibung als entscheidender Moment in der Formation einer autonomen Frauenbewegung. Erste Protestaktionen wurden in Österreich indes noch von parteigebundenen Emanzipationsgruppen organisiert.[235] 1971 fanden mit der »Muttertagsdemo« die ersten Demonstrationen von feministischen Aktivistinnen statt, im November 1972 versammelten sich in Wien die Aktivistinnen der »AUF«, der ersten Vereinigung autonomer Frauen. In den darauffolgenden Jahren entwickelte sich die Frauenbewegung in Österreich in rasantem Tempo. Eine Vielfalt an feministischen Projekten, Gruppierungen und Initiativen entstanden in ganz Österreich, insbesondere in den städtischen Zentren.[236] Wie Brigitte Geiger und Hanna Hacker argumentieren, stellten die Jahre 1975 und 1976 einen »qualitativen Sprung« in der Entwicklung der autonomen Frauenbewegung dar. Die Aktivistinnen begannen, gesellschaftliche Machtungleichheit konsequent in einer feministischen Perspektive zu analysieren und den patriarchalen Strukturen den Kampf anzusagen. Vielfältige Themen wurden einer feministischen Analyse unterzogen: Sexualität und Reproduktion ebenso wie der Komplex Hausarbeit und Lohnungleichheit.[237]

»Wir sind frei + wild – kein Freiwild«: Kampf gegen sexuelle Gewalt an Frauen

Als ein Schlüsselthema der autonomen Frauenbewegung zahlreicher Länder galt seit Mitte der 1970er Jahre das Problem der Gewalt an Frauen.[238] In Österreich setzten sich Aktivistinnen auf vielfältige Weise mit dem Thema auseinander. Sie erörterten – auf Basis internationaler feministi-

234 Ebd., S. 106–174; Kristina Schulz, Leena Schmitter, Sarah Kiani, Frauenbewegung. Die Schweiz seit 1968. Analysen, Dokumente, Archive, Baden 2014, S. 29–30.

235 Brigitte Geiger, Hanna Hacker, Donauwalzer. Damenwahl. Frauenbewegte Zusammenhänge in Österreich, Wien 1989, S. 13.

236 Gehmacher, Mesner, Land, S. 23.

237 Geiger, Hacker, Donauwalzer, S. 37.

238 Vgl. dazu u. a. Ilse Lenz (Hg.), Die Neue Frauenbewegung in Deutschland. Abschied vom kleinen Unterschied. Eine Quellensammlung, 2., aktualisierte Aufl., Wiesbaden 2010, S. 281–289, S. 765–776; Peter Hacke, Frauengewalt gegen Männergewalt. Die Neue Frauenbewegung und ihr Verhältnis zur Gewalt, in: Feminismus Seminar (Hg.), Feminismus in historischer Perspektive. Eine Reaktualisierung, Bielefeld 2014, S. 193–220.

scher Theorien – die Ursachen von Gewalt an Frauen, wobei sexuelle Gewalt eine breite Aufmerksamkeit erhielt.[239] 1976 hielt Susi, die wie zahlreiche Autorinnen der feministischen Zeitschrift »AUF« keinen Nachnamen angab, pointiert fest: »Da Vergewaltigung Ausdrucksmittel der patriarchalen Gesellschaft ist, werden wir nur dann sicher vor Vergewaltigungen sein, wenn wir nicht mehr in einer patriarchalischen Gesellschaft leben.«[240] Die autonome Frauenbewegung lancierte eine Interpretation von sexueller Gewalt, die mit früheren Deutungen radikal brach. Sexuelle Gewalt war demnach weder Ausfluss einer fehlgeleiteten Triebsteuerung noch eine gesellschaftliche Ausnahmeerscheinung, die möglicherweise als bedauerlich, doch wenig gravierend erschien. Vielmehr argumentierten Feministinnen, dass sexuelle Gewalt ursächlich in der patriarchalen Gesellschaftsstruktur verankert sei und systematisch als Mittel eingesetzt werde, um die hierarchische Geschlechterordnung zu stabilisieren. Entsprechend war sexuelle Gewalt kein Randphänomen, sondern eine allgegenwärtige Bedrohung für Frauen. Gewalt an Frauen war in der Folge mehrfach Thema von internationalen und nationalen Kongressen der autonomen Frauenbewegung. Am »Internationalen Frauentribunal« 1976 in Brüssel setzten sich über 1.000 Aktivistinnen aus zahlreichen Ländern, so auch aus Österreich, mit dem Thema Gewalt an Frauen auseinander.[241]

Die Aktivistinnen diskutierten darüber hinaus – in Österreich ebenso wie in zahlreichen anderen Ländern – verschiedene Mittel, um sich gegen sexuelle Gewalt zu wehren und setzten zahlreiche Maßnahmen in die Praxis um. Einerseits organisierten sie Kurse, in denen Frauen Selbstverteidigungsstrategien lernen konnten;[242] andererseits entschieden die Feministinnen, aggressiv gegen die Täter vorzugehen und sie zu brandmarken, indem sie deren Auto oder Wohnungstür mit der Aufschrift »Vergewaltiger« versahen. Schließlich waren auch Initiativen zentral, deren Ziel es war, Frauen zu un-

239 Zu den zentralen Referenzwerken gehörten u. a.: Germaine Greer, The Female Eunuch, London 1970; Kate Millett, Sexual Politics, New York 1970; Susan Brownmiller, Against our Will. Men, Women and Rape, New York 1975. Vgl. dazu auch Leonore Knafla, Christine Kulke, 15 Jahre neue Frauenbewegung. Und sie bewegt sich noch! – Ein Rückblick nach vorn, in: Roland Roth, Dieter Rucht (Hg.), Neue soziale Bewegungen in der Bundesrepublik Deutschland, Frankfurt a. M., New York 1987, S. 89–108, S. 96–97.

240 Susi o. N., Vergewaltigung, in: AUF. Eine Frauenzeitschrift, 7 (1976), S. 34–37, S. 36.

241 Erica o. N., Internationales Tribunal »Gewalt gegen Frauen«, Brüssel, 4.–8. März 1976, Bericht eines Komiteemitglieds, in: AUF. Eine Frauenzeitschrift, 7 (1976), S. 9–11; Erica Fischer, Brigitte Lehmann, Kathleen Stoffl, Gewalt gegen Frauen, Köln 1977.

242 o. N., arbeitskreise & projekte, in: AUF. Eine Frauenzeitschrift, 29 (1981), S. 40. Vgl. dazu auch Hacke, Frauengewalt, S. 215–216.

terstützen, die Gewalt erlebt hatten.[243] Am 1. November 1978 öffnete das erste Frauenhaus in Wien, weitere folgten in anderen österreichischen Städten.[244] Zudem boten Frauen in Form von Freiwilligenarbeit einen »Notruf« wie auch Beratungsstellen für vergewaltigte Frauen an.[245] Nur zwei Jahre nachdem das österreichische Strafgesetzbuch 1975 in Kraft getreten war, begannen sich Feministinnen zudem kritisch mit den strafrechtlichen Bestimmungen zur »Notzucht« (§ 201), »Nötigung zum Beischlaf« (§ 202), »Zwang zur Unzucht« (§ 203), »Nötigung zur Unzucht« (§ 204) und »Schändung« (§ 205) des StGBs auseinanderzusetzen.[246] Bis eine Reform des Strafrechts allerdings in greifbare Nähe rückte, vergingen weitere zehn Jahre.[247] Im August 1987 stellte die SPÖ-Politikerin und Staatssekretärin Johanna Dohnal schließlich ihr »Programm zur Weiterführung der Reform für Frauen vor«, die auch eine Gesetzesreform des Delikts der »Notzucht« umfasste.[248] Bei der parlamentarischen Verhandlung der Strafgesetznovelle 1989 stützten sich weibliche Abgeordnete von der SPÖ und den Grünen explizit auf feministische Erklärungsansätze von sexueller Gewalt. Freda Meissner-Blau von den Grünen bezog sich beispielsweise auf die US-amerikanische Feministin Susan Brownmiller und argumentierte, »Männer vergewaltigen nicht aus Lust am Sex, sondern aus Lust an der Macht«.[249] Die Strafgesetznovelle 1989 brachte schließlich entscheidende Änderungen: Die Tatbestandskonstruktion von Vergewaltigung orientierte sich nicht mehr an der Widerstandsunfähigkeit des Opfers, sondern an der Intensität der Gewalt, die vom Täter ausging. Zudem wurde die Vergewaltigung in der Ehe auf Antrag strafbar.[250]

243 Susi o. N., Vergewaltigung, S. 37; Irene o. N., Vergewaltigung, in: AUF. Eine Frauenzeitschrift, 11 (1977), S. 19–20; o. N., Erklärung: »Vergewaltiger, wir kriegen dich«, in: Zyklotron, 7 (1989) 27, S. 14.

244 Vgl. dazu auch Johanna Dohnal, Sexismus, Gewalt gegen Frauen und Vergewaltigung in der Ehe, in: Alexandra Weiss, Erika Thurner (Hg.), Johanna Dohnal und die Frauenpolitik der Zweiten Republik. Dokumente zu einer Pionierin des österreichischen Feminismus, Wien 2019, S. 151–185, S. 157–167; Carol Hagemann-White, Die Frauenhausbewegung, in: Lenz, Frauenbewegung, S. 291–295.

245 Verein »Frauen gegen Vergewaltigung«, Lagebericht, in: Zyklotron, 9 (1991) 38, 9, S. 14.

246 Irene o. N., Vergewaltigung, S. 19–20.

247 Eva Brantner, Gertrud Breindl, Die gesetzliche Lage zur Vergewaltigung. Derzeitige Lage – Änderungsvorschläge, in: AUF. Eine Frauenzeitschrift, 57 (1987), S. 13–14; o. N., Entwaffnet die Vergewaltiger, in: Zyklotron, 8 (1990) 33, S. 10.

248 Vgl. zu Johanna Dohnal Susanne Feigl, Was gehen mich seine Knöpfe an? Johanna Dohnal: Eine Biografie, Wien 2002.

249 Barbara Kraml, Ungleicher Schutz sexueller Autonomie, unpublizierte Dissertation, Universität Wien 2016, S. 157.

250 Vgl. ebd., S. 273.

Eine andere Sexualität: Die Anerkennung der weiblichen Lust

Der Kampf gegen sexuelle Gewalt an Frauen bildete einen wichtigen Pfeiler des feministischen Engagements, das Handlungsfeld Sexualität neu zu bestimmen. Darüber hinaus war die Frage zentral, wie eine für Frauen erfüllende Sexualität ausgelebt werden konnte. Wesentliche Voraussetzung dafür war, dass Frauen die Tabuisierung von Sexualität und Begehren radikal infrage stellten und untereinander über Sexualität, ihre sexuellen Erfahrungen und Bedürfnisse sprachen.[251] Einen Auftakt einer solchen Auseinandersetzung bildete in Österreich das 1975 von der »AUF« organisierte »Seminar-Wochenende über Sexualität«. Im Sinne einer »consciousness raising group« sprachen hier Aktivistinnen erstmals über verschiedene Aspekte von Sexualität, u.a. auch wie sie Sexualität als heranwachsende Mädchen erlebt hatten.[252] Die meisten der Frauen, die sich zu Beginn der autonomen Frauenbewegung in Österreich engagierten, gehörten zur Altersgruppe, die in den ausgehenden 1950er und 1960er Jahren in die Pubertät gekommen war. Ihre Erinnerungen verweisen daher auf Formen von Jugendsexualität, die sie als adoleszente Mädchen in dieser Zeitspanne erlebt hatten. Die Frauen berichteten, dass sie im Jugendalter kaum Sexualaufklärung erhalten hatten. Des Weiteren erzählten sie, dass sie sich in einem »Widerspruch« befunden hatten. Auf der einen Seite habe man ihnen vorgepredigt, sie sollten »rein« und »keusch« bleiben und jungfräulich in die Ehe gehen. Falls sie sich nicht an diese Regeln hielten, drohte ihnen, als »gefallenes Mädchen« zu gelten. Auf der anderen Seite verspürten sie einen gesellschaftlichen Druck, heterosexuelle Kontakte einzugehen.[253] Wie die Berichterstattung zum »Seminar-Wochenende« weiter festhielt, sprach aus

251 Lenz, Frauenbewegung, S. 97–105; Imke Schmincke, Sexualität als »Angelpunkt der Frauenfrage?«. Zum Verhältnis von sexueller Revolution und Frauenbewegung, in: Bänziger et al., Revolution, S. 199–222, S. 205–213; Leena Schmitter, »Erlebte Solidarität«. Die Frauengesundheitsbewegung der 1970er Jahre als imaginierte transnationale Gemeinschaft, in: Transnationale Feminismen. Féminismes transnationaux. Traverse. Zeitschrift für Geschichte. Revue d'Histoire, 23 (2016) 2, S. 75–86.

252 Jane o. N., Susi o. N., Unsere Sexualität. Erfahrungen, Ängste, Wünsche, in: AUF. Eine Frauenzeitschrift, 4 (1975), S. 7–16. Zur Bedeutung von Selbsterfahrungsgruppen siehe Studer, Formung, S. 41–48; Brigitte Studer, Neue politische Prinzipien und Praktiken: Transnationale Muster und lokale Aneignungen in der 68er Bewegung, in: Janick Marina Schaufelbuehl (Hg.), 1968–1978. Ein bewegtes Jahrzehnt in der Schweiz. Une décennie mouvementée en Suisse, Zürich 2009, S. 37–52, S. 45.

253 Jane o. N., Susi o. N., Sexualität, S. 9.

allen Erzählungen Angst: »Angst vor Schmerzen, Unterwerfung, Bindung, Angst davor, nur Lustobjekt zu sein, Angst vor Schwangerschaft oder überhaupt vor etwas Unbekanntem, Unheimlichem«.[254]

Dieser Austausch führte zur Frage, wie eine Sexualität gelebt werden konnte, die für Frauen lustvoll war. Wie bereits die 68er-Bewegung maß auch die autonome Frauenbewegung einer frei gelebten Sexualität einen zentralen Stellenwert zu, um eine lebenswertere Gesellschaft zu verwirklichen, die sich grundsätzlich vom sexualfeindlichen Leben ihrer Väter und Mütter unterscheiden sollte. Die Aktivistinnen der autonomen Frauenbewegung beschrieben ihre Eltern, die durch die Erfahrungen des Nationalsozialismus und des Zweiten Weltkriegs gezeichnet waren, vielfach als emotional kalt, körperfeindlich, distanziert und teilweise gewalttätig.[255] Gleichzeitig machten die Feministinnen klar, dass die »sexuelle Revolution« den weiblichen Bedürfnissen nicht entsprach.[256] Die Aktivistin Ingrid Strobl führte im Rückblick aus, dass viele Anhänger der »sexuellen Revolution« unter Sex »Rammeln« verstanden hätten. »Konkret: ein schlichtes und schnelles Rein-Raus, das Frauen zutiefst unbefriedigt zurückließ.«[257] Im Austausch miteinander diskutierten die Aktivistinnen sexuelle Praktiken, die sie zum Orgasmus führten.[258] Die Respektierung der weiblichen Lust war gleichsam eine politische Forderung, wie das Flugblatt »Wissen wir Frauen alles über unsere Sexualität?« verdeutlicht, das Aktivistinnen 1975 an der 1.-Mai-Demonstration verteilten. Das Flugblatt resümierte: »Die patriarchale Gesellschaft, in der wir leben, kann nur solange funktionieren, solange sich die Frauen nicht wehren, denn sie beruht auf der Unterdrückung der Frau. Zu dieser Unterdrückung ist es aber nötig, daß die Frau auch sexuell unterdrückt ist. Wenn wir Frauen erst unsere Sexualität befreit haben, dann

254 Ebd., S. 10.
255 Katz, Trallori, Liebe, S. 90–91.
256 Vgl. dazu o. N., Schweizer Frauenkalender 1978 der FBB Bern, Sexualität. Die Frauen entdecken ihre Sexualität, in: AUF. Eine Frauenzeitschrift, 15 (1978), S. 5–6.
257 Strobl, *Sisterhood,* in: Kratz, Trallori, Liebe, S. 21.
258 Eine hitzige Debatte entspann sich um die Frage, ob Frauen vaginale oder klitorale Orgasmen oder beides hatten und welche Orgasmen als lustvoller zu bewerten waren. Vgl. dazu u. a. Johanna Gehmacher, Macht/Lust – Übersetzung und fragmentierte Traditionsbildung als Strategien zur Mobilisierung eines radikalen Feminismus, in: Angelika Schaser, Sylvia Schraut, Petra Steymans-Kurz (Hg.), Erinnern, vergessen, umdeuten? Europäische Frauenbewegung im 19. und 20. Jahrhundert, Frankfurt a. M. 2019, S. 95–123, S. 104–105; Kristine Kenning, Kontingente Höhepunkte. Geschlechterdisziplinierung und Orgasmus, in: Ilse Lenz, Lisa Mense, Charlotte Ulrich (Hg.), Reflexive Körper? Zur Modernisierung von Sexualität und Reproduktion, Wiesbaden 2004, S. 51–84; Schulz, Atem, S. 50–52.

sind wir auch wirklich frei. Frei zu tun, was wir für gut halten.«[259] Sie nahmen damit eine Kernaussage auf, wie sie u. a. die deutsche Feministin Alice Schwarzer in ihrem 1975 publizierten Bestseller »Der ›kleine Unterschied‹ und seine großen Folgen« erörterte. Schwarzer analysierte u. a. die Funktion der Sexualität bei der »Unterdrückung der Frauen« und argumentierte, dass die »sexuelle Revolution« für Frauen nicht zu Verbesserungen geführten hätte. Die Beziehungen zwischen Mann und Frau seien noch immer »eindeutige Machtbeziehungen«, sodass die weibliche Sexualität »nur wieder Ausdruck weiblicher Ohnmacht« sein könne. Schwarzer verlangte, dass eine Liberalisierung im Bereich der Sexualität »Hand in Hand« mit »Bewußtseinsprozessen« gehen müsse, die es den Frauen möglich machten, diese Liberalisierung für sich selbst zu nutzen, »anstatt sich zusätzlich nutzen zu lassen«.[260]

Sexuelle Kindesmisshandlung: Politikum der autonomen Frauenbewegung

Die Problematisierung von sexueller Gewalt an Kindern erfolgte in der österreichischen Frauenbewegung zunächst durch die Rezeption internationaler Debatten. Als Schlüsselwerk fungierte das Buch der US-amerikanischen Feministin Florence Rush, das 1982 unter dem deutschen Titel »Das bestgehütete Geheimnis: Sexueller Kindesmißbrauch« erschien. Rush interpretierte die sexuelle Gewalt an Kindern und insbesondere Mädchen als Ergebnis eines patriarchalen Machtmissbrauchs, der, wie Rush anhand ausgewählter Beispiele aufzeigte, sowohl einen transnationalen wie auch transepochalen Charakter hatte.[261] Ebenfalls breit rezipiert wurden die Arbeiten der polnisch-schweizerischen Psychologin Alice Miller, so u. a. ihr 1981 erschienenes Buch »Du sollst nicht merken«.[262] Miller untersuchte die Ge-

259 Flugblatt: »Wissen wir Frauen alles über unsere Sexualität?« zitiert in: Kratz, Trallori, Liebe, S. 108–109.

260 Alice Schwarzer, Der »kleine Unterschied« und seine großen Folgen. Frauen über sich. Beginn einer Befreiung, Frankfurt a. M. 1975, S. 180. Die bestehenden geschlechtsspezifischen Machtverhältnisse im Kontext einer »sexuellen Revolution« hatte Valie Export in ihren aktionskünstlerischen Werken bereits seit den ausgehenden 1960ern problematisiert. Vgl. dazu Bauer, 1968, S. 117–118; Gehmacher, Mesner, Land, S. 19–20.

261 Rush, Geheimnis.

262 Alice Miller, Du sollst nicht merken. Variationen über das Paradies-Thema, Frankfurt a. M. 1983. Vgl. dazu auch Astrid Essl, Sonni Schwarz, Sexueller Kindesmißbrauch, in: AUF. Eine Frauenzeitschrift, 55 (1987), S. 18–21; o. N., Sexueller Mißbrauch von Mädchen (Teil 2), in: Zyklotron, 8 (1990) 34, S. 21–24, S. 23.

waltformen, denen Kinder ausgesetzt sind, und führte aus: »Die Tendenz, das Kind für alle Bedürfnisse des Erwachsenen optimal zu benützen, ist so weit verbreitet und in der ganzen Weltgeschichte so selbstverständlich, daß ich auch beim sexuellen Kindesmißbrauch nicht von einer Perversion sprechen möchte, sondern von einer der vielen Formen von Gewaltausübung des Erwachsenen über das Kind.«[263] In der BRD waren bereits 1978 in der Zeitschrift »Emma«, die Alice Schwarzer herausgab, Artikel zur sexuellen Misshandlung von Mädchen erschienen, die allerdings zunächst noch wenig Resonanz erhielten.[264] Erst im Zuge der internationalen Auseinandersetzung erlangte das Thema vermehrt Aufmerksamkeit.[265]

In Österreich bildete die 1983 in der Zeitschrift »AUF« publizierte Auseinandersetzung mit Florence Rushs Buch einen wichtigen Auftakt in die Debatte. Ausgehend von Rushs Thesen lieferte Magda Scheiblbrander nicht nur eine Buchbesprechung, sondern übte auch Kritik an der »Pädophilen«-Bewegung, wie sie sich in der BRD und in anderen europäischen Ländern in den 1970er Jahren etabliert hatte.[266] Diese behaupte, so Scheiblbrander, Sexualität zwischen Erwachsenen und Kindern fördere die sexuelle Befreiung, doch würde es sich tatsächlich um die »Befriedigung von Erwachsenenbedürfnissen« handeln. Des Weiteren führte die Autorin aus, dass ihr erst nach der Lektüre von Rushs Buch bewusst wurde, »wie meisterhaft« sie selbst einen an ihr verübten sexuellen Übergriff verdrängt hatte: »Ich war etwa 7 Jahre alt, als mich der damals 20-jährige große Bruder einer Schulfreundin beiseite nahm und mir sein Glied einführen wollte. Natürlich tat es weh und ich empfand es als unangenehm. Ob ich zu meiner Mutter davon gesprochen habe, weiß ich nicht mehr. Zu einem Frauenarzt sprach ich davon. Er winkte ab und tat es als unwichtig ab, und so gewöhnte ich mich daran, diese ›Sache‹ als unwichtig abzutun. Und verdrängte sie.«[267] Die feministischen Zeitschriften griffen die Punkte, die Scheiblbrander aufwarf, daraufhin mehrfach auf. Erstens bekämpften die Feministinnen die Forderungen der »Pädophilen«-Bewegung, Pädosexualität zu legalisieren. 1987 schrieben Astrid Essl und Sonni Schwarz in der »AUF«: »Gleich-

263 Miller, Variationen, S. 71–72.

264 o. N., Das Verbrechen, über das niemand spricht, in: Emma, 1. April 1978, https://www.emma.de/artikel/sexueller-missbrauch-das-verbrechen-ueber-das-niemand-spricht-264278 (Zugriff: 20. 05. 2020); Alice Schwarzer, Sieh mich an!, in: https://www.aliceschwarzer.de/artikel/sieh-mich-264511 (Zugriff: 11. 11. 2018).

265 Lenz, Frauenbewegung, S. 767–768.

266 Vgl. dazu u. a. Hensel, Neef, Pausch, »Knabenliebhabern«, S. 136–159.

267 Magda Scheiblbrander, Florence Rush. Das bestgehütete Geheimnis: Sexueller Kindesmißbrauch, in: AUF. Eine Frauenzeitschrift, 39 (1983), S. 30–31.

berechtigung zwischen Erwachsenen und Kindern ist nicht gegeben; Kinder haben nicht das Recht, über viele Bereiche ihres Lebens selbst zu bestimmen, so ist es zynisch anzunehmen, diese Gleichberechtigung wäre in der Sexualität möglich.«[268] Eine wichtige feministische Stimme in Österreich, die gegen die »Pädophilen«-Bewegung ankämpfte, war Gudrun Hauer, Chefredakteurin der feministischen Zeitschrift »an.schläge« und Aktivistin in der »Homosexuellen Initiative« (HOSI). 1990 publizierte Hauer eine Analyse der Forderung der »Kanalratten«, ein in der BRD situierter Zusammenschluss von Frauen, die sich für Sex zwischen erwachsenen Frauen und Mädchen einsetzten.[269] Hauer argumentierte, es habe intensivster Arbeit von Feministinnen und von engagierten Frauen- und Mädchengruppen bedurft, um sexuelle Gewalt an Kindern als politisches Problem wahrzunehmen. Diese feministische Arbeit sei von immer »wiederkehrenden Schmähorgien männlicher Pädophiler« begleitet worden. In jüngster Zeit seien zudem weibliche »Pädophile« mit der Forderung einer »Befreiung der kindlichen Sexualität« aufgetreten. Diese seien darüber hinaus bestrebt, einen Anschluss an die Lesbenbewegung zu erreichen.[270] Hauer argumentierte, dass die »Pädophilen«-Aktivisten und Aktivistinnen sich eines »Denk- und Argumentationsfehlers« schuldig machten: Sie ignorierten »das Element der Macht«, das jede Beziehung von Erwachsenen und Kindern strukturierte. Hauer betonte, dass kindliche Sexualität anders als die Erwachsenensexualität und zudem »besonders verletzlich und störbar« sei.[271]

Hauer dekonstruierte im Weiteren eine Argumentationsstrategie, die unterschiedliche Akteursgruppen seit den 1960er Jahren vorgebracht hatten: Demnach war die Befreiung der »kindlichen Sexualität« ein antifaschistisches Gebot, das Festhalten an einer Sanktionierung von Pädosexualität galt im Umkehrschluss als faschistisch. Hauer argumentierte, dass »das oft verwendete Vokabular ›faschistisch‹« zu denken gebe, vor allem in »deutschsprachigen Landen«: »Sitzt doch das Trauma des nicht bewältigten Nationalsozialismus tief in den Herzen, Gefühlen und Hirnen auch von lesbischen Feministinnen. Und Hand aufs Herz, liebe Leserin! Wer fürchtet sich nicht vor dem Vorwurf, eine Faschistin zu sein oder faschistische Methoden anzuwenden? Dieser Vorwurf trifft auch und gerade dann, wenn er falsch ist,

268 Essl, Schwarz, Kindesmissbrauch, S. 20.

269 o. N., Das »Kanalrattenmanifest«, in: an.schläge, 8 (1990) 2, S. 16.

270 Gudrun Hauer, »Lesbische« Pädophilie: »Kanalratten« – Nein Danke!, in: an.schläge, 8 (1990) 2, S. 17.

271 Ebd., S. 19. Vgl. im Weiteren auch Gudrun Hauer, Sexualität und Sprache. Sexuelle Wende und Sprache der Wende anhand von Textbeispielen, in: an.schläge, 8 (1990) 12, S. 17–19.

sieht lesbe/frau sich plötzlich doch in die Reihen jener gestellt, die sie bekämpft. Ich gebe zu, es ist ein durchaus schlauer politischer Schachzug, dieses Wort ›faschistisch‹ zu verwenden und mit unserem kollektiven politischen Schuldgefühl politische Geschäfte zu machen. Doch lassen wir uns nicht verunsichern und geben wir dem Begriffe seine eigentliche Bedeutung wieder zurück!«[272] Hauer wehrte sich damit dezidiert gegen eine Instrumentalisierung der Geschichte für die Anliegen der »Pädophilen«-Bewegung.

Neben dem Bestreben, Forderungen der »Pädophilen«-Bewegung zu bekämpfen, war es zweitens Ziel der autonomen Frauenbewegung, die Opfer von sexueller Gewalt zu ermächtigen, selbst über ihre Erfahrungen zu sprechen. Während andere Formen von Gewalt, die im sozialen Nahraum stattfanden – wie etwa die Gewalt zwischen Eheleuten – erst im Zuge der neuen Frauenbewegung als gesellschaftspolitischer Brennpunkt thematisiert wurden,[273] war die sexuelle Gewalt an Kindern ein Problem, das im ganzen 20. Jahrhundert in regelmäßigen Abständen diskutiert und teilweise auch medial skandalisiert wurde. Aktivistinnen der »Neuen Frauenbewegung« veränderten indes das Sprechen über die sexuelle Kindesmisshandlung, indem sie die Perspektive der Opfer fokussierten. Im Rückblick auf ihre Kindheit erzählten Frauen von sexuellen Übergriffen und schilderten, wie diese Gewaltakte ihr Leben geprägt hatten.[274] Sie folgten damit einer sprachlichen Aneignung des Themas, wie es Feministinnen einige Jahre früher bereits bei sexueller Gewalt an Frauen erreicht hatten: Sie überließen die Erörterung der Gewalt nicht mehr den Journalisten und Wissenschaftlern, sondern analysierten sie aus eigener Erfahrung. Allerdings lag zwischen der erlebten Gewalt und deren sprachlichen Fassung – anders als bei Frauen, die Gewalt im Erwachsenenalter erlebt hatten – zwangsläufig eine große Zeitspanne. Die Formen, wie die Thematisierung erfolgte, war unterschiedlich. Frauen schrieben Erinnerungen über die Gewaltakte oder publizierten Gedichte, in denen sie ihre Erfahrungen verbalisierten.[275] Teilweise konfrontierten die Frauen die Täter direkt: 1990 publizierte die feministische Zeitschrift »Zyklotron« beispielsweise einen Brief, den eine Frau – Jahre nach den erlebten sexuellen Gewaltakten – an ihren älteren Bruder schrieb. Sie schilderte ihm, wie sich die sexuellen Handlungen gewalttätig und schmerzhaft für sie anfühlten. Sie erklärte ihrem Bruder, dass sie ihn früher innig geliebt, er sie aber als »Objekt« behandelt habe:

272 Hauer, Pädophilie, S. 18.
273 Lenz, Frauenbewegung, S. 283–284.
274 Vgl. dazu o. N., Schwerpunkt: Strategien gegen Männergewalt; Selbsthilfe, in: Zyklotron, 8 (1990) 33, S. 18–19.
275 o. N., Kadaver der Verzweiflung, in: Zyklotron, 8 (1990) 34, S. 20.

»Die Sexualität, die ich damals lernte, die war deine, und ich war dabei Objekt! für dich, wurde gebraucht.« Die sexuellen Übergriffe, die sich zwischen ihrem elften und 17. Lebensjahr abspielten, hinterließen bei ihr schwere psychische Schäden, wie sie ihrem Bruder weiter mitteilte. Männliche Nähe und männliche Sexualität machten ihr Angst. Zudem verband sich ihr psychischer Schmerz mit Selbsthass: »Die Erniedrigung durch dich setze ich heute teils selbst fort.« Den Brief zu schreiben und damit auch ihren Bruder mit seiner Gewalt zu konfrontieren, wäre für sie elementar, »um überleben und Leben zu können«. Darüber hinaus sei die Veröffentlichung »politisch wichtig für uns Frauen«. Frauen hätten zu lange über sexuelle Gewalt und die Unterdrückung von Frauen geschwiegen. Die Briefschreiberin resümierte: »Widerstand ist notwendig! Das Private ist politisch!«[276]

In den ausgehenden 1980er Jahren erschienen zahlreiche Bücher, in denen Frauen über sexuelle Gewalt berichteten, die sie in ihrer Kindheit erlebt hatten. Diese bestätigten u. a., was Feministinnen bereits mehrfach betont hatten: Die Familie war für Kinder vielfach kein sicherer Ort, da auch Familienmitglieder sexuelle Gewalt ausübten. Barbara Kavemann und Ingrid Lohstöter analysierten 1984 in »Väter als Täter. Sexuelle Gewalt gegen Mädchen« Erinnerungen von Opfern sexueller Gewalt. Die Publikation stieß in feministischen Kreisen auf breite Resonanz, ebenso wie Autobiographien, die Opfer von sexueller Gewalt verfassten.[277] Iris Galeys 1988 publiziertes Buch »Ich weinte nicht, als Vater starb« erhielt beispielsweise in feministischen Kreisen breite Aufmerksamkeit.[278] Die autobiographischen und sozialwissenschaftlichen Studien, die in den 1980er Jahren erschienen, zeigten auf, dass sexuelle Kindesmisshandlung sowohl ein schichtübergreifendes wie auch familiäres Problem darstellte.[279] Diese Publikationen wirkten im Weiteren als Initialzündung für die Gründung von Hilfsvereinen, so beispielsweise der *Arbeitsgruppe Kindesmißbrauch* in Innsbruck 1984. Wie die Initiantinnen festhielten, setzten sie sich – »erschüttert« über die Beschreibungen – zum Ziel, »die Situation in Österreich ans Tageslicht zu bringen«.[280] Dass der Fokus der autonomen Frauenbewegung zunächst auf der sexuellen Gewalt gegen Mädchen lag, gründete auf verschiedenen

276 o. N., An einen Bruder, in: Zyklotron, 8 (1990) 34, S. 18–19.

277 Kavemann, Lohstöter, Väter.

278 Brigitte Ithaler, Buchbesprechung. Iris Galey, Ich weinte nicht, als Vater starb. Autobiographischer Roman, Bern 1988, in: an.schläge, 7 (1989) 2, S. 39.

279 Klatt, Hensel, D'Antonio, Perspektiven, S. 234.

280 o. N., Arbeitsgruppe Kindesmißbrauch, in: AUF. Eine Frauenzeitschrift, 42/43 (1983), S. 47. Neben Rushs Buch nannten die Initiantinnen den in der Zeitschrift

Aspekten. So waren es in Selbsterfahrungsgruppen ausschließlich Frauen, die über sexuelle Gewalt im Kindesalter sprachen. In den 1980er Jahren entfalteten sich keine parallelen Kommunikationsplattformen, in denen sich Männer über sexuelle Misshandlungen in ihrer Kindheit aussprachen, wodurch diese Gewaltform kaum thematisiert wurde.[281] Des Weiteren zeigten statistische Untersuchungen, dass Mädchen anteilsmäßig deutlich häufiger von sexueller Gewalt betroffen waren, was eine Fokussierung des feministischen Engagements auf Mädchen naheliegend machte.[282] Schließlich führte aber auch die Orientierung an Theorien, die sexuelle Gewalt primär in patriarchalen Strukturen verorteten, zu einer partiellen Blindheit von Feministinnen gegenüber anderen Ursachen des sexuellen Machtmissbrauchs, die erst im Laufe der 1980er Jahre aufgehoben wurde. Damit wurde der Weg geöffnet, auch Knaben als Opfer von sexueller Gewalt zu fassen.[283]

In der feministischen Auseinandersetzung mit sexueller Kindesmisshandlung war unbestritten, dass diese Gewaltform zu schweren psychischen Folgeschäden führen konnte.[284] Die Überzeugung speiste sich zu einem großen Teil aus der Erfahrung der Frauen selbst. Frauen, die als Kind sexuelle Gewalt erlebt hatten, berichteten, nicht zuletzt in Selbsterfahrungsgruppen, von teilweise schwerwiegenden psychischen Folgen. Indem die Opfer/Überlebenden von sexueller Gewalt sich öffentlich über ihre Erfahrungen äußern konnten, wurden Thesen infrage gestellt, wonach Pädosexualität in der Regel harmlos sei oder sich auf die psychosexuelle Entwicklung von Kindern gar förderlich auswirke. Gleichzeitig publizierten Wissenschaftlerinnen, wie die US-amerikanische Psychiaterin Judith Hermann, Studien zu Folgen der sexuellen Kindesmisshandlung, die international breite Beachtung fanden und aufzeigten, dass sexuelle Gewalt im Kin-

Profil (3/84) erschienen Artikel »Jagszenen aus Pichling« als wichtigen Anstoß für ihr Engagement.

281 Rotraud A. Perner, Zuliebe zu Leibe, in: Dies., Zuliebe zu Leibe. Über die Möglichkeit und Unmöglichkeit kindlicher Erotik, Bad Sauerbrunn 1991, S. 9–34, S. 24.

282 Sie stützten sich dabei insbesondere auf die Studie von Michael C. Baurmann, Sexualität, Gewalt und psychische Folgen. Eine Längsschnittuntersuchung bei Opfern sexueller Gewalt und sexueller Normverletzung anhand von angezeigten Sexualkontakten, Wiesbaden 1983.

283 Klatt, Hensel, D'Antonio, Perspektiven, S. 237; Jan-Henrik Friedrichs, Die *Indianerkommune Nürnberg*. Kinderrechte – Antipädagogik – Pädophilie, in: Baader et al., Tabubruch, S. 251–282, S. 273.

284 o. N., Arbeitsgruppe Kindesmißbrauch, Aspekte zum sexuellen Kindesmißbrauch, in: AUF. Eine Frauenzeitschrift, 45 (1984), S. 47.

desalter zu schwerwiegenden Traumata führen konnte.[285] Das fallbasierte und aus der psychiatrischen Praxis generierte Wissen erhielt in den frühen 1980er Jahren wiederum vermehrt Beachtung, nachdem die empirische Sexualwissenschaft die Deutung von Pädosexualität lange dominiert hatte. Die Zusammenarbeit und der Austausch zwischen feministischen Aktivistinnen und ausgewählten Akteursgruppen aus der Psychiatrie und Psychologie führte in den 1980er Jahren schließlich zu einem Paradigmenwechsel: Die Vorstellung, wonach Kinder durch sexuelle Misshandlung »verdorben« würden, wurde in Abrede gestellt und stattdessen das Traumatisierungspotential von sexueller Gewalt im Kindheitsalter hervorgehoben.[286]

Das politische Engagement der Feministinnen führte in Österreich Mitte der 1980er Jahre dazu, dass der Staat erste Initiativen einer Präventionsarbeit lancierte. 1986 gab das Familienministerium eine Broschüre zum Problem der sexuellen Kindesmisshandlung heraus, die sich an Sozialarbeitende, Lehrer, Lehrerinnen und Eltern richtete.[287] Gleichzeitig machten die Feministinnen darauf aufmerksam, dass insbesondere in der strafrechtlichen Verfolgung sexueller Gewalt an Kindern nach wie vor eklatante Missstände vorherrschten. Wie Claudia Schnöll in einem Artikel in der Zeitung »an.schläge« 1990 aufzeigte, herrschte ein mangelnder Kinderschutz im Strafverfahren vor, der im Laufe des 20. Jahrhunderts bereits mehrfach problematisiert wurde: Kinder würden im Laufe eines Verfahrens vier- bis fünfmal zum Strafdelikt befragt, dabei würde auf die besondere, labile psychische Situation eines misshandelten Kindes kaum Rücksicht genommen. »Umgebung und befragende Menschen sind dem Kind fremd, stellen es in Frage, setzen es unter Druck.«[288] Zudem würden die Verhandlungen vielfach zuungunsten des Kindes geführt: »[...] oft versuchen die Täter und deren Verteidiger, das Opfer oder die Mutter zu verunsichern, lächerlich zu machen, unglaubwürdig erscheinen zu lassen«.[289] Auch die Sanktionen fielen nach Schnöll zu milde aus, die Täter würden vielfach nicht strafrechtlich belangt – in 70–80 % der Fälle komme es zu einem Freispruch oder einer bedingten Verurteilung und auch die unbedingten Strafen seien zu niedrig angesetzt. Die Urteile seien, so Schnöll resümierend, im Vergleich zur Tat und den Langzeitfolgen für die Opfer ein »blanker Hohn«.[290]

285 Herman, Narben.
286 Boussaguet, Pédophilie, S. 183–200.
287 Essl, Schwarz, Kindesmissbrauch, S. 18–21.
288 Claudia Schnöll, [...] Nicht sein kann, was nicht sein darf, in: an.schläge, 8 (1990) 2, S. 12–15, S. 14.
289 Ebd.
290 Ebd.

Sie forderte eine Reform des Strafverfahrens: Die Vernehmung des Kindes müsse von weiblichen Beamtinnen in einer kindgerechten Umgebung durchgeführt werden. Das Gespräch sei auf Video aufzuzeichnen, was eine Mehrfachbefragung des Kindes durch verschiedene Instanzen verhindern sollte.[291]

Die Auseinandersetzung um sexuelle Gewalt bildete schließlich einen wichtigen Bestandteil der »feministischen Mädchenarbeit«, wie sie sich in Österreich im transnationalen Austausch seit den ausgehenden 1980er Jahren als Teil einer emanzipativen Sozialen Arbeit formierte. Ziel der »feministischen Mädchenarbeit« war es u. a., »an den Stärken der Mädchen« anzusetzen und Mädchen »unbedingt Glauben« zu schenken, wenn sie Hinweise auf sexuelle Gewalt gaben.[292] Zudem forderten Aktivistinnen eine Enttabuisierung der sexuellen Kindesmisshandlung insbesondere im vermeintlich geschützten Rahmen der Familie und eine geschlechtsspezifische Aufklärung in Schulen, Heimen und in der offenen Jugendarbeit als Gewaltprophylaxe. Schließlich forderten die Feministinnen, dass Männer verstärkt in die Präventionsarbeit einbezogen werden müssten: »Männer müssen sich mit den Gewalttätigkeiten ihrer Geschlechtsgenossen aktiv auseinandersetzen«.[293]

Paradigmenwechsel in der Konzeption von sexueller Gewalt an Kindern

Die autonome Frauenbewegung veränderte in Österreich, wie in zahlreichen anderen Ländern, die Perspektive auf sexuelle Gewalt an Kindern. Die Feministinnen machten deutlich, dass es sich um ein verbreitetes Problem handelte, das eng mit hierarchischen gesellschaftlichen Machtverhältnissen zusammenhing und für Opfer vielfach mit schwerwiegenden psychischen Leiderfahrungen verbunden war. Die autonome Frauenbewegung knüpfte, wie auch bei anderen Themen, in ihrer Auseinandersetzung dabei kaum an politische Forderungen an, wie sie Mitglieder der frühen Frauenbewegung im Bereich des sexuellen Kinderschutzes lanciert hatten.[294] Die Feministin-

291 Ebd., S. 15.

292 AK feministische Mädchenarbeit, Feministische Mädchenarbeit, in: Zyklotron, 27 (1989) 7, S. 16–19, S. 18; vgl. auch o. N., Feministische Mädchenarbeit, in: an.schläge, 6 (1988) 7/8, S. 18–19.

293 AK feministische Mädchenarbeit, Feministische Mädchenarbeit, S. 18. Vgl. auch, Fabienne Fröhlich, Feministische Mädchenarbeit, in: Gender Glossar / Gender Glossary, http://gender-glossar.de (Zugriff: 22. 11. 2019).

294 Vgl. zum Bestrebungen der autonomen Frauenbewegung, das eigene Handeln in eine längere feministische Tradition zu stellen bzw. von früheren frauenpolitischen Forderungen abzugrenzen, Gehmacher, Macht/Lust, S. 95–123; Heidi Niederkofler, Über Einordnung in die Geschichte, in: Gehmacher, Vittorelli, Frauenbewe-

nen erwähnten in den 1970er und 1980er Jahren entsprechend auch nicht, dass Frauen bereits im frühen 20. Jahrhundert auf die sexuelle Vulnerabilität von Kindern aufmerksam gemacht hatten und über die Reform des Straf- und Zivilrechts, aber auch des internationalen Kinderrechts darauf hinzielten, den sexuellen Schutz von Kindern auszubauen. Die ersten Initiativen von Frauen, die sexuelle Gewalt an Kindern zu bekämpfen suchten, fokussierten primär auf den Ausbau von Schutzbestimmungen für Kinder, so u. a. über eine Erhöhung des sexuellen Schutz- und Heiratsalters. Damals übernahmen Frauen – so insbesondere diejenigen, die sich in religiösen Kontexten verorteten –, vielfach moralisierende Argumentationsmuster, wonach sexuell misshandelte Kinder und »gefallene« Mädchen »sittlich verdorben« seien. Ziel dieser frühen Initiativen war es folglich, Kinder – und vor allem adoleszente Mädchen – umfassender vor sexuellen Kontakten abzuschirmen. Für die Feministinnen der autonomen Frauenbewegung war die Engführung des politischen Engagements auf das Paradigma des Schutzes allerdings problematisch. Zwar forderten auch sie einen besseren sexuellen Schutz von Kindern und Jugendlichen und eine partielle Verschärfung des Strafrechts. Doch gingen ihre Forderungen weit über das Postulat des Schutzes hinaus: Sie verlangten eine Transformation der Generationen- und Geschlechterverhältnisse, die eine Stärkung der Position von Kindern ermöglichen sollte. Sie wollten die Probleme der sexuellen Gewalt an Minderjährigen gleichsam an der Wurzel packen und hierarchische Machtstrukturen bekämpfen, die ihrer Ansicht nach die primäre Ursache sexueller Gewalt waren. Obwohl die »alte« und die »neue« Frauenbewegung das Problem der sexuellen Gewalt an Kindern unterschiedlich konzipierten, deckten sich die konkreten Forderungen im sexuellen Kinderschutz indes in verschiedenen Bereichen. Die Aktivistinnen verschiedener Generationen forderten insbesondere Maßnahmen, um Täter umfassender zur Rechenschaft zu ziehen, und verlangten hierzu auch ein aktiveres Einschreiten des Staates.

Die Erhöhung des sexuellen Schutzalters war für die Feministinnen der autonomen Frauenbewegung dagegen kein Thema. Die Position, die beispielsweise die »feministische Mädchenarbeit« vertrat, zielte vielmehr darauf hin, den adoleszenten Mädchen Wege aufzuzeigen, wie sie ihre Sexualität entsprechend ihren Bedürfnissen ausleben konnten. Ein strafrechtlicher Schutz über den 14. Geburtstag hinaus war folglich kein zentrales Ziel; vielmehr strebten die Aktivistinnen der autonomen Frauenbewegung an,

gung, S. 266–268; Marta Roca i Escoda, Anne-Françoise Praz, Eléonore Lépinard, Edito. Luttes féministes autour de la morale sexuelle, in: Nouvelles Questions Féministes, 35 (2016) 1, S. 6–14.

jungen Mädchen Wissen über Sexualität zugänglich zu machen und ihnen ihr Recht auf eine gleichberechtigte Partnerschaft und Sexualität zu vermitteln. Im feministischen Diskurs der 1980er Jahre setzte sich allerdings eine Leerstelle fort, wie sie bereits in den Debatten zu einer Strafrechtsreform der 1950er bis 1970er Jahre manifest wurde: Die Problematik von schweren sexuellen Gewaltdelikten und Gruppenvergewaltigungen, die (wie die Auswertung von Strafgerichtsakten, aber auch die Analyse von zeitgenössischen wissenschaftlichen Untersuchungen zeigen) adoleszente Mädchen ab dem zwölften Lebensjahr überproportional betrafen, verhandelten Feministinnen in den 1980er Jahren nicht. Entsprechend fehlte auch eine kritische Auseinandersetzung mit der strafrechtlichen Bestimmung zur Alterstoleranzklausel.

9.2 Die Forderung nach der »Befreiung« der kindlichen Sexualität: Die »Pädophilen«-Bewegung

Obwohl die autonome Frauenbewegung seit den 1970er Jahren sexuelle Gewalt intensiv problematisierte, wurden in Österreich, wie in zahlreichen anderen Ländern, weiterhin Postulate vorgebracht, die eine – zumindest partielle – Entkriminalisierung der Pädosexualität verlangten. Besonders lautstark äußerte sich hierzu der national bekannte Sexualwissenschaftler Ernest Bornemann, der u.a. 1979 die Österreichische Gesellschaft für Sexualforschung gründete und dieser bis 1985 vorstand. Durch seine Präsenz in verschiedenen Massenmedien avancierte er zu einem der bekanntesten »Sexexperten« Österreichs.[295] Bornemann propagierte seit den ausgehenden 1960er Jahren die These, wonach sexuelle Beziehungen zwischen Kindern und Erwachsenen weder »psychische Störungen« noch »sexuelle Schäden« hervorbringen würden, »*wenn* die Initiative vom Kind ausgegangen war und *wenn* die Älteren weder Gewalt noch psychischen Druck auf das Kind ausgeübt hatten«.[296]

In seinen Ausführungen bezog sich Bornemann u.a. auf ethnologische Studien. In einem Artikel, der 1978 im Sammelband »Kritische Stichwörter« von Karl W. Bauer und Heinz Hengst erschien, beschrieb er mit Verweis auf »seinen Anthropologielehrer« Bronislaw Malinowski die Existenz einer kindlichen Sexualität. Wie Malinowski in seiner Studie über die

295 Detlef Siegfried, Moderne Lüste. Ernest Bornemann – Jazzkritiker, Filmemacher, Sexforscher, Göttingen 2015, S. 369–379.

296 Ernest Bornemann, Das Geschlechtsleben des Kindes. Beiträge zur Kinderanalyse und Sexualpädagogik, München, Wien, Baltimore 1985, S. VIII (Hervorhebung im Zitat).

»Trobianer in Nordwest-Melanesien« aufzeigte, waren auch präpubertäre Kinder keineswegs asexuell, sondern übten untereinander sexuelle Handlungen aus.[297] Während Bornemann einerseits argumentierte, dass Kinder, wenn sie von »Zwängen« befreit würden, ihre Sexualität untereinander frei auslebten, war er andererseits auch davon überzeugt, dass der Koitus erlernt werden musste – entweder indem Kinder ihren Eltern beim Geschlechtsverkehr zusahen oder indem sie »von älteren, erfahrenen Menschen in den Geschlechtsverkehr eingeführt« wurden.[298] Zur Untermauerung dieser These zitierte er neben ethnologischen auch zoologische Studien zum sexuellen Verhalten von Jungaffen. Bornemann verglich damit die Sexualität der »Wilden« mit der Sexualität von Affen, was auf seine rassistischen Vorstellungen verweist, die seine Suche nach einer »natürlichen« Sexualität strukturierten.[299] Schließlich setzte Bornemann zu einer Verteidigung der »Pädophilen« an, die er von »Pädosadisten« unterschieden haben wollte: »Der pädophile Erwachsene ist im wahrsten Sinne des Wortes ein Kinderliebhaber. Er würde sich nie träumen lassen, einem Kinde mit Vorbedacht ein Haar zu krümmen.«[300] Bornemann war überzeugt, dass die Initiative zu sexuellen Handlungen vielfach nicht vom Erwachsenen, sondern vom Kind ausgehen würde.

Nicht nur polarisierende Sexualwissenschaftler wie Bornemann vertraten in Österreich die These, wonach das Strafrecht Sex mit Minderjährigen zu harsch bestrafe. Auch Wissenschaftler wie Walter Hauptmann, der später an der Universität Salzburg eine Professur für Kriminal- und Rechtspsychologie besetzte, wandte sich von der Vorstellung ab, dass es ein »age of consent« gebe und sexuellen Kontakten mit unmündigen Kindern immer etwas Gewalttätiges innewohne, da Kinder noch nicht in der Lage seien, sexuellen Handlungen mit Erwachsenen zuzustimmen. Zwar ging Hauptmann in seiner Publikation von 1975 nicht so weit zu verlangen, dass strafrechtliche Bestimmungen zum sexuellen Schutzalter aufzugeben seien.[301] Doch bezweifelte er die »Sozialschädlichkeit« der Pädosexualität und kritisierte, dass die »Pädophilen« zu den »Hexen des 20. Jahrhunderts« apostrophiert würden. Er war weit davon entfernt, das Machtungleichgewicht zwischen Erwachsenen und Kindern hinsichtlich ihrer Sexualität

297 Bornemann, Sexualität, S. 293–294.
298 Ebd., S. 296.
299 Ebd., S. 295–297. Vgl. im Weiteren auch Siegried, Grenzen, S. 206.
300 Bornemann, Sexualität, S. 298.
301 Walter Hauptmann, Gewaltlose Unzucht mit Kindern. Kriminalpolitische und sozialpsychologische Aspekte, München 1975, S. 7.

kritisch zu reflektieren.[302] Österreichische Wissenschaftler wie Bornemann und Hauptmann bezogen sich in ihren Arbeiten regelmäßig auf renommierte Wissenschaftler der BRD, wie Helmut Kentler, Rüdiger Lautmann, Reinhart Lempp und Eberhard Schorsch, die seit den 1960er Jahren die These einer weitgehenden Unschädlichkeit pädosexueller Handlungen vertraten.[303] Eine Kritik an der strafrechtlichen Verfolgung von Pädosexualität äußerten in den ausgehenden 1970er Jahren auch Intellektuelle anderer europäischen Länder. In Frankreich waren 1977 und 1978 Petitionen in der »Libération« und »Le Monde« erschienen, die eine Senkung des sexuellen Schutzalters und eine Verringerung des Strafmaßes bei Pädosexualität forderten. Zu den Unterzeichnenden gehörten u. a. Roland Barthes, Simone de Beauvoir, Jean-Paul Sartre und Michel Foucault.[304]

Die »Pädophilen«-Bewegung

Die Postulate, wonach pädosexuelle Handlungen für Kinder wenig schädlich seien und durch das Strafrecht zu hart sanktioniert würden, wirkten sich förderlich auf die »Pädophilen«-Bewegung aus, die sich seit den 1950er und verstärkt seit den 1970er Jahren in zahlreichen europäischen und nordamerikanischen Ländern formierte.[305] Besondere Bedeutung kam dem pädosexuellen Aktivismus in den Niederlanden zu, der sich deutlich früher als in anderen europäischen Staaten entwickelte und dem es gelang, Pädosexualität zunehmend unter dem Aspekt der sexuellen Repression zu diskutieren.[306] Die Niederlande wurde so zum Ausgangspunkt der »Pädophilen«-Bewegung in anderen europäischen Ländern wie der Schweiz, Belgien, Frankreich und Großbritannien.[307] In der BRD entstand gegen Ende der 1970er Jahre eine organisierte »Pädophilen«-Bewegung, wobei sich ein Teil für eine vollständige Legalisierung der homo- und heterosexuellen »Pädophilie« einsetzte.[308] Im Bestreben, die diskriminierenden Bestimmungen zum sexuellen Schutzalter für homosexuelle Beziehungen abzuschaffen, fand

302 Ebd., S. 66.
303 Vgl. Reichardt, Pädosexualität, S. 150; Kämpf, Pädophilie, S. 228–244.
304 Ebd., S. 151–152; Michelsen, Pädosexualität, S. 47, König, Sexualität, S. 54–55.
305 Hensel, Neef, Pausch, »Knabenliebhabern«, S. 138–144; Klatt, Hensel, D'Antonio, Perspektiven, S. 238–242; Levsen, Autorität, S. 592–594.
306 Hensel, Neef, Pausch, »Knabenliebhabern«, S. 143–144.
307 Ebd., S. 144.
308 Elberfeld, Sünde, S. 266–267; Klatt, Hensel, D'Antonio, Perspektiven, S. 228–251; Friedrichs, *Indianerkommune*, S. 251–282.

teilweise ein Schulterschluss zwischen der Homosexuellen- und der »Pädophilen«-Bewegung statt.[309] Die westdeutsche »Pädophilen«-Bewegung war zwar zahlenmäßig kaum von Gewicht, allerdings gelang es ihr mit der Unterstützung von Teilen der Homosexuellenbewegung und des linksalternativen Milieus, insbesondere in den frühen 1980er Jahren, ihren Forderungen Gehör zu verschaffen.[310] In der Reihe der Grünen wurden während der 1980er Jahre Postulate nach einer Legalisierung von pädosexuellen Kontakten nicht nur debattiert, sondern verschiedentlich auch beschlossen.[311] Ebenso kam es im linksalternativen Milieu zu sexuellen Misshandlungen an Kindern.[312]

In Österreich erhielten Forderungen von »Pädophilen«-Aktivisten im Vergleich mit der BRD einen geringeren diskursiven Resonanzraum. Bei politischen Parteien findet sich bei der Alternativen Liste Wien (ALW) eine punktuelle Auseinandersetzung um die Entkriminalisierung von Pädosexualität.[313] Mitglieder der ALW arbeiteten in den frühen 1980er Jahren mit der Homosexuellenbewegung zusammen und setzten einen »Arbeitskreis Homosexualität« ein, dem Mitglieder der Homosexuellen-Initiative (HOSI) angehörten.[314] Die Alternative Liste Österreich (ALÖ), die sich nachfolgend im November 1982 konstituierte und vorwiegend junge, linke, basisdemokratisch-inspirierte Aktivisten und Aktivistinnen versammelte, maß der Ausgestaltung der Sexualpolitik einen zentralen Stellenwert zu.[315] 1983 kandidierte »Gloria G.« als offener schwuler Kandidat für die ALÖ, die Partei kam allerdings nicht über die 5%-Hürde hinaus und deshalb nicht in den Nationalrat.[316] Die österreichische Lesben- und Schwulenbewegung hatte sich im Vergleich mit anderen europäischen Ländern vergleichsweise spät

309 Elberfeld, Sünde, S. 267; Friedrichs, *Indianerkommune,* S. 266.

310 Vgl. u. a. Reichardt, Pädosexualität, S. 267.

311 Stephan Klecha, Niemand sollte ausgegrenzt werden: Die Kontroversen um Pädosexualität bei den frühen Grünen, in: Walter, Klecha, Hensel, Grünen, S. 160–227.

312 Reichardt, Pädosexualität, S. 147–149.

313 Die ALW versammelte »Maoisten und Trotzkisten, linke Gewerkschafter, Ex-KPÖler, Öko-Fundamentalisten sowie unorganisierte ›Spontis‹«. Othmar Pruckner, Eine kurze Geschichte der Grünen. Ereignisse, Persönlichkeiten, Jahreszahlen, Wien 2005, S. 24–25. Vgl. auch Robert Kriechbaumer, Nur ein Zwischenspiel? Die Geschichte der Grünen in Österreich von den Anfängen bis 2017, Wien, Köln, Weimar 2018, S. 44–48.

314 Wolfgang Förster, Wahl special, in: Lambda-Nachrichten, 3 (1982), S. 9.

315 Pruckner, Geschichte, S. 23–24. Zur Geschichte der ALÖ siehe im Weiteren Kriechbaumer, Zwischenspiel, S. 42–48.

316 Ulrike Repnik, Die Geschichte der Lesben- und Schwulenbewegung in Österreich, Wien 2006, S. 172.

gebildet. Während sich die Lesbenbewegung zunächst innerhalb der autonomen Frauenbewegung formierte, gründeten Schwule 1975 das »CO« (Coming-out), das jedoch bereits 1979 an inneren Konflikten zerbrach.[317] 1979 gründete Wolfgang Förster die HOSI Wien, die zunächst nur Schwulen, seit 1981 auch Lesben offenstand.[318] Schwerpunkte der politischen Arbeit von HOSI[319] war u. a. die Abschaffung der strafrechtlichen Sonderparagraphen, die ein erhöhtes sexuelles Schutzalter (§ 209), ein Verbot homosexueller Prostitution (§ 210) und Werbe- und Vereinsverbot für Homosexuelle (§§ 220, 221 StGB) umfassten.[320] In den frühen 1980er Jahren kam es zur Diversifizierung der Homosexuellenbewegung in Österreich.[321]

Ein Resultat der Zusammenarbeit zwischen der ALW und der HOSI war der Programmentwurf »Für eine Befreiung der Homosexualität«. Dieser wurde im März 1982 in den »Lambda-Nachrichten«, der Zeitschrift der HOSI Wien, und in der Netzwerk Zeitung Wien abgedruckt, dem Publikationsorgan der ALW. In diesem Programmentwurf fanden sich Textpassagen, die sich auf die Sexualität von Kindern bezogen. Der Programmentwurf trat »für das Recht eines jeden auf Homosexualität, auf freie und selbstbestimme Verbindung zwischen jedem (jeder) und jedem (jeder) – unabhängig von Geschlecht und Alter und frei von sonstigen Regeln und Einschränkungen« ein.[322] Allerdings verlangte der Programmentwurf nur die Streichung der strafrechtlichen Sonderparagraphen, die Homosexuelle diskriminierten. Eine explizite Aufhebung des strafrechtlichen Schutzalters – und damit die Streichung der § 206 (Beischlaf mit unmündigen Personen) und § 207 (Unzucht mit Unmündigen) – findet sich im Programmentwurf von 1982 dagegen nicht.

317 Zur Lesben- und Schwulengeschichte siehe Wolfgang Förster, Zwischen Provokation und Integration – ein Vierteljahrhundert Schwulenbewegung in Österreich, in: Ders., Tobias G. Natter, Ines Rieder (Hg.), Der andere Blick. Lesbischschwules Leben in Österreich. Eine Kulturgeschichte, Wien 2001, S. 215–224; Nina Spindler, Die Behandlung der Homosexualität in der österreichischen Presse. Von der Legalisierung 1971 bis zum Beschluss der gleichgeschlechtlichen Ehe 2017, unpublizierte Diplomarbeit, Universität Innsbruck 2019, S. 65–66.

318 Ebd., S. 67.

319 Nach der HOSI Wien wurden HOSIs in Salzburg, der Steiermark, Oberösterreich, Tirol und Vorarlberg gegründet. Förster, Provokation, S. 219.

320 Repnik, Geschichte, S. 110.

321 Ebd., S. 82–136.

322 o. N., Programm der Homosexuellen in der »Alternativen Liste«, in: Lambda-Nachrichten, 3 (1982), S. 9–11, S. 10; o. N., HoSi-Programm. Homosexuelle Initiative, in: Netzwerk Zeitung Wien, März 1982, S. 11–12, S. 11.

Weiter ging die ALW indes zwei Jahre später. 1984 wurde in der Netzwerk Zeitung Wien das »Programm der ALW zur Sexualität« publiziert, das wesentlich auf dem Programmentwurf von 1982 aufbaute. Anders jedoch als unter »Anmerkungen« festgehalten, beinhaltete das überarbeitete Programm nicht nur »formale Korrekturen und kleinere inhaltliche Ergänzungen«. Vielmehr wurden gegenüber dem Programmentwurf von 1982 auch wesentliche Neuerungen eingeführt. Das »Programm der ALW zur Sexualität« führte aus, dass in Österreich noch immer »diskriminierende Gesetze gegen sexuelle Kommunikation der Kinder mit Erwachsenen« bestehen würden. Explizit nannte das Programm den »Beischlaf mit unmündigen Personen« nach § 206 und »Unzucht mit Unmündigen« nach § 207. Das ALW-Programm forderte: »Wir verlangen die sofortige und ersatzlose Streichung aller Gesetze, die die Einschränkung, Reglementierung oder diskriminierende Unterdrückung der Sexualität bedeuten. In Handlungen sexueller Kommunikation, die dem freien (auch nicht durch Abhängigkeit erzwungenen) Einverständnis aller Beteiligten (also auch der Kinder) entspringen, darf kein demokratischer Gesetzgeber sich einmischen, weil Gesetze zur Reglementierung der Sexualität nicht das bewirken, was sie vorgeben zu bewirken.«[323] In der Netzwerk Zeitung wurde dabei nicht offengelegt, wer für das »Programm der ALW zur Sexualität« prägend war. Vermerkt wurde lediglich, dass es den »AL-Aktivisten und Freunden« in einer Veranstaltung in der Rosa Lila Villa, dem Zentrum der Schwulen- und Lesbenbewegung in Wien, zur Diskussion vorgelegt werden sollte.[324] Festzuhalten ist allerdings, dass die ALW zu diesem Zeitpunkt stark männerdominiert war, da es wenige Monate vorher zu einem parteiinternen Eklat gekommen war. Aktivistinnen, darunter Brigitte Rieder (später Lunzer-Rieder) traten aus der ALW aus. Wie Brigitte Rieder im März 1984 u. a. in einem Interview in der »AUF« erklärte, hätten Frauen in der ALW zwar zunächst erfolgreich ein Frauenprogramm ausgearbeitet, doch seien sie ausgetreten, da sie ständigen Angriffen und Ausgrenzungen seitens führender männlicher Mitglieder der ALW ausgesetzt waren.[325] Im Interview in der »AUF« sprach Brigitte Rieder die Frage, wie sich Mitglieder der

323 o. N., Programm der ALW zur Sexualität, in: Netzwerk Zeitung Wien, Juli 1984, S. 6–8, S. 8.

324 Ebd., S. 9.

325 Hermi o. N., Burgi o. N., Irgendwie habe ich dann aufgegeben. Brigitte Rieder ist aus der ALW ausgetreten und hat ihr Bezirksmandat behalten, in: AUF. Eine Frauenzeitschrift, 41 (1984), S. 32–33. Vgl. im Weiteren auch, ALW Frauen, Alternative Frauenpolitik – Alternative Liste Wien, in: AUF. Eine Frauenzeitschrift, 37 (1983), S. 10–11.

ALW zur Pädosexualität positionierten, nicht an. Jahre später machte sie allerdings öffentlich, dass sie als Kind jahrelang sowohl von ihrem Stiefvater wie durch den Kinder-Neuropsychiater Franz Wurst sexuell misshandelt worden war.[326] Innerhalb der ALW bildete das Thema Sexualität in den nachfolgenden Jahren kein Schwerpunktthema mehr.[327] Die Netzwerk Zeitung Wien setzte sich nun auch nicht mehr vertieft mit der Frage einer Entkriminalisierung von Pädosexualität auseinander.

In den »Lambda-Nachrichten« finden sich, im Unterschied zur Netzwerk Zeitung Wien, keine Kampagnen, die eine Abschaffung der Straftatbestände »Beischlaf mit unmündigen Personen« und »Unzucht mit Unmündigen« verlangten. Der Fokus von HOSI und den »Lambda-Nachrichten« richtete sich insbesondere auf die Abschaffung von § 209, der homosexuelle Kontakte zwischen männlichen Erwachsenen und Jugendlichen pönalisierte und in Österreich noch in den 1990er Jahren zu zahlreichen Verurteilungen jährlich führte. Zwischen 1972 und 1994 wurden 885 Personen nach § 209 verurteilt.[328] Gegen die Abschaffung des diskriminierenden sexuellen Schutzalters wandten Teile der Politik und Justiz ein, der § 209 diene dem Schutz männlicher Jugendlicher vor sexueller Misshandlung, während es tatsächlich um das Fortführen einer partiellen Kriminalisierung von Homosexualität ging.[329] Nach jahrelangen politischen Kämpfen hob der österreichische Verfassungsgerichtshof 2002 den § 209 schließlich als verfassungswidrig auf.[330]

Eine offene Solidarisierung mit Aktivisten aus der »Pädophilen«-Bewegung war in den »Lambda-Nachrichten« marginal: 1980 äußerten sich die »Lambda-Nachrichten« beispielsweise kritisch gegen die Strafanzeige, die in Großbritannien gegen Mitglieder des »Paedophile Information Exchange (PIE)« erfolgte, ohne sich aber nachfolgend vertieft über die inter-

326 Brigitte Lunzer-Rieder, Ich, Brigitte Lunzer-Rieder, in: Europe & Middle East News. http://www.kawther.info/wpr/osterreich-news/ich-brigitte-lunzer-rieder (Zugriff: 29.04.2020).

327 Seit 1987 fand eine intensivierte Auseinandersetzung um die AIDS-Problematik statt. Vgl. dazu Harald Steiner, AIDS: Wie kann die Seuche wirksam bekämpft werden? In: Netzwerk. Zeitschrift für alternative Politik (Mai 1987), S. 11–13.

328 Vgl. dazu Hans-Peter Weingand, Sonderbare Schwärmer. Streiflichter: Homosexualität und Strafrecht in Österreich, in: Lambda-Nachrichten, 3 (1995), S. 37–38. Die § 220 (Werbung für Unzucht mit Personen des gleichen Geschlechts oder mit Tieren) und § 221 (Verbindungen zur Begünstigung gleichgeschlechtlicher Unzucht) wurden 1996 abgeschafft. Vgl. dazu Spindler, Behandlung, S. 57–59.

329 Kraml, Schutz, S. 181, S. 193, S. 220.

330 Ebd., S. 181, S. 193, S. 217S, 301–303; Gössl, Unzucht, S. 204–249.

nationale »Pädophilen«-Bewegung zu äußern.[331] Allerdings finden sich noch in den ausgehenden 1980er Jahren Artikel, die Vorstöße in den Niederlanden wohlwollend beurteilten, welche die Herabsetzung des sexuellen Schutzalters auf zwölf Jahre bzw. eine gänzliche Aufhebung eines Schutzalters anstrebten.[332] Bis in die ausgehenden 1980er Jahre veröffentlichten die »Lambda-Nachrichten« zudem Werbungen, in denen u. a. Video-Verleiher ihre kinderpornographischen Produkte anpreisen konnten.[333] Diese Publikationen verweisen darauf, dass Teile der Autoren- bzw. Herausgeberschaft der »Lambda-Nachrichten« Pädosexualität als wenig problematisch einstufte. Sie verweisen aber auch auf Konfliktfelder, die sich zwischen Teilen der Schwulen- und Lesbenbewegung bei der Beurteilung von Pädosexualität auftaten, sprachen sich doch lesbische Feministinnen mehrfach dezidiert gegen die »Pädophilen«-Bewegung aus.[334]

An der Wende der 1980er zu den 1990er Jahren forderte insbesondere Gudrun Hauer, zusammen mit HOSI Aktivisten wie Dieter Schmutzer, eine klare Positionierung der Homosexuellenbewegung gegen Pädosexualität.[335] Hauer machte dabei geltend, dass sich die Homosexuellenbewegung bei der Frage von Pädosexualität in einem »Dilemma« befinde: »Zum einen müssen und sollen sich Schwule ständig gegen das Vorurteil zur Wehr setzen, *Kinderverzahrer* und *Knabenverführer* zu sein, das ja durch den § 209 auch Eingang ins Strafgesetz gefunden hat; zum anderen gibt es einen gewissen Druck von Pädosexuellen, die Schwulenbewegung für ihre Interessen zu benutzen und auszunützen, indem sie im Jargon sexualeman-

331 IGA, Vereinigtes Königreich, in: Lambda-Nachrichten, 3 (1980), S. 28–29; o. N., Turin 3. IGA-Kongreß, in: Lambda-Nachrichten, 2 (1981), S. 23.

332 Helmut Graupner, Niederlande. Schutzalterssenkung noch nicht tot, in: Lambda-Nachrichten, 1 (1987), S. 33–34. Graupner stützte sich in seinem Artikel auf Edward Brongersma und Theo Sandfort, die »Pädophilie« positiv bewerteten.

333 Vgl. dazu beispielsweise o. N. »Merlin's Gay Special & Boys Video Collection«, in: Lambda-Nachrichten, 2 (1989), S. 59.

334 Zu Konflikten zwischen Lesben und Schwulen siehe auch Repnik, Geschichte, S. 137–147. 1997 kam es im Nachgang der »Bad-Groising Affäre«, bei der sich mehrere Männer, darunter ein Rechtsanwalt des Rechtskomitees Lambda, wegen sexueller Kindesmisshandlung und Kinderpornographie zu verantworten hatten, zu einer Trennung: Die Beratung für Lesben und Schwule in der »Rosa Lila Villa« in Wien wurde fortan separat angeboten. Vgl. ebd., S. 143. Für die BRD siehe u. a. Klatt, Hensel, D'Antonio, Perspektiven, S. 241; Jens Dobler, Harald Rimmele, Schwulenbewegung, in: Roland Roth, Dieter Rucht (Hg.), Die sozialen Bewegungen in Deutschland seit 1945. Ein Handbuch, Frankfurt a. M., New York 2008, S. 542–556, S. 550.

335 Dieter Schmutzer, Mißbraucht – mehr als ein Symposium, in: Lambda-Nachrichten, 3 (1991), S. 28–29.

zipatorischer Parolen für Sex mit Kindern eintreten«.[336] Hauer verlangte, dass Aktivisten und Aktivistinnen der HOSI in der Frage der Pädosexualität klar Stellung bezogen, Neutralität gebe es in dieser Frage nämlich nicht: »Sexuelle Selbstbestimmung für Kinder heißt für mich: Hände weg von ihnen und Bereitstellen von Raum und Zeit, sie ihre eigenen sexuellen Erfahrungen mit Gleichaltrigen sammeln zu lassen.«[337]

9.3 Die Neuordnung des Sagbaren: Die Delegitimierung von Pädosexualität

Im Laufe der 1980er Jahre spitzte sich die Auseinandersetzung zwischen Feministinnen und vornehmlich männlichen Exponenten zu, die Pädosexualität als weitgehend unschädlich verteidigten.[338] In Österreich eskalierte der Streit im Jahre 1990, als die Juristin und Psychotherapeutin Rotraud A. Perner in einem Vortrag »Zuliebe zu Leide«, den sie später als Essay publizierte, nicht nur Forschungsergebnisse über die psychischen Folgen von sexueller Gewalt reflektierte, sondern auch die Aussagen von Ernest Bornemann über Pädosexualität offen kritisierte.[339] Perner und Bornemann hatten um 1980 in der Österreichischen Gesellschaft für Sexualforschung zusammengearbeitet und gingen – wie medial verhandelt – kurzzeitig eine sexuelle Beziehung ein. Sowohl Perner wie Bornemann waren durch ihre zahlreichen medialen Auftritte in Österreich einem breiten Publikum als Sexualexpertin bzw. -experte bekannt.[340]

Ausgangspunkt der hitzigen Auseinandersetzung zwischen Perner und Bornemann, die über die österreichischen Grenzen hinaus bekannt wurde, war Bornemanns Artikel »Kindersexualität, Kindesmißbrauch, Kinderprostitution, Pädophilie«, den er 1989 publizierte. Bereits im ersten Abschnitt machte Bornemann klar, was er von der feministischen Positionierung zur sexuellen Kindesmisshandlung hielt: »In den letzten Jahren sind in verschiedenen Ländern Bücher veröffentlicht worden, die unter dem Vorwand, den sexuellen Mißbrauch von Kindern aufzudecken, pädophile Pornographie mit lustvollen sadistischen Beschreibungen von Kindervergewaltigungen angeboten haben. Der Gemeinnenner all dieser Werke – und zwei-

336 Gudrun Hauer, Sexuelle Gewalt gegen Kinder. Rotraud A. Perner: Zuliebe zu Leibe, in: Lambda-Nachrichten, 3 (1991), S. 69–70, S. 70 (Hervorhebung im Zitat).

337 Hauer, Gewalt, S. 70.

338 Vgl. dazu auch, Siegfried, Grenzen, S. 208; Klatt, Hensel, D'Antonio, Perspektiven, S. 235.

339 Perner, Zuliebe, S. 25–31.

340 Siegfried, Grenzen, S. 210.

fellos auch die Wurzel ihrer großen Auflage – war das Rezept, aus den vielen Formen des Geschlechtsverkehrs zwischen Kindern und Erwachsenen vor allem jene herauszugreifen, die sich mit dem Verkehr zwischen erwachsenen Männern und kleinen Mädchen befaßten, und aus der Vielfalt dieser Fälle wiederum nur jene auszuschlachten, die gegen den Willen des Kindes stattfinden und mit Drohung, Erpressung oder körperlicher Gewalt verbunden sind.«[341] Ohne sich vertieft mit den neuen Forschungsergebnissen und der Bedeutung der Selbstzeugnisse der Opfer auseinanderzusetzen, attestierte der 74-jährige Bornemann den Büchern zur sexuellen Gewalt an Kindern »eine gefährliche reaktionäre Form der Leibfeindlichkeit«. Darüber hinaus bekräftigte er seine Zentralthesen, wonach eine harte strafrechtliche Verfolgung von Pädosexualität einer »Beschneidung des kindlichen Rechts auf Selbstbestimmung im Bereich des Geschlechtsverkehrs« gleichkomme.[342] Zwar wies er mit Rückgriff auf die Positionen des Sexualwissenschaftlers Günter Amendt nun auf die Machtungleichheit zwischen Erwachsenen und Kindern hin, doch relativierte er die Problematik, indem er »Pädophile« einmal mehr als »sanftmütig« beschrieb.[343]

Bornemanns Verteidigung von »Pädophilie«, die mit einer gleichzeitigen Abwertung von Wissen einherging, das primär Frauen produzierten, stieß auf massive Kritik. Perner hinterfragte seinen Expertenstatus, indem sie aufzeigte, dass Bornemanns Texte Ansprüchen von Wissenschaftlichkeit nicht gerecht wurden.[344] Sie suchte darüber hinaus auch nach Hinweisen in Bornemanns Biographie, die Rückschlüsse auf seine Haltung zur Pädosexualität ermöglichen sollten, und glaubte in seinen autobiographischen Schriften Hinweise für eine konfliktbeladene sexuelle Beziehung zu erwachsenen Frauen während seiner Kindheit entdeckt zu haben.[345] Perner argumentierte, sie könne als Psychoanalytikerin die Erinnerungen von Bornemann treffsicherer interpretieren als er selbst. Das Hauptanliegen von Perner war indes, die These der Unschädlichkeit von pädosexuellen Handlungen infrage zu stellen. Sie verwies auf aktuelle Forschungsliteratur

341 Ernest Bornemann, Kindersexualität, Kindesmißbrauch, Kinderprostitution, Pädophilie. Ein Beitrag zur Klärung der Begriffe, in: Christian König (Hg.), Gestörte Sexualentwicklung bei Kindern und Jugendlichen. Begutachtung, Straffälligkeit, Therapie, München, Basel 1989, S. 120–128, S. 120.

342 Ebd., S. 123.

343 Ebd., S. 124–125. Vgl. dazu auch Michelsen, Pädosexualität, S. 26–27. Günter Amendt kritisierte bereits 1980 die »pseudo-emotionale ausbeuterische Libertinage« der »Pädophilen«-Bewegung. Siehe dazu Amendt, Sau, S. 20.

344 Perner, Zuliebe, S. 24–28.

345 Ebd., S. 29–30.

und ihre Erfahrung als Therapeutin mit Opfern von sexueller Misshandlung, wobei sie sich als »beobachtende Wissenschaftlerin« beschrieb.[346]

Bornemann ließ die Kritik an seinem Artikel nicht unbeantwortet und holte zum Gegenangriff aus.[347] Zudem reichte er eine Verleumdungsklage ein, die jedoch scheiterte. Ebenso sah sich Bornemann in den frühen 1990er Jahren nicht nur von feministischer Seite her, sondern auch von weiteren, insbesondere linken Kreisen in Kritik. U.a. positionierten sich Exponenten und Exponentinnen von HOSI gegen Bornemann. Dieter Schmutzer, der mit Bornemann im Radioprogramm »Ö3-Sex-Hotline« zusammengearbeitet hatte, bezeichnete die Rundumschläge als »letztklassig«, die Bornemann gegen Perner, aber auch andere Wegbegleiter, die ihn kritisierten, vorbrachte.[348]

Dass Bornemann im Laufe der Auseinandersetzung mit Perner immer weniger auf Verbündete zählen konnte, hing mit seiner haltlosen Kritik an ihr zusammen. Er brachte beispielsweise den aus der Luft gegriffenen Vorwurf vor, Perners Buch sei »voller Nazivokabeln«.[349] Darüber hinaus versinnbildlichte seine Marginalisierung, dass sich an der Wende der 1980er zu den 1990er Jahren das Sagbare im Bereich der Pädosexualität verändert hatte. Während es in Österreich, wie in anderen europäischen Ländern, seit den 1960er Jahren möglich war, die Gefährlichkeit von Pädosexualität für Kinder infrage zu stellen und auch über eine Lockerung der strafrechtlichen Bestimmungen zum sexuellen Schutzalter zu räsonieren, gerieten solche Positionen in den ausgehenden 1980er Jahren in Kritik.[350] Diese Wende wurde maßgeblich durch ein transnationales feministisches Engagement gegen sexuelle Gewalt an Kindern wie auch durch eine Verschiebung der Expertenpositionen in dieser Frage bewerkstelligt: Das Wissen von »beobachtenden Wissenschaftlern und Wissenschaftlerinnen«, wie Perner u.a. Psychoanalytikerinnen oder Psychiater bezeichnete, erhielt verstärkt Einfluss, um die Gefährlichkeit von Pädosexualität zu beurteilen. Voraussetzung, um das erfahrene Leid als »Trauma« einzustufen, war die Konzeption einer posttraumatischen Belastungsstörung. Diese erhielt ihre Konturen

346 Ebd., S. 15–22.

347 Siegfried, Grenzen, S. 213.

348 Dieter Schmutzer, Kolumne, Dieters Seitenhiebe, in: Lambda-Nachrichten, 3 (1991), S. 90–91, S. 91.

349 Vgl. ebd., S. 90; Siegfried, Grenzen, S. 213.

350 Vgl. dazu auch Klatt, Hensel, D'Antonio, Perspektiven, S. 243; Becker, Pädophilie, S. 9–10; Friedrichs, Delinquenz, S. 177–178; Günter Amendt, Sexueller Missbrauch von Kindern. Zur Pädophiliediskussion von 1980 bis heute, in: Merkur, 64 (2010) 739, S. 1161–1172, S. 1164.

in den ausgehenden 1950er Jahren in der Auseinandersetzung mit psychischen Krankheiten von Opfern des Holocausts. Erst jedoch durch die Aushandlungsprozesse zwischen Veteranenverbänden des Vietnamkriegs und Experten und Expertinnen der amerikanischen Sozialpsychiatrie erhielt das Krankheitsbild breite Akzeptanz.[351] Nach dieser Traumakonzeption, die 1980 erstmals im amerikanischen Diagnose-Manual »Diagnostic and Statistical Manual of Mental Disorders« aufgenommen wurde, galt ein spezifisches Ereignis, das »außerhalb des menschlichen Erfahrungsbereichs« lag, als Auslöser für ein psychisches Trauma.[352] Die US-amerikanische Psychiaterin Judith Herman gehörte zu den Ersten, die die posttraumatische Belastungsstörung in der Analyse der sexuellen Kindesmisshandlung fruchtbar machte.[353] Auch in Europa setzten sich seit den 1980er Jahren vermehrt psychiatrische und psychologische Expertinnen und Experten mit traumatischen Folgen sexueller Gewalt im Kindheitsalter auseinander.[354] Die Anerkennung von sexuell misshandelten Kindern als Opfer von Gewalt war folglich eng mit der Etablierung der posttraumatischen Belastungsstörung als psychische Krankheit verbunden.[355] In der Folge wurden auch in der therapeutischen Praxis neue Ansätze in der Behandlung von Opfern sexueller Gewalt entwickelt und angewandt.[356]

Das Recht auf Schutz vor sexueller Gewalt: Der Ausbau der Kinderrechte

Die Verschiebung in der Beurteilung von Pädosexualität, wie sie sich im Zuge der 1980er Jahre vollzog, manifestierte sich auf weiteren Ebenen, so erhielt der vom US-amerikanischen Soziologen David Finkelhor entwickelte Ansatz des »informed consent« breite Aufmerksamkeit. Finkelhor argumentierte, dass Kinder aufgrund ihres Mangels an Wissen und an Macht keinen »informed consent« zu sexuellen Handlungen mit Erwachsenen geben könnten und pädosexuelle Handlungen deshalb nie im Interesse des Kindes seien.[357] Von zentraler Bedeutung war schließlich die UN-

351 Hofer, Gewalterfahrung, S. 206; Herzog, War, S. 110.
352 Goltermann, Opfer, S. 209.
353 Vgl. Kapitel 9.1.
354 Boussaguet, Pédophilie, S. 148–154.
355 Goltermann, Opfer, S. 175–176; Boussaguet, Pédophilie, S. 148–154.
356 Ebd., S. 154–157.
357 David Finkelhor, What's Wrong with Sex between Adults and Children? Ethics and the Problem of Sexual Abuse, in: American Journal of Orthopsychiatry, 49 (1979) 4, S. 692–697. Vgl. auch Michelsen, Pädosexualität, S. 25.

Kinderrechtskonvention, die von der Generalversammlung der UNO am 20. November 1989 verabschiedet wurde und die den Schutz vor sexueller Gewalt für Kinder (bis 18 Jahre) als universales Recht aufnahm. Der Auftakt der Ausarbeitung der UN-Kinderrechtskonvention fiel in die 1970er Jahre, in ein Jahrzehnt also, in dem es laut Samuel Moyn und Jan Eckel zum »Durchbruch der Menschenrechte« kam.[358] 1978 hatte Polen der UNO einen Entwurf einer Kinderrechtskonvention vorgelegt, der allerdings zunächst wenig Unterstützung fand.[359] Die *Commission on Human Rights* beauftragte eine »Open-Ended Working Group on the Question of a Convention on the Rights of the Child« mit der Aufgabe, den Konventionsentwurf zu überarbeiten. Die UN-Kinderrechtskonvention, die nach zehnjähriger Verhandlungszeit vorlag, stellte einen »negotiated consensus rather than a real consensus« dar, wie Philip E. Veerman argumentiert.[360] Gleichwohl gilt die UN-Kinderrechtskonvention als Meilenstein in der Formation der internationalen Kinderrechte, da sie den Staaten erstmals verbindliche Kinderrechte auferlegte, über deren Einhaltung ein Kontrollorgan wacht und zudem die Kinder nicht nur als schutzbedürftig, sondern auch als handlungsfähig konzipiert.[361] Explizit bezeichnet die Kinderrechtskonvention das Kind als »eigenständigen Rechtsträger«.[362] Die UN-Kinderrechtskonvention umfasst 54 Artikel und basiert auf vier Grundprinzipien: erstens dem Recht auf Gleichbehandlung, zweitens dem Recht auf Wahrung des Kindeswohls, drittens dem Recht auf Leben und Entwicklung und viertens dem Recht auf Anhörung und Partizipation.[363] Insbesondere das letzte Prinzip stellt den neuartigsten und gleichzeitig kontroversesten Aspekt der UN-Kinderrechtskonvention dar. Die Konvention definiert das Kind als eine Person mit sich entwickelnden Fähigkeiten. Die Selbstbestimmungsrechte von Kindern werden zwar aufgrund ihrer fehlenden Reife und ihrer Abhängigkeit von Erwachsenen nicht so umfassend ausformuliert wie die der Erwachsenen, aber sie erhielten erstmal deutlich Anerkennung (Artikel 12).[364]

358 Jan Eckel, Samuel Moyn (Hg.), The Breakthrough. Human Rights in the 1970s, Philadelphia 2014.
359 Veerman, Rights, S. 181–182.
360 Ebd., 183. Siehe auch Stearns, History, S. 15.
361 Eugeen Verhellen, The Convention on the Rights of the Child. Reflections from a Historical, Social Policy and Educational Perspective, in: Vandenhole et al., Routledge, S. 43–59, S. 43–46.
362 Vgl. dazu u. a. Stearns, History, S. 15.
363 Vgl. zu den Grundprinzipien, Verhellen, Convention, S. 49–50.
364 Vgl. dazu Stearns, History, S. 15.

Explizit ausformuliert wird ein Recht von Kindern, vor sexueller Gewalt geschützt zu werden, in zwei Artikeln: Art. 19 verpflichtet die Staaten dazu, alle notwendigen Maßnahmen zu treffen, um Kinder vor allen Formen der Gewalt, so auch dem »sexuellem Missbrauch«, zu schützen, während sie sich in der Obhut ihrer Eltern oder anderen Betreuungsinstanzen befinden. Dies kann auch bedeuten, dass Kinder zu ihrem Schutz von Eltern getrennt werden (Art. 9).[365] Des Weiteren verpflichtet die UN-Kinderrechtskonvention die Vertragsstaaten, »das Kind vor allen Formen sexueller Ausbeutung und sexuellem Missbrauch zu schützen«. Den Vertragsstaaten ist u.a. aufgetragen, Maßnahmen zu treffen, die verhindern, dass Kinder zur »Beteiligung an rechtswidrigen sexuellen Handlungen verleitet oder gezwungen werden«.[366] Dass das Verbot, sexuelle Gewalt an Kindern auszuüben, 1989 explizit in der UN-Kinderrechtskonvention aufgenommen wurde, verweist auf die erfolgreiche Lobbyarbeit von Feministinnen, Kinderrechtsaktivisten und -aktivistinnen und NGOs bei der UNO. Gleichzeitig zeigt es aber auch den Bedeutungszuwachs des Traumakonzepts auf bzw. verweist auf die Überzeugung, dass sexuelle Gewalt im Kindesalter besonders dazu geeignet ist, zu posttraumatischen Belastungsstörungen zu führen.[367] Während die UN-Kinderrechtskonvention explizit ein Recht auf Schutz vor sexueller Gewalt für Kinder und Jugendliche formuliert, führt sie ein Recht von Kindern und Jugendlichen, sexuelle Bedürfnisse altersgerecht auszuleben, dagegen nicht auf. Damit bestärkt die UN-Konvention indes Vorstellungen, wonach die Schutzbedürftigkeit von Kindern gegen sexuelle Übergriffe primär in ihrer Asexualität begründet liegt.[368]

Die Auseinandersetzung um sexuelle Gewalt an Kindern seit den 1990er Jahren: Ausblick

Vor diesem gewandelten nationalen und internationalen diskursiven Setting, wie es sich in den 1980er Jahren abzeichnete, wurden Voten, wonach Pädosexualität durch das Strafrecht zu rigide verfolgt würde, zunehmend marginalisiert. In der deutschsprachigen Sexualwissenschaft setzte sich

365 Vgl. dazu auch Vandenhole, Children's Rights, S. 34; Veerman, Rights, S. 196–197.
366 Elizabeth M. Saewyc, Protection from Sexual Exploitation in the Convention on the Rights of the Child, in: Ruck, Peterson-Badali, Freeman, Handbook, S. 454–464, S. 455.
367 Veerman, Rights, S. 204; im Weiteren Goltermann, Opfer, S. 219.
368 Kritisch dazu Horn, Peter, Russel, Right, in: Ruck, Peterson-Badali, Freeman, Handbook, S. 221–238.

Martin Dannecker 1987 nochmals kritisch mit der strafrechtlichen Verfolgung von Pädosexualität auseinander und verlangte eine – zumindest partielle – Entkriminalisierung, da pädosexuelle Handlungen nicht in jedem Fall zu Traumatisierungen führen würden.[369] Im Unterschied dazu begannen renommierte Sexualwissenschaftler, sich von Liberalisierungsforderungen deutlich abzugrenzen: Eberhard Schorsch, der lange Zeit die Ansicht vertreten hatte, dass ein »gesundes Kind in einer gesunden Umgebung« »nichtgewalttätige sexuelle Erlebnisse ohne negative Dauerfolgen« verarbeite, distanzierte sich 1989 von seiner Aussage und gab zu, dass er – u.a. von Utopien der sexuellen Liberalisierung geprägt – zu falschen Einschätzungen gekommen war.[370]

Die Verschiebung in der Deutung von Pädosexualität, die nun als eine potentiell traumatisierende Handlung galt, rief indes auch Gegenreaktionen hervor, wie in den frühen 1990er Jahren die Debatte um »den Mißbrauch mit dem Mißbrauch« zeigte, welche die Publizistin Katharina Rutschky lancierte. Rutschky warf der feministischen Bewegung eine ideologische Übertreibung der Problematik der sexuellen Gewalt an Kinder vor. [371] Auch wenn die Debatte um den »Mißbrauch mit dem Mißbrauch« breite mediale Aufmerksamkeit erhielt, zeichnete sich in den 1990er Jahren gleichwohl ab, dass eine Relativierung der Problematik der sexuellen Kindesmisshandlung – zumindest in Teilbereichen – politisch nicht mehr vertretbar war.[372] Dies ging mit einer Aufdeckung und breiten medialen Thematisierung von zahlreichen sexuellen Misshandlungsfällen einher. Europaweite Aufmerksamkeit erhielt der Fall des belgischen Mörders und Sexualstraftäters Marc Dutroux, der Mitte der 1990er Jahre mehrere Kinder und Jugendliche im Alter von acht bis 19 Jahren entführte, einsperrte, sexuell misshandelte und teilweise umbrachte.[373] Wie Laurie Boussaguet für Frankreich, Belgien und England aufzeigt, erhielt die Problematik der »Pädophilie« insbesondere seit der zweiten Hälfte der 1990er Jahre verstärkt politische Aufmerksamkeit und wurde durch neue Akteursgruppen,

369 Martin Dannecker, Bemerkungen zur strafrechtlichen Behandlung der Pädosexualität, in: Herbert Jäger, Eberhard Schorsch (Hg.), Sexualwissenschaft und Strafrecht, Stuttgart 1987, S. 71–83. Vgl. auch Walter, »Dubio«, S. 127.

370 Vgl. dazu auch Becker, Pädophilie, S. 6.

371 Katharina Rutschky, Erregte Aufklärung. Kindesmißbrauch: Fakten & Fiktionen, Hamburg 1992. Vgl. dazu auch Lenz, Frauenbewegung, S. 769–771; Klatt, Hensel D'Antonio, Perspektiven, S. 237–238.

372 Vgl. dazu auch Boussaguet, Pédophilie, S. 247–282.

373 Vgl. u.a. Sabine Dardenne, Marie-Thérèse Cuny, Ihm in die Augen sehen. 80 Tage in der Gewalt von Marc Dutroux, München 2006.

so insbesondere Opfergruppen, breit thematisiert. Die Frage, wie Kinder besser vor »Pädophilen« geschützt werden konnten, fungierte nun als breit diskutiertes Politikum. Gleichzeitig fand – im Unterschied zu den 1980er Jahren, als eine feministische Perspektive die Auseinandersetzung um sexuelle Gewalt an Kindern prägte – eine weitgehende Entkoppelung der Pädokriminalität von anderen Gewaltformen statt; ebenso rückte die Frage nach strukturellen Ursachen dieser Gewaltform stark in den Hintergrund.[374] Auch in Österreich kam es seit den frühen 1990er Jahren zu einer Reihe medial breit verhandelter Prozesse wegen sexueller Kindesmisshandlung. Über die Landesgrenzen hinaus diskutiert wurde beispielsweise der Fall Mühl. Der Aktionskünstler Otto Mühl, Gründer und Kopf einer Kommune mit Hauptsitz im burgenländischen Friedrichshof, vergewaltigte und misshandelte mehrere minderjährige Mädchen, die in der Kommune aufgewachsen waren und wurde in der Folge zu einer siebenjährigen Haftstrafe verurteilt.[375] 1995 wurde im Weiteren publik, dass Kardinal Hans Hermann Groër zahlreiche Knaben sexuell misshandelte hatte. Groër trat anschließend als Erzbischof von Wien zurück, zwei Jahre später rangen sich die österreichischen Bischöfe zu einer Entschuldigung gegenüber den Opfern durch. Nach zahlreichen weiteren Misshandlungsfällen in der katholischen Kirche begann die »Klasnic-Kommission« mit der systematischen Aufarbeitung von Fällen und Entschädigungen von Opfern.[376] Die Untersuchung von sexueller Gewalt an Kindern und Jugendlichen weitete sich daraufhin auf weitere Institutionen aus, so insbesondere auf Kinder- und Jugendheime. Länder und Städte setzten, vielfach nach internationalem Vorbild, wissenschaftliche Expertenkommissionen ein, um die unterschiedlichen Gewaltformen, die Kinder und Jugendliche erlebten, aufarbeiten zu lassen und teilweise finanzielle Entschädigungen zu leisten.[377] Schließlich erschütterten im frühen 21. Jahrhundert Verbrechen von Einzeltätern die österreichische Gesellschaft, so insbesondere die jahre-

374 Boussaguet, Pédophilie, S. 247–249.

375 Robert Fleck, Die Mühl-Kommune. Freie Sexualität und Aktionismus. Die Geschichte eines Experiments, Köln 2003, S. 213–226; Toni Elisabeth Altenberg, Mein Leben in der Mühlkommune. Freie Sexualität und kollektiver Gehorsam, Wien, Köln, Weimar 1998, S. 197–199.

376 Vgl. dazu Josef Votzi, Das erste »Spotlight«: Die Groer-Affäre als historischer Tabubruch, in: profil, 12. 03. 2016, https://www.profil.at/oesterreich/spotlight-groer-affaere-tabubruch-6267726 (Zugriff: 01. 05. 2018).

377 Sieder, Smioski, Kindheit, S. 499–501; Christa Zöchling, Kinderheim Wilhelminenberg: Zu spätes Entsetzen. Kinderheim Wilhelminenberg. Prügel, Sadismus und sexueller Missbrauch, in: profil, 17. 6. 2013, https://www.profil.at/home/kinderheim-wilhelminenberg-zu-entsetzen-360390 (Zugriff: 10. 10. 2019).

lange Gefangennahme von Natascha Kampusch. 2006 gelang es ihr als 18-Jähriger, nach achtjähriger Haft aus dem Haus von Wolfgang Přiklopil zu fliehen.[378]

Die Aufdeckung, staatliche Verfolgung, mediale Thematisierung und historische Aufarbeitung von sexueller Gewalt an Minderjährigen basiert auf dem Paradigmenwechsel, der sich in den 1980er Jahren durchgesetzt hatte und wesentlich auf die transnationale feministische Bewegung und den Ausbau der internationalen Kinderrechte zurückgeht.[379] Gleichzeitig finden sich in der Thematisierung und Skandalisierung dieser Fälle, wie sie für das ausgehende 20. und frühe 21. Jahrhundert charakteristisch sind, Elemente eines »Kinderschänderdiskurses« wieder, der die sexuelle Gewalt primär in »anormalen« Gesellschaftsgruppen lokalisiert, die Täter vielfach als »Monster« bezeichnet und damit die unbequeme Frage unbeantwortet lässt, was diese »Monster« mit der Gesellschaft insgesamt und ihren Machtverhältnissen zwischen den Generationen und den Geschlechtern zu tun haben.[380]

Schlussbemerkung

Die Problematik der sexuellen Gewalt an Kindern wurde, anders als andere Formen von interpersoneller Gewalt, im Laufe des 20. Jahrhunderts mehrfach zum Gegenstand gesellschaftspolitischer Debatten. In Österreich wurde das Thema in den frühen 1950er Jahren breit thematisiert.[381] In den ausgehenden 1970er und insbesondere in den 1980er Jahren war die gesellschaftspolitische Auseinandersetzung um sexuelle Kindesmisshandlung allerdings nicht nur länger anhaltend als in früheren Jahrzehnten, auch die Deutungen von Pädosexualität gingen stärker auseinander. Aktivistinnen der autonomen Frauenbewegung verurteilten Forderungen scharf, wonach eine intergenerationelle Sexualität zu einer »Befreiung von Kindern« führte, wiesen auf die unüberbrückbaren Machtunterschiede zwischen Kindern und Erwachsenen hin und sahen gesellschaftliche Herrschaftsverhältnisse als Ur-

378 Natascha Kampusch, 3065 Tage, Berlin 2010; Dies., 10 Jahre Freiheit, Berlin 2016.

379 Shurlee Swain, Why Sexual Abuse? Why Now?, in: Sköld, Swain, Apologies, S. 83–94, S. 90; Kjersti Ericsson, Children's Agency. The Struggles of the Powerless, in: Sköld, Swain, Apologies, S. 42–54, S. 44. Zu Forderungen einer »transitional justice« siehe Praz, Avvanzino, Crettaz, Murs, S. 167–174.

380 Swain, Abuse, S. 91–93; Anne-Marie McAlinden, Deconstructing Victim and Offender Identities in Discourses on Child Sexual Abuse, in: British Journal of Criminology, 54 (2014) 2, S. 180–198.

381 Vgl. dazu Kapitel 3.3.

sache von sexueller Gewalt an Kindern. Demgegenüber standen »Pädophilen«-Aktivisten und -Aktivistinnen bis in die ausgehenden 1980er Jahre öffentliche Plattformen zur Verfügung, in denen sie eine Entkriminalisierung von Pädosexualität mit dem Argument einfordern konnten, intergenerationelle Sexualität sei für die Entwicklung von Kindern positiv. Diese Vielschichtigkeit in der Deutung von Pädosexualität wurde mit Beginn der 1990er Jahre neu geordnet: Die Aussage, pädosexuelle Handlungen seien »nichts Monströses«, wurde politisch zunehmend weniger haltbar, nicht zuletzt auch deshalb, weil sich die Ansicht durchsetzte, dass pädosexuelle Handlungen geeignet seien, zu schweren Traumatisierungen zu führen.

Dieser Perspektivenwechsel war maßgeblich von Aktivistinnen der Frauenbewegung durchgesetzt worden, so auch in Österreich. Die Feministinnen waren Töchter jener Elterngeneration, die den Austrofaschismus, die NS-Zeit und den Zweiten Weltkrieg erlebt hatten. Dieser Generation gelang es aber in den Nachkriegsjahren vielfach nicht, über Gewalt, Verfolgung und die Kriegsniederlage offen zu sprechen. Die Feministinnen, die in den 1970er Jahren die Frauenbewegung formierten, waren in ihren Familien mit einer »Mauer des Schweigens« konfrontiert, nicht zuletzt auch im Hinblick auf ihr sexuelles Begehren. Gleichzeitig waren sie als Mädchen, die in den 1950er und 1960er Jahren in die Pubertät kamen und den Lebensabschnitt der Adoleszenz durchliefen, mit einer besonders spannungsreichen Sexualordnung konfrontiert. Während Burschen seit den 1950er Jahren zunehmend mehr sexuelle Freiheiten zugestanden wurden, blieben die moralisierenden Vorwürfe gegenüber Mädchen, die sexuelle Kontakte eingingen, weiterhin bestehen und die Disziplinierungsmaßnahmen streng. Die erste Generation von Frauen der autonomen Frauenbewegung hatten als junge Mädchen – vielfach leibhaftig – erlebt, welch negative Konsequenzen eine sexuelle Liberalisierung für sie hatte, wenn patriarchale Strukturen und eine Schweigekultur fortherrschten. Sie waren angetreten, diese Verhältnisse zu verändern. Mit einer neuen sprachlichen Fassung der Problematik der sexuellen Gewalt an Kindern, veränderten Erklärungsansätzen und politischen Strategien setzte die autonome Frauenbewegung eine Verschiebung in der Deutung von Pädosexualität durch. Allerdings bleibt der feministische, machtkritische Impetus auch im 21. Jahrhundert umstritten. Die Vorstellung, wonach sexuelle Gewalt an Kindern primär vom »pathologisch Anderen« ausgeübt wird, hält sich hartnäckig.

10. Fazit

Schutz und Disziplinierung: Das sexuelle Schutzalter und die hierarchisch-heteronormative Geschlechterordnung

Das Strafrecht trat (und tritt) mit dem Anspruch auf, regulierend und normierend in die Vielfältigkeit von sexuellen Begehrensformen und sexuellen Handlungen einzuwirken. Nicht zuletzt bestimmt es den Zeitpunkt, zu dem die Sexualmündigkeit eintritt und Mädchen bzw. Jungen als fähig betrachtet werden, eine Zustimmung zu sexuellen Handlungen geben zu können (*age of consent*). Zwar gab es im frühen 20. Jahrhundert vor allem seitens Frauenrechtlerinnen Bestrebungen, ein sexuelles Schutzalter global zu bestimmen. Doch wurde dieses Postulat bis heute nicht verwirklicht. Österreich setzte seit dem 19. Jahrhundert das sexuelle Schutzalter für heterosexuelle Kontakte bei 14 Jahren fest und bestätigte diese Norm auch im revidierten Strafgesetzbuch von 1975. Die hier vorgenommene Untersuchung von Strafgerichtsakten des Kreisgerichts St. Pölten verweist dabei auf geschlechts- wie altersspezifische Unterschiede, welche die Fälle von Verletzungen des sexuellen Schutzalters prägten. So waren von den 200 untersuchten Straffällen der Stichjahre 1950, 1960 und 1970 in 92,5 % der Fälle minderjährige Mädchen und in 7,5 % der Fälle minderjährige Knaben involviert. In 51,3 % der Fälle waren die betroffenen Mädchen im 13. sowie 14. Lebensjahr und hatten damit, wie die Strafbehörden vielfach explizit betonten, die Pubertät erreicht. Dagegen findet sich nur ein Fall, bei dem es sich um minderjährige Jungen dieser Altersgruppe handelte.

In den Strafprozessen zu Verletzungen des sexuellen Schutzalters kamen folglich unterschiedliche Formen des Machtmissbrauchs zur Sprache. Vorpubertäre Kinder waren insbesondere im Kontext der Familie während eines langen Zeitraums sexuellen Misshandlungen ausgesetzt. In diesen Fällen fand ein Ende der Gewalt in der Regel nur dann statt, wenn weibliche Familienmitglieder intervenierten und die sexuelle Gewalt an den Kindern anzeigten. Verschiedene Fälle, die das untersuchte Strafgericht zu Verletzungen des sexuellen Schutzalters behandelte, bestätigen im Weiteren, was Sexualwissenschaftler wie Sigmund Freud oder Albert Moll bereits im frühen 20. Jahrhundert aufgezeigt hatten: Sexualität »beginnt« nicht erst mit der Pubertät. Die Äußerungen über kindliche Sexualitäten lösten indes bei den Strafbehörden auch noch in den frühen 1970er Jahren Irritation und Ablehnung aus. Die Vorstellung, wonach sexuelle Handlungen jeglicher Art Minderjährige »verderben« würden, so auch die »infantile Sexualität«, die Kinder untereinander ausübten, hielt sich hartnäckig. Als eigentlich »schutzwürdig« galten in den Augen zahlreicher Richtenden somit nur jene Kinder, die hinsichtlich Sexualität als »unschuldig« einzustufen waren. Der Nexus von sexueller Schutzbedürftigkeit und Asexualität, wie er im Laufe des 18. Jahrhundert etabliert worden und für die Genese eines strafrechtlichen Schutzalters wesentlich war, zeigte sich für die Deutung des Verhältnisses von Kindheit, Erwachsenenalter und Sexualität auch noch in der zweiten Hälfte des 20. Jahrhunderts als wirkungsmächtig. Zwar sprachen Strafbehörden den vorpubertären Mädchen und Knaben gegenüber pubertären Jugendlichen regelmäßig einen höheren Schutzanspruch zu. Das hier untersuchte Kreisgericht St. Pölten erachtete sexuelle Handlungen an Kindern unter zwölf Jahren vielfach nicht nur als ein Strafdelikt, sondern auch als einen moralisch verwerflichen Akt. Sie folgten damit internationalen Debatten zu Kindheit und Sexualität, wie sie sich seit dem frühen 20. Jahrhundert durchzusetzen begannen und einen absoluten Schutz von Kindern unter zwölf Jahren vor sexuellen Handlungen Erwachsener einforderten. Indem die Richtenden den sexuellen Schutzanspruch von vorpubertären Kindern indes an eine strikte Asexualität knüpften, blieb das Recht dieser Kinder, vor sexuellen Handlungen Erwachsener geschützt zu werden, gleichzeitig prekär.

Als besonders heterogen sind die Fälle von Verletzungen des sexuellen Schutzalters zu bezeichnen, in denen adoleszente, minderjährige Mädchen involviert waren. Wie das Untersuchungssample aufzeigt, waren im Zuge einer sexuellen Liberalisierung seit den frühen 1960er Jahren zunehmend mehr männliche Jugendliche und Männer beschuldigt, mit Mädchen dieser Altersgruppe sexuellen Kontakt gehabt zu haben. Auf der einen Seite wurden 12- und 13-jährige Mädchen in einem vergleichsweise hohem Maße Opfer von schweren sexuellen Gewaltdelikten, beispielsweise Gruppenvergewaltigungen. Auf der anderen Seite sagten Mädchen dieser Altersgruppe aber auch aus, dass sie zu den sexuellen Handlungen mit dem Beschuldigten zugestimmt hatten, weil sie diesen »gerne hatten«. Im Untersuchungszeitraum gingen die Strafgerichte zur Praxis über, Beschuldigte, die sexuelle Kontakte mit 12- und 13-jährigen Mädchen hatten, vermehrt milder zu sanktionieren – unabhängig davon, ob physische Gewalt im Spiel war oder die sexuellen Handlungen als konsensual bezeichnet wurden. Mädchen im 13. und 14. Lebensjahr erschienen in den Augen der Richtenden weniger als schutzbedürftige Kinder, sondern vielmehr als Frauen, auf deren sexuellen Körper Männer durchaus einen Anspruch erheben konnten. Der Prozess einer sexuellen Liberalisierung hatte für adoleszente Mädchen letztlich eine ambivalente und vielfach problematische Bedeutung. Das Versprechen nach größerer sexueller Freiheit verknüpfte sich keineswegs zwangsläufig mit Forderungen nach einer Gleichberechtigung der Geschlechter. Vielmehr entfalteten sich patriarchal geprägte Männlichkeitsbilder auch noch in den hier untersuchten 1960er und frühen 1970er Jahren. Demnach stand die männliche Lust im Zentrum, während das weibliche Begehren auch von den Jugendlichen selbst vielfach als zweitrangig eingestuft wurde. Zudem kritisierten weder Experten der Gerichtspsychiatrie noch Strafbehörden Männlichkeitsbilder, die sich gerade im Bereich der Sexualität durch Aggressivität auszeichneten, sondern naturalisierten gewalttätige Handlungsweisen und bezeichneten diese vielfach als ein normales Repertoire eines männlichen pubertären Verhaltens.

Im Unterschied zu minderjährigen, adoleszenten Mädchen traten Knaben im 13. und 14. Lebensjahr kaum als Opfer von sexueller Gewalt vor den Strafgerichten in Erscheinung, noch berichteten sie von konsensual erfolgten sexuellen Beziehungen mit sexualmündigen Personen. Gleichwohl beschäftigte die Frage, wie adoleszente Burschen vor »homosexuellen Verführungen« bewahrt werden können, die Rechtsexperten, Politiker und (einzelne) Politikerinnen in ganz besonderem Maße. Letzteres führte schließlich dazu, dass im revidierten österreichischen Strafgesetz von 1975 für männliche homosexuelle Kontakte ein erhöhtes Schutzalter von 18 Jahren eingeführt wurde. Auch wenn das österreichische Strafgesetz (1852) im Prinzip ein »allgemeines Schutzalter« von 14 Jahren verankerte, unterschieden sich die Deutungen in Fällen von »Unzucht« und »Notzucht« an Minderjährigen, die Strafbehörden und Rechtsexperten vornahmen, insbesondere entlang der Kategorien von Geschlecht und Alter. Die strafrechtlichen Bestimmungen zum sexuellen Schutzalter und ihre Umsetzung in der Praxis zielten auch darauf, in spezifischer Weise eine geschlechterhierarchische und zwangsheteronormative Geschlechter- und Sexualordnung zu verankern. Folge davon war, dass sich Schutz- und Disziplinierungsmaßnahmen in der Regulierung eines sexuellen Schutzalters auf komplexe Weise verwoben. Den Anspruch, vorpubertäre Kinder vor sexuellen Handlungen Erwachsener zu schützen, banden die Richtenden vielfach an die Bedingungen einer Asexualität von Kindern. 12- und 13-jährige Mädchen betrachteten die Strafbehörden demgegenüber als sexuelle Objekte, die bei sexualmündigen Burschen und Männern legitimes sexuelles Begehren wecken konnten. Sie sahen in ihnen aber nicht sexuelle Subjekte, die ein Recht hatten, ihr sexuelles Begehren selbstbestimmt auszuleben. Minderjährige, adoleszente Jungen traten schließlich vor dem Strafgericht kaum in Erscheinung. Ihr sexueller Schutz schien aber auf symbolischer Ebene für die Stabilisierung der heteronormativen Sexualordnung als besonders wichtig.

Die untersuchten 200 Straffälle zeigen im Weiteren, dass Personen, die sich strafrechtlich wegen Verletzungen des sexuellen Schutzalters verantworten mussten, in ganz unterschiedlichen Beziehungszusammenhängen mit den Minderjährigen standen. Verwandte von Kindern und Jugendlichen wurden ebenso angezeigt wie Nachbarn oder Freunde, aber auch Personen, die den Minderjährigen gänzlich fremd waren. Ebenso war die Altersspanne der Beschuldigten und Angeklagten groß: Die Jüngsten hatten die Strafmündigkeit von 14 Jahren nur knapp überschritten, die Ältesten waren 78 Jahre alt. Dominant war dagegen das Geschlecht: Bei nur einem der 200 Fälle verurteilte das Kreisgericht St. Pölten eine weibliche Person wegen sexueller Kontakte mit unmündigen Knaben, in zwei weiteren Fällen sprach das Gericht Frauen als Komplizinnen ihrer Ehemänner der sexuellen Gewalt an Minderjährigen schuldig. Die Beschuldigten und Angeklagten stammten dabei anteilsmäßig vor allem aus der Arbeiterklasse.[382] Unterschiedliche Faktoren gaben den Ausschlag, dass es beim Delikt der sexuellen Kindesmisshandlung, bei dem die Dunkelziffer als besonders hoch zu veranschlagen ist, schließlich zu einer Anklage kam. Die Gendarmerie forschte beispielsweise systematisch soziale Treffpunkte aus, in denen sich junge Männer der Arbeiterschicht mit adoleszenten, minderjährigen Mädchen trafen. Des Weiteren bildete die Erwerbstätigkeit, welcher primär verheiratete Frauen der sozialen Unterschicht nachgingen, eine wirtschaftliche Voraussetzung, um gewalttätige Ehemänner anzuzeigen. Sie konnten dadurch den Unterhalt der Familie nach Einsperrung des Ehemannes zumindest teilweise sichern. Schließlich ist die Bedeutung des Schneeballprinzips bei Strafuntersuchungen nicht zu unterschätzen. Über Hinweise der befragten Zeugen und Zeuginnen führte die polizeiliche Untersuchung eines Falles vielfach zu weiteren Strafverfolgungen. Allerdings überschritten die Informationen zu kriminellem Verhalten kaum je die Klassengrenzen. Der Zugriff des Staates auf Sexualdelinquenten war folglich selektiv und bestimmte Personengruppen gerieten höchst selten in den Fokus von Strafbehörden. Im Untersuchungssample findet sich beispielsweise nur ein Fall, in dem sexuelle Gewalt an einem Kind im Kontext eines Heims stattfand. Geistliche Personen mussten sich in den untersuchten Stichjahren vor dem Kreisgericht St. Pölten gar nicht wegen »Unzucht« oder »Notzucht« an Minderjährigen verantworten. Die Mauern von Ins-

382 Vgl. dazu auch Robert Hoffmann, Strafprozeßakten als sozialgeschichtliche Quelle, in: Erika Weinzierl, Karl R. Stadler (Hg.), Justiz und Zeitgeschichte, Wien, Salzburg 1977, S. 248–268, S. 256.

titutionen waren, so lässt sich schlussfolgern, eine durchaus erfolgreiche Abwehr gegen soziale und staatliche Kontrolle.

Auf einer diskursiven und politischen Ebene haben im hier untersuchten Zeitraum primär pädosexuelle Handlungen an vorpubertären Kindern wie auch homosexuelle Handlungen an adoleszenten Burschen Aufmerksamkeit auf sich gezogen. Täter, die sich solcher sexuellen Handlungen schuldig machten, schienen sich besonders weit weg von einem »charmed circle« zu situieren, der Personen mit einem erwünschten sexuellen Verhalten umschließt. In diesen Fällen fand auch eine intensive Suche nach der Charakterisierung von Tätern statt und die Wissenschaft, Gesellschaft und teilweise auch die Täter selbst lieferten Erklärungen für ihr deviantes Verhalten. Die Spannbreite von Begründungsansätzen war groß. Sie reichte von Vorstellungen, wonach Männer in sexueller Hinsicht transformiert aus dem Zweiten Krieg und der Kriegsgefangenschaft zurückgekehrt seien, bis hin zu Argumentationen, dass die Sexualdelinquenten eine erbliche pathologische Veranlagung hätten. Am erstinstanzlichen Kreisgericht St. Pölten, ebenso wie an den österreichischen Berufungsgerichten, griffen diese Diskurse einer Medikalisierung und Pathologisierung bis in die 1970er Jahre indes kaum. Dies führte u. a. dazu, dass Sexualdelinquenten nur selten als unzurechnungsfähig eingestuft wurden. Während sexuelle Gewalt an vorpubertären Kindern seitens sogenannter »Kinderschänder« und homosexuelle Kontakte mit männlichen Jugendlichen zwischen 1950 und 1990 mehrfach politisiert und über adäquate Strafmaßnahmen diskutiert wurde, erhielt das Problem der sexuellen Gewalt an adoleszenten Mädchen kaum Beachtung. Obwohl es sich um eine besonders vulnerable Gruppe von Minderjährigen handelte, setzten sich politische und wissenschaftliche Akteursgruppen im Rahmen der 20-jährigen Strafrechtsreform mit dem Schutzbedürfnis von Mädchen nicht auseinander. Mit diesen spezifischen Praktiken des Ein- und Ausblendens wurden nicht zuletzt geschlechterhierarchische Machtstrukturen fortgeschrieben.

Kindheit, Erwachsenenalter und Sexualität: Pädosexualität und Zukunftsvisionen einer besseren Gesellschaft

Die Bestimmungen über ein sexuelles Schutzalter wurden in modernen westlichen Staaten seit dem ausgehenden 19. Jahrhundert kontrovers diskutiert. Die Jahrzehnte nach dem Zweiten Weltkrieg stellten hierbei eine Phase besonders intensiver Auseinandersetzungen dar, da in vergleichsweise kurzer Zeit sehr unterschiedliche Vorschläge vorgebracht wurden, wie das Verhältnis von Kindheit, Erwachsenenalter und Sexualität zu regulieren sei. Auch in Österreich wurde diese Frage intensiv verhandelt, wobei die Jahre der Ausarbeitung eines neuen Strafrechts zwischen den 1950er bis 1970er Jahren eine Zeit der Weichenstellung bedeuteten. Gleichwohl wurde 1975 mit der Verabschiedung des neuen Strafgesetzbuches kein abschließender Entscheid zwischen konkurrierenden Deutungen von Pädosexualität erreicht. Erst seit den 1980er Jahren setzte sich, nach dezidierten Interventionen der autonomen Frauenbewegung, klarer durch, was hinsichtlich Pädosexualität als legitim bzw. illegitim zu gelten habe.

Die unterschiedlichen Deutungsmuster über Pädosexualität, wie sie sich nach dem Zweiten Weltkrieg auf diskursiver Ebene herausbildeten, waren verknüpft mit spezifischen Zukunftsvisionen über eine bessere Gesellschaft. In einem ersten Argumentationsstrang stand der »Schutz des Kindes vor Sexualität« im Mittelpunkt. Besonders lautstark traten Exponenten und Exponentinnen dieses Postulates in Österreich, ähnlich wie in anderen westeuropäischen Ländern und in den USA, zu Beginn der 1950er Jahre auf den Plan. Diese deuteten pädosexuelle Handlungen als Zeichen eines gesellschaftlichen Zerfalls und argumentierten, sexuelle Gewalt an Kindern hätte im Vergleich zu vergangenen Jahrzehnten eine bisher nicht gekannte Ausbreitung erreicht – eine These allerdings, die sich wissenschaftlich nicht erhärten ließ. Die Zukunftsvision einer besseren Gesellschaft, auf die dieser Diskurs hinzielte, imaginierte eine Gesellschaftsordnung, die »sittlicher« und »moralisch besser« sein sollte und in der Sexualität primär zwischen (verheirateten) heterosexuellen Erwachsenen stattfand. Um dies zu erreichen, mussten Kinder, denen eine Sexualität grundsätzlich abgesprochen wurde, vor jeglichen sexuellen Handlungen geschützt werden. Als Schlüsselinstrument fungierte dabei die Möglichkeit, Sexualstraftäter, die sich der sexuellen Gewalt an Kindern schuldig gemacht hatten, zu verwahren. Das Instrument der sichernden Maßnahmen war in Österreich nach der nationalsozialistischen Machtübernahme über die Einführung des »Gewohnheitsverbrechergesetzes« implementiert und 1945 aufgehoben worden. 1975 wurden die sichernden Maßnahmen wieder gesetzlich verankert, doch pochten die Abgeordneten der Strafrechtsreform darauf, eine begriffliche Neuschöpfung zu wählen, sodass ein klarer Bruch zur nationalsozialistischen Geschichte signalisiert werden konnte. Dabei fand indes keine explizite Auseinandersetzung mit dem Einwand statt, dass – wie die historische Erfahrung gezeigt hatte – die Zuschreibung einer »dauernden Gefährlichkeit« Prozesse fördern kann, die Delinquenten »unmenschlich« zu behandeln.

Seit den frühen 1960er Jahren wurde neben dem Argumentationsstrang eines »Schutzes des Kindes vor Sexualität« ein zweiter Argumentationsstrang wirksam, der ebenfalls das Verhältnis von Kindheit und Sexualität für die Entwicklung einer spezifischen Zukunftsvision ins Zentrum rückte und bestrebt war, sich vom Nationalsozialismus abzugrenzen. Wissenschaftliche wie auch politische Akteure (und seltener Akteurinnen) postulierten nun die »Befreiung der kindlichen Sexualität« als Schlüssel für eine demokratischere und liberalere Gesellschaft. Dieser Befreiungsimperativ fand insbesondere im Zuge der 68er-Bewegung breite Beachtung und war mit dem Bestreben verknüpft, die strafrechtliche Sanktionierung von Pädosexualität abzubauen. Sexuelle Handlungen zwischen Erwachsenen und Kindern schienen, so das Argument, für Kinder nicht potentiell schädlich, sondern förderlich zu sein. Die »Befreiung der kindlichen Sexualität« sollte darüber hinaus dazu führen, dass eine »unautoritäre Umstrukturierung« des Menschen erfolgte. Last but not least sollte damit erreicht werden, dass ein verbrecherisches Regime wie die NS-Diktatur nie mehr verwirklicht werden konnte. In Österreich wurde die Forderung nach einer »Befreiung der kindlichen Sexualität« seit den 1960er Jahren, wenn auch nicht so ausgeprägt wie beispielsweise in der BRD, von mehreren politischen und wissenschaftlichen Akteuren vertreten. So verlangten Rechtsexperten wie der Generalprokurator Paul Pallin und der spätere Universitätsprofessor Walter Hauptmann zwar nicht, die Bestimmungen zum sexuellen Schutzalter ganz aufzuheben. Allerdings wollten sie Pädosexualität weniger scharf sanktionieren. Exponenten der Sexualwissenschaft wie Ernest Bornemann und Aktivisten aus dem Alternativen Milieu gingen in Österreich bis in die ausgehenden 1980er Jahre weiter und erachteten nicht Pädosexualität, sondern die Sanktionierung derselben als ein gesellschaftspolitisches Problem, das bekämpft werden musste.

Mit dem revidierten Strafgesetzbuch von 1975 trat in Österreich ein Strafgesetz in Kraft, das gegenüber dem StG 1852 in zahlreichen Bereichen der Sexualpolitik als liberaler bezeichnet werden kann, so insbesondere im Bereich der Normierung der Homosexualität und dem Schwangerschaftsabbruch. Was die Frage der Pädosexualität anbelangt, zeigte sich das neue Strafgesetzbuch dagegen nur punktuell liberaler. So blieben junge Burschen, die sexuelle Kontakte mit 12- und 13-jährigen Mädchen eingingen, mit der Einführung der Alterstoleranzklausel neu straffrei (sofern nicht physische Gewalt im Spiel war). Was die Pädosexualität und insbesondere die sexuellen Handlungen mit vorpubertären Kindern betraf, führte das neue Strafgesetzbuch dagegen die Möglichkeit ein, unter Umständen restriktiver auf Sexualdelinquenten zu reagieren. Auch wenn unterschiedliche Akteursgruppen insbesondere im Zuge der 68er-Bewegung lautstark eine »Befreiung der kindlichen Sexualität« forderten, so war es in der österreichischen Strafrechtsrevision doch die Forderung nach einem »Schutz des Kindes vor Sexualität«, die auf Gesetzesebene *de jure* einschneidendere Veränderungen bewirkte. Die Einführung der sichernden Maßnahmen wurde nicht zuletzt mit der Notwendigkeit begründet, die Gesellschaft vor »Kinderschändern« zu schützen.

Die Forderungen nach einem »sexuell befreiten Kind« einerseits und nach einem »sexuell unschuldigen Kind« andererseits nahmen beide auf Gegenbilder Bezug, die in außereuropäischen, »primitiven Völkern« verortet wurden. Die Akteursgruppen, die für eine »Befreiung der kindlichen Sexualität« eintraten, führten die »Wilden« als Beispiel eines befreiten Sexuallebens auf, die sich positiv von einer durch eine rigide Sexualmoral geprägten westlichen Welt zu unterscheiden schienen. Im Unterschied dazu wurden in der Forderung nach dem »Schutz des Kindes vor Sexualität« die »Wilden« als rückständige »Barbaren« bezeichnet, welche die Kinder zu wenig vor sexuellen Übergriffen Erwachsener schützten. Die Exotisierungen von »primitiven Stammesgesellschaften« erfüllten dabei sowohl in ihrer positiven wie negativen Variante den Zweck, Modelle eines »richtigen« Sexuallebens im Westen zu umreißen. Beide Argumentationsstränge waren letztlich aber weitgehend losgelöst von den Problematiken, die sich für Kinder und Jugendliche aus pädosexuellen Handlungen tatsächlich ergaben. Vielmehr fand eine starke Instrumentalisierung von Kindern für die Entwicklung von gesellschaftlichen Zukunftsentwürfen statt, die den Bedürfnissen von Kindern kaum Beachtung schenkten. Charakteristisch war auch, dass zahlreiche Akteursgruppen, die sich mit dem Verhältnis von Kindheit, Erwachsenenalter und Sexualität beschäftigten, sich nicht darum bemühten, die Stimmen der Minderjährigen zu hören, die von pädosexuellen Handlungen betroffen waren. So blendete die Forderung über die »Befreiung der kindlichen Sexualität« beispielsweise aus, dass eine Vielzahl von Kindern und Jugendlichen, die in Strafprozessen zu Verletzungen des sexuellen Schutzalters aussagen mussten, über äußerst negative Emotionen berichteten, die sie mit den pädosexuellen Handlungen verbanden. Wie die Analyse der hier untersuchten Strafgerichtsakten des Kreisgerichts St. Pölten verdeutlichen, waren diese Emotionen nicht nur durch die negativen Reaktionen des Umfelds auf diese Handlungen begründet. Der Ekel, die Angst, aber auch teilweise die Scham ergaben sich eben auch aus der Tatsache, dass die Kinder sich bei sexuellen Handlungen seitens Erwachsener ausgeliefert und in einer unterlegenen Position fühlten, und zwar auch dann, wenn Erwachsene keine physische Gewalt anwandten. Der Argumentationsstrang über den »Schutz des Kindes vor Sexualität« klammerte wiederum aus, dass Kinder durchaus auch sexuelles Begehren äußerten, wenn auch in anderer Form als Erwachsene, und dass eine Umdeutung dieser sexuellen Begehrensformen als »unmoralisch« letztlich den Tätern in die Hände spielte.

Die in den 1950er bis 1970er Jahren vorgebrachten Konzeptualisierungen von Pädosexualität wurden schließlich im Zuge der autonomen Frauenbewegung seit den ausgehenden 1970er und vor allem in den 1980er Jahren auf internationaler und nationaler Ebene infrage gestellt. Die Feministinnen lieferten neu eine machtkritische Analyse der Problematik der Pädosexualität. Damit strebten sie an, spezifische Prämissen des Diskurses über eine »Befreiung der kindlichen Sexualität« einerseits, über einen »Schutz des Kindes vor Sexualität« andererseits zu dekonstruieren. Erstens wiesen sie darauf hin, dass zwischen Erwachsenen (und hier primär Männern) und Kindern ein solch großer Machtunterschied bestehe, dass von einer gleichberechtigten Sexualität keine Rede sein könne. Feministinnen der autonomen Frauenbewegung sprachen Kindern Sexualität zwar nicht ab. Sie bezeichneten aber pädosexuelle Handlungen als Ausfluss eines primär patriarchalen Machtmissbrauchs und somit als einen Akt der Gewalt, der traumatisierend wirken kann. Zweitens argumentierten die Feministinnen aus machtkritischer Perspektive, dass sexuelle Gewalt an Kindern nicht einzig von pathologischen Sexualdelinquenten ausgeübt werde, die es mit strafrechtlichen Mitteln unschädlich zu machen gelte. Vielmehr sahen sie sexuelle Gewalt in den hierarchischen Machtstrukturen begründet. Dies erklärte auch, weshalb sexuelle Gewalt an Kindern gesellschaftlich so verbreitet war und sowohl im Kontext von Familie, Nachbarschaft und Institutionen vorkam. Die Aktivistinnen verlangten eine Transformation der patriarchalen Strukturen und – mit zeitlicher Verzögerung – auch eine Veränderung der generationenspezifischen Machtverhältnisse (wodurch auch Frauen als potentielle Täterinnen in den Blick rückten). Auch die Feministinnen der autonomen Frauenbewegung hatten demnach eine Zukunftsvision für eine bessere Gesellschaft, doch war die Regulierung des Verhältnisses von Kindheit, Erwachsenenalter und Sexualität nicht der Ansatzpunkt zu deren Verwirklichung. Vielmehr legten Feministinnen den Fokus auf die radikale Transformation der hierarchischen Geschlechterordnung. Diese Transformation sollte die Voraussetzung dafür bilden, dass die Mächtigen nicht länger Zugriff auf den sexuellen Körper der Unterlegenen hatten.

Leiden hören: Perspektiven auf die Geschichte von Traumata

Die Strafakten zu Verletzungen des sexuellen Schutzalters verweisen vielfach auf ein doppeltes Gewaltverhältnis: auf sexuelle Übergriffe, die Minderjährige in Familie, Nachbarschaft oder an Orten des Konsums erlebten – und die Gegenstand der Untersuchung waren –, wie auch auf Gewaltverhältnisse im Kontext des Strafprozesses, in dem die betroffenen Kinder und Jugendlichen nach der Logik des Strafprozessrechtes nicht als Opfer, sondern vielmehr als Zeugen und Zeuginnen behandelt wurden, die zur Aufklärung des Falles – ähnlich wie Erwachsene – rigoros Rede und Antwort stehen mussten. Die Frage, wie Betroffene ihre Perspektive auf die Geschichte sexueller Gewalt verstärkt einbringen können, gilt es daher in Zukunft weiter zu diskutieren. Gegenwärtig stehen unterschiedliche Wege zur Debatte: Neben der Forderung, vermehrt Oral-History-Interviews mit Betroffenen durchzuführen, wird ebenfalls debattiert, inwiefern Betroffene die Möglichkeit erhalten sollen, Korrektive in Fallakten einzufügen, in denen ihre Deutungen der erlebten Gewalt dokumentiert werden. Diese Perspektivenerweiterung steht allerdings nur der jüngsten Zeitgeschichte offen. Schließlich stellen Opfer von sexueller Gewalt auch die Forderung, Akten vernichten zu können, insbesondere wenn diese einseitig die Perspektive der Täter wiedergeben.[383]

Zahlreiche Kinder und Jugendliche sprachen in Strafprozessen über negative Gefühle und positionierten sich als Opfer von Gewalt. Mehrere Kinder sind aber auch im Zuge der mehrfachen Befragungen durch die Strafbehörden und der Konfrontation mit dem Täter gänzlich verstummt. Die Aussagen über negative Emotionen und die Zeichen eines psychischen Leidens galten bei den Richtenden aber nicht *per se* als Hinweis auf einen Gewaltakt oder ein Unrecht, das Minderjährigen widerfuhr. Vielmehr urteilten die Richtenden fallspezifisch und anerkannten das Leiden der Mädchen und Jungen infolge sexueller Gewalt nur in ausgewählten Konstellationen. Das Alter der Involvierten und insbesondere der Leumund der Kinder und Jugendlichen entschieden wesentlich darüber, ob die Richtenden davon ausgingen, dass ein Kind einen »seelischen Schaden« erlitten hatte oder »traumatisiert« wurde. Trotz der bezeugten Gewalthandlungen hatten Minderjährige kaum Chancen, als Opfer von Gewalt Anerkennung zu finden, wenn die Richtenden sie als »verwahrlost« oder »verdorben« einstuften. Zwar wurden die Täter auch in diesen Fällen in der Regel als schuldig befunden, doch konnte eine verminderte »Schutzwürdigkeit« der Kinder und Jugendlichen zu einer Minderung des Strafmaßes führen.

383 Vgl. dazu Sabine Andresen, Johannes Kistenich-Zerfass (Hg.), Archive und Aufarbeitung sexuellen Kindesmissbrauchs. Beiträge zu einer Tagung der Unabhängigen Kommission zur Aufarbeitung sexuellen Kindesmissbrauchs und des Hessischen Landesarchivs am 27. Mai 2019, Darmstadt 2019; Vanessa Springora, Die Einwilligung, München 2020, S. 171–172.

Festzuhalten gilt allerdings, dass bis in die ausgehenden 1980er Jahre wissenschaftliche Theorien über das Traumatisierungspotential von sexuellen Übergriffen, auf die sich Strafbehörden hätten beziehen können, wenig gefestigt waren. Erste Ansätze einer Traumatheorie, wie sie beispielsweise der Psychoanalytiker Sándor Ferenczi in den frühen 1930er Jahren entwickelt und darauf hingewiesen hatte, dass sexuelle Gewalt an Kindern weit verbreitet und als »krankmachender Agens« von großer Bedeutung sei, gerieten während des Zweiten Weltkrieges und in den Nachkriegsjahren weitgehend in Vergessenheit. Wie der *8. Deutsche Kongreß für Sexualforschung* 1964 zum Thema »Das sexuell gefährdete Kind« aufzeigte, gingen Psychologen und Psychologinnen, einzelne Psychiater und Psychiaterinnen aufgrund ihres in der therapeutischen Praxis generierten Wissens zwar davon aus, dass Menschen infolge pädosexueller Gewalt bis ins Erwachsenenalter unter psychischen Folgeschäden leiden konnten. Doch war der Traumabegriff noch wenig gefestigt und umfasste neben Angstzuständen insbesondere »sexuelle Verwahrlosungserscheinungen«, ohne dabei die negative Konnotation dieser Begrifflichkeit zu reflektieren. Als die empirische Sexualwissenschaft mit ihren quantifizierenden Methoden seit den 1960er Jahren zunehmend Deutungsmacht in der Interpretation von Pädosexualität erlangte, erhielt nicht nur das in der therapeutischen Praxis generierte Wissen kaum mehr Beachtung. Auch die Strafprozessakten, in denen die Stimmen der Kinder und Jugendlichen dokumentiert wurden, galten nicht als relevante Quellen, um Hinweise über Leiderfahrungen zu erhalten. Dies resultierte in einer eigentlich paradoxen Situation: Zwar wurden Kinder und Jugendliche zu Hunderten über Verletzungen des sexuellen Schutzalters befragt; als es aber im Zuge der Strafrechtsreform darum ging, die Normierung des sexuellen Schutzalters zu bestimmen, zogen die Experten und Expertinnen diese Dokumente nicht bei. Dies verweist auf die letztlich höchst prekäre Position von Kindern und Jugendlichen in modernen Gesellschaften. Selbst dort, wo es um ihre elementarsten Bedürfnisse wie den Schutz der körperlichen und sexuellen Integrität ging, wurden ihre Stimmen nicht gehört, obwohl ihre Aussagen von staatlichen Behörden dokumentiert waren. Eine Integration der Perspektive der Betroffenen in nationale oder transnationale Debatten zur Pädosexualität fand lange nicht statt. Erst mit der Etablierung der posttraumatischen Belastungsstörung als psychiatrische Diagnose und dem verstärkten feministischen Engagement gegen sexuelle Gewalt in den 1980er Jahren erhielten Aussagen, wonach sexuelle Kindesmisshandlungen unter Umständen lang anhaltende Traumatisierungen bewirkten, verstärkt Beachtung.

Die hier vorgenommene Fokussierung auf Fallakten der Nachkriegsjahre verdeutlicht im Weiteren, dass traumatische Erfahrungen durch sexuelle Gewalt im Kindheits- und Jugendalter nicht unabhängig vom historischen Kontext analysiert werden können. So spielte es eine Rolle, dass für Menschen – insbesondere der sozialen Unterschichten – in den 1950er und 1960er Jahren in Niederösterreich ein Traumakonzept nicht greifbar war, entlang dessen sie Erfahrungen und Emotionen hätten einordnen können. Ebenso war es bedeutsam, dass Kinder und Jugendliche, die in der unmittelbaren Nachkriegszeit sexuelle Gewalt erlebten, in einer Gesellschaft aufwuchsen, die von vielfältigen Gewalterfahrungen geprägt war. In den Nachkriegsjahren litten zahlreiche Menschen, wie aus den Protokollen des Kreisgerichts St. Pölten hervorgeht, an Folgen von Gewaltakten, die sie im Zusammenhang mit dem Zweiten Weltkrieg und der NS-Herrschaft erlitten hatten. Folgt man dem von David Becker in Anschluss an Hans Keilson formulierten Konzept einer sequentiellen Traumatisierung, wirkt sich ein sexueller Gewaltakt gegen Kinder und Jugendliche nicht nur aufgrund bestimmter Persönlichkeitsmerkmale und individueller Ressourcen unterschiedlich aus. Vielmehr bieten Gesellschaften für Opfer auch verschiedene Möglichkeiten, um einen Akt sexueller Gewalt zu überleben.[384] Wie die hier vorgenommene Untersuchung aufzeigt, trat in der unmittelbaren Nachkriegszeit die sexuelle Gewalt, die Minderjährige gerade im Kontext der Familie erlebt hatten, vielfach in direkte Konkurrenz mit der erlebten Kriegsgewalt der Erwachsenen. Männer, die sich vor dem Strafgericht als Täter von sexueller Gewalt verantworten mussten, betonten, dass sie selbst Opfer von Kriegsgewalt gewesen seien und versuchten mit dem Rückgriff auf diese Position, ihre Täterrolle zu relativieren. Auch sexuelle Gewalt, die feindliche Soldaten gegenüber Frauen ausgeübt hatten, wurde von Angeklagten erwähnt: Vergewaltigte Frauen erschienen nicht mehr als begehrenswert und Männer sahen sich, so das vorgebrachte Argument, gezwungen, auf ihre Töchter »auszuweichen«. Die Frage, wer sich als Opfer von Gewalt positionieren konnte, war einem Aushandlungsprozess unterworfen – sowohl vor Gericht als auch im Kontext der Familie. Dabei hatten Kinder, die in den Machthierarchien der Gesellschaft an wenig einflussreichen Stellen situiert waren, zwangsläufig wenig Möglichkeiten, um für ihr erlebtes Leiden Gehör zu finden. Anhand weiterer Studien gilt es daher zu untersuchen, inwiefern Kinder, die in den ersten Nachkriegsjahren aufwuchsen, nach erlebter sexueller Gewalt in besonders ausgeprägter Weise unter schwerwiegenden Traumata gelitten haben. Die Forschungsergeb-

384 Becker, Erfindung, S. 188–199.

nisse zu den niederösterreichischen Strafprozessen der Nachkriegsjahre verdeutlichen darüber hinaus, dass es demokratischen Gesellschaften nicht nur aufgetragen ist, Strukturen zu fördern, die sexuelle Gewalt an Kindern verhindern, sondern auch ein Überleben von solchen Gewaltakten für Kinder und Jugendliche erleichtern.

Die sexuellen Rechte von Kindern: Rück- und Ausblick

Bereits im Rahmen des Völkerbundes wurden erstmals Rechte von Kindern formuliert, welche die Ebene der Sexualität von Kindern und Jugendlichen berührten. In dieser frühen Phase der Ausgestaltung internationaler Kinderrechte stand insbesondere die sexuelle Schutzbedürftigkeit im Zentrum. Die Vorstellung, Kinder und Jugendliche könnten auch ein Recht auf Sexualität haben, wurde dagegen nicht vorgebracht. Nach dem Zweiten Weltkrieg fristeten die internationalen Kinderrechte zunächst längere Zeit ein Schattendasein. Zwar postulierte die Erklärung der Rechte des Kindes von 1959, dass Kinderrechte nicht in den allgemeinen Menschenrechten aufgehen würden, sondern einer spezifischen Normierung bedurften. Doch erst 1989 verabschiedete die Generalsversammlung der UNO eine Konvention, die den unterzeichnenden Staaten verbindliche Pflichten gegenüber Kindern und Jugendlichen auferlegte. Die UN-Kinderrechtskonvention misst dem Recht von Mädchen und Jungen (unter 18 Jahren), vor gewalttätigen sexuellen Handlungen geschützt zu werden, fundamentale Bedeutung zu. Ein Recht auf Sexualität, das Kindern und Jugendlichen zustehen würde, ist dagegen auch in der UN-Kinderrechtskonvention nicht explizit aufgeführt.

Die internationalen Kinderrechte, wie sie im Laufe des 20. Jahrhunderts formuliert wurden, hatten das Potential, normierend auf die nationale Gesetzgebung einzuwirken. Dies zeigt sich besonders an den Resolutionen des Völkerbundes zum Heirats- und Schutzalters, die mit der Implikation einhergingen, wonach Staaten, die sexuelle Handlungen mit Kindern unter zwölf Jahren zuließen, als »unzivilisiert« zu gelten hatten. In Österreich war in den 1920er Jahren die Orientierung an deutschen Strafrechtsdebatten indes bedeutsamer als die Bezugnahme auf internationale Kinderrechte. Auch in den Diskussionen zu einem neuen Strafrecht, wie sie sich in den 1950er bis 1970er Jahren entfalteten, spielten internationale Kinderrechte eine nur untergeordnete Rolle. Die Erklärung der Rechte des Kindes von 1959 fand in der österreichischen, aber auch in transnationalen Debatten um die Neugestaltung des Strafrechts – wie sie beispielsweise die »Alternativ-Professoren« in den 1960er Jahren lancierten – keine explizite Erwähnung. Die Vorstellung, dass Kinder und Jugendliche Subjekte mit spezifischen und universell anzuerkennenden Rechtsansprüchen sind, setzte sich im Laufe des 20. Jahrhunderts nur langsam durch.

Die UN-Kinderrechtskonvention von 1989 eröffnet indes, wie ich abschließend argumentieren möchte, die Möglichkeit, den Debatten um das sexuelle Schutzalter neue Impulse zu geben. Insbesondere Artikel 12 der UN-Kinderrechtskonvention hat das Potential, die Anerkennung der sich wandelnden sexuellen Begehrensformen von Kindern und Jugendlichen zu fördern wie auch der sich verändernden sexuellen Schutzbedürftigkeit Rechnung zu tragen. Artikel 12 führt aus:

> (1) Die Vertragsstaaten sichern dem Kind, das fähig ist, sich eine eigene Meinung zu bilden, das Recht zu, diese Meinung in allen das Kind berührenden Angelegenheiten frei zu äußern, und berücksichtigt die Meinung des Kindes angemessen und entsprechend seinem Alter und seiner Reife.
> (2) Zu diesem Zweck wird dem Kind insbesondere Gelegenheit gegeben, in allen das Kind berührenden Gerichts- oder Verwaltungsverfahren entweder unmittelbar oder durch einen Vertreter oder eine geeignete Stelle im Einklang mit den innerstaatlichen Verfahrensvorschriften gehört zu werden.

Demnach sind Kinder und Jugendliche auch in Aspekten, die ihre Sexualität betreffen, zu hören, und ihre Meinung ist zu berücksichtigen. Dies gilt nach Absatz 2 insbesondere in Gerichts- und Verwaltungsverfahren und somit auch in Prozessen zu Verletzungen des sexuellen Schutzalters. Dieser Anspruch wurde in jüngster Zeit auch in der *Erklärung über sexuelle Rechte* aufgenommen, wie sie die »International Planed Parenthood Federation« (IPPF) 2008 formulierte und die den Debatten um die Etablierung von sexuellen Rechten als Menschenrechte wichtige Impulse gab.[385] Die IPPF-Erklärung über sexuelle Rechte bestimmt, dass Sexualität ein wesentlicher Teil der Persönlichkeit eines jeden Menschen ist. Aus diesem Grund müs-

385 Sexuelle Rechte: Eine IPPF-Erklärung, in: https://www.ippf.org/sites/default/files/ippf_sexual_rights_declaration_german.pdf (Zugriff: 01.08.2020). Vgl. im Weiteren auch Rosalind Petchesky, Sexual Rights. Inventing a Concept, Mapping an International Practice, in: Richard Parker, Regina Maria Barbosa, Peter Aggleton (Hg.), Framing the Sexual Subject. The Politics of Gender, Sexuality, and Power, Berkely, Los Angeles, London 2000, S. 81–103; Alain Giami, Sexuality, Health and Human Rights: The Invention of Sexual Rights, in: Sexologies, 24 (2015), S. 45–53.

sen, so die IPPF-Erklärung, »positive Rahmenbedingungen geschaffen werden, in dem jeder Mensch alle sexuellen Rechte als Teil seiner Entwicklung in Anspruch nehmen kann«. In Anlehnung an die UN-Kinderrechtskonvention führt die IPPF-Erklärung in ihrem zweiten Grundsatz explizit aus, dass sich »Rechte und Schutzmaßnahmen«, die Personen unter 18 Jahren gewährleistet werden, von denen der Erwachsenen unterscheiden. Sie müssen »die sich entwickelnden Fähigkeiten des einzelnen Kindes, von den eigenen Rechten Gebrauch zu machen, berücksichtigen«. Dies sei im Bereich der Sexualität besonders virulent. Bestimmte Rechte und Schutzmaßnahmen im Hinblick auf Sexualität sind, so die IPPF-Erklärung weiter, im Laufe der »unterschiedlichen Phasen des Säuglingsalters, der Kindheit und der Jugend mehr oder weniger relevant«.[386]

Eine solche Perspektive auf sexuelle Rechte von Kindern und Jugendlichen hat verschiedene Implikationen. So gilt es bei der Reflexion eines sexuellen Schutzalters, das in der Regel durch das Strafrecht normiert wird, neben den Interessen der »Gesellschaft« an der Herstellung einer spezifischen Geschlechter- und Sexualordnung primär die sexuellen Rechte von Minderjährigen zu berücksichtigen. Ausschlaggebend für die Normierung eines sexuellen Schutzalters muss dabei die Frage sein, wie die sexuellen Rechte von Kindern und Jugendlichen unterschiedlicher Altersgruppen verwirklicht werden können. Eine solche Perspektive verlangt, die Vielfältigkeit von Sexualitäten von Kindern, Jugendlichen und Erwachsenen anzuerkennen und nicht eine bestimmte Sexualität, die sich primär am (heterosexuellen) Begehren von Erwachsenen orientiert, als Norm zu postulieren. Vielmehr muss das Recht die Möglichkeit eröffnen, dass Kinder und Jugendliche entsprechend ihrer psychosexuellen Entwicklung ihr sexuelles Begehren leben können und der historische Nexus von Asexualität und Schutzbedürftigkeit aufgebrochen wird. Gleichzeitig verlangt die Anerkennung von sexuellen Rechten von Kindern und Jugendlichen, dass diese vor jeglichen Formen sexueller Gewalt geschützt werden – vor Gewaltakten, die sowohl von sexualmündigen wie auch sexualunmündigen Personen ausgeübt werden. Die Verwirklichung dieser Rechtsnormen setzt allerdings bestimmte gesellschaftspolitische Strukturen voraus. Die historische Untersuchung von Strafgerichtsfällen verdeutlicht, dass die Herstellung von »positiven Rahmenbedingungen« für die Durchsetzung der sexuellen Rechte nur dann möglich ist, wenn Herrschaftsverhältnisse kritisch hinterfragt werden. Sexualität ist ein Bereich, der historisch tiefgreifend durch Machtstrukturen geprägt ist. Die Mächtigen hatten, das zeigt diese Untersuchung zu Verletzungen des

386 Sexuelle Rechte: Eine IPPF-Erklärung.

sexuellen Schutzalters, weitreichende Möglichkeiten, um auf die sexuellen Körper der Unterlegenen zuzugreifen. Erst eine Sexual- und Geschlechterordnung, welche die Machtbeziehungen zwischen den Geschlechtern und Generationen kritisch reflektiert und Möglichkeiten eröffnet, eine egalitärere Ordnung zu etablieren, kann gewährleisten, dass Kinder und Jugendliche sexuelle Rechte für sich beanspruchen können. Die politische Bedeutung dieser Herrschaftskritik ist dabei unbestritten: Zu groß ist das Leiden, das mit Verletzungen von sexuellen Rechten für Kinder und Jugendliche einhergeht.

Danksagung

Die Arbeit an diesem Buch führte mich an verschiedene Orte und Institutionen. Ich möchte mich bei allen bedanken, die mich auf dieser Reise begleitet und mich in meinem Forschungsvorhaben unterstützt haben. Anne-Françoise Praz, Johanna Gehmacher und Brigitte Studer haben die Gutachten zur Habilitationsschrift verfasst, die ich im Herbst 2020 an der Universität Freiburg (Schweiz) eingereicht habe. Sie haben mir wertvolle Anregungen für die Überarbeitung zum vorliegenden Buch gegeben und mich darüber hinaus während mehrerer Jahre in meinem Vorhaben unterstützt, die Geschlechtergeschichte, die Geschichte der Kindheit, die Sexualitätsgeschichte und die Strafrechts- und Menschenrechtsgeschichte miteinander zu verknüpfen. Dafür danke ich ihnen herzlich.

Das Buch hätte nicht ohne die Arbeit und das Engagement von zahlreichen Mitarbeitenden von Archiven und Bibliotheken geschrieben werden können. Danken möchte ich Peter Martig vom Staatsarchiv Bern, mit dem ich zuerst das Potential von Strafgerichtsfällen zum sexuellen Schutzalter diskutierte. Einen besonderen Dank geht an die Mitarbeitenden des Landesarchivs Niederröstreich und insbesondere an Christina Mochty-Weltin, die mich in meiner Archivarbeit in Bad Pirawarth unterstützte. Die Mitarbeitenden der österreichischen Nationalbibliothek und des Völkerbundarchivs in Genf halfen mir, offene Fragen zu klären.

Das Forschungsprojekt wurde wesentlich durch Stipendien des Schweizerischen Nationalfonds finanziert, die mich an das Historical Department der Harvard University, an das Institut für Zeitgeschichte der Universität Wien und an das Historische Seminar der Universität Basel geführt haben. Besonders danken möchte ich Johanna Gehmacher und Caroline Arni für ihre Einladung und für ihre Bereitschaft, mein Forschungsvorhaben seit Anbeginn zu unterstützen. Ihre Anregungen waren zu jedem Zeitpunkt der Arbeit äußerst wertvoll. Nancy Cott und Mary Welstead danke ich für wertvolle Inputs und die Möglichkeit, in einem interdisziplinären Forschungszusammenhang an der Harvard University zu forschen.

In allen Institutionen, an denen ich arbeiten konnte, profitierte ich von einem engagierten Austausch mit zahlreichen Forscherinnen und Forschern. Danken möchte ich insbesondere Franz X. Eder, Dorothea Nolde, Corinna Oesch, Elisa Heinrich, Irene Messinger und Johann Kirchknopf der Universität Wien. Ihre Expertise in Sexualitätsgeschichte, Geschlechtergeschichte und Österreichischer Geschichte waren äußerst wertvoll und lassen mich meine Forschungsjahre in Wien in bester Erinnerung behalten. Danken möchte ich auch Efi Avdela, Laura Lee Downs und Dimitra Lombropoulou. Sie waren nicht nur inspirierende Gesprächspartnerinnen für geschlechtergeschichtliche Fragen, sondern traten mir in entscheidenden Momenten unterstützend zur Seite – mehr als ihnen wahrscheinlich bewusst ist. Ein besonders großer Dank geht an meine langjährigen Freundinnen und Wegbegleiter Tanja Rietmann, Alix Heiniger und Urs Germann. Sie haben Kapitel meines Manuskripts gegengelesen und in wertvoller Weise kritisch kommentiert. Damiana Salm, Thomas Stichler und Anna-Theresa Kölczer danke ich für die sorgfältige Lektorats- und Korrektoratsarbeit.

Forschungsthemen lassen einen nicht einfach los, sondern haben die Untugend, sich auch nach Feierabend breit zu machen. Das galt bei der Arbeit zu diesem Buch in besonderer Weise. Yvonne Meyer, Adrian Baumgartner, Matthias Ruoss, Alexa Stiller, Bernhard Schär, Michèle Amacker, Noemi Fischer und Sibylle Matter danke ich für ihre Bereitschaft, die unterschiedlichen Aspekte des sexuellen Schutzalters mit mir zu diskutieren und mir jederzeit mit Rat zur Seite zu stehen.

Gewidmet ist das Buch Mia, Mathis und Lia. Es bleibt noch viel zu tun!

Quellen- und Literaturverzeichnis

Quellen

Archivquellen

Archiv des Völkerbundes, Genf (»League of Nations Archive, Geneva«):
LON, C. P. E./P. V.
LON, R 3075.

Landesarchiv Niederösterreich, St. Pölten (Depot Bad Pirawarth):
Kreisgericht St. Pölten, Strafakten (Vr) aus den Jahren 1950, 1960 und 1970.

Österreichisches Staatsarchiv, Wien:
ÖStA/AdR, J. M. I, Justiz, Str-Stz, Bogen Nr. 3.
ÖStA/AdR, Justiz, OLG Wien, PA 1-S-16; PA 7-W-279, PA 7-R-157.
ÖStA/AdR, BMfJ, Sektion II, Band 43–46, 139, 140, 143, 144, 189, 202, 207, 211.

Publizierte Quellen

Amtliche Publikationen

84. Sitzung NR XIII.GP. Stenographisches Protokoll, 84. Sitzung, 27. November 1973.

Allgemeine Erklärung der Menschenrechte, in: un.org/depts/german/menschenrechte/aemr.pdf (Zugriff: 12.07.2022).

Amtlicher Entwurf eines Allgemeinen Deutschen Strafgesetzbuchs nebst Begründung. Erster Teil: Entwurf, Berlin 1925.

Bundesgesetz vom 14. Februar 1973, mit dem Bestimmungen über die Geschäftsfähigkeit und die Ehemündigkeit geändert werden, in: Bundesgesetzblatt für die Republik Österreich, Jg. 1973, 2. März 1973, S. 691–695.

Bericht des Justizausschusses, 959 der Beilage zu den stenographischen Protokollen des Nationalrates XIII.GP.

Bundesministerium für Justiz, Entwurf eines Strafgesetzbuches samt Erläuterungen. Allgemeiner Teil, Wien 1964.

Bundesministerium für Justiz, Entwurf eines Strafgesetzbuches samt Erläuterungen. Besonderer Teil, Wien 1964.

Bundesministerium für Justiz, Entwurf eines Strafgesetzbuches samt Erläuterungen, Ministerialentwurf, Wien 1964.Bundesministerium für Justiz, Kriminalstatistik für das Jahr 1960, Wien 1962.

E. vom 11. September 1948, SSt. XIX 155 (Entscheidungen des österr. Obersten Gerichtshofes in Strafsachen und Disziplinarangelegenheiten. Veröffentlicht von seinen Mitgliedern unter Mitwirkung der Generalprokuratur, Band 19, Wien 1950, S. 233–234).

Entscheidung vom 13.10.1893, Z 8599 (Plenarbeschlüsse und Entscheidungen des kk Obersten Gerichts- und Cassationshofes Wien, 1896, Band 14, Entscheidung Nr. 1669, S. 38ff.).

Entscheidung vom 7.2.1930, 5 Os 1181/29 (Entscheidung des österreichischen Obersten Gerichtshofes, Wien 1930, Jahrgang 1930, X. Band, Entscheidung Nr. 21, S. 44ff.).

Entscheidung vom 18.9.1946, 2 Os 374/46 (Entscheidung des österreichischen Obersten Gerichtshofes, Wien 1950, Jahrgang 1946–48, XIX. Band, Entscheidung Nr. 13, S. 21 ff.).
Entscheidung vom 28.11.1958, 8 Os 77/58 (Entscheidung des österreichischen Obersten Gerichtshofes, Wien 1960, Jahrgang 1958, XXIX. Band, Entscheidung Nr. 80, 252 ff.).
Entwurf eines Allgemeinen Deutschen Strafgesetzbuchs mit Begründung und zwei Anlagen (Reichstagsvorlage), Berlin 1927.
Erkenntnis vom 12. September 1902, Slg. 2747 (Entscheidungen des k. k. Obersten Gerichts- als Cassationshofes, veröffentlicht von der k. k. Generalprocuratur, Band 4, Wien 1903, S. 257–260).
Erklärung der Rechte des Kindes vom 20. November 1959, in: UN-Kinderrechtskonvention, https://www.kinderrechtskonvention.info/erklaerung-der-rechte-des-kindes-vom-20-november-1959-3347 (Zugriff: 20.03.2020).
Erläuternde Bemerkungen zum Vorentwurf eines österreichischen Strafgesetzbuches vom September 1909 und zum Vorentwurf des Einführungsgesetzes, Wien 1910.
Foregger Egmont, Serini Eugen (Hg.), Strafgesetzbuch. StGB samt den wichtigsten Nebengesetzen, Wien 1975.
Gesetz vom 12. Juni 1945 über die Wiederherstellung des österreichischen Strafrechts, in: StGl 1945/9, S. 45–47.
Gesetz vom 12. Juni 1945 über die Wiederherstellung des österreichischen Strafprozeßrechtes, in: StGl 1945/9, S. 47–48.
Gesetz vom 26. Juni 1945 über Maßnahmen auf dem Gebiet des Eherechtes, des Personenstandsrechtes und des Erbgesundheitsrechtes, in: Rechtsinformationssystem des Bundes, https://www.ris.bka.gv.at/DokumenteBgblPdf/1945_31_0/1945_31_0.pdf Zugriff: 15.04.2020).
Österreichisches Statistisches Zentralamt, Kriminalstatistik für das Jahr 1965, Wien 1966, S. 53.
Recommendation on Consent of Marriage, Minimum Age of Marriage and Registration of Marriages. General Assembly resolution 2018 (XX) of 1 November 1965, in: United Nations Human Rights. Office of the High Commissioner, https://www.ohchr.org/Documents/ProfessionalInterest/recommendation.pdf (Zugriff: 15.04.2020).
Regierungsvorlage eines Strafgesetzbuches samt Erläuterungen, Wien 1968.
Reichsgesetzblatt, Teil 1. Ausgegeben zu Berlin, 8. Juli 1938, in: Alex. Historische Rechts- und Gesetzestexte Online, http://alex.onb.ac.at/cgi-content/alex?aid=dra&datum=19380004&seite=00000807 (Zugriff: 15.04.2020).
O. A. Germann, Schweizerisches Strafgesetzbuch, Zürich 1942.
Stenographisches Protokoll, 5. Sitzung des Nationalrates der Republik Österreich, 22. April 1953.
Stenographisches Protokoll, 80. Sitzung des Nationalrates der Republik Österreich, 13. Februar 1952.
Sexuelle Rechte: Eine IPPF-Erklärung, in: https://www.ippf.org/sites/default/files/ippf_sexual_rights_declaration_german.pdf (Zugriff: 01.08.2020).
Supplementary Convention on the Abolition of Slavery, the Slave Trade, and Institutions and Practices Similar to Slavery, Adopted by a Conference of Plenipotentiaries convened by Economic and Social Council resolution 608 (XXI) of 30 April 1956 and done at Geneva on 7 September 1956, Entry into force: 30 April 1957, in accordance with article 13, in: United Nations Human Rights. Office of the High Commissioner, https://www.ohchr.org/EN/ProfessionalInterest/Pages/SupplementaryConvention-AbolitionOfSlavery.aspx (Zugriff: 26.03.2020).
Übereinkommen über die Erklärung des Ehewillens, das Heiratsmindestalter und die Registrierung von Eheschließung, in: Bundesgesetzblatt für die Republik Österreich,

https://www.un.org/Depts/german/uebereinkommen/ar1763-a-xvii-oebgbl.pdf (Zugriff: 15.05.2020).

Unterzeichnung des Übereinkommens über die Erklärung des Ehewillens, das Heiratsmindestalter und die Registrierung von Eheschließungen, Wien, 9. September 1969, in: Bundesgesetzblatt für die Republik Österreich, Jahrgang 1969, 12. Dezember 1969, S. 3150–3155.

Verfassungsgesetz vom 1. Mai 1945 über die Wiederherstellung des Rechtslebens in Österreich, in: StGBl 1945/6, S. 7.

Zeitgenössische Darstellungen

Adorno Theodor W., Sexualtabus und Recht heute, in: Fritz Bauer et al. (Hg.), Sexualität und Verbrechen. Beiträge zur Strafrechtsreform, Frankfurt a. M. 1963, S. 299–317.

AK feministische Mädchenarbeit, Feministische Mädchenarbeit, in: Zyklotron, 27 (1989) 7, S. 16–19.

Altmann Ludwig et al., Kommentar zum Österreichischen Strafrecht, 1. Band, Wien 1928.

ALW Frauen, Alternative Frauenpolitik – Alternative Liste Wien, in: AUF. Eine Frauenzeitschrift, 37 (1983), S. 10–11.

Amendt Günter, Sexfront, Frankfurt a. M. 1970.

Bader Karl S., Der kriminelle KZ-Häftling, in: Die Gegenwart, 1 (1945/46) 14+15, S. 18–21.

Bader Karl S., Soziologie der Deutschen Nachkriegskriminalität, Tübingen 1949.

Bader Karl S., Beobachtungen zur Nachkriegskriminalität der Nachkriegszeit, Bonn 1952.

Bauer Fritz et al., Vorwort der Herausgeber, in: Dies. (Hg.), Sexualität und Verbrechen. Beiträge zur Strafrechtsreform, Frankfurt a. M. 1963, S. 7–10.

Baumann Jürgen et al., Alternativ-Entwurf eines Strafgesetzbuches. Besonderer Teil. Sexualdelikte. Straftaten gegen Ehe, Familie und Personenstand. Straftaten gegen den religiösen Frieden und die Totenruhe, Tübingen 1968.

Bloch Ivan, Anthropological Studies on the Strange Sexual Practice of All Races and All Ages, Newe York 1930.

Bornemann Ernest, Sexualität, in: Karl W. Bauer, Heinz Hengst (Hg.), Kritische Stichwörter, München 1978, S. 292–305.

Bornemann Ernest, Das Geschlechtsleben des Kindes. Beiträge zur Kinderanalyse und Sexualpädagogik, München, Wien, Baltimore 1985.

Bornemann Ernest, Kindersexualität, Kindesmißbrauch, Kinderprostitution, Pädophilie. Ein Beitrag zur Klärung der Begriffe, in: Christian König (Hg.), Gestörte Sexualentwicklung bei Kindern und Jugendlichen. Begutachtung, Straffälligkeit, Therapie, München, Basel 1989, S. 120–128.

Brantner Eva, Breindl Gertrud, Die gesetzliche Lage zur Vergewaltigung. Derzeitige Lage – Änderungsvorschläge, in: AUF. Eine Frauenzeitschrift, 57 (1987), S. 13–14.

Broda Christian, Der Weg zur Verwirklichung der Strafrechtsreform, in: Christian Broda et al., Der modernen Gesellschaft ein modernes Strafrecht!, Wien, Frankfurt a. M., Zürich 1968, S. 9–21.

Brownmiller Susan, Against our Will. Men, Women and Rape, New York 1975.

Brückner Günther, Die Jugendkriminalität. Erscheinungsformen, Ursachen, Behandlung, Hamburg 1956.

Bürger-Prinz Hans, Giese Hans, Psychiatrie und Sexualstrafrecht, in: Fritz Bauer et al. (Hg.), Sexualität und Verbrechen. Beiträge zur Strafrechtsreform, Frankfurt a. M. 1963, S. 262–272.

Császár Franz, Die Entwicklung der Kriminalität in Österreich, Wien, New York 1967.

Dannecker Martin, Bemerkungen zur strafrechtlichen Behandlung der Pädosexualität, in: Herbert Jäger, Eberhard Schorsch (Hg.), Sexualwissenschaft und Strafrecht, Stuttgart 1987, S. 71–83.

Dietrich Eckhart, Wiederholungsgefahr bei Sittlichkeitsverbrechern. Der Haftgrund des § 112 Abs. 3 StPO in historischer, rechtsdogmatischer und kriminologischer Sicht, Berlin 1970.

Döring Max, Zur Vernehmung und Begutachtung Jugendlicher in Sexualprozessen, in: Pädagogische Warte. Zeitschrift für wissenschaftliche Pädagogik, Lehrerfortbildung, Konferenzwesen, Tagesfragen und pädagogische Kritik, 32 (1925), S. 1028–1037.

Dürrenmatt Friedrich, Das Versprechen, Zürich 1958.

Essl Astrid, Schwarz Sonni, Sexueller Kindesmißbrauch, in: AUF. Eine Frauenzeitschrift, 55 (1987), S. 18–21.

Fank Pius, Führung durch die Reifejahre, Linz 1956.

Ferenczi Sándor, Sprachverwirrung zwischen den Erwachsenen und dem Kind, in: Ders., Schriften zur Psychoanalyse, Band 2, Frankfurt a. M. 1972, S. 303–313.

Fischer Erica, Lehmann Brigitte, Stoffl Kathleen, Gewalt gegen Frauen, Köln 1977.

Fischer P. A., Probleme des Sachverständigengutachtens bei der Pädophilie, in: Franz Günther Ritter von Stockert (Hg.), Die Pädophilie und ihre strafrechtliche Problematik. Vorträge gehalten auf dem 8. Kongreß der Deutschen Gesellschaft für Sexualforschung vom 25. bis 27. Mai in Karlsruhe, 2. Teil, Stuttgart 1964, S. 42–55.

Fitzinger Lothar, Das Delikt der Blutschande in den Landgerichtsbezirken Wuppertal und Innsbruck unter besonderer Berücksichtigung der verschiedenen soziologischen und ökonomischen Gegebenheiten der Bezirke, Dissertation, Universität Bonn 1958.

Förster Wolfgang, Wahl special, in: Lambda-Nachrichten, 3 (1982), S. 9.

Förster Wolfgang, Zwischen Provokation und Integration – ein Vierteljahrhundert Schwulenbewegung in Österreich, in: Ders., Tobias G. Natter, Ines Rieder (Hg.), Der andere Blick. Lesbischschwules Leben in Österreich. Eine Kulturgeschichte, Wien 2001, S. 215–224.

Frenzel o. V., Der Heimkehrer im Straf- und Ehescheidungsprozeß, in: Deutsche Richterzeitung, 28 (1950), S. 232–233.

Freud Sigmund, Zur Ätiologie der Hysterie, in: Ders., Schriften zur Krankheitslehre und Psychoanalyse, Frankfurt a. M. 1997 (Original 1897), S. 53–84.

Freud Sigmund, Drei Abhandlungen zur Sexualtheorie, 2. Aufl., Hamburg 2015, (Original 1905), S. 53–90.

Friedemann Adolf, Spätschäden bei Kindern und Jugendlichen, in: Franz Günther Ritter von Stockert (Hg.), Das sexuell gefährdete Kind. Vorträge gehalten auf dem 8. Kongreß der Deutschen Gesellschaft für Sexualforschung vom 25. bis 27. Mai in Karlsruhe, 1. Teil, Stuttgart 1965, S. 8–26.

Gampp Friedrich, Lehrbuch des österreichischen Strafprozesses, 7., umgearbeitete Auflage, Wien, Leipzig 1935.

Gauger Kurt, Die Dystrophie als psychosomatisches Krankheitsbild. Entstehung, Erscheinungsformen, Behandlung, Begutachtung. Medizinische, soziologische und juristische Spätfolgen, München, Berlin 1952.

Gebhard Hans-Ulrich, Der Inzest im schweizerischen Strafrecht mit einem Überblick über seine strafrechtliche Behandlung, Dissertation, Universität Zürich 1947.

Geisler Erika, Sittlichkeitsgefühl und Schulderlebnis von Kindern und Jugendlichen bei sexueller Verfehlung und ihre Berücksichtigung bei der Begutachtung, in: Franz Günther Ritter von Stockert (Hg.), Das sexuell gefährdete Kind. Vorträge gehalten auf dem 8. Kongreß der Deutschen Gesellschaft für Sexualforschung vom 25. bis 27. Mai in Karlsruhe, 1. Teil, Stuttgart 1965, S. 88–99.

Gerchow Joachim, Forensisch-medizinische Beurteilung der Jugendlichen und Heranwachsenden, in: Albert Ponsold et al. (Hg.), Lehrbuch der gerichtlichen Medizin einschließlich der ärztlichen Rechtskunde, ärztlichen Standeskunde sowie der Versicherungsmedizin, Stuttgart 1950, S. 90–108.

Gerchow Joachim, Über die Ursachen sexueller Fehlhaltungen und Straftaten bei ehemaligen Kriegsgefangenen, in: Deutsche Zeitschrift für gerichtliche Medizin, 42 (1953), S. 452–457.

Gerchow Joachim, Die Inzestsituation, in: Franz Günther Ritter von Stockert (Hg.), Das sexuell gefährdete Kind. Vorträge gehalten auf dem 8. Kongress der Deutschen Gesellschaft für Sexualforschung vom 25. bis 27. Mai in Karlsruhe, 1. Teil, Stuttgart 1965, S. 38–50.

Gesell Arnold, Jugend. Die Jahre von zehn bis sechzehn, Bad Neuheim 1958.

Giese Hans, Zur Diagnose der Pädophilie, in: Franz Günther Ritter von Stockert (Hg.), Die Pädophilie und ihre strafrechtliche Problematik. Vorträge gehalten auf dem 8. Kongreß der Deutschen Gesellschaft für Sexualforschung vom 25. bis 27. Mai in Karlsruhe, 2. Teil, Stuttgart 1964, S. 24–29.

Giese Hans, Flitner F., Ponsold Albert, Sittlichkeitsdelikte, in: Albert Ponsold (Hg.), Lehrbuch der Gerichtlichen Medizin. Für Mediziner und Juristen, Stuttgart 1967, S. 144–161.

Giese Hans, Schmidt Gunter, Studenten-Sexualität. Verhalten und Einstellung, Reinbek bei Hamburg 1968.

Graf Adolf, Elternhaus und Schule in der Sackgasse? Skizzen zum Problemfeld einer Sexualerziehung, in: Hans-Jürgen Mechler (Hg.), Schülersexualität und Sexualerziehung, Wien, München 1977, S. 19–37.

Grassberger Roland, Entwicklungstendenzen der Sexualkriminalität, Österreichische Juristen-Zeitung, 7 (1952), S. 225–232.

Graupner Helmut, Niederlande. Schutzalterssenkung noch nicht tot, in: Lambda-Nachrichten, 1 (1987), S. 33–34.

Greer Germaine, The Female Eunuch, London 1970.

Groffmann Karl Josef, Die psychischen Auswirkungen von Sittlichkeitsverbrechen bei jugendlichen Opfern, in: Günter Blau, Elisabeth Müller-Luckmann (Hg.), Gerichtliche Psychologie. Aufgaben und Stellung des Psychologen in der Rechtspflege, Darmstadt 1962, S. 148–181.

Haddenbrock Siegfried, Das psychiatrische Gutachten zur Beurteilung der Schuldfähigkeit von Triebtätern mit besonderer Berücksichtigung der Pädophilie, in: Franz Günther Ritter von Stockert (Hg.), Die Pädophilie und ihre strafrechtliche Problematik. Vorträge gehalten auf dem 8. Kongreß der Deutschen Gesellschaft für Sexualforschung vom 25. bis 27. Mai in Karlsruhe, 2. Teil, Stuttgart 1964, S. 56–68.

Hall G. Stanley, Adolescence. Its Relation to Physiology, Anthology, Sociology, Sex, Crime, Religion, and Education, New York 1904.

Hanack Ernst-Walter, Zur Revision des Sexualstrafrechts in der Bundesrepublik. Ein Rechtsgutachten unter Mitarbeit von E. Wahle und J. v. Gerlach, München 1968.

Hauer Gudrun, »Lesbische« Pädophilie: »Kanalratten« – Nein Danke!, in: an.schläge, 8 (1990) 2, S. 17.

Hauer Gudrun, Sexualität und Sprache. Sexuelle Wende und Sprache der Wende anhand von Textbeispielen, in: an.schläge, 8 (1990) 12, S. 17–19.

Hauer Gudrun, Sexuelle Gewalt gegen Kinder. Rotraud A. Perner: Zuliebe zu Leibe, in: Lambda-Nachrichten, 3 (1991), S. 69–70.

Hauptmann Walter, Gewaltlose Unzucht mit Kindern. Kriminalpolitische und sozialpsychologische Aspekte, München 1975.

Heidrich Karl, Zastiera Ferdinand, Jugendgerichtsgesetz (JGG), Wien 1962.
Hentig-Viernstein Hans von, Untersuchung über den Inzest, Heidelberg 1925.
Himmelreich Borwin, Die Kinderschändung, Dissertation, Universität Leipzig, Dresden 1932.
Hochheimer Wolfgang, Sexualstrafrecht in psychologisch-anthropologischer Sicht, in: Fritz Bauer et al. (Hg.), Sexualität und Verbrechen. Beiträge zur Strafrechtsreform, Frankfurt a. M. 1963, S. 84–117.
Hoegel Hugo, Gesamtreform des österreichischen Strafrechtes (einschließlich des Pressrechtes), Leipzig 1909.
Hoff Hans, Arzt und Strafrechtsreform, in: Christian Broda et al., Der modernen Gesellschaft ein modernes Strafrecht!, Wien, Frankfurt a. M., Zürich 1968, S. 53–58.
Hoffet Heinrich, Über die Anwendung des Testosteronblockers Cyproteronazetat (SH 714*) bei Sexualdelinquenten und psychiatrischen Anstaltspatienten, in: Praxis. Schweizerische Rundschau für Medizin. Revue suisse de médecine, 57 (1968), S. 221–230.
Holder Hans, Zum Problem der Blutschande, Dissertation Universität Bern, Zürich 1948.
Huber Gerd, Zur forensisch-psychiatrischen Begutachtung pädophiler Sexualdelinquenten, in: Franz Günther Ritter von Stockert (Hg.), Die Pädophilie und ihre strafrechtliche Problematik. Vorträge gehalten auf dem 8. Kongreß der Deutschen Gesellschaft für Sexualforschung vom 25. bis 27. Mai in Karlsruhe, 2. Teil, Stuttgart 1964, S. 42–55.
IGA, Vereinigtes Königreich, in: Lambda-Nachrichten, 3 (1980), S. 28–29.
Ithaler Brigitte, Buchbesprechung. Iris Galey, Ich weinte nicht, als Vater starb. Autobiographischer Roman, Bern 1988, in: an.schläge, 7 (1989) 2, S. 39.
Janowsky Norbert, Striebel Karl, Das Jugendgerichtsgesetz, Wien 1958.
Kadečka Ferdinand, Das österreichische Jugendgerichtsgesetz mit den Motiven und Durchführungsverordnungen, Wien 1929.
Kaniak Gustav, Das österreichische Strafgesetz samt den einschlägigen strafrechtlichen Nebengesetzen, 5. Aufl., Wien 1960.
Kaniak Gustav, Das österreichische Strafgesetz samt den einschlägigen strafrechtlichen Nebengesetzen, 6. Aufl., Wien 1969.
Keller Günter, Kriegsgefangenschaft und Heimkehr. Kriminalität und strafrechtliche Behandlung der Heimkehrer, Dissertation, Universität Freiburg 1953.
Kimmel Josef, Lehrbuch des österreichischen Strafrechts, 10., erw. Aufl., Wien 1948.
Kinsey Alfred C. et al., Sexual Behavior in the Human Male, Philadelphia 1948.
Kinsey Alfred C. et al., Sexual Behavior in the Human Female, Bloomington 1953.
König René, Soziologie der Familie, in: Arnold Gehlen, Helmut Schelsky (Hg.), Soziologie. Ein Lehr- und Handbuch zur modernen Gesellschaftskunde, Düsseldorf, Köln 1955, S. 119–156.
Krafft-Ebing Richard von, Psychopathia sexualis mit besonderer Berücksichtigung der konträren Sexualempfindung. Eine medizinisch-gerichtliche Studie für Ärzte und Juristen, 16. und 17., vollständig umgearbeitete Aufl. von Albert Moll, Stuttgart 1924.
Krafft-Ebing Richard von, Psychopathia sexualis mit besonderer Beruecksichtigung der contraeren Sexualempfindung, 10., verb. und vermehrte Aufl., Stuttgart 1898.
Krainz Josef, Leopold Pfaff, System des österreichischen allgemeinen Privatrechts, Erster Band: Der allgemeine Theil, Wien 1885.
Krainz Josef, Leopold Pfaff, System des österreichischen allgemeinen Privatrechts, Zweiter Band: Der specielle Theil, Wien 1885.
Krainz Josef, System des österreichischen allgemeinen Privatrechts (Grundriß und Ausführungen). Aus dessen Nachlaß herausgegeben und redigiert von Prof. Dr. L. Pfaff. Zweiter Band: Der specielle Theil, Wien 1889.

Kroath Franz, Einflußfaktoren der soziosexuellen Entwicklung 16- bis 18-jähriger Schüler, in: Hans-Jürgen Mechler (Hg.), Schülersexualität und Sexualerziehung, Wien, München 1977, S. 57–77.
Lammasch Heinrich, neu bearbeitet von Theodor Rittler, Grundriß des österreichischen Strafrechts, 5. Aufl., Wien 1926.
Langelüddeke Albrecht, Die Entmannung von Sittlichkeitsverbrechern, Berlin 1963.
Langelüddeke Albrecht, Die Wirkung der Entmannung, in: Franz Günther Ritter von Stockert (Hg.), Die Pädophilie und ihre strafrechtliche Problematik. Vorträge gehalten auf dem 8. Kongreß der Deutschen Gesellschaft für Sexualforschung vom 25. bis 27. Mai in Karlsruhe, 2. Teil, Stuttgart 1964, S. 91–95.
Lindenberger Waldimir, Hirnverletzung, organische Wesensänderung, Neurose, in: Der Nervenarzt, 22 (1951), S. 254–260.
Lohsing Ernst, Österreichisches Strafprozeßrecht, Wien 1932.
Maisch Herbert, Der Inzest und seine psychodynamische Entwicklung, in: Franz Günther Ritter von Stockert (Hg.), Das sexuell gefährdete Kind. Vorträge gehalten auf dem 8. Kongreß der Deutschen Gesellschaft für Sexualforschung vom 25. bis 27. Mai in Karlsruhe, 1. Teil, Stuttgart 1965, S. 51–59.
Mayer A., Zur Heimkehrerfrage, in: Hans Bürger-Prinz, Hans Giese (Hg.), Die Sexualität des Heimkehrers. Vorträge gehalten auf dem 4. Kongreß der Deutschen Gesellschaft für Sexualforschung in Erlangen 1956, Stuttgart 1957, S. 38–41.
Mechler Hans-Jürgen, Einführung in eine empirische Untersuchung zur Schülersexualität, in: Ders. (Hg.), Schülersexualität und Sexualerziehung, Wien, München 1977, S. 11–18.
Mechler Hans-Jürgen (Hg.), Schülersexualität und Sexualerziehung, Wien, München 1977.
Mechler Hans-Jürgen, Vorwort, in: Ders. (Hg.), Schülersexualität und Sexualerziehung, Wien, München 1977, S. 9–10.
Meyer Wolfang, Die Kriminalität der Schwerkriegsbeschädigten im Landesgericht Bonn, Bonn 1950.
Miller Alice, Du sollst nicht merken. Variationen über das Paradies-Thema, Frankfurt a. M. 1983.
Millett Kate, Sexual Politics, New York 1970.
Moll Albert, Das Sexualleben des Kindes, Leipzig 1908.
Muchow Hans Heinrich, Sexualreife und Sozialstruktur der Jugend, Reinbek bei Hamburg 1959.
Müller-Hess Viktor, Nau Elisabeth, Die Bewertung von Aussagen Jugendlicher in Sittlichkeitsprozessen, in: Jahreskurs für ärztliche Fortbildung, 21 (1930) 9, S. 48–72.
Müller-Luckmann Elisabeth, Die psychologische Begutachtung der Glaubwürdigkeit insbesondere in Jugendschutzsachen, in: Günther Blau, dies., Gerichtliche Psychologie. Aufgabe und Stellung des Psychologen in der Rechtspflege, Neuwied am Rhein, Berlin-Spandau 1962, S. 130–147.
Müller-Luckmann Elisabeth, Über die Wahrhaftigkeit kindlicher und jugendlicher Zeugen in der Hauptverhandlung, in: Franz Günther Ritter von Stockert (Hg.), Das sexuell gefährdete Kind. Vorträge gehalten auf dem 8. Kongreß der Deutschen Gesellschaft für Sexualforschung vom 25. bis 27. Mai in Karlsruhe, 1. Teil, Stuttgart 1965, S. 100–108.
Muuss Rolf E., Adoleszenz. Eine Einführung in die Theorie zur Psychologie des Jugendalters, Stuttgart 1971.
Nagler Johannes, Strafgesetzbuch nach dem neuesten Stand der Gesetzgebung. Leipziger Kommentar, Band 2, Berlin 1951.
Nass Gustav, Unzucht mit Kindern – das Sexualdelikt unserer Zeit. Ursachen und Be-

kämpfung, in: Monatsschrift für Kriminologie und Strafrechtsreform, 37 (1954) 3/4, S. 69–82.
Nau Elisabeth, Die Persönlichkeit des jugendlichen Zeugen, in: Franz Günther Ritter von Stockert (Hg.), Das sexuell gefährdete Kind. Vorträge gehalten auf dem 8. Kongreß der Deutschen Gesellschaft für Sexualforschung vom 25. bis 27. Mai in Karlsruhe, 1. Teil, Stuttgart 1965, S. 27–37.
Nowakowski Friedrich, Das österreichische Strafrecht in seinen Grundzügen, Graz u. a. 1955.
o. N., Warnung vor Sittlichkeitsverbrechern, in: Arbeiter-Zeitung, 15. September 1947, S. 23.
o. N., Sittlichkeitsverbrecher, in: Neue Zürcher Zeitung, 25. Juni 1949, S. 45.
o. N., Kinder in Gefahr, in: Volksrecht, 11. Dezember 1952, S. 25.
o. N., Oberster Gerichtshof ist wirklichkeitsfremd!, Kleine Zeitung, Nr. 173, 27. Juli 1952, S. 18.
o. N., Jane, o. N. Susi, Unsere Sexualität. Erfahrungen, Ängste, Wünsche, in: AUF. Eine Frauenzeitschrift, 4 (1975), S. 7–16.
o. N., Erica, Internationales Tribunal »Gewalt gegen Frauen«, Brüssel, 4.–8. März 1976, Bericht eines Komiteemitglieds, in: AUF. Eine Frauenzeitschrift, 7 (1976), S. 9–11.
o. N., Susi, Sexualerziehung. Wie sag ich's meinen Schülerinnen … Sexualerziehung in der Schule, in: AUF. Eine Frauenzeitschrift, 6 (1976), S. 9–10.
o. N., Susi, Vergewaltigung, in: AUF. Eine Frauenzeitschrift, 7 (1976), S. 34–37.
o. N., Irene, Vergewaltigung, in: AUF. Eine Frauenzeitschrift, 11 (1977), S. 19–20.
o. N., Schweizer Frauenkalender 1978 der FBB Bern, Sexualität. Die Frauen entdecken ihre Sexualität, in: AUF. Eine Frauenzeitschrift, 15 (1978), S. 5–6.
o. N., Das Verbrechen, über das niemand spricht, in: Emma, 1. April 1978, https://www.emma.de/artikel/sexueller-missbrauch-das-verbrechen-ueber-das-niemand-spricht-264278 (Zugriff: 20. 05. 2020).
o. N., arbeitskreise & projekte, in: AUF. Eine Frauenzeitschrift, 29 (1981), S. 40.
o. N., Turin 3. IGA-Kongreß, in: Lambda-Nachrichten, 2 (1981), S. 23.
o. N., HoSi-Programm. Homosexuelle Initiative, in: Netzwerk Zeitung Wien, März 1982, S. 11–12.
o. N., Programm der Homosexuellen in der »Alternativen Liste«, in: Lambda-Nachrichten, 3 (1982), S. 9–11.
o. N., Arbeitsgruppe Kindesmißbrauch, in: AUF. Eine Frauenzeitschrift, 42/43 (1983), S. 47.
o. N., Arbeitsgruppe Kindesmißbrauch, Aspekte zum sexuellen Kindesmißbrauch, in: AUF. Eine Frauenzeitschrift, 45 (1984), S. 47.
o. N., Hermi, o. N. Burgi, Irgendwie habe ich dann aufgegeben. Brigitte Rieder ist aus der ALW ausgetreten und hat ihr Bezirksmandat behalten, in: AUF. Eine Frauenzeitschrift, 41 (1984), S. 32–33.
o. N., Programm der ALW zur Sexualität, in: Netzwerk Zeitung Wien, Juli 1984, S. 6–8.
o. N., Feministische Mädchenarbeit, in: an.schläge, 6 (1988) 7/8, S. 18–19.
o. N., Erklärung: »Vergewaltiger, wir kriegen dich«, in: Zyklotron, 7 (1989) 27, S. 14.
o. N., »Merlin's Gay Special & Boys Video Collection«, in: Lambda-Nachrichten, 2 (1989), S. 59.
o. N., An einen Bruder, in: Zyklotron, 8 (1990) 34, S. 18–19.
o. N., Das »Kanalrattenmanifest«, in: an.schläge, 8 (1990) 2, S. 16.
o. N., Entwaffnet die Vergewaltiger, in: Zyklotron, 8 (1990) 33, S. 10.
o. N., Kadaver der Verzweiflung, in: Zyklotron, 8 (1990) 34, S. 20.
o. N., Schwerpunkt: Strategien gegen Männergewalt; Selbsthilfe, in: Zyklotron, 8 (1990) 33, S. 18–19.

o. N., Sexueller Missbrauch von Mädchen (Teil 2), in: Zyklotron, 8 (Juli 1990) 34, S. 21–24.

Palmen Franz, Der Inzest. Eine strafrechtlich-kriminologische Untersuchung, Dissertation, Universität Köln 1968.

Perner Rotraud A., Zuliebe zu Leibe, in: Dies., Zuliebe zu Leibe. Über die Möglichkeit und Unmöglichkeit kindlicher Erotik, Bad Sauerbrunn 1991, S. 9–34.

Pfürtner Stephanus, Das Sittlichkeitsempfinden in theologischer Sicht, in: Franz Günther Ritter von Stockert (Hg.), Das sexuell gefährdete Kind. Vorträge gehalten auf dem 8. Kongreß der Deutschen Gesellschaft für Sexualforschung vom 25. bis 27. Mai in Karlsruhe, 1. Teil, Stuttgart 1965, S. 60–79.

Phillip Erhard, Jugendliche Gruppentäter bei Sexualdelikten, in: H. Stutte (Hg.), Jahrbuch für Jugendpsychiatrie und ihre Grenzgebiete, Band 3, Bern, Stuttgart 1962, S. 116–119.

Plack Arno, Die Gesellschaft und das Böse, München 1968.

Rasch Wilfried, Gruppennotzuchtdelikte Jugendlicher und Heranwachsender, in: Hans Giese (Hg.), Zur Strafrechtsreform. Symposion der Deutschen Gesellschaft für Sexualforschung vom 13. bis 14. November 1967 in Bonn aus Anlaß des 70. Geburtstages von Herrn Prof. Dr. med. Dr. jur. h. c. Hans Bürger-Prinz, Stuttgart 1968, S. 66–112.

Rathbone Eleanor, Child Marriage: The Indian Minotaur. An Object Lesson from the Past to the Future, London 1934.

Reich Wilhelm, Die sexuelle Revolution, 16. Aufl., Frankfurt a. M. 2004 (Original 1945).

Reinhardt Heinz, Die Bestrafung der Unzucht mit Kindern unter besonderer Berücksichtigung des Verhaltens und der Persönlichkeit des Opfers, Bern 1967.

Rennert Helmut, Zur Problematik des Inzestes, in: Deutsche Zeitschrift für gerichtliche Medizin, 48 (1958), S. 50–57.

Rittler Theodor, Lehrbuch des österreichischen Strafrechts, Zweiter Band, besonderer Teil, Wien 1962.

Rosenmayr Leopold, Köckeis Eva, Kreutz Henrik, Kulturelle Interessen von Jugendlichen. Eine soziologische Untersuchung an jungen Arbeitern und höheren Schülern, Wien, München 1966.

Rush Florence, Das bestgehütete Geheimnis: Sexueller Kindesmißbrauch, Berlin 1982 (engl. Orig. 1980).

Rutschky Katharina, Erregte Aufklärung. Kindesmißbrauch: Fakten & Fiktionen, Hamburg 1992.

Scheiblbrander Magda, Florence Rush. Das bestgehütete Geheimnis: Sexueller Kindesmißbrauch, in: AUF. Eine Frauenzeitschrift, 39 (1983), S. 30–31.

Schelsky Helmut, Wandlungen der deutschen Familie in der Gegenwart. Darstellung und Deutung einer empirisch-soziologischen Tatbestandsaufnahme, Dortmund 1953.

Schmidt Gunter, Sigusch Volkmar, Arbeiter-Sexualität. Eine empirische Untersuchung an jungen Industriearbeitern, Neuwies, Berlin 1971.

Schmutzer Dieter, Kolumne, Dieters Seitenhiebe, in: Lambda-Nachrichten, 3 (1991), S. 90–91.

Schmutzer Dieter, Mißbraucht – mehr als ein Symposium, in: Lambda-Nachrichten, 3 (1991), S. 28–29.

Schnöll Claudia, […] Nicht sein kann, was nicht sein darf, in: an.schläge, 8 (1990) 2, S. 12–15.

Schomerus D. H., Der Pädophile und sein Opfer in theologischer Sicht, in: Franz

Günther Ritter von Stockert (Hg.), Das sexuell gefährdete Kind. Vorträge gehalten auf dem 8. Kongreß der Deutschen Gesellschaft für Sexualforschung vom 25. bis 27. Mai in Karlsruhe, 1. Teil, Stuttgart 1965, S. 80–87.

Schönfelder Thea, Die Rolle des Mädchens bei Sexualdelikten, Stuttgart 1968.

Schönke Adolf, Strafrecht und Kriminalität im heutigen Deutschland, in: Schweizerische Zeitschrift für Strafrecht. Revue Pénale Suisse, 64 (1949), S. 16–31.

Schulz Günter, Die Notzucht, Hamburg 1958.

Schwarzer Alice, Der »kleine Unterschied« und seine großen Folgen. Frauen über sich. Beginn einer Befreiung, Frankfurt a. M. 1975.

Schwarzer Alice, Sieh mich an!, in: https://www.aliceschwarzer.de/artikel/sieh-mich-264511 (Zugriff: 11. 11. 2018).

Schwind Fritz, Kommentar zum österreichischen Eherecht, Wien 1951.

Seelig Ernst, Triebkoppelung, Triebkompensation und Ambivalenz bei Notzüchtern der Nachkriegszeit, in: Hans Bürger-Prinz, Hans Giese (Hg.), Über das Wesen der Sexualität. Vorträge gehalten auf dem 2. Kongreß der Deutschen Gesellschaft für Sexualforschung in Königstein 1952, I. Teil, Stuttgart 1952, S. 46–58.

Sigusch Volkmar, Gunter Schmidt, Jugendsexualität. Dokumentation einer Untersuchung, Stuttgart 1973.

Steiner Harald, AIDS: Wie kann die Seuche wirksam bekämpft werden?, in: Netzwerk. Zeitschrift für alternative Politik (Mai 1987), S. 11–13.

Steinhilper Gernot, Sexualtäter und Sicherungsverwahrung. Abhandlung über Fragen der Sicherungsverwahrung und kriminologische Untersuchung an rückfälligen Sexualtätern, Dissertation, Heidelberg 1971.

Stern William, Jugendliche Zeugen in Sittlichkeitsprozessen. Ihre Behandlung und psychologische Begutachtung. Ein Kapitel forensischer Psychologie, Leipzig 1926.

Stockert Franz Günther Ritter von (Hg.), Die Pädophilie und ihre strafrechtliche Problematik. Vorträge gehalten auf dem 8. Kongreß der Deutschen Gesellschaft für Sexualforschung vom 25. bis 27. Mai in Karlsruhe, 2. Teil, Stuttgart 1964.

Stockert Franz Günther Ritter von (Hg.), Das sexuell gefährdete Kind. Vorträge gehalten auf dem 8. Kongreß der Deutschen Gesellschaft für Sexualforschung vom 25. bis 27. Mai in Karlsruhe, 1. Teil, Stuttgart 1965.

Stockert Franz Günther Ritter von, Zur Einführung in die Problemstellung, in: Ders. (Hg.), Das sexuell gefährdete Kind. Vorträge gehalten auf dem 8. Kongreß der Deutschen Gesellschaft für Sexualforschung vom 25. bis 27. Mai in Karlsruhe, 1. Teil, Stuttgart 1965, S. 1–7.

Stooss Carl, Die Grundzüge des Schweizerischen Strafrechts im Auftrag des Bundesrathes vergleichend dargestellt, Band 2, Basel, Genf 1893.

Stooss Carl, Lehrbuch des österreichischen Strafrechts, 2., umgearbeitete Aufl., Wien, Leipzig 1913.

Stooss Carl, Lehrbuch des Österreichischen Strafrechts, Wien, Leipzig 1910.

Stransky Erwin, Mehrfachdetermination der Sexualstörung bei Heimkehrern, in: Hans Bürger-Prinz, Hans Giese (Hg.), Die Sexualität des Heimkehrers. Vorträge gehalten auf dem 4. Kongreß der Deutschen Gesellschaft für Sexualforschung in Erlangen 1956, Stuttgart 1957, S. 19–26.

Stumpfl Friedrich, Die Persönlichkeit des Pädophilen, in: Franz Günther Ritter von Stockert (Hg.), Die Pädophilie und ihre strafrechtliche Problematik. Vorträge gehalten auf dem 8. Kongreß der Deutschen Gesellschaft für Sexualforschung vom 25. bis 27. Mai in Karlsruhe, 2. Teil, Stuttgart 1964, S. 1–17.

Suttinger Günter, Jugendkriminalität, in: Rudolf Sieverts (Hg.), Handwörterbuch der Kriminologie. Aberglaube – Kriminalbiologie, Berlin 1966, S. 401–436.

Tenbruck Friedrich H., Jugend und Gesellschaft, Freiburg i. Br. 1962.

Tramer Moritz, Lehrbuch der allgemeinen Kinderpsychiatrie einschließlich der allgemeinen Psychiatrie der Pubertät und Adoleszenz, 3. Aufl., Basel 1949.

Tschadek Otto, Die Aufgaben des Staates gegenüber dem Heimkehrer, in: Hans Bürger-Prinz, Hans Giese (Hg.), Über das Wesen der Sexualität. Vorträge gehalten auf dem 2. Kongreß der Deutschen Gesellschaft für Sexualforschung in Königstein 1952, I. Teil, Stuttgart 1952, S. 76–79.

Verein »Frauen gegen Vergewaltigung«, Lagebericht, in: Zyklotron, 9 (1991) 38, S. 14.

Vogl Maria, Die Dämpfung hypersexueller Zustände durch Epiphysan, in: Franz Günther Ritter von Stockert (Hg.), Die Pädophilie und ihre strafrechtliche Problematik. Vorträge gehalten auf dem 8. Kongreß der Deutschen Gesellschaft für Sexualforschung vom 25. bis 27. Mai in Karlsruhe, 2. Teil, Stuttgart 1964, S. 86–90.

Wallenberg Eckart von, Der Einfluß des Flüchtlingsproblems auf die Kriminalität der Gegenwart, iur. Dissertation, Universität Freiburg 1948.

Wallis Hedwig, Die Behandlung der kindlichen und jugendlichen Opfer von Sittlichkeitsstraftaten, in: Franz Günther Ritter von Stockert (Hg.), Das sexuell gefährdete Kind. Vorträge gehalten auf dem 8. Kongreß der Deutschen Gesellschaft für Sexualforschung vom 25. bis 27. Mai in Karlsruhe, 1. Teil, Stuttgart 1965, S. 116–123.

Weingand Hans-Peter, Sonderbare Schwärmer. Streiflichter: Homosexualität und Strafrecht in Österreich, in: Lambda-Nachrichten, 3 (1995), S. 37–38.

Wiethold F., Kriminalbiologische Behandlung von Sittlichkeitsverbrechern, in: Hans Bürger-Prinz, Hans Giese (Hg.), Über das Wesen der Sexualität. Vorträge gehalten auf dem 2. Kongreß der Deutschen Gesellschaft für Sexualforschung in Königstein 1952, I. Teil, Stuttgart 1952, S. 37–45.

Winterfeld Achim von, Hirnverletzte im Strafrecht, in: Neue Juristische Wochenschrift, 4 (1951), S. 781–783.

Wirtz Hans, Liebe lernen für die Ehe, Donauwörth 1956.

Wittmann Wilfried, Die Blutschande. Eine rechtsgeschichtliche, rechtsvergleichende und kriminologische Untersuchung unter Berücksichtigung der Nachkriegskriminalität in der Rheinpfalz, Dissertation, Universität Main 1953.

Wolff Karl, Grundriß des österreichischen bürgerlichen Rechts, 4. neubearbeitete Auflage, Wien 1948.

Würtenberger Thomas, Jugendliche Tätertypen, in: Bundeskriminalamt Wiesbaden (Hg.), Bekämpfung der Jugendkriminalität, Wiesbaden 1955, S. 92–99.

Wyrsch Jakob, Die sexuellen Perversionen und die psychiatrisch-forensische Bedeutung der Sittlichkeitsdelikte, in: Hans Walter Gruhle et al. (Hg.), Psychiatrie der Gegenwart. Forschung und Praxis. Band 3, Berlin, Göttingen, Heidelberg 1961, S. 351–385.

Wyss Rudolf, Zur Frage der Spätschäden bei kindlichen Opfern von Sittlichkeitsdelikten, in: Schweizerische Zeitschrift für Strafrecht, 79 (1963), S. 272–292.

Wyss Rudolf, Unzucht mit Kindern. Untersuchungen zur Frage der sogenannten Pädophilie, Berlin, Heidelberg, New York 1967.

Literatur

Ahlers Christoph J., Schaefer Gerard A., Pädophilie, Pädosexualität und sexueller Kindesmissbrauch: Über die Notwendigkeit einer differenzierten Betrachtung, in: BZgA Forum Sozialaufklärung, 3 (2010), S. 45–51.

Akermann Martina, Furrer Markus, Jenzer Sabine, Bericht Kinderheime im Kanton Luzern, 31. 07. 2012, in: https://www.kinderheime-schweiz.ch/de/pdf/markus_

furrer_et_al_schlussbericht_aufarbeitung_kinderheime_31juli2012.pdf, S. III (Zugriff: 14.04.2019).
Albertina Wien (Hg.), Egon Schiele, München 2017.
Altenberg Toni Elisabeth, Mein Leben in der Mühlkommune. Freie Sexualität und kollektiver Gehorsam, Wien, Köln, Weimar 1998.
Alvarado-Dupuy Flora et al., Thema: NS-Recht. Kontinuitäten, Brüche, Nachwirkungen. Vorwort, in: juridikum, 2 (2015), S. 185–187.
Amendt Günter, Nur die Sau rauslassen? Bei der Pädophilie-Diskussion sind viele Interessen im Spiel. Aber kaum die der Kinder (1980), in: Ders., Gunter Schmidt, Volkmar Sigusch, Sex Tells. Sexualforschung als Gesellschaftskritik, Hamburg 2011.
Amendt Günter, Sexueller Missbrauch von Kindern. Zur Pädophiliediskussion von 1980 bis heute, in: Merkur, 64 (2010) 739, S. 1161–1172.
Amendt Günter, Schmidt Gunter, Sigusch Volkmar, Sex Tells. Sexualforschung als Gesellschaftskritik, Hamburg 2011, S. 15–26.
Andresen Hartmut, Die Sexualdelinquenz in Deutschland von 1882–1990 im Spiegel der Strafverfolgungsstatistik, Kiel 1995.
Andresen Sabine, Kistenich-Zerfass Johannes (Hg.), Archive und Aufarbeitung sexuellen Kindesmissbrauchs. Beiträge zu einer Tagung der Unabhängigen Kommission zur Aufarbeitung sexuellen Kindesmissbrauchs und des Hessischen Landesarchivs am 27. Mai 2019, Darmstadt 2019.
Andresen Sabine, Tippelt Rudolf, Sexuelle Gewalt in Kindheit und Jugend, in: Dies. (Hg.), Sexuelle Gewalt in Kindheit und Jugend. Theoretische, empirische und konzeptionelle Erkenntnisse und Herausforderungen erziehungswissenschaftlicher Forschung, Weinheim, Basel 2018, S. 9–17.
Angelides Steven, Feminism, Child Sexual Abuse, and the Erasure of Child Sexuality, in: GLQ, 10 (2004) 2, S. 141–177.
Archibald Elizabeth, Incest between Adults and Children in the Medieval World, in: George Rousseau (Hg.), Children and Sexuality. From the Greeks to the Great War, 2. Aufl., Basingstoke 2012, S. 85–102.
Armstrong Louise, Kiss Daddy Goodnight. Aussprache über Inzest, Frankfurt a. M. 1985.
Arni Caroline, »Baigné dans l'atmosphère du cas concret«. Fallstudien zur ehelichen Beziehung in der Stadt Bern zu Beginn des 20. Jahrhunderts, in: Veronika Aegerter et al. (Hg.), Geschlecht hat Methode. Ansätze und Perspektiven in der Frauen- und Geschlechtergeschichte. Beiträge zur 9. Schweizerischen Historikerinnentagung 1998, Zürich 1999, S. 139–156.
Baader Meike Sophia, Tabubruch und Entgrenzung. Pädosexualität und Wissenschaft in den 1960er und 1990er Jahren, in: Zeitschrift für Pädagogik, 64. Beiheft (2018), S. 28–39.
Baader Meike Sophia, Blinde Flecken in der Debatte über sexualisierte Gewalt. Pädagogischer Eros und Sexuelle Revolution in geschlechter-, generationen- und kindheitshistorischer Perspektive, in: Werner Thole et al. (Hg.), Sexualisierte Gewalt, Macht und Pädagogik, Opladen u. a. 2012, S. 84–99.
Baader Meike Sophia, Die romantische Idee des Kindes und der Kindheit. Auf der Suche nach der verlorenen Unschuld, Berlin 1996.
Baader Meike Sophia et al. (Hg.), Tabubruch und Entgrenzung. Kindheit und Sexualität nach 1968, Weimar, Wien 2017.
Bachitsch Inge Nora, Die Entwicklung der Sittlichkeitsdelikte in Österreich bis 1918 unter Berücksichtigung der wichtigsten Strafgesetzentwürfe, unpublizierte Dissertation, Universität Wien 1997.
Backes Susanne, »Funktionieren musst du wie eine Maschine«. Leben und Überleben in

deutschen und österreichischen Kinderheimen der 1950er und 1960er Jahre, Weinheim, Basel 2012.

Baier Dirk et al., »Toxische Männlichkeit«. Die Folgen gewaltlegitimierender Männlichkeitsnormen für Einstellung und Verhaltensweisen, in: Kriminalistik: Zeitschrift für die gesamte kriminalistische Wissenschaft und Praxis, 73 (2019) 7, S. 465–471.

Bailey Beth, The Vexed History of Children and Sex, in: Paula S. Fass (Hg.), The Routledge History of Childhood in the Western World, London, New York 2013, S. 191–210.

Ballantine Margaret W., Sibling Incest Dynamics. Therapeutic Themes and Clinical Challenges, in: Clinical Social Work Journal, 40 (2012), S. 56–65.

Bancroft John, Alfred C. Kinsey and the Politics of Sex Research, in: Annual Review of Sex Research, 15 (2004), S. 1–39.

Bänziger Peter-Paul et al., Sexuelle Revolution? Zur Sexualitätsgeschichte seit den 1960er Jahren im deutschsprachigen Raum, in: Dies. (Hg.), Sexuelle Revolution? Zur Geschichte der Sexualität im deutschsprachigen Raum seit den 1960er Jahren, Bielefeld 2015, S. 7–23.

Bashford Alison, Global Population. History, Geopolitics, and Life on Earth, New York 2014.

Bauer Fritz, Sexualstrafrecht heute, in: Ders. et al. (Hg.), Sexualität und Verbrechen. Beiträge zur Strafrechtsreform, Frankfurt a. M. 1963, S. 11–26.

Bauer Gernot, Pädophile Parteiprogramme auch in Österreich, in: profil, 23. 09. 2013, https://www.profil.at/home/paedophile-parteiprogramme-oesterreich-366633 (Zugriff: 20. 04. 2020).

Bauer Ingrid, 1968 und *sex(ual) & gender revolution.* Transformations- und Konfliktzone: Geschlechterverhältnisse, in: Oliver Rathkolb, Friedrich Stadler (Hg.), Das Jahr 1968 – Ereignis, Symbol, Chiffre, Wien 2010, S. 163–186.

Bauer Ingrid, Das 68er-Gedächtnis in Österreich, männergeschichtliche Deutungen und *Models* als »Expertinnen« der Emanzipation, in: Dies., Hana Havelková (Hg.), Gender & 1968. L'Homme. Europäische Zeitschrift für Feministische Geschichtswissenschaft, 20 (2009) 2, S. 129–142.

Bauer Ingrid, Hoffmann Robert, Kubek Christina, Abgestempelt und ausgeliefert. Fürsorgeerziehung und Fremdunterbringung in Salzburg nach 1945: mit einem Ausblick auf die Wende hin zur sozialen Kinder- und Jugendarbeit von heute, Innsbruck 2013.

Baumann Imanuel, Dem Verbrechen auf der Spur. Eine Geschichte der Kriminologie und Kriminalpolitik in Deutschland, 1880 bis 1980, Göttingen 2006.

Baumgart Benjamin, Juristische Hintergründe zum sexuellen Missbrauch von Kindern und Jugendlichen in der DDR, in: Christian Sachse, Stefanie Knorr, Benjamin Baumgart, Sexueller Missbrauch in der DDR. Historische, rechtliche und psychologische Hintergründe des sexuellen Missbrauchs an Kindern und Jugendlichen in der DDR. Wiesbaden 2018, S. 133–171.

Baumgartner Marianne, Vergewaltigungen zwischen Mythos und Realität. Wien und Niederösterreich im Jahre 1945, in: Peter Eppel (Hg.), Frauenleben 1945. Kriegsende in Wien. Katalog zur 205. Sonderausstellung des Historischen Museums der Stadt Wien, Wien 1995, S. 59–72.

Baumgartner Marianne, »Jo, des waren halt schlechte Zeiten …«. Das Kriegsende und die unmittelbare Nachkriegszeit in den lebensgeschichtlichen Erzählungen von Frauen aus dem Mostviertel, Frankfurt a. M. 1994.

Baurmann Michael C., Sexualität, Gewalt und psychische Folgen. Eine Längsschnittuntersuchung bei Opfern sexueller Gewalt und sexueller Normverletzung anhand von angezeigten Sexualkontakten, Wiesbaden 1983.

Beck Birgit, Wehrmacht und sexuelle Gewalt. Sexualverbrechen vor deutschen Militärgerichten 1939–1945, Paderborn u.a. 2004.

Becker David, Die Erfindung des Traumas – verflochtene Geschichte, Berlin 2006.

Becker Frank, Amerikabild und »Amerikanisierung«, in: Ders., Elke Reinhardt-Becker (Hg.), Mythos USA. »Amerikanisierung« in Deutschland seit 1900, Frankfurt a.M., New York 2006, S. 19–47.

Becker Sophinette, Aktuelle Diskurse über Pädosexualität/Pädophilie und ihre Leerstellen, in: Meike Sophia Baader et al. (Hg.), Tabubruch und Entgrenzung. Kindheit und Sexualität nach 1968, Weimar, Wien 2017, S. 313–325.

Becker Sophinette, Pädophilie zwischen Dämonisierung und Verharmlosung, in: Werkblatt. Zeitschrift für Psychoanalyse und Gesellschaftskritik, 38 (1997) 1, S. 5–21.

Becker-Schmidt Regina, »class«, »gender«, »ethnicity«, »race«: Logiken der Differenzsetzung, Verschränkung von Ungleichheitslagen und gesellschaftlicher Strukturierung, in: Cornelia Klinger, Gudrun-Axeli Knapp, Birgit Sauer (Hg.), Achsen der Ungleichheit. Zum Verhältnis von Klasse, Geschlecht und Ethnizität, Frankfurt a.M., New York 2007, S. 56–83.

Benke Nikolaus, Holzleithner Elisabeth, Zucht durch Recht. Juristische Konstruktionen der Sittlichkeit im österreichischen Strafrecht, L'Homme, 9 (1998) 1, S. 41–88.

Bernstein Robin, Racial Innocence. Performing American Childhood from Slavery to Civil Rights, New York 2011.

Bertel Christian, Venier Andreas, Strafprozessrecht, 2. Aufl., Wien 2008.

Bessel Richard, »Leben nach dem Tod«. Vom Zweiten Weltkrieg zur zweiten Nachkriegszeit, in: Bernd Wegner (Hg.), Wie Kriege enden. Wege zum Frieden von der Antike bis zur Gegenwart, Paderborn 2002, S. 239–258.

Biess Frank, Survivors of Totalitarianism. Returning POWs and the Reconstruction of Masculine Citizenship in West Germany, 1945–1955, in: Hanna Schissler (Hg.), The Miracle Years. A Cultural History of West Germany, 1949–1968, Princeton, Oxford 2001, S. 57–82.

Birke Roman, Medizinische Maßnahmen zur Bekämpfung der Homosexualität. »Freiwillige Entmannungen« homosexueller Männer im Nationalsozialismus, in: Marco Brenneisen et al. (Hg.), Stigmatisierung – Marginalisierung – Verfolgung. Beiträge des 19. Workshops zur Geschichte und Gedächtnisgeschichte der nationalsozialistischen Konzentrationslager, Berlin 2015, S. 37–56.

Birke Roman, Kraml Barbara, Gleichzeitigkeit von Inklusion und Exklusion. Homosexualitäten zwischen Verfolgung und Normalisierung in Österreich 1971, in: zeitgeschichte, 43 (2016) 2, S. 85–100.

Bischoff Nora, Guerrini Flavia, Jost Christine, In Verteidigung der (Geschlechter)Ordnung. Arbeit und Ausbildung im Rahmen der Fürsorgeerziehung von Mädchen. Das Landeserziehungsheim St. Martin in Schwaz 1945–1990, in: Michaela Ralser, Reinhard Sieder (Hg.), Die Kinder des Staates. Children of the State, Österreichische Zeitschrift für Geschichtswissenschaften (ÖZG), 25 (2014) 1+2, S. 220–247.

Blaschitz Edith, Der »Kampf gegen Schmutz und Schund«. Film, Gesellschaft und die Konstruktion nationaler Identität in Österreich (1946–1970), Wien, Berlin 2014.

Blaschitz Edith, »Kampf gegen Schmutz und Schund«. Medienrezeption in Österreich (1945–1965), in: Dies., Martin Seibt (Hg.), Medienbildung in Österreich. Historische und aktuelle Entwicklungen, theoretische Positionen und Medienpraxis, Wien, Berlin, Münster 2008, S. 136–147.

Blaschitz Edith, Zwischen Re-Orientation und »Kampf gegen Schmutz und Schund«.

Österreichische Kinder- und Jugendmedien in der Nachkriegszeit (1945–1960), in: Heinz Moser et al. (Hg.), Jahrbuch Medienpädagogik 7. Medien, Pädagogik, Politik, Wiesbaden 2008, S. 169–186.

Bos Marguérite, Vincenz Bettina, Wirz Tanja (Hg.), Erfahrung: Alles nur Diskurs? Zur Verwendung des Erfahrungsbegriffs in der Geschlechtergeschichte. Beiträge zur 11. Schweizerischen HistorikerInnentagung 2002, Zürich 2004.

Boss Sonja, Unverdienter Ruhestand. Die personalpolitische Bereinigung belasteter NS-Juristen in der westdeutschen Justiz, Berlin 2009.

Boussaguet Laurie, La pédophilie, problème public. France, Belgique, Anglettere, Paris 2008.

Bowald Béatrice et al. (Hg.), KörperSinnE. Körper im Spannungsfeld von Diskurs und Erfahrung, Bern, Wettingen 2002.

Brauneder Wilhelm, Österreichische Verfassungsgeschichte, Wien 2009.

Brown Alyson, Barrett David, Knowledge of Evil. Child Prostitution and Child Sexual Abuse in Twentieth Century England, Devon 2002.

Bruckmüller Karin, Höpfel Frank, Strafrecht – ein Brennpunkt im Nationalsozialismus, in: Franz-Stefan Meissel et al. (Hg.), Juridicum Spotlight II. Diskussionsforum der Rechtswissenschaftlichen Fakultät. Vertriebenes Recht – Vertreibendes Recht. Zur Geschichte der Wiener Rechts- und Staatswissenschaftlichen Fakultät 1938 und 1945, Wien 2012, S. 351–373.

Brüggemann Johannes A. J., Entwicklung und Wandel des Sexualstrafrechts in der Geschichte unseres StGB. Die Reform der Sexualdelikte einst und jetzt, Baden-Baden 2013.

Brumberg Joan Jacobs, »Something Happens to Girls«. Menarche and the Emergence of the Modern American Hygiene Imperative, in: Miriam Forman-Brunell, Leslie Paris (Hg.), The Girls' History and Cultural Reader. The Twentieth Century, Urbana u. a. 2011, S. 15–42.

Brumberg Joan Jacobs, The Body Project. An Intimate History of American Girls, New York 1997.

Bublitz Hannelore et al., Diskursanalyse – (k)eine Methode? Eine Einleitung, in: Dies. (Hg.), Das Wuchern der Diskurse. Perspektiven der Diskursanalyse Foucaults, Frankfurt a. M., New York 1999, S. 10–21.

Bühler Rahel, Jugend beobachten. Debatten in Öffentlichkeit, Politik und Wissenschaft in der Schweiz. 1945–1979, Zürich 2019.

Burghartz Susanna, »Geschlecht« und »Kriminalität« – ein »fruchtbares« Verhältnis?, in: Brigitte Studer, Rudolf Jaun (Hg.), Weiblich – männlich. Geschlechterverhältnisse in der Schweiz: Rechtsprechung, Diskurs, Praktiken. Féminin – masculin. Rapports sociaux de sexes en Suisse: législation, discours, pratiques, Zürich 1995, S. 23–31.

Businger Susanne, Ramsauer Nadja, »Genügend goldene Freiheit gehabt«. Heimplatzierungen von Kindern und Jugendlichen im Kanton Zürich, 1950–1990, Zürich 2019.

Claus Robert, Virchow Fabian, The Far Right's Ideological Constructions of »Deviant« Male Sexualities, in: Michael Köttig, Renate Bitzan, Andrea Petö (Hg.), Gender and Far Right Politics in Europe, Cham 2017, S. 305–319.

Cleves Rachel Hope, From pederasty to pedophilia: Sex between children or youth and adults in U.S. history, in: History Compass, 2018; 16:12435, in: https://doi.org/10.1111/hic3.12435, S. 1–9.

Cliché Marie-Anne, Un secret bien gardé. L'inceste dans la société traditionelle québécoise, 1858–1938, in: Revue d'histoire de l'Amérique française, 50 (1996) 2, S. 201–226.

Cocca Carolyn, Adolescent Sexuality. A Historical Handbook and Guide, Westport 2006.

Cocks Geoffrey, Psychotherapy in the Third Reich. The Göring Institute, New Brunswick 1997.
Cocks H. G., Houlbrook Matt, Introduction, in: H. G. Cocks, Matt Houlbrook (Hg.), The Modern History of Sexuality, Basingstoke 2006, S. 1–18.
Cohen Stanley, Folk Devils and Moral Panics. The creation of the Mods and Rockers, 3. Aufl., London, New York 2002.
Comacchio Cynthia, Lost in Modernity. »Maladjustment« and the »Modern Youth Problem«, English-Canada, 1920–1950, in: Mona Gleason et al. (Hg.), Lost Kids. Vulnerable Children and Youth in Twentieth-Century Canada and the United States, Vancouver 2010, S. 53–71.
Connelly Matthew, Fatal Misconception. The Struggle to Control World Population, Cambridge 2008.
Connolly Brian, Domestic Intimacies. Incest and the Liberal Subject in Nineteenth-Century America, Philadelphia 2014.
Conrad Christoph, Conrad Sebastian, Wie vergleicht man Historiographien? in: Dies. (Hg.), Die Nation schreiben. Geschichtswissenschaft im internationalen Vergleich, Göttingen 2002, S. 11–48.
Cook Matt, Law, in: H. G. Cocks, Matt Houlbrook (Hg.), The Modern History of Sexuality, Basingstoke 2006, S. 64–86.
Cottier Maurice, Fatale Gewalt. Ehre, Subjekt und Kriminalität am Übergang zur Moderne. Das Beispiel Bern 1868–1914, Konstanz 2017, S. 167–193.
Cravens Hamilton, The Historical Context of G. Stanley Hall's Adolescence (1904), in: History of Psychology, 9 (2006) 3, S. 172–185.
Crozier Ivan, Performing the Western Sexual Body after 1920, in: Ivan Crozer (Hg.), A Cultural History of the Human Body in the Modern Age, Oxford, New York 2010, S. 43–70.
Czeike Felix, Historisches Lexikon Wien, Band 6: Ergänzungsband, Wien 2004.
Darby Robert, The Masturbation Taboo and the Rise of Routine Male Circumcision. A Review of the Historiography, in: Journal of Social History, 27 (2003), S. 737–757.
Dardenne Sabine, Cuny Marie-Thérèse, Ihm in die Augen sehen. 80 Tage in der Gewalt von Marc Dutroux, München 2006.
Degele Nina, Gender/Queer Studies. Eine Einführung, Paderborn 2008, S. 78–84.
Delany Janice, Lupton Mary Jane, Toth Emily, The Curse. A Cultural History of Menstruation, über. Aufl., Urbana, Chicago 1988.
Devlin Rahel, The Oedipal Age. Postwar Psychoanalysis Reinterprets the Adolescent Girl, in: Miriam Forman-Brunell, Leslie Paris (Hg.), The Girls' History and Cultural Reader. The Twentieth Century, Urbana u. a. 2011, S. 217–241.
Dobler Jens, Rimmele Harald, Schwulenbewegung, in: Roland Roth, Dieter Rucht (Hg.), Die sozialen Bewegungen in Deutschland seit 1945. Ein Handbuch, Frankfurt a. M., New York 2008, S. 542–556.
Dohnal Johanna, Sexismus, Gewalt gegen Frauen und Vergewaltigung in der Ehe, in: Alexandra Weiss, Erika Thurner (Hg.), Johanna Dohnal und die Frauenpolitik der Zweiten Republik. Dokumente zu einer Pionierin des österreichischen Feminismus, Wien 2019, S. 151–185.
Dokumentationsarchiv des österreichischen Widerstandes (Hg.), Opferschicksale. Widerstand und Verfolgung im Nationalsozialismus. 50 Jahre Dokumentationsarchiv des österreichischen Widerstandes, Jahrbuch 2013, Wien 2013.
Dose Ralf, Die Implantation der Antibabypille in den 60er und frühen 70er Jahren, in: Zeitschrift für Sexualforschung, 3 (1990) 1, S. 25–39.

Downs Laura Lee, Gender History, in: Marek Tamm, Peter Burke (Hg.), Debating New Approaches to History, London 2019, S. 101–115.

Droux Joëlle, Children and Youth. A Central Cause in the Circulatory Mechanisms of the League of Nations (1919–1939), in: Prospects, 45 (2015), S. 63–76.

Düwell Susanne, Pethes Nicolas (Hg.), Fall – Fallgeschichte – Fallstudie. Theorie und Geschichte einer Wissensform, Frankfurt a. M., New York 2014.

Eckel Jan, Moyn Samuel (Hg.), The Breakthrough. Human Rights in the 1970s, Philadelphia 2014.

Eder Franz X., Die lange Geschichte der »Sexuellen Revolution« in Westdeutschland (1950er bis 1980er Jahre), in: Peter-Paul Bänziger et al. (Hg.), Sexuelle Revolution? Zur Geschichte der Sexualität im deutschsprachigen Raum seit den 1960er Jahren, Bielefeld 2015, S. 25–59.

Eder Franz X., Homosexualitäten. Diskurse und Lebenswelten, 1870–1970, Wien 2011.

Eder Franz X., Kultur der Begierde. Eine Geschichte der Sexualität, 2., erw. Aufl., München 2009.

Eder Franz X., »›The Nationalists‹ ›Healthy Sensuality‹ was followed by America's Influence«. Sexuality and Media from National Socialism to the Sexual Revolution, in: Günter Bischof, Anton Pelinka, Dagmar Herzog (Hg.), Sexuality in Austria (Contemporary Austrian Studies, Vol. 15), New Brunswick, London 2007, S. 102–130.

Eder Franz X., Die »Sexuelle Revolution« – Befreiung und/oder Repression?, in: Ingrid Bauer, Christa Hämmerle, Gabriella Hauch (Hg.), Liebe und Widerstand. Ambivalenzen historischer Geschlechterbeziehung, Wien 2005, S. 397–414.

Eder-Rieder Maria A., Die freiheitsentziehenden vorbeugenden Maßnahmen, Wien 1985.

Egan R. Danielle, Hawkes Gail, Theorizing the Sexual Child in Modernity, New York 2010.

Eghigian Greg, The Corrigible and Incorrigible. Science, Medicine, and the Convict in Twentieth-Century Germany, Ann Arbor 2015.

Eitler Pascal, Die »sexuelle Revolution« – Körperpolitik um 1968, in: Martin Klimke, Joachim Scharloth (Hg.), Handbuch 1968. Zur Kultur- und Mediengeschichte der Studentenbewegung, Stuttgart 2007, S. 235–246.

Eitler Pascal, Scheer Monique, Emotionsgeschichte als Körpergeschichte. Eine heuristische Perspektive auf religiöse Konversionen im 19. und 20. Jahrhundert, in: Geschichte und Gesellschaft, 35 (2009), S. 282–313.

Elberfeld Jens, Von der Sünde zur Selbstbestimmung. Zum Diskurs »kindlicher Sexualität«. (Bundesrepublik Deutschland 1960–1990), in: Peter-Paul Bänziger et al (Hg.), Sexuelle Revolution? Zur Geschichte der Sexualität im deutschsprachigen Raum seit den 1960er Jahren, Bielefeld 2015, S. 247–284.

Eminger Stefan, Langthaler Ernst (Hg.), Niederösterreich im 20. Jahrhundert, Band 1: Politik, Wien 2008.

Ericsson Kjersti, Children's Agency. The Struggles of the Powerless, in: Johanna Sköld, Shurlee Swain (Hg.), Apologies and the Legacy of Abuse of Children in »Care«. International Perspectives, Basingstoke 2015, S. 42–54.

Etzel Matthias, Die Aufhebung von nationalsozialistischen Gesetzen durch den Alliierten Kontrollrat (1945–1948), Tübingen 1992.

Faust-Scalisi Mario, Die Ford Foundation und der Population Council. Zwei Institutionen, die gemeinsam globale Bevölkerungsdiskurse prägten, in: Thomas Etzemüller (Hg.), Vom »Volk« zur »Population«. Interventionistische Bevölkerungspolitik in der Nachkriegszeit, Münster 2015, S. 134–157.

Feigl Susanne, Was gehen mich seine Knöpfe an? Johanna Dohnal: Eine Biografie, Wien 2002.

Fermi Laura, Illustrious Immigrants. The Intellectual Migration from Europe 1930–41, 2. Aufl., Chicago, London 1968,

Fink-Eitel Hinrich, Michel Foucault zur Einführung, Hamburg 1990.

Finkelhor David, Sex Among Siblings. A Survey on Prevalence, Variety and Effects, in: Archives of Sexual Behavior, 9 (1980) 3, S. 171–194.

Finkelhor David, What's Wrong with Sex between Adults and Children? Ethics and the Problem of Sexual Abuse, in: American Journal of Orthopsychiatry, 49 (1979) 4, S. 692–697.

Fischer Kate, »She was quite satisfied with the arrangements I made«. Gender and Birth Control in Britain (1920–1950), in: Past and Present, 169 (2000) 1, S. 161–193.

Fischer Thomas, Frauenhandel und Prostitution. Zur Institutionalisierung eines transnationalen Diskurses im Völkerbund, in: Zeitschrift für Geschichtswissenschaft, 54 (2006) 10, S. 876–887.

Fischer-Homberger Esther, Zur Medizingeschichte des Traumas, in: Gesnerus, 56 (1999), S. 260–294.

Fleck Robert, Die Mühl-Kommune. Freie Sexualität und Aktionismus. Die Geschichte eines Experiments, Köln 2003, S. 213–226.

Forman Ross, Race and Empire, in: H. G. Cocks, Matt Houlbrook (Hg.), The Modern History of Sexuality, Basingstoke 2006, S. 109–132.

Forster Ellinor, Legitime Wut. Zum Ausdruck männlicher Gefühle in Ehescheidungsprozessen des ländlichen Tirol und Vorarlberg im 19. Jahrhundert, in: Manuel Borutta, Nina von Verheyen (Hg.), Die Präsenz der Gefühle. Männlichkeit und Emotionen in der Moderne, Bielefeld 2010, S. 105–128.

Foucault Michel, Die Ordnung des Diskurses, Frankfurt a. M. 1992.

Foucault Michel, Der Wille zum Wissen. Sexualität und Wahrheit 1, Frankfurt a. M. 1983.

Foucault Michel, Archäologie des Wissens, Frankfurt a. M. 1981.

Freedman Estelle B., Patriarchy Revisited: Gender, Race, and Sexual Violence, in: Journal of Women's History, 19 (2007) 4, S. 154–162.

Frei Norbert, 1968. Jugendrevolte und globaler Protest, München 2008.

Frevert Ute, Was haben Gefühle in der Geschichte zu suchen?, in: Geschichte und Gesellschaft, 35 (2009), S. 183–208.

Friedmann Ina, Von der »Schuld« der Opfer. Die Behandlung von Kindern, die Opfer sexueller Gewalt wurden, an der Heilpädagogischen Abteilung der Wiener Universitäts-Klinik im 20. Jahrhundert, 1. Juni 2017, https://zeitgeschichte-online.de/themen/von-der-schuld-der-opfer (Zugriff: 06. 08. 2018).

Friedmann Ina, »[D]a sie wieder am Tag onanierte.« Epiphysanverabreichungen an der Innsbrucker Kinderbeobachtungsstation 1954–1987, in: Virus – Beiträge zur Sozialgeschichte der Medizin, 17 (2018), S. 131–146.

Friedrichs Jan-Henrik, Delinquenz, Geschlecht und die Grenzen des Sagbaren. Sexualwissenschaftliche Diskursstränge zur Pädophilie in ausgewählten Periodika, 1960–1995, in: Zeitschrift für Sexualforschung, 30 (2017) 2, S. 161–182, S. 170–171.

Friedrichs Jan-Henrik, Die *Indianerkommune Nürnberg*. Kinderrechte – Antipädagogik – Pädophilie, in: Meike Sophia Baader et al. (Hg.), Tabubruch und Entgrenzung. Kindheit und Sexualität nach 1968, Weimar, Wien 2017, S. 251–282.

Fröhlich Fabienne, Feministische Mädchenarbeit, in: Gender Glossar / Gender Glossary, in: https://gender-glossar.de/f/item/81-feministische-maedchenarbeit (Zugriff: 22. 11. 2019).

Fuchs Eckhardt, Children's Rights and Global Civil Society, in: Comparative Education, 43 (2007) 3, S. 393–412.
Fuchs Eckhardt, Kinderschutz und Völkerbund. Zur Formierung des edukativen Multilateralismus in der Zwischenkriegszeit, in: Ders. (Hg.), Bildung International. Historische Perspektiven und aktuelle Entwicklungen, Würzburg 2006, S. 163–180.
Gadamer Hans-Georg, Hermeneutik I. Wahrheit und Methode. Grundzüge einer philosophischen Hermeneutik, 6. Aufl., Tübingen 1990.
Garfinkel Harold, Studies in Ethnomethodology, Englewood Cliffs 1967.
Gassert Philipp, Transnationale Geschichte, in: Docupedia-Zeitgeschichte. Begriffe, Methoden und Debatten der zeithistorischen Forschung, 29. 10. 2012, in: http://docupedia.de/zg/Transnationale_Geschichte_Version_2.0_Philipp_Gassert (Zugriff: 03. 09. 2018).
Gehltomholt Eva, Hering Sabine, Das verwahrloste Mädchen – Diagnostik und Fürsorge in der Jugendhilfe zwischen Kriegsende und Reform (1945–1965), Opladen 2006.
Gehmacher Johanna, Macht/Lust – Übersetzung und fragmentierte Traditionsbildung als Strategien zur Mobilisierung eines radikalen Feminismus, in: Angelika Schaser, Sylvia Schraut, Petra Steymans-Kurz (Hg.), Erinnern, vergessen, umdeuten? Europäische Frauenbewegung im 19. und 20. Jahrhundert, Frankfurt a. M. 2019, S. 95–123.
Gehmacher Johanna, Wenn Frauenrechtlerinnen wählen können … Frauenbewegung, Partei/Politik und politische Partizipation von Frauen – begriffliche und forschungsstrategische Überlegungen, in: Dies., Natascha Vittorelli (Hg.), Wie Frauenbewegung geschrieben wird. Historiographie, Dokumentation, Stellungnahmen, Bibliographie, Wien 2009, S. 135–180.
Gehmacher Johanna, Löffler Klara, Über erfahrene Gewalt erzählen – Formen und Konstellationen. Eine Einleitung, in: Dies. (Hg.), Storylines and Blackboxes. Autobiografie und Zeugenschaft in der Nachgeschichte von Nationalsozialismus und Zweitem Weltkrieg, Wien 2017, S. 7–21.
Gehmacher Johanna, Mesner Maria, Land der Söhne. Geschlechterverhältnisse in der Zweiten Republik, Innsbruck, Wien, Bozen 2007.
Geiger Brigitte, Hacker Hanna, Donauwalzer. Damenwahl. Frauenbewegte Zusammenhänge in Österreich, Wien 1989.
Geldmacher Thomas, Der gute Mensch von Kiel? Marinerichter Otto Tschadeck (1904–1969), in: Ders. et al. (Hg.), »Da machen wir nicht mehr mit …«. Österreichische Soldaten und Zivilisten vor Gerichten der Wehrmacht, Wien 2010, S. 215–227.
Gerhard Ute, Frauen in der Geschichte des Rechts. Von der frühen Neuzeit bis zur Gegenwart, München 1997.
Germann Urs, Zur Nacherziehung versorgt. Die administrative Versorgung von Jugendlichen im Kanton Bern 1942–1973, in: Berner Zeitschrift für Geschichte, 80 (2018) 1, S. 7–42.
Germann Urs, Kampf dem Verbrechen. Kriminalpolitik und Strafrechtsreform in der Schweiz 1870–1950, Zürich 2015.
Germann Urs, »Entmannung« oder dauerhafte Versorgung? Die Kastration von Sexualstraftätern in der Schweiz zwischen 1930 und 1970. Zum Stand der historischen Forschung, in: Daniel Fink et al. (Hg.), Sexualität, Devianz, Delinquenz, Bern 2014, S. 119–135.
Germann Urs, Die späte Erfindung der Zweispurigkeit. Carl Stooss und die Entstehung der Zweispurigkeit von Strafen und Maßnahmen im schweizerischen Strafrecht – eine historisch-kritische Retrospektive, in: Schweizerische Zeitschrift für Strafrecht. Revue Pénale Suisse, 127 (2009), S. 152–176.
Germann Urs, Psychiatrie und Strafjustiz. Entstehung, Praxis und Ausdifferenzierung

der forensischen Psychiatrie in der der deutschsprachen Schweiz 1850–1950, Zürich 2003.

Gerodetti Natalia, Konstruktionen von Homosexualität während der Vereinheitlichung des StGBs, in: Claudia Opitz, Brigitte Studer, Jakob Tanner (Hg.), Kriminalisieren – Entkriminalisieren – Normalisieren, Zürich 2006, S. 311–324.

Gerodetti Natalia, Modernising Sexualities. Towards a Socio-Historical Understanding of Sexualities in the Swiss Nation, Bern u. a. 2005.

Giami Alain, Sexuality, Health and Human Rights: The Invention of Sexual Rights, in: Sexologies, 24 (2015), S. 45–53.

Giuliani Fabienne, Les liaisons interdites. Histoires de l'inceste au XIXe siècle, Paris 2014.

Giuliani Fabienne, Monsters in the Village? Incest in Nineteenth Century France, in: Journal of Social History, 42 (2009) 4, S. 919–932.

Glendon Mary Ann, A World Made New. Eleanor Roosevelt and the Universal Declaration of Human Rights, New York 2001.

Godenzi Alberto, Gewalt im sozialen Nahraum, 2. Aufl., Basel 1994.

Goltermann Svenja, Opfer. Die Wahrnehmung von Krieg und Gewalt in der Moderne. m Frankfurt a. M. 2017.

Goltermann Svenja, Die Gesellschaft der Überlebenden. Deutsche Kriegsheimkehrer und ihre Gewalterfahrung im Zweiten Weltkrieg, München 2009.

Gordon Linda, Heroes of Their Own Lives. The Politics and History of Family Violence, New York 1988.

Gössl Martin J., Von der Unzucht zum Menschenrecht. Eine Quellensammlung zu lesbisch-schwulen Themen in den Debatten des österreichischen Nationalrats von 1945 bis 2002, Graz 2011.

Grassberger Roland, Ferdinand Kadečka, in: Neue Deutsche Bibliographie, 10 (1974), S. 721, https://www.deutsche-biographie.de/sfz38188.html (Zugriff: 15. 05. 2020).

Graupner Helmut, Sexual Consent. The Criminal Law in Europe and Overseas, in: Archives of Sexual Behavior, 29 (2000) 5, S. 415–461.

Graupner Helmut, Sexualität, Jugendschutz und Menschenrechte. Über das Recht von Kindern und Jugendlichen auf sexuelle Selbstbestimmung, Teil 1 und Teil 2, Frankfurt a. M. u. a. 1997.

Greif Elisabeth, Verkehrte Leidenschaft. Gleichgeschlechtliche Unzucht im Kontext von Strafrecht und Medizin. Aus- und Verhandlungsprozesse vor dem Landesgericht Linz 1918–1938, Wien 2019.

Greif Elisabeth, »Unzüchtige Umarmung«. Weibliche gleichgeschlechtliche Unzucht in der Zwischenkriegszeit, in: juridikum, 3 (2014), S. 291–300.

Griesebner Andrea, »Er hat mir halt gute Wörter gegeben, daß ich es thun solle.« Sexuelle Gewalt im 18. Jahrhundert am Beispiel des Prozesses gegen Katharina Riedlerin und Franz Riedler, in: Michael Weinzinger (Hg.), Individualisierung, Rationalisierung, Säkularisierung. Neue Wege der Religionsgeschichte, München 1997, S. 130–155.

Grossberg Michael, Liberation and Caretaking. Fighting over Children's Rights in Postwar America, in: Paula S. Fass, Michael Grossberg (Hg.), Reinventing Childhood after World War II, Philadelphia 2012, S. 19–37.

Grosse Judith, Der Kampf gegen Prostitution. Zwischen Sittlichkeitsreform, Feminismus und Medizin, 1864–1914, in: Dies., Francesco Spöring, Jana Tschurenev (Hg.), Biopolitik und Sittlichkeitsreform. Kampagnen gegen Alkohol, Drogen und Prostitution 1880–1950, Frankfurt a. M., New York 2014, S. 177–215.

Grüner Stefan, Kinder und Trauma. Zur wissenschaftlichen Konzeptualisierung von kindlicher Kriegs- und Gewalterfahrung seit dem 19. Jahrhundert, in: Stefan Grüner, Markus Raasch (Hg.), Zucht und Ordnung. Gewalt gegen Kinder in historischer Perspektive, Berlin 2019, S. 321–370.

Guerrini Flavia, Über Sexualität sprechen, über Gewalt schweigen. Zur Dethematisierung sexueller Gewalt in jugendamtsinternen Sittlichkeitsdiskursen (1945–1960), in: Jeannette Windheuser, Elke Kleinau (Hg.), Generation und Sexualität, Berlin, Toronto 2020, S. 51–67.

Habermas Rebekka, Frauen- und Geschlechtergeschichte, in: Joachim Eibach, Günther Lottes (Hg.), Kompass der Geschichtswissenschaft, 2. Aufl., Göttingen 2002, S. 231–245.

Hacke Peter, Frauengewalt gegen Männergewalt. Die Neue Frauenbewegung und ihr Verhältnis zur Gewalt, in: Feminismus Seminar (Hg.), Feminismus in historischer Perspektive. Eine Reaktualisierung, Bielefeld 2014, S. 193–220.

Hackler Ruben, Kinzel Katherina (Hg.), Paradigmatische Fälle. Konstruktion, Narration und Verallgemeinerung von Fall-Wissen in den Geistes- und Sozialwissenschaften, Basel 2016.

Hagemann-White Carol, Die Frauenhausbewegung, in: Ilse Lenz (Hg.), Die Neue Frauenbewegung in Deutschland. Abschied vom kleinen Unterschied. Eine Quellensammlung, 2., aktualisierte Aufl., Wiesbaden 2010, S. 291–295.

Hanisch Ernst, Der Ort des Nationalsozialismus in der österreichischen Geschichte, in: Emmerich Tálos et al. (Hg.), NS-Herrschaft in Österreich. Ein Handbuch, Wien 2001, S. 11–24.

Hark Sabine, Dissidente Partizipation. Eine Diskursgeschichte des Feminismus, Frankfurt a. M. 2005.

Hark Sabine, Feministische Theorie – Diskurs – Dekonstruktion. Produktive Verknüpfungen, in: Reiner Keller et al. (Hg.), Handbuch Sozialwissenschaftliche Diskursanalyse, Band 1, Theorien und Methoden, Opladen 2001, S. 353–371.

Haslinger Markus, Bewirkt die UN-Konvention über die Rechte des Kindes einen neuen völkerrechtlichen oder menschenrechtlichen Status des Kindes in Österreich? in: Maria Rauch-Kallat, Johannes W. Pichler (Hg.), Entwicklungen in den Rechten der Kinder im Hinblick auf das UN-Übereinkommen über die Rechte des Kindes, Wien, Köln, Weimar 1994, S. 49–72.

Hauch Gabriella, Frauen bewegen Politik. Österreich 1848–1938, Innsbruck, Wien, Bozen 2009.

Hausen Karin, Die Polarisierung der »Geschlechtscharaktere« – Eine Spiegelung der Dissoziation von Erwerbs- und Familienleben, in: Werner Conze (Hg.), Sozialgeschichte der Familie in der Neuzeit Europas, Stuttgart 1976, S. 363–393.

Hawkes Gail, Egan R. Danielle, Developing the Sexual Child, in: Journal of Historical Sociology, 21 (2008), S. 443–465.

Heider Ulrike, Vögeln ist schön. Die Sexrevolte von 1968 und was von ihr bleibt, Berlin 2014.

Heinemann Rebecca, Im Zweifel für das Kind? Sexuelle Gewalt gegen Kinder und Jugendliche im Kaiserreich und der Weimarer Republik, in: Stefan Grüner, Markus Raasch (Hg.), Zucht und Ordnung. Gewalt gegen Kinder in historischer Perspektive, Berlin 2019, S. 374–403.

Henchoz Caroline, Praz Anne-Françoise, Rusterholz Carole, Saisir l'adolescence à travers la microéconomie familiale (1925–1970), in: Lebensalters. Les âges de la vie. Traverse. Zeitschrift für Geschichte. Revue d'histoire, 24 (2017) 2, S. 53–71.

Hensel Alexander, Neef Tobias, Pausch Robert, Von »Knabenliebhabern« und »Power-Pädos«. Zur Entstehung und Entwicklung der westdeutschen Pädophilen-Bewe-

gung, in: Franz Walter, Stephan Klecha, Alexander Hensel (Hg.), Die Grünen und die Pädosexualität. Eine bundesdeutsche Geschichte, Göttingen 2015, S. 136–159.
Herbert Ulrich, Schildt Axel (Hg.), Kriegsende in Europa. Vom Beginn des deutschen Machtzerfalls bis zur Stabilisierung der Nachkriegsordnung 1944–1948, Essen 1998.
Herman Judith L., Die Narben der Gewalt. Traumatische Erfahrungen verstehen und überwinden, 4. Aufl., Paderborn 2014.
Herrwerth Thommi, Partys, Pop und Petting. Die Sixties im Spiegel der Bravo, Marburg 1997.
Herzog Dagmar, Cold War Freud. Psychoanalysis in an Age of Catastrophes, Cambridge 2018.
Herzog Dagmar, Sexuality, Memory, Morality. West Germany in the 1950s–1960s, in: Dies., Lust und Verwundbarkeit. Zur Zeitgeschichte der Sexualität in Europa und den USA, Göttingen 2018, S. 7–40.
Herzog Dagmar, Sexuelle Traumatisierung und traumatisierte Sexualität. Die westdeutsche Sexualwissenschaft im Wandel, in: Meike Sophia Baader et al. (Hg.), Tabubruch und Entgrenzung. Kindheit und Sexualität nach 1968, Weimar, Wien 2017, S. 37–54.
Herzog Dagmar, Die »Sexuelle Revolution« in Westeuropa und ihre Ambivalenzen, in: Peter-Paul Bänziger et al. (Hg.), Sexuelle Revolution? Zur Geschichte der Sexualität im deutschsprachigen Raum seit den 1960er Jahren, Bielefeld 2015, S. 347–368.
Herzog Dagmar, Sexuality in Europe. A Twentieth-Century History, New York 2011.
Herzog Dagmar, Die Politisierung der Lust. Sexualität in der deutschen Geschichte des zwanzigsten Jahrhunderts, München 2005.
Herzog Dagmar, Sex after Fascism. Memory and Morality in Twentieth-Century Germany, Princeton, Oxford 2005.
Hill Collins Patricia, Bilge Sirma, Intersectionality, Cambridge 2016.
Hobsbawm Eric, Das Zeitalter der Extreme. Weltgeschichte des 20. Jahrhunderts, 4. Aufl., München 2000.
Hofer Hans-Georg, Gewalterfahrung, »Trauma« und psychiatrisches Wissen im Umfeld des Ersten Weltkrieges, in: Helmut Konrad et al. (Hg.), Terror und Geschichte, Wien, Köln, Weimar 2012, S. 205–221.
Hoffmann Stefan-Ludwig, Die Universalisierung der Menschenrechte nach 1945, in: https://zeitgeschichte-online.de/kommentar/die-universalisierung-der-menschenrechte-nach-1945, 1. Juni 2011 (Zugriff: 10. 05. 2021).
Hoffmann Robert, Strafprozeßakten als sozialgeschichtliche Quelle, in: Erika Weinzierl, Karl R. Stadler (Hg.), Justiz und Zeitgeschichte, Wien, Salzburg 1977, S. 248–268, S. 256.
Hommen Tanja, »Sie hat sich nicht im Geringsten gewehrt«. Zur Kontinuität kultureller Deutungsmuster sexueller Gewalt seit dem Kaiserreich, in: Christine Künzel (Hg.), Unzucht – Notzucht – Vergewaltigung. Definitionen und Deutungen sexueller Gewalt von der Aufklärung bis heute, Frankfurt a. M. 2003, S. 119–136.
Hommen Tanja, »Notzucht« und »unzüchtige Handlung an Kindern« im Kaiserreich, in: Geschichte und Gesellschaft, 2 (2000), S. 577–601.
Hommen Tanja, Sittlichkeitsverbrechen. Sexuelle Gewalt im Kaiserreich, Frankfurt a. M. 1999.
Horn Stacey S., Peter Christina, Russel Stephen T., The Right to Be Who You Are. Competing Tensions among Protection, Survival, and Participation Related to Youth Sexuality and Gender, in: Martin D. Ruck, Michele Peterson-Badali, Michael Freeman (Hg.), Handbook of Children's Rights. Global and Multidisciplinary Perspectives, New York, London 2017, S. 221–238.

Hornung Ela, Warten und Heimkehren. Eine Ehe während und nach dem Zweiten Weltkrieg, Wien 2005.

Huemer Peter, Die Angst vor der Freiheit, in: Gerhard Jagschitz, Klaus Dieter Mulley (Hg.), Die »wilden« fünfziger Jahre. Gesellschaft, Formen und Gefühle eines Jahrzehnts in Österreich, St. Pölten, Wien 1985, S. 208–220.

Hunt Lynn, Psychologie, Ethnologie und »linguistic turn« in der Geschichtswissenschaft, in: Hans-Jürgen Goertz (Hg.), Geschichte. Ein Grundkurs, 2. Aufl., Hamburg 2001, S. 671–693.

Ilse Lenz (Hg.), Die Neue Frauenbewegung in Deutschland. Abschied vom kleinen Unterschied. Eine Quellensammlung, 2., aktualisierte Aufl., Wiesbaden 2010.

Jackson Louise A., Childhood and Youth, in: H. G. Cocks, Matt Houlbrook (Hg.), The Modern History of Sexuality, Basingstoke 2006, S. 231–255.

Jackson Louise A., Child Sexual Abuse in Victorian England, London, New York 2000.

Jagschitz Gerhard, Von der »Bewegung« zum Apparat. Zur Phänomenologie der NSDAP 1938 bis 1945, in: Emmerich Tálos et al. (Hg.), NS-Herrschaft in Österreich. Ein Handbuch, Wien 2001, S. 88–122.

Jarzebowski Claudia, Inzest. Verwandtschaft und Sexualität im 18. Jahrhundert, Köln, Weimar 2006.

John Michael (Hg.), Sozialpädagogisches Jugendwohnheim Wegscheid. Begleitpublikation zur Ausstellung: von der Korrektionsbaracke zur sozialpädagogischen Institution, Linz 2006.

Judt Tony, Geschichte Europas von 1945 bis zur Gegenwart, München 2006.

Kämpf Katrin M., Pädophilie. Eine Diskursgeschichte, Bielefeld 2022.

Kampusch Natascha, 10 Jahre Freiheit, Berlin 2016.

Kampusch Natascha, 3065 Tage, Berlin 2010.

Karner Stefan, Stangler Gottfried (Hg.), Österreich ist frei. Der österreichische Staatsvertrag 1955. Beitragsband zur Ausstellung auf Schloss Schallaburg 2005, Wien 2005.

Kaufmann Claudia, Leimgruber Walter (Hg.), Was Akten bewirken können. Integrations- und Ausschlussprozesse eines Verwaltungsvorganges, Zürich 2008.

Kavemann Barbara, Löhstöter Ingrid, Väter als Täter. Sexuelle Gewalt gegen Mädchen. »Erinnerungen sind wie eine Zeitbombe«, Reinbek bei Hamburg 1983.

Keller Fritz, Mailüfterl über Krähwinkel, in: Bärbel Danneberg et al. (Hg.), Die 68er. Eine Generation und ihr Erbe, Wien 1998, S. 36–67.

Kelly Liz, Surviving Sexual Violence, Minneapolis 1988.

Kenning Kristine, Kontingente Höhepunkte. Geschlechterdisziplinierung und Orgasmus, in: Ilse Lenz, Lisa Mense, Charlotte Ulrich (Hg.), Reflexive Körper? Zur Modernisierung von Sexualität und Reproduktion, Wiesbaden 2004, S. 51–84.

Kerchner Brigitte, Körperpolitik. Die Konstruktion des »Kinderschänders« in der Zwischenkriegszeit, in: Wolfgang Hardtwig (Hg.), Politische Kulturgeschichte der Zwischenkriegszeit 1918–1939, Göttingen 2005, S. 241–278.

Killias Martin, Jugend und Sexualstrafrecht. Eine rechtssoziologische und rechtsvergleichende Untersuchung über die Bestimmungsgründe des Jugendschutzes im Sexualstrafrecht, dargestellt anhand der Geschichte des Tatbestandes der Unzucht mit Kindern, Bern 1979.

Kirchknopf Johann Karl, Sexuelle Gewalt gegen Kinder im österreichischen Strafrecht des 19. und 20. Jahrhunderts – ein Delikt und Strukturmerkmal zugleich, in: Österreichischen Zeitschrift für Geschichtswissenschaften (ÖZG), 28 (2017) 3, S. 106–132.

Kirchknopf Johann Karl, Die strafrechtliche Verfolgung homosexueller Handlungen in Österreich im 20. Jahrhundert, in: Zeitgeschichte. Homosexuellenverfolgung in Österreich. Geschichte und Nachgeschichte, 43 (2016) 2, S. 68–84.

Klatt Johanna, Hensel Alexander, D'Antonio Oliver, Andere Perspektiven, neue Fronten. Die Verdrängung der Pädophilie-Debatte ab den 1980er Jahren, in: Franz Walter, Stephan Klecha, Alexander Hensel (Hg.), Die Grünen und die Pädosexualität. Eine bundesdeutsche Geschichte, Göttingen 2015, S. 228–251.

Klecha Stephan, Die Grünen zwischen Empathie und Distanz in der Pädosexualitätsfrage. Anatomie eines Lernprozesses, Wiesbaden 2017.

Klecha Stephan, Niemand sollte ausgegrenzt werden. Die Kontroversen um Pädosexualität bei den frühen Grünen, in: Franz Walter, Stephan Klecha, Alexander Hensel (Hg.), Die Grünen und die Pädosexualität. Eine bundesdeutsche Geschichte, Göttingen 2015, S. 160–227.

Knafla Leonore, Kulke Christine, 15 Jahre neue Frauenbewegung. Und sie bewegt sich noch! – Ein Rückblick nach vorn, in: Roland Roth, Dieter Rucht (Hg.), Neue soziale Bewegungen in der Bundesrepublik Deutschland, Frankfurt a. M., New York 1987, S. 89–108.

Knepper Paul, International Criminals. The League of Nations, the Traffic in Women and the Press, in: Media History, 20 (2014) 4, S. 400–414, S. 404.

Köchl Sylvia, »Das Bedürfnis nach gerechter Sühne«. Wege von »Berufsverbrecherinnen« in das Konzentrationslager Ravensbrück, Wien 2016.

Kolata Jens, Kastrationsoperationen im Nationalsozialismus. Das Beispiel der Chirurgischen Universitätsklinik Tübingen, in: Ärzteblatt Baden-Württemberg, 70 (2015) 11, S. 564–567.

Komlosy Andrea, Zeiten und Reichweiten. Wirtschaft in Niederösterreich im 20. Jahrhundert, in: Peter Melichar, Ernst Langthaler, Stefan Eminger (Hg.), Niederösterreich im 20. Jahrhundert, Band 2: Wirtschaft, Wien, Köln, Weimar 2008, S. 733–771.

Komlosy Andrea, V: Die niederösterreichische Wirtschaft in der Zweiten Republik, in: Michael Dippelreiter (Hg.), Niederösterreich. Land im Herzen – Land an der Grenze (Geschichte der österreichischen Bundesländer seit 1945, Band 6), Wien 2000, S. 271–428.

König Julia, Kindliche Sexualität. Geschichte, Begriff und Probleme, Frankfurt a. M. 2020.

Koops Willem, Zuckerman Michael, Beyond the Century of the Child. Cultural History and Developmental Psychology, Philadelphia 2003.

Kraml Barbara, Ungleicher Schutz sexueller Autonomie, unpublizierte Dissertation, Universität Wien 2016.

Kranebitter Andreas, Der »Kampf gegen das Verbrechertum« im nationalsozialistischen Österreich. Die Kriminalpolizei und die Radikalisierung der NS-Verfolgungspolitik nach 1938, in: Österreichische Zeitschrift für Geschichtswissenschaften (ÖZG), 29 (2018) 1, S. 148–179.

Kratz Käthe, Trallori Lisbeth N. (Hg.), Liebe, Macht und Abenteuer. Zur Geschichte der Neuen Frauenbewegung in Wien, Wien 2013.

Kretzschmar Bettina, »Bahn frei für den aufwühlenden Pflug der Kritik«. Der Beginn der abolitionistischen Bewegung in Deutschland, in: »Die sittliche Wage ist aus dem Gleichgewicht«. Gesellschaftliche Debatten um 1900, Ariadne. Forum für Frauen- und Geschlechtergeschichte, 55 (2009), S. 6–11.

Kriechbaumer Robert, Nur ein Zwischenspiel? Die Geschichte der Grünen in Österreich von den Anfängen bis 2017, Wien, Köln, Weimar 2018.

Kuretsidis-Haider Claudia, »Das Volk sitzt zu Gericht.« Österreichische Justiz und NS-Verbrechen am Beispiel der Engerau-Prozesse 1945–1954, Innsbruck, Wien 2006.

Kuretsidis-Haider Claudia, Der Fall Engerau und die Nachkriegsgerichtsbarkeit. Überlegungen zum Stellenwert der Engerau-Prozesse in der österreichischen Nachkriegsjustizgeschichte, in: Jahrbuch 2001. Dokumentationsarchiv des österreichischen Widerstandes, Wien 2001, S. 67–90.

Langthaler Ernst, Umbruch im Dorf? Ländliche Lebenswelten von 1945 bis 1950, in: Reinhard Sieder, Heinz Steinert, Emmerich Tálos (Hg.), Österreich 1945–1995. Gesellschaft, Politik, Kultur, Wien 1995, S. 35–53.

Laquer Thomas, Making Sex. Body and Gender from the Greeks to Freud, Cambridge 1990.

Lassonde Stephen, Age, Schooling, and Development, in: Paula S. Fass (Hg.), The Routledge History of Childhood in the Western World, London, New York 2013, S. 211–288.

Lepsius M. Rainer, Das Erbe des Nationalsozialismus und die politische Kultur der Nachfolgestaaten des »Großdeutschen Reichs«, in: Max Haller, Hans-Jürgen Hoffmann-Nowotny, Wolfgang Zapf, Kultur und Gesellschaft, Frankfurt a. M., New York 1989, S. 247–264.

Lengwiler Martin, Praz Anne-Françoise, Kinder- und Jugendfürsorge in der Schweiz. Entstehung, Implementierung und Entwicklung (1900–1980), in: Gisela Hauss, Thomas Gabriel, Martin Lengwiler (Hg.), Fremdplatziert. Heimerziehung in der Schweiz, 1940–1990, Zürich 2018, S. 29–52, S. 46–47.

Lerner Paul, Hysterical Men. War, Psychiatry, and the Politics of Trauma in Germany, 1890–1930, Ithaca 2003.

Lesko Nancy, Act your Age! A Cultural Construction of Adolescence, 2. Aufl., New York 2012.

Levine Philippa, Sovereignty and Sexuality: Transnational Perspectives on Colonial Age of Consent Legislation, in: Kevin Grant, Philippa Levine, Frank Trentmann (Hg.), Beyond Sovereignty. Britain, Empire and Transnationalism, c. 1880–1950, Basingstoke 2007, S. 16–33.

Levsen Sonja, Autorität und Demokratie. Eine Kulturgeschichte des Erziehungswandels in Westdeutschland und Frankreich, 1945–1975, Göttingen 2019.

Lieske Dagmar, Zum Umgang mit Pädophilie und sexuellem Kindesmissbrauch im Nationalsozialismus, in: Werkstatt*Geschichte*, 76 (2018), S. 17–30.

Lieske Dagmar, Zwischen repressiven Maßnahmen und der Bagatellisierung sexueller Gewalt. Zur strafrechtlichen Verfolgung von Kindesmissbrauch im Nationalsozialismus, in: Sexuologie, 25 (2018) 3/4, S. 193–199, S. 195.

Lieske Dagmar, Unbequeme Opfer? »Berufsverbrecher« als Häftlinge im KZ Sachsenhausen, Berlin 2016.

Linke Angelika, Tanner Jakob, Attraktion und Abwehr. Amerikanisierung der Alltagskultur in Europa, Köln, Weimar, Wien 2006.

Loch Ulrike, Sexualisierte Gewalt in Kriegs- und Nachkriegskindheiten. Lebens- und familiengeschichtliche Verläufe, Opladen, Farmington Hills 2006.

Loebenstein Herbert, Die Wiederherstellung des österreichischen Strafprozeßrechtes nach 1945, in: Erika Weinzierl et al. (Hg.), Justiz und Zeitgeschichte. Symposionsbeiträge 1976–1993, Band 2, Wien 1995, S. 465–473.

Loebenstein Herbert, Strafrecht und Strafenpraxis im nationalsozialistischen Staat, in: Ulrike Davy et al. (Hg.), Nationalsozialismus und Recht. Rechtssetzung und Rechtswissenschaft in Österreich unter der Herrschaft des Nationalsozialismus, Wien 1990, S. 200–208.

Loetz Francisca, Sexualisierte Gewalt 1500–1850. Plädoyer für eine historische Gewaltforschung, Frankfurt a. M., New York 2012.

Long Christopher, Adolf Loos on Trail, Prag 2017.

Lorenz Maren, »... da der anfängliche Schmerz in Liebeshitze übergehen kann ...«. Das Delikt der »Nothzucht« im gerichtsmedizinischen Diskurs des 18. Jahrhunderts, in: Christine Künzel (Hg.), Unzucht – Notzucht – Vergewaltigung. Definitionen und Deutungen sexueller Gewalt von der Aufklärung bis heute, Frankfurt a. M. 2003, S. 63–87.

Lunzer-Rieder Brigitte, Ich, Brigitte Lunzer-Rieder, in: Europe & Middle East News, http://www.kawther.info/wpr/osterreich-news/ich-brigitte-lunzer-rieder (Zugriff: 29. 04. 2020).

Maihofer Andrea, Geschlecht als Existenzweise. Einige kritische Anmerkungen zu aktuellen Versuchen zu einem neuen Verständnis von »Geschlecht«, in: Institut für Sozialforschung (Hg.), Geschlechterverhältnisse und Politik, Frankfurt a. M. 1994, S. 168–187.

Mair George, Burke Lol, Redemption, Rehabilitation and Risk Management, London 2012.

Malleier Elisabeth, »Kinderschutz« und »Kinderrettung«. Die Gründung von freiwilligen Vereinen zum Schutz misshandelter Kinder im 19. und frühen 20. Jahrhundert, Innsbruck, Wien, Bozen 2014.

Marshall Dominique, The Rise of Coordinated Action for Children in War and Peace. Experts at the League of Nations, 1924–1945, in: Davide Rodogno, Bernhard Struck, Jakob Vogel (Hg.), Shaping the Transnational Sphere. Experts, Networks and Issues from the 1840s to the 1930s, New York, Oxford 2015, S. 82–107.

Marshall Dominique, International Child Saving, in: Paula S. Fass (Hg.), The Routledge History of Childhood in the Western World, London, New York 2013, S. 469–490.

Martín Alcoff Linda, Dangerous Pleasures: Foucault and the Politics of Pedophilia, in: Susan J. Hekman (Hg.), Feminist Interpretations of Michel Foucault, Pennsylvania 1996, S. 99–135.

Masson Jeffrey, Was hat man dir, du armes Kind, getan? Sigmund Freuds Unterdrückung der Verführungstheorie, Reinbek bei Hamburg 1984.

Matter Sonja, Das »unschuldige«, das »verdorbene« und das »traumatisierte« Kind. Die Prekarität des Opferstatus bei sexueller Misshandlung in österreichischen Strafprozessen (1950–1970), in: Stefan Grüner, Markus Raasch (Hg.), Zucht und Ordnung. Gewalt gegen Kinder in historischer Perspektive, Berlin 2019, S. 431–456.

Matter Sonja, Strafprozesse und die Macht von Bildern, in: fernetzt. Junges Forschungsnetzwerk Frauen- und Geschlechtergeschichte, 15. 02. 2018, https://www.univie.ac.at/fernetzt/schutzalter-bilder (Zugriff: 15. 02. 2018).

Matter Sonja, Die Grenzen der Kindheit und die Grenzen der »Schutzwürdigkeit«, in: Österreichischen Zeitschrift für Geschichtswissenschaften (ÖZG), 28 (2017) 3, S. 133–156.

Matter Sonja, Universal oder different? Sexualität, Kindheit und die internationalen Normierungsbestrebungen zum Heirats- und Schutzalter im Völkerbund der 1920er Jahre, in: Historische Anthropologie, 24 (2016) 3, S. 313–335.

Matter Sonja, Verletzte Körper. Eheliche Gewalt vor dem Luzerner Scheidungsgericht zu Beginn der 1940er Jahre, Nordhausen 2005.

Mattl Siegfried, Zu Sozialgeschichte und Habitus österreichischer RichterInnen seit 1924, in: Barbara Helige, Thomas Olechowski, 100 Jahre Richtervereinigung. Beiträge zur Juristischen Zeitgeschichte, Wien 2007, S. 67–88.

Mattl Siegfried, Frauen in Österreich nach 1945, in: Rudolf G. Ardelt, Wolfgang J. A. Huber, Anton Staudinger (Hg.), Unterdrückung und Emanzipation. Festschrift für Erika Weinzierl zum 60. Geburtstag, Wien, Salzburg 1985, S. 101–126.

Maynard Steven, »Horrible Temptations«: Sex, Men and Working-Class Male Youth in Urban Ontario, 1890–1935, in: Canadian Historical Review, 78 (1997) 2, S. 192–235.

McAlinden Anne-Marie, Deconstructing Victim and Offender Identities in Discourses on Child Sexual Abuse, in: British Journal of Criminology, 54 (2014) 2, S. 180–198.

McNally Richard, Remembering Trauma, Cambridge 2003.

Meier Marietta, Paradigmatische Fälle in der Geschichtswissenschaft. Kommentar zu einem historiographischen Normalfall, in: Ruben Hackler, Katherina Kinzel (Hg.), Paradigmatische Fälle. Konstruktion, Narration und Verallgemeinerung von Fall-Wissen in den Geistes- und Sozialwissenschaften, Basel 2016, S. 157–166.

Melichar Peter, Langthaler Ernst, Eminger Stefan (Hg.), Niederösterreich im 20. Jahrhundert, Band 2: Wirtschaft, Wien, Köln, Weimar 2008.

Melinz Gerhard, Jenseits des Reichtums. Existenzbedingungen zwischen Lohnarbeit, Arbeitslosigkeit und Armut in Niederösterreich (1918–1995), in: Peter Melichar, Ernst Langthaler, Stefan Eminger (Hg.), Niederösterreich im 20. Jahrhundert, Band 2: Wirtschaft, Wien, Köln, Weimar 2008, S. 469–506.

Mesner Maria, Vom Anfang und vom Ende. Beziehungsleben und Heiratssachen, in: Oliver Küschelm, Ernst Langthaler, Stefan Eminger (Hg.), Niederösterreich im 20. Jahrhundert, Band 3: Kultur, Wien, Köln, Weimar 2008, S. 461–498.

Mesner Maria, Frauensache? Zur Auseinandersetzung um den Schwangerschaftsabbruch in Österreich, Wien 1993.

Meyer Michael, Gewalt gegen Kinder und gesellschaftlicher Wandel. Die »Sex Crime Panic« in den USA in den 1950er Jahren, in: Stefan Grüner, Markus Raasch (Hg.), Zucht und Ordnung. Gewalt gegen Kinder in historischer Perspektive, Berlin 2019, S. 457–481.

Meyer Sibylle, Schulze Eva, »Als wir wieder zusammen waren, ging der Krieg im Kleinen weiter.« Frauen, Männer und Familien im Berlin der vierziger Jahre, in: Lutz Niethammer, Alexander von Plato (Hg.), »Wir kriegen jetzt andere Zeiten«. Auf der Suche nach der Erfahrung des Volkes in nachfaschistischen Ländern, Berlin, Bonn 1985, S. 305–326.

Michelsen Danny, Pädosexualität im Spiegel der Ideengeschichte, in: Franz Walter, Stephan Klecha, Alexander Hensel (Hg.), Die Grünen und die Pädosexualität. Eine bundesdeutsche Geschichte, Göttingen 2015, S. 23–59.

Miller Carol, The Social Section and Advisory Committee on Social Questions of the League of Nations, in: Paul Weindling (Hg.), International Health Organisations and Movements, 1918–1939, Cambridge 1995, S. 154–173.

Mintz Steven, Reflections on Age as a Category of Historical Analysis, in: The Journal of the History of Childhood and Youth, 1 (2008) 1, S. 106–113.

Montgomery Heather, Anthropological Perspectives on Children's Rights, in: Martin D. Ruck, Michele Peterson-Badali, Michael Freeman (Hg.), Handbook of Children's Rights. Global and Multidisciplinary Perspectives, New York, London 2017, S. 97–113.

Moody Zoé, Les droits de l'enfant. Genèse, institutionnalisation et diffusion (1924–1989), Neuchâtel 2016.

Moody Zoé, La fabrication internationale des droits de l'enfant: Genèse de la Déclaration des Nations Unies relative aux droits de l'enfant (1946–1959), in: Relations internationales, 2 (2015), S. 65–80.

Moos Reinhard, Carl Stooss in Österreich, in: Schweizerische Zeitschrift für Strafrecht. Revue Pénale Suisse, 105 (1988), S. 30–79.

Morsink Johannes, The Universal Declaration of Human Rights: Origins, Drafting, and Intent, Philadelphia 1999.

Mueller Wolfgang, Kalter Krieg, Neutralität und politische Kultur in Österreich, in: https://www.bpb.de/apuz/32264/kalter-krieg-neutralitaet-und-politische-kultur-in-oesterreich, 18.12.2008 (Zugriff: 04.05.2021).

Mühlhäuser Regina, Eroberung. Sexuelle Gewalttaten und intime Beziehungen deutscher Soldaten in der Sowjetunion, 1941–1945, Hamburg 2010.

Müller Reinhard, Biografie Ernst Seelig, in: Archiv für die Geschichte der Soziologie in Österreich. Collections. Nachlass Ernst Seelig, November 1996, http://agso.uni-graz.at/webarchiv/agsoe02/bestand/08_agsoe/08bio.htm, (Zugriff: 15. 10. 2018).

Müller-Hohagen Jürgen, Seelische Weiterwirkungen aus der Zeit des Nationalsozialismus – zum Widerstreit der Loyalitäten, in: Kurt Grünberg, Jürgen Straub (Hg.), Unverlierbare Zeit. Psychosoziale Spätfolgen des Nationalsozialismus bei Nachkommen von Opfern und Tätern, Tübingen 2001, S. 83–11.

Müller-Hohagen Jürgen, Tradierung von Gewalterfahrung. Sexueller Missbrauch im Schnittpunkt des »Politischen« und »Privaten«, in: Gitti Hentschel (Hg.), Skandal und Alltag. Sexueller Mißbrauch und Gegenstrategien, Berlin 1996, S. 35–52.

Mulley Klaus-Dieter, Die Rote Armee in Niederösterreich 1945–1947. Ein ambivalentes Geschichtsbild, in: Stefan Karner, Barbara Stelzl-Marx (Hg.), Die Rote Armee in Österreich. Sowjetische Besatzung 1945–1955, 2. Aufl., Wien 2005, S. 469–485.

Myers Tamara, Caught. Montreal's Modern Girls and the Law, 1869–1945, Toronto, Buffalo, London 2006, S. 177–184.

Nagy Pirkoska, History of Emotions, in: Marek Tamm, Peter Burke (Hg.), Debating New Approaches to History, London 2019, S. 189–215.

Nesselhauf Jonas, Der ewige Albtraum. Zur Figur des Kriegsheimkehrers in der Literatur des 20. und 21. Jahrhunderts, Paderborn 2018.

Neugebauer Wolfgang, Der österreichische Widerstand 1938–1945, Wien 2015.

Neugebauer Wolfgang, Schwarz Peter (Hg.), Der Wille zum aufrechten Gang. Offenlegung der Rolle des BSA bei der gesellschaftlichen Reintegration ehemaliger Nationalsozialisten, Wien 2005.

Neugebauer Wolfgang, Der NS-Terrorapparat, in: Emmerich Tálos et al. (Hg.), NS-Herrschaft in Österreich. Ein Handbuch, Wien 2001, S. 721–743.

Neumann Vera, Nicht der Rede wert: Die Privatisierung der Kriegsfolgen in der frühen Bundesrepublik: Lebensgeschichtliche Erinnerungen, Münster 1999.

Niederkofler Heidi, Über Einordnung in die Geschichte, in: Johanna Gehmacher, Natascha Vittorelli (Hg.), Wie Frauenbewegung geschrieben wird. Historiographie, Dokumentation, Stellungnahmen, Bibliographie, Wien 2009, S. 266–268.

Nolde Dorothea, editorial: blinde flecken im wandel, in: Dies. (Hg.), Sexuelle Gewalt gegen Kinder. Sexual Violence against Children, Österreichische Zeitschrift für Geschichtswissenschaften (ÖZG), 28 (2017) 3, S. 5–48.

Oberländer Alexandra, Unerhörte Subjekte. Die Wahrnehmung sexueller Gewalt in Russland, Frankfurt a. M. 2013.

Odem Mary E., Statutory Rape Prosecutions in California, in: Heidi Morrison (Hg.), The Global History of Childhood Reader, London, New York 2012, S. 451–463.

Odem Mary E., Delinquent Daughters. Protecting and Policing Adolescent Female Sexuality in the United States, 1885–1920, Chapel Hill, London 1995.

Offen Karen, Madam Ghénia Avril de Sainte-Croix, the Josephine Butler of France, in: Women's History Review, 17 (2008) 2, S. 239–255.

Ohayon Annick, La jeunesse et l'adolescence dans la psychologie française 1946–1966, in: Jean-Michel Chapoulie et al. (Hg.), Sociologues et Sociologies. La France des années 60, Paris 2005, S. 163–178.

Olechowski Thomas, Ehs Thomas, Staudigl-Ciechowicz Kamila, Die Wiener Rechts- und Staatswissenschaftliche Fakultät 1918–1938, Göttingen 2014.

o. N., Christian Broda, Wien Geschichte Wiki, 05. 09. 2018, https://www.geschichtewiki.wien.gv.at/Christian_Broda (Zugriff: 09. 04. 2020).

Pande Ishita, Feeling Like a Child: Narratives of Development and the Indian Child/Wife, in: Stephanie Olsen (Hg.), Childhood, Youth and Emotions in Modern History: National, Colonial and Global Perspectives, New York 2015, S. 35–55.

Pande Ishita, Coming of Age: Law, Sex and Childhood in Late Colonial India, in: Gender & History, 24 (2012) 1, S. 205–230.

Pande Ishita, Phulmoni's Body: The Autopsy, the Inquest and the Humanitarian Narrative on Child Rape in India, in: South Asian History and Culture, (2012), S. 1–22.

Pande Ishita, Sex, Law, and the Politics of Age. Child Marriage in India, 1891–1937, Camrbidge 2000, S. 79–80.

Passeron Jean-Claude, Revel Jacques (Hg.), Penser par cas, Paris 2005.

Patel Kiran Klaus, Transnationale Geschichte – Ein neues Paradigma, in: Connections. A Journal for Historians and Area Specialists, 02.02.2005, https://www.connections.clio-online.net/article/id/artikel-573 (Zugriff: 12.11.2018).

Paul Bettina, Cohen, Stanley: Folk Devils & Moral Panics. The Creation of the Mods and Rockers, in: Christina Schlepper, Jan Wehrheim (Hg.), Schlüsselwerke der Kritischen Kriminologie, Weinheim, Basel 2017, S. 201–211.

Pedersen Bodil Maria, Wandlungen, in: Käthe Kratz, Lisbeth N. Trallori (Hg.), Liebe, Macht und Abenteuer. Zur Geschichte der Neuen Frauenbewegung in Wien, Wien 2013, S. 182–189.

Pedersen Susan, Eleanor Rathbone and the Politics of Conscience, New Haven, London 2004.

Petchesky Rosalind, Sexual Rights. Inventing a Concept, Mapping an International Practice, in: Richard Parker, Regina Maria Barbosa, Peter Aggleton (Hg.), Framing the Sexual Subject. The Politics of Gender, Sexuality, and Power, Berkely, Los Angeles, London 2000, S. 81–103.

Pfefferle Roman, Politische Kultur in Niederösterreich: Kontinuitäten und Brüche, in: Stefan Eminger, Ernst Langthaler (Hg.), Niederösterreich im 20. Jahrhundert, Band 1: Politik, Wien 2008, S. 337–369.

Pfeiffer Christian, Unser Jugendstrafrecht – eine Strafe für die Jugend? Die Schlechterstellung junger Straftäter durch das JGG – Ausmaß, Entstehungsgeschichte und kriminalpolitische Folgerung, in: DVJJ-Journal, 2 (1991), S. 114–129.

Philips Richard, Imperialism and the Regulation of Sexuality: Colonial Legislation on Contagious Diseases and Ages of Consent, in: Journal of Historical Geography, 28 (2002) 3, S. 339–362.

Pitschneider Sabine, Die Entnazifizierung des Oberlandesgerichtes Innsbruck nach 1945, in: Bundesministerium für Justiz (Hg.), Täter – Richter – Opfer. Tiroler und Voralberger Justiz unter dem Hakenkreuz, Wien, Graz 2016, S. 49–108.

Plamper Jan, Geschichte und Gefühl. Grundlagen der Emotionsgeschichte, München 2012.

Pliley Jessica R., Protecting the Young and the Innocent: Age, Consent, and the Enforcement of the White Slave Traffic Act, in: Anne Mae Duane (Hg.), Childhood Slavery before and after Emancipation, Cambridge 2017, S. 156–176.

Pliley Jessica R., Claims to Protection. The Rise and Fall of Feminist Abolitionism in the League of Nations' Committee on the Traffic in Women and Children 1919–1936, in: Journal of Women's History, 22 (2010) 4, S. 90–113.

Poiger Uta, Jazz, Rock, and Rebels. Cold War Politics and American Culture in a Divided Germany, Berkeley, Los Angeles, London 2000.

Polaschek Martin F., Die Rechtsentwicklung in der Ersten Republik. Die Gesetzgebung im Verfassungs- und Strafrecht von 1918–1933, Graz 1992.

Pomfret David M., Representations of Adolescence in the Modern City: Voluntary

Provision and Work in Nottingham and Saint-Etienne, 1890–1914, in: Journal of Family History, 26 (2001) 4, S. 455–479.

Praz Anne-Françoise, The Century of the Child: Ellen Key, in: Denis C. Philips (Hg.), Encyclopedia of Educational Theory and Philosophy, Los Angeles u.a. 2014, S. 113–115.

Praz Anne-Françoise, De l'enfant utile à l'enfant précieux. Filles et garçons dans les cantons de Vaud et Fribourg (1860–1930), Lausanne 2005.

Praz Anne-Françoise, Avvanzino Pierre, Crettaz Rebecca, Les murs du silence. Abus sexuel et maltraitances d'enfants placés à l'Institut Marini, Neuchâtel 2018.

Pruckner Othmar, Eine kurze Geschichte der Grünen. Ereignisse, Persönlichkeiten, Jahreszahlen, Wien 2005.

Quindeau Ilka, Die infantile Sexualität, in: Ilka Quindeau, Micha Brumlik (Hg.), Kindliche Sexualität, Weinheim, Basel 2012, S. 24–44.

Quindeau Ilka, Brumlik Micha (Hg.), Kindliche Sexualität, Weinheim, Basel 2012.

Ralser Michaela et al., Heimkindheiten. Geschichte der Jugendfürsorge und Heimerziehung in Tirol und Voralberg, Innsbruck, Wien, Bozen 2017.

Ralser Michaela, Sieder Reinhard (Hg.), Die Kinder des Staates. Children of the State, Österreichische Zeitschrift für Geschichtswissenschaften (ÖZG), 25 (2014) 1+2.

Ralser Michaela, Sieder Reinhard, editorial: die kinder des staates / Children of the State, in: Dies. (Hg.), Die Kinder des Staates. Children of the State, Österreichische Zeitschrift für Geschichtswissenschaften (ÖZG), 25 (2014) 1+2, S. 7–17.

Ramsbrock Annelie, Geschlossene Gesellschaft. Das Gefängnis als Sozialversuch – eine bundesdeutsche Geschichte, Frankfurt a. M. 2020.

Ramsbrock Annelie, Lebenslang. Sozialprognose und Kriminalprävention, 1890–1980, in: Nicolai Hannig, Malte Thießen (Hg.), Vorsorgen in der Moderne. Akteure, Räume und Praktiken, Berlin, Boston 2017, S. 45–61.

Ramsbrock Annelie, Das verlorene Geschlecht. Zur Kastration von Sexualstraftätern seit 1945, in: Themenportal Europäische Geschichte, 27.06.2016, in: https://www.europa.clio-online.de/essay/id/fdae-1302 (Zugriff: 07.08.2019).

Randeria Shalini, Malthus contra Condorcet. Bevölkerungspolitik, Gender und Kultur aus ethnologischer Perspektive, in: Historische Anthropologie, 14 (2006), 1, S. 30–48.

Rathkolb Oliver, Die paradoxe Republik. Österreich 1945–2015, Wien 2015.

Rathkolb Oliver, Umkämpfte Internationalisierung: Österreich 1968, in: Oliver Rathkolb, Friedrich Stadler (Hg.), Das Jahr 1968 – Ereignis, Symbol, Chiffre, Wien 2010, S. 221–237.

Rauchensteiner Manfried, Unter Beobachtung. Österreich seit 1918, Wien, Köln, Weimar 2017.

Reichardt Sven, Pädosexualität im linksalternativen Milieu und bei den *Grünen* in den 1970er bis 1990er Jahren, in: Meike Sophia Baader et al. (Hg.), Tabubruch und Entgrenzung. Kindheit und Sexualität nach 1968, Weimar, Wien 2017, S. 137–160.

Reichel Werner, Pädophile Altlasten auch in Österreichs grünenbewegung, in: krone.at-Forum, 17. September 2013, hhttp://www.krone.at/forum/board11 (Zugriff: 15.12.2017).

Reiter Margit, Die Generation danach. Der Nationalsozialismus im Familiengedächtnis, Innsbruck, Wien, Bozen 2006.

Reiter Ilse, Zur Geschichte des Vergewaltigungsdeliktes unter besonderer Berücksichtigung der österreichischen Rechtsentwicklung, in: Christine Künzel (Hg.), Unzucht – Notzucht – Vergewaltigung. Definitionen und Deutungen sexueller Gewalt von der Aufklärung bis heute, Frankfurt a. M. 2003, S. 21–61.

Reiter-Zatloukal Ilse, Sagmeister Maria, Die Rechtsüberleitung 1945 und die Kontinuitäten nationalsozialistischen Rechts, in: juridikum, 2 (2015), S. 188–198.

Reiter-Zatloukal Ilse, Juristenausbildung in Österreich unter dem NS-Regime. Kontinuitäten und Brüche 1938/1945 am Beispiel der Wiener Juristenfakultät, in: Franz-Stefan Meissel et al. (Hg.), Juridicum Spotlight II. Diskussionsforum der Rechtswissenschaftlichen Fakultät. Vertriebenes Recht – Vertreibendes Recht. Zur Geschichte der Wiener Rechts- und Staatswissenschaftlichen Fakultät 1938 und 1945, Wien 2012, S. 9–33.

Repnik Ulrike, Die Geschichte der Lesben- und Schwulenbewegung in Österreich, Wien 2006.

Revel Jacques, Jeux d'échelles. La micro-analyse à l'expérience, Paris 1996.

Revel Jacques, Présentation, in: Ders., Jeux d'échelles. La micro-analyse á l'expérience, Paris 1996, S. 12–13.

Rieder Sepp, Erfahrungen mit der Laiengerichtsbarkeit in der Zweiten Republik, in: Erika Wienzierl, Oliver Rathkolb, Rudolf G. Ardelt, Siegfried Mattl (Hg.), Justiz und Zeitgeschichte. Symposiumsbeiträge 1976–1993, Band 2, Wien 1995, S. 100–109.

Rieger Barbara, Roma und Sinti in Österreich nach 1945. Die Ausgrenzung einer Minderheit als gesellschaftlicher Prozess, Frankfurt a. M. 2003.

Robertson Stephen, »Boys, of Course Cannot be Raped«: Age, Homosexuality and the Redefinition of Sexual Violence in New York, 1880–1915, in: Gender & History, 18 (2006) 2, S. 357–379.

Robertson Stephen, Crimes against Children. Sexual Violence and Legal Culture in New York City, 1880–1960, Chapel Hill, London 2005.

Robertson Stephen, What's Law Got to Do with It? Legal Records and Sexual Histories, in: Journal of the History of Sexuality, 14 (2005) 1+2, S. 161–185.

Robertson Stephen, Age of Consent Law and Making of Modern Childhood in New York City, 1886–1921, in: Journal of Social History, 35 (2002) 4, S. 781–798.

Roca i Escoda Marta, Praz Anne-Françoise, Lépinard Eléonore, Edito. Luttes féministes autour de la morale sexuelle, in: Nouvelles Questions Féministes, 35 (2016) 1, S. 6–14.

Rosenthal Gabriele, Transgenerationelle Spätfolgen der nationalsozialistischen Familienvergangenheit, in: Die Psychotherapeutin. Zeitschrift für Psychotherapie, (1998), S. 71–87.

Rubin Gayle, Thinking Sex: Notes for a Radical Theory of the Politics of Sexuality, in: Dies., Deviations. A Gayle Rubin Reader, Durham 2011, S. 137–182.

Ruck Martin D., Peterson-Badali Michele, Freeman Michael, Preface, in: Dies., Handbook of Children's Rights. Global and Multidisciplinary Perspectives, New York, London 2017, S. xiii-xxi.

Russ Bettina, Die strafrechtliche Behandlung sexueller Übergriffe auf Minderjährige in Österreich seit der Frühen Neuzeit, unpublizierte Dissertation, Universität Wien 2006.

Sacco Lynn, Unspeakable. Father-Daugther Incest in American History, Baltimore 2009.

Sadoff Robert L. (Hg.), The Evolution of Forensic Psychiatry, Oxford 2015.

Saewyc Elizabeth M., Protection from Sexual Exploitation in the Convention on the Rights of the Child, in: Martin D. Ruck, Michele Peterson-Badali, Michael Freeman (Hg.), Handbook of Children's Rights. Global and Multidisciplinary Perspectives, New York, London 2017, S. 454–464.

Sager Christin, Das aufgeklärte Kind. Zur Geschichte der bundesrepublikanischen Sexualaufklärung (1950–2010), Bielefeld 2015.

Sandgruber Roman, Vom Hunger zum Massenkonsum, in: Gerhard Jagschitz, Klaus Dieter Mulley (Hg.), Die »wilden« fünfziger Jahre. Gesellschaft, Formen und Gefühle eines Jahrzehnts in Österreich, St. Pölten, Wien 1985, S. 112–122.

Sarkar Tanika, Rhetoric against Age of Consent: Resisting Colonial Reason and Death of a Child-Wife, in: Economic and Political Weekly, 28 (1993) 36, S. 1869–1878
Sauer Barbara, »Keine von den Rückkehrern wäre drüben verhungert«. Die Remigration österreichischer Rechtsanwälte und Rechtsanwältinnen nach 1945, in: juridikum, 2 (2015), S. 234–244.
Sauerteig Lutz D. H., Loss of Innocence: Albert Moll, Sigmund Freud and the Invention of Childhood Sexuality Around 1900, in: Medical History, 56 (2012) 2, S. 156–183.
Sax Helmut, Hainzl Christian, Die verfassungsrechtliche Umsetzung der UN-Kinderrechtskonvention in Österreich, Wien 1999.
Scarry Elaine, Der Körper im Schmerz. Die Chiffren der Verletzlichkeit und die Erfindung der Kultur, Frankfurt a. M. 1985.
Scharf Manfred, IV: Sozialer Wandel in Niederösterreich. Grundüberlegungen zu gewählten Betrachtungsweisen des sozialen Wandels 1945–1995 in Niederösterreich, in: Michael Dippelreiter (Hg.), Niederösterreich. Land im Herzen – Land an der Grenze (Geschichte der österreichischen Bundesländer seit 1945, Band 6), Wien 2000, S. 139–270.
Scherke Katharina, Auflösung der Dichotomie von Rationalität und Emotionalität? Wissenssoziologische Anmerkungen, in: Sabine Fleck, Annabelle Hornung (Hg.), Emotionen in Geschlechterverhältnissen. Affektregulierung und Gefühlsinszenierung im historischen Wandel, Bielefeld 2009, S. 23–41.
Scheuch Manfred, Österreich im 20. Jahrhundert, Wien 2000.
Schlatter Christoph, »Merkwürdigerweise bekam ich Neigung zu Burschen.« Selbstbilder und Fremdbilder homosexueller Männer in Schaffhausen 1867 bis 1970, Zürich 2002.
Schlör Joachim, Nachts in der großen Stadt. Paris, Berlin, London 1840–1930, München 1991.
Schmidt Eberhard, Einführung in die Geschichte der deutschen Strafrechtspflege, Göttingen 1951.
Schmidt Gunter, Kindersexualität. Konturen eines dunklen Kontinents, in: Ilka Quindeau, Micha Brumlik (Hg.), Kindliche Sexualität, Weinheim, Basel 2012, S. 60–70.
Schmidt Gunter, Alfred C. Kinsey (1894–1956), in: Volkmar Sigusch, Günter Grau (Hg.), Personenlexikon der Sexualforschung, Frankfurt a. M., New York 2009, S. 350–359.
Schmincke Imke, Sexualität als »Angelpunkt der Frauenfrage?« Zum Verhältnis von sexueller Revolution und Frauenbewegung, in: Peter-Paul Bänziger et al. (Hg.), Sexuelle Revolution? Zur Geschichte der Sexualität im deutschsprachigen Raum seit den 1960er Jahren, Bielefeld 2015, S. 199–222.
Schmitter Leena, »Erlebte Solidarität«. Die Frauengesundheitsbewegung der 1970er-Jahre als imaginierte transnationale Gemeinschaft, in: Transnationale Feminismen. Féminismes transnationaux. Traverse. Zeitschrift für Geschichte. Revue d'Histoire, 23 (2016) 2, S. 75–86.
Schnädelbach Sandra, The Voice is the Message: Emotional Practices and Court Rhetoric in Early Twenthieth Centruy Germany, in: Oñati Socio-legal Series, 08. 10. 2019, https://papers.ssrn.com/sol3/papers.cfm?abstract_id=3312790 (Zugriff: 01. 01. 2020).
Schneider Gabriele, Frauen in der österreichischen Staatsanwaltschaft. Ein historischer Rückblick, in: Gerald Kohl, Ilse Reiter-Zatloukal (Hg.), »… das Interesse des Staates zu wahren«. Staatsanwaltschaften und andere Einrichtungen zur Vertretung öffentlicher Interessen. Geschichte, Gegenwart, Perspektiven, Wien 2018, S. 303–318.
Schönert Jörg, Erzählte Kriminalität. Zur Konstitution des Gegenstandsbereichs und zu interdisziplinären Perspektiven, in: Ders., Kriminalität erzählen. Studien zu Kriminalität in der Deutschsprachigen Literatur (1570–1920), Berlin, Boston 2015, S. 1–47.

Schönke Adolf, Strafrecht und Kriminalität im heutigen Deutschland, in: Schweizerische Zeitschrift für Strafrecht. Revue Pénale Suisse, 64 (1949), S. 16–31.
Schroeder Friedrich-Christian, Die Reform der Straftaten gegen die Entwicklung des Sexuallebens, in: Zeitschrift für Rechtspolitik, 25 (1992) 8, S. 295–297.
Schulz Kristina, Frauen in Bewegung. Mit der Neuen Linken über die Linke(n) hinaus, in: Martin Klimke, Joachim Scharloth (Hg.), Handbuch 1968. Zur Kultur- und Mediengeschichte der Studentenbewegung, Stuttgart 2007, S. 247–258.
Schulz Kristina, Der lange Atem der Provokation. Die Frauenbewegung in der Bundesrepublik und in Frankreich 1968–1976, Frankfurt a. M., New York 2002.
Schulz Kristina, Schmitter Leena, Kiani Sarah, Frauenbewegung. Die Schweiz seit 1968. Analysen, Dokumente, Archive, Baden 2014.
Schwartz Harvey, Dialogue with Forgotten Voices. Relational Perspectives on Child Abuse Trauma and the Treatment of Dissociative Disorders, New York 2000.
Schwarz Ursula, Stadler Wolfgang, Staatsanwaltschaftskarrieren. Erste Republik – Bundesstaat Österreich – Nationalsozialismus – Zweite Republik, in: Gerald Kohl, Ilse Reiter-Zatloukal (Hg.), »... das Interesse des Staates zu wahren«. Staatsanwaltschaften und andere Einrichtungen zur Vertretung öffentlicher Interessen. Geschichte, Gegenwart, Perspektiven, Wien 2018, S. 273–305.
Schwarz Ursula, Zur Frage der personellen Kontinuität im Richtertum. Entlassungen und Weiterverwendungen von Richtern 1938 und 1945, in: Barbara Helige, Thomas Olechowski, 100 Jahre Richtervereinigung. Beiträge zur Juristischen Zeitgeschichte, Wien 2007, S. 127–146.
Schwelling Birgit, Heimkehr, Erinnerung, Integration. Der Verband der Heimkehrer, die ehemaligen Kriegsgefangenen und die westdeutsche Nachkriegsgesellschaft, Paderborn 2010, S. 39–101.
Schwerhoff Gerd, Historische Kriminalitätsforschung, Frankfurt a. M., New York 2011.
Scott Joan W., Experience, in: Judith Butler, Joan W. Scott (Hg.), Feminists Theorize the Political, New York 1992, S. 22–40.
Scott Joan W., Gender: A Useful Category of Historical Analyses, in: American Historical Review, 91 (1986), S. 1053–1075.
Sieder Reinhard, Sozialgeschichte auf dem Weg zu einer historischen Kulturwissenschaft?, in: Geschichte und Gesellschaft, 20 (1994), S. 445–468.
Sieder Reinhard, Smioski Andrea, Der Kindheit beraubt. Gewalt in den Erziehungsheimen der Stadt Wien, Innsbruck, Wien, Bozen 2012.
Siegfried Detlef, Grenzen der Freiheit. Ernest Bornemann und die Sexualität von Kindern, in: Meike Sophia Baader et al. (Hg.), Tabubruch und Entgrenzung. Kindheit und Sexualität nach 1968, Weimar, Wien 2017, S. 200–217.
Siegfried Detlef, Moderne Lüste. Ernest Bornemann – Jazzkritiker, Filmemacher, Sexforscher, Göttingen 2015.
Siegfried Detlef, Time is on my Side. Konsum und Politik in der westdeutschen Jugendkultur der 60er Jahre, Göttingen 2006.
Sigusch Volkmar, Das Kind begehrt, aber nicht den Erwachsenen, in: Der Freitag, 07. 04. 2010, https://www.freitag.de/autoren/der-freitag/das-kind-begehrt-aber-nicht-den-erwachsenen (Zugriff: 02. 05. 2019).
Sigusch Volkmar, Geschichte der Sexualwissenschaft, Frankfurt a. M. 2008.
Sigusch Volkmar, Grau Günter (Hg.), Personenlexikon der Sexualforschung, Frankfurt a. M., New York 2009.
Sinha Mrinalini, Specters of Mother India. The Global Restructuring of an Empire, Durham 2006.

Sköld Johanna, Swain Shurlee (Hg.), Apologies and the Legacy of Abuse of Children in »Care«. International Perspectives, Basingstoke 2015.

Spendel Günter, Theodor Rittler (1876–1967) – zu seinem 90. Geburtstag, in: Ders., Kriminalistenporträts: Neun biographische Miniaturen, Asendorf 2001, S. 82–91.

Spindler Nina, Die Behandlung der Homosexualität in der österreichischen Presse. Von der Legalisierung 1971 bis zum Beschluss der gleichgeschlechtlichen Ehe 2017, unpublizierte Diplomarbeit, Universität Innsbruck 2019.

Spring Claudia Andrea, Zwischen Krieg und Euthanasie. Zwangssterilisationen in Wien 1940–1945, Wien 2009.

Springora Vanessa, Die Einwilligung, München 2020.

Stadler Friedrich, Das Jahr 1968 als Ereignis, Symbol und Chiffre, in: Oliver Rathkolb, Friedrich Stadler (Hg.), Das Jahr 1968 – Ereignis, Symbol, Chiffre, Wien 2010, S. 9–20.

Stadler Wolfgang, »Juristisch bin ich nicht zu fassen.« Die Verfahren des Volksgerichtes Wien gegen Richter und Staatsanwälte 1945–1955, Wien, Berlin 2007.

Stangl Wolfgang, Die neue Gerechtigkeit. Strafrechtsreform in Österreich 1954–1975, Wien 1985.

Stearns Peter N., Emotions History in the United States. Goals, Methods, and Promise, in: Jessica C. E. Gienow-Hecht (Hg.), Emotions in American History. An International Assessment, New York, Oxford 2010, S. 15–27.

Steinbacher Sybille, Wie der Sex nach Deutschland kam. Der Kampf um die Sittlichkeit und Anstand in der frühen Bundesrepublik, München 2011.

Stelzl-Marx Barbara, Kinder sowjetischer Besatzungssoldaten in Österreich. Stigmatisierung, Tabuisierung, Identitätssuche, Wien, Köln, Weimar 2015.

Stelzl-Marx Barbara, Stalins Soldaten in Österreich. Die Innensicht der sowjetischen Besatzung 1945–1955, Wien 2012.

Stiefel Dieter, Die Entnazifizierung in Österreich, Wien, München, Zürich 1981.

Strobl Ingrid, *Sisterhood* oder: Wir kommen von weit, weit her …, in: Käthe Kratz, Lisbeth N. Trallori (Hg.), Liebe, Macht und Abenteuer. Zur Geschichte der Neuen Frauenbewegung in Wien, Wien 2013, S. 18–24.

Studer Brigitte, 1968 und die Formung des feministischen Subjekts, Wien 2011.

Studer Brigitte, Neue politische Prinzipien und Praktiken: Transnationale Muster und lokale Aneignungen in der 68er Bewegung, in: Janick Marina Schaufelbuehl (Hg.), 1968–1978. Ein bewegtes Jahrzehnt in der Schweiz. Une décennie mouvementée en Suisse, Zürich 2009, S. 37–52.

Studer Brigitte, Jaun Rudolf (Hg.), Weiblich – männlich. Geschlechterverhältnisse in der Schweiz: Rechtsprechung, Diskurs, Praktiken. Féminin – masculin. Rapports sociaux de sexes en Suisse: législation, discours, pratiques, Zürich 1995.

Studer Brigitte, Matter Sonja (Hg.), Zwischen Aufsicht und Fürsorge. Die Geschichte der Bewährungshilfe im Kanton Bern, Bern 2011.

Sutherland Kate, From Jailbird to Jailbait: Age of Consent Laws and the Construction of Teenage Sexualities, in: Ruthann Robson (Hg.), Sexuality and Law. Volume I: Family and Youth, Farnham 2011, S. 449–485.

Swain Shurlee, Why Sexual Abuse? Why Now?, in: Johanna Sköld, Shurlee Swain (Hg.), Apologies and the Legacy of Abuse of Children in »Care«. International Perspectives, Basingstoke 2015, S. 83–94.

Tálos Emmerich, Das austrofaschistische Herrschaftssystem. Österreich 1933–1938, Wien 2013.

Tálos Emmerich et al. (Hg.), NS-Herrschaft in Österreich. Ein Handbuch, Wien 2001.

Tambe Ashwini, Defining Girlhood in India. A Transnational History of Sexual Maturity Laws, Urbana u. a. 2019.

Tambe Ashwini, Climate, Race Science and the Age of Consent in the League of Nations, in: Theory, Culture & Society, 28 (2011) 2, S. 109–130.

Tanner Jakob, Historische Anthropologie zur Einführung, Hamburg 2004.

Tanner Jakob, Körpererfahrung, Schmerz und die Konstruktion des Kulturellen, in: Historische Anthropologie, 2 (1994), S. 489–502.

Thompson Dennis, Hogan John D., Clark Philip M., Developmental Psychology in Historical Perspective, West Sussex 2012.

Tobler Andreas, War der Starphilosoph pädohil? in: Sonntagszeitung, 11. April 2021, S. 55–56.

Töngi Claudia, Um Leib und Leben. Gewalt, Konflikt, Geschlecht im Uri des 19. Jahrhunderts, Zürich 2004.

Töngi Claudia, »Er versprach mir die Ehe, während er mich im Bett tractirte …«. Gewalthafte Sexualität zwischen Unzucht und Notzucht. Fallbeispiele aus Uri (Schweiz) im 19. Jahrhundert, in: Christine Künzel (Hg.), Unzucht – Notzucht – Vergewaltigung. Definitionen und Deutungen sexueller Gewalt von der Aufklärung bis heute, Frankfurt a. M. 2003, S. 99–118.

Turmel André, A Historical Sociology of Childhood. Developmental Thinking, Categorization and Graphic Visualization, Cambridge 2008.

Uhl Heidemarie, Das »erste Opfer«. Der österreichische Opfermythos und seine Transformation in der Zweiten Republik, in: Österreichische Zeitschrift für Politikwissenschaften, 30 (2001) 1, S. 19–34.

Ullman Sharin R., Sex Seen. The Emergence of Modern Sexuality in America, Berkley u. a. 1997.

Ungar Gerhard, Die Konzentrationslager, in: Dokumentationsarchiv des österreichischen Widerstandes (Hg.), Opferschicksale. Widerstand und Verfolgung im Nationalsozialismus: 50 Jahre Dokumentationsarchiv des Österreichischen Widerstandes, Wien 2013, S. 191–209.

Vandenhole Wouter, Children's Rights from a Legal Perspective. Children's Rights Law, in: Wouter Vandenhole et al. (Hg.), Routledge International Handbook of Children's Rights Studies, London, New York 2015, S. 27–42.

Van der Meer Theo, Eugenic and Sexual Folklores and the Castration of Sex Offenders in the Netherlands (1938–1968), in: Studies in History and Philosophy of Biology and Biomedical Sciences, 39 (2008), S. 195–204.

Veerman Philip E., The Rights of the Child and the Changing Image of Childhood, Dordrecht, Boston, London 1992.

Verhellen Eugeen, The Convention on the Rights of the Child. Reflections from a Historical, Social Policy and Educational Perspective, in: Wouter Vandenhole et al. (Hg.), Routledge International Handbook of Children's Rights Studies, London, New York 2015, S. 43–59.

Viegl Hans, Die 50er und 60er Jahre. Geplantes Glück zwischen Motorroller und Minirock, Wien 1996.

Votzi Josef, Das erste »Spotlight«. Die Groer-Affäre als historischer Tabubruch, in: profil, 12. 03. 2016, https://www.profil.at/oesterreich/spotlight-groer-affaere-tabubruch-6267726 (Zugriff: 01. 05. 2018).

Wagnleitner Reinhold, Die Kinder von Schmal(t)z und Coca-Cola, in: Gerhard Jagschitz, Klaus Dieter Mulley (Hg.), Die »wilden« fünfziger Jahre. Gesellschaft, Formen und Gefühle eines Jahrzehnts in Österreich, St. Pölten, Wien 1985, S. 144–170.

Waites Matthew, The Age of Consent. Young People, Sexuality and Citizenship, Basingstoke 2005.
Walkowitz Judith, Prostitution and Victorian Society. Women, Class and the State, Cambridge 1982.
Walter Franz, »In dubio pro libertate«. Sexualstrafrecht im gesellschaftlichen Wandel, in: Franz Walter, Stephan Klecha, Alexander Hensel (Hg.), Die Grünen und die Pädosexualität. Eine bundesdeutsche Geschichte, Göttingen 2015, S. 108–135.
Walter Franz, Klecha Stephan, Hensel Alexander (Hg.), Die Grünen und die Pädosexualität. Eine bundesdeutsche Geschichte, Göttingen 2015.
Weigl Andreas, Die Strafsache Adolf Loos, in: April 2015, https://weigelandreas.wordpress.com/der-fall-loos/die-strafsache-gegen-adolf-loos-aktenzeichen-27-vr-5707-28 (Zugriff: 09.08.2018).
Weigl Andreas, Von der Stagnation zu neuer Dynamik. Die demographische Entwicklung, in: Peter Melichar, Ernst Langthaler, Stefan Eminger (Hg.), Niederösterreich im 20. Jahrhundert, Band 2: Wirtschaft, Wien, Köln, Weimar 2008, S. 1–49.
Weingand Hans-Peter, »Auch in Österreich wird der Nacht einmal der Morgen folgen«. Die Beseitigung des Totalverbots homosexueller Handlungen in Österreich durch die Strafrechtsreform 1971, in: Martin J. Gössl, Von der Unzucht zum Menschenrecht. Eine Quellensammlung zu lesbisch-schwulen Themen in den Debatten des österreichischen Nationalrats von 1945 bis 2002. Mit persönlichen Erinnerungen von Peter Schieder und einem Beitrag zur Strafrechtsreform 1971 von Hans-Peter Weingand, Graz 2011, S. 17–62.
Weingand Hans-Peter, Homosexualität und Kriminalstatistik in Österreich, in: Invertito – Jahrbuch für die Geschichte der Homosexualitäten, 13 (2011), S. 40–87.
Weinzierl Erika, »Zigeuner« als Beispiel historisch-gesellschaftlicher Marginalisierung in Österreich, in: Klaus-Peter Pfeiffer (Hg.), Vom Rande her? Zur Idee des Marginalismus. Festschrift für Heinz Robert Schlette zum 65. Geburtstag, Würzburg 1996, S. 293–299.
Welstead Mary, The Criminalisation of Consensual Sexual Relationships between Adult Siblings and Human Rights – Stübing v. Germany – European Court of Human Rights, 13 April 2012 (application no. 43547/08), [2012] International Family Law.
Wernet Andreas, Hermeneutik – Kasuistik – Fallverstehen. Eine Einführung, Stuttgart 2006.
West Candace, Zimmermann Don, Doing Gender, in: Gender & Society, 1 (1987) 2, S. 125–151.
Westphal Siegrid, Schmidt-Voghes Inken, Baumann Anette, Venus und Vulcanus. Ehe und ihre Konflikte in der Frühen Neuzeit, München 2011.
Whaley Eager Paige, Global Population Policy. From Population Control to Reproductive Rights, Aldershot 2004.
Wingfield Nancy M., The World of Prostitution in Late Imperial Austria, Oxford 2017.
Winkler Erika, Im Dorf geschah in den fünfziger Jahren ein »Wunder«… Am Beispiel der Waldviertler Gemeinde Groß-Schönau, in: Gerhard Jagschitz, Klaus Dieter Mulley (Hg.), Die »wilden« fünfziger Jahre. Gesellschaft, Formen und Gefühle eines Jahrzehnts in Österreich, St. Pölten, Wien 1985, S. 30–40.
Wintersberger Elisabeth, Die vorbeugende Maßnahme gem. § 21 Abs. 1 StGB. Maßgeschneidertes Behandlungskonzept oder menschenrechtswidrige Verwahrung?, Wien 2018.
Wirth Maria, Christian Broda. Eine politische Biographie, Wien 2011.
Wirth Maria, Oscar Bronner, »Die Richter sind unter uns« – Zur NS-Richterdiskussion

im FORVM 1965, in: Florian Wenninger, Peter Pirker (Hg.), Wehrmachtsjustiz. Kontext, Praxis, Nachwirken, Wien 2010, S. 299–311.

Wisinger Marion, »Ich weiß nicht, ob man sich so was vorstellen kann«. Über den Erkenntnisprozess der Kommission Wilhelminenberg, in: Michaela Ralser, Reinhard Sieder (Hg.), Die Kinder des Staates. Children of the State, Österreichische Zeitschrift für Geschichtswissenschaften (ÖZG), 25 (2014) 1+2, S. 320–330.

Wobbe Theresa, Die Schwelle des Körpers: Geschlecht und Rasse, in: Feministische Studien, (1993) 2, S. 110–117.

Wright Katie, Sköld Johanna, Swain Shurlee, Examining Abusive Pasts. Reassessing Institutional Violence and Care through Commissions of Inquiry, in: Traverse. Zeitschrift für Geschichte, 25 (2018) 3, S. 162–178.

Zöchling Christa, Kinderheim Wilhelminenberg: Zu spätes Entsetzen. Kinderheim Wilhelminenberg. Prügel, Sadismus und sexueller Missbrauch, in: profil, 17. 06. 2013, https://www.profil.at/home/kinderheim-wilhelminenberg-zu-entsetzen-360390 (Zugriff: 10. 10. 2019).